KÖSTLICHES ITALIEN

IL PALIO
CALZATURE
VARESINA

»Meeresleuchten« – *Kerzen schaukeln auf den Wellen an der Riviera.*

Toskanischer Sommer – *an einem lauen Abend auf der Piazza del Campo in Siena ein gutes Essen genießen (Seite 4/5).*

INHALT

Olivenöl extra vergine – *das reinste Olivenöl, das es gibt.*

ENOTECA BAR
BAR
CREMERIA
IL CAMPO

Im kulinarischen Himmelreich, unterhalb mächtiger Gebirgsstöcke, entlang romantischer Täler und zwischen grünen Weinhängen lautet die Devise: Genießen erlaubt!

SÜDTIROL

Rote Tupfer in Grün – *die »Flaschenputzer«, Callistemon hybrida, gedeihen im Mikroklima der ligurischen Küste hervorragend.*

Idyll in den Bergen – *ein typischer Südtiroler Bauernhof.*

Sehr wechselvoll ist die Geschichte Südtirols, geprägt von den vielfältigen Einflüssen, die von Norden über die Alpenpässe und von Süden hierher gelangten. Ende des Ersten Weltkrieges kam das bis dahin zu Österreich gehörende Südtirol, ebenso wie das Trentino, zu Italien. Seit 1948 bilden beide Provinzen eine autonome Region. Die Verständigung läuft allerdings in drei Sprachen ab: deutsch, italienisch und ladinisch; letztere zugehörige Volksgruppe wurde ebenfalls in die Autonomierechte mit einbezogen. So schwierig sich das Zusammenraufen zwischen den unterschiedlich sprechenden Bevölkerungsgruppen auch gestalten mochte: In der Küche – und das betonen nicht wenige Köche – gab es bald eine friedliche Koexistenz, wenn nicht sogar »Mischehen«.

Beeindruckend ist die Südtiroler Landschaft: majestätische Gletscher im Norden und Westen, markante Dolomitengipfel im östlichen Landesteil, bunt blühende Almen, Weinberge und dunkle Wälder. Die Zentren darin: Bozen, Meran und Brixen. Südtirol ist ein Paradies für Urlauber, die Wandern wollen, aber auch für jene, denen gutes Essen und Trinken am Herzen liegen.

Wir fahren von Nordwesten in eines der längsten Täler Südtirols, um – gleich zu Beginn – ein Südtiroler Original aufzusuchen. Das Vinschgau ist von starken Gegensätzen bestimmt: den kargen Sonnenbergen und gegenüber den waldreichen Nordseiten, klimatisch dem hohen Norden vergleichbar. Früher, vor allem im 16. und 17. Jahrhundert, war der an romanischen Kunstschätzen reiche Vinschgau als Kornkammer bekannt. Nach ganz Europa wurde nicht nur Getreide, sondern auch Saatgut geliefert, und noch immer gibt es hier eine lebendige Backtradition. Ein typisches Backwerk sind die im ganzen Land bekannten und auch bei den Urlaubern sehr beliebten »Vinschger«.

»Ein bißchen wie in Tibet« sei es im Vinschgau, meint der Südtiroler Extremkletterer Reinhold Messner. Das Tal ist weit, und die Sonneneinstrahlung sehr intensiv. Seit vielen Jahren Wahlvinschgauer, kennt er das eine sicher so gut wie das andere.

Ein Südtiroler *Bergbauer beim Käsen: Die Käselaibe werden regelmäßig gereinigt.*

Die mit Kümmel gewürzten, handtellergroßen Teigfladen schmecken mit Butter, oder pur, etwas Speck und einem Glas Roten am besten. Achtung: Vinschger sollten frisch verzehrt werden, schon nach einem Tag sind sie knochenhart.
Vor einigen Jahren haben sich etliche Bäckereien des Obervinschgaus zusammengetan und beschlossen, ein vermutlich jahrhundertealtes Brotrezept aus dem Kloster Marienberg wiederzubeleben. Seither wird das »Urpaarl« angeboten, zwei zusammenhängende Brotscheiben, ähnlich dem Vinschger Paarl. Die Urpaarl haben die Form einer Acht und werden mit natürlichem Sauerteig gebacken. Der Teig besteht zu 75 Prozent aus Roggenmehl und zu 25 Prozent aus Dinkelmehl.

Der Vinschgauer – so heißt es – mag sein Brot, seinen Wein, und Späße aller Art, gerade für Letzteres sei er weithin bekannt. Im unteren Teil des Vinschgaus, im Haus »Bad Egart« in Partschins bei Meran, treffen wir »Onkel Taa«. Er und sein Restaurant werden sogar unter Südtirolern noch als Geheimtip gehandelt. Bei Onkel Taa, sein »bürgerlicher« Name ist Karl Platino, lernt man viel über Südtiroler Humor, Geschichte und Brauchtum. So hat er als einziger seiner Familie den unter dem italienischen Faschismus von Platter auf Platino geänderten Namen beibehalten. Außerdem verfügt Onkel Taa über hervorragende Kochkünste. Wir lassen uns in seinem gemütlichen Restaurant nieder, das eine Menge Eigenwilligkeit verrät: Kein Tisch gleicht dem anderen, mitten im Raum sind Weinflaschen zu einer Pyramide aufgetürmt, von der Decke baumelt altes, bäuerliches Gerät.
So, wie die Pflege der k.&k.-Küche eine Selbstverständlichkeit darstellt, so hat Onkel Taa große Aufmerksamkeit und Energie in die Rekonstruktion des »Speisezettels« von Ötzi gesteckt. Etwas Besonderes sind seine Brennesselspezialitäten und keinesfalls versäumen sollte man sein »Ochsenschwanzgulasch-Tirolensis«.

Bei der Heuernte, *hier im Pustertal, helfen nach wie vor die Familienmitglieder mit.*

Wir beschließen, uns in eine wärmere Gegend zu begeben. Über Meran fahren wir in Richtung Bozen nach Eppan. Zehn ursprünglich selbständige Dörfer bilden diese Großgemeinde an der Südtiroler Weinstraße, die Kaltern, Tramin und Kurtatsch im (Wein-)Geiste miteinander verbindet. Schon seit längerem bekannt für seine ausgezeichnete Küche ist das Restaurant »Zur Rose«, zu finden am Hauptplatz des Ortsteils St. Michael. Nach jahrelangen Umbau- und Renovierungsarbeiten strahlt der alte Gasthof nun in neuem Glanze. Fünfzig Gäste kann Jungkoch Herbert Hintner hier verwöhnen.
Hintner stammt aus einem der wohl schönsten Südtiroler Täler, dem Pustertal. Von dort hat er viele seiner Kochideen mitgebracht. Er kennt die Traditionsküche seiner Heimat, weiß aber auch Ungewöhnliches gekonnt mitein-

Dem Mann aus dem Eis, 1991 von zwei Wanderern am Similaungletscher auf Südtiroler Gebiet entdeckt und unter dem Namen »Ötzi« bekannt, hat Onkel Taa gleich vor seinem Gasthof eine Art Freilichtmuseum gewidmet. Der spektakuläre Fund der über 5000 Jahre alten, mumifizierten Leiche veranlaßte ihn dazu, sich Gedanken über dessen Ernährung zu machen. Sie haben ihren Niederschlag in Form eines siebengängigen »Ötzimenüs« gefunden.

Die Schafzucht *sichert vielen Bergbauern die Existenz, in Zeiten, wo Schafwolle rar, aber dennoch begehrt ist.*

Finocchio dolce, süßer Fenchel, ist aus der italienischen Küche nicht wegzudenken. Der Anisgeschmack gibt Fenchelgerichten eine eigene Note. Ob die jungen Fenchelstangen, die Knolle oder die Samen – alles findet gleichermaßen Verwendung.

Zu diesem Gericht empfiehlt der Koch aus dem »Pichler«-Gasthaus, Hans Baumgartner, einen 92er Blauburgunder von der Hofstätter Villa Parthenau.

SPIEDINO DI AGNELLO NEL FINOCCHIO SELVATICO

Lammnüßchen am Fenchelspieß mit brauner Lammbrühe

Für 4 Personen

Braune Sauce

- *600 g Knochen von einem jungen Lamm*
- *200 g Kalbsknochen*
- *Öl zum Braten*
- *100 g Lammparüren (Fleisch- und Hautabschnitte)*
- *2 EL Tomatenmark*
- *30 g Butter*
- *300 g Röstgemüse (Zwiebel, Karotte, Stangensellerie, Lauch)*
- *2 Knoblauchzehen*
- *5 Pfefferkörner*
- *5 Korianderkörner*
- *1 Lorbeerblatt*
- *je 1 Rosmarin- und Thymianzweig*
- *Salz*
- *1/8 l Weißwein*

Lammnüßchen

- *4 große Kartoffeln*
- *4 Schalotten*
- *4 Scheiben Lammnuß, à 120 g*
- *4 Scheiben Lammleber, à 30 g*
- *4 Fenchelstangen mit Blüte (von wildem Fenchel)*
- *4 Scheiben Weißspeck*
- *Pflanzenöl*
- *Salz, Pfeffer aus der Mühle*

Braune Sauce

1 Die Lamm- und Kalbsknochen vom Metzger nußgroß zerkleinern lassen.

2 In einer großen Pfanne das Öl erhitzen, und die Knochen und Parüren darin scharf anbraten; alles in die Backröhre geben, und bei 200 Grad bräunen lassen.

3 Das Tomatenmark zurühren und leicht mitrösten.

4 Dann die Butter zufügen, das Röstgemüse, sämtliche Gewürze und Kräuter und etwas Salz im Bräter bei milder Hitze und offener Backofentür gleichmäßig braun werden lassen.

5 Den Bratensatz mit dem Weißwein ablöschen, alles kalt werden lassen.

6 2 Liter kaltes Wasser zugießen, alles in einen großen Topf umgießen, und 3 Stunden leise kochen lassen. Von Zeit zu Zeit abschäumen. Nach der Kochzeit die Brühe etwas ruhenlassen, durch ein Passiertuch abgießen und entfetten.

Lammnüßchen

1 Die Kartoffeln gar kochen.

2 Unterdessen die Schalotten schälen und blanchieren.

3 Jedes Lammnüßchen in drei kleine Medaillons schneiden; jede Leberscheibe in zwei größere Würfel schneiden.

4 Den Fenchel zu einem Spieß zurechtschneiden, die Blüte am Ende belassen.

5 Die einzelnen Zutaten wie folgt aufspießen: ein Stück Schalotte, dann ein Stück Kartoffel, Lamm, Kartoffel, Leber, Speck im Wechsel aufspießen – mit einem Lammstück beenden.

6 Öl in einer Pfanne erhitzen, und die gesalzenen und gepfefferten Spieße darin auf jeder Seite 10 Minuten anbraten.

7 Für 4 bis 5 Minuten in die auf 200 Grad vorgeheizte Backröhre geben.

8 Die Lammspieße auf einem Teller anrichten, und mit der Sauce begießen.

Der typische scharfe Geschmack des Ziegenkäses kommt durch die Lagerung. Ein frischer Käse ist sehr cremig, weiß, und besitzt relativ wenig Eigengeschmack. Je länger er lagert, desto mehr reduziert sich sein Volumen, und desto fester wird er. Nach zwei Wochen hat das Käselaibchen bereits eine gelbliche Rinde, die nach dreißig Tagen zu einer von Schimmelflecken bedeckten und rissigen Kruste wird.

GNOCCHI DI FORMAGGIO DI CAPRA CON FUNGHI PORCINI

Ziegenkäsenocken mit Steinpilzen

Für 4 Personen

- *3 entrindete Semmeln*
- *1/8 l Sahne*
- *200 g gereifter Ziegenkäse*
- *2 Eigelbe*
- *75 g Butter*
- *70 g Mehl*
- *40 g Weizengrieß*
- *Salz, Pfeffer aus der Mühle*
- *Muskatnuß, frisch gerieben*
- *2 Eiweiße*
- *Kräuter wie Pimpernelle, Majoran, Schnittlauch, Kresse*
- *1 Steinpilz*

1 Das Weißbrot mit der vorgewärmten Sahne befeuchten, und etwas ruhenlassen.
2 Den Ziegenkäse durch ein Sieb streichen, mit Eigelben und Butter schaumig schlagen.
3 Mehl und Grieß unter die Käsemasse mischen, dann das Weißbrot zugeben; mit Salz, Pfeffer und Muskat abschmecken.
4 Vorsichtig den steifgeschlagenen Eischnee unterheben, und 1 Stunde ziehen lassen.
5 Mit einem Löffel Nocken aus der Masse herausheben, und in siedendem Salzwasser 10 Minuten ziehen lassen.
6 Mit feingehackten Kräutern und hauchdünn geschnittenen Steinpilzscheibchen servieren.

Hans Baumgartner *kocht im »Pichler«. Er gehört zu den ersten Köchen der Region.*

Aus dem Restaurant »Pichler« in Mühlbach.

SCARTE
Polentapfanne

Für 4–6 Personen
- *1 l Milch*
- *1 Prise Salz*
- *5 EL Mehl, Type 405*
- *2 EL gelbes Polentamehl*
- *50 g Butter*

1 Die Milch in einer großen Pfanne aufkochen lassen, salzen; das miteinander vermischte Weizen- und Polentamehl mit einem Schneebesen einrühren.
2 Die Teigmasse 10 Minuten bei mittlerer Hitze kochen lassen, immer wieder mit einem Holzlöffel rühren.
3 Die Pfanne vom Herd nehmen, und die zerlassene braune Butter darübergeben.

Nach Ladiner Brauch wird die Polenta direkt aus der Pfanne gegessen.

Eine deftige Mahlzeit *nach der Weinernte in Kaltern. Hier gibt es zur Polenta dicke Schweinswürste.*

Dieses Gericht stammt aus der »Museumsstube« in Bad Egart; der Koch ist Onkel Taa.

SPEZZATINO DI CODA DI BUE ALLA TIROLESE
Ochsenschwanzgulasch Tirolensis

Für 4 Personen
- *1 kg Ochsenschwanz (vom Metzger in Stücke von 5–8 cm Länge schneiden lassen)*
- *Salz*
- *2 EL Paprika edelsüß*
- *Mehl zum Wenden*
- *60 g Butterschmalz*
- *6 mittelgroße Zwiebeln, fein gehackt*
- *3 Knoblauchzehen*
- *3 Selleriestangen*
- *1 l Rinderbrühe*
- *3/4 l Rotwein (Lagrein dunkel)*
- *2 cl Madeira*
- *6 EL Tomatenmark*
- *1 Gewürzbund mit Kräutern, wie Thymian, Majoran, Lorbeer, Rosmarin u. ä.*
- *Pfeffer aus der Mühle*

1 Die Ochsenschwanzstücke salzen, mit Paprika bestäuben und in wenig Mehl wenden.
2 Butterschmalz in einem großen Bräter erhitzen, und darin den Ochsenschwanz von allen Seiten anbraten.
3 Die Zwiebelwürfel, die zerdrückten Knoblauchzehen und die kleingeschnittenen Selleriestangen dazugeben, und unter Rühren mit anbraten.
4 Sobald sich Röststoffe am Boden bilden, eine Tasse kochende Rinderbrühe zugeben, diese aufkochen lassen, dann die restliche Brühe zugießen.
5 Den Bräter zudecken, und 2 Stunden bei milder Hitze köcheln lassen.
6 Rotwein, Madeira und Tomatenmark einrühren, und weitere 2 Stunden zugedeckt bei milder Hitze schmoren.
7 Die letzte halbe Stunde das Gewürzbund mit dazugeben.
8 Nach der Garzeit das Fleisch mit einem Schaumlöffel herausnehmen und warm stellen.
9 Die Sauce bei Bedarf entfetten, falls sie noch zu flüssig ist, etwas reduzieren; mit Salz und Pfeffer würzen.
10 Das Fleisch vom Knochen lösen, in die Sauce geben und heiß werden lassen.

lung am Anfang, deshalb wird sie noch nicht so sonderlich ernst genommen. Sollte sich dieser Trend jedoch verstärken, drohen weitreichende Konsequenzen. Das typische »Gesicht« der Südtiroler Kulturlandschaft würde sich erheblich verändern. Vor allem aber würden dem Südtiroler Wein, der sich in den letzten Jahren so überaus gut entwickelt hat, wichtige Lagen verlorengehen, und er würde möglicherweise wieder ins Abseits gedrängt werden.

Eine der ersten Problemzonen wäre die Gegend am südlichen Ende Südtirols rund um den beliebten Badeplatz »Kalterer See«. Der gleichnamige Wein macht etwa die Hälfte der gesamten Südtiroler Weinproduktion aus. In den sechziger und siebziger Jahren wurde der »Kalterer See« in großen Mengen als billiger Verschnittwein vermarktet. Da es unmöglich war, die große Nachfrage durch Eigenproduktion zu befriedigen, wurden auf dem Weinmarkt zwischen Jugoslawien und Sizilien große Mengen hinzugekauft. Das Ergebnis ging als gefürchteter Bauerntrunk in die Weingeschichte ein.
Dank der Kehrtwende, die die Südtiroler Weinbauern gemacht haben, dank ihrer Neuorientierung, weg von der Masse, hin zur Klasse, kann man die Kalterer-See-Weine wieder geniessen. Heute erkennt man die leichten, süffigen Rotweine gleich an ihrer charakteristischen hellroten Farbe. Sie sind säurearm, besonders mild, und dürfen auch gekühlt zu Speisen jeglicher Art getrunken werden.

Eine andere traditionelle Weinregion finden wir im Eisacktal. Zwischen Bozen und der alten Bischofsstadt Brixen kosten wir immer wieder die hervorragenden heimischen Weißweine: Silvaner, Müller-Thurgau« oder Veltliner. In Bozen reichen die Weingüter sogar bis ins Stadtzentrum

Im Zuge des Bischofstums in Brixen *und des großen Einflusses der katholischen Kirche im Mittelalter wurden zahlreiche Klöster und Kirchen gebaut – so wie in Tramin.*

heran. Sie kollidieren mehr und mehr mit dem sich ausbreitenden Wohnungsbau.
Kaum von den Zukunftssorgen geplagt ist die Klosterkellerei Muri-Gries in Bozen. Hier wird ein bemerkenswerter Lagrein abgefüllt, der aus den besten Lagen kommt. Was nur wenige wissen: Die kleine Kellerei pflegt auf vier Hektar noch die alte Malvasier-Rebe.
Die Gegend um das nahegelegene St. Magdalena ist übrigens auch eines der ältesten Zentren der »Vernatsch«-Traube. Wer sich vor Ort einmal umsehen möchte: Der Weinhügel mit seinem Kirchlein ist nicht zu übersehen.
Die kulinarische Entwicklung Südtirols und seine Weingeschichte weisen deutliche Parallelen auf. Und nicht nur für Südtirol gilt: Ist die Küche nicht weiter bemerkenswert, läßt sich dies meist auch über den Wein einer Region sagen – gleichermaßen ist es umgekehrt. Die Weinwende Anfang der achtziger Jahre ging in vielen Betrieben mit einem Generationswechsel einher. Spricht man heute mit vierzig- bis fünfzigjährigen Südtiroler Wein-

Luis Raifer *ist Leiter der Kellereigenossenschaft Schreckbichl in Girlan bei Eppan. Dort wird der fruchtige, dunkelrote Cabernet Sauvignon Lafoà hergestellt.*

Die Geschichte des Wein- und Obstbaus in Südtirol dokumentiert das Obstbaumuseum in Lana. Es hat von Anfang April bis Ende Oktober täglich (außer Montag) geöffnet. Sehenswert: die älteste Weinpresse des Landes aus dem 16. Jahrhundert.

REINHOLD MESSNER

Extrembergsteiger

Bereits bei Ihren ersten Himalaya-expeditionen hatten Sie Südtiroler Bauernbrot im Rucksack. Hatte das psychologische Gründe?
So wird es kolportiert, aber das ist falsch. Wenn ich ins Brot beiße, denke ich nicht an Südtirol. Es waren praktische Erfahrungen, die dazu führten, daß ich mir von meinem Nachbarn das Brot backen ließ.
Nach fast dreißig Jahren, auf Ihren Süd- und Nordpolfahrten haben Sie es immer noch dabei. Der High-Tech-Proviant hat es wohl nicht verdrängen können.
Gerade in den kältesten Regionen dieser Erde hat es sich ganz sensationell bewährt. Die Pusterer Paarln sind nach einiger Zeit steinhart und staubtrocken, d.h., sie können nicht gefrieren, und sind damit federleicht. Aber das Wichtigste ist in solchen extremen Situationen der Zwang zum Kauen. Es fördert die Durchblutung, und reinigt die Zähne. Den auf solchen Expeditionen täglich benötigten Nährwert dürfte das Brot so um die zehn Prozent abdecken.

Brotauslieferung *im Pustertal.*

Im Kloster Marienberg *wird das Brot noch in alten Holzöfen gebacken.*

bauern, hört man – wie übrigens in anderen Regionen Italiens auch - ganz ähnliche Geschichten: Vom »Aufbruch in der Weinproduktion« ist da die Rede, von »Qualität statt Quantität«. Damit reagieren natürlich viele Weinbauern auf die neuesten Entwicklungen im Tourismus. Südtirol setzt mittlerweile auch in den Restaurantküchen auf Spezialitäten, und regionale kulinarische Besonderheiten. Der internationalen Küche, international im Sinne von überall gleich, und damit austauschbar, wurde der Kampf angesagt.

Gerade im Eisacktal, im Abschnitt zwischen Brixen und Bozen, wo Wein bis auf eine Höhe von 800 Metern angebaut wird, kommt ein gutes Stück dieser neuen (oder zurückgewonnenen) Individualität zum Tragen – in der Wiederbelebung des wunderbaren alten Törggelenbrauchs: Ursprünglich ein Brauch der Bauern und Weinhändler, ist das Törggelen in unseren Tagen für Einheimische und Gäste eine willkommene Gelegenheit, bei jungem Wein und einer deftigen Brotzeit die Strahlen

der Herbstsonne zu genießen. Zum frischen, perlenden Wein werden auch heute noch hausgemachtes Roggenbrot (Vinschger) oder Fladenbrot (Schüttelbrot, Völserbrot), Bauernspeck und Almkäse gereicht. Leider hat sich jedoch das Törggelen, dank geschickter Vermarktung, schon zu einer touristischen Massenveranstaltung entwickelt.
Aber noch trifft man mit ein wenig Glück an einem idyllischen Fleck einfach nur ein paar gutgelaunte Leute in geselliger Runde, die wie wir die frische Bergluft und das unvergleichliche Panorama genießen. Das Törggelen ist fast so etwas wie eine Art Weinwallfahrt, und am besten begibt man sich zu Fuß auf den Weg. Wandernd lassen sich die Schönheiten Südtirols besonders gut erleben, und nach einer guten Wegstrecke schmeckt auch der Wein gleich noch einmal so gut.

Die klassische Törggelezeit beginnt mit der Weinlese ab der zweiten Oktoberhälfte, und geht bis Mitte November. Einige Gasthöfe haben sogar den ganzen Winter über und bis ins Frühjahr hinein geöffnet. Treffpunkte sind Bauernhöfe, Wirtschaften oder die Buschenschänken, in denen die Weinbauern ihren Wein vor Ort verkaufen dürfen, gekennzeichnet sind sie durch die »Buschenzweige«.
Der leichte, süffige Rotwein, der beim Törggelen hauptsächlich getrunken wird, stammt meist aus der Vernatsch-Rebe. Am besten schmecken aber die frischen Bauernweine, die wirklich noch vom Bauern selbst gekeltert werden.
Wer großen Hunger hat, kann beim Törggelen außer den klassischen Brotzeiten auch Kaminwurzen (Schweinswürste), sauren Kalbskopf, Rindfleisch mit Zwiebeln, Schlutzkrapfen, Käsenocken, Spinatspatzeln oder Kaiserschmarren bekommen. Gelüste auf Süßes befriedigen Tirtlen (Bauernkrapfen mit getrockneten Birnenschnitten), Strizlen, Strauben, Apfelkuchen oder diverse Strudel. Mittlerweile wird in ganz Südtirol »getörggelt«, Zentrum ist und bleibt aber das Eisacktal zwischen Bozen und Brixen.

Von den Höhepunkten gediegener Bauernküche zu kulinarischen Ereignissen ganz anderer Art. In Mühlbach, wo sich Puster- und Eisacktal treffen, haben zwei junge Männer, Hans Baumgartner (Küche)

Südtirols Burgen *begleiten den Besucher, der vom Brenner kommt, bis ins Trentino.*

Das Törggelen sei, so heißt es, vor langer Zeit aufgrund eines Tauschgeschäfts entstanden. Die Bauern im Tal hatten die Weinberge, aber keine Weiden, die Bauern in den höheren Lagen hielten Vieh, konnten aber keinen Wein anbauen. Für die Überlassung von Weideflächen revanchierten sich die Talbauern im Herbst bei den Bergbauern mit neuem Wein und einem Bauernschmaus.

Südtiroler Speck – *mit einem Glas guten Rotwein schmeckt eram besten.*

SPECK AUS SÜDTIROL

Das Päckchen wurde dem scheidenden Gast noch schnell durch das Abteilfenster hineingereicht, und er legte es eher achtlos ins Gepäcknetz, als der Zug den Bozener Bahnhof verließ. Aber schon nach wenigen Kilometern machte das mit braunem Papier umhüllte Gebinde nachhaltig auf sich aufmerksam. Kein Mitreisender, der nicht mit geblähten Nasenflügeln interessiert zu ihm hinaufschielte, aber erst der Schaffner sprach aus, was alle dachten: »Da haben Sie aber ein feines Mitbringsel dabei«.

Da ist zuerst einmal der einzigartige Duft, der den Südtiroler Speck kennzeichnet, die feinste Delikatesse, die Südtirol (neben dem Wein, natürlich) zu bieten hat. Würzig und kräftig aromatisch muß er sein, gänzlich ohne die Aufdringlichkeit, mit der auch edle Käsesorten die Nase nerven können. Dieser Duft kulminiert, wenn das äußerlich unscheinbare braune Speckstück angeschnitten und das Auge zum Mitgenießen eingeladen wird: »Das Fette in ihm schön weiß und ein bißchen ins Rötliche schimmernd, und das Magere blutrot bis ins Bräunliche«. (So muß er sein, meint der Südtiroler Schriftsteller Josef Wenter).
Es ist die Art seiner Herstellung, die den Südtiroler Speck (italienisch: Speck dell'Alto Adige) zu einem ganz besonderen Produkt macht, das europäischen Markenschutz genießt. Und diese Herstellung ruht tief in uralten bergbäuerlichen Traditionen. Es beginnt mit der hohen Wertschätzung, die schon der Specklieferant – das Schwein – in der bäuerlichen Überlieferung erfährt. Die Bergbauernfamilie braucht ein protein- und energiereiches, haltbares Nahrungsmittel, um gut über den Winter zu kommen. Das konnte nur das Schwein liefern. Ein Schwein zu mästen aber machte viel Mühe, denn auf den vielen kleinen Höfen reichten die eher kargen Abfälle dafür nicht aus. Wildwachsende Gräser mußten gesammelt werden: Saublumen (Löwenzahn), Ringelkraut, Klee und Brennesseln, Lunglkraut (isländisch Moos) und Disteln wurden abgebrüht und verfüttert. Denn ein Schwein gehörte zur

Sauschlachten im Vinschgau – *ohne Schwein kein Speck.*

unverzichtbaren Grundausstattung eines Bergbauernhofes. Und folgerichtig lautet ein alter Südtiroler Neujahrswunsch: »Haus und Hof und Euer Schwein. Alles soll gesegnet sein!« Folgerichtig ist auch, daß man auf das, was mit so großer Mühe gefüttert worden ist, auch nach dem Schlachten viel Mühe verwendet. Heutzutage ist es leicht, Schweine zu mästen. Die Mühe und Sorgfalt bei der Speckherstellung aber haben sich die Südtiroler bewahrt. Methoden des Surens und Selchens (Pökelns und Räucherns) gibt es so viele, wie es in Südtirol Speckprodu-

Gut abgehangen muß er sein – *im Keller des Klosters Marienberg, reift der Speck viele Monate.*

zenten gibt. Die Rezepte der Gewürzmischungen werden streng gehütet und von Generation zu Generation weitergegeben. Die Zutaten bestehen im Wesentlichen aus Salz, Knoblauch und Pfeffer, dazu Rosmarin, Wacholderbeeren, Lorbeerblätter, Majoran, Koriander und Salpeter. Damit werden die Speckseiten gründlich eingerieben und in der »Surwann« eingelegt. (Trockenpökelung ist Tradition und inzwischen auch gesetzlich vorgeschrieben).
Nach etwa zehn bis vierzehn Tagen beginnt das Selchen (Räuchern). In der Selchküche hängen die Speckseiten an »Asen« oder »Raichn« (Stangen), die an der Decke angebracht sind. Geräuchert wird im Untertal mit Rebenreisig, im Pustertal mit Föhren- und Fichtenschab, meistens aber mit Buchenholz. Das Holz muß astfrei sein, da es auf keinen Fall rußen darf. Immer aber gehören »Kranewittstaudn« dazu (Wacholderzweige), deren Rauch dem Speck seinen würzig feinen Geschmack verleiht und zudem seine Haltbarkeit und seinen gesundheitlichen Wert steigern soll. Wenig Rauch und vor allem kalten Rauch muß der Speck haben – und viel, viel frische Luft. Wie lange der Speck in der Selchküche bleibt, richtet sich nach der Größe der Speckseiten, den klimatischen Verhältnissen der Gegend – und den Traditionen des Herstellers: Zwei, drei Monate etwa, mancherorts auch länger. Die letzte und längste Phase seines Werdegangs verbringt der Speck im kühlen Keller. Sechs bis acht Monate braucht er, um dort reif zu werden. Dabei bildet sich ein grünlicher, trockener Belag aus Edelschimmel (râk), der sich fortblasen läßt – ein Qualitätsmerkmal. »Wenn er nocket pleib« (wenn er nackt bleibt), »nor hât'er ze warm« (dann war es ihm zu warm). Während dieses langen Prozesses verliert der Speck ständig an Gewicht. Ursache ist der Wasserverlust durch Verdunstung, je nach Reifungsgrad beträgt er 25 bis 40 Prozent.
Der mühevolle, lange Werdegang des Südtiroler Specks läßt sich durchaus mit dem des Weins vergleichen. Und Speck und Wein werden von Feinschmeckern auch gern zu einem kulinarischen Höhepunkt zusammen-

Zu einer »g'scheiten« Brotzeit *braucht es Speck, Brot und Rotwein.*

geführt: der Speckbrotzeit. Beim »Brettlspeck«, schneiden sie einen finger- bis daumenbreiten Streifen von der Speckseite herunter, säbeln sich mit einem scharfen(!) Messer, je nach Gusto, mundliche Stücke zurecht und genießen sie mit Wein und einem kräftigen Bauernbrot. Guten Appetit!

In jeder Jahreszeit – *der Speck gehört zu den Früchten des Landes.*

Vier Dinge machen den Südtiroler Speck zur Delikatesse für Feinschmecker: Uralte Rezepte, ein wenig Rauch, viel gute Luft und viel, viel Zeit. Die sollte man sich auch nehmen, wenn man ihn genießt.

Die herbstliche Weinernte *wird jedes Jahr mit Trachtenumzügen und zahlreichen Weinfesten gefeiert.*

Der Kalterer See – *eine traumhafte Landschaft, die zum Wandern verführt.*

und Kompagnon Peter Kantioler (Weine), das »Pichler«-Restaurant zu einer der ersten Adressen des Landes gemacht. Hans Baumgartner begegnet uns als zurückhaltend auftretender Meister am Herd. Besonders ernst nimmt der Jungkoch eine Maxime des Gourmetkochs Eckart Witzigmann, die besagt: »Das Produkt ist der Star der Küche.« Den Großteil seiner Zutaten bezieht er von Produzenten seines Vertrauens: »Ich versuche, den Weg eines jeden Produkts quasi von seiner Geburt bis zum Kochtopf zu kennen, und bei Bedarf auch zu beeinflussen.« Qualität und Naturbelassenheit stehen für ihn an erster Stelle.

Hans Baumgartner half schon als Junge in der Küche eines Gasthofes aus. Seine Chance kam, als der Koch plötzlich erkrankte – er sprang ein, und hatte großen Spaß am Kochen. Schon früh wußte er deshalb, wie sich sein beruflicher Werdegang gestalten würde. Seine besondere Vorliebe gilt dem Käse, vor allem die traditionellen Käsesorten haben es ihm angetan. Da kleine Käsereien, die nur Milch aus heimischer Landwirtschaft verarbeiten, sich heute kaum mehr am Markt behaupten können, und deshalb viele Käseraritäten zu verschwinden drohen, gab Hans Baumgartner einigen von ihnen eine Abnahmegarantie. Damit sicherte er deren Existenz, und gleichzeitig den eigenen Nachschub. Käse spielt denn auch eine wichtige Rolle in vielen seiner Gerichte. Ein Gedicht sind die Ziegenkäsenocken mit Steinpilzen.

Vor einiger Zeit hat sich Hans Baumgartner einen lang gehegten Traum erfüllt: Er hat einen Feinkostladen u.a. mit sehr exquisiten Käsen eröffnet. Das Geschäft hat das größte Käsesortiment ganz Südtirols, und ist eine wahre Fundgrube: Bei ihm finden wir beispielsweise den Pragser Ziegenkäse. Er kommt vom Lechnerhof in Prags, wo fünfzig Melkziegen gehalten werden. Dieser feine, dezente und elegante Käse ist nicht nur ein intensiv gereiftes Produkt mit leichtem Ziegenaroma, sondern außerdem sehr gut bekömmlich.

Vom Ritten bezieht Hans Baumgartner den Rittner Gaider, benannt nach einer Wiese, auf der die Kühe, die die Milch für dieses Produkt liefern, weiden. Die Familie Lobis stellt hier einen Käse mit Rotschmiere her. Die Reifung im Naturkeller gibt ihm zu seinem salzigen Geschmack noch ein erdiges Aroma hinzu. Schließlich ist der Völzer Bergkäse vertreten, hergestellt von der Familie Haselrieder. Baumgartner schätzt die drei bis vier Kilogramm schweren Laibe insbesondere als Schmelzkäse. Von den Vinschgauer und Valser Almen bezieht er den deftig rustikal schmeckenden Südtiroler Almkäse. Die Almgräser, die das Vieh in dieser Region vorfindet, geben diesem Käse seine besondere Geschmacksnote.

Zu nennen ist unbedingt noch der typischste Südtiroler Käse: Der »Graukas«. Dies ist ein Sauermilchkäse aus Magermilch, der in hervorragender Qualität in Algund bei Meran produziert wird. Sein aufdringlicher »Duft« eignet sich beispielsweise für »Kasnockn«, ist aber nicht unbedingt jedermanns Sache.

Wir wollen Südtirol nicht Lebewohl sagen, ohne die hiesige ladinische Küche zu würdigen. Die ladinische Sprache und Kultur wird noch von einer kleinen Minderheit der Südtiroler Bevölkerung gepflegt.

Vom Eisacktal biegen wir auf der Höhe von St. Lorenzen ins Abteital nach Ladinien ein. Unweit der Abtei Pedraces kocht seit nun fast fünfzig Jahren Ida Castlunger im »Lech da Sompunt«. Die Küchenchefin wird als Spezialistin der ladinischen Küche hoch geschätzt. Seit jeher ist sie um das Erbe der alten Kultur bemüht. Sämtliche kulinarischen Besonderheiten, die diese Region je hervorgebracht hat, hat die Mittsechzigerin im Kopf.

Ihr Restaurant ist zu einem Treffpunkt für Liebhaber der ladinischen Küche geworden. Vor allem donnerstags ist der Gastraum voll – Reservierungen sind nötig. Denn an diesem Tag bereitet Signora Castlunger ein ladinisches Menü mit sieben bis zehn Gängen zu. Das unsrige schließt mit einem Hochzeitsdessert nach überliefertem Rezept, wie es so nur im Lech da Sompunt zu finden ist: »Nigelan al Mirtillo rosso e Salsa di Vino«. Die Teignocken mit Preiselbeer-Weinsauce runden einen unvergeßlichen Abend ab, und bereichern wunderschöne Tage in Südtirol.

Der Baumkuchen *von Hans Baumgartner.*

Muri Gries *im Abendlicht.*

An der alten Zollstation in Mühlbach, der Mühlbacher Klause, beginnt das Pustertal. Die Pustertalstraße führt, weil das Tal hier so eng ist, direkt durch die ehemalige Befestigung der Zollstation. Außer dem Restaurant »Pichler« ist auch die Burg Rodeneck einen Besuch wert.

Von Pedraces aus ist es nicht mehr weit bis Corvara, dem fast 1600 Meter hoch gelegenen und vielleicht populärsten Wintersportort der Dolomiten am Nordrand der Sellagruppe. Die Infrastruktur, die Skifahrer hier vorfinden, sucht ihresgleichen. Ihr ist die Natur weitgehend geopfert worden.

Zu einem deftigen Gericht *paßt eigentlich immer ein Rotwein, das finden jedenfalls die Brüder im Kloster Marienberg.*

STINCO D'AGNELLO CON ORZO

Lammhaxe mit gebundener Gerste

Für 4 Personen

Lammhaxe

- *4 Stück hintere Lammhaxe*
- *Salz, Pfeffer*
- *Öl zum Braten*
- *1 Bund Suppengrün*
- *5 Kirschtomaten*
- *2 l Lammfond, oder Fleischbrühe*
- *Rosmarin*
- *Lorbeer*
- *Thymian*
- *Bohnenkraut*

Gerste

- *150 g Rollgerste*
- *Olivenöl*
- *4 Schalotten*
- *1 Knoblauchzehe*
- *1/8 l Weißwein*
- *2 l klare Gemüsebrühe*
- *ca. 100 kleine Pfifferlinge*
- *1/2 Bund Petersilie*
- *40 g Butter*

Lammhaxe

1 Die Lammhaxen salzen und pfeffern, in etwas Öl anbraten.

2 Das Suppengrün putzen, waschen, grob zerkleinert dazugeben, und kurz mit ansautieren.

3 Die Kirschtomaten zufügen, mit dem Fond oder der Brühe ablöschen.

4 Zugedeckt in der Backröhre bei 250 Grad ungefähr 45 Minuten schmoren lassen.

5 Dann die Temperatur der Backröhre auf 120 Grad herunterschalten, die Kräuter dazugeben, und eine weitere Stunde schmoren lassen.

6 Die Lammhaxen herausnehmen und warm stellen.

7 Die Sauce durch ein Sieb gießen, nach Bedarf etwas einkochen lassen, salzen und pfeffern.

Gerste

1 Die Gerste am Vortag einweichen.

2 Am nächsten Tag durch ein Sieb gießen, und 5 Minuten blanchieren.

3 In einem Topf Olivenöl erhitzen, die gewürfelten Schalotten und den zerdrückten Knoblauch darin andünsten, dann die Gerste zugeben; nach kurzem Andünsten mit dem Weißwein ablöschen.

4 Alles kurz aufkochen lassen, und unter ständigem Rühren, wie bei einem Risotto, die Gemüsebrühe nach und nach zugießen. 40 Minuten köcheln lassen.

5 In einer Pfanne die Pfifferlinge in etwas Olivenöl andünsten, mit Salz und Pfeffer würzen, und zusammen mit der kleingehackten Petersilie unter die Gerste mengen.

6 Die Gerste mit der kalten Butter binden.

Tip Anstelle der Gerste können Sie auch Reis oder Hirse verwenden. Dadurch entfällt das Vorquellen.

Strauchtomaten *sind aufgrund ihres intensiven Aromas wichtiger Bestandteil der italienischen Küche. Man kann sie in diesem Rezept auch anstelle der Kirschtomaten verwenden.*

Dieses deftige Gericht stammt aus dem Restaurant »Zur Rose« in Eppan.

FRITTATA CARAMELLATA ALLE CASTAGNE CON GELATO AI MIRTILLI

Karamelisierter Kastanienschmarren mit Zwetschgeneis

Für 4 Personen

Kastanienschmarren

- *500 g Kastanien (Maronen)*
- *50 g Butter*
- *80 g Zucker*
- *80 ml Milch*
- *2 Eigelbe*
- *4 Eiweiße*

Zwetschgeneis

- *350 g Zwetschgen*
- *3 EL Zucker*
- *1 Zimtstange*
- *Saft 1 Zitrone*

Kastanienschmarren

1 Die Schale der Kastanien einritzen; die Kastanien weich dünsten, die Schale entfernen, und die weichen Maronen durch ein Sieb streichen.

2 30 Gramm Butter schmelzen, und 2 EL Zucker darin karamelisieren lassen.

3 Die Milch unter ständigem Rühren zugießen, bis sich der karamelisierte Zucker gelöst hat, aufkochen, dann die Kastanienmasse untermengen. Die Eigelbe mit der restlichen Butter schaumig schlagen, und die Kastanienmasse einrühren.

5 Die Eiweiße mit etwas Zucker steif schlagen, und vorsichtig unterheben.

6 In einer Pfanne Butter und etwas Zucker karamelisieren lassen, und die Kastanienmasse hineingeben. In der vorgeheizten Backröhre bei 180 Grad 12 bis 15 Minuten backen.

Zwetschgeneis

1 Die Zwetschgen waschen, entsteinen, mit Zucker ansetzen, und den Saft ziehen lassen.

2 Früchte mit Saft und 2 bis 3 EL Wasser bei milder Hitze weich dünsten.

3 Zimt und Zitronensaft dazugeben, und auskühlen lassen. Die Zimtstange herausnehmen; die Zwetschgen im Mixer pürieren, und die Masse durch ein Sieb streichen.

4 Das Zwetschgenmus in Plastikförmchen geben, im Gefrierfach gefrieren lassen.

Alpenglühen *auf den weißen Dolomitengipfeln.*

Das nebenstehende Rezept ist von der österreichischen Küche inspiriert. Statt Mehl oder Reis als Quellmassen werden Kastanien verwendet. In früheren Zeiten verstand man unter einem Schmarren übrigens nichts Süßes, sondern ein herzhaftes Pfannengericht aus Kartoffelteig oder Semmelklößen. Es sättigte Bauern, Almbewohner, Holzfäller und Tagelöhner.

Dieses Rezept kommt aus dem Restaurant »Zur Rose«.

SEMIFREDDO AL MIELE DI BOSCO

Waldhonig-Halbgefrorenes

Für 4 Personen

- *1 Ei*
- *2 Eigelbe*
- *2 EL Waldhonig*
- *1/4 ml Sahne*

1 Das Ei und die Eigelbe mit dem auf 40 Grad erwärmten Honig so lange schlagen, bis die Masse kalt und schaumig ist.
2 Dann die geschlagene Sahne unterheben.
3 Alles in eine gekühlte Form füllen, dann bei –18 Grad für mindestens 4 Stunden gefrieren lassen.

Aus dem Restaurant »Museumsstube« in Bad Egart von Onkel Taa.

Dieses Rezept stammt vom Südtiroler Meisterkoch Hans Baumgartner, der im Restaurant »Pichler« in Mühlbach am Herd steht.

TRONCHETTO CON FRAGOLE E RABARBARO E GELATO ALLO ZABAIONE

Baumkuchen mit Zabaioneeiscreme

Für 10 Personen

Baumkuchen

- *70 g Butter*
- *70 g Zucker*
- *40 g Marzipanrohmasse*
- *2 Eier*
- *1 Prise Salz*
- *1 Prise Vanillezucker*
- *Abgeriebene Schale 1/2 Zitrone*
- *30 g Mehl*
- *25 g Stärkemehl*

Zabaioneeiscreme

- *2 Eigelbe*
- *25 g Zucker*
- *90 ml Weißwein (Rosenmuskateller)*
- *Schale und Saft 1/2 Zitrone*
- *1/8 l Sahne*

Füllung

- *300 g Rhabarber*
- *1 Zimtstange*
- *1 Vanilleschote*
- *100 g Zucker*
- *Zitronensaft*
- *500 g Erdbeeren*

Fruchtmark

- *200 g Erdbeeren*
- *40 g Zucker*
- *Saft 1/2 Zitrone*
- *200 g Aprikosen*
- *250 ml Sauerrahm*
- *1 Ei*
- *Puderzucker*

Baumkuchen

1 Butter mit der Hälfte des Zuckers und dem Marzipan schaumig schlagen.
2 Die Eier trennen; Eigelbe, Salz, Vanillezucker und Zitronenschale unterrühren; die Eiweiße steif schlagen, mit dem Mehl und Stärkemehl unter die Masse heben.
3 Den Teig in eine gefettete Form von 10 x 20 Zentimetern etwa 5 Millimeter hoch einfüllen, und bei einer Oberhitze von 220 Grad in der Backröhre backen.
4 Auf den fertigen Teigboden wieder eine Teigschicht von 5 Millimetern einfüllen, und bei Oberhitze backen. In dieser Weise verfahren, bis der Teig aufgebraucht ist.
5 Kuchenform stürzen, Teigplatten voneinander lösen, und zu Körbchen formen.

Zabaioneeiscreme

1 Eigelbe, Zucker und Weißwein in einem heißen Wasserbad schaumig schlagen.
2 Die Schüssel in ein eiskaltes Wasserbad stellen, weiterschlagen, dann Zitronensaft und die abgeriebene Schale beimengen.
3 Jetzt die steifgeschlagene Sahne unterheben; die Masse im Kühlfach gefrieren lassen.

Füllung

1 Den Rhabarber schälen, und in gleich lange Stücke von 2 Zentimetern schneiden.
2 Die Rhabarberstücke zusammen mit der Zimtstange, der aufgeschlitzten Vanilleschote und dem Zucker in einem Topf erwärmen, und bei milder Hitze ziehen lassen – nicht kochen, sonst zerfällt der Rhabarber.
3 Die Erdbeeren kurz waschen, und in 1/2 Zentimeter dicke Scheiben schneiden.
4 Die Rhabarberstückchen kalt werden lassen, mit den Erdbeeren vermengen, und in die Baumkuchenkörbchen einfüllen.

Fruchtmark

Erdbeeren kurz waschen, gut abtropfen lassen, und pürieren; mit Zucker und Zitronensaft abschmecken. Aprikosen in wenig Wasser weich dünsten, entsteinen, pürieren. Sauerrahm mit Puderzucker glattrühren.

Aprikosenmark mit dem Sauerrahm auf einem Teller anrichten, die gefüllten Baumkuchenkörbchen daraufsetzen, und aus dem gefrorenen Zabaione kleine Nocken abstechen und dazulegen.

»NIGELAN« CON SALSA AL VINO E AI MIRTILLI ROSSI

»Nigelan« mit Preiselbeer-Weinsauce

Für 6 Personen

Hefeteig

- *2 Würfel Hefe (Germ)*
- *1/4 l Milch*
- *2 EL Mehl*
- *1 EL Zucker*
- *1 kg Mehl*
- *100 g Butter*
- *5 Eier*
- *1 TL kleine Anisstückchen*
- *abgeriebene Schale von 1 Zitrone*
- *1 Gläschen Schnaps*
- *1 gestrichener TL Salz*
- *1 EL Zucker*
- *Pflanzenöl zum Ausbacken*

Preiselbeer-Weinsauce

- *4 EL Preiselbeermarmelade*
- *1/2 l Rotwein*
- *etwas Zucker*

Teignocken

1 Einen Vorteig erstellen: Die beiden Hefewürfel in der lauwarmen Milch auflösen, Mehl und Zucker untermengen, und 1/2 Stunde bei Zimmertemperatur gehen lassen.

2 Den Vorteig mit den restlichen Teigzutaten zu einem glatten, lockeren Teig vermischen – wenn der Teig zu fest wird, etwas Milch dazugeben.

3 Bei Zimmertemperatur 1 Stunde gehen lassen.

4 Aus dem Teig mit einem Teelöffel kleine Nocken stechen. Die Nocken auf ein Brett legen, und nochmals 1 Stunde gehen lassen. Dann in 170 Grad heißem Pflanzenöl herausbacken.

Preiselbeer-Weinsauce

1 Die Preiselbeermarmelade mit dem Rotwein in einem kleinen Topf vermengen und aufkochen lassen; nach Geschmack zuckern.

2 Die Preiselbeer-Rotweinsauce auf einen Dessertteller geben, und die heißen Nigelan hineintunken.

»Nigelan« ist Südtiroler Dialekt, und ist ein allgemeiner Ausdruck für etwas Kleines; in diesem Fall ist ein kleines Gebäck gemeint. Allerdings wird dieser Begriff in jedem Tal ein wenig anders ausgesprochen beziehungsweise geschrieben. So wird im Pustertal aus Niglen ein Nigelan.

Dieses überlieferte Hochzeitsdessert stammt aus dem Restaurant »Lech da Sompunt«.

A 22
508
Sterzing
(Vipiteno)
Bäckerei Gatterer
Restaurant Pichler
Mühlbach
(Rio di Pusteria)
49
Klosterkellerei Neustift
Vahrn
(Varna)
Kellerei Köfererhof
Brixen
(Bressanone)
Klausen
(Chiusa)
St. Ulrich
(Ortisei)
242
St. Martin
(S. Martino)
44
508
Reschenpaß
40
Schluderns
(Sluderno)
Churburg
Schlanders
(Silandro)
38
Hotel Vier Jahreszeiten
Palace Hotel
MERAN
(Merano)
Onkel Taa
38
Kellerei Terlan
Terlan
Gasthaus Gstrein
Kellerei Schreckbichl
Girlan
(Cornaiano)
Park-Hotel Laurin
BOZEN
(Bolzano)
Vinotheque Alois Lageder
Eppan
(Appiano)
Zur Rose
Kaltern
(Caldaro)
Tramin
(Termeno)
12
Kellerei Hofstätter

SÜDTIROL

HOTELS

Das PARK-HOTEL LAURIN in Bozen fasziniert durch seine Jugendstilfassade, und vermittelt von außen das Flair der Jahrhundertwende. Innen ist es jedoch nach modernsten Kriterien renoviert. Bozens erste Adresse, zentral gelegen, nur 500 Meter zum Bahnhofsplatz.

Laurinstraße 4, Bozen (Bolzano); Tel. 04 71/98 05 00

PALACE-HOTEL in Meran: Zentral gelegen inmitten eines Parks mit exotischen Pflanzen, gilt dieses Hotel mit seiner neunzigjährigen Tradition als Musterbeispiel seiner Art für die Zeit der k.k.Monarchie. Mit Kureinrichtungen, Kosmetik- und Fitneßabteilungen unter fachlicher Leitung.

Cavourstraße 2, Meran (Merano); Tel. 04 71/21 13 00

HOTEL SCHLOSS SONNENBURG, St. Lorenzen: Ursprünglich, um das Jahr 1000, war dieses Schloß eine klassische Klosterburg, in bester Aussichtslage oben auf einem Hügel erbaut. Nach einer langen und sorgfältigen Renovierung stellt die Anlage heute eines der attraktivsten Schloßhotels dar.

Sonnenburg 38, St. Lorenzen; Tel. 04 74/47 40 99
Anfahrt: Von Brixen (Bressanone) auf der SS 49 in Richtung Bruneck (Brunico); nach St. Lorenzen (St. Lorenzo).

Das Schloßhotel »Sonnenburg« *in St. Lorenzen.*

Im TRENKERHOF befinden sich originelle Ferienwohnungen. Im dritten Stock werden derzeit drei vermietet. Diese Unterkunft kann einen berühmten Gast aufweisen: In den Sommermonaten 1908 und 1910 bewohnten Gustav Mahler und seine Frau Alma den zweiten Stock, und im zehn Minuten entfernten Waldhäuschen komponierte der Künstler seine letzten Hauptwerke. Besichtigung von Mahlers Wohnung nur im Sommer – für Mahlerfans ein »Wallfahrtsort«. Herrliche Lage.

Altschluderbachhof 2, Toblach; Tel. 04 74/97 23 47
Anfahrt: Von Brixen (Bressanone) auf der SS 49 (E 68) in Richtung Bruneck (Brunico); weiter nach Toblach (Dobbiaco).

HOTEL VIER JAHRESZEITEN, Schlanders. Von Ausstattung und Angebot her ein bemerkenswertes Südtiroler Fünf-Sterne-Hotel. Geräumige Balkonzimmer und Luxussuiten mit großzügigen Bädern. Am Morgen überrascht ein opulentes, 14 Meter langes Frühstücksbuffet.

Andreas-Hofer-Straße 8, Schlanders; Tel. 04 73/62 14 00
Anfahrt: Von Meran (Merano) auf der SS 38 in Richtung Reschenpaß.

RESTAURANTS

PICHLER: Hans Baumgartner gehört zu den ersten Köchen des Landes. Er verfeinert und ergänzt bevorzugt traditionelle Gerichte der Gegend. Außerdem legt er besonderes Augenmerk auf das Produkt, dessen Weg er vom Saatgut bis in die Küche zunehmend selbst kontrolliert. Ein Besessener der alten Käsesorten, die er wieder aufleben läßt durch Abnahmegarantien bei den Bauern. Sein Hang zum Käse spiegelt sich auch in der Speisekarte wider.

Katharina-Lanz-Weg 5, Mühlbach; Tel. 04 72/84 94 58
Anfahrt: Von Brixen (Bressanone) in Richtung Pustertal; die erste Ortschaft ist Mühlbach.

Hans Baumgartner,
Meisterkoch in Mühlbach.

Das ONKEL TAA. Onkel Taa ist ein Original. Selbst wer ihn nicht zu Gesicht bekommt, staunt über dreierlei: die umfangreiche Speisekarte, die Restaurantstube und schließlich die Pfahlbauten vor dem Lokal. Diese ließ er gleich nach Ötzis Entdeckung bauen. Auch die Speisekarte veränderte sich: Ein mehrgängiges »Ötzimenü« bietet eine kulinarische Reise in tiefste Vergangenheit, zum Teil erfunden, zum Teil in realistischer Einschätzung der damaligen Küche.

Bahnhofstraße 17, Bad Egart, Töll; Tel. 04 73/96 73 42
Anfahrt: Von Meran (Merano) auf der SS 38 in Richtung Reschenpaß.

ZUR ROSE ist ein rustikal-elegantes Lokal am Hauptplatz von Eppan. Koch Herbert Hintner ist eines von vierzig Mitgliedern der europäischen Vereinigung der Jungköche. In Südtirol repräsentiert er mit Hans Baumgartner in hervorragender Weise die neue Generation von Küchenmeistern, die aus der Sackgasse der internationalen Küche gefunden haben. Hintner pflegt einen freien Umgang mit den Traditionen, die er phantasievoll verfeinert.

Josef-Innerhofer-Straße 2, Eppan;
Tel. 04 71/66 22 49
Anfahrt: Von Bozen (Bolzano) auf der SS 42 in Richtung Süd; nach 6 Kilometern abzweigen nach Eppan (Appiano).

Karl Platino, alias »Onkel Taa«, *Restaurantbesitzer in Bad Egart, kreiert »steinzeitliche« Menüs.*

Das LECH DA SOMPUNT ist eine hervorragende Adresse, um die ladinische Küche kennenzulernen. Frau Ida in der Küche verarbeitet für ihre Menüs nur Hausgemachtes. Von der typischen Gerstensuppe, die auf besondere Weise zubereitet wird, bis zum geräucherten Rehspeck, der Gemswurst und dem Zigher, einem gereiften Bergkäse.

Pedratsches (Pedraces), Hochabteital;
Tel. 04 71/84 70 15
Anfahrt: Von Brixen (Bressanone) auf der SS 49 in Richtung Bruneck (Brunico); dort abzweigen auf der SS 244, ca. 24 Kilometer, durch Abtei (Badia) nach Pedratsches.

GASTHAUS GSTREIN: Als »identitätsstiftendes« Gericht ist in Südtirol der Speckknödel im letzten Jahrzehnt von den »Schluzern«, den Teigtaschen, überrundet worden, obwohl sie weniger originell erscheinen. Zur Zeit ist es jedenfalls so, daß sowohl der Buschenschank wie auch das Fünf-Sterne-Hotel dieses Gericht, in welcher Form auch immer, anzubieten fast genötigt sind. Ein Südtiroler Küchenhit. Aus den vielen Dutzenden von Buschenschänken und Gasthäusern, die insbesondere zur Törggelenzeit im November aktiv werden, sowie den unzähligen kleinen Bauerngasthäusern ein Beispiel, wo die Schluzkrapfen, von Anna Spöglers Gasthaus »Gstrein« mit besonders dünnem Teig serviert werden.

Unterplatten/Ritten;
Tel. 04 71/36 50 97
Anfahrt: Auf der Straße von Bozen (Bolzano) in Richtung Ritten nach ca. 4,5 Kilometern erreicht man Unterplatten/Gstrein.

WEIN

Südtirol produziert etwa ein Prozent der Weinmenge Italiens. Auf die Rotweine entfallen etwa sechzig Prozent, auf die Weißweine vierzig Prozent. Die Entwicklung verläuft zugunsten des Weißweines, es könnte sich in Zukunft ein Verhältnis von 50:50 einpendeln. Über die Hälfte der Weine können sich inzwischen mit dem DOC-Siegel schmücken. Obwohl der Südtiroler Wein in den letzten fünfzehn Jahren bemerkenswert an Qualität gewonnen hat, bemängeln Kritiker eine zu geringe Anzahl von Spitzenweinen.
Ein bodenständiger Rotwein ist der Vernatscher, der hauptsächlich im Land selbst getrunken wird. Zu den wichtigsten Weinen gehören der Lagrein und der Cabernet. Bei den Weißen sind der Weißburgunder, der Silvaner, Müller-Thurgau, Sauvignon und Gewürztraminer zu nennen.

Anna Spögler *aus dem Gasthaus »Gstrein«.*

Kellereigenossenschaft SCHRECKBICHL

Weinstraße 8, Girlan;
Tel. 04 71/66 42 46
Anfahrt: Von Bozen-Süd in Richtung Eppan, durch den Tunnel, links nach Girlan.

Kellereigenossenschaft TERLAN

Silberleitenweg 7, Terlan;
Tel. 04 71/25 71 35
Anfahrt: Von Bozen (Bolzano) auf der SS 38 in Richtung Meran (Merano).

Kellerei ALOIS LAGEDER

Drususallee 235, Bozen (Bolzano);
Tel. 04 71/92 01 64

Bis zum Schloß Maretsch *in Bozen wachsen die Weinstöcke.*

Kellerei HOFSTÄTTER

Rathausplatz 5, Tramin;
Tel. 04 71/86 01 61
Anfahrt: Von Bozen (Bolzano) auf der A 22 in Richtung Süd; Ausfahrt Egna-Ora; nach ca. 5 Kilometern Tramin (Termeno).

Klosterkellerei NEUSTIFT BRIXEN

Kleine Einzelkämpfer am Markt:
Stiftstraße 1, Neustift/Vahrn;
Tel. 04 72/83 61 89
Anfahrt: Von Brixen (Bressanone) auf der A 22 in nördliche Richtung, ca. 5 Kilometer.

Kellerei KÖFERERHOF, Josef Kerschbaumer. Hier wird schon seit über 900 Jahren Weinanbau betrieben. Zu empfehlen ist der Gewürztraminer '95.

Pustertalerstraße 3, bei Kloster Neustift;
Tel. 04 72/83 66 49
Anfahrt: siehe Klosterkellerei Neustift.

SPUMANTEKELLEREI VIVALDI. Die höchstgelegene Spumantekellerei Europas.
Dorfnummer. 53, Mölten (Meltina); Tel. 04 71/66 80 33 Anfahrt: Von Bozen (Bolzano) in Richtung Terlan; rechts abzweigen nach Mölten.

EINKAUFSTIPS

KERAMIK THUN. International renommierter Keramik- und Kachelofenbetrieb. In der Kleinkeramik fand insbesondere der »Bozner Engel« weite Verbreitung. Ausschließliche Designerin seit fünfzig Jahren ist die Gräfin Lene Thun.
Galvanistraße 29, Bozen Industriezone; Tel. 04 71/24 51 11

DEGUST. Südtirols vielfältigste Auswahl an einheimischem Käse: Pragser Ziegenkäse, Rittner Gaider, Völser Bergkäse, Sextner Weichkäse. Produkte nur aus Kleinkäsereien, die ihre Milch von Bergbauern beziehen.
Katharina-Lanz-Straße 14, Mühlbach; Tel. 04 72/84 98 73 Anfahrt: Von Brixen (Bressanone) in Richtung Pustertal.

VINOTHEQUE ALOIS LAGEDER. Südtiroler Spitzenweine mit fachlicher Verkostung.
Drususallee 235, Bozen (Bolzano); Tel. 04 71/91 05 36

Eine Bäuerin *auf der Seiseralm beim Käsen.*

BÄCKEREI-KONDITOREI GATTERER: Bekannt für die köstlichen Mohnstrudel und Sauerteigbrote.
Kiener Dorfweg 2, Kiens; Tel. 04 74/56 53 12 Anfahrt: Von Bozen in Richtung Brixen; dort weiter nach Mühlbach. Ab Mühlbach Beschilderung nach Kiens.

Typischer Herbstmarkt: *Trauben, Äpfel, Peperonis, Paprikas …*

BÄCKEREI EGGER. Hier gibt es köstliches Latscher Schüttelbrot sowie Vinschger Urpaarln ofenfrisch zu kaufen.
Kugelgasse 2, Latsch; Tel. 04 73/62 33 66 Anfahrt: Von Meran ca. 35 Kilometer in Richtung Reschenpaß; beschildert.

SEHENSWÜRDIGKEITEN

SCHLOSS RUNKELSTEIN bei Bozen. Eine der großartigsten Burgen Südtirols. In dieser Region findet man inklusive der Ruinen etwa 300 Anlagen, und hat damit die größte Dichte an mittelalterlichen Festungsanlagen im europäischen Raum. Ab 1237 in mehreren Phasen erbaut, beherbergt sie künstlerisch hochwertige Fresken, z. B. Darstellungen von Tristan und Isolde.
Anfahrt: Auf der Straße ins Sarntal, 2 Kilometer nördlich von Bozen (Bolzano).

CHURBURG IM OBERVINSCHGAU. Von der um 1250 erbauten Burg sind heute der berühmte Loggienhof mit Wappenstammbaum und Tiermalerei sowie die Rüstkammer zu bewundern. Auch die Lage ist beeindruckend: Die Churburg thront oberhalb Schluderns.
Anfahrt: Von Meran (Merano) auf der SS 38, SS 40 in Richtung Reschenpaß; Abzweigung bei Glurns (Glorenza).

Die DOMANLAGE VON BRIXEN, aus dem 15. Jahrhundert, steht für die tausendjährige Bistumsgeschichte. Der gesamte Komplex mit einem außergewöhnlichen Kreuzgang birgt eine große Anzahl an Kunstschätzen.
Direkt im Zentrum der Stadt.

SCHLOSS TIROL BEI MERAN. Stammschloß der Grafen von Tirol. Verschiedene Bauphasen ab ca. 1140. Hauptattraktion ist das Kapellenportal. Teile des Schlosses werden für Wechselausstellungen genutzt.

Die Churburg Schluderns *ist einen Besuch wert.*

NATURMUSEUM SÜDTIROL. Die Dauerausstellung zeigt ab März 1997 die Entwicklung der Landschaft im Laufe der Jahrtausende. Zur Entstehungsgeschichte der Dolomiten wurde z. B. ein Meeresaquarium eingerichtet, und mit kalkabscheidenden Organismen versehen, die vor Jahrmillionen zur Bildung der grandiosen Dolomitengipfel führten.
Bindergasse 1, Bozener Altstadt; Tel. 04 71/97 83 09

ARCHÄOLOGISCHES LANDESMUSEUM: Die 5 000 Jahre alte, mumifizierte Leiche des »Mannes vom Hauslabjoch«, bekannt als »Ötzi«, wird mit aufwendiger Technik zur Schau gestellt.
Museumsstraße 43, Bozener Altstadt; Tel. 04 71/99 24 02

Das Land zwischen Dolomitengipfeln und Gardasee hat viele Gesichter. Manchmal ein ernstes in der rauhen Bergwelt, und ein fröhliches an den Ufern des Lago di Garda.

TRENTINO

Das Fleimstal *bietet beschauliche Natur, eingerahmt vom Lagoraigebirgszug.*

Dem übrigen Italien ist das Trentino als Urlaubsgebiet insofern überlegen, als es hier quasi eine fünfte Jahreszeit gibt, die zwischen Frühling und Sommer nämlich. Weil mediterranes und alpines Klima aufeinandertreffen, sind im Trentino winterlicher Ski- und sommerlicher Wassersport zur selben Zeit möglich.

Das Trentino, die Landschaft zwischen Südtirol und Gardasee, vermag es nicht so leicht, besondere Aufmerksamkeit auf sich zu ziehen. Viele deutsche Urlauber auf ihrem Weg in den Süden sehen im Trentino eher eine Strecke, die schnell hinter sich zu lassen ist. Aber die Aussicht auf die romantische Welt der Berge und Burgen, auf gute Weine und köstliche Küche, auf geschichtsträchtige Städte und Städtchen bietet ein verlockendes Angebot. Und ein weiterer Reiz liegt in der Gegensätzlichkeit der Natur: vom nur auf 70 Höhenmetern gelegenen Gardasee, wo neben den mediterranen klimatischen Einflüssen auch eine südländische Atmosphäre herrscht, bis hin zu den 3500 Meter hoch gelegenen Seitenkämmen der Ortler-Cevedale-Gruppe, die das Trentino im Nordwesten zu Südtirol hin abschließt. Und stolz ist das Trentino – politisch bildet es zusammen mit Südtirol eine autonome Region – auf seine Eigenständigkeit, auf seine Traditionen, seine imposante Bergwelt und die noch urtümlichen Täler.

Auf der anderen Seite des Flußtales der Adige, der Etsch, stößt das Trentino bis zu den Dreitausendern der Dolomiten vor. Skifahrer, Mountainbiker und Wanderer zieht es zur Ferienzeit in Strömen hier hinauf. Windsurfer und die Anhänger mediterraner Lebensart bevorzugen eher die Tallagen, wie z. B. den palmenbestandenen Gardasee.
Das Trentino zeigt sich vielfältig, sei es die Landschaft, seine Bewohner und seine Küche. Diese ist vornehmlich trentinisch, aber mit österreichischen und italienischen Einflüssen versehen; im Nordosten ist auch noch die ladinische Küche beheimatet. Daß das Trentino einen Platz auf der kulinarischen

Landkarte Italiens verdient, dafür sorgen außerdem die vielen guten Weine, die es hier gibt.

Von den hoch aufragenden Bergen und dem Gardasee abgesehen, ist die Landschaft des Trentino durch sanfte Sonnenhänge geprägt. Oft versteckt, finden sich hier die besten Lagen bekannter Rotweine, des Spumantes und des Vin Santo. Das Trentino zählt zu den vielfältigsten Weinanbaugebieten der Welt. Auf einem Areal von rund 8500 Hektar wachsen etwa dreißig verschiedene Rebsorten bis in eine Berghöhe von 800 Metern über dem Meeresspiegel. Ein Grund dieser Vielfalt ist die unterschiedliche Beschaffenheit der Böden; es finden sich sowohl Vulkan-, Sand- und Kalkböden auf engstem Raum. Viele heimische Reben sind diesen spezifischen geologischen wie auch klimatischen Bedingungen angepaßt, so daß sie nur hier gedeihen. Das zwingt die Weinbauern zur Spezialisierung. Insgesamt sind es hier etwa 150 Weinbauern, die in den vergangenen Jahren versucht haben – um wettbewerbsfähig zu bleiben –, sich ein eigenes, unverwechselbares Image zu schaffen. Ob in den Tal- oder in den Hochlagen – die Weinbauern konzentrieren sich auf ihre speziellen Weinsorten, auf Rot- oder Weißwein, auf Spumante oder Vin Santo.
Wir folgen dem Etschtal, dem Tal der Adige, das sich bei Mezzocorona öffnet, und den Blick auf die sanfte Rotaliana-Ebene freigibt. Hier auf dem auffallend flachen Gelände nördlich der Provinzhauptstadt Trient, Trento, ist das Anbaugebiet des berühmten Rotweines Teroldego Rotaliano. Wir freuen uns auf den Besuch der nahe Mezzolombardo gelegenen und von Kennern gelobten Weinkellerei »Azienda Agricola Foradori«.

Der Weinanbau *wird an den Berghängen bis zu einer Höhe von 800 Metern betrieben.*

Der frühe Tod ihres Vaters zwang Elisabetta Foradori, nach Abschluß der Schule schon mit 18 Jahren in den elterlichen Betrieb mit einzusteigen. Nach dem Examen an der renommierten Landwirtschaftsschule von San Michele begann sie zielstrebig, zusammen mit ihrer Mutter Gabriella die Qualität der Foradori-Weine zu verbessern. Mutter und Tochter spezialisierten sich – wie könnte es anders sein – auf den Teroldego, den sie heute in vier Qualitätsstufen herstellen. Während zwei dieser Weine gute Tafelweine sind, sind die beiden anderen besonders hervorzuheben: Das ist zum einen der Teroldego Vigneto Sgarzon mit einem Jahr Barrique-Lagerungszeit, zum anderen der Granato, der zwanzig Monate in Eichenfässern reift. Den Sgarzon erkennen wir inzwischen mit verbundenen Augen, an seinem fruchtigen Duft und vollmundig-zarten Geschmack. Der gute Ruf der kleinen Kellerei bringt es mit sich, daß es manchmal schwer ist, noch eine Flasche zu ergattern: »Der Granato ist leider erst wieder ab September 98, und der Sgarzon erst im Frühjahr 99 wieder zu haben«, läßt uns die junge Chefin wissen. Doch es heißt ja, »wer auf etwas Gutes wartet, wartet nie zu lange«.

Eine deftige Brotzeit *mit einem Trentiner Wein, das sollte man sich nicht entgehen lassen.*

In der 1874 gegründeten Landwirtschaftsschule in San Michele können junge Menschen, die sich für den Weinbau interessieren, ihr Abitur machen, und gleichzeitig alle für den Beruf des Winzers notwendigen Kenntnisse erwerben. Die Institution, die einen sehr guten Ruf genießt, verbindet seit jeher Lehre und Forschung. Übrigens stellt sie auch eigenen Wein und Schnaps her, und beide sind in bemerkenswerter Qualität dort zu verkosten.

Trient ist das Herz des alpinen Trentino. Die Stadt beherbergt eines der bedeutendsten Alpinmuseen. Das Museum, hoch oben auf dem Stadtberg gelegen, dokumentiert in eindrucksvoller Weise die Geschichte der Bergsteigerei seit den siebziger Jahren des 19. Jahrhunderts. Hier findet auch jährlich das internationale Festival des Bergfilms statt, das wichtigste seiner Art. Und daß die sogenannte Berghymne »La Montanara« ebenfalls im Trentino geboren wurde, ist auch nicht weiter verwunderlich.

Glutrot leuchtet der Widerschein der untergehenden Sonne auf den Bergzacken. Die Dolomiten sind ein Kalkfelsengebirge. Auf diesem weißen Gestein kommt das Farbenspiel eines Sonnenaufgangs- oder Sonnenuntergangs, das sogenannte Alpenglühen, besonders gut zur Geltung. Wir beschließen, von der romantischen Stimmung angesteckt, noch ein Weilchen in der Gegend zu bleiben, und statten dem malerischen Val Sugana einen Besuch ab.

Das Tal liegt an der östlichen Grenze der kleinen Alpenprovinz, und nicht weit von hier, in Civezzano, befindet sich eine der wichtigsten Feinschmeckeradressen weit und breit. Wir biegen auf eine Seitenstraße nach Civezzano ab, und gelangen dort zum »Cantanghel«, genauer gesagt zur Weinkellerei »Azienda Agricola Maso Cantanghel«, mit der kleinen, aber feinen Trattoria von Piero Zabini. Mit viel Liebe und sehr geschmackvoll wurde der alte Hof umgebaut. Wirklich originell ist der Zugang zum Restaurant: Durch die kleine gemütliche Küche gelangen wir in den Speiseraum, und nehmen am letzten Tisch Platz. Aus der Küche erreichen uns die herrlichsten Gerüche, und wir freuen uns darüber, wie liebenswürdig uns die Küchenchefin, Lucia Gius, begrüßt.

Sie ist eine wahre Meisterin in der Verfeinerung traditioneller Gerichte. Für ihre deftigen Bohnen mit Gemüse in einem Nudelteig reicht unser Repertoire an Lobesworten kaum aus. »Ich versuche immer wieder etwas zu verändern«, erzählt sie und beteuert: »Bei mir kommt kein Gericht zweimal in der gleichen Form auf den Tisch.« Zu ihren Spezialitäten zählen die Variationen von Geflügelgerichten, wie etwa »Anatra in Padella«, die Entenpfanne, sowie ihr selbstgemachtes Eis und die kleinen köstlichen Törtchen.

Das Castello del Buonconsiglio, *ehemaliger Sitz der Fürstbischöfe in Trient, ist eine Mischung aus Mittelalter- und Renaissancearchitektur.*

Wir kehren nach Trient zurück. Diese Stadt sei, so sagt man, eine der am meisten unterschätzten Städte Italiens. Warum dies so ist? Wahrscheinlich hat sie, wie das Trentino als Ganzes, damit zu kämpfen, allzuoft einfach links liegengelassen zu werden. Zu Unrecht, wie wir meinen: Der alte Kern der Provinzhauptstadt ist weitgehend autofrei. So kann man bei einem gemütlichen Spaziergang die Schönheiten und Sehenswürdigkeiten der Stadt entdecken. Die Piazza Duomo mit dem Neptunbrunnen und den Cafés, die schönen Bürgerhäuser mit ihren farbenfrohen Fresken, die prunkvollen Renaissancepaläste und das Castello del Buonconsiglio, das an die kirchlich-feudale Vergangenheit und an das päpstliche Konzil von 1545 erinnert. Allein der prächtige romanische Dom, der Duomo San Vigilio, mit Umbauten im gotischen und Renaissancestil und der berühmten Basilika aus dem sechsten Jahrhundert, ist den Stadtbesuch wert. Kulinarisch stellt uns die »Osteria a le due Spade« vollends zufrieden, die nur hundert Meter vom Dom ent-

MOUSSE DIE BARBABIETOLA CON CREMA DI PECORINO

Rote-Bete-Mousse mit Pecorinocreme

Für 6 Personen

Rote-Bete-Mousse

- *300 g rote Bete*
- *10 g Butter*
- *1 Knoblauchzehe*
- *1 EL Hühnerbrühe*
- *2 Eier*
- *4 EL Sahne*
- *Salz*
- *Muskatnuß, frisch gerieben*

Pecorinocreme

- *100 g Pecorino*
- *100 ml Hühnerbrühe*
- *100 ml Sahne*
- *30 g Butter*
- *etwas Schnittlauch*

1 Die roten Beten schälen und weichdünsten; kalt werden lassen.
2 Zusammen mit den restlichen Zutaten vermengen, und mit dem Schneidestab des Handrührgerätes pürieren.
3 Die Zutaten in einen Topf geben, und im heißen Wasserbad etwa 30 Minuten kochen.
4 Den zerkleinerten Pecorino mit der heißen Hühnerbrühe und der Sahne zu einer Creme verrühren, unter Rühren heiß werden lassen.
5 Die Butter in einer kleinen Pfanne erhitzen, und den Schnittlauch darin andünsten.
6 Das Rote-Bete-Mousse anrichten, die Pecorinocreme darüber verteilen und mit der Schnittlauchbutter garnieren.

PASTA ALLA MIMOSA CON SALSA DI PEPERONE GIALLO

Gelbe Paprikasauce mit Mimosenpasta

Für 4 Personen

- *1 gelbe Paprikaschote*
- *1–2 EL Olivenöl*
- *Salz, Pfeffer aus der Mühle*
- *400 g Nudeln (Maccheroni, Farfalle oder Penne)*
- *50 ml Sahne*
- *1 TL Butter*
- *50 g Parmesan*
- *1 hartgekochtes Ei*
- *1 kleines Bund Petersilie*

1 Die Paprikaschote waschen, entkernen und in wenig Wasser weich dünsten; abkühlen lassen, dann die Haut abziehen. Das Paprikafleisch mit dem Olivenöl und etwas Dünstwasser pürieren, mit Salz und Pfeffer abschmecken.
2 Die Nudeln in kochendem Salzwasser bißfest garen.
3 Die Sahne mit dem Paprikapüree und der Butter in einer kleinen Pfanne unter Rühren erhitzen, dann den Parmesan untermengen.
4 Die Sauce mit den gut abgetropften Nudeln vermengen und auf Tellern anrichten. Die Nudeln färben sich durch die Sauce gelb.
5 Das hartgekochte Ei in eine Presse geben und durchdrücken. Die Eibrösel auf den Nudeln verteilen, und mit der feingehackten Petersilie servieren.

Signor Chiocchetti *experimentiert gerne mit ausgefallenen Zutaten.*

Rote Bete führen nicht nur in Restaurantküchen bislang eher ein Schattendasein. Gewiß, für einen klassischen russischen Borschtsch sind sie unentbehrlich, aber sonst? Das Rote-Bete-Mousse zeigt, daß der erdige Geschmack dieses Wurzelgemüses auf sehr angenehme Weise abgemildert werden kann.

Das Rote-Bete-Mousse stammt aus dem Restaurant »Ja Navalge« in Moena von Alfredo Chiocchetti. Signor Dalsassi übernahm ein traditionelles Gericht, das in früheren Jahrhunderten am sogenannten Tag der Frau, dem 8. März, zubereitet wurde. Es wird im »Al Borgo« serviert.

Für Windbeutel benötigt man einen sogenannten Brandteig. Dieser trägt seinen Namen nicht umsonst: Die Zutaten werden vor dem Backen gekocht, was in der Küchensprache »abgebrannt« heißt. Wichtig für das gute Gelingen ist, daß die Teigmasse nach dem Aufkochen kurz abkühlt, und dann erst die Eier eingerührt werden. Achten sie bei der Zugabe der Eier darauf, daß der Teig elastisch und feucht bleibt und einen fetten Glanz erhält.

BACETTI A LA GIOVANNA D'ARCO

Windbeutel

Für 4 Personen

Windbeutel

- *100 g Butter*
- *Salz*
- *200 g Mehl, Type 405*
- *5–6 Eier*
- *1 gehäufter TL Backpulver*

Füllung

- *1/2 l Milch*
- *50 g Butter*
- *1 EL Pflanzenöl*
- *100 g Mehl*
- *125 g Spressa*
- *125 g Fontal*
- *50 g geriebener Trentiner Grana (Alternative: 3 leicht schmelzende Käsesorten, etwa Fontina, Emmentaler, Parmesan)*
- *Salz, Pfeffer aus Mühle*
- *1 Steinpilz*

Windbeutel

1 1/4 Liter Wasser zusammen mit etwas Salz und der Butter aufkochen.

2 Das gesiebte Mehl unter Rühren dazugeben, bis ein glatter, fester Teigkloß entsteht.

3 Die Masse so lange unter Rühren »abbrennen«, bis am Topfboden eine weiße Haut zu sehen ist.

4 Den Teig etwas abkühlen lassen, und nach und nach erst die aufgeschlagenen Eier, dann das Backpulver unterrühren.

5 Mit einem Eßlöffel 12 Häufchen abstechen und bei 170 Grad in der Backröhre 20 Minuten backen. Vom Blech lösen, noch heiß die Deckel abschneiden, und auf einem Rost auskühlen lassen.

Füllung

1 Die Milch aufkochen, Butter, Öl und Mehl dazugeben, unter Rühren aufkochen, und dann abkühlen lassen.

2 Die Käsesorten klein würfeln, vermengen und in die Windbeutel füllen, salzen und pfeffern; die Deckel wieder daraufsetzen.

3 Die Windbeutel in zwei ofenfeste Formen geben, die blättrig geschnittenen Steinpilzscheiben darauflegen, und mit der Sauce übergießen. In die auf 175 Grad vorgeheizte Backröhre geben, ungefähr 10 Minuten backen lassen, bis der Käse geschmolzen ist.

Die Windbeutel werden im »La Lanterna« in Arco serviert.

RISOTTO ALLA ZUCCA CON LUCANICA

Risotto mit gelbem Kürbis und frischer Trentiner Lucanica

Für 4 Personen
- *2 EL Olivenöl*
- *200 g Kürbisfruchtfleisch*
- *80 g frische Trentiner Lucanica (eine italienische Wurst)*
- *360 g Reis*
- *1 Glas Weißwein*
- *Salz*
- *3/4 l Gemüsebrühe*
- *50 g Parmesan*
- *60 g Butter*
- *Pfeffer aus der Mühle*

1 In einem Topf das Öl erhitzen, und das kleingewürfelte Kürbisfleisch und die ebenfalls gewürfelte Lucanica darin andünsten.
2 Nach einigen Minuten unter Rühren den Reis zugeben, und kurz mit andünsten, dann mit dem Weißwein ablöschen.
3 Die Hitze reduzieren, das Risotto mit etwas Salz würzen, und nach und nach die heiße Brühe zugeben; gelegentlich umrühren; bei milder Hitze ausquellen lassen.
4 Nach ungefähr 20 Minuten den Topf von der Herdplatte nehmen, und 3 Minuten ruhen lassen.
5 Risotto mit dem Parmesan und der Butter verrühren, mit Salz und Pfeffer abschmecken.

Tip Sollten Sie im Fachgeschäft diese spezielle Wurstsorte nicht bekommen, können Sie auch auf die italienischen Salsiccia ausweichen; oder eine andere luftgetrocknete Wurst nehmen.

CARNE SALADA E FASOI

Pökelfleisch mit Bohnen

Für 4 Personen
- *200 g braune Bohnen*
- *2 EL Olivenöl*
- *1 TL roter Weinessig*
- *1 Knoblauchzehe*
- *Salz, Pfeffer aus der Mühle*
- *300 g gepökeltes Rindfleisch*
- *Kräuter, wie Thymian, Petersilie, Schnittlauch*

1 Die Bohnen 2 bis 3 Stunden einweichen.
2 In einer großen Pfanne das Olivenöl erhitzen, den Essig dazugeben und kurz verdampfen lassen.
3 Dann die Bohnen mit einer gehackten Knoblauchzehe zugeben, mit etwas Wasser bedecken, salzen, pfeffern und garen lassen.
4 Das Pökelfleisch in hauchdünne Scheiben aufschneiden, wer möchte, kann es kurz ohne Gewürze in wenig Öl anbraten.
5 Die Fleischscheiben auf Tellern anrichten, salzen und pfeffern, und mit den feingehackten Kräutern und den gekochten Bohnen servieren.

Info Neben Räuchern und Lufttrocknen ist das Pökeln die dritte klassische Konservierungsform von Fleisch im Trentino.
Will man sich selber an der Kunst dieser Haltbarmachung versuchen, so ist folgendes zu beachten:
Einen Tafelspitz in eine verschließbare Schüssel legen, ungefähr 60 Gramm Salz pro Kilogramm Fleisch zusammen mit 3 bis 4 Knoblauchzehen, 5 Lorbeerblättern, Rosmarin, Salbei und Pfeffer dazugeben, und im Kühlschrank bis zu 20 Tage mit verschlossenem Deckel ruhen lassen.

Das italienische Reisinstitut hat vier Kategorien zur Klassifikation von Reis festgelegt. Der »Riso comune« zeichnet sich durch kleine runde Körner aus, die bereits nach 14 Minuten Kochzeit gar sind. Er wird für Süßspeisen verwendet. »Riso semifino«, der Suppenreis, hat längliche, runde Körner, die 15 Minuten kochen müssen.
Die »Risofino«-Gruppe beinhaltet gute Risottosorten. Das mittellange, runde Korn benötigt 16 Minuten Kochzeit. Die Kategorie des »Riso superfino« hat die klassischen und besten Reissorten für Risotto. Zu dieser Gruppe werden große, fast runde Reiskörner gerechnet mit einer Garzeit von 18 Minuten. Dazu gehören Reissorten wie Arborio und Baldo.

Das Kürbisrisotto ist ein deftiges Gericht der ursprünglichen Küche Rinaldo Dalsassos aus dem »Al Borgo« in Rovereto. Das Pökelfleisch stammt aus dem »La Lanterna« in Arco.

Das Ausziehen des Nudelteigs verlangt etwas Übung, und vor allem Fingerspitzengefühl, sonst entstehen schnell Löcher: Mit beiden Handrücken, die leicht bemehlt sein sollten, greift man unter den Teig und zieht ihn vorsichtig von der Mitte aus zu den Seiten.

Die deftigen Bohnen werden in der »Trattoria Maso Cantanghel« zubereitet.

SFOGLIATINE CON VERDURE DELL'ORTO

Nudelteigblätter mit Gemüse aus dem Garten

Für 4 Personen

Teig

- *200 g Mehl, Type 405*
- *2 Eier*
- *Salz*

Füllung

- *2 Frühlingszwiebeln*
- *50 ml Olivenöl*
- *200 g braune Bohnen, über Nacht eingeweicht*
- *1/4 l Weißwein*
- *1 Möhre*
- *1/2 Sellerieknolle mit Blättern*
- *1 große Kartoffel*
- *1 Zucchino*
- *Salz, Pfeffer aus der Mühle*
- *1 Bund Petersilie*
- *Parmesan, frisch gerieben*
- *1 kleiner frischer Steinpilz*
- *1 kleine Trüffel*

Teig

1 Aus Mehl, Eiern und Salz rasch einen geschmeidigen Teig zubereiten. 30 Minuten zugedeckt ruhen lassen.

2 Den Teig so dünn wie möglich ausrollen, dann auf einem Nudelbrett hauchdünn ausziehen und in quadratische Stücke von 10 Zentimetern Seitenlänge schneiden.

Füllung

1 Die Frühlingszwiebeln kleinschneiden und in Olivenöl andünsten; die eingeweichten Bohnen und den Weißwein dazugeben und kochen lassen.

2 Die Möhre und die Sellerieknolle putzen und klein schneiden, und nach 10 Minuten Kochzeit zu den Bohnen geben.

3 Danach die geschälte, gewaschene und gewürfelte Kartoffel zugeben, und zum Schluß den kleingeschnittenen Zucchino.

4 Das Gemüse salzen, pfeffern, dann die feingehackten Sellerieblätter und Petersilie zusammen mit etwas Wasser zugeben.

5 Zugedeckt 30 Minuten garen lassen.

6 In der Zwischenzeit reichlich Salzwasser zum Kochen bringen, und die Teigblätter darin »al dente« kochen.

7 Die gut abgetropften Teigblätter mit dem Gemüse belegen, mit Parmesan bestreuen und mit dem rohen, blättrig geschnittenen Steinpilz und frisch gehobelten Trüffel garnieren.

fernt zu finden ist. Im alten Kellergewölbe des Restaurants, die Osteria gibt es schon seit Mitte des 16. Jahrhunderts, lassen wir uns köstlichste Speisen munden, und wissen, daß wir nicht zum letzten Mal hier waren.

Das Trentino ist nicht nur für erlesene Rot- und Weißweine bekannt, sondern auch – davon war bereits die Rede – für seinen Spumante. Wenige Kilometer südlich von Trient ist einer der ganz Großen der Schaumweinproduktion zu finden: »Ferrari«. Mit den roten Flitzern aus Modena hat der hiesige Ferrari nichts zu tun, dieser hier ist Italiens bedeutendster Hersteller von Spumante, sein Vertriebsnetz ist weltumspannend. Die Firma trägt noch heute den Namen ihres Gründers, wenngleich 1952 die Gebrüder Lunelli den damals 50 Jahre alten Betrieb erwarben. Dem Gründer wurde auch das Spitzenerzeugnis des Unternehmens gewidmet, der Giulio Ferrari Riserva Fondatore mit einer Reifezeit von sieben bis acht Jahren. Ein weiterer erfolgreicher Schaumwein, der nach der klassischen Methode hergestellt wird, ist der Ferrari Maximum brut, der 30 Monate reift. Aber auch kleinere Produzenten haben sich hier in der Nähe niedergelassen. Wir empfehlen die kleine Kellerei Spagnolli, einige Kilometer südlich von Trient Richtung Aldeno gelegen. Ferrari produziert drei Millionen Flaschen pro Jahr, hier werden in der gleichen Zeit lediglich 3000 Flaschen abgefüllt. Aber bekanntlich kommt es nicht immer nur auf die Menge an. Spagnolli, der für gute Qualität zu moderaten Preisen bekannt ist, kann sich neben Ferrari ganz gut behaupten.

Auf den Weg in den Süden, erreichen wir nach dreißig Kilometern Rovereto. Diese gemütliche Kleinstadt zeigt, was selten genug der Fall ist, eine geglückte Sanierung der Altstadt. Wir schlendern an bildschön restaurierten Fassaden vorbei zu einem großen alten Torbogen – dem Eingang zu dem Restaurant »Al Borgo«, einer der ersten Adressen im Trentino. Das elegante Lokal wird von der Familie Dalsasso geführt. Jedes Familienmitglied hat hier seine feste Aufgabe. Rinaldo Dalsasso ist der Chef in der Küche, sein Bruder Carlo für den reichhaltig bestückten Weinkeller zuständig. Auf Anfrage werden hier auch Verkostungen durchgeführt. Sein hervorragendes Renommee verdankt das »Al Borgo« Meisterkoch Rinaldo, der sich der Philosophie von der »Coincidentia oppositorum«, dem »Zusammenführen von Gegensätzen«, verpflichtet fühlt. Hier werden meisterlich und raffiniert vermeintliche kulinarische Kontraste – das beweist die »Bohnensuppe mit Garnelen« – unter einen Topfdeckel gebracht.

Sehenswert: *Die Galleria Museo Depero, wo die Werke des Künstlers zu sehen sind.*

Die Hügel südlich von Rovereto sind unter Weinkennern als das Revier des »Marzemino« bekannt. Neben dem Teroldego ist der

In der Nähe von Rovereto wurde 1892 Fortunato Depero geboren. Depero war ein bedeutender Vertreter des italienischen Futurismus, der vor allem in den zehner Jahren unseres Jahrhunderts eine radikale Erneuerung der Kunst forderte. Ihm ist das erste futuristische Museum, die »Galleria Museo Depero« in Rovereto, gewidmet.

Im Schlußakt des Don Giovanni läßt Mozart seinen Helden noch einmal tafeln. Leporello tischt dazu einen »Marzimino« auf. Mozart hat den Wein gleich auf seiner ersten Italienreise bei seinem Aufenthalt in Rovereto kennen- und schätzengelernt. In einem Brief lobt er aber nicht nur Speis und Trank dieser Gegend, sondern auch die Gastfreundschaft.

1990 wurde in der Nähe von Rovereto etwas Bemerkenswertes entdeckt. Im Gestein fanden sich sehr gut ausgeprägte Fußspuren, die mittlerweile eindeutig und wissenschaftlich abgesichert als Dinosaurierspuren identifiziert wurden. Der Weg zu diesem paläontologischen Schauplatz ist vom Zentrum der Stadt aus beschildert.

Das Cembratal *mit der Brentagruppe als Kulisse.*

Im Gemischtwarenladen »Michele« *in Rovereto gibt es alles, was das Feinschmeckerherz begehrt.*

Marzemino, der bereits in Mozarts »Don Giovanni« besungen wird, die zweite wichtige Rebe im Trentino. Die Marzeminoweine mit ihrem charakteristischen, weil leicht mandelbitteren (Nach-)Geschmack gedeihen auf basalthaltigem Boden besonders gut, und einen solchen Boden gibt es im gesamten Gebiet des Vallagarina zwischen Rovereto und Ala, der südlichsten Spitze des Trentino. Die Region ist besonders, der Wein ist es, und die Ideen auch: Viermal im Jahr veranstalten zwölf Restaurants und neunzehn Weinkellereien der Gegend unter dem Motto »Slowfood« ein Gastronomiefestival mit immer neuen Gerichten und originellen Einfällen. Mit von der Partie ist Ruggero dell'Adami de Tarczal, allein schon ein solch klangvoller Name macht uns neugierig. Wir begeben uns auf dem Weg zu ihm, einem der bekanntesten Trentiner Weinbauern, und besuchen sein Weingut in Isera, um aus dem Munde eines wirklichen Experten noch mehr über die Marzeminoweine zu erfahren.

Zum Weinbauern fühlte sich der junge Ruggero quasi berufen. Nach dem Abitur fing er systematisch an, sich alle erforderlichen Kenntnisse selbst beizubringen. Seit rund 25 Jahren stellt der Autodidakt nun Wein her, und er avancierte schnell zum Fachmann in Sachen Marzemino. Heute steht er in vorderster Reihe der Trentiner Weinbauern, sein Name ist weit über die Landesgrenzen hinaus bekannt.

»Der Marzemino wird jung getrunken«, so Ruggero, »aber mein Pragiara ist ein Wein, der alterungsfähig ist.« Der Pragiara, was sich ungefähr mit »Steinwiese« umschreiben ließe, wird aus den Trauben Merlot, Cabernet, Sauvignon und Cabernet Franc hergestellt, und altert vier Jahre. Wer noch mehr über ihn erfahren will, sollte Ruggero dell' Adami de Tarczal einfach besuchen,

FILETTO DI LUCIOPERCA

Hechtbarschfilet

Für 2 Personen

- *1 Lucioperca (eine italienische Forellensorte; man kann auch wahlweise Forelle oder Zander nehmen)*
- *etwas Zitronensaft*
- *Salz*
- *1 Aubergine*
- *Mehl zum Wenden*
- *Olivenöl zum Fritieren*
- *1/2 Glas Anisschnaps*

Sauce

- *2 rote Paprikaschoten*
- *1 TL Thymian*
- *1/2 Zwiebel*
- *100 ml Olivenöl*
- *125 ml Sahne*

1 Den Fisch ausnehmen, gut waschen, filieren, mit Zitrone säuern und leicht salzen.

2 Die Aubergine waschen, in dünne Scheiben schneiden, in etwas Mehl wenden, und im 160 Grad heißen Öl fritieren.

3 Die Filets in wenig gesalzenem Wasser und dem Anisschnaps pochieren, aus dem Sud nehmen und warm stellen.

4 Die Paprikaschoten waschen entkernen, in kleine Würfel schneiden, pürieren und mit dem Thymian und Salz würzen; die Zwiebelwürfel unterheben. Zuerst das Olivenöl, dann die flüssige Sahne mit dem Schneidestab des Handrührgerätes untermengen.

5 Die Filets auf einem vorgewärmten Teller anrichten, und mit etwas Sauce begießen.

ROMBO IN CROSTA DI PATATE

Steinbutt in Kartoffelkruste

Für 4 Personen

- *2–3 Kartoffeln, in Julienne geschnitten*
- *4 Steinbuttfilets*
- *Salz, Pfeffer aus der Mühle*
- *Olivenöl zum Braten*

1 Die Kartoffeln waschen, schälen, in dünne Scheiben hobeln und dann in hauchdünne Streifen schneiden (Julienne); in kaltem Wasser mehrmals waschen, dann auf Küchenkrepp abtropfen lassen.

2 Die Fischfilets kalt abspülen und mit wenig Salz und Pfeffer würzen.

3 Die Filets mit den Kartoffelstreifen belegen und in einer Pfanne in heißem Öl 3 bis 4 Minuten braten – nicht wenden!

4 Dann die Filets mit dem Kartoffelbelag in eine ofenfeste Form geben und in der auf 200 Grad vorgeheizten Backröhre weitere 3 Minuten garen. Heiß servieren.

Info Wenn die Kartoffelstreifen in kaltem Wasser gewaschen werden verlieren sie Stärke; das bedeutet, sie werden knackiger im Geschmack.

Alfredo Chiocchetti, *der dieses Filetto di Lucioperca zubereitet hat, ist bekannt für Gerichte mit Anis- oder Fenchelwürzung.*

Alfredo Chiocchetti aus dem Restaurant »Ja Navalge« kocht gern mit Anis- oder Fenchelwürzung. Dazu hat er sich einen Fenchelschnaps kreiert. Ein Liter Tresterschnaps wird mit einem nicht zu auffällig schmeckenden Weißwein gleicher Menge in ein großes Glasgefäß zusammengegossen; dazu kommen 100 Gramm Zucker und zwei Löffel wilder Fenchel. Die Flasche läßt man nun eine Woche im Freien, in der Sonne stehen. Danach gießt man den Schnaps durch ein Sieb in eine Flasche.

Das Hechtbarschfilet stammt aus dem Restaurant »Ja Navalge«. Der Steinbutt mit Kartoffelkruste wird im »Al Borgo« in Rovereto serviert.

Der Naturpark *bei San Martino am Gardasee.*

Beim Händler erhalten sie das ausgelöste Hirschfleisch. Empfehlenswert ist, sich die Knochen und Fleischabschnitte für einen Fond mitgeben zu lassen. Für die Zubereitung des Fonds braten Sie die gehackten Knochen und Fleischabschnitte in Öl an, geben Sie etwas Tomatenmark und Suppengemüse zu, bei Bedarf noch Wacholderbeeren, Rosmarin, Lorbeer, Salz und Pfeffer, und löschen Sie mit Rotwein und Wasser ab. Bei schwacher Hitze knappe drei Stunden ziehen lassen, dann durch ein Sieb passieren.

Der Hirsch von Rinaldo Dalsasso aus dem »Al Borgo« in Rovereto.

ROASTBEEF DI CERVO IN BURRO CON CRAUTI ROSSI

Hirschroastbeef in Butter und Wacholder mit Rotkraut

Für 6 Personen

Rotkraut

- *1 Rotkohl*
- *1 Apfel (am besten Golden Delicious), geschält und in Scheiben geschnitten*
- *250 ml Rotwein*
- *250 ml Apfelsaft*
- *2 EL Rotweinessig*
- *3 TL Zucker*
- *2 TL Salz*
- *60 g Butter*

Hirschroastbeef

- *900 g Hirschrücken, ausgelöst*
- *Salz, Pfeffer*
- *2 EL Olivenöl*
- *4 EL Gin*
- *100 g Butter*
- *10 Wacholderbeeren, grob zerdrückt*

1 Den Kohl putzen und sehr fein hobeln; den geschälten und feingeschnittenen Apfel mit dem Rotwein, Apfelsaft, Rotweinessig, Zucker und Salz dazugeben und alles 14 Stunden abgedeckt marinieren lassen.

2 Die Butter in einem Topf erhitzen, den Kohl zugeben, und bei mittlerer Hitze etwa 1 1/2 Stunden schmoren lassen.

3 Gegen Ende der Kochzeit das Roastbeef zubereiten:

4 Das Fleisch mit Salz und Pfeffer würzen, auf beiden Seiten in heißem Öl unter Wenden anbraten; mit Gin ablöschen, flambieren und dann die Wacholderbeeren zugeben.

5 Für 8 bis 12 Minuten in die auf 200 Grad vorgeheizte Backröhre geben.

6 Das Fleisch herausnehmen und 5 Minuten ruhen lassen.

7 Unterdessen die Butter schmelzen.

8 Das Roastbeef in sehr dünne Scheiben aufschneiden und fächerartig anrichten; die heiße, zergangene Butter darübergießen, mit Rotkraut und Polenta servieren.

Auch bei dieser Suppe kommt die Küchenphilosophie Rinaldo Dalsassos zum Tragen, vermeintliche Gegensätze zusammenzuführen. Hier sind es die derben Bohnen und die feinen Garnelen, deren Kombination den Reiz dieses Gerichtes ausmachen. Und sie harmonieren durchaus.

ZUPPA DI FAGIOLI CON GAMBERI

Bohnensuppe mit Garnelen

Für 4 Personen

Suppe
- *200 g Bohnen (Borlotti)*
- *1 Pfefferschote*
- *1/2 Möhre*
- *1 Stange Staudensellerie*
- *3 Tomaten*
- *1/2 Zwiebel*
- *1 Knoblauchzehe*
- *1 l Fischsud*
- *Salz*

Sauce
- *2 EL Olivenöl*
- *1/2 Zwiebel, klein gewürfelt*
- *4 Knoblauchzehen, klein gewürfelt*
- *1 Rosmarinzweig, gehackt*
- *1 Salbeiblatt, gehackt*

Shrimps
- *Olivenöl, zum Braten*
- *1 Knoblauchzehe, klein gewürfelt*
- *1 kleiner Rosmarinzweig, gehackt*
- *24 Garnelen, aus der Schale herausgelöst*
- *1 Glas Weißwein*

1 Die Bohnen über Nacht in kaltem Wasser einweichen; am nächsten Tag abgießen, gut abbrausen und abtropfen lassen.
2 Die Pfefferschote waschen und entkernen; Möhre und Staudensellerie schälen, die Tomaten waschen, die Zwiebel und Knoblauchzehe häuten.
3 Das Gemüse im Fischsud aufkochen; die Bohnen zugeben und gar kochen.
4 Einige Bohnen beiseite legen. Die Suppe durch ein Sieb in einen Topf umgießen, die Bohnen und das Gemüse pürieren, und zu der Suppe geben.
5 Für die Sauce Öl in einer kleinen Pfanne erhitzen, und sämtliche vorbereiteten Zutaten darin andünsten.
6 In einer anderen Pfanne ebenfalls Olivenöl erhitzen, den Rosmarin mit der gehackten Knoblauchzehe darin andünsten, und die Shrimps zugeben.
7 Unter öfterem Wenden braten.
8 Mit dem Weißwein ablöschen.
9 Sauce und heiße Shrimps in die Bohnensuppe geben und sofort servieren.

Chefkoch Rinaldo Dalsasso *mit seinem Bruder Carlo.*

Aus dem »Al Borgo« von Signor Dalsasso komponiert.

Die ehemalige Großmacht Österreich hat auch in Italien ihre Spuren hinterlassen. Kaiser Franz Joseph, der eine Schwäche für kulinarische Genüsse gehabt haben soll, forderte seine Köchinnen und Köche zu immer ausgefalleneren Ideen, die natürlich auch über die Grenzen hinaus gelangten. Während man in Österreich jedoch hauptsächlich Variationen aus Kalb- und Rindfleisch bevorzugt, setzt die italienische Küche gezielt Schweinernes ein – allerdings nur vom Feinsten.

Das Schweinefilet nach Habsburgerart wird, der heutigen Zeit angepaßt, im »La Lanterna« zubereitet.
Das Paprikagericht serviert man in der »Trattoria Maso Cantanghel« in Civezzano.

FILETTI DI MAIALE ALLA HABSBURGER

Schweinefilet Habsburgerart

Für 2 Personen

- *50 g Hühnerbrustfleisch*
- *Gewürzkräuter wie Basilikum, Kresse, Petersilie u.ä. und – wer den Geschmack mag – Anis*
- *1 Frühlingszwiebel*
- *2 Eiweiße*
- *Salz, Pfeffer aus der Mühle*
- *2 EL Sahne*
- *200 g Schweinefilet*
- *Öl zum Braten*
- *Schweinenetz (Alternative: Blätterteig)*

1 Das Hühnerbrustfleisch mit den gewaschenen und feingehackten Gewürzkräutern vermengen; dann die ebenfalls feingewürfelte Frühlingszwiebel, die Eiweiße, Salz und Pfeffer zugeben, und alles mit dem Schneidestab des Handrührgerätes pürieren.
2 Die Sahne zur Fleischmasse rühren.
3 Die Filets in 2 Stücke schneiden, salzen, pfeffern und in heißem Öl anbraten.
4 Die Fleischmasse auf den Filets verteilen, und jedes Filet in ein Stück Schweinenetz einwickeln.
5 Die Filets in der vorgeheizten Backröhre bei 160 bis 180 Grad 12 Minuten braten.

Tip Anstelle des Schweinenetzes, das Sie beim Metzger anfordern müssen, können Sie auch Blätterteig verwenden.

Info Das Original dieses Rezeptes stammt aus dem Jahr 1850, und gilt als Kreation der Köchin Anna Gartner, die im Dienste des Kaisers Franz Josef von Österreich stand.

Als Beilage

PEPERONI DOLCI AL BASILICO

Paprikaschoten mit Basilikum

Für 4 Personen

- *2 große rote Paprikaschoten*
- *Olivenöl zum Braten*
- *Salz*
- *1 Bund Basilikum*
- *1 Knoblauchzehe*
- *1 TL Sardellenpaste*
- *Parmesan, frisch gehobelt*
- *Butter*

1 Die Paprikaschoten halbieren, entkernen und gut waschen.
2 Olivenöl in einer Pfanne erhitzen, und die Paprikahälften dazugeben; mit etwas Salz würzen, dann die gewaschenen und grobgehackten Basilikumblätter sowie die feingehackte Knoblauchzehe darübergeben.
3 Anschließend die Sardellenpaste mit 1/2 Glas Wasser verrühren, dazugeben und zugedeckt bei milder Hitze 20 Minuten garen.
4 Mit gehobeltem Parmesan und einigen kalten Butterflöckchen bestreut servieren.

Achten Sie beim Kauf der Ente darauf, daß das Tier artgerecht gehalten und entsprechend gefüttert wurde.

ANATRA IN PADELLA

Entenpfanne

Für 4 Personen

Ente

- *1 Ente (1 1/2 bis 2 kg)*
- *Salz, Pfeffer aus der Mühle*
- *1 Zwiebel*
- *1 Zweig Rosmarin*
- *einige Blätter Salbei*
- *1 Lorbeerblatt*
- *30 g Speck, fein gewürfelt*
- *2 EL Olivenöl*
- *1 Glas Roséwein*
- *Butter*

Beilage

- *1 kg Kartoffeln*
- *4 EL Olivenöl*
- *1 Zwiebel*
- *abgeriebene Schale von 1 Orange*
- *Salz*
- *Roséwein zum Ablöschen*

Entenpfanne

1 Ente innen und außen säubern, waschen, trockentupfen, dann in grobe Stücke zerkleinern und mit Salz und Pfeffer würzen.

2 Die Zwiebel häuten und würfeln, die Rosmarinnadeln und Salbeiblätter sehr fein hacken, und mit dem Lorbeerblatt und den Speckwürfeln in heißem Öl andünsten.

3 Die Entenstücke dazugeben, anbraten und mit dem Wein ablöschen. Wenig Wasser dazugeben, so daß der Pfannenboden ungefähr 1/2 Zentimeter mit Wasser bedeckt ist, und bei milder Hitze knappe 2 Stunden schmoren.

Beilage

1 Die Kartoffeln schälen, waschen und in 2 Zentimeter große Würfel schneiden.

2 Olivenöl in einem Schmortopf erhitzen, die in Scheiben geschnittene Zwiebel zusammen mit den Kartoffelwürfeln darin anbraten, geriebene Orangenschale darübergeben, salzen und mit Roséwein ablöschen. Etwa 20 Minuten bei milder Hitze schmoren.

3 Die Kartoffelwürfel zur Entenpfanne servieren.

Die Entenpfanne stammt aus der »Trattoria Maso Cantanghel«.

ABRAMO PRANDI

Koch

Italientouristen und Gourmets machen sich vermehrt Gedanken über die italienische Köchestruktur. Gibt es hier ein Problem?
Natürlich! Immer weniger Menschen wollen diesen Beruf ergreifen. So eine Entwicklung zieht auch die Spitzenleistungen in Mitleidenschaft.
Haben Sie als Chef der Trentiner Köchevereinigung dazu einen Vorschlag?
Überspitzt formuliert kann man sagen, Köche werden zu hoch bezahlt bei zuwenig Freizeit – umgekehrt würde es besser laufen. Ich habe vorgeschlagen, angehenden Köchen eine Arbeits- und Freizeitgarantie über einen Verbund von Betrieben zu schaffen, und zwar für drei oder sogar fünf Jahre. Damit gewinnt der Beruf an Attraktivität und wir bekommen langsam wieder die nötige Basis an Köchen. Ohne gute Küchen gibt es keinen Qualitätstourismus! Sogar die Qualität des produzierten Weines hängt indirekt damit zusammen.

und den edlen Tropfen vor Ort einmal selbst verkosten. Gegen Ende unseres Besuches möchten wir gerne noch erfahren, was es mit seinem Namen für eine Bewandtnis hat. »Darin steckt ein ganz typisches Stück Familiengeschichte«, erzählt Ruggero und schenkt Wein nach. »Der Name stammt aus der Zeit der k.k. Monarchie, die ja entfernteste Gegenden miteinander verband. Um die Jahrhundertwende heiratete eine meiner weiblichen Vorfahren, eine gewisse ›dell'Adami‹, einen ungarischen Offizier der k.k. Marine. Dieser ›de Tarczal‹ stammte aus dem ungarischen Ort Tarczal. Auch das ist eine Weingegend, und zwar die beste für den Tokai.«

Bis zum Ende der k.k. Monarchie war auch das Trentino Teil des Habsburgerreiches. Dessen Einfluß ist hier im Trentino fast noch stärker als in Südtirol zu spüren. Das kleine Städtchen Arco war seinerzeit bevorzugtes Ziel des Kaiserhauses, und der gehobenen Gesellschaft. Im Jahre 1872 ließ das Kaiserhaus hier einen botanischen Garten errichten, der noch heute seinesgleichen sucht. Hoch über der Stadt auf einem Felsen steht das Castello, die Überreste einer Befestigungsanlage aus dem 13. Jahrhundert. Von Arco aus ist es in einem halbstündigen Spaziergang zu erreichen. Von hier oben genießen wir einen grandiosen Blick auf die herrliche Landschaft, besonders auf die schroffen Felsabbrüche ringsum.
Einer, der von der Habsburgerzeit mit leichter Nostalgie spricht – was bei Italienern gar nicht selten vorkommt –, ist Abramo Prandi. Signor Prandi führt das Restaurant »La Lanterna« etwas außerhalb Arcos. Er hat eine besondere Vorliebe für die alten Rezepte aus der Zeit der Monarchie. Manche beläßt er im Original, andere variiert er zu neuen Kreationen – »à la Habsburg«, wie er sie nennt. Prandis »Schweinefilet

Habsburgerart« ist eines jener Gerichte, die, so sagt er, noch genauso zubereitet werden, wie es seinerzeit Anna Gartner, die Köchin von Kaiser Franz Josef von Österreich, getan hat.
Im Casino, einem der Prachtbrauten aus der Zeit der Monarchie, wird jedes Jahr am vorletzten Faschingswochenende ein Galadinner gegeben, das sich der k.k. Vergangenheit und natürlich Anna Gartner erinnert. Der gesamte »Hofstaat« tritt zusammen, und bedeutende Persönlichkeiten aus jener Zeit werden – in originalgetreuen Kostümen – wieder lebendig. Den Part von

Zwischen Bergkämmen eingebettet – *der Gardasee von Norden aus betrachtet.*

Seen sind aus dem trentinischen Landschaftsbild nicht wegzudenken, sind es doch fast 300 an der Zahl. Manche, wie der große Caldonazzosee südöstlich von Trient oder der benachbarte Levicosee, laden zum Wassersport ein, viele kleine lassen sich nur auf ausgedehnten Wanderungen entdecken.

Kaiserin Sissi übernimmt passenderweise die Faschingsprinzessin.

Wir machen des herrlichen Wetters wegen einen kleinen Abstecher zum See. Im rauhen Gesteinsmassiv der Alpen bildet der Gardasee eine Schneise, durch die mediterranes Klima wie durch ein Rohr bis weit in den Norden geblasen wird. Den warmen Winden ist die exotisch anmutende Vegetation rund um den »König« des Gardasees, den Monte Baldo, zu verdanken. Von Rovereto aus erstreckt sich der breite Gebirgskamm des Monte Baldo gen Westen bis hin zum Gardasee, dessen nördliches Ufer noch zum Trentino gehört. Der Monte Baldo stellt eine botanische Besonderheit dar, weil seine Flora grundlegend anders ist als auf den umliegenden Bergen. Zu der großen Artenvielfalt konnte es kommen, weil der Monte Baldo während der letzten Eiszeit von den Gletscherbewegungen verschont blieb. Auf seinen Rücken siedelten sich deshalb Pflanzen an, die es unter anderen Umständen an dieser Stelle nicht gegeben hätte. Hier an den Ufern des Gardasees läßt sich der Kontrast

Aus der Gegend um Arco stammt die »Carne salada«, eine Vorspeise, die heute im ganzen Trentino verbreitet und beliebt ist. Hauchdünn geschnittenes Fleisch wird in einer Schüssel aus Holz oder Ton in Salz, Knoblauch und Lorbeerblätter eingelegt. Auf diese Weise wurde früher das Fleisch konserviert.

In Südmexiko fand man 7 000 Jahre alte Spuren, die auf die Verwendung von Mais hinweisen. Aber nicht nur als Nahrungsmittel, sondern auch zu zeremoniellen Zwecken, als Bau- und Brennstoff sowie als Rauchware wurde Mais eingesetzt.

Polenta

Polenta ist die Pasta des Nordens, sie sättigt und wärmt. Doch bis aus körnigem Maisgrieß ein goldgelbes Meisterwerk wird, braucht es viel Geduld und Sorgfalt.

Der dicke Brei aus lange gekochtem Maisgrieß ist für die Alpenländer das, was die Pasta weiter im Süden bedeutet: Grundnahrungsmittel und Sattmacher. Eine Zeitlang schien die Polenta in Vergessenheit geraten zu sein. Deftig, schlicht und einfach paßte sie nicht mehr zur feinen, leichten Küche. Doch dann waren wieder traditionelle bodenständige Gerichte gefragt – und damit kam die Polenta erneut zu Ehren, und steht seitdem auf jeder Speisekarte feiner Lokale.

Maisernte *im Trentino.*

Die einzige Zutat, außer Wasser und Salz, ist Maisgrieß von mittlerer Körnung. Dafür werden die reifen Maiskolben getrocknet, und die Körner in speziellen Mühlen gemahlen. Nicht zu grob, sonst dauert die Garzeit zu lange, und das Gericht ist schwer verdaulich, aber auch nicht zu fein, sonst wird die Polenta klumpig und klebrig. Über das rechte Mittelmaß streiten sich die Regionen. In Venetien bevorzugt man den etwas feineren, in den Alpenregionen wie auch im Piemont und in der Lombardei einen etwas gröberen Mahlgrad.

Polentaschnitten, *mit Käse gefüllt.*

Einmal ist die Polenta fest, und läßt sich schneiden wie ein Kuchen, ein anderes Mal ist sie geschmeidig, und fast flüssig wie ein Püree. Kaum jemand denkt heute noch daran, daß der Mais gar kein heimisches Getreide ist, sondern erst von Christoph Kolumbus aus Amerika mitgebracht wurde. Davor wurde Polenta, die schon die alten Römer als »Pulmentum« schätzten (der Südtiroler Name »Plenten« zeigt noch deutlicher die Wortverwandtschaft), aus Hirse oder Gerstengrütze gekocht. Bis heute kann sich in Alpenländern der Buchweizen, »Grano saraceno« (Sarazenerkorn), behaupten, eine anspruchslose Getreideart, die im rauhen Klima gedeiht.

In manchen Tälern wird noch »Polenta negra«, schwarze Polenta (in Südtirol »Schwarzplenten« oder »Heidensterz«), daraus gekocht, die würzig und gut schmeckt. Auch nach der Entdeckung Amerikas dauerte es lange, bis der erst als Zierpflanze angebaute Mais in die Kochtöpfe wanderte. Erst einmal mußten portugiesische Seefahrer ihn nach Asien bringen, von wo aus er sich als

Mit einem »Bastone«, *einem langstieligen Holzspatel, wird die Polenta gerührt.*

»Kukuruz« seinen Weg durch den Balkan zurück nach Italien bahnte. Deshalb nannten ihn die Venezianer, die das neue Getreide im 16. Jahrhundert als erste am Podelta anpflanzten, »Grano turco«, türkisches Korn. Hundert Jahre später wagte man sich in der Lombardei an den Anbau, und erst zu Beginn des 19. Jahrhunderts wurde der Mais im Trentino und in Südtirol, in Venetien und im Friaul angenommen.

Wichtigstes Gerät beim Polentakochen ist der »Paiolo«, ein großer hochwandiger Kupferkessel, der auf einem offenen Holzfeuer stehen sollte. Darin wird Wasser aufgekocht, dann wird der Polentagrieß eingestreut und gesalzen. Jetzt heißt es rühren, rühren, rühren, damit der Maisgrieß nicht verklumpt und anbrennt. Immer in einer Richtung, das ist wichtig, denn nur das verhindert die Klümpchenbildung. Und mit einem »Bastone«, einem langstieligen flachen Holzspatel. Eine halbe bis eine dreiviertel Stunde muß beständig mit Kraft gerührt werden, dann löst sich der Brei vom Kesselrand, und es bildet sich eine feste Kruste. Jetzt kann die Polentamasse aus dem Topf gestürzt, mit einem Faden in Scheiben geschnitten und serviert werden. Die Kruste direkt aus dem Topf gilt als besonderer Leckerbissen, sie wird ausgekratzt, und entweder gleich gegessen oder als Knabberei zu einem Glas Wein serviert.

Eine dick gekochte Polenta kann man auch auf ein Brett streichen, abkühlen lassen und in Stücke geschnitten in der Pfanne braten. Oder gratiniert sie im Ofen. Im Aostatal werden Knödel, »Knolle« genannt, daraus geformt. Für die Polenta taragna gibt man etwa eine Viertelstunde vor Ende der Garzeit reichlich frische Butter und fetten, gewürfelten Käse, zum Beispiel Fontina, zu dem Brei, und erhält so ein nahrhaftes, üppiges Älplergericht, zu dem es nur eine große Schüssel Salat noch braucht.

Bei den Zubereitungsmöglichkeiten *von Polentagerichten sind Ihrer Phantasie keine Grenzen gesetzt.*

Polenta ist zu allem zu gebrauchen: als Beilage zu geschmortem Kaninchen, zu Rinderbraten oder gebratenem Geflügel. Oder klein gewürfelt als Kohlenhydratbombe zu einem Gulasch. Sie paßt zu Waldpilzen ebenso wie zu Fischen. Einfach mit Butter übergossen und mit etwas Käse bestreut (zum Beispiel einem Parmesan) wird sie als Vorspeise serviert, in der Pfanne gebratene Scheiben schmecken vorzüglich mit einer einfachen Tomatensauce. Und Reste lassen sich immer für einen Auflauf oder als Knabberei zu einem Rotwein verwenden.

Polentaessen *auf der Piazza, als jährliches Ereignis.*

Mais wächst in den Alpenregionen besser als anderes Getreide, deshalb ersetzen hier Maisgerichte oft Pasta und Brot. Je nach Tradition wird er feiner oder gröber gemahlen, so daß jede Region eine andere Polenta kocht.

Die Ladiner stellen heute die größte Minderheit im Trentino. Die Frage nach der Herkunft der ladinischen Sprache und Kultur ist bis heute nicht ganz gelöst. In Vigo di Fassa ist seit 1975 ein Institut darum bemüht, das Ladinische in all seinen Erscheinungsformen zu erforschen und zu erhalten.

von felsigen Bergflanken und Palmenalleen, bunten Blüten und strahlendblauem Seewasser besonders intensiv erleben.

Der Weg führt uns nun wieder nach Norden, in Richtung Trient. Wir genießen die Fahrt durch eines der wunderbarsten Täler des Trentino. In »Valle dei Laghi«, dem »Tal der Seen«, hinterließ die Eiszeit einige wunderschöne Gewässer. Der Toblinosee mit dem Castello di Toblino ist ein Muß für jeden Besucher. Im Schloßrestaurant lassen wir uns, umgeben von dickem Gemäuer, trentinisch verwöhnen.

Nicht versäumen sollte man, zum Essen einen Vin Santo zu kosten. Denn der kommt aus der Gegend des Toblinosees. Hier spüren wir auch Francesco Poli auf, der für seinen Vin Santo bereits mehrfach ausgezeichnet wurde. Die Kellerei befindet sich in Santa Massenza, zur Gemeinde von Vezzano gehörig. Die Familie Poli hat sich nicht nur – mit großem Erfolg – auf die Herstellung dieses süßen Weines verlegt, sondern produziert auch sieben verschiedene Schnäpse, die allesamt nach traditionellen Verfahren destilliert werden. Auf guten Grappa versteht man sich hier schon seit vier Generationen, im Keller sind noch Flaschen von 1935 zu finden. Jährlich füllt die Kellerei bis zu 240000 Flaschen der diversen Hochprozentigen ab. »Für unseren Vin Santo verwenden wir die heimische Nosiola-Traube«, verkündet Francesco nicht ohne Stolz. Nach der Ernte werden die Trauben in geschlossenen Räumen auf großen Netzen ausgelegt: Neben dem Trockneneffekt bilden die Trauben auch eine Edelfäule, die sie vergären läßt. Im März, meist zu Ostern, kommen sie zum einjährigen weiteren Gärungsprozeß in Stahlbehälter. Anschließend wandern sie für fünf bis sechs Jahre in Holzfässer. »Vin Santo können wir nicht jedes Jahr herstellen«, erklärt uns Francesco Poli, »nur bei einer besonders fruchtigen Ernte kann man die Trauben für diesen Wein verwenden.« Poli füllt solche Jahrgänge in nicht mehr als 3000 Halbliterflaschen ab. Meist wird der Vin Santo erst nach sieben Jahre Reifezeit zum Verkauf angeboten. Daß ihr Wein besonders geschätzt wird, erfahren die Polis immer wieder. Für ihren Vin Santo haben sie den begehrten »Premio Bancarella« erhalten. Ursprünglich ein reiner Literaturpreis, wird er seit einigen Jahren zusätzlich für einen guten Tropfen verliehen. Eine glückliche Idee des Verleihungskomitees, wie wir finden, Text und Wein zu verbinden – und sicher im Sinne aller weintrinkenden Leser und Dichter, und aller dichtenden und lesenden Weintrinker. Und noch einen Preis gab es vor kurzem für Francesco Poli: Für seinen Moscatoschnaps wurde ihm der »Alambicco d'oro« verliehen, der »Goldene Destillierkolben«.

Die Sarcaschlucht *bei Gola di Limaro verbindet das Obertal mit dem Untertal.*

Von Vezzano aus orientieren wir uns nach Nordosten. Das Trentino hat östlich der Adige, der Etsch, einen beträchtlichen Anteil am rätoromanischen Gebiet der Ladiner. Hier sprechen noch einige Menschen

Abendstimmung *am Toblinosee.*

Im ladinischen Moena, der »Fee der Dolomiten«, wie das große Dorf auch genannt wird, wurde Valentino Rovisi geboren, ein Schüler des berühmten venezianischen Malers des Spätbarock, Giovanni Battista Tiepolo. Sehenswert ist auch die museale Faßbinderwerkstatt »Botega da Pinter«.

das alte Ladinisch, dessen Sprachraum sich über vier Regionen des italienischen Nordostens erstreckt.

Wir fahren auf halber Strecke zwischen Trient und Bozen ins Val di Fiemme, ins Fleimstal, hinein. Dieses Tal erreicht man entweder durch das Cembratal, das sich von dem alten Volksstamm der Kimbern ableitet, oder von Südtirol kommend. Im Cembratal ist die Schiava-Traube beheimatet – in Südtirol unter dem Namen Vernatsch bekannt. Das Fleimstal führt uns in die bizzare Bergwelt der Dolomiten. Einer der letzten Ortschaften vor den großen Dolomitenpässen, Moena, hält noch ein kulinarisches Schmankerl der Extraklasse für uns bereit. Das Restaurant »Ja Navalge« von Alfredo Chiocchetti verdankt seinen guten Ruf traditionellen Gerichten. Die bäuerliche Küche der Region ist die Basis für Chiocchettis Kochkünste; er variiert sie mit raffinierten Würzmischungen, und kreiert Neues hinzu. Alfredo Chiocchetti hat einige Zeit in Frankreich gelebt, und er läßt sich noch immer von der französischen »Cuisine« inspirieren. Aber als ein Sohn des Tales ist er zu seinen Wurzeln zurückgekehrt. Für die trentinische Küche empfindet er Stolz. Und das ist seinen Gerichten anzumerken. Mit einem letzten kulinarischen Genuß verlassen wir das Trentino.

Eßkastanien, auch Maronen genannt, sind sehr stärkehaltig, d.h., sie sind äußerst sättigend. Der Stärkeanteil bewirkt, daß Gerichte mit Kastanien kein Geliermittel benötigen, um zu einer kompakten Masse zu werden.

TERRINA DI CASTAGNE CON SUGO DI CACHI

Kastanienterrine mit Kakifruchtsauce

Für 4–6 Personen

- *400 g Eßkastanien*
- *250 ml Milch*
- *60 g Zucker*
- *125 g Butter*
- *1 Prise Salz*
- *3 reife Kakifrüchte*
- *Zucker nach Belieben*

1 Die Kastanien auf einer Seite kreuzweise einschneiden, portionsweise in Salzwasser kochen

2 So heiß wie möglich schälen und abkühlen lassen.

3 Die Kastanien in der Milch weich kochen, durch ein Sieb streichen und mit dem Zucker und der Butter vermischen.

4 Die Masse in eine Schüssel füllen, und für etwa 2 Stunden in den Kühlschrank stellen.

5 Die Kakifrüchte schälen, zerteilen, dabei die Kerne auslösen, und mit etwas Zucker verrühren, dann pürieren, so daß sich eine sämige Sauce bildet.

6 Diese zu der Kastanienterrine servieren.

MOUSSE CON SEMI DI PAPAVERO

Mohnmousse

Für 4 Personen

- *3 Eigelbe*
- *50 g Zucker*
- *1 EL Weißwein*
- *1 EL Rum*
- *1 Blatt Gelatine*
- *15 g Mohn*
- *200 ml Sahne*
- *Schokoladenblättchen zum Garnieren*

1 Die Eigelbe mit dem Zucker, Weißwein und Rum über einem heißen Wasserbad schaumig schlagen.

2 Die Gelatine in kaltem Wasser einweichen, gut ausdrücken, und zusammen mit dem Mohn unter die warme Eigelb-Zucker-Masse heben. In eine Schüssel umfüllen.

3 Das Mousse kalt werden lassen, und mit der steifgeschlagenen Sahne und Schokoladenblättchen garniert servieren.

BUDINO DI CASTAGNE

Kastanienpudding

Für 5–6 Personen

- *250 g Eßkastanien*
- *60 g Butter*
- *1 EL Orangenlikör (z. B. Grand Marnier)*
- *50 g Zucker*
- *250 ml Sahne*

1 Die Kastanien auf der runden Seite kreuzweise einschneiden, in Salzwasser kochen, heiß schälen und abkühlen lassen.

2 Die Kastanien mit der weichen Butter, dem Orangenlikör und dem Zucker gut verrühren, dann mit dem Schneidestab des Handrührgerätes pürieren.

3 Die steifgeschlagene Sahne unterheben, und die Masse in kleine Förmchen füllen; 6 Stunden lang kalt stellen.

Tip Es ist besser, den Pudding bereits am Tag vor dem Verzehr zuzubereiten; so kühlt er gut durch. Wenn man möchte, mit einer Schokoladensauce servieren.

Aus Eßkastanien zaubert im Herbst Signor Dalsasso köstliche und sättigende Nachtische im »Al Borgo«. Das Mohnmousse ist eine Dessertkreation des »Ja Navalge«.

Obst *ist zu einem wichtigen Exportgut der Regionen Südtirol und Trentino geworden.*

GNOCCHI DI MELA CON ZABAIONE

Warme Apfelnocken mit Zabaione

Für 6 Personen

Apfelnocken

- *60 g Butter*
- *2 Eier*
- *350 g Quark*
- *200 g gewürfeltes Kastenbrot ohne Rinde*
- *150 ml Sauerrahm*
- *80 g Mehl*
- *1 Prise Salz*
- *2 große Äpfel, geraspelt*
- *1 Päckchen Vanillezucker*
- *100 ml Apfelsaft*
- *Zimt*

Zabaione

- *4 Eigelbe*
- *50 g Zucker*
- *1/8 l Weißwein*
- *Zimt*
- *Salz*

1 Butter, Eier und Quark mit einem Handrührgerät schaumig schlagen.

2 Das gewürfelte Kastenbrot zusammen mit dem Sauerrahm, Mehl und einer Prise Salz einrühren.

3 Die geraspelten Äpfel mit dem Vanillezucker unterheben.

4 Den Apfelteig ungefähr 1 Stunde ruhen lassen.

5 In einem Topf Wasser zum Kochen bringen, dann die Hitze zurückschalten, und den Apfelsaft mit etwas Zimt hinzugeben.

6 Aus dem Teig kleine Klößchen formen, und im gewürzten Wasser 15 bis 20 Minuten ziehen lassen.

Zabaione

1 Alle Zutaten für die Creme in einer Schüssel über einem heißen Wasserbad so lange miteinander verschlagen bis die Zabaione schaumig-cremig gebunden ist.

2 Die Apfelteigklößchen anrichten, und mit der Zabaione begießen.

Aus dem Restaurant »Ja Navalge« von Signor Alfredo Chiocchetti in Moena zubereitet.

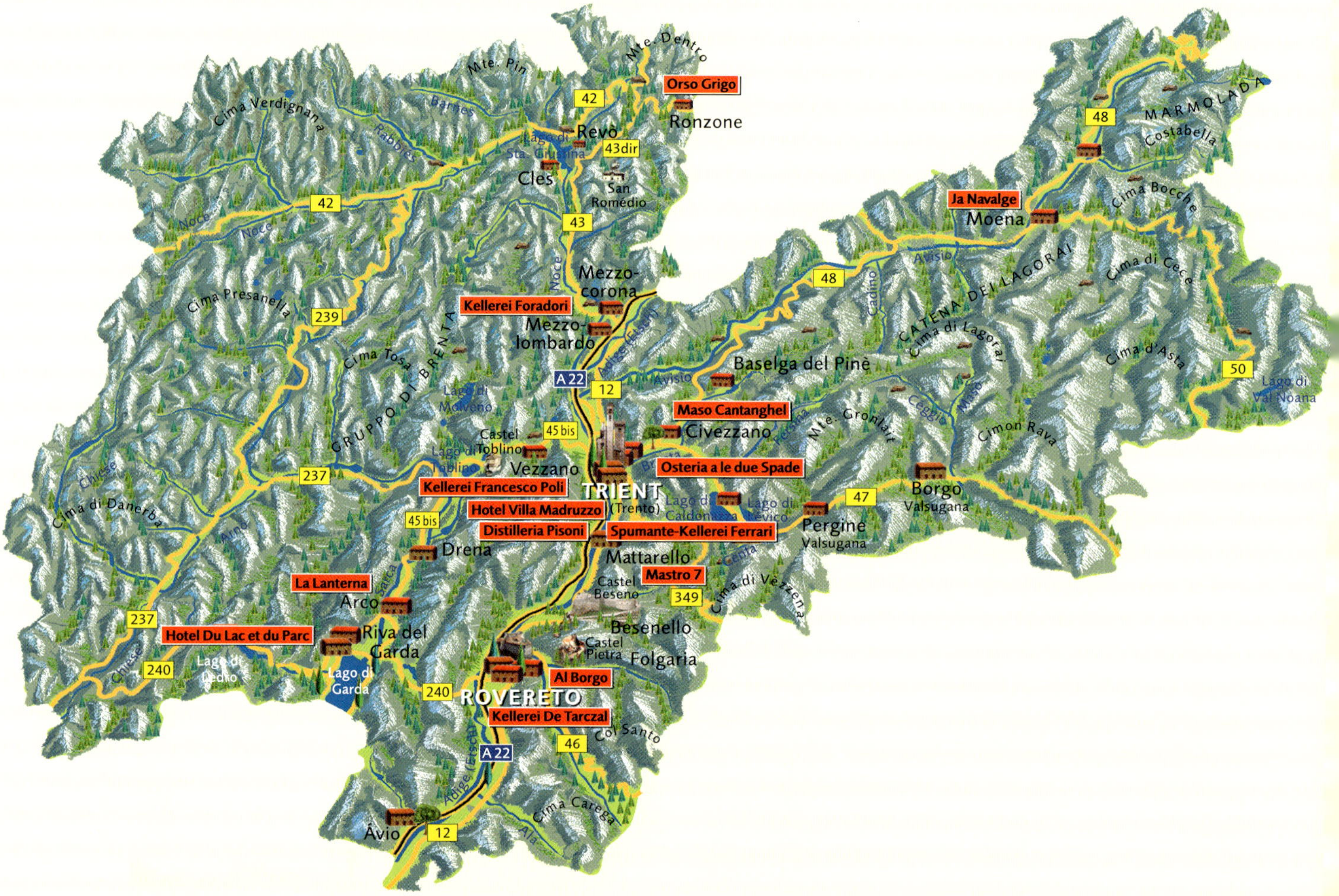
Mte. Pin
Mte. Dentro
Orso Grigo
Ronzone
Cima Verdignana
Barnes
Rabbies
42
Revò
Lago di Sta. Giustina
43dir
Cles
San Romedio
43
Noce
Cima Presanella
239
Mezzo-corona
Kellerei Foradori
Mezzo-lombardo
Cima Tosa
GRUPPO DI BRENTA
Lago di Molveno
A 22
12
Adige (Etsch)
Avisio
Baselga del Pinè
Maso Cantanghel
Civezzano
Castel Toblino
45 bis
Lago di Toblino
Vezzano
Osteria a le due Spade
Kellerei Francesco Poli
TRIENT (Trento)
Hotel Villa Madruzzo
Distilleria Pisoni
Spumante-Kellerei Ferrari
Lago di Caldonazzo
Lago di Levico
Pergine Valsugana
47
Borgo Valsugana
45 bis
Drena
Mattarello
Mastro 7
Castel Beseno
349
Cima di Vezzena
La Lanterna
Arco
Hotel Du Lac et du Parc
Riva del Garda
Lago di Ledro
Lago di Garda
237
240
Chiese
Cima di Danerba
Arne
Sarca
Besenello
Castel Pietra
Folgaria
Al Borgo
ROVERETO
Kellerei De Tarczal
Col Santo
46
A 22
Adige (Etsch)
Cima Carega
Àvio
12
48
MARMOLADA
Costabella
Ja Navalge
Moena
Cima Bocche
Avisio
CATENA DEI LAGORAI
Cima di Lagorai
Cima di Cece
Cima d'Asta
50
Lago di Val Noana
Mte. Gronlait
Cimon Rava
Maso

TRENTINO

HOTELS

▮ Die VILLA MADRUZZO ist ein liebevoll renoviertes und sorgfältig eingerichtetes Drei-Sterne-Hotel in einer alten Villa. Zum Teil sind die Zimmer mit antiken Möbeln bestückt; die Holzböden sorgen für eine warme Atmosphäre.

Ponte Alto 26, Trento-Cognola;
Tel. 04 61/98 62 20
Anfahrt: Von Trento (Trient) Stadtmitte den Schildern folgen.

▮ Das HOTEL DU LAC ET DU PARC bietet in einer wunderschönen Grünanlage von 70 000 Quadratmetern auch 33 Bungalows mit bestem Hotelservice an. Angenehme, ruhige Atmosphäre.

Via Rovereto 44, Riva del Garda;
Tel. 04 64/55 15 00
Anfahrt: Von Trento (Trient) auf der SS 45 direkt nach Riva del Garda.

Das Strandcafé *am alten Hafen in Riva del Garda bietet südländisches Flair in alpenländischer Landschaft.*

RESTAURANTS

▮ Das AL BORGO bringt zusammen, was – scheinbar – nicht zusammengehört, das ist fast eine fixe Idee von Koch Rinaldo Dalsasso. Lokale ländliche Küche mit der Vielfalt jener der italienischen Küsten zu verbinden, das bringt diesen Meisterkoch zu Höchstleistungen. So verbinden sich auf seiner Speisekarte Bohnensuppe mit Garnelen oder Steinbutt mit traditioneller Kartoffelkruste. Wohl die »erste« Adresse im Trentino. Sonntagabend und Montag geschlossen.

Rinaldo Dalsasso *bietet nicht nur eine hervorragende Küche, er weiß auch um die Bedeutung eines guten Weines zum Essen.*

Via Garibaldi 13, Rovereto;
Tel. 04 64/43 63 00
Anfahrt: Von Trento (Trient) auf der SS 12 in südlicher Richtung.

▮ LA LANTERNA: Immer auf der Suche nach bäuerlichen Traditionen, sowie nach den Einflüssen der k. & k. Monarchie bringt Abramo Prandi Gerichte auf den Tisch, die auf besondere Weise zeigen, wie mit der leichten Nostalgie für das Habsburgerreich schöpferisch umgegangen wird.

Localita Prabi 30, Arco;
Tel. 04 64/51 70 13
Anfahrt: Von Trento (Trient) auf der SS 45 in Richtung Riva del Garda; dann der Abzweigung nach Arco ins Sarcatal folgen.

▮ JA NAVALGE: Neben dem ebenfalls renommierten Restaurant »Malga Panna« gehört dieses Lokal zu den kulinarischen Aushängeschildern des Fleimstals – und zwar auf hohem Niveau. Küchenchef Alfredo Chiocchetti pflegt das lokale Angebot an Produkten je nach Jahreszeit, von Pilzen, über Wild bis zu seltenen Kräutern, zu verwenden. Insbesondere französische Einflüsse bestimmen seine phantasievollen Kreationen – jedoch immer von der heimischen Küche ausgehend. Sonntagabend und Montag geschlossen.

Via dei Colli 3, Moena;
Tel. 04 62/57 39 30
Anfahrt: Von Bolzano (Bozen) auf der SS 12 in südlicher Richtung nach Ora (Auer); dann links auf der SS 48 in Richtung Cavalese weiter nach Moena.

▮ Im MASO CANTANGHEL steht Lucia Gius seit 33 Jahren am Herd: Sie selbst bezeichnet sich als einfache Köchin, ausgestattet lediglich mit einer besonderen Liebe zu diesem Beruf. Tatsächlich gehört sie zu den Talentiertesten des Trentino. Kaum daß sie ein Gericht zweimal in derselben Weise

Alte Bauernhäuser *findet man immer seltener um den Gardasee herum.*

kocht. Die Rezepte sind ständigen Veränderungen unterworfen. Hausgemachtes wie Marmeladen und andere Produkte kann man im Restaurant kaufen. Samstag und Sonntag geschlossen.

Via alla Madonnina 33, Civezzano;
Tel. 04 61/85 87 14
Anfahrt: Von Trento (Trient) in Richtung Padova. Nach dem Tunnel »Laste« links halten, dann gleich wieder links nach Cognola; geradeaus weiter nach Civezzano.

▮ OSTERIA ALLE DUE SPADE: Hundert Meter vom großartigen Trienter Domplatz entfernt ist in einem alten Kellergewölbe (von 1545) dieses schöne kleine Lokal zu finden. Da die Küche ausgezeichnet ist, und das Lokal nur sieben Tische hat, ist Reservierung notwendig.

Via Don Arcangelo Rizzi 11, Trento (Trient); Tel. 04 61/23 43 43

▮ ORSO GRIGIO: Ein elegantes, mit vielen Spitzen und Puppen versehenes Speiselokal, das eher einem Wohnzimmer der Jahrhundertwende gleicht. Gehobene Küche mit heimischem Einschlag.

Via Regole 10, Ronzone am Nonsberg; Tel. 04 63/88 06 25
Anfahrt: Von Bolzano (Bozen) Süd zum Mendelpaß. Ronzone liegt 5 Kilometer auf der anderen Paßseite.

Signor Mastro 7 *mit seiner handgefertigten Silberdistel.*

EINKAUFSTIPS

▮ Gold- und Silberschmiede MASTRO 7. Renommierter Künstler, der in einer mittelalterlichen Werkstatt nach einem selbst entwickelten Spezialverfahren Blumen in ihrer schönsten Blüte als Gold- oder Silbernachguß herstellt. Große Auswahl an Kleinschmuck. Der Meister ist in seiner Werkstatt zu besuchen.

Via della Ceriola 9, Mattarello; Tel. 04 61/94 53 54
Anfahrt: Von Trento (Trient) auf der SS 12 in südlicher Richtung.

▮ VIN SANTO-Kellerei FRANCESCO POLI. Der aus getrockneten Trauben gewonnene (heilige) Wein wurde früher erst in der Karwoche verarbeitet, und diente dann als Meßwein – so sagt man. Durch das Trocknen der Trauben, die, bevor sie gepreßt werden, schon fast Rosinen sind, konzentriert sich der Zuckergehalt, so daß ein gehaltvoller, süßer Wein entsteht.
Mit Preisen ausgezeichnet wurden die süßen Vin-Santo-Weine der Kellerei Francesco Poli.

Santa Massenza 36, Vezzano; Tel. 04 61/86 41 02
Anfahrt: Von Trento (Trient) auf der SS 45 in Richtung Riva del Garda, ca.10 Kilometer.

▮ DISTILLERIA PISONI, Fratelli Pisoni: Neben dem Vin Santo aus eigener Produktion – natürlich nur aus der Nosiola-Traube – werden hier auch Grappe gebrannt. Ihre besonderheit ist der Zusatz von Wildkräutern, die für ein einzigartiges würziges Aroma sorgen.

Via S.Siro; Pergolese Sarche, Trento (Trient); Tel. 04 61/56 41 06
Anfahrt: Von Trento (Trient) in Richtung Largo di Garda; bei Sarche weiter in Richtung Riva, nach ca. 100 Metern kommt die Ortschaft Pergolese Sarche.

Signor Pisoni *zeigt uns seine Produkte.*

▮ KÄSE – Die Provinz ist ein bedeutender Produzent von Almkäsen.
Die ca. 50 Käsereien sind relativ gleichmäßig über die ganze Region verstreut; mehrheitlich sind sie in der Trentiner Käsegenossenschaft zusammengefaßt. Die würzigen und sehr schmackhaften Produkte haben alle ihren typischen Charakter – Vorlieben muß man durch Probieren herausfinden. Zu empfehlen: Spressa, Frontal und Trentiner Grana.
Tip: Viele Käsereien stellen ausgezeichnetes Speiseeis her, z. B. in Castelfondo am Nonsberg.

Anfahrt: Von Bolzano (Bozen) Süd in Richtung Mendelpaß.

Körbe *werden oft noch von Hand geflochten.*

WEINE

Der große Rotwein im Trentino heißt Teroldego Rotaliano aus dem Gebiet nördlich von Trient. Manche Erzeuger rangieren ihn in der Bewertung an die Seite der oberitalienischen Spitzenweine. Ein Wein, der sich auf dem Weg in die oberen Kategorien befindet, ist der ebenfalls heimische Marzemino aus dem Süden der Provinz zwischen Rovereto und Ala. Weitverbreitetste weiße Rebsorte ist der Chardonnay. Daneben die einheimische Rebe Nosiola, Pinot Grigio und Müller-Thurgau. Im Spumantebereich ist das Trentino der wichtigste italienische Erzeuger. Gewonnen wird er im wesentlichen aus Chardonnay und Pinot Nero nach der klassischen Methode. Aus Nosiola-Trauben wird schließlich der Vin Santo hergestellt, ein süßer Dessertwein, der zu den Spitzenprodukten Italiens gehört.

▮ KELLEREI CAVIT – Als Kellereigenossenschaftsverbund größter Erzeuger mit vorbildlichen Spitzenweinen, zusammengefaßt in der »Collezione da Cavit«.

▮ SPUMANTE-Kellerei FERRARI: gilt als wichtigster und potentester Spumantehersteller Italiens.

Via del Ponte 15, Ravina,Trento (Trient); Tel. 04 61/97 23 11
Anfahrt: Von Trento (Trient) in südlicher Richtung.

▮ Kellerei SPAGNOLLI

Via Stretta 1; Aldeno, Trento (Trient); Tel. 04 61/84 25 78
Anfahrt: Von Trento in südlicher Richtung; rechts über den Adige direkt nach Aldeno.

Der Enzian – *nicht nur Symbol der Berge, sondern auch gebrannt bedeutungsvolles Zeichen seiner Heimat.*

▮ Kellerei DE TARCZAL

Via Miori 4, Isera, bei Rovereto; Tel. 04 64/40 91 34
Anfahrt: Auf der Autobahn von Trento nach Rovereto; Ausfahrt Rovereto-Nord. Der Beschilderung folgen.

▮ Kellerei SAN ROCCO

Via del Ponte 31, Ravina; Tel. 04 61/92 20 55
Anfahrt: Ungefähr 5 Kilometer südlich von Trento (Trient).

▮ Kellerei LETRARI

Palazzo Lodran; Nogaredo, Trento; Tel. 04 61/41 41 47
Anfahrt: Auf der Autobahn von Trento nach Rovereto; Ausfahrt Rovereto-Nord. Beschilderung.

▮ Kellerei ELISABETTA FORADORI

Via Damiano Chiesa 1, Mezzolombardo, Trento (Trient); Tel. 04 61/60 10 46
Anfahrt: Von Bolzano in Richtung Trento; Ausfahrt S. Michele al'Adige, Mezzocorona.

▮ Kellerei POJER UND SANDRI

Molini, Faedo, Trento (Trient); Tel. 04 61/65 03 42
Anfahrt: Von Trento nach Mezzocorona, S. Michele al'Adige dort links über den Adige, dann rechts, nach ca. 50 Metern links nach S. Michele al'Adige.

▮ Kellerei FRANCESCO POLI: Berühmt für ihren preisgekrönten Vin Santo und ihre ebenfalls prämierten Schnäpse; große Auswahl an erlesenen Weinen.

Santa Massenza, Vezzano; Tel. 04 61/86 41 02
Anfahrt: Von Trento (Trient) in Richtung Riva del Garda; ca.15 Kilometer.

SEHENSWÜRDIGKEITEN

▮ Der DOMPLATZ VON TRIENT gehört zu den schönsten von ganz Italien. Die vielen Bauphasen machten schließlich diese Anlage zu dem, was wir heute sehen können; begonnen damit wurde schon Anfang des 12. Jahrhunderts. Im Unterschied etwa zur Kaufmannsstadt Bozen ist das ehemalige kirchlich-feudale Machtzentrum in der Architektur der Altstadt spürbar.

Der Neptunbrunnen *auf der Piazza del Duomo Trient ist ein beeindruckendes Barockbauwerk (1768).*

▮ DAS SCHLOSS BESENO gilt als die größte Befestigungsanlage des Trentino. Mächtig die Talenge bei Rovereto beherrschend, kennt sie jeder Italienfahrer. So entrückt der Bau beim Vorbeifahren erscheint, er ist seit kurzem im Sommer zugänglich. Die Grafen Trapp schenkten es vor 20 Jahren der Provinz Trient, die es inzwischen aufwendig renoviert.

Anfahrt: Von Trento (Trient) auf der SS 12 in südlicher Richtung; bei Besenello links abbiegen.

▮ Das MUSEUM FORTUNATO DEPERO kann als kleines Juwel unter den Museen des Trentino gesehen werden. Gewidmet ist es dem Fortunato Depero (1892–1960), einem bedeutenden Futuristen und Sohn der Stadt Rovereto. Auf drei Ebenen werden Werke aus den Jahren 1914 bis 1950 gezeigt.

Via della Terra 53, Rovereto; Tel. 04 64/43 43 93
Anfahrt: Von Trento (Trient) auf der SS 12 in südlicher Richtung.

Die Dinosaurierskulptur *in Rovereto weist den Weg.*

▮ DINOSAURIERPFADE
Im Zeitalter Jura, genauer gesagt vor etwa 200 Millionen Jahren, liefen in der Nähe von Rovereto offensichtlich Dinosaurier über die aufgeweichten Böden. Die Spuren, die sie hinterließen, sind zum Teil erhalten geblieben. Wer die aufregenden Fährten sehen will, sollte vormittags zwischen 10 und 11 Uhr vor Ort sein. An der Schattenbildung der Vormittagssonne sind die Spuren besonders deutlich zu erkennen.

Bei Rovereto;
Anfahrt: Hinweisschilder gibt es ab Stadtmitte. 5 Minuten Autofahrt, dann eine kurze Wegstrecke zu Fuß.

Ferienstimmung an einem der Seen, einsame Seitentäler der Alpen, die Weite der Po-Ebene, das weltstädtische Flair Mailands, der »heimlichen Hauptstadt« Italiens – die Lombardei ist eine sehr vielschichtige Region.

LOMBARDEI

Mailand, die Hauptstadt der Lombardei, ist Messestadt, Medienumschlagplatz, Marktführer. Bedeutende Verlage und Fernsehanstalten haben hier ihren Sitz. Die Stadt ist ein Zentrum des modernen Designs, der Mode aber auch des Bankwesens und Handels. Kurzum: die reichste Stadt Italiens.

Im »Al Matarel« *bietet das Ehepaar Comini traditionelle mailändische Küche.*

Wenn ich in Mailand bin, suche ich immer das »Caffè Radetzky« am Rand des alten Künstlerviertels Brera auf. Hier verbrachte ich die schönsten Stunden meiner Mailänder Zeit, als ich mir die ersten Sporen in meinem Beruf verdiente. Schon damals faszinierte mich, wie sehr sich diese Stadt – heute eine pulsierende, moderne Metropole – in den rund 150 Jahren entwickelt hat, seit der österreichische Feldmarschall Radetzky von hier aus als Generalgouverneur über die Lombardei herrschte.

Unverändert geblieben ist indessen sein Lieblingsgericht »Costoletta alla milanese«, wie die Mailänder das Wiener Schnitzel nennen. Nichts bringt sie davon ab, Mailand für die Heimat des panierten Koteletts zu halten (ob nun mit oder ohne Rippenknochen, mit oder ohne »S« im Namen). Eine Diskussion darüber zu führen wäre unsinnig – wie bei allem, was die Lombarden für ihre private Angelegenheit halten. Dabei gehören sie zu dem in Italien seltenen Menschenschlag, der sich auch selbst auf den Arm nehmen kann. Gleichwohl zeigen die Leute gern, was sie sind, was sie haben – und was sie sich leisten können. Dazu gehören vor allem auch Besuche in eleganten Restaurants, an denen in der Lombardei kein Mangel herrscht: In dieser Region Italiens finden sich mehr Schlemmerlokale als in jeder anderen. Schließlich sind die Lombarden kultivierte Feinschmecker, die auch beim Essen Abwechslung lieben und entsprechend Lokale mit einer variantenreichen Küche aufsuchen. Dafür sind sie gerne bereit, tiefer in die Tasche zu greifen. Und das können sie sich auch leisten, denn sie haben das höchste

Pro-Kopf-Einkommen in ganz Italien. Den Mailändern wird ein sprichwörtlicher Geschäftssinn nachgesagt.

Dieser Wohlstand stammt einerseits von der Industrie – die Lombardei ist mit ihren Betrieben für Metallverarbeitung, Maschinenbau und Textilherstellung eine der wirtschaftlich stärksten Regionen – und zum anderen aus der Landwirtschaft. Man darf nicht vergessen, daß die Lombardei nicht nur aus der Po-Ebene besteht. Sicher beherrscht das weite, pappelbestandene Flachland vielfach das Landschaftsbild, aber nach Norden zu, Richtung Varese, Sondrio und Bergamo, hat die Region alpinen Charakter. So verwundert es nicht, daß fast die Hälfte der gesamten italienischen Käseproduktion aus der Lombardei stammt: so z.B. Gorgonzola, Mascarpone, Grana padano, Taleggio und Stracchino, um nur die bekanntesten zu nennen.
Wie viele lombardische Käsesorten es gibt, sieht man am besten, wenn man in einen der zahlreichen Mailänder Delikatessenläden geht, etwa ins Feinkostimperium »Peck« in der Nähe des Doms. Und wenn man schon beim Einkaufsbummel ist, sollte man auch die eine oder andere Edel-Boutique im Mailänder Shopping-Viereck zwischen Via Monte Napoleone, Via Manzoni, Via della Spiga und Corso Venezia aufsuchen. Schließlich hat Mailand – was Prêt-à-porter-Mode und Design anbelangt – eine herausragende Stellung. Die mailändischen Modemacher gehören zur Spitzenklasse; für manche kommen sie noch vor den Kollegen aus Paris. Wer vom hochmodischen Angebot der internationalen Modezaren dann etwas erschöpft ist, kann sich an jeder Ecke zur Erholung eine kleine Erfrischung gönnen – etwa in der Bar des schicken Restaurants »Biffi Scala«, gleich neben dem weltberühmten Opernhaus. Ich genehmige mir als Aperitif einen eisgekühlten Fernet-Branca. In Mailand schwört man auf dieses hier erfundene Wundergetränk; es werden ihm fast magische Kräfte nachgesagt. Meine Lebensgeister weckt er tatsächlich. Vermutlich ist zumindest eines der Kräuter dieses Bitterlikörs dafür verantwortlich; er wird – nach einer Geheimrezeptur – aus insgesamt 42 Kräutern zubereitet.

Der Mailänder Dom, *eines der imposantesten gotischen Bauwerke ist nach dem Petrus-Dom die größte Kirche Italiens.*

Zwischen der Scala, dem klassizistischen Opernhaus, und dem gigantischen Dom mit seinen unzähligen gotischen Fialen durchqueren wir den imposanten, glasüberdachten »Salon« der Mailänder, die Galleria Vittorio Emanuele, eine der ältesten und elegantesten Ladenpassagen der Welt. Hier flaniert zu jeder Jahresszeit ein buntes Völkergemisch – Besucher aus aller Herren Länder und Einheimische. Dann schlendern wir über die Via Verdi zum Brera-Viertel. Unser Ziel ist die traditionelle Trattoria »Al Matarel« (im Mailänder Dialekt bedeutet dies soviel wie »Zum Nudelholz«). Hier verkehren zumeist Einheimische, die noch den breiten Dialekt ihrer Heimatstadt sprechen. Entsprechend ist auch die Speisekarte abgefaßt – in sprachlicher wie kulinarischer Hinsicht. Gleich beim Eintritt fällt mein Blick auf ein farbenfro-

Zwischen Mailand und Bergamo wird ein berühmter Käse hergestellt: Gorgonzola. Die Lombarden behaupten, nur Kühe, die auf ihren Weiden grasen, geben die richtige Milch für diesen Käse.

Das Schild »fatto in casa« (hausgemacht) an einem Restaurant bedeutet, daß hier der Wirt oder die Wirtin selber kocht und die Pasta macht. In der Lombardei ist die Gastronomie oft noch in der Hand von Familienbetrieben, was für eine traditionelle, gute Küche bürgt.

hes Riesenfresko, das den belebten Domplatz, umgeben von allerlei gastronomischen Motiven, darstellt. Am Tisch davor sitzt ein alter Stammgast des Lokals und winkt mich freundlich zu sich: Vincenzo Buonassisi, der namhafte Gastronomie-Kritiker. Ich frage ihn, warum er so gern diese Trattoria aufsucht. »Hier herrscht noch die gleiche Atmosphäre wie in meiner Jugendzeit«, meint er lächelnd. »Und außerdem kocht Elide auf alte mailändische Art, wie es sich gehört.«

Ein überzeugender Beweis dafür ist »Roustin negaa« (von »Arrostino annegato«, was soviel wie »ertränktes Kalbskotelett« bedeutet). Elides Mann, der selbstbewußte Inhaber Marco Comini, versichert beim Servieren: »An diesem Stück Fleisch ist kein Gramm Fett, und es läßt sich mit der Gabel schneiden!« Der strenge Kritiker Buonassisi nickt zustimmend und erklärt, daß die mailändische Küche ursprünglich ziemlich kalorienreich war. Dabei fallen mir lombardische Spezialitäten wie »Cassoeula« ein, ein Eintopf, der aus allen Teilen vom Schwein besteht, von den Ohren bis zu den Haxen, inklusive

Gläserner »Salon« – *die Galleria Vittorio Emanuele ist eine der größten Passagen.*

Speckschwarte, oder »Ossobuco«, das berühmte Gericht aus Kalbshaxen, angereichert mit dem bei Feinschmeckern so begehrten und beliebten Knochenmark.

Natürlich fehlen auch diese Gerichte nicht auf Elides Speisekarte. Aber am meisten begeistert mich ihr Apfelkuchen – wo sonst gibt es ihn derart saftig und praktisch ohne Teig? Als ich ihr zu diesem Meisterwerk der Backkunst gratuliere, wehrt sie mein Lob bescheiden ab und erklärt, daß die Äpfel für die Qualität verantwortlich seien. Sie verwende nur solche der süßeren Sorten Renette oder Delicious, die vor allem auch schon etwas weich sind.

Nachdem wir genügend Großstadtluft genossen haben, verlassen wir Mailand und fahren in die Umgebung hinaus. Hier gibt es eine ganze Reihe erstklassiger gutbürgerlicher Restaurants, und kein Mailänder scheut eine längere Autofahrt, um in einer dieser Oasen gepflegt zu speisen. Beliebtes Ziel einer solchen kulinarischen Landpartie ist das »Ristorante Vecchio Mulino« bei der Certosa (Kartause) di Pavia. Der Name des Restaurants bedeutet »Alte Mühle« und kommt nicht von ungefähr, liegt es doch im einstigen Mühlhof eines alten Klosters. Dort kann man auch ein großes Mühlrad aus dem 16. Jahrhundert bewundern, das sich noch in Bewegung setzen läßt. Auf der rechten Seite des Hofs befindet sich eine Probierstube, in der die gebürtige Dresdnerin Barbara Bolfo Wein verkauft; links ist das rustikale Restaurant, in dem ihr Mann Piero mit Unterstützung der beiden Kinder Regie führt.

Die Certosa di Pavia liegt nördlich des Po in einem Teil der Lombardei, in dem neben Wein und Getreide seit Jahrhunderten auch Reis angebaut wird. Jetzt im Herbst gibt es auf den Reisfeldern Tausende von Fröschen, die als »Rane in guazzetto« auf die Speisekarte kom-

Die Kartause von Pavia *wurde 1396 gegründet, die Kirche im 15. Jahrhundert erbaut.*

Das Restaurant »Vecchio Mulino« *(alte Mühle) liegt im ehemaligen Mühlhof des Klosters.*

men. Diese Leibspeise der Provinz Pavia ist natürlich nicht jedermanns Sache. Ich kann der Versuchung allerdings nicht widerstehen, Froschschenkel zu bestellen. Chefkoch Luca erklärt, wie einfach sie zubereitet werden: »Man brät die Froschschenkel in einem Fond aus Schalotten an, löscht sie mit einem Schuß Weißwein und gießt Brühe auf. Dann kommen nur noch etwas Schnittlauch und entkernte, enthäutete, kleingewürfelte Tomaten hinzu. Wer möchte, kann mit etwas Salz abschmecken, und schon ist es fertig.«

Nach diesem schlichten, aber sättigenden Mittagessen zieht es mich noch einmal in den gegenüberliegenden Weinladen. Dort werden mir die Rotweine aus der Gegend »Oltrepò Pavese« anempfohlen. Bei der Kaufentscheidung lasse ich mich von den Namen der Weine leiten und erstehe schließlich je eine Kiste »Sangue di Giuda« (Judasblut) und »Buttafuoco« (Feuerspeier).

Die Frage, inwieweit ich solche Weinbezeichnungen wörtlich zu nehmen habe, geht mir noch durch den Kopf, als wir von der Po-Ebene weiter nach Norden fahren, wo das Flachland der Lombardei zwischen Bergamo und Brescia in die Ausläufer der Alpen übergeht. Hier liegt der reizvolle Lago d'Iseo. Auf den sanften Hügeln der Umgebung wurde

Kreuzgang *in der Klosteranlage der Certosa di Pavia (15. bis 17. Jahrhundert).*

Das Franciacorta-Gebiet ist für seinen Schaumwein, der einem Champagner in nichts nachsteht, berühmt. Doch hier werden auch noch andere Weine produziert: der Franciacorta Rosso und der Franciacorta Pinot, ein Weißwein.

Im Originalrezept werden keine Sardinen sondern Ukeleien (heringsförmige Karpfenfische) verwendet. Diese delikate Vorspeise wird kalt oder lauwarm serviert. Dazu reicht man entweder frische Polenta oder geröstete Brotscheiben.

ALBORELLE IN CONCIA ALLA BRIENNESE

Sardinen nach Brienner Art

Für 4 Personen

- *1/2 kg frische Sardinen, ausgenommen und gewaschen*
- *etwas Mehl*
- *1/4–1/2 l Öl*
- *Salz, Pfeffer*
- *1 Bund Gewürzkräuter*
- *1 Handvoll frische Minze*
- *1 Handvoll »Allium romanum« oder 3–4 kleine Lauchstangen*
- *Butter*
- *2 Eier*
- *4 EL Weißweinessig*
- *1/8 l Brühe*

1 Die ausgenommenen und gewaschenen Sardinen abtrocknen; dann in etwas Mehl wenden, das überschüssige Mehl absieben.
2 Fische in heißem Öl goldbraun und knusprig braten, nur wenige gleichzeitig in die Pfanne geben, damit sich das Öl nicht abkühlt.
3 Mit einer Schaumkelle herausnehmen, in eine Schüssel geben, salzen und warmstellen.
4 Für die Marinade werden die feingehackten Kräuter und der Lauch in Öl und Butter angebräunt.
5 Die Eier mit dem Essig verschlagen und unter Rühren zu den Kräutern gießen.
6 Dann die Brühe hinzufügen, salzen und pfeffern und nochmals unter Rühren aufkochen lassen.
7 Sobald die Sauce kocht, sofort vom Herd nehmen. Vorsicht: Sie geht schnell hoch, darf aber auf keinen Fall kochen!
8 Die Sauce wird heiß über die Sardinen gegossen; mit gehackten Kräutern garnieren.

TAGLIATELLE AL RAGÙ DI LAVARELLO

Bandnudeln mit Felchen-Ragout

Für 4 Personen

- *4 kleine oder 2 große Felchen (ersatzweise Barsch oder Renken; 100 g Fisch pro Person)*
- *4 große Fleischtomaten*
- *1 Knoblauchzehe*
- *Olivenöl*
- *1/4 l Fischfond*
- *300 g Bandnudeln*
- *Salz, Pfeffer*
- *1/2 Bund Petersilie*

1 Den Fisch filetieren und zerkleinern.
2 Die Tomaten waschen, schälen und in Stücke schneiden.
3 In einer Pfanne mit etwas Olivenöl den grob gehackten Knoblauch goldbraun anbraten, dann die Tomaten hinzugeben.
4 5 Minuten einkochen lassen, dann den Fisch zufügen, mit etwas Fond aufgießen.
5 Unterdessen die Bandnudeln kochen.
6 Das Ragout mit Salz und Pfeffer würzen und die gehackte Petersilie dazugeben.
7 10 Minuten bei schwacher Hitze kochen, gelegentlich umrühren.
8 Sofort über die heißen Bandnudeln gießen.

Das Sardinen-Rezept und das Felchen-Ragout stammen aus dem Restaurant »Crotto dei Platani« in Brienno am Comer See.

Der Barbera, ein kräftiger, unkomplizierter Roter, ist ein ideales Getränk zum rustikalen Schmorbraten.

STRACOTTO
Schmorbraten

Für 4 Personen
- *800 g Rinderbraten*
- *Pfeffer*
- *2 Knoblauchzehen*
- *5 g Butter*
- *20 ml Öl*
- *1/2 l Barbera-Wein*
- *50 g Sellerie*
- *80 g Möhren*
- *2 Zwiebeln*
- *3 EL Tomatensauce*
- *Salz*
- *1 l Fleischbrühe*
- *Zimt*
- *Muskatnuß*
- *3 Gewürznelken*

1 Den Rinderbraten pfeffern und mit Knoblauch spicken. In Butter und Öl auf beiden Seiten anbraten und mit Wein ablöschen.

2 Die Flüssigkeit bis auf die Hälfte einkochen lassen, dabei das Fleisch gelegentlich wenden.

3 Sellerie, Möhren und Zwiebeln putzen bzw. schälen, würfeln und zusammen mit der Tomatensauce zum Schmorbraten geben; mit Salz und Pfeffer würzen.

4 Nachdem das Gemüse etwas angebraten ist, ein wenig Fleischbrühe aufgießen und Zimt, Muskatnuß und die Gewürznelken hinzugeben. 2 Stunden in einer zugedeckten Pfanne bei niedriger Hitze schmoren lassen, gelegentlich etwas Fleischbrühe hinzugießen.

5 Danach wird das Fleisch herausgenommen. Die Bratensauce passieren, nochmals einkochen lassen und bei Bedarf abschmecken. Heiß auf die Fleischstücke gießen und mit Polenta servieren.

Der Schmorbraten stammt aus dem »Il Sole« in Maleo bei Mailand.

Da Kapaunfleisch schwer zu bekommen ist, außerdem sehr üppig ist, wird auf Hühnerfleisch ausgewichen. Zu diesem Salat paßt ein trockener Traminer ganz vorzüglich.

INSALATA DI CAPPONE

Hühnersalat

Für 2 Personen

- *300g gesottenes Hühnerfleisch (das sind etwa 2 doppelte Hühnerbrüstchen; Garzeit: 20 Minuten)*
- *1 EL in Wasser aufgeweichte Sultaninen*
- *20g Zitronat*
- *Salz, Pfeffer*
- *3 EL Olivenöl*
- *1 EL Essig*
- *einige Tropfen Aceto balsamico*
- *frische Kräuter: Petersilie, Schnittlauch und/oder Kerbel*

1 Das gesottene, kalte Hühnerfleisch entbeinen und in 1 cm dicke Streifen schneiden.

2 Die Sultaninen und das fein gewürfelte Zitronat hinzutun.

3 Das Öl, Essig und Balsamessig sorgfältig unterrühren, mit Salz und Pfeffer würzen; eventuell mit wenig Zucker abschmecken.

4 Die Kräuter fein hacken und ebenfalls daruntermischen und gut durchziehen lassen.

5 Auf Teller in ein mit Öl und Essig angemachtes Salatbett legen.

Der Hühnersalat stammt aus dem Restaurant »Il Sole« in Maleo und wird nach einem alten Rezept von Bartolomeo Stefani von 1662 zubereitet.

GERMANINO SELVATICO AL MELAGRANA

Junge Wildente mit Granatapfel

Für 4 Personen

- *4 junge Wildenten*
- *5 Orangen*
- *Salz, Pfeffer*
- *Olivenöl*
- *40g Butter*
- *1/2 Glas Essig*
- *3 EL Zucker*
- *2 Zitronen*
- *Orangenlikör*
- *2 EL Sahne*
- *2 Granatäpfel*

1 Die Wildenten mit je einer halben Orange füllen, mit Salz und Pfeffer würzen und mit Öl beträufeln.

2 Im Herd bei 180–200 Grad braten.

3 Butter, Essig und Zucker schaumig schlagen, den Saft der restlichen Orangen und der beiden Zitronen unterrühren.

4 Sind die Wildenten halbgar, die Sauce hinzugießen.

5 Gegen Ende der Bratzeit auch noch den Orangenlikör dazugeben.

6 Die fertiggebratenen Enten aus dem Bräter herausnehmen und warmstellen.

7 Die Sauce aufkochen und die Sahne und die Granatapfel unterrühren; dann über die Wildenten gießen und einige Minuten lang einziehen lassen.

Die Wildente wird auf diese Weise im »Il Leone« in Pomponesco serviert.

Zu diesem Süßwasserfisch paßt ein Lugana, der Weißwein vom südlichen Garda-See, vorzüglich.

LUCCIO ALLE OLIVE GARDESANE E BIETE CON DADOLATA DI POMODORI

Hechtfilets mit Garda-See-Oliven, Mangold und Tomatenwürfeln

Für 4 Personen

Sauce

- *100 ml Wasser*
- *1/4 l trockener Weißwein*
- *10 ml Cognac*
- *1 in Scheiben geschnittene Karotte*
- *1 in Scheiben geschnittene Zwiebel*
- *5 g Zucker*
- *1 Bund Kräuter*
- *Salz, Pfeffer, grob gemahlen*

Fisch

- *2 frische Silberzwiebeln*
- *0,1 l Olivenöl*
- *0,3 l Weißwein*
- *1/4 Zitrone*
- *1 Knoblauchzehe*
- *12 grüne Oliven, in Scheiben geschnitten*
- *12 schwarze Oliven, in Scheiben geschnitten*
- *150 g Mangold*
- *Weißgrund (Gemisch aus Wasser, Mehl, Salz und Öl) zum Kochen von Gemüse, das sonst leicht schwarz wird*
- *4 Hechtfilets*
- *20 g Mehl*
- *50 g Butter*
- *10 g Petersilie*
- *100 g Tomaten mit Basilikum*

1 Das Wasser mit allen Zutaten für die Sauce 15 bis 20 Minuten kochen, vom Herd nehmen, die Flüssigkeit abkühlen lassen und dann durch ein feinmaschiges Sieb abseien.

2 Die Silberzwiebeln in dünne Scheibchen schneiden und im Olivenöl anbräunen; mit Weißwein und mit dem Saucenfond löschen, aufkochen und mit Salz, Pfeffer, Zitrone und dem feingehackten Knoblauch würzen.

3 Die in dünne Scheibchen geschnittenen Oliven dazugeben.

4 Den Mangold waschen, in dünne Streifen schneiden und im Weißgrund weichkochen.

5 Die Hechtfilets leicht mit Mehl bestäuben und in heißer Butter anbraten, mit Salz und Pfeffer würzen.

6 Die goldbraun gebratenen Filetstücke auf die Teller legen, mit dem Mangold garnieren und mit Petersilie bestreuen.
Daneben kommen als Garnierung auch die Tomatenwürfel samt Basilikum, und das Ganze wird dann mit der vorher schon zubereiteten Sauce angerichtet.

Dieses Fischgericht gibt es in der »Trattoria Vecchia Lugana« bei Sirmione.

Das berühmte Mailänder Kalbskotelett war das Vorbild für das Wiener Schnitzel. Der k.u.k. Feldmarschall Radetzky brachte das Rezept seinerzeit nach Wien. Ein kleiner Unterschied: In Mailand vermischt man die Semmelbrösel der Panade oft noch mit geriebenem Parmesan.

ROUSTIN NEGAA

»Ertränkte« Kalbskoteletts

Für 4 Personen

- *4 Kalbskoteletts zu ca. 300 g*
- *2 EL Mehl*
- *Olivenöl*
- *Weißwein*
- *400 g Gemüsebrühe*
- *600 g Kartoffeln*
- *Salz, weißer Pfeffer*
- *2 Zwiebeln*
- *1 Bund frische aromatische Kräuter (je nach Saison)*

1 Die geklopften und in Mehl gewendeten Kalbskoteletts in Olivenöl anbraten und mit etwas trockenem Weißwein ablöschen.

2 Die Koteletts in eine Form legen, den Weinsud daraufgießen, mit Gemüsebrühe bedecken und die in dünne Scheiben geschnittenen Kartoffeln darauf legen.

3 Salzen und pfeffern, die ganzen Zwiebeln und die gewaschenen Kräuter dazugeben.

4 Bei 200 Grad für 2 Stunden ins Backrohr geben (die Brühe sollte nicht ganz verdampfen, da sie eine sehr gute Sauce ergibt). Gleich servieren.

COTOLETTA DI VITELLO ALLA MILANESE

Mailänder Kalbskotelett

Für 4 Personen

- *120 g Toastbrot oder 60 g Semmelbrösel*
- *2 Eier*
- *4 Kalbskoteletts zu je 280 g, nicht geklopft*
- *Salz, weißer Pfeffer*
- *80–100 g Butter*

1 Das Toastbrot ohne Rinde zu groben Semmelbröseln reiben.

2 Die Eier verquirlen.

3 Die Koteletts salzen und pfeffern, im Ei wenden, dann das geriebene Brot bzw. die Semmelbrösel fest auf beide Seiten drücken.

4 Die Butter erhitzen und salzen, die Koteletts hineingeben und auf beiden Seiten bei niedriger Hitze 7 Minuten braten, bis sie haselnußfarben und innen noch rosa sind.

Die »ertränkte« Variante des Kalbskoteletts stammt aus dem »Al Matarel« in Mailand, die klassiche Variante aus dem »L'Albereta di Gualtiero Marchesi« in Erbusco.

Panettone – *das luftige Hefegebäck hängt von der Decke.*

schon im ersten Jahrtausend vor unserer Zeitrechnung Wein angebaut. Heute ist die Gegend für den edlen Schaumwein bekannt, der nach dem Namen der Weinberge Franciacorta benannt wurde. Seit Herbst 1993 residiert hier, oberhalb des Dorfes Erbusco, der international anerkannte Kochpapst Italiens Gualtiero Marchesi. Die Gourmets von Mailand gerieten in Aufruhr, als sich herumsprach, daß Marchesi seine Zelte in der Metropole abbrechen wollte, um aufs Land zu ziehen. Mußte man von nun an tatsächlich auf die Nobel-Cuisine im feinen »Gualtiero Marchesi« verzichten? Dieses Lokal war 1977 eröffnet worden und hatte einen steilen Aufstieg erlebt: Noch im selben Jahr erhielt es seinen ersten Michelin-Stern, der zweite folgte ein Jahr später, und 1985 wurde Marchesi schließlich die größte Ehrung zuteil: Als erster Küchenchef Italiens wurde er im Michelin-Führer mit drei Sternen ausgezeichnet.

Die Grundlage seiner Karriere bildeten die Erfahrungen im Mailänder Hotel seiner Eltern. Von dort führte der Weg zur gastronomischen Perfektion über die besten Lehrstätten und Restaurants in der Schweiz und in Frankreich. Das eigene Lokal eröffnete er dann erst im Alter von 47 Jahren. Was macht dieses Energiebündel Marchesi also jetzt in der Franciacorta, in der Abgeschiedenheit einer luxuriös renovierten Villa inmitten eines blühenden Gartens? Die Antwort lautet: Er tut mehr als je zuvor! »Es war schon immer mein Traum, ein Hotel-Restaurant auf dem Land zu haben«, erklärt er. »So kann ich endlich meine Gäste von morgens bis abends verwöhnen.« Und genau das tut er in seinem »L'Albereta«, wo ihm eine 18köpfige Elitemannschaft von Köchen zur Seite steht. In dem ausgedehnten Küchenkomplex herrschen Ordnung und ruhige Gelassenheit – Marchesi hat nicht das extravagante Temperament seines umbrischen Kollegen Vis-

GUALTIERO MARCHESI

Drei-Sterne-Koch in seinem Hotel »L'Albereta« in Erbusco (Iseo-See)

Was lieben Sie am meisten an der italienischen Küche?
Die Echtheit der Produkte, die Vielfalt der frischen Gewürze.
Hat sich in den letzten Jahren die Art zu kochen in Italien verändert?
Vielleicht hat sie sich in dem Sinn etwas verschlechtert, daß man sich zu sehr von den eigenen Wurzeln hat lösen wollen und beim Kochen viel herumexperimentierte. Zuletzt hat sie sich wiederum dadurch gebessert, daß man anhand der gewonnenen Erfahrungen erneut zur Ursprünglichkeit unserer Gastronomie zurückgefunden hat.

Ein Prachtexemplar – *hier ist der Hefeteig für den Panettone besonders gut aufgegangen.*

Das angegebene Rezept des berühmten Mailänder Weihnachtskuchens, ist die offizielle Version, da kein Panettone-Bäcker sein Geheimrezept preisgibt. Aber mit etwas Kreativität kann man ja selbst dem Panettone noch eine eigene Note geben.

PANETTONE

Es gibt lombardische Spezialitäten, die in ganz Italien und damit heute natürlich auch in ganz Europa bekannt sind. Der berühmteste Mailänder Kuchen, der Panettone, gehört dazu.

Die Wurzeln dieses Kuchens reichen weit zurück. Denn der ungewöhnlich lockere, leicht gesüßte Hefekuchen mit Zitronenschale, Vanille und Rosinen hat seinen Ursprung wie fast jedes altehrwürdige Gebäck im Brot. So bedeutet der erste Teil des Namens einfach »Brot«. Die Endungen des Wortes sind sozusagen entgegengesetzt, »etto« ist eine Verkleinerungssilbe und »one« bedeutet »groß«. Panettone könnte also »kleines großes Brot« heißen. Der Grund

Heute wird der *Panettone meist industriell hergestellt.*

dieses scheinbaren Widerspruchs liegt vielleicht im folgenden uralten Ritual: In lombardischen Familien schnitt der Vater am Weihnachtsabend, wenn im Kamin der nach alter Tradition reich verzierte Baumstumpf brannte, ein großes Brot in dicke Scheiben. Die ganze Familie aß feierlich davon, ließ jedoch die Krusten übrig. Man hob sie auf, denn man sagte ihnen heilende Kräfte nach. Mit der Zeit wurde das einfache Brot immer heller und feiner, bis man schließlich am Weihnachtstag süßen Hefekuchen servierte, der an das »große Brot« erinnern sollte, aber sicher viel kleiner ausfiel.

Panettone aßen die Italiener bereits zur Zeit des Mailänder Herzogs Ludovico il Moro im 15. Jahrhundert. Dafür spricht auch die folgende Geschichte: Es heißt, daß zu dieser Zeit in der Mailänder Bäckerei »Della Grazia« der Besitzer Toni zum ersten Mal einen besonders lockeren Kuchen mit brotähnlichem Äußeren gebacken haben soll. Daher tauften die Leute das neue Gebäck »Pane di Toni«, Tonis Brot. Die ursprüngliche Verwandtschaft des Kuchens mit einem Brot erkennt man noch heute an der Zutatenliste alter Hausrezepte. Hier wird meist noch Sauerteig anstelle von Hefe verwendet. Gesäuerte Teigreste blieben vom Weihnachtsbrot übrig und halfen, den weihnachtlichen Kuchen zu lockern.

Heute backen nur noch sehr engagierte Frauen den Panettone selbst. Denn so luftig und locker wie ihn die Italiener lieben, bekommt man ihn nicht so leicht hin. Man kauft ihn und verschenkt ihn. Renommierte Großbäckereien fertigen die vielbegehrten Panettoni nach Traditionsrezepten in vorzüglicher Qualität. Die attraktiven Panettoni-Schachteln stapeln sich bereits Anfang Dezember in den Läden. Am Weihnachtstag ißt man den luftigen Kuchen schon morgens zum Caffèlatte oder später am Tag zu einem Gläschen Spumante.

PANETTONE

Napfkuchen aus Hefeteig

Zutaten für 1 Kuchen

- *42g Hefe*
- *250 ml lauwarmes Wasser*
- *500g Mehl*
- *20g kandierte Orangen*
- *20g Zitronat*
- *70g Sultaninen*
- *100g Zucker*
- *1 Ei*
- *4 Eigelb*
- *130g Butter*
- *Salz*

Panettone – *überall zu kaufen.*

1 Die zerkleinerte Hefe in etwa 100 ml lauwarmes Wasser geben und darin vorsichtig auflösen.
2 Das Mehl auf die Arbeitsfläche geben, eine Mulde bilden und das Hefewasser hineingießen. Mit wenig Mehl vom Rand zu einem Vorteig verrühren.
3 An einem warmen Ort ca. 20 Minuten aufgehen lassen; am besten an die offene Türklappe des vorgeheizten Herds stellen.
4 Den Vorteig mit dem gesamten Mehl und 150 ml lauwarmem Wasser zu einem Teig verrühren.
Tip Der Teig darf ruhig etwas fester sein, da nachher viel Flüssigkeit dazukommt.
5 Nun wird der Teig weitere 20 Minuten an einen warmen Ort gestellt, damit er aufgeht.
6 Unterdessen die kandierten Früchte kleinwürfeln und die Sultaninen in lauwarmem Wasser einweichen.
7 In einem Topf den Zucker in 80 ml Wasser auflösen, erwärmen und das Ei und Eigelb hinzugeben. Dieses Gemisch nun im Wasserbad unter Rühren langsam erwärmen.
8 Bei schwacher Hitze 100g Butter zerlassen, nicht braun werden lassen.
9 Den aufgegangenen Teig mit dem restlichen Mehl und 1/2 TL Salz verkneten; langsam mit der zerlassenen Butter vermengen und in kleinen Mengen das Zucker-Ei-Gemisch hinzugeben.
10 Den Teig nun ungefähr 20 Minuten fest kneten und kraftvoll auf den Tisch schlagen, unter Zugabe von etwas Mehl und Wasser bei Bedarf. Der Teig soll glatt, elastisch und homogen sein.
11 Die kandierten Früchte und die abgetropften und abgetrockneten Sultaninen hinzugeben und den Teig weitere 2–3 Minuten in der vorher beschriebenen Art und Weise bearbeiten, bis sich das Obst gleichmäßig verteilt hat.
12 Zu einer Kugel formen und auf ein eingefettetes und mit Mehl bestäubtes Butterbrotpapier setzen. Dann auf ein Brett geben.
13 Einen Karton zu einer Manschette mit einer ungefähren Höhe von 20 cm und einem Durchmesser von vielleicht 25 cm formen. Die Manschette noch mit Backpapier auslegen und dann um den Teig geben. An einem warmen Ort 30 Minuten aufgehen lassen, bis sich sein Volumen verdoppelt hat.
14 Den Panettone oben kreuzförmig einschneiden, mit der Kartonmanschette auf ein Backblech geben und in den auf 200–220 Grad vorgeheizten Herd schieben; nach 5 Minuten herausnehmen. Die Einschnitte mit der restlichen Butter beträufeln.
15 Den Kuchen wieder in den Herd geben, diesmal für 1 bis 1 1/4 Stunden. Die Temperatur, sobald der Kuchen beginnt, Farbe zu bekommen, allmählich reduzieren.

Das Restaurant »L'Albereta di Gualtiero Marchesi« in Erbusco empfiehlt:

SFORMATO DI PANETTONE

Panettone-Pudding

Für 4 Personen

- *600 ml Milch*
- *200g Panettone*
- *3 Eier*
- *100g Zucker*
- *3 Blatt Gelatine*
- *500 ml Sahne*

1 In einem Topf Milch mit dem klein gewürfelten Panettone zum Kochen bringen und eindicken lassen.
2 Eier und Zucker schaumig schlagen und in die heiße Milch einrühren.Erneut ca. 2 Minuten kochen lassen.
3 Die in kaltem Wasser aufgelösten und ausgedrückten Gelatineblätter unter ständigem Rühren hinzugeben.
4 Erkalten lassen, dann die geschlagene Sahne unterheben. Die Masse in Förmchen füllen und im Kühlschrank erstarren lassen. Auf die Teller stürzen.

MATTIA VEZZOLA

Önologe der »Bellavista«-Weinkellerei im Gebiet von Franciacorta bei Erbusco

In Ihrem Weingebiet wird ein bekannter Sekt hergestellt …
Nennen Sie ihn bitte nicht Sekt! Dieser Begriff ist nur eine Verallgemeinerung. Man kann für Sekt jede beliebige Rebsorte verwenden. Franciacorta ist – ähnlich wie die Champagne in Frankreich – ein begrenztes Weingebiet mit eigenen Vorschriften. Deshalb nennen wir unseren Schaumwein schlicht »Franciacorta«.
Wo liegt der Unterschied zwischen den Herstellungsmethoden von Franciacorta und Champagner?
Wir verwenden Trauben der Sorten Chardonnay und Pinot Noir. Unsere Kelterungsmethode ist nicht anders als die »méthode champenoise«. Unterschiedlich sind natürlich Bodenbeschaffenheit und Mikroklima. Geografisch trennen uns allerdings rund 1000 Kilometer voneinander.

sani. Er ist ein Mann von Welt und gleichzeitig ein Intellektueller der Gastronomie; bei ihm bleibt nichts dem Zufall überlassen. Auch wenn er der kreativen Intuition folgt, ist alles sorgfältig durchdacht. Seine Lebens- und Arbeitsphilosophie faßt er mit den Worten zusammen: »Ohne fundierte Kenntnis der Materie gibt es keine wahre Improvisationskunst. Wer sich mit der Oberfläche begnügt, bringt es nie zur Meisterschaft.«
Doch dann wendet er sich praktischeren Dingen zu. Er will mich in das Geheimnis einweihen, wie er dem gängigen Mailänder Risotto seine unverkennbare, ganz persönliche Note verleiht. Dabei gilt es, einiges zu beachten: Für die Brühe zum Garen des Reises wird kein Knochenmark verwendet; auf diese Weise bleibt das Gericht bekömmlich. An den fertigen, mit Safran verfeinerten Reis kommt außer geriebenem Parmesan noch die sogenannte Weißbuttersauce (Burro bianco), die durch ein Sieb passiert wird. Diese Sauce besteht neben Butter auch aus Weißwein und feingehackten Zwiebeln oder Schalotten. Dann schärft Marchesi mir ein: »Der Risotto muß vor dem Servieren unbedingt fünf Minuten lang in der Kasserolle ruhen – abgedeckt mit einem Tuch.« Während der Meisterkoch mir diese Erläuterungen gibt, widmet er sich mit Hingabe der Zubereitung des Gerichts. Bald darauf wird es mir von einem livrierten Kellner an den Tisch gebracht, verborgen unter einer Silberhaube. Er hebt den Deckel, und zum Vorschein kommt – eine glänzende Goldfolie. Diese ausgefallene Variante des Servierens ist in Mailand bereits seit dem 14. Jahrhundert bekannt, aber sie war stets den Fleischspeisen vorbehalten. Was soll diese Folie auf dem safrangelben Reis? Marchesis aparte Ehefrau Antonietta, eine Pianistin, klärt mich auf: »Diesen Gag hat sich mein Mann als Geburtstagsüberraschung für einen seiner Freunde ausgedacht, der solche 24karätigen Folien herstellt.« Seitdem ist das eßbare Blattgold zu einem Markenzeichen für das kulinarische Marchesi-Design geworden. Auf den Risotto folgen Seebarbenfilets, eine Kreation des aufstrebenden Küchenchefs Carlo Cracco, die der Marchesi-Schule alle Ehre macht. Dazu trinken wir einen Spitzenwein des benachbarten Weinguts, einen trockenen Franciacorta Bellavista Gran Cuvée.

Als wir dann den Weinlieferanten Marchesis aufsuchen, stelle ich fest, daß die Bezeichnung »Bellavista« (schöner Ausblick) keine Übertreibung ist: Von den Weinbergen des Guts hat man tatsächlich eine wunderbare Fernsicht auf den Lago d'Iseo. Dieser See liegt ein bißchen im Schatten seiner bekannten Brüder Garda-See, Comer See und Lago Maggiore. Er erstreckt sich zwischen dem Camonica-Tal und dem Franciacorta-Weingebiet. Doch der Iseo-See besitzt eine Besonderheit: In seiner Mitte liegt die bewaldete, malerische Monte Isola, Berg und Insel zugleich – das größte Eiland in einem italienischen See. Der Weinkellerei »Bellavista« gehören 100 Hektar des insgesamt 1100 Hektar großen Anbaugebiets Franciacorta. Seit 1960 konzentriert sich der Betrieb darauf, Sekt aus den französischen Rebsorten Chardonnay und Pinot herzustellen.

Mehr als Schaumwein – *Franciacorta Bellavista.*

Méthode champenoise – *der Franciacorta ist eine italienische Version des Champagners.*

Die Flaschen *werden mit dem Hals nach unten gelagert und ständig gedreht, so daß sich die Hefe gänzlich im Flaschenhals ablagert. Dieser wird dann vereist; beim Entkorken drückt die Kohlensäure Eis und Hefe heraus. Mit hohem Druck werden die Flaschen danach wieder verkorkt.*

Wie mir Mattia Vezzola, der ehrgeizige Önologe des Weinguts, gesprächig erklärt, gedeihen diese Sorten auf dem kalk- und lehmhaltigen Boden der Hügel sehr gut. Dann führt Signor Vezzola uns in den kilometerlangen, tunnelartigen Keller, in dem 1,8 Millionen Flaschen lagern – jeweils in den unterschiedlichen Phasen des Gärungsprozesses. Es ist kalt im Gewölbe; einige Flaschen sind am Hals sogar vereist. Bevor sie dieses Kältestadium durchmachen, lagern sie etwa 30 Tage lang mit dem Flaschenhals nach unten und werden täglich ein wenig gedreht. Wenn sich die Hefe im Hals angesammelt hat, werden die Flaschen für einige Minuten in eine Salzlösung von minus 24 Grad getaucht; das erklärt die Vereisung. Jetzt können die Flaschen entkorkt werden; dabei drückt die Kohlensäure das Eis mitsamt der Hefe heraus. Dann werden die Flaschen wieder verschlossen und lagern mindestens weitere 25 Monate – bei den mit einer Jahrgangsangabe versehenen Flaschen sogar mindestens 37 Monate. »Sehen Sie«, begründet Signor Vezzola diesen langwierigen Prozeß, »wir produzieren hier keinen gewöhnlichen Schaumwein, sondern den klassischen Edelsekt nach derselben Methode wie in der Champagne. Aber aus rechtlichen Gründen dürfen wir ihn nicht Champagner nennen; deswegen heißt er bei uns einfach Franciacorta.«

Vom kleinen Lago d'Iseo führt uns der Weg zum größten See Italiens, zum Garda-See. Unseren ersten Halt machen wir in Salò, einem reizvollen Städtchen mit venezianischen Palazzi und Villen der Jahrhundertwende. Der Ort liegt in einer malerischen Bucht direkt am See und ist seit langem ein beliebtes Ziel bei erholungsuchenden Italienern; Salò bietet alle Vorzüge einer eleganten Ur-

ANDRÉ HELLER

Multimediakünstler und Besitzer des botanischen Gartens »Fondazione Heller« in Gardone Riviera

Sie leben hier wie Gott in Frankreich. Wie würden Sie diesen Garten bezeichnen?
Ich lebe hier im Epizentrum der Sinnlichkeit! In einem Mustergarten, der die ganze Welt mit ihren Pflanzen – von den Tropen bis zu den Alpen – hier geballt vereint. Eigentlich brauche ich nicht mehr zu reisen, nur in meinem Garten zu spazieren.
Wie vertragen Sie die italienische Küche?
Leider zu gut. Ich habe hier schon zwölf Kilogramm zugenommen. Meine Köchin und die unprätentiösen Trattorien der Umgebung sorgen dafür. Meine Gäste haben mein Haus schon »Villa Mastkur« genannt. Hier nehmen sie zu, dann reisen sie nach New York zum Abspecken. Hier kombiniert man Pasta z.B. mit Karfiol, Spinat, Fisolen, sogar Sardellen. Ein herrlicher Bauernfraß! Und die vielen Torten bei jedem Anlaß zum Feiern: Hochzeit oder Scheidung, Geburt und Beerdigung, Beinbruch der Tante: Alle Wege führen zur Torte. Da bleibt selbst einem verwöhnten Wiener wie mir die Spucke weg.

Der Garten von André Heller – *eine gelungene Kombination von Natur und Kunst. Hier mit einer Plastik von Roy Lichtenstein.*

laubsstätte: Vornehme Geschäfte und erlesene Feinkostläden laden zum Bummeln ein. Zum Übernachten bietet sich das Hotel »Laurin« der Geschwister Rossi an – eine Jugendstilvilla, wie man sie sich schöner nicht vorstellen kann. Im prachtvollen einstigen Ballraum ist jetzt der Speisesaal untergebracht. Hier setzt uns Cristiano Pederiva, seit 25 Jahren Küchenchef des Hauses, zum Frühstück eine Brescianer Spezialität vor: »Bossolà« – eine Art Sandkuchen. Zum Mittagessen verspricht er uns eine weitere regionale Delikatesse: gepökelte Garda-See-Sardinen – zubereitet als Spaghettisauce. Doch wir müssen dankend ablehnen, da die Zeit drängt: Schließlich wartet im Nachbarort Gardone Riviera André Heller auf uns.

Vor einigen Jahren erwarb dieser Multimediakünstler – wie er sich selbst nennt – in dem eleganten Kurort eine Villa mit einem herrlichen botanischen Garten, der bereits 1910 angelegt wurde. (Der Garten ist übrigens auch für Besucher geöffnet.) Das Haus ist luftig und geräumig, läßt viel Sonne herein und blickt hinaus auf Garten und See. Der Hausherr empfängt uns leger in Jeans und einem weiten Hemd. Den Grund für diese lockere Kleidung erfahre ich, als wir auf die italienische Küche zu sprechen kommen, für die Heller bekanntermaßen große Begeisterung aufbringt. Er greift an seinen Gürtel und stöhnt ironisch: »Das Fett geht nicht mehr weg, aber was soll's.«

24karätiges Blattgold *ziert auch den Tintenfisch-Risotto von Gualtiero Marchesi.*

RISO AL NERO DI SEPPIA

Schwarzer Tintenfisch-Risotto

Für 4 Personen

- *4 frische Tintenfische zu je 80g*
- *1 dl Olivenöl*
- *1 TL Schalotte*
- *1 dl trockener Weißwein*
- *Salz, Pfeffer*
- *240g Risotto-Reis (Maratelli, Carnaroli oder Arborio)*
- *1 l Fischfond*
- *4 hauchdünne Goldfolien (24 Karat)*

1 Köpfe der Tintenfische abtrennen, die schwarze Flüssigkeit auffangen und die Tintenfische gründlich putzen.
2 Mit der Hälfte des Öls und der Schalotte in einer Pfanne sautieren.
3 Mit dem Weißwein ablöschen und zugedeckt etwa 7 Minuten kochen lassen. Dann herausnehmen und warmstellen.
4 Die Flüssigkeit ca. 10 Minuten weiter köcheln lassen, vom Herd nehmen, abkühlen lassen und die schwarze Tintenfischflüssigkeit hinzugeben, mit Salz und Pfeffer abschmecken.
5 Den Reis mit einem EL Öl anrösten, mit dem Fischfond bedeckt köcheln lassen.
6 Den Reis in einer Schicht auf die Teller geben, mit einer Goldfolie und einem Tintenfischkopf in der Mitte dekorieren.

Beide Risotto-Rezepte stammen aus dem Restaurant »L'Albereta« in Erbusco.

RISO, ORO E ZAFFERANO

Reis, Gold und Safran

Für 4 Personen

- *60g Butter*
- *300g Risotto-Reis (z.B. Arborio)*
- *1 l Fleischbrühe*
- *1g Safranfäden (= 1 Dose)*

Burro bianco

- *1 EL feingehackte Zwiebeln oder Schalotten*
- *60g sehr kalte Butter*
- *10ml trockener Weißwein*

Fertigstellung

- *Salz, Pfeffer*
- *30g geriebener Parmesan*
- *4 hauchdünne Goldfolien (24 Karat)*

1 Butter in einem Topf zerlassen, den Reis darin ca. 1 Minute anrösten. Mit etwas Fleischbrühe löschen; kurz köcheln lassen.
2 Die restliche Brühe über den Reis gießen, so daß dessen Oberfläche stets knapp von der Flüssigkeit bedeckt ist, gut umrühren. Zum Sieden bringen und den Safran dazugeben.

Burro bianco

1 Die Zwiebeln in wenig Butter andünsten, den Wein dazugeben und einköcheln lassen; dann vom Herd nehmen.
2 Nun wird die restliche sehr kalte Butter in kleinen Stücken unter ständigem Rühren mit einem Schneebesen hinzugegeben, bis eine Sauce von homogener Konsistenz entsteht.

Fertigstellung

1 Die Sauce salzen und pfeffern und in den fertiggekochten Reis einrühren, den geriebenen Parmesan untermengen.
2 Den Reis flach auf den Tellern portionieren und mit einer Goldfolie in der Mitte dekorieren.

Die bei uns üblichen Safranpackungen enthalten nur ein Achtel Gramm je Döschen oder Briefchen.
Man braucht für das Marchesi-Rezept also insgesamt acht Portionen. Das kostbare Gewürz kauft man hierzulande am günstigsten in einer Apotheke.

»In unserem Beruf gilt die Maxime: Die Kunst des Improvisierens setzt eine gut fundierte Kenntnis der Materie voraus. Dies sollte man immer im Auge behalten!«

(Gualtiero Marchesi)

Dieses Rezept stammt ebenfalls aus dem Marchesi-Restaurant »L'Albereta« in Erbusco.

RAVIOLO APERTO

Offener Raviolo

Für 4 Personen

Grüner Nudelteig

- *100 g Mehl*
- *80 g Spinat*
- *1 Ei*
- *1/2 EL Olivenöl*
- *Salz*

Gelber Nudelteig

- *100 g Mehl*
- *1 Ei*
- *1/2 EL Olivenöl*
- *Salz*

Füllung

- *400 g geputzte Jakobsmuscheln*
- *80 g Butter*
- *4 große Blätter Petersilie*
- *1 dl trockener Weißwein*
- *1 EL Ingwersaft (siehe unten)*
- *Salz, weißer Pfeffer*

Teig

1 Den Spinat waschen, kurz in kochendem Salzwasser blanchieren, abgießen und durch ein Sieb passieren.

2 Mehl für den grünen Nudelteig auf die Arbeitsfläche häufen und in eine Mulde Ei, Spinat, Öl und Salz geben. Alle Zutaten zu einem homogenen Teig verkneten. Mindestens zwei Stunden lang mit einem Tuch zugedeckt ruhen lassen.

3 Den Teig ohne Spinat ebenso herstellen und ebenfalls ruhen lassen.

4 Den gelben Teig auf eine Stärke von ca. 3 mm ausrollen und 12 Quadrate mit einer ungefähren Seitenlänge von 5 cm herausschneiden.

5 In die Mitte von 4 Vierecken ein Petersilienblatt legen, mit dem restlichen Teig bedecken und nochmals ausrollen, so daß das Petersilienblatt nach allen Seiten ausgedehnt wird und man eine Teigstärke von 1 mm erzielt.

6 Jetzt 4 etwa 10 cm breite Quadrate aus dem Teigblatt herausschneiden, darauf achten, daß das Petersilienblatt stets in der Mitte ist.

7 Den grünen Teig auf 1 mm Stärke ausrollen und ebenfalls 4 ungefähr 10 cm breite Quadrate herausschneiden.

Füllung

1 Die Nüsse der Jakobsmuscheln längs halbieren, salzen und pfeffern.

2 Den frischen Ingwer schälen, reiben und den Saft herauspressen.

3 In einer Kasserolle 20 g Butter erhitzen und die Jakobsmuscheln darin kurz anbraten.

4 Mit dem Weißwein löschen, kurz ziehen lassen und dann herausnehmen.

5 Die Kochflüssigkeit reduzieren, den Ingwersaft dazugeben und die gewonnene Sauce mit der restlichen Butter aufschlagen.

6 Die Jakobsmuscheln wieder in die Kasserolle geben und erneut im Sud ziehen lassen.

7 Unterdessen die Nudeln in reichlich Salzwasser kochen.

8 Auf den Boden der Teller je einen Löffel der Sauce geben, ein grünes Nudelblatt darauflegen, dann die Jakobsmuscheln, wieder einen Löffel Sauce und als letzte Schicht mit einem gelben Nudelblatt abdecken.

Parmesan – *bei fast keinem italienischen Gericht darf dessen Würze fehlen.*

FILETTI DI TRIGLIA CON CUORI DI CARCIOFO E POMODORI

Seebarbenfilets mit geschmorten Artischockenherzen und Tomaten

Für 4 Personen

- *4 reife Tomaten*
- *1 dl Olivenöl*
- *4 Knoblauchzehen*
- *4 Zweige Thymian*
- *Salz, Pfeffer*
- *16 Artischockenherzen (Dose)*
- *10 ml Kalbsfond*
- *10 ml Gemüsebrühe*
- *500g Seebarbenfilets (rote Meerbarbe)*
- *30g schwarze Trüffeln*
- *10g Petersilie, in dünne Streifen geschnitten*
- *1 Bund Kerbel*

1 Die Tomaten kurz abbrühen, schälen, in jeweils 4 Stücke schneiden und das Mark aus der Mitte entfernen.

2 Die Stückchen auf ein mit Öl bestrichenes Backblech legen, die grob gehackten Knoblauchzehen und den Thymian hinzugeben; mit etwas Salz und Pfeffer würzen. Dann für etwa 2 Stunden bei 125 Grad im Herd backen.

3 Die Artischockenherzen mit wenig Öl und Salz schmoren, den Fond und die Gemüsebrühe dazugeben und zugedeckt etwa 10 Minuten bei geringer Hitze köcheln lassen.

4 Die Tomaten, die gewürfelten Trüffel und die gehackte Petersilie mit etwas Olivenöl und 4 EL der Artischocken-Sauce vermengen; mit Salz und Pfeffer abschmecken.

5 Die Seebarbenfilets in einer Pfanne in wenig Öl anbraten, vom Herd nehmen und für einige Sekunden umdrehen.

6 Die Artischockenherzen unregelmäßig auf einer Servierplatte anordnen und die Barbenfilets dazulegen und mit der warmen Sauce würzen.

Schließlich mit etwas Kerbel garnieren.

Das Restaurant »Il Sole« in Maleo empfiehlt:

SALSA DI RUCOLA

Rucola-Sauce

Zutaten

- *200g Rucola*
- *1 Schalotte*
- *80g Butter*
- *1 EL Mehl*
- *1/4 l Milch*
- *3–4 EL Sahne*
- *2 EL Pernod*
- *Salz, Pfeffer*

1 Rucola (Rauke) putzen, in Salzwasser 3 Minuten blanchieren, abgießen und mit dem Mixer verrühren.

2 Die zerkleinerte Schalotte in Butter anbräunen, mit Mehl bestäuben; mit Milch und Sahne löschen.

3 Mit dem Rucola-Püree und dem Pernod zu einem Brei verrühren, mit Salz und Pfeffer würzen.

Ideale Sauce zu Fischgerichten, z.B. Steinbutt.

Die Seebarbenfilets sind ein Rezept von Carlo Cracco, dem Chefkoch des Restaurants »L'Albereta« in Erbusco.

Mascarpone, der extrasahnige Frischkäse, ist eine der köstlichsten Zutaten der italienischen Küche – nicht nur für Desserts wie Tiramisù, sondern auch für Pasta und Aufläufe.

IL BOSSOLÀ

Frühstücks- oder Teekuchen

Für 4 Personen

- *150 g Mehl*
- *150 g Stärkemehl*
- *150 g Zucker*
- *1 Prise Salz*
- *1/2 Päckchen Backpulver*
- *1 Päckchen Vanillezucker*
- *5 Eier*
- *geriebene Schale von 1 Zitrone und 1 Orange*
- *je 170 g Butter und Margarine*

1 Mehl und Stärkemehl auf die Arbeitsfläche geben, in eine Mulde Zucker, Salz, Backpulver, Vanillezucker, das Eigelb, die fein geriebenen Fruchtschalen, die weiche Butter und Margarine dazugeben und locker miteinander verrühren.

2 Als letztes das zu festem Schnee geschlagene Eiweiß untermengen.

3 Alles nochmals gut miteinander vermischen und dann den Teig in eine eingefettete Guglhupfform geben.

4 Bei 180 Grad in die Backröhre schieben und 1 Stunde und 15 Minuten lang backen lassen. Lauwarm mit einem Cappuccino oder mit Tee servieren.

Der Frühstückskuchen wird im Hotel »Laurin« in Salò serviert. Den Sandkuchen mit Mascarponecreme gibt es im »Il Sole« in Maleo.

TORTA SABBIOSA CON CREMA DI MASCARPONE

Sandkuchen mit Mascarponecreme

Für 6 Personen

- *125 g Zucker*
- *1 Päckchen Vanillezucker*
- *125 g Butter*
- *2 Eier*
- *250 g Mehl*
- *1/2 Päckchen Backpulver*
- *1 Prise Salz*
- *3 EL Milch*
- *4 cl Cognac*

Creme

- *3 Eier*
- *4 EL Zucker*
- *500 g Mascarpone*
- *2 Blatt Gelatine*
- *4 cl Rum oder Cognac*

1 Zucker, Butter, Eier und Vanillezucker schaumig schlagen.

2 Dann das Mehl mit dem Backpulver, der Prise Salz, der Milch und dem Cognac einrühren.

3 Eine Tortenform von ca. 28 cm Durchmesser einfetten und den Teig hineingießen. Im vorgeheizten Herd bei 180 Grad 30 Minuten backen lassen.

Creme

1 Eigelb und Zucker schaumig schlagen, dann den Mascarpone unterrühren.

2 Die Gelatine in warmem Wasser auflösen und die Mascarponecreme zu der Gelatine rühren, erkalten lassen.

3 Das Eiweiß zu steifem Schnee schlagen und mit dem Cognac vorsichtig unter die Creme heben.

4 Den Tortenboden in der Form lassen, die Creme nach Wunsch mit kleingeschnittenem Obst vermengen und daraufstreichen. Im Kühlschrank erkalten lassen.

Ein passender Wein für diese Süßspeise ist ein süßer Malvasia oder Muskateller.

BAVARESE INTEGRALE AL KIRSCH CON PUREA DI MORE

Bayerische Creme mit Pumpernickel, Kirsch und Brombeersauce

Für 6–8 Personen
- *250g Pumpernickel*
- *1 l Milch*
- *200g Zucker*
- *8cl Kirschlikör*
- *5 Eigelb*
- *1 Vanilleschote*
- *8 Blatt Gelatine*
- *250g Sahne*

Sauce
- *250g Brombeeren*
- *2 EL Puderzucker*
- *1 Zitrone*

1 Den Pumpernickel zerkleinern. Die Hälfte der Milch mit 100g Zucker aufkochen und das Brot einrühren.
2 Den Topf von der Herdplatte nehmen und, wenn das Gemisch etwas abgekühlt ist, den Kirschlikör einrühren; für 1 knappe Stunde kühl stellen. Durch ein Sieb passieren.
3 Eigelb und Restzucker schaumig schlagen.
4 Die Vanillestange längs halbieren und das Mark herauslösen. Zusammen mit der restlichen Milch zum Kochen bringen.
5 Nun das Eigelbgemisch bei geringer Hitze unter ständigem Rühren beimengen, bis die Masse zu stocken beginnt. Vorsicht: nicht kochen lassen, sonst flockt das Ei aus.
6 Die im kalten Wasser eingeweichten Gelatineblätter ausdrücken und in die warme Masse einrühren, bis sich die Gelatine gänzlich aufgelöst hat; in Eiswasser unter weiterem Rühren abkühlen lassen.
7 Sobald die Creme geliert, die steifgeschlagene Sahne und das Brotgemisch hinzufügen und in Nachtischschalen gießen; mindestens 3 Stunden kühl stellen.
8 Unterdessen die Brombeersauce zubereiten: fast die gesamten Brombeeren mit dem Zucker pürieren und den Zitronensaft beigeben.
9 Die Bayerische Creme auf einen Teller stürzen, mit Brombeeren garnieren und mit etwas Sauce übergießen.

Andrea Hagn-Ambrosi, *eine gebürtige Münchnerin, bei der Zubereitung ihrer »Lombardisch-Bayerischen Creme«.*

Diese Variante der Bayerischen Creme wird in der »Trattoria Vecchia Lugana« bei Sirmione serviert.

Die Lombardei ist ein Seenparadies: Lago Maggiore, Comer See, Iseo-See und Garda-See sind die bekanntesten. Hinzu kommen noch ein paar kleinere Schwester-Seen. Auch der Luganer See gehört zur Lombardei; der größere Teil des Gewässers liegt allerdings im Tessiner Gebiet.

Abendstimmung am Iseo-See *mit der bewaldeten Monte Isola.*

Im Hafen von Gardone besteigen wir ein Motorboot und lassen uns nach Süden zur Halbinsel Sirmione fahren. Der Sonnenuntergang spiegelt sich farbenprächtig auf den Wellen wider, am Himmel jagen die Wolken eines abziehenden Gewitters dahin. Unterwegs tuckern wir an Booten vorbei und sehen Angler und Fischer sich auf die abendliche Arbeit vorbereiten. Plötzlich kommt die Spitze der Halbinsel mit den imposanten »Grotten des Catull« in Sicht. Der Sage nach wohnte in dieser mittlerweile zur Ruine verfallenen Anlage der römische Dichter Catull. Das entspricht zwar nicht der historischen Realität – der Komplex ist viel zu groß, als daß er eine solche Villa hätte sein können –, doch ist uns von Catull ein schönes Gedicht bekannt, in dem er dieses Fleckchen Erde besang: »Oh mein Sirmione, Kleinod unter den Inseln …«

Zum Kleinod wird das Städtchen auch durch das (Catull freilich noch unbekannte) mächtige Castello Scaligero mit seinen Türmen, Wehrgängen und Zinnen. Der Bau stammt aus dem späten 13. Jahrhundert und gilt als schönste Wasserburg Oberitaliens.

Doch im Augenblick richtet sich unser Interesse weniger auf die Architektur, sondern eher auf die Küchenkultur Sirmiones. Unser Boot legt nämlich am Steg der »Trattoria Vecchia Lugana« bei Lugana di Sirmione an; dies ist mein

Lieblingslokal in der Lombardei. Es gehört meinem alten Freund Pierantonio Ambrosi, der uns sofort nach der Begrüßung zu einem Tisch auf der Terrasse seines hübschen Lokals im edlen Landhausstil führt. Wenig später werden uns Hechtfilets in Weißweinsauce mit Garda-See-Oliven, Mangold und Tomatenwürfeln serviert. Das Essen zergeht mir auf der Zunge. »Eine glückliche Vermählung von Fisch und Gemüse«, schwärme ich Pierantonio auf typisch italienische Art vor, und er hat gleich die richtige Antwort parat: »Und wie gut mein Lugana-Wein dazu paßt!« Zur Krönung des Abends setzt uns seine Frau Andrea, eine gebürtige Münchnerin, eine ihrer berühmten Kreationen vor: »Bayerische Creme mit Pumpernickel, Kirsch und Brombeersauce« – ein Beweis dafür, daß die lombardische und die bayerische Küche sich wundervoll ergänzen können. Diese köstliche Kombination zweier Regionalküchen an einem der schönsten Orte der Lombardei zu genießen, ist ein Erlebnis, das sich kaum überbieten läßt. Hier am Südende des Garda-Sees, hat man fast den Eindruck, an der Riviera zu sein – vor allem an einem lauen Sommerabend. Eine leichte Brise kommt auf. Saxophonklänge sind zu hören – die Melodie von »Summertime«. Und mit den letzten Takten des Liedes klingt auch unsere Reise durch die Lombardei aus.

Lago di Garda – im Norden schmal und von steilen Felsufern gesäumt, im Süden breit und flach. Dank seines milden Klimas und einer üppigen mediterranen Vegetation ist der Garda-See ein beliebtes Ziel für erholungsuchende Urlauber.

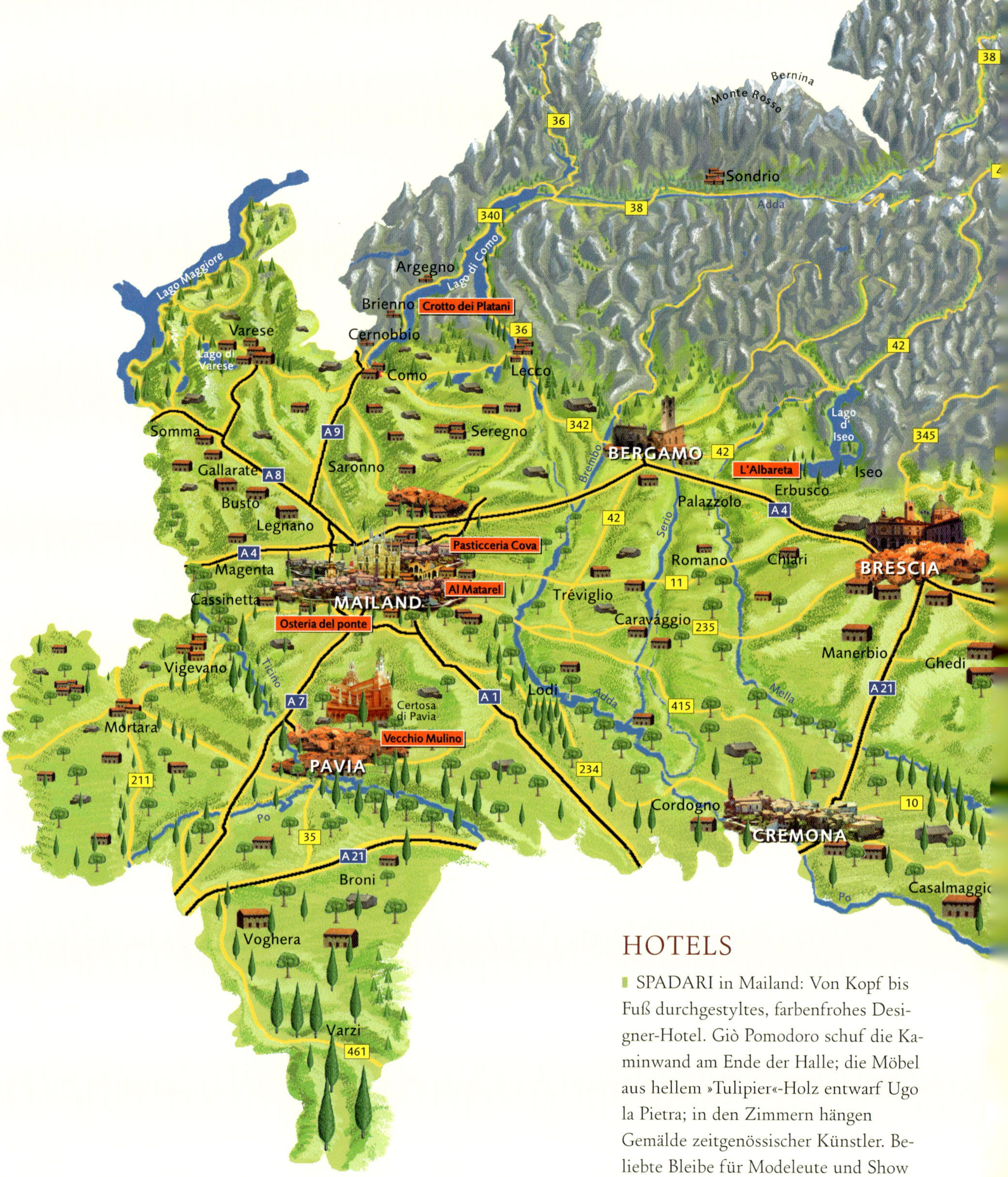

LOMBARDEI

HOTELS

▪ SPADARI in Mailand: Von Kopf bis Fuß durchgestyltes, farbenfrohes Designer-Hotel. Giò Pomodoro schuf die Kaminwand am Ende der Halle; die Möbel aus hellem »Tulipier«-Holz entwarf Ugo la Pietra; in den Zimmern hängen Gemälde zeitgenössischer Künstler. Beliebte Bleibe für Modeleute und Show Business People. Ideale Lage: Ein Katzensprung zum Dom (neben Feinkost »Peck«).

Via Spadari 11, Mailand;
Tel. 02/72 00 23 71

▮ ALBERGO DEL SOLE in Maleo: Neben dem gleichnamigen Restaurant fühlt man sich in den 8 Zimmern des dazugehörigen Gehöfts wie zu Hause (vor allem in der Nr. 1 und 8). 4 Zimmer haben einen alten Kamin. Kultiviertes, ruhiges Ambiente.

Via Trabattoni 22, Maleo;
Tel. 03 77/5 81 42
Anfahrt: A 1 Ausfahrt Piacenza Nord, Landstraße S.S. 9 in nördlicher Richtung, Ausfahrt Codogno nach Maleo (10 km).

▮ VILLA D'ESTE in Cernobbio am Comer See: Hier wohnten die Großen der Welt, von Churchill bis Hitchcock. Murano-Lüster und Marmortreppen, Stilmöbel in den Zimmern und Statuen im Prachtgarten. Candlelight-Dinners im noblen Veranda-Restaurant. Swimmingpool direkt am See, Wasserski, Tennis und Hoteljacht.

Via Regina 40, Cernobbio;
Tel. 0 31/51 14 71
Anfahrt: A 2 Ausfahrt Como Nord, dann S.S. 340 nach Cernobbio. Eine Autostunde von Mailand entfernt.

▮ L'ALBERETA DI GUALTIERO MARCHESI in Erbusco: Italiens Drei-Sterne-Koch Gualtiero Marchesi lädt nicht nur zum Schlemmen ein. In einer freskenverzierten Villa, eingebettet zwischen den sanften Weinhügeln der Franciacorta, kann man in 27 Junior- und 12 Suiten fürstlich übernachten. Relax und Ruhe sind hier garantiert. Hallenbad und Sauna (mit Verandatür zum Garten), Tennis, Billiard-Raum, Garage. Gemessen an Leistung und Komfort: relativ preiswert.

Via V. Emanuele 11, Erbusco;
Tel. 0 30/7 76 05 50 oder: 7 26 70 03
Anfahrt: A 4 Bergamo–Brescia, Ausfahrt Rovato. Dann Linksabzweig in Richtung Sarnico, 200 m nach dem Ortsschild Erbusco rechts abbiegen. Bergan fahren, bis die Villa mit zwei charakteristischen Türmen links oben zu sehen ist. Am grünen Eingangstor läuten.
(siehe auch unter Restaurants)

▮ LAURIN in Salò am Garda-See: Für Kunstfreunde ist diese Jugendstilvilla mit Originalmöbeln eine Augenweide. Mosaikfußboden im Speisesaal (früher Ballraum), in einem der Lesesalons ein schönes floreales Deckenfresko von 1905. Tip der Autorin: das kuschelige Schlafzimmer Nr. 1, mit Blick auf den See; Swimmingpool und Liegewiese.

Viale Landi 9, Salò;
Tel. 03 65/2 20 22
Anfahrt: Von Brescia nach Desenzano del Garda. Links nach Salò am Garda-See.

▮ VILLA CORTINE in Sirmione am Garda-See: Neoklassizistische Luxusvilla in Hügellage auf der Landzunge, umgeben von uralten Bäumen und tropischen Pflanzen. Mittagessen am Privatstrand (mit Holzkohlengrill), Abendessen im Garten bei Klaviermusik, umgeben von Lilien, Rosen und Palmen. Die meisten Zimmer haben einen schönen Seeblick. Swimmingpool, Tennis, eigener Steg zum See.

Via Grotte 12, Sirmione;
Tel. 0 30/91 60 21
Anfahrt: siehe Hotels.

RESTAURANTS

▮ VECCHIO MULINO bei Pavia: Zwei Fliegen mit einer Klappe schlagen: die berühmte Kartause von Pavia besuchen, dann um die Ecke bei der einstigen Mühle essen. Ein rustikales Lokal mit massiven Holzdecken. Die Familie Bolfo bietet schmackhafte Spezialitäten der Gegend an: z.B. »Risotto alla certosina« (Risotto mit Flußkrebsen, Erbsen und Pilzragout). Im Sommer sitzt man draußen im grünen Hinterhof. Sonntag abend und Montag geschlossen.

Via al Monumento 5, bei Pavia;
Tel. 03 82/92 58 94
Anfahrt: Von Mailand aus südlich die S.S. 35 (entlang des Naviglio Pavese-Kanals). 8 km vor Pavia Linksabzweig zur »Certosa di Pavia« (Kartause von Pavia). Vor der Kartause, rechts abbiegen.

Jugendstil pur – *der Speisesaal des »Laurin«.*

▮ ANTICA TRATTORIA AL MATAREL in Mailand: Ursprünglichste mailändische Küche mit Gerichten wie »Cassöeula meneghina« (Eintopf aus Schweinefleisch, Wurst und Wirsing) oder das »Roustin negaa« (zartes Mailänder Kalbsschnitzel mit darübergelegten Rösti-Kartoffeln). Das Insider-Lokal für einheimische Stammgäste mit und ohne Rang und Namen. Im Künstlerviertel Brera. Dienstag und Mittwoch mittag geschlossen.

Via Laura S. Mantegazza 2, Mailand; Tel. 02/65 42 04

Saftig und schmackhaft, *der Apfelkuchen im »Al Matarel«.*

▮ ANTICA OSTERIA DEL PONTE in Cassinetta di Lugagnano bei Mailand: Niemand würde erraten, was sich für ein Spitzenlokal hinter der schlichten Fassade dieser ehemaligen Weinschenke an der Brücke verbirgt. Besitzer Ezio Santin – neben Gualtiero Marchesi der einzige Drei-Sterne-Koch Italiens – gibt sich betont unauffällig: eine dunkle Holzbalkendecke, Kamin, Terrasse ohne Aussicht. Unbestritten superlativ aber sind seine Kochkünste, auch bei so traditionellen Gerichten, wie etwa »Risotto alla milanese« (Risotto mit Safran und Knochenmark): sämig abgerundet im Geschmack und leicht zugleich. Sonntag und Montag geschlossen.

Piazza G. Negri 9, Cassinetta di Lugagnano; Tel. 02/9 42 00 34
Anfahrt: Von Mailand auf der S.S. 494 nach Abbiategrasso. Nach der Brücke Rechtsabzweig nach Cassinetta di Lugagnano.

▮ CROTTO DEI PLATANI in Brienno am Comer See: Die Gastronomin Renata Rosson schwingt hier den Kochlöffel, zusammen mit ihrem Sohn. Die von ihr originell zubereiteten Fische des Comer Sees (z. B. Kaulbarsch, Felche, Ukeleie) sind ein Erlebnis. Dienstag geschlossen.

Via Regina 73, Brienno; Tel. 0 31/81 40 38
Anfahrt: Von Mailand aus die A 8, dann A 9 Ausfahrt Como-Nord, dann S.S. 340 nach Brienno. Das Lokal liegt rechter Hand an der Straße, direkt am See.

▮ L'ALBERETA DI GUALTIERO MARCHESI in Erbusco beim Iseo-See: Drei-Sterne-Koch Marchesi führt seit 1993 in dieser aparten Landvilla das Regiment. Eine Augenweide ist die freskenverzierte, säulenreiche Veranda-Terrasse mit Weitblick ins Grüne. Sonntag abend und Montag geschlossen.

Adresse und Anfahrt: siehe Hotels.

▮ TRATTORIA VECCHIA LUGANA in Lugana di Sirmione am Garda-See: Die kreative Küche im Feinschmeckerlokal von Pierantonio Ambrosi versetzt selbst verwöhnte Gaumen ins Staunen. Der feine Geschmack vom »Luccio alle olive gardesane« – Hecht mit Garda-See-Oliven – ist schwer zu überbieten. Im Sommer sitzt man bei Kerzenschein im Garten, zweimal die Woche von Jazzklängen begleitet. Montag abend und Dienstag geschlossen.

Piazzale Vecchia Lugana 1, Lugana di Sirmione; Tel. 0 30/91 90 12
Anfahrt: S.S. 11 in Richtung Verona direkt am See (bewachter Parkplatz).

▮ TRATTORIA IL LEONE in Pomponesco: direkt am Marktplatz dieses Dorfes am Po-Deich, am Rande der Lombardei, liegt die Trattoria, abseits aller Touristenpfade. Im Winter tafelt man unter der dekorativ bemalten Holzdecke des feudalen Saales. An Sommerabenden sammelt man sich an den Tischen um den Swimmingpool und genießt Spezialitäten des Hauses, wie z. B. »Tortelli di zucca« (Teigtaschen mit Kürbiscremefüllung) und »Germanino al melograno« (junge Wildente mit Granatapfel). Acht komfortable Zimmer stehen für Übernachtungen zur Verfügung. Sonntag abend und Montag geschlossen.

Piazza IV Martiri 2, Pomponesco; Tel. 03 75/8 60 77
Anfahrt: A 22 Mantova-Modena, Ausfahrt Reggiolo-Rolo. Die Landstraße in östlicher Richtung nach Guastalla, dort rechts halten und über die Po-Brücke fahren, dann links nach Pomponesco abzweigen bis zum Marktplatz.

EINKAUFSTIPS

▮ PASTICCERIA CAFFÈ COVA in Mailand: Schon der Komponist Giuseppe Verdi kaufte für Opernsängerin Giuseppina Strepponi, seine zweite Frau, den ofenfrischen »Panettone« in der Konditorei Cova.

Via Montenapoleone 8, Mailand; Tel. 02/76 00 05 78

Mailänder Edelcafé – *das »Caffè Cova«.*

WEINE

In der Lombardei tun sich drei Weinanbaugebiete besonders hervor: Zwei liegen im Moränengelände beim Garda- und Iseo-See; das dritte befindet sich südlich des Po, in den Apenninen-Vorhügeln.

▮ LUGANA: Der Name des Küstengebiets am Garda-See (zwischen Desenzano-Sirmione-Peschiera-Lonato-Pozzolengo) und sein etwas grünlich schimmernder, trocken-fülliger Weißwein waren schon zur Römerzeit bekannt. Hier geht's nicht um Quantität sondern um Qualität. Der »Lugana Brolettino«

ist ein idealer Wein zu Fischgerichten. Auch der Dessertwein »Tre Filer« (Jahrgang 92) aus der Kellerei »Ca' dei Frati« der Geschwister Dal Cero ist sehr zu empfehlen. Chiaretto und Ronchedone heißen ihre delikaten Rotweine.
Azienda Agricola Ca' dei Frati

Via Frati 22, Lugana di Sirmione;
Tel. 0 30/91 94 68
(siehe auch unter Restaurants)

Ein Ort der Kirche und Künste – *die Certosa di Pavia.*

▮ FRANCIACORTA: Das zum Teil romantisch-malerische Hügelgebiet zwischen Iseo-See und Brescia hat auch seine altrömische Weinbautradition. Seit Anfang der 70er Jahre wurde mittels der modernsten Methoden des Weinanbaus ein Qualitätsvorsprung sondergleichen erzielt, dank dem Unternehmungsgeist einiger Winzerfamilien. Ob weiß oder rosé, der Sekt von Franciacorta, nach Champagner-Art produziert, ist zum Begriff geworden. Aber auch die Rot- und Weißweine mit dieser Herkunftsbezeichnung streben erfolgreich aufwärts.

Einige empfehlenswerte Anschriften im Zentrum des Gebiets:
Fratelli Berlucchi

Via Broletto, Borgonato di Corte Franca;
Tel. 0 30/98 44 51

Bellavista von Vittorio Moretti

Via Bellavista 5, Erbusco
Tel. 0 30/7 76 02 76

Ca' del Bosco der Familie Zanella

Via Case Sparse 11, Erbusco;
Tel. 0 30/7 76 06 00

Giovanni Cavalleri

Via Provinciale 74, Erbusco;
Tel. 0 30/7 76 02 17

▮ OLTREPÒ PAVESE heißt das dritte Weinbaugebiet südlich von Pavia. Hier produziert man in 42 Gemeinden 9 Weinsorten mit dieser Herkunftsbezeichnung, einschließlich Schaumweine und Muskateller. Die 4 Weißweine: Cortese, Moscato, Pinot, Riesling; die 5 Rotweine: Buttafuoco, Barbera, Bonarda, Oltrepò Pavese Rosso, Sangue di Giuda.
Zum Einkauf bieten sich an:
Vecchio Mulino, Enoteca Vini Oltrepò

Via Monumento 5, Certosa di Pavia;
Tel. 03 82/92 58 93
Anfahrt: siehe Restaurants.

Consorzio Vini D.O.C. Oltrepò Pavese,

Piazza San Francesco d'Assisi, Broni;
Tel. 03 85/5 11 91
Anfahrt: Von Pavia südlich die S.S. 617

SEHENSWÜRDIGKEITEN

▮ CERTOSA DI PAVIA bei Pavia: Die Kartause von Pavia gehört zu den bedeutendsten lombardischen Kunstdenkmälern aus der Renaissancezeit. Sie wurde als Grabstätte der Mailänder Herrscherfamilie Visconti 1396 gestiftet. Gute hundert Jahre nahm die Errichtung des imposanten Bauwerks in Anspruch. Die Fassade der Kirche ist mit Marmor prachtvoll verkleidet; im Inneren befindet sich ein Freskenzyklus von Bergognone. Schöner Kreuzgang. Öffnungszeiten im Sommer: 9.00–11.30/14.30–18.00 Uhr; im Winter: 9.00–11.30/14.30–16.30 Uhr. März–April und September–Oktober: 9.00–11.30/14.30–17.30 Uhr; Montag geschlossen. Besuch mit Mönchsbegleitung (Spende).

Tel. 03 82/92 56 13
Anfahrt: siehe Restaurants, Vecchio Mulino.

▮ MUSEO TEATRALE DELLA SCALA in Mailand: Im Gebäude der weltberühmten Oper ist in elegantem Rahmen das Theater-Museum untergebracht. Eine Sammlung mit Gemälden, Skulpturen, Erinnerungsstücken, Kostümen usw. Besonderer Schwerpunkt ist die interessante Verdi-Kollektion! Seltenheit: der restaurierte Steinway-Flügel von Franz Liszt. (Eingang links vom Haupteingang der Oper). Öffnungszeiten: Montag–Samstag: 9.00–12.00 / 14.00–18.00 Uhr; Sonntag geschlossen. Mai–Oktober: auch Sonntag geöffnet von 9.30–12.00/14.30–18.00 Uhr.

Piazza della Scala, Mailand;
Tel. 02/8 05 34 18

▮ CASTELLO SCALIGERO in Sirmione: Mehr als 700 Jahren wechselvoller Geschichte hat die majestätische Wasserburg der einst in Verona herrschenden Scaliger-Familie glorreich getrutzt. Jetzt kann dieses Meisterwerk des mittelalterlichen Festungsbaus mit seinen Wassergräben, Hafenbecken, Zugbrücken, Türmen und Zinnen – am Abend prächtig angestrahlt – praktisch im Originalzustand bewundert werden. Öffnungszeiten: im Sommer Dienstag–Samstag: 9.00–18.30 Uhr, Sonntag und Montag 9.00–13.00 Uhr; vom 1. Oktober–31. März täglich geöffnet: 9.00–13.00 Uhr.

Tel. 0 30/91 64 68
Anfahrt: siehe Restaurants, am Ortseingang rechts.

Eine der schönsten *Wasserburgen Oberitaliens.*

Im Dreiländereck zwischen Alpenrand und Adria werden kulinarische Traditionen hochgehalten. Berühmt wurde die Region durch seine Weißweine, durch edelste Grappas und feinsten Schinken.

FRIAUL

Während der Weinernte *wird die Polenta für die Weinbauern gleich vor Ort zubereitet.*

Große Namen, atemberaubende Gipfel, Städte von Weltruf – mit Superlativen kann das Friaul, die Region mit den Provinzen Pordenone und Udine zwischen den Karnischen und Julischen Alpen und der Adria, kaum aufwarten. Mit einer exzellenten Küche und ebensolchen Weinen sehr wohl.

Der Weg führt uns zunächst nach Tolmezzo, wo wir uns mit einem der großen Köche Italiens – Gianni Cosetti – treffen, der das Restaurant »Roma« führt. Vor kurzem, so heißt es, habe er Gäste aus Mailand und Rom vor dem Essen in das nahegelegene Museum für karnische Volkskunde geschickt. »Das stimmt«, meint Signor Cosetti verschmitzt, »erst danach war ihnen richtig klar, wo sie sich befinden, und warum bei uns dieses oder jenes auf den Tisch kommt.« Hier im Karnischen haben sich im Lauf der Jahrhunderte eine eigene Kultur und Sprache entwickelt, und auch die Küche hat eben ihre besondere Prägung.

Das typischste karnische Gericht sind die »Cjarsons«, kartoffelgefüllte Nudeltäschchen. Sie sind sehr verbreitet, werden aber in so gut wie jeder Küche anders zubereitet. Wie wir von Signor Cosetti erfahren, stammt das Urrezept aus dem späten Mittelalter. »Wer sich als Koch von der einfachen Küche des Volkes inspirieren lassen möchte, sollte immer alte Quellen heranziehen«, so Cosetti. Er selbst hat das mit Hingabe getan, 20 lange Jahre. Vor kurzem hat er ein Kochbuch veröffentlicht, das es bislang nur in der italienischen Version gibt. »Die alte und die neue Küche Karniens« ist eine Rezeptesammlung, aus der die große Liebe Cosettis zu den Besonderheiten seiner Region spricht. Die Verschiedenheit der Zubereitungsweisen im Karnischen erklärt sich durch die vielfältige Natur. Hier wachsen besonders viele wilde Gewürzpflanzen, früher die Existenzgrundlage der »Cramari«, der Wanderhändler, die sie in ganz Mitteleuropa und im Norden Italiens verkauften. Wenn ein Cramar von seiner Reise zurückkehrte, wurden die übriggebliebenen Kräuterreste für die Füllung des Cjarsons verwendet. Wir entscheiden uns im kleinen gemütlichen Speiseraum des »Roma« für »Doc' in Braide«, eine Polenta mit Käsecreme. Eine gute Wahl, wie sich herausstellt.

Im Norden Friauls *ragen die felsigen Dolomitausläufer in die Höhe, hier hinter Comelico.*

1976 wurde das Friaul von einem verheerenden Erdbeben heimgesucht, mehr als tausend Menschen mußten damals ihr Leben lassen. Das Epizentrum des Bebens war in Venzone, einem mittelalterlichen Städtchen südöstlich von Tolmezzo. Venzone wurde Stein für Stein wieder aufgebaut, und erstrahlt heute in neuem Glanz.

Daß das Friaul sich mehr und mehr zur kulinarischen Landschaft entwickelt, mag auch an seinem Schinken liegen, dem mittlerweile berühmt gewordenen San Daniele. 27 Betriebe stellen im namensgebenden Ort San Daniele del Friuli diesen vielgerühmten Schinken her. Es sei der Wechsel von Meeres- und Gebirgsluft, in der die Schinken trocknen, die sie zu etwas wirklich Außergewöhnlichem mache. Einmal im Jahr steht San Daniele ganz im Zeichen des Schinkens. Ende August, während des großen Schinkenfestes, ist Tag der offenen Tür, und die Besucher können sich vor Ort mit feinster Ware eindecken. Die umliegenden Weinkellereien gestalten das Fest mit, und auch sie kann man bei dieser Gelegenheit besichtigen.

Friaul lebt von seinen Kontrasten: *Unweit des Meeres findet man mittelalterliche Burgen in üppiger Landschaft.*

Wer zur Zeit des Schinkenfestes in San Daniele weilt, und außer dem Schinken auch dem Wein zusprechen möchte, möge sein Auto stehenlassen. Es ist für einen Busservice gesorgt, der die Besucher kostenfrei zu den Weinkellereien der Umgebung fährt.

In Rodeano Basso, drei Kilometer südlich von San Daniele gelegen, halten Roberto und Rita Palmieri typisch friaulanische Köstlichkeiten bereit. In der Miniküche der »Antica Bettola da Marisa« zaubert Signora Palmieri ihre besonderen Gerichte. Zwischen Oktober und April wechselt jeden Monat die Speisekarte. Bei unserem Besuch gab es als Vorspeisen Salami in Balsamicoessig, gepökelte Zunge und, wie könnte es anders sein, San-Daniele-Schinken, der direkt von der Keule geschnitten serviert wird. Es folgten gefüllte Nudeln mit Kartoffelteig und Pilzen. Danach gab es, für die Herbstküche typisch, ein Entengericht, das zu den Spezialitäten des Hauses zählt. Bei der Wahl des Weines kann man sich ganz auf Roberto Palmieri verlassen. Er hält in seinem Weinkeller 450 verschiedene Weine bereit, und empfiehlt für jeden Geschmack den richtigen Tropfen. Daß Signor Palmieris Weine eine Auswahl der besten der Region hat, versteht sich von selbst. Das Mahl beendet ein Kaffee, den die Tochter des Hauses mit einer Suppenkelle Grappa verdoppelt.

Das Friaul hat eine lange Grappatradition. Vor hundert Jahren, 1897, zog Orazio Nonino in der Gegend von Udine mit einem Destillierkolben auf Rädern von Weingut zu Weingut. Von dort holte er sich den

San Daniele *hat neben seinem berühmten Schinken auch für Kunstinteressierte einiges zu bieten, wie z. B. diese Fresken.*

CHRISTOPH ULMER
Hotelier

Die friauler Villa wird oft als ärmere Variante der venezianischen angesehen?
Zu Unrecht, die friauler Herrenhäuser folgen lediglich dem lokalen Typus des Bauernhauses. Venedig war weit weg, und Friaul, feudal geprägt, folgte bis ins 18. Jahhundert dem architektonischen Vorbild der Burg. Die typische Villa ist im Grunde ein feudaler Palast im Dorf.
Die wenigsten können von Touristen besichtigt werden.
Leider. Einige aber sind mit Restaurants ausgestattet. Zum Beispiel das Schloß des Grafen von Colloredo in Susans bei San Daniele, repräsentiert bestens den feudalen Typus.

Was verbindet edelste Schnäpse und exzellente Literaten? Sie sind rar – und sie können sich auf einen gemeinsamen Liebhaber und Gönner berufen: Signor Nonino, Italiens großer Grappafabrikant, stiftet alljährlich einen Literaturpreis. Erster Preisträger war der brasilianische Schriftsteller Jorge Amado.

Signora Nonino *vor einem Bild ihrer Familie, die sich (fast) alle der Grappaproduktion verschrieben haben.*

Trester, die nach dem Auspressen der Maische verbleibenden Traubenrückstände. Daraus stellte er hochprozentige Brände her, die schon damals sortenreine Schnäpse waren, da sie nur aus dem jeweiligen Trester eines Weingutes gebrannt wurden. Die hohe Qualität der Grappae wurde über die Generationen gesteigert. Seit den siebziger Jahren sind Orazio Noninos Enkel, Benito und Giannola Nonino, mit weiteren Verfeinerungen und der Entwicklung neuer Produkte befaßt. Auf diese Weise entstand z. B. 1984 der erste Aquavit aus Weintrauben, und zwar aus der heimischen Rebe Picolit. Er wird unter dem Namen Ue vermarktet.

Die gesamte Familie Nonino ist sehr um die Erhaltung heimischer, autochtoner Reben bemüht, einige bedrohte Sorten hat sie offiziell unter Schutz stellen lassen. Ihrer Initiative ist es zu verdanken, daß die Rebsorten Ribolla und Schiopettino vor dem Aussterben bewahrt werden konnten. Auch vergibt sie einen Preis an Weinbauern, die mit den alten Sorten arbeiten. Zum bevorstehenden hundertjährigen Jubiläum 1997 hat sich der Destillierbetrieb, der auch international zu den bekanntesten zählt, etwas ganz Besonderes ausgedacht. Alte, eigens für diese Veranstaltung versiegelte Schnapsfässer sollen geöffnet und deren Inhalt renommierten Schnapsbrennern aus aller Welt zur Verkostung angeboten werden.

Wer im Friaul unterwegs ist, sollte sich dort mit einer guten Karte ausstatten (zu empfehlen sind die Karten des friauler Verlages Tabacco). Nur so findet man auch kleinere Orte wie beispielsweise Tissano, neun Kilometer südlich von Udine. Übrigens ein idealer Stützpunkt, da Tissano relativ zentral im Friaul liegt. Im Ortskern ist die Villa Agricola-Strassoldo, deren Besitzer, der Deutsche Christoph Ulmer, einen Teil des Prachtbaus zu einem liebevoll restaurierten Hotel umwandelte. Manchmal verwöhnt Ulmer seine Gäste auch kulinarisch. Die Rezeptideen dazu holt er sich auf seinen Fahrten durch das Friaul, bei denen er neue Lokale und deren Köstlichkeiten auskundschaftet. Seine zweite große Liebe gehört den friaulischen Villen. Ihrer Geschichte widmet er sich mit Akribie, was man in seinem mittlerweile zum Standardwerk avancierten Buch nachlesen kann.

Fünf Autominuten von Tissano entfernt, in Lavariano, gibt es das »Blasut«. Christoph Ulmer war es, der uns darauf hingewiesen hat: »Daran darf eigentlich kein Friaulreisender vorbeifahren.« Recht hat er, finden wir: Denn die »Trattoria Blasut« bringt eine hervorragende traditionelle Küche auf den Tisch. Unbedingt kosten sollte man die Spezialität des Hauses »Tagliolini d'Anatra«, das Entenragout zergeht auf der Zunge. Chef der Küche ist Signor Andrea Bordignon. Er ist ein Bewunderer Gianni Cosettis, und auch er versteht sich auf die Verfeinerung überlieferter Gerichte. Anderen Einflüssen, auch internationalen, ist er jedoch nicht abgeneigt. So kommt es schon mal vor, daß im Blasut japani-

FRITELLE DI SPINACI CON SALSA ALLE ERBE

Spinatklößchen in Kräutersauce

Für 4 Personen

Spinatklößchen

- *140 g Butter*
- *Salz*
- *250 g Mehl, Type 405*
- *4–6 Eier*
- *100 g Spinat (gekocht und fein gehackt)*
- *Öl zum Fritieren (z. B. Erdnußöl)*

Sauce

- *1 Knoblauchzehe*
- *80 g feingehackte Kräuter (Brennesseln, Minze, Zitronenmelisse, Fenchelkraut)*
- *Gemüsebrühe*
- *Salz*
- *Olivenöl, extra vergine*

Spinatklößchen

1 1/4 Liter Wasser in einem Topf zusammen mit Butter und Salz aufkochen, das Mehl auf einmal mit einem Holzlöffel unter ständigem Rühren zugeben, bis am Topfbodenende eine weiße Haut zu sehen ist; dann den Topf vom Herd nehmen, und 10 Minuten abkühlen lassen.

2 Anschließend die Eier einzeln unterrühren, bis ein feuchter, glatter Teig entsteht. In diesen den Spinat mengen.

3 Klößchen mit einem Teelöffel ausstechen, und in 180 Grad heißem Öl goldbraun fritieren.

Sauce

1 In einer Pfanne die abgezogene und kleingehackte Knoblauchzehe zusammen mit den Kräutern dünsten; mit etwas Gemüsebrühe ablöschen.

2 Anschließend in den Mixer geben, salzen und mit etwas Olivenöl mischen.

3 Die Sauce in die Tellermitte geben, und mit den Klößchen servieren.

Ein königliches Geschenk: Seine erste Erwähnung findet der Spinat im Abendland, als Geschenk des Königs von Neapel an den Kaiser von China im Jahre 647. Dort wurde er bald fester Bestandteil des kaiserlichen Gartens und der chinesischen Küche. Auch in Europa eroberte dieses Rübengemüse die Küchen: Als empfohlene Fastenspeise für Mönche im Mittelalter, als Hochzeitmitbringsel Katharina von Medici nach Frankreich oder als Speisefärbemittel der englischen Desserts.

Diese Antipasti bereitet Paolo Zoppolatti im »Al Giardinetto« in Cormons zu.

Ohne Steinpilze *ist die friaulische Küche nicht denkbar.*

Steinpilze, Funghi porcini, sind eine wahre Leidenschaft der Italiener. Ob als Salat, gebraten, gegrillt, geschmort, eingelegt oder getrocknet – die Funghi, wie sie in Italien kurz genannt werden, sind wichtiger Bestandteil der Spätsommer- und Herbstküche.

Gerstenrisotto ist eine Spezialität von Paolo Zoppolatti im »Al Giardinetto« in Cormons. Im »Roma« in Tolmezzo serviert Spitzenkoch Gianni Cosetti den norditalienischen Klassiker, die Polenta.

RISOTTO D'ORZO CON FUNGHI PORCINI

Gerstenrisotto mit Steinpilzen

Für 4–6 Personen

- *1 kleine weiße Zwiebel*
- *Olivenöl*
- *70 g frische Steinpilze*
- *300 g Gerste (ungeschrotet)*
- *600 ml leichte Fleischbrühe*
- *Butter*
- *Parmesan, frisch gerieben*
- *Salz*
- *1 Bund Petersilie*

1 In einer hohen Pfanne die feingewürfelte Zwiebel in etwas Olivenöl glasig andünsten.
2 Die Pilze und Gerste hinzufügen und leicht anbraten.
3 Nach und nach die kochende Brühe zugießen, und das Risotto ungefähr 40 Minuten bei milder Hitze ausquellen lassen, hin und wieder umrühren.
4 Gegen Ende der Garzeit Butter und Parmesan nach Belieben unterrühren, mit Salz abschmecken, und mit der feingehackten Petersilie servieren.

Variation

Gerstenrisotto kann auch mit Radicchio oder weißem Spargel anstelle der Steinpilze zubereitet werden. Sollten Sie sich für Radicchio entscheiden, dann geben Sie während der Kochzeit nach und nach ein Glas trockenen Rotwein zu.

Bei einem Spargelrisotto empfiehlt es sich, die Brühe durch den Spargelsud zu ersetzen.

DOC' IN BRAIDE

Polenta mit Käsecreme

Für 4 Personen

Polenta

- *200 ml Milch*
- *Salz*
- *200 g Maismehl (sehr fein gemahlen)*

Sauce

- *300 g Käse (je 1/3 Bergkäse, Frischkäse und Ziegenkäse)*
- *100 ml Milch*
- *100 g Butter*
- *50 g Maismehl*

1 In einem Topf 200 Milliliter Wasser mit der Milch aufkochen, etwas Salz zugeben.
2 Das Maismehl einrieseln lassen, und mit dem Schneebesen kräftig verrühren – es dürfen sich keine Klümpchen bilden; bei milder Hitze ungefähr 30 Minuten kochen.
3 Inzwischen den Käse mit der Milch in einem Topf im heißen Wasserbad schmelzen lassen, und zu einer flüssigen Creme verrühren.
4 In einer Pfanne die Butter und das restliche Maismehl nußbraun anbräunen.
5 Zum Servieren portionsweise die warme Polenta auf Teller gießen, und jeweils einen Löffel Käsecreme darübergeben.
6 Mit einigen Löffeln gebräuntem Maismehl begießen.

Info Anstelle der Milch kann auch einfach nur Wasser verwendet werden.
Die Polenta wird während des Kochvorgangs so heiß, daß sie Blasen wirft, die bis über den Topfrand hinaus zerplatzen können.
Am Topfboden bildet sich langsam eine Kruste. Die Polenta ist fertig, wenn sich diese Kruste vom Boden löst.

Fester Käse, *wie er hier im »Blasut« zu sehen ist, ist ein beliebtes Würzmittel.*

Der Montasio ist ein typischer friauler Käse. Er wird aus sehr fetthaltiger Kuhmilch gewonnen, die gekocht und gepreßt wird. Wenn er eine Lebensdauer von fünf Monaten überschritten hat, wird aus dem pikanten Tafelkäse ein würziger Reibkäse.

GNOCCHI DI PANE CON VERZE E MONTASIO

Kaiserknödel

Für 4 Personen

- *300 g altbackenes Weißbrot*
- *Butter, ca. 100 g*
- *600 g Wirsing*
- *30 g Zwiebel*
- *80 g Bauchspeck, sehr klein gewürfelt*
- *1/2 Bund Petersilie*
- *3 Eier*
- *40 g mittelalter Bergkäse (Montasio)*
- *Milch nach Bedarf*
- *Salz*
- *Olivenöl, extra vergine*

Sauce

- *100 g gereifter Bergkäse (Montasio), gerieben*
- *1/4 l Milch*
- *2 Eigelbe*
- *Salz, Pfeffer aus der Mühle*

1 Das Brot entrinden, in Würfel schneiden und in Butter goldgelb braten.

2 Den Wirsing waschen, abtropfen lassen, blanchieren und kleinschneiden. Die Hälfte davon in einer Schüssel beiseite stellen.

3 Den Rest des Wirsings mit der kleingewürfelten Zwiebel, 60 Gramm gewürfeltem Bauchspeck, der gehackten Petersilie und den Croûton vermischen.

4 Die Eier dazugeben, den gewürfelten Bergkäse und etwas warme Milch zufügen.

5 Die Masse salzen, und zu einem Teig verkneten; daraus kleine Knödel formen.

6 Inzwischen den restlichen Bauchspeck in etwas Olivenöl ausbraten, mit der beiseite gestellten Wirsinghälfte vermischen, und heiß werden lassen.

Sauce

1 Für die Sauce wird in einem heißen Wasserbad der geriebene Bergkäse in Milch aufgelöst.

2 Die Eigelbe zugeben, unter Rühren heiß werden lassen, bei Bedarf salzen und pfeffern.

3 Die Knödel in reichlich kochendes Salzwasser geben, ziehen lassen, und mit dem Wirsing und der Käsesauce servieren.

Ein deftiges Gericht aus dem »Al Giardinetto«, von Paolo Zoppolatti in Anlehnung an die österreichische Küche zubereitet.

Artischocken *sollte man nach dem Aufschneiden in Zitronenwasser legen. Das verhindert das Braunwerden.*

San-Daniele-Schinken schmeckt am besten, wenn er direkt von der Keule aufgeschnitten serviert wird. Diese Köstlichkeit kann man auch mit etwas Weißbrot genießen.

Ein Tip für das nebenstehende Rezept: Am besten eignen sich junge, italienische Artischocken, deren Strunk mit verzehrt werden kann.

Ein weiteres Gericht aus dem »Al Giardinetto«.

INVOLTINI DI TACCHINO IMPANATI AL PROSCIUTTO DI SAN DANIELE E CARCIOFI

Panierte Truthahnrouladen mit San-Daniele-Schinken und Artischocken

Für 4 Personen

- *4 Scheiben Truthahnfilet, à 100 g*
- *4 Scheiben luftgetrockneter Schinken*
- *4 Scheiben frischer Bergkäse (Montasio)*
- *20 g gekochter Spinat*

Panierung

- *Mehl*
- *1 Ei*
- *Milch*
- *Salz*
- *Semmelbrösel*
- *Öl zum Fritieren*

Beilage

- *4 Artischocken*
- *3 EL Olivenöl*
- *1 Knoblauchzehe*
- *2 EL gehackte Petersilie*
- *Salz, Pfeffer aus der Mühle*

1 Filets etwas flach klopfen, mit Schinken, Käse und ein wenig Spinat belegen.

2 Die Filets zu Rouladen rollen, und mit Küchengarn zusammenbinden.

3 Dann in Mehl, Ei, Milch und gesalzenen Semmelbröseln wenden, und 10 Minuten in heißem Öl auf beiden Seiten braten.

4 Aus der Pfanne nehmen, das Fett abtropfen lassen und warm stellen.

5 In der Zwischenzeit die Artischocken putzen, die äußeren Blätter entfernen und die Spitzen bis auf etwa 5 Zentimeter abschneiden.

6 Den Strunk kreuzweise einschneiden, die Artischocken vierteln, und in einer Pfanne mit Olivenöl und Knoblauch andünsten.

7 Die Petersilie sowie etwas Wasser zufügen und die Artischocken bißfest schmoren.

8 Mit Salz und Pfeffer würzen.

9 Die Rouladen mit dem Artischockengemüse und Kartoffelpüree servieren.

sche Köche ihre Kunst zeigen. »Den Charakter des Lokals«, so Signor Bordignons Kompagnon, Dante »Blasut« Bernardis, der für die Kontakte sorgt, »möchte ich aber nicht verändern.«

Wenn es wahr ist, daß in den sechziger Jahren jeder Italiener durchschnittlich 120 Liter Wein im Jahr trank, hat es ein Friauler sicherlich auf 200 Liter gebracht. Das erzählt uns jemand, der es wissen muß: Signor Puiatti senior ist nicht nur ein anerkannter Önologe, sondern auch der größte Weinproduzent im Friaul. Jährlich füllt er über eine Million Flaschen ab. Signor Puiatti erinnert sich an seine aufregende Anfangszeit als Weinproduzent: Gleich nach dem Krieg stellte er, noch in fremden Diensten, einen Spumante her, der als Pinot bianco bezeichnet wurde, eigentlich aber aus der sehr ähnlichen Chardonnay-Traube bestand. Über die Tragweite seines Tuns war er sich damals noch nicht im klaren: In den siebziger Jahren, Puiatti hatte sich inzwischen selbständig gemacht, exportierte er Pinot bianco als Chardonnay in die USA, wo der Chardonnay gerade in Mode und deshalb sehr begehrt war. Der Wein war der erste italienische Wein, der den Namen Chardonnay im Etikett führte, und wurde ein großer Erfolg. Als der wahre Sachverhalt offenbar wurde, kam es zum Rechtsstreit mit dem zuständigen Ministerium, der mit einem Vergleich endete: Der Wein wurde schließlich als »Pinot Bianco-Chardonnay« verkauft.

Tatsächlich ist das Friaul eine Region, in der gerne und viel, und zu jeder Gelegenheit getrunken wird, so zumindest erleben wir die Menschen hier. Noch in den fünfziger Jahren konnten die Friauler ihren Weinbedarf kaum selbst aus eigener Produktion decken. So ist es natürlich längst nicht mehr. Heute wird so viel Wein produziert, daß noch genug übrig ist, um ihn in alle Welt zu exportieren. Besonders viele exzellente Weißweine findet man im Collio, der sanften Hügelgegend zwischen Udine und Gorizia. Jermann, Gravner, Felluga – alle sind hier beheimatet. Jede einzelne Weinkellerei ist einen Besuch wert, und jede bietet ganz besondere Spitzenprodukte.
Schon zu Zeiten der k.k. Monarchie, als das Gebiet noch südlichster Zipfel des habsburgischen Vielvölkerstaates war, gab es im Collio gute Tropfen. Auch Wien ließ sich bis zum Ersten Weltkrieg von der Region beliefern. Der italienische Teil des Collio hat nur mehr die Form einer Sichel, drei Viertel der Weinregion fielen am Ende des Zweiten Weltkrieges an Jugoslawien. Trotzdem: Die Tatsache, daß das Friaul an der Spitze sämtlicher italienischer Weißweinreviere liegt, ist dem Collio zu verdanken.

In der Weinstadt Cormons im Herzen des Collio besuchen wir das traditionsreiche Restaurant »Al Giardinetto« der Familie Zoppolatti, das auf eine über neunzigjährige Geschichte zurückblickt. Lange dominierten Gerichte aus der Habsburgerzeit

Der Collio *gilt als berühmteste Weinregion Friauls, mittlerweile mit einem hochklassigen Angebot.*

Zu einer Weinprobe *nimmt man sich Ruhe und Muße – immerhin will man die Seele des jeweiligen Tröpfchens erkennen.*

Francesco Gravner, vielleicht der bekannteste unter den großen Winzern des Collio, dessen erlesene Tropfen auf den Weinkarten ebensolcher Restaurants zu finden sind, unterwirft sich den Anforderungen des Marktes nur bedingt. Er produziert jährlich rund 40000 Flaschen, verkaufen könnte er mindestens das Doppelte.

Schinken nach friauler Art serviert, und Schinken mit Melone, *die klassische Art, Würziges geschmacklich abzurunden.*

Wenig Salz und viel frische Luft machen aus rohen Schweinekeulen edlen Schinken. Doch bis der San Daniele sein Reifezeugnis erhält, vergeht oft mehr als ein Jahr.

San-Daniele-Schinken

Im Friaul hat man schon immer verstanden, aus dem Schwein etwas Besonderes zu machen. Zum kulinarischen Höhepunkt wird hier sein edelster Teil: der Schinken.

Unverwechselbar ist schon seine Form: Wie eine Gitarre oder Mandoline sieht er aus, flach gedrückt und mit Hals daran. Besser gesagt, mit Fuß, denn der Spitzfuß der hinteren Schweinekeule bleibt am Schinken. Wer genau hinsieht, erkennt auch das Brandzeichen mit dem Schinkenumriß, und den Buchstaben »SD«, dessen Vergabe die 27 Betriebe, das »Consorzio Prosciutto di San Daniele«, in dem kleinen Dorf am Alpenrand streng überwacht. Der Geschmack ist mild und zart, »dolce« eben, wie man im Friaul sagt. Diese Süße ist das Ergebnis vieler Faktoren, die schon mit der Schweinemast beginnen. Früher wurde dafür eine kleine schwarze Schweinerasse auf der Weide gehalten und mit Eicheln gefüttert, heute sind es rosafarbene Verwandte, die immer noch ordentlich gemästet werden. Ein Schlachtgewicht von über 150 Kilogramm müssen sie mindestens auf die Waage bringen, wobei das Fett richtig eingewachsen sein muß, damit es seiner Aufgabe als Aromaträger gerecht wird.

In Reih und Glied – *diese Schinken haben ihre Reifezeit schon fast hinter sich gebracht.*

Das richtige Einsalzen *und Lagern der Schweinekeulen ist von fundamentaler Bedeutung.*

Die beste Schlachtzeit ist Oktober bis März, denn dann herrscht in San Daniele das richtige Klima für die Reifung: Im täglichen Wechsel bläst einmal trockener, würziger Wind von den Moränenhügeln, dann strömt feuchtere, salzbeladene Luft vom nur fünfzig Kilometer entfernten Meer durch das Tal. Der Wechsel von trockener und feuchter Luft läßt das Salz, das zum Pökeln eingerieben wird, langsam bis zum Knochen vordringen. Die »Salatori«, die Salzer, brauchen viel Fingerspitzengefühl, wenn sie die frischen Schweinekeulen mit körnigem Meersalz einreiben. So wenig wie möglich, damit der Schinken nicht zu salzig wird, aber auch so viel wie nötig, damit er beim Reifen nicht

Ein Pferdeknochen verrät, *ob der Schinken die nötige Reife hat. Die »Puntatori«, die Qualitätsprüfer, erkennen am Duft, in welchem Stadium sich der Schinken befindet.*

verdirbt. Nur kurze Zeit wird er trocken gepökelt – nach spätestens zwei Wochen wird das Salz abgebürstet, und der Schinken zwischen Tannenholzbrettern gepreßt, was ihm die typische Gitarrenform gibt. Das ist keine werbewirksame Maßnahme, sondern verringert den Feuchtigkeitsgehalt des Fleisches.

So vorbereitet, kommt er in die luftdurchströmten, meist temperaturkontrollierten Hallen zum Trocknen und Reifen. Dabei entstehen neue Aromastoffe, und es entwickelt sich der unverwechselbare Geschmack, der einen Prosciutto di San Daniele auszeichnet. Ständige Aufsicht und sorgfältige Pflege sind dabei nötig. Die Schinken müssen gesäubert, das freiliegende Muskelfleisch mit Schmalz bestrichen werden, damit sie nicht austrocknen und faserig werden. Mindestens neun, besser zwölf und mehr Monate dauert dieser Reifeprozeß, der mit einer Nadel aus Pferdeknochen geprüft wird: Sie wird in den Schinken gestochen, herausgezogen und der Geruch an der Nadel geprüft. Für eine geübte Nase zeigt sich sofort, ob die Entwicklung ihren richtigen Lauf nimmt. Mit dem gleichen altertümlichen Instrument gehen auch die »Puntatori«, die Qualitätsprüfer des Consorzios, vor, um damit das endgültige Güteurteil zu fällen. Während der ganzen Prozedur hat der Schinken kräftig an Gewicht verloren, fast ein Drittel hat er abgespeckt, wenn er die Lagerhallen verläßt und in den Handel kommt. Ob Großerzeuger oder handwerklicher Betrieb, die Prüfmarke des Consorzios garantiert eine hervorragende Qualität.

Doch was so viel Sorgfalt bei der Herstellung benötigt, sollte auch richtig behandelt werden:
Nur wenn der San Daniele frisch und so dünn wie nur möglich aufgeschnitten wird, entfaltet sich sein edles, an Nüsse erinnerndes Aroma. Nicht im Kühlschrank aufheben, sondern bald servieren – am besten mit einem trockenen, nicht zu herben Weißwein aus dem Friaul, z.B. einem Tokai.

Nach erteiltem Reifezeugnis *dürfen die Schinken angeboten werden.*

Ein Tip: Werfen Sie Schwarte und Fettschicht nicht fort. Sie sind eine vorzügliche Würze für Suppen, Eintöpfe und Schmorgerichte.

Die schönste Zeit für eine kulinarische Reise durch das Friaul sind der Frühling und der Herbst. Im Winter sind die Straßenverhältnisse oft widrig, im Sommer kann es auch in Italiens Norden sehr heiß werden. Der beginnenden Weinlese wegen bietet sich vor allem der September als Reisezeit an. Konstant ist das Wetter dann aber nicht mehr.

In Triest gilt das Kaffeehaus *als wichtiger Ort der Kommunikation und Geselligkeit.*

Italo Svevo, 1861 in Triest geboren und 1928 bei einem Autounfall ums Leben gekommen, wird des öfteren mit James Joyce verglichen, mit dem ihn eine enge Freundschaft verband. Joyce selbst hielt sich 1904 für längere Zeit in Triest auf, ihm ist es auch zuzuschreiben, daß das Ausland auf Svevo aufmerksam wurde.

die Speisekarte. Heute stehen die Brüder Paolo und Giovanni Zoppolatti in der Küche, und beide verstehen es meisterlich, österreichische Traditionen mit friaulier Küche und modernen Einflüssen zu verknüpfen. Daß Paolo Zoppolatti überhaupt Koch geworden ist, verdankt er der Teilnahme an einem Kochkurs bei dem schon verstorbenen Meisterkoch Andreas »Andrea« Hellriegel in Meran. Der entdeckte sein Talent und zerstreute die Bedenken, die Paolo hatte: »Mich schreckte die Vorstellung, zu arbeiten, während meine Freunde ausgehen können.« Sieht man ihn heute in der Küche des Giardinetto stehen – und das Abend für Abend –, und mit großem Engagement seine Spinatklößchen in Kräutersauce zubereiten, weiß man, daß seine Entscheidung richtig für ihn war.

Ähnlich enthusiastisch ist Edi Keber, wenn es um seine Weine geht. »Ich will nicht mehr Wein produzieren, sondern noch besseren«, sagt der ehrgeizige junge Winzer aus Cormons. Er versucht, die Erfahrungen der »Alten« mit neuem önologischen Wissen zu verbinden. Auf einem Areal von acht Hektar konzentriert er sich auf sieben Rebsorten; das hiesige Mikroklima zwischen Gebirge und Meer ist dafür ideal. Von seinem Weinberg aus sieht Edi Keber auf der einen Seite die verschneiten slowenischen Berggipfel, auf der anderen die romantische Adrialagune von Grado. Ein guter Ort, um Wein zu machen. Edi Kebers Frau stammt aus dem nur einen Kilometer entfernten Nachbardorf, das schon in Slowenien liegt. Die Heirat bescherte ihr die dritte Staatsbürgerschaft: nach der jugoslawischen und slowenischen nun die italienische – typisch für das Leben im Dreiländereck.
Von der Welt der Weinberge ist es nur eine knappe Autostunde in eine ganz andere. Wir fahren hinunter ans Meer, in den Badeort Grado. Das pittoreske Städtchen hat gastronomisch gesehen etwas ganz Besonderes zu bieten, den »Boreto«. Früher war dieser Fischeintopf ein Armeleutegericht, heute wird er nicht mehr mit Fischresten, sondern mit edlen Filets vom Seewolf, Steinbutt oder Aal zubereitet. Als eine der besten Boretoadressen von Grado empfehlen wir die »Locanda Alla Fortuna da Nico«, in deren Küche Giovanni Marchesan wirkt.

Von Grado aus fahren wir auf einer der schönsten Küstenstraßen Italiens nach Triest. Wenn im Abendlicht die Fassaden der klassizistischen Bürgerhäuser an der Piazza dell'Unità d'Italia leuchten, spürt man den Glanz früherer Tage, als die Stadt am Golf ein beliebter Treffpunkt der Bohème war. Einst war Triest die Stadt der Literatur, und – damit eng verknüpft – die Stadt der Cafés. Dottore Ernesto Illy, der große italienische Edelkaffeeröster, und seine Familie sind hier zu Hause, und die Kaffeehauskultur blüht wie zu Zeiten Kaiserin Maria Theresias.
Nach wie vor sind die Cafés Leseorte, Schauplätze literarischer Veranstaltungen. Einen Besuch wert ist das »Caffè San Marco«, das sich in den letzten achtzig Jahren nicht verändert zu haben scheint. Im »Caffè degli Specci« an der Piazza dell'Unita d'Italia pflegte der italienische Schriftsteller Italo Svevo zu Beginn des Jahrhunderts des öfteren seinen Kaffee zu trinken.

Zum Ende unserer Friaulreise wollen wir uns noch einmal dem Wein widmen, und fahren in den Norden zurück. Wir nehmen die Weinstraße entlang der slowenischen Grenze. In Terrano treffen wir einen weiteren Vertreter der jungen Generation. Der Mann mit dem unitalienischen Namen Edi Kante ist Winzer aus Passion, und weiß genau, was einen guten Wein ausmacht. »Ein Problem ist, daß

Triest, ehemals reiche Handelsstadt, *hat auch heute nichts von ihrem Flair verloren.*

Wechselvoll ist die Geschichte des Friaul: Im 6. Jahrhundert war es langobardisches Herzogtum, um das Jahr 800 fiel es an die Franken. 952 wurde es Bayern zugeschlagen, kurze Zeit später Kärnten. Im Mittelalter unterstand das Friaul venezianischer Herrschaft, mit Venedig fiel es 1797 an Österreich, 1866 an Italien.

es hier in der Region zuwenig gute Erde gibt«, klagt er, »wir müssen sie mit Lastwagen aus den Dolinen hierher transportieren.« Dennoch läßt er sich nicht entmutigen, und setzt auf heimische Rebsorten. Namen wie Tokai und Vitovska deuten dabei auf die Nähe zu den slowenischen Nachbarn hin.

Nicht weit von hier liegt der Betrieb von Danilo Lupinc, der seit einigen Jahren den weißen Malvasia herstellt. Signor Lupinc hat sich für die Verkostung einen außergewöhnlichen Keller eingerichtet. Eines Tages fand er ein Loch in seinem Garten, das sich als Zugang zu einer Tropfsteinhöhle erwies. Über drei Leitern von jeweils fünf Metern Länge gelangt man durch einen recht engen Schacht hinunter in die geräumige Höhle, in deren Seitengängen der Wein lagert. Zu einem Karstwein paßt dieser ausgefallene Ort eigentlich ganz gut.
Der Wein, mit dem wir uns hier reichlich eindecken, soll unsere Erinnerungen an Friaul wachhalten.

Man sollte das Friaul nicht verlassen, ohne eine der traditionellen »Frascas« besucht zu haben. Der Brauch um diese kleinen Weinschänken, die auch als Buschenschänken bekannt sind, geht auf die Langobarden zurück, und besagt, daß jeder Weinbauer, der mehr Wein hergestellt hat, als er für seinen eigenen Bedarf benötigt, diesen Überschuß an Passanten verkaufen darf. In den Frascas wird herzhafte Bauernkost serviert, man erkennt sie, so war es schon zu Kaiserin Maria Theresias Zeiten, am Reblaubzweig, der über der Tür angebracht ist. Die Frascas sind über die ganze Region verteilt, allein für die Provinz Udine sind sechzig kleine Schänken aufgeführt. Nicht alle sind unbedingt originell, einige können aber schon stolz sein auf ihre lange Tradition. Empfehlen können wir die »Frasca dei Copara« in dem kleinen Ort Craoretto bei Cividale, das »Micossi« bei Tarcento nördlich von Udine, und das »Liberale« in Premariacco, ebenfalls in der Nähe von Cividale gelegen.

Prunkvolle Ausstattungen *zeugen von vergangener Pracht und Macht: Der langobardische Tempel von Cividale, und der Audienzsaal Kaiser Franz Josef I. im Miramare.*

Wem Gänse zu fett sind, *der kann auch eine Ente nehmen; am besten eignen sich Flugenten.*

Geflügel, zählt zu den beliebtesten Gerichten auf italienischen Speisekarten. Egal ob gegrillt, gebraten oder gekocht, eines ist besonders wichtig: Das Tier muß so frisch wie nur möglich sein. In ländlichen Regionen wird auf den Märkten oftmals Geflügel noch lebendig gekauft und dann zu Hause geschlachtet und gerupft.

Aus der »Trattoria Blasut« in Lavariano stammt die Gänsesuppe, eine köstliche Kreation von Andrea Bordignon.

ZUPPA D'OCA

Gänsesuppe

Für 8 Personen

- *1 Gans mittlerer Größe (3 1/2 kg)*
- *2–3 Gemüsebrühwürfel*
- *Olivenöl*
- *2 Zwiebeln*
- *1 Knoblauchzehe*
- *Salz, Pfeffer aus der Mühle*
- *500 g Kartoffeln*
- *20 Kastanien (geschält)*

1 Die Gans entbeinen. Fleisch und Knochen mit 4 bis 5 Litern Wasser 1 1/2 Stunden kochen. Dazu Salz und die Gemüsebrühwürfel zugeben. Gelegentlich abschäumen.
2 Das Fleisch herausnehmen und abkühlen lassen.
3 Die Brühe mit Wasser wieder auf 4 Liter auffüllen, und weitere 1 1/2 Stunden kochen lassen.
4 Die Brühe durch ein Sieb abgießen und warm stellen.
5 Inzwischen das Gänsefleisch in kleine Stücke schneiden, und mit etwas Olivenöl, den kleingewürfelten Zwiebeln und der zerkleinerten Knoblauchzehe andünsten; mit Salz und Pfeffer würzen.
6 Die Kartoffeln schälen, in Würfel schneiden, zum Fleisch geben, und alles zusammen weiterschmoren.
7 Schließlich mit etwas Gänsebrühe ablöschen. Die Suppe erneut zum Kochen bringen, und die Hälfte der Kastanien hinzugeben. Weiterkochen lassen, bis die Kastanien verkocht sind.
8 Dann die restlichen Kastanien dazugeben, und gar werden lassen.
9 Die Suppe durch ein Sieb streichen, und das Gänsefleisch mit der Kartoffelmasse hinzufügen.
10 Nochmal 10 Minuten kochen lassen und heiß servieren (die Suppe ist ziemlich flüssig).

ZUPPA DI ZUCCA
Kürbissuppe

Für 6–8 Personen
- *1 1/2 kg Kürbis*
- *300 g Möhren*
- *3 Kartoffeln*
- *1 1/2 weiße Zwiebeln*
- *150 g Butter*
- *Salz, Pfeffer aus der Mühle*
- *4 l Fleischbrühe (eventuell Suppenwürfel)*
- *1 Rosmarinzweig*

1 Den Kürbis schälen, und das Kürbisfleisch in kleine Würfel schneiden.
2 Die Möhren und Kartoffeln putzen und ebenfalls klein würfeln.
3 Die Zwiebeln in dünne Scheiben schneiden und in Butter andünsten; salzen und pfeffern.
4 Die Brühe sowie die Kürbis- und Gemüsewürfel zufügen und zusammen mit einem Rosmarinzweig bei mittlerer Hitze weich kochen.
5 Nach der Kochzeit den Rosmarinzweig entfernen, und das Gemüse mit dem Schneidestab des Handrührgerätes pürieren.
6 Die Masse zurück in die Suppe geben und nochmals aufkochen, bei Bedarf salzen.

Info Der Gartenkürbis mit seinem orangefarbenen Fruchtfleisch ist der uns bekannteste Speisekürbis.
Als Mitbringsel aus der neuen Welt wurde der Kürbis bald zu einem beliebten Gemüse auch in europäischen Küchen. Sein Fruchtfleisch ist weich und läßt sich sehr gut zu Suppen, Saucen und Füllungen verarbeiten.

TAGLIOLINI D'ANATRA
Entenragout

Für 4 Personen
- *1/2 Ente*
- *1 Zwiebel*
- *1 große Möhre*
- *2 Selleriestangen*
- *1 EL Olivenöl*
- *20 g Butter*
- *1 Lorbeerblatt*
- *Salz, Pfeffer aus der Mühle*
- *1 Glas Weißwein*
- *1 l Gemüsebrühe*
- *1 Knoblauchzehe*
- *1 Rosmarinzweig*
- *etwas geriebene Zitronenschale*

1 Das Entenfleisch vom Knochen lösen, und durch den Fleischwolf drehen.
2 Zwiebel, Möhre und Sellerie putzen und kleinschneiden.
3 Öl und Butter in einer hohen Pfanne erhitzen, das Gemüse zusammen mit dem Lorbeerblatt darin andünsten.
4 Dann das Entenhackfleisch dazugeben, mit andünsten und mit Salz und Pfeffer würzen.
5 Mit dem Weißwein ablöschen, 5 Minuten weiterdünsten lassen, und nach und nach bei mittlerer Hitze die Gemüsebrühe zugießen.
6 Das Enten-Gemüse-Gemisch bei mittlerer Hitze 1 1/2 Stunden unter häufigem Umrühren schmoren.
7 In der letzten halben Stunde die feingehackten Gewürze hinzufügen.

Tip Dazu passen selbstgemachte Nudeln oder Polenta.

MOSTARDA
»Senfsirup«

Für 4 Personen
- *200 g Hagebutten*
- *1 EL Weißweinessig*
- *1 EL Rotwein*
- *100 g Zucker*
- *1 Zimtstange*
- *4 Nelken*
- *Schale je 1 abgeriebenen Zitrone und Orange*
- *1 Prise Muskatnußpulver*
- *1 Quitte, geschält und gewürfelt*
- *Salz, Pfefferkörner*

1 Die Hagebutten halbieren, die Kerne entfernen, und die Früchte gut waschen.
2 Alle anderen Zutaten mit einem Liter Wasser verkochen, dann filtrieren. Die Hagebutten zufügen, und weitere 5 Minuten kochen. Den Topf hermetisch verschließen, abkühlen lassen und in den Kühlschrank stellen.

Info Die Sauce ist im Kühlen lange haltbar; sie eignet sich zu Fleischgerichten aller Art.

Diese Kürbissuppe wird im Restaurant »Da Roberto« in Rodeano Basso gekocht. Die »Trattoria Blasut« in Lavariano ist berühmt für ihre Entengerichte.

GIANNI COSETTI

Chefkoch im »Roma« in Tolmezzo

Was kann ein Koch von der bodenständigen Küche lernen?
Wenn man bedenkt, wie eingeschränkt die Möglichkeiten und wie reduziert die Zutaten waren, so zeigen die schmackhaften Resultate überlieferter Gerichte, daß die damaligen Köchinnen und Köche mit viel Phantasie und Kreativität bei der Sache waren. Die Phantasie entscheidet in der Küche – für mich jedenfalls. Meine Küche kann sich aber auch nur aus der karnischen Tradition heraus erklären.
Gibt es für diese sehr spezialisierte Küchenform Interesse beim Nachwuchs?
Kürzlich hatten wir hier einen Kochkurs allein zu den »Cjarsons«. Und dafür haben sich 200 Teilnehmer angemeldet. Das kann sich als Ergebnis gut sehen lassen.

Diese Form der Bauernklößchen werden im »Roma« von Gianni Cosetti hergestellt.

CJALSONS RUSTICS

Bauernklößchen

Für 4 Personen

Teig
- *300 g Kartoffeln*
- *150 g Mehl, Type 405*
- *1 Ei*
- *Muskatnuß, frisch gerieben*
- *Salz*
- *1 Bund Petersilie*

Füllung
- *200 g frische Lunge (vom Kalb)*
- *Olivenöl*
- *1/2 Glas Weißwein*
- *1 Ei*
- *Salz, Pfeffer aus der Mühle*

Sauce
- *200 g frischer Ricotta*
- *100 ml Milch*
- *Pfefferkörner*

1 Die Kartoffeln waschen, in der Schale weich kochen; danach schälen, durch eine Kartoffelpresse drücken und abkühlen lassen.
2 Anschließend mit Mehl, Ei, Muskatnuß, Salz und feingehackter Petersilie zu einem weichen Teig vermischen.
3 Für die Füllung die gut gewaschene, in sehr kleine Würfel geschnittene Kalbslunge in einer Pfanne in etwas Öl anbräunen.
4 Mit dem Weißwein ablöschen, salzen und pfeffern, und 10 Minuten bei milder Hitze dünsten lassen, dann das Ei dazugeben.
5 Den Kartoffelteig auf einer bemehlten Fläche ausrollen, und Kreise von je 6 Zentimetern Durchmesser ausschneiden.
6 In die Mitte je 1 EL Füllung geben, und den Teig darumhüllen, dabei die Ränder fest andrücken.
7 Die Klößchen in kochendem Salzwasser bei milder Hitze sieden lassen, bis sie an der Oberfläche schwimmen, herausnehmen und abtropfen lassen.
8 Die Ricotta mit der erhitzten Milch in einen Mixer geben und verrühren, bis eine lauwarme Creme entstanden ist.
9 Zum Servieren die Ricottacreme auf Teller gießen, je 6 heiße Klößchen dazugeben, und mit den im Mörser zerkleinerten Pfefferkörnern bestreuen.

Tip Anstatt Lunge können Sie auch Hackfleisch oder kleingewürfelten Speck nehmen.

Info Die vielfältigen Variationen der Cjarsongerichte beruhen, so sagt man, darauf, daß in früheren Zeiten die Frauen der »Cramari«, der Wanderhändler, die friauler Kräuter und Gewürze verkauften, deren Gewürzkörbe nach ihrer Rückkehr ausleerten und die übriggebliebenen Kräuterreste mit in die Nudeltäschchen verarbeiteten. So kam es jedesmal zu einer anderen Geschmacksnuance – und zu einer Abwandlung des Wortes.

BORETO
Boreto

Für 4 Personen
- *400–500 g Seewolf (Branzino)*
- *600–700 g Steinbutt (Rombo)*
- *300–400 g Meeraal (Grongo)*
- *200 ml Öl (50% Olivenöl, 50% Distel- oder Sonnenblumenöl)*
- *4 Knoblauchzehen*
- *Salz, Pfeffer aus der Mühle*
- *125 ml roter Weinessig*
- *1 Brühwürfel*

1 Den Seewolf und den Steinbutt filieren, entgräten und gut waschen, den Aal ebenfalls gut waschen, und in 4 bis 5 Stücke schneiden.
2 Das Öl in einer großen Pfanne erhitzen, die geschälten, unzerteilten Knoblauchzehen darin anbraten, bis sie nahezu schwarz sind, dann herausnehmen.
3 Die Fischstücke salzen und pfeffern, und in das heiße Öl geben. Leicht anbraten, mit dem Weinessig ablöschen, und etwas einkochen lassen.
4 Etwa 3/8 Liter Wasser mit einem Brühwürfel verrührt zugeben, und einkochen lassen, bis die Sauce etwas bindet; bei Bedarf mit Salz und Pfeffer abschmecken.

SPAGHETTI ALLE SARDINE
Spaghetti mit Sardinen

Für 4 Personen
- *100 ml Olivenöl*
- *2 Knoblauchzehen*
- *3 Sardinen*
- *2 Sardellenfilets*
- *4 frische Tomaten*
- *Salz, Pfeffer aus der Mühle*
- *5 Basilikumblätter*
- *20 g Pinienkerne*
- *1 Pfefferschote, getrocknet (Peperoncino)*
- *1/8 l Brühe*
- *400 g Spaghettinudeln*

1 Das Olivenöl in einer großen Pfanne erhitzen, und die geschälten und gewürfelten Knoblauchzehen darin andünsten.
2 Die ausgenommenen, entgräteten und gewaschenen Sardinen in kleine Stücke schneiden, und in der Pfanne mit andünsten; dann die Sardellenfilets mit den gehäuteten, geviertelten Tomaten dazugeben.
3 Die Sauce bei schwacher Hitze köcheln, mit Salz und Pfeffer würzen (Vorsicht: Die Sardellenfilets sind bereits sehr salzhaltig!), dann die gewaschenen und gut abgetropften Basilikumblätter, die Pinienkerne und die zerkleinerte Pfefferschote einrühren. Die Brühe zugeben und einkochen lassen.
4 Unterdessen die Nudeln in Salzwasser »al dente« garen, und gut abgetropft unter die Sauce mischen. Heiß servieren.

Fisch ist aus der italienischen Küche nicht wegzudenken. Neben den klassischen venezianischen Muschel- und Tintenfischgerichten gibt es zahllose Zubereitungsarten für Sardinen. Und für einen klassischen Boreto, einen Eintopf, bei dem man früher die Reste verwertete, eignen sich Meeresfische aller Art.

Beide Gerichte sind Spezialitäten aus der »Locanda Alla Fortuna da Nico«.

In einer pasticceria *gibt es süßes Gebäck aller Art.*

Süßspeisen zur Beendigung einer Mahlzeit sind gerne gesehen, jedoch werden sie von den Hausfrauen und -männern kaum selber zubereitet. Normalerweise reicht man Obst; nur bei besonderen Anlässen werden »dolci« vom Konditor geholt.

Das Rezept der Panna Cotta mit Kakisauce stammt aus dem »Blasut«. Die Minzeklößchen serviert man im »Al Giardinetto«.

PANNA COTTA

Gekochte Sahne in Kakisauce

Für 4 Personen

- *1/2 l Sahne*
- *1 Vanilleschote*
- *30 g Zucker*
- *3 Gelatineblätter*

Sauce

- *3 EL Zucker*
- *3 reife Kakifrüchte*

1 Die flüssige Sahne mit dem herausgeschabten Inhalt der Vanilleschote und dem Zucker zum Kochen bringen.
2 Die in kaltem Wasser eingeweichte Gelatine ausdrücken, und in die warme Sahne einrühren, bis sich die Gelatine aufgelöst hat.
3 Anschließend die Masse durch ein Sieb gießen, in kleine Förmchen füllen, abkühlen lassen, dabei gelegentlich umrühren.
Die Förmchen in den Kühlschrank stellen und erstarren lassen.
4 Für die Sauce den Zucker mit etwas Wasser in einer Pfanne karamelisieren lassen.
5 Die Kakis schälen, entkernen und das Fruchtfleisch mit einer Gabel zerdrücken.
6 Nach und nach zu dem Karamel unter Rühren in die Pfanne geben.
Darauf achten, daß die Sauce nicht zu süß wird und dickflüssig bleibt.

Info Zu einer Panna Cotta schmecken Fruchtsaucen aller Art:
Nehmen Sie zum Beispiel 400 Gramm frische Erdbeeren oder Himbeeren, und pürieren Sie diese; dann, bei Bedarf, mit 50 Gramm Zucker abschmecken.

GNOCCHI DI MENTA

Minzeklößchen

Für 4 Personen

- *600 g Spinat*
- *Salz*
- *400 g Quark*
- *1 Ei*
- *1 Eigelb*
- *20 Minzeblätter*
- *Pfeffer aus der Mühle*
- *3 EL Mehl*
- *Butter*
- *100 g geräucherter Mozzarella*

1 Den Spinat gründlich waschen, und die Stiele entfernen.
2 In etwas Salzwasser blanchieren, dann das Wasser auspressen, trocknen und anschließend fein schneiden.
3 Quark, Ei und Eigelb zusammen mit 12 gehackten Minzeblättern dazugeben, und etwas salzen.
4 Die Masse gut vermischen, und mit Mehl zu einem weichen Teig verkneten.
5 Mit einem Eßlöffel Klößchen formen, in kochendes Salzwasser geben, und darin ziehen lassen, bis sie aufsteigen.
6 Die Gnocchi gut abtropfen lassen, und in vorgewärmten Tellern servieren.
7 Heiße Butter darübergießen, den geräucherten Mozzarella darübergeben, und mit je 2 Minzeblättern garnieren.

GUBANA

Gubana

Für 4 Stück

Teig

- *1 kg Mehl*
- *60 g Bierhefe*
- *100 g Margarine*
- *150 g Zucker*
- *1/2 Glas Milch*
- *2 Eier*
- *Salz*

Füllung

- *100 g in Rum eingeweichte Sultaninen*
- *je 200 g Zitronat und Orangeat*
- *200 g Pinienkerne*
- *350 g Walnußkerne*
- *150 g getrocknete Feigen*
- *50 g Haselnüsse*
- *200 g trockene Kekse (Butterkekse)*
- *1 geriebene Zitronenschale*
- *Vanillearoma*
- *1 Prise Muskatnußpulver*
- *1 Ei*
- *Eigelb zum Bestreichen*

1 Aus den Zutaten für den Teig, zusammen mit 6 EL Wasser, einen lockeren Hefeteig zubereiten, diesen 2 Stunden zugedeckt ruhen lassen.

2 Die Zutaten für die Füllung klein hacken, und mit dem Ei vermengen.

3 Den Teig in 4 Teile teilen, und die Zutaten ebenfalls in 4 gleich große Portionen aufteilen.

4 Jeweils eine Teigportion mit einer Füllungsportion verkneten, mit einem Tuch zudecken, und 2 Stunden ruhen lassen.

5 Den Teig in dicke Rollen formen und diese schneckenförmig einrollen.

6 Die Teigschnecken mit Eigelb bestreichen, auf ein gefettetes Backblech legen. Mehrmals einstechen, damit die Feuchtigkeit entweichen kann.

7 In der Backröhre bei 200 Grad 15 Minuten backen, dann die Hitze auf 170 Grad zurückschalten, und weitere 30 Minuten backen.

Die Gubana ist der klassische friauler Hefekuchen. Ähnlich einem Stollen können die Füllzutaten beliebig variieren.

Das Rezept stammt aus der »Antica Bettola da Marisa«, oder einfach nur »Da Roberto« genannt, von Roberto und Rita Palmieri.

Monte Coglians
Monte Crostis
Col Gentile
Tarvisio
Monte Mangart
A 2
Roma
Tolmezzo
Monte Pramaggiore
Monte Cornager
Col Nudo
13
Fella
Gemona
del Friuli
Meduno
Monte Vogu
54
Monte Mataiur
Villa Colloredo
Maniago
552
463
Colloredo
di Monte Albano
A 23
Monte Cavallo
Weingut Vicentini Orgnani
Spilimbergo
San Daniele
del Friuli
Azzida
S. Quirino
54
Cividale
del Friuli
Hotel La Subida
Al Giardinetto
251
Meduna
Tagliamento
Antica Bettola da Marisa
Rodeano
Basso
13
UDINE
Destille Nonino
Percoto
Weingut Edi Keber
56
Cormons
Golf Hotel
Capriva
San Floriano
del Collio
Trattoria Blasut
Manzano
Kellerei Puiatti
Lavariano
Tissano
13
PORDENONE
Codroipo
Hotel Villa Agricola-Strassoldo
GORIZIA
Önothek Serenissima
A 28
Natisone
Grappadestille Villanova
Palmanova
Gradisca
d'Isenzo
Stella
A 4
A 4
Hostaria Mulin vecio
Cervignano
Isonzo
354
Aquileia
Monfalcone
Weingut Lupinc
Weingut Kante
Prepotto
352
Duino-Aurisina
Park Hotel
Locanda Alla Fortuna
Grignano
Lignano
Sabbiadoro
Grado
TRIEST
Hotel Duchi d'Aosta

FRIAUL

HOTELS

Das GRAND HOTEL DUCHI D'AOSTA gilt als feinste Adresse von Triest. Direkt am Hafen gelegen, zeigen einige Räume auf den Platz der Einheit hinaus. Mit 48 Zimmern und zwei Suiten, die den höchsten Ansprüchen genügen.

Piazza Unitá d'Italia 2, Trieste;
Tel. 0 40/7 60 00 11

Das Schloß Duino *ragt über dem Golf von Triest.*

Das PARK HOTEL liegt neben dem Schloß Duino, bekannt geworden durch Rainer Maria Rilkes Duineser Elegien. Von den meisten Hotelzimmern hat man einen herrlichen Blick auf Meer und Landschaft. Es gibt Zimmer und kleine Suiten zu mieten.

Duino 60/c;
Tel. 0 40/20 81 84
Anfahrt: Auf der SS 14 zwischen Monfalcone und Trieste.

VILLA AGRICOLA-STRASSOLDO, direkt am Hauptplatz des kleinen Örtchens. Ein Seitentrakt wurde für Hotelgäste sehr geschmackvoll umgebaut. Sehr günstig im Zentrum von Friaul gelegen. Tip: das kleine Appartment im Turm. Unter dem Turmdach eine Terrasse, wo man mit herrlichem Ausblick übers Land frühstücken kann.

Marktplatz, Tissano;
Tel. 04 32/99 03 99
Anfahrt: Von Udine kommend, in südlicher Richtung auf der SS 252 in Richtung Palmanova.

Die »Villa Agricola-Strassoldo«, *liebevoll restauriert von Christoph Ulmer.*

GOLF HOTEL: Dieses romantische Hotel ist das Resultat des Umbaus und der Restaurierung zweier uralter Steinhäuser. Die 12 Zimmer sind jeweils nach italienischen Weingegenden benannt. Teilweise mit antiken Möbeln eingerichtet und modernstem Komfort. Von März bis November geöffnet.

Via Oslavia 2, San Floriano del Collio;
Tel. 04 81/88 40 51
Anfahrt: Von Gorizia in nördlicher Richtung, kurz vor der slowenischen Grenze.

LA SUBIDA liegt an der Weinstraße von Cormons nach San Floriano. Hier gibt es Blockhausapartments mit Reitmöglichkeiten, Tennisplatz und Kinderspielplatz. Das angeschlossene Restaurant »Al Cacciatore« mit seiner exzellenten italienisch-slowenischen Küche gehört zu den besten Lokalen.

Monte 22, Cormons;
Tel. 04 81/6 05 31
Anfahrt: Der Ausschilderung von Cormons aus folgen: Auf der SS 409 ungefähr 3 Kilometer in nördliche Richtung.

RESTAURANTS

TRATTORIA BLASUT: Wer nicht im »Blasut« war, war nicht im Friaul – so könnte man überspitzt formulieren. Das Restaurant ist ein Musterbeispiel für die gekonnte, nicht überfeinerte Adaption alter Bauerngerichte an unsere heutigen Eßgewohnheiten. In der Küche: Andrea Bordignon. Sein Kompagnon, Dante Bernardis, kümmert sich um alles andere. Die Speisekarte wechselt monatlich. Innerhalb eines Jahres kommen alle tradtionellen Gerichte wenigstens einmal auf den Tisch.

Via Aquila 7, Lavariano;
Tel. 04 32/76 70 17
Anfahrt: Von Udine kommend auf der SS 353 in Richtung Pozzuolo. Abzweigung kurz nach Pozzuolo in Richtung Lavariano, 4,6 Kilometer.

Das ROMA gehört zu den elegantesten Lokalen, und hat Gianni Cosetti, Friauls ersten Küchenmeister, am Herd stehen. Signor Cosetti hat Karniens Küche höchster Weihen würdig gemacht. Er arbeitet viel mit Kräutern und Gewürzen, sein Polentamehl läßt er extra

Im »Roma« *verwendet Signor Cosetti am liebsten Produkte der Saison.*

in einer Steinmühle feinst mahlen. Ausgangspunkt bei Cosetti sind immer traditionelle Gerichte dieser nördlichen Provinz Friauls, die abgewandelt werden. Sein Kochbuch trägt den Titel »Die alte und die neue Küche Karniens«. Für Genießer ist das Roma ein Muß. Sonntagabend und Montag geschlossen.

Piazza XX Settembre 14, Tolmezzo;
Tel. 04 33/20 81
Anfahrt: Das Lokal liegt am Hauptplatz.

ANTICA BETTOLA DA MARISA: Geführt wird das Lokal von Roberto und Rita Palmieri. Am Ort kennt man es auch unter dem Namen »Da Roberto«. Auch dies ist ein Lokal, das auf seine Art Ideen aus der traditionellen Küche Friauls nimmt. Zwischen Oktober und April gibt es monatlich eine andere Speisekarte, dafür ist Signora Palmieri zuständig, die die zehngängigen Menüs zubereitet; in den Sommermonaten bedient Roberto im Freien den Grill. Sein Weinkeller hat eine große Flaschenauswahl. Donnerstag geschlossen.

Via Coseano 1, Rodeano Basso;
Tel. 04 32/80 70 60
Anfahrt: 5 Kilometer südlich von San Daniele.

Ein reizvolles Verließ – *Signor Palmieri zeigt die Schätze der »Antica Bettola da Marisa«.*

AL GIARDINETTO: Ein Lokal mit fast hundertjähriger Tradition. Frau Mariuccia und ihre Söhne pflegen die mitteleuropäische Küche, insbesondere die altösterreichische, die sich häufig in phantasievollen Weiterentwicklungen auf der Speisekarte wiederfindet. Gehört zu den ersten Lokalen der Region. Montag und Dienstag geschlossen.

Via Matteotti 54, Cormons;
Tel. 04 81/6 02 57
Anfahrt: Von Udine kommend in südliche Richtung auf der SS 56 durch Manzano; hinter Villanova d. Iudrio kommt die Abzweigung der SS 56 in östliche Richtung direkt nach Cormons.

Der San-Daniele-Schinken *wird, mit Hilfe eines Befestigungsblocks, dünn aufgeschnitten.*

HOSTARIA MULIN VECIO ist eine typisch italienische Hosteria auf hohem Küchenniveau, die, wie ihr Name schon sagt, in einer alten ausgebauten Mühle zu finden ist. Man setzt sich an große schwarze Tische, und erhält kalte Platten auf großen Kartontellern. Bezahlt wird nach Gewicht. Guter Tresenwein. Mittwoch und Donnerstag geschlossen.

Via Gorizia 2, Gradisca;
Tel. 0 48/19 97 83
Anfahrt: Von Udine kommend in südliche Richtung auf der SS 56 durch Manzano; hinter Villanova d. Iudrio geradeaus weiter auf der SS 305 nach Gradisca.

Die LOCANDA ALLA FORTUNA ist eines der gemütlichsten Restaurants des Ortes, bekannt geworden durch seine ausgefallenen Fischgerichte. Ein Klassiker des Hauses: Das Boreto, ursprünglich ein sogenanntes Armengericht, das die Reste des täglichen Fischfangs verarbeitete. In der Küche steht Giovanni Marchesan. Donnerstag geschlossen, im Januar Betriebsferien.

Via Marina 10, Grado;
Tel. 04 31/8 04 70
Anfahrt: Von Udine auf der SP 252 durch Palmanova auf die 352 direkt nach Grado.

EINKAUFSTIPS

SAN-DANIELE-SCHINKEN
Ein einzigartiges, vollkommen originelles friaulisches Produkt. Produzenten, insgesamt 27 an der Zahl, gibt es nur in San Daniele. Hier, auf einer Anhöhe gelegen, treffen trockene und feuchte Luftströmungen zusammen; sie »bearbeiten« den Schinken, eines der Erfolgsgeheimnisse dieses Produkts. Eine Keule hält sich vier bis fünf Monate in der Speisekammer.

Prosciuttificio Bagatto Rino
Via Cesare Battisti 28, San Daniele;
Tel. 04 32/95 72 52

Prosciutti Coradazzi
Via Kennedy 102, San Daniele;
Tel. 04 32/95 75 82
Anfahrt: Beide Geschäfte liegen direkt im Zentrum von San Daniele.

Die Gubana *wird mit der Füllmasse bestrichen.*

GUBANA
Eine ganze Reihe von Firmen stellen diesen klassischen Kuchen des östlichen Friaul her. Zu den guten Adressen zählt derzeit die Gubana von Lina Duriavig, die traditionell und ohne Zusatzstoffe zubereitet wird. Sie nennt ihn auch Großmutters Gubana.

Gubana della Nonna
Via Azzida 15, Azzida (bei S.Pietro al Natisone);
Tel. 04 32/72 72 34
Anfahrt: Von Udine in östliche Richtung auf der SP 54 durch Cividale, dann weiter in das Natisonetal nach Azzida.

SCHNÄPSE UND LIKÖRE

FIRMA NONINO
Benito Nonino hat als erster Aquavit aus Weintrauben hergestellt, das war 1984. Der Ue, wie er genannt wird, wird inzwischen aus sechs verschiedenen Trauben hergestellt. Das Spektrum der übrigen Produktion an Schnäpsen und Likören ist kaum überschaubar.
Via Aquileia 104, Percoto Udine;
Tel. 04 32/67 63 31
Anfahrt: Von Udine auf der SP 56 in Richtung Manzano, nach Percoto 4 Kilometer.

VILLANOVA
Eine Weinkellerei, die in einer kleinen Destille auch hervorragenden Schnaps herstellt, und zwar in alter handwerklicher Tradition: Destillation sowohl im Wasser- wie im Dampfbad. Die Destille ist einen Besuch wert.
Via Contessa Beretta 7, Farra d'Isonzo;
Tel. 04 81/88 80 13
Anfahrt: Von Gradisca (siehe Anfahrt Hostaria »Mulin Vecio«) kommend in östliche Richtung auf der SS 351 in Richtung Gorizia; nur wenige Kilometer hinter Gradisca zweigt eine Straße in die Ortschaft Farra d'Isonzo ab.

Eine alte Destillerie *mit passender Wandmalerei.*

WEINE

Zur unbestrittenen Spitze des italienischen Weißweines gehören diejenigen aus Friaul. Erstaunlicherweise begann die Karriere dieser Weine erst vor etwa 25 Jahren. Daß er solche Berühmtheit erlangte und seine Klasse noch weiter wächst, liegt an der jungen, ehrgeizigen Generation von Winzern. Sie sind regelrecht besessen davon, die ursprünglich angebauten Rebsorten wieder stärker in den Vordergrund treten zu lassen – im Gegensatz zu vielen Anbaugebieten, die mit französischen Trauben experimentieren. Im Friaul gibt es vier große Weinanbaugebiete mit sieben DOC-Weinen: Collio, Collio orientale, Grave del Friuli und Terrano.

Die Önothek »Serenissima« *mit ihrem unverwechselbarem Aushängeschild, Schmiedekunst vom Feinsten.*

Weingut EDI KEBER (im Collio)
Zegla 17, Cormons;
Tel. 04 81/6 11 84
Anfahrt: Auf der SS 409 von Cormons (siehe Anfahrt des Lokals »Il Giardinetto«) kommend in Richtung Subido.

Weingut PUIATTI (im Collio)
Via Aquileia 30, Capriva del Friuli;
Tel. 04 81/80 99 22
Anfahrt: Von Cormons (siehe Anfahrt des Lokals »Il Giardinetto«) kommend weiter auf der SS 56 nach Capriva.

Weingut LUPINC (in Terrano)
Prepotto 11b, Duino-Aurisina;
Tel. 0 40/20 08 48
Anfahrt: Auf der A 4 zwischen Monfalcone und Trieste, Ausfahrt Sistiana bei Duino-Aurisina. Weiter auf der SS 202 auf der Weinstraße von Terrano in Prepotto.

Weingut KANTE (in Terrano)
Prepotto 3, Duino-Aurisina;
Tel. 0 40/20 07 61
Anfahrt: siehe Weingut Lupinc.

Weingut VICENTINI ORGNANI (in Grave del Friuli)
Via Sotto Plovia 2, Vallariamo;
Tel. 04 32/95 01 07
Anfahrt: Von San Daniele kommend in westliche Richtung über den Fluß Tagliamento. Nach wenigen Kilometern erreicht man Vallriamo.

Önothek CORMONS
Eine Weinhandlung mit einem gut sortierten, rein regionalen Angebot.
Piazza 24, Maggio;
Tel. 04 81/63 03 71

Önothek SERENISSIMA
Weinhandlung mit einem großen Angebot typisch friauler Weine.
Via Cipriani 31, Gorizia;
Tel. 04 81/52 08 05

Die Önothek »Cormons« *bietet die Collioweine an.*

SEHENSWÜRDIGKEITEN

VILLA COLLOREDO
Das ehemalige Schloß, Castello Colloredo di Monte Albano, stammt aus dem 15. Jahrhundert. Bei dem Erdbeben vom 6. Mai 1976 wurde eine Hälfte des Bauwerks vollständig zerstört, nur noch die Außenmauern stehen. Im anderen Flügel befinden sich Büros der Gemeinde und Räumlichkeiten, in denen regelmäßig Ausstellungen stattfinden.
Tel. 04 32/88 98 18

Venetien – das ist mehr als Venedig. Das Veneto besitzt auch manches andere, weniger bekannte Kleinod – wie etwa Asolo, Bassano, Chioggia –, und außerdem ist es die Landschaft und Heimat des berühmten Prosecco.

VENETIEN

Oft Schmuckstücke – *die Gondel-Anlegestellen.*

Für viele Urlauber ist Venetien der Inbegriff Italiens. Und weil Venedig die bekannteste Stadt dieser Region ist, wird das Veneto der Einfachheit halber oft mit der berühmten Lagunenstadt gleichgesetzt. Venedig – das Ziel von Hochzeitsreisenden schlechthin, mit den obligatorischen Erinnerungsfotos vom Taubenfüttern unter dem Kampanile auf dem Markusplatz und der Fahrt in einer Gondel auf dem Canal Grande …

Dabei kann Venetien weitaus mehr vorweisen. Die Region erstreckt sich von den Dolomiten im Norden bis zur Po-Ebene im Süden und zur Lagunenlandschaft um Venedig im Osten. In diesem großen Gebiet liegen noch zahlreiche andere Kunststädte, beispielsweise Verona, Vicenza, Padua und Treviso. Natürlich bietet Venetien auch eine wunderschöne Landschaft.

Im Veneto ist die Sanftheit ein Kennzeichen der Landschaft und der Seelen: eine harmonische Übereinstimmung. Für das Schöne, für die Kunst, wie diese sich in Form und Farbe kundtut, hat selbst der einfache Veneter etwas übrig. Der hiesige Mensch liebt die Idylle in der Natur und in seiner persönlichen Umwelt. Feine Nuancen mag er, brüske Kontraste lehnt er ab. Sein zum Sentimentalen geneigtes Wesen ist weit entfernt vom coolen Realismus des Toskaners.

Sein Charakter kommt nicht nur in der Kunst und in seiner Einstellung zum Leben zur Geltung, sondern auch in der Gastronomie: Die Küche Venetiens gehört zu den raffiniertesten ganz Italiens. Mit dem gleichen Stolz, mit dem Venedig hier auf seine große Vergangenheit als Handelsmacht zurückblickt, berufen sich die Veneter auch auf ihre tradierte Kochkunst, deren Ursprung bis in die Renaissance zurückverfolgt werden kann.

Es gibt zwar einige Unterschiede von Provinz zu Provinz, doch im gesamten

Venedig – sinkend, verfallend, von Touristen überlaufen, doch immer noch wunderschön. Mehr als 400 Brücken spannen sich über die Wasserstraßen der Stadt, und unter den Brücken verkehren immer noch Gondeln – wie zur Zeit der Dogen.

Den 3800 Meter *langen Canal Grande, die Hauptwasserstraße Venedigs, säumen etwa 200 Paläste.*

Venetien haben zwei Zutaten eine große kulinarische Bedeutung: das Maismehl und die Gewürze orientalischer Herkunft – Reminiszenzen an die Zeit des blühenden Seehandels der Großmacht Venedig.

Zur Republik Venedig gehörte schon zur damaligen Zeit die Gegend um Conegliano, die heute vor allem aufgrund ihrer Prosecco-Produktion bekannt ist. Wegen dieses Schaumweins machen wir uns auf den Weg dorthin. Von Süden kommend, fahren wir nach Treviso und von dort weiter in Richtung Norden nach Conegliano. Auf unserer Fahrt überqueren wir auch den Piave. Dieser Fluß war im Ersten Weltkrieg Schauplatz erbitterter Kämpfe zwischen Italien und Österreich-Ungarn. In Conegliano beginnt dann die Strada del vino bianco, die Weißweinstraße, die sich rund 30 Kilometer weit zwischen den Hügeln bis nach Valdobbiàdene schlängelt. Hier sind wir im Herzen der Prosecco-Region. Mittlerweile ist dieser Schaumwein auch nördlich der Alpen bekannt geworden und genießt vor allem als Aperitif große Beliebtheit. Vermutlich ist den wenigsten Genießern bekannt, daß die Bezeichnung »Prosecco« gar nichts mit »secco« (trocken) zu tun hat, sondern daß es sich dabei um den Namen des Friauler Dorfes handelt, aus dem diese Rebsorte stammt.

Inmitten der lieblichen Weinberge um Conegliano liegt Castello Roganzuolo, wo sich der ultramoderne Kellereibetrieb »Masottina« von Adriano Dal Bianco befindet. »Prosecco« heißt übrigens auch die Rebsorte selbst; sie bringt verhältnismäßig große Trauben hervor. Doch nicht nur die Trauben sind für die Qualität des hiesigen Prosecco verantwortlich, sondern auch das Mikroklima ist in dieser Gegend sehr vorteilhaft. Adriano erklärt uns: »Es gibt keine extremen Temperaturunterschiede zwischen Sommer und Winter. Im Norden bieten die Voralpen Schutz vor den kalten Winden, und die Adria, die nur 50 Kilometer Luftlinie entfernt ist, erzeugt ein mildes Klima.« Bei unserem Gang durch den Betrieb lerne ich den Prozeß, der zur Entstehung des Schaumweins führt, kennen: Der Most wird mit nur mäßigem Druck gekeltert. Die Gärung erfolgt dann in großen rostfreien Stahltanks, wobei die erste Fermentation acht bis zehn Tage dauert und bei 18 Grad stattfindet. Für die zweite Gärung, die 20 Tage beansprucht und Temperaturen von 14 bis 15 Grad benötigt, werden Hefe und Zucker zugesetzt. »Dann ist unser Spumante fertig«, erzählt Signor Dal Bianco. »Er hat ein reicheres Bukett als der Frizzante (Perlwein) und einen Alkoholgehalt von etwa elf Prozent. Je nach Zuckergehalt kann er mehr oder weniger trocken sein: dry oder extra dry. Der beste, etwas süßlichere Prosecco

Weinanbau *in der Gegend von Conegliano, der Prosecco-Region Venetiens.*

Die günstigen klimatischen Bedingungen haben das Hinterland Venedigs nicht nur für den Prosecco-Anbau prädestiniert, sondern auch zum Erholungsgebiet für die Städter werden lassen, und dies schon seit dem 15. Jahrhundert.

Einst erholten sich die Venezianer im angenehmen Klima von Asolo von der Schwüle der Lagunenstadt – einer der Gründe für die Vielzahl der Feriendomizile rund um Asolo; die beiden schönsten Villen stammen von Andrea Palladio.

Blick auf Asolo: *eine Gartenstadt in malerischer Hügellage.*

kommt aus der Lage Cartizze. Doch die beste Qualität hat nach wie vor unser Superiore di Cartizze, ein D.O.C.-Sekt mit der Herkunftsbezeichnung »Prosecco di Valdobbiàdene«.
Natürlich müssen wir die verschiedenen Prosecco-Arten probieren; dazu begeben wir uns ins Restaurant »Al Salisà«, das mitten in der hübschen Altstadt von Conegliano liegt. Während wir auf der schattigen Terrasse am gedeckten Tisch auf die empfohlene Gewürzkräutersuppe warten, trinken wir als Aperitif einen erfrischenden Spumante. Dal Bianco erläutert: »Der Prosecco hat eine strohgelbe Farbe, ist aromatisch, leicht und angenehm süffig. Er wird jung getrunken und vor allem sehr kalt, mit einer Temperatur von sechs bis sieben Grad.«
Nachdem wir die herzhafte Suppe mit Appetit verzehrt haben, fällt mir die Wahl der Pasta eher schwer: Soll ich Crêpes mit Lachs oder mit Artischocken nehmen oder doch lieber Bandnudeln mit Steinpilzen oder mit Spargel? Unser Begleiter macht mir meine Entscheidung kaum leichter. »Egal, was Sie essen«, meint er, »unser Prosecco paßt ausgezeichnet zu all diesen Gerichten, aber ebensogut auch zu Risotto oder Fisch.« Prickelnd ist er auf jeden Fall, und ich lasse mir gerne nachschenken. Als es dann zum leichten Obstsalat noch einen spritzigen Superiore di Cartizze gibt, macht sich allerdings auch der Alkoholgehalt langsam bemerkbar.

Nach einem starken, ausnüchternd wirkenden Espresso geht unsere Fahrt weiter – nach Südwesten zur Hochebene von Asolo. Die malerische Hügellandschaft liegt reizvoll vor der Bergkulisse der Voralpen. Nicht minder bezaubernd ist Asolo selbst, eine wahre Gartenstadt in schöner Hügellage. Man kann sofort verstehen, warum der englische Dichter Robert Browning (1812–1889) sich gleich auf seiner ersten Italien-Reise in diesen Ort verliebte und ihn romantisch verklärte: »Italiens Schönheit in ganzer Fülle, mein Asolo, erschließt du mir...« Um ihren berühmten, ehemaligen Einwohner zu ehren, haben die

Stadtväter eine der alten Arkadengassen im Ortskern nach Browning benannt. Und noch eine Berühmtheit des 19. Jahrhunderts entschied sich für Asolo als Rückzugsort: die große Tragödin Eleonora Duse. Von ihrem Haus in der Via Canova sind es nur wenige Schritte zur »Villa Cipriani«, einem vornehmen Hotel, von dessen idyllischer Gartenterrasse aus man ein phantastisches Panorama genießt. Aber auch kulinarisch Exquisites wird hier geboten, ganz nach dem Motto »Klein, aber fein«. Regie über das luxuriöse Refugium führt der charmante Hoteldirektor Giuseppe Kamenar, der mich in alter Freundschaft zu Tisch bittet. Zur Einstimmung gibt es einen hauchdünn geschnittenen Carpaccio mit einer Sauce, die eigens für eine ältere venezianische Gräfin erdacht wurde, wie »Beppino« Kamenar mir berichtet: »Die Sauce ist ganz einfach – hausgemachte Mayonnaise, kombiniert mit Worcestersauce, und sonst gar nichts.« Daß ein Tröpfchen Tabasco den Geschmack abrundet, verschweigt er diskret.
Mein Lieblingsgericht im »Cipriani«, der »Risotto all'Asolana«, wird mit dem im hauseigenen Garten wachsenden Gemüse der Saison zubereitet. Deshalb bin ich schon gespannt, welche Gemüsearten jetzt, im Oktober, verwendet werden. Meine Neugier führt mich in die Küche, ins Reich des Chefkochs Mario. Dieser ist gerade dabei, Zucchini, Artischockenherzen, Erbsen, Auberginen und Steinpilze kleinzuschneiden. Unterdessen wird vom Fischmarkt des Lagunenstädtchens Chioggia die Goldbrasse angeliefert, die ich später genießen werde. Mario deutet auf die roten Kiemen und die glänzenden Augen und erklärt: »Daran erkennt man, daß der Fisch ganz frisch ist.« Er legt ihn zum Grillen auf den Rost; um den Fisch herum kommen noch Salatblätter von rotem Radicchio aus Treviso. Sie werden nur leicht gesalzen und erhalten durch das Grillen eine köstlich knusprige Konsistenz. Zum krönenden Abschluß lasse ich mir eine Zabaione servieren, ohne die ein Essen in der »Villa Cipriani« für mich nicht komplett wäre. Nirgendwo sonst schmeckt diese delikate Nachspeise so leicht, luftig und locker wie hier! Nach dem Essen begleitet mich Kamenar auf das Zimmer 101. Während er schwungvoll den Vorhang beiseite zieht, fragt er mich: »Was sagen Sie zu diesem Blick? Sogar die englische Königinmutter war hingerissen von der herrlichen Aussicht, die man von hier hat.« Man merkt, daß die königliche Begeisterung ihn mit Stolz erfüllt. Als ich ihm mit der Bemerkung beipflichte, daß diese Landschaft mich an meine geliebte Toskana erinnere, wird er redselig und erzählt von seinen Erlebnissen als Hotelier. »Wie Sie unten an der Theke gesehen haben, gibt es bei uns zum Aperitif den legendären Cipriani-Cocktail Bellini, genau wie in unserer *Harry's Bar* in Venedig. Das war Hemingways Stammlokal. Aber zurück zur Königinmutter: Ihr schmeckte der Bellini so gut, daß sie nicht mehr darauf verzichten wollte. Also nahm sie aus Asolo kistenweise Prosecco und Pfirsichsaft mit, um ihn sich selbst mixen zu können.«

Piero und Giuseppe Graser – *das Goldschmiede-Familienunternehmen in Bassano del Grappa besteht bereits seit vier Generationen.*

GIUSEPPE KAMENAR

Hoteldirektor der »Villa Cipriani«

Beim Namen »Cipriani« denkt man gleich an »Harry's Bar« und an das Luxushotel in Venedig. Hat dieses Hotel etwas damit zu tun?
Ja, natürlich. Das war so: Der englische Dichter Robert Browning machte Asolo weltbekannt. Seine hiesige Villa kam schließlich in den Besitz der Guinness-Familie, der irischen Biermagnaten. Guinness und Cipriani waren Geschäftsfreunde und kamen auf die Idee, hier ein Landhotel zu errichten. Vor 30 Jahren wurde mir die Aufgabe der Leitung übertragen.
Ich habe Freunde, die begeisterte Stammgäste bei Ihnen sind. Worin besteht eigentlich Ihr Erfolgsrezept?
Ganz einfach: Man muß in erster Linie die Damen verwöhnen.
Sind Sie ausschließlich mit der Hotelleitung beschäftigt?
Nein, meinem Herzen steht die Küche am nächsten.

Conte Emo *mit Tochter Caterina beim Repräsentieren ...*

... **und bei seiner Leidenschaft,** *der künstlerischen Arbeit an einer Plastik.*

Villa Emo, *eines der Meisterwerke Andrea Palladios.*

Schöne Gebäude wie das »Cipriani« gibt es in Venetien viele, doch die prächtigsten Bauten stammen zweifellos von dem großen Baumeister Andrea Palladio (1508–1580). In der Nähe von Asolo liegen zwei seiner besonders schönen Villen, Barbaro in Masér und Emo-Capodilista in Fanzolo. Die Villa Emo ist übrigens das einzige von Palladios Meisterwerken, das nach wie vor im Besitz der Nachfahren des Auftraggebers ist. Der Bau beeindruckt durch seinen für Palladio typischen klassizistischen Zentraltrakt mit Säulen und Tympanon, flankiert von zwei langgestreckten Seitenflügeln mit Arkaden, den sogenannten Barchesse. Dort waren früher die Kornkammern und die Lagerräume für Ackergeräte und Barken untergebracht.

In der Vorhalle der Villa empfangen mich die zierliche Gräfin Carolina Emo und ihre Tochter Caterina. Die aufgeschlossene 16jährige Caterina, die mit ihrer blonden Pagenfrisur einem Giorgione-Gemälde entsprungen zu sein scheint, führt mich durch die herrschaftlichen Säle. »Hier hat sich nichts verändert, seitdem du das letzte Mal bei uns warst«, versichert sie mir. Als ich bewundernd zu einem Fresko der Ceres, das sich über dem Portal befindet, aufblicke, erläutert meine Begleiterin: »Ceres, die Göttin der Ernte, ist ein Symbol unseres Hauses. Lunardo Emo wollte seinerzeit eine Villa bauen lassen, die auch sein Interesse an der Landwirtschaft widerspiegeln sollte.« Dieser Wunsch wurde ausgeführt: Auf den von Giambattista Zelotti gemalten Fresken entdecke ich beispielsweise Putten in einer Weinlaube und auch goldgelbe Maiskolben. Dazu erklärt Caterina: »Lunardo hat um 1550 hier im Veneto den Anbau von Mais anstelle von Hirse eingeführt. Er besserte damit auch die karge Nahrung der Bauern auf.« Caterinas Vater Marco ist draußen auf dem Feld. Nach bewährter Familientradition ist er Landwirt aus Leidenschaft. Aus den hohen Salonfenstern fällt mein Blick auf grasende Schafe und scharrende Hennen mit ihren Küken; im Hintergrund fahren

ORATA ALLA GRIGLIA

Gegrillte Goldbrasse bzw. Dorade

Pro Person

- *1 Goldbrasse, ca. 250 g*
- *1 Zweig Rosmarin*
- *2 Blätter Salbei*
- *1 Zitronenscheibe mit Schale*
- *1 Knoblauchzehe (nach Belieben)*
- *feingehackte Petersilie*
- *1 EL Olivenöl*
- *Salz, Pfeffer*

1 Die Goldbrasse putzen und entschuppen.
2 Den Bauch mit Rosmarin, Salbei, Zitrone und Knoblauch füllen.
3 Die Goldbrasse auf beiden Seiten mit Olivenöl beträufeln, salzen und pfeffern.
4 Auf den Rost legen und während der Bratzeit zwei- bis dreimal umdrehen.
5 Auf warmem Teller servieren, zuvor mit Petersilie bestreuen und nochmals mit Olivenöl beträufeln.

INSALATA DI RADICCHIO CON PROSCIUTTO

Radicchiosalat mit Schinken

Für 4 Personen

- *500 g Radicchioherzen*
- *100 g roher Schinken*
- *Olivenöl*
- *2–3 Tropfen Balsamico*

1 Die Radicchioherzen säubern und in einen tiefen Teller legen.
2 In einer Pfanne den in Würfel geschnittenen Schinken in wenig Öl anbraten, gut gebraten mit Balsamico löschen und dann heiß auf den Radicchio gießen.
3 Warm servieren.

Tip

Zur Goldbrasse kann man auch einige Radicchioblätter mit auf den Rost legen und grillen. Sie sollten gesalzen und gepfeffert und leicht mit Zitrone beträufelt werden. Ihre Garzeit entspricht derjenigen der Goldbrasse.

In der Nähe von Treviso liegt das Hauptanbaugebiet für den Radicchio. Er wird nicht nur als Salat zubereitet, sondern auch gegrillt oder als Würzzutat zu Grappa serviert.

Das Fischrezept mit Radicchiosalat stammt aus der »Villa Cipriani« in Asolo.

Die Mayonnaise zum »Carpaccio« stellt man am besten selbst her:

MAYONNAISE

1 Eigelb
1 EL Zitronensaft
1 TL Senf
Salz, Pfeffer
1/8 l Olivenöl

Eigelb, Zitronensaft, Senf, Salz und Pfeffer gründlich vermischen und nach und nach das Olivenöl unterrühren. Für das Gelingen ist es wichtig, daß die Zutaten Zimmertemperatur haben.

Der »Carpaccio« ist eine berühmte Kreation aus »Harry's Bar« in Venedig. Der Besitzer, Arrigo Cipriani, benannte das Gericht aus rohem Rinderfilet nach Vittore Carpaccio, einem venezianischen Maler des 15. Jahrhunderts, der ein ganz besonderes Rot zu mischen verstand.

Die Rezepte für den »Risotto all'Asolana« und das »Carpaccio« kommen ebenfalls aus der »Villa Cipriani« in Asolo.

CARPACCIO

Rohes Rinderfilet

Für 4 Personen

- *400 g Rinderfilet*
- *150 g Mayonnaise*
- *1 EL Worcestersauce*
- *1 Tropfen Tabasco*
- *150 g Rucola*
- *1 EL Cognac*

1 Das Filet hauchdünn aufschneiden. Entweder vom Metzger schneiden lassen oder das Filet einfrieren, dünn aufschneiden und zwischen zwei Folienblättern flach drücken.
2 Die Fleischscheiben auf einen Dessertteller legen und diesen mit einigen Rucolablättern ausgelegen.
3 Die Mayonnaise mit der Worcestersauce, einem Tropfen Tabasco und dem Cognac gut verrühren. Auf die Filetscheiben gießen.

RISOTTO ALL'ASOLANA

Risotto nach Asolaner Art

Für 4 Personen

- *350 g gemischtes Gemüse: Zucchini, Artischockenherzen, Erbsen, Auberginen*
- *1 Handvoll Steinpilze (auch getrocknete und in warmem Wasser eingeweichte sind geeignet) oder Champignons*
- *80 g Butter*
- *2 EL Olivenöl*
- *250 g Reis (am besten Vialone nano oder Arborio)*
- *1/2 Glas Weißwein*
- *1/2 bis 1 l Rinderbrühe mit Zwiebel*
- *Salz, Pfeffer*
- *1 kleine Tomate*
- *60 g geriebener Parmesan*
- *Petersilie*

1 Das Gemüse putzen, fein würfeln; ebenso die Pilze putzen und in dünne Scheibchen schneiden.
2 In einer Pfanne etwas Butter und Öl erhitzen; erst das Gemüse darin bei schwacher Hitze anschmoren, dann die Pilze dazugeben.
3 Den Reis etwa 1 Minute in einem Topf anrösten; mit Wein ablöschen und diesen nahezu verdunsten lassen.
4 Unter Rühren die Brühe in kleinen Mengen dem Reis hinzugeben.
5 Ist dieser halb gar gekocht, das Gemüse hinzugeben und den Risotto salzen und pfeffern.
6 3 Minuten, bevor der Reis fertiggekocht ist, die Pfanne vom Herd nehmen und die pürierte Tomate dazugeben.
7 Den Risotto mit Butter und Käse geschmeidig machen und ein wenig gehackte Petersilie unterrühren; mit Salz und Pfeffer abschmecken.

ZUPPA ALLE ERBE

Gewürzkräutersuppe

Für 4 Personen

- *2 Zweige Thymian*
- *2 Schalotten*
- *2 EL Butter*
- *150 ml Weißwein*
- *500 ml Geflügelfond*
- *450 ml Wasser*
- *150 ml flüssige Sahne*
- *50 g Petersilie*
- *50 g Basilikum*
- *80 g Brunnenkresse (etwas zum Garnieren beiseite legen)*
- *50 g Spinat*
- *Salz, Pfeffer*
- *Muskatnuß*
- *Saft 1/2 Zitrone*
- *40 g geräucherter Lachs*

1 Thymian und Schalotten hacken und mit 1 EL zerlassener Butter anbräunen, mit Weißwein löschen. Das Ganze auf die Hälfte der Flüssigkeitsmenge einkochen lassen.

2 Den Geflügelfond dazugeben und 15 Minuten bei niedriger Hitze köcheln lassen.

3 Dann die Sahne zugießen und erneut auf die Hälfte einkochen lassen.

4 Petersilie, Basilikum, Brunnenkresse und Spinat waschen, abtropfen lassen und grob schneiden; mit einem Mixer pürieren und der Suppe beimengen. Mit Salz, Pfeffer, Muskatnuß und dem Zitronensaft abschmecken.

5 1 EL sehr kalte Butter dazugeben und nochmals pürieren. Den in kleine Stückchen geschnittenen Lachs in die Suppe geben, kurz ziehen lassen, mit etwas Brunnenkresse garnieren und servieren.

ASPARAGI ALLA BASSANESE

Spargel nach Bassaner Art

Für 4 Personen

- *2 kg weißer Spargel*
- *8 Eier*
- *Salz, Pfeffer*
- *Olivenöl*
- *1–2 Tropfen Balsamico nach Wunsch*
- *1/2 Bund Petersilie zum Garnieren*

1 Die Spargel schälen, die harten Teile wegschneiden und in 4 Bündel teilen; die Bündel mit einem Bindfaden zusammenschnüren und in siedendem Wasser 15 Minuten kochen lassen.

2 Die 8 Eier weichkochen, abschrecken und pellen. Mit einer Gabel zerdrücken, salzen und pfeffern und mit kaltgepreßtem Olivenöl vermengen. Nach Wunsch 1–2 Tropfen Balsamico zugeben.

3 Das Ganze zu einer homogenen Sauce verrühren und über den heißen Spargel gießen; mit etwas Petersilie garnieren und gleich servieren.

»Citius quam asparagi coquantur« – »schneller, als Spargel zum Kochen braucht« –, pflegte Cäsar zu sagen, wenn er einen Auftrag erteilte, der besondere Eile erforderte.
Tip: Bei Spargel muß man darauf achten, daß er nicht verkocht. Die Kochzeit ist abhängig von der Spargelgröße und wieviel vom harten Stiel weggeschnitten bzw. geschält wurde.

Die Gewürzkräutersuppe wird im »Al Salisà« in Conegliano serviert.
Das Spargelgericht wird auf diese Weise im Restaurant »San Bassiano« in Bassano del Grappa zubereitet.

Die Zabaione läßt sich mit allen möglichen Wein- und auch Sektmischungen herstellen. Man kann sie auch vorbereiten. Dafür läßt man die warme Creme im kalten Wasserbad abkühlen, zieht steifgeschlagene Sahne unter und stellt sie bis zum Servieren kühl.

PESCHE AGLI AMARETTI

Pfirsiche mit Makronen

Für 4 Personen

- *2 Pfirsiche*
- *150 g Makronen*
- *2 Eigelb*
- *2 EL Rum*
- *Averna oder Ramazzotti (bitterer, aber sehr milder Kräuterlikör)*

1 Die Pfirsiche abbrühen, schälen, halbieren.
2 Die Makronen zerstoßen und mit 2 Eigelb und 2 EL Rum vermengen.
3 Pfirsichhälften mit Verna benetzen, mit dem Makronengemischs füllen und 10 Minuten bei 180 Grad backen.

ZABAIONE

Weinschaumcreme

Für 8 Personen

- *8 EL Zucker*
- *8 Eigelb*
- *8 EL Weißwein*
- *8 EL Marsala*

1 Zucker und Eigelb schaumig schlagen.
2 Im Wasserbad erwärmen und die beiden Weine unter ständigem Rühren dazugeben.
3 Warm servieren.

Die Rezepte für die Süßspeisen stammen aus dem venezianischen Restaurant »Do Forni« und der »Villa Cipriani« in Asolo.

Traktoren über die Felder. Caterina reißt mich aus dem Anblick dieser modernen Agraridylle: »Komm, ich will dir etwas zeigen«, sagt sie und führt mich unter die Arkaden einer Barchessa. »Eine Veränderung gibt es doch: Wir haben ein Restaurant eingerichtet! Leider feiert im Kaminsaal gerade eine große Hochzeitsgesellschaft, sonst hätte ich dich eingeladen, hier bei uns zu essen.«

Zum Ausgleich für die entgangenen Tafelfreuden in der Villa Emo gönne ich mir in Bassano del Grappa den feinsten weißen Spargel Italiens, der traditionell mit Eiern zubereitet wird. Das hübsche Städtchen am Ufer der Brenta ist jedoch nicht nur für seine Spargeldelikatessen berühmt, sondern auch für seine Goldschmiedekunst, sein in ganz Italien begehrtes Keramikgeschirr und nicht zuletzt für die Grappa, welche die Familie Nardini seit 1779 in ihrer Grapperia brennt. Bassano liegt am Fuß des 1775 Meter hohen Monte Grappa, der dem Tresterschnaps seinen Namen gab. Mit meinen zwei Freunden, dem Juwelier Piero Graser und dem Goldschmied Antonio Padino, schlendere ich durch die Altstadt mit ihren vielen Arkaden. Eine überdachte Holzbrücke, der »Ponte Coperto«, führt über die Brenta. Diese bereits 1209 erwähnte Holzbrücke ist zum Wahrzeichen der Stadt geworden. An der Mauer des Palazzo Nardini zeigen mir meine Begleiter die Einschüsse napoleonischer Kanonen, die noch immer sichtbar sind. Dann betreten wir die Schenke der Grapperia. In diesem Lieblingstreff der Einheimischen herrscht bereits eine feuchtfröhliche Atmosphäre. Doch nicht alle Gäste haben der Grappa zugesprochen: In letzter Zeit ist der Aperitif »Mezzo e mezzo« (halb und halb) – eine Kreation des Hauses, die zur Hälfte aus Rhabarberbitter besteht – in Mode gekommen. Auch wir entscheiden uns für dieses Getränk, aber ich bereue meine Wahl sofort. Beim nächsten Mal werde ich mich wieder an die bewährte Grappa halten – an Grappa pur, nicht an eine Mischung!

Die Schenke *der »Grapperia« von Nardini ist ein beliebter Treffpunkt.*

Die Grappa *wird direkt aus kleinen Kupferbehältern »gezapft«.*

Signor Nardini – *Grappa-Hersteller in Bassano del Grappa.*

Krönender Höhepunkt unserer Fahrt durch das Veneto soll natürlich Venedig sein. Um uns darauf einzustimmen, machen wir unterwegs Station im Fischerstädtchen Chioggia an der Brenta-Mündung am südlichen Ende der venezianischen Lagune. Aus der Vogelperspektive sieht die Anlage Chioggias wie ein Fischskelett aus: Die breite Flanierstraße Corso del Popolo bildet das Rückgrat, die vielen Seitengassen sind die Gräten. Vielleicht ist das kein Zufall – schließlich ist der Ort der wichtigste Fischereihafen der Lagune und besitzt neben San Benedetto del Tronto in den Marken eine der größten Fischereiflotten an der Adria. Auf den Dächern der Alt-

Die schöne Holzbrücke über die Brenta ist das Wahrzeichen von Bassano del Grappa. Sie war in beiden Weltkriegen hart umkämpft und wurde seit ihrem Bau insgesamt achtmal zerstört.

ADRIANO
DAL BIANCO

Weingutbesitzer in Conegliano

Hat der Name Ihres Weins »Prosecco« mit »secco« (trocken) zu tun?
Nein. Prosecco ist eine Rebsorte, die aus dem gleichnamigen Ort in der Nähe von Triest stammt, aber im idealen Mikroklima unseres hiesigen Cartizze-Gebietes gut gedeiht.
Was macht eigentlich den Prosecco so spritzig?
Das Perlen kommt durch einen zweiten Gärungsprozeß, der unter Zugabe von Hefe und Zucker (drei bis vier Prozent) etwa einen Monat lang dauert.
Worin liegt der Unterschied zwischen Perlwein und Schaumwein?
Im Druck. Beim Schaumwein ist er mehr als doppelt so hoch wie beim Perlwein. Deshalb ist der Schaumwein prickelnder.

PROSECCO

Als stiller Wein ist der Prosecco selten geworden. Lebhaft perlend als Frizzante und Spumante, verbreitet er dagegen nicht nur in seiner Heimat unbeschwerte Lebensfreude.

Trauben der Prosecco- *Rebsorte, die ursprünglich aus der Nähe von Triest stammt.*

Der üppig grüne Rebgarten im fruchtbaren Hinterland Venedigs, das östliche Venetien, zählt zu den ältesten Weinbauregionen Europas. Und dort, auf den weitgeschwungenen Hügeln zwischen den Weinstädtchen Conegliano und Valdobbiàdene in der Provinz Treviso, wurzelt auch der berühmteste Vino der Region: Prosecco. Als trockener, fein perlender Weißwein oder lebhaft schäumender Sekt hat er sich in vielen Ländern längst eine Menge Freunde gemacht. Doch im Gegensatz zu den Lambrusco-Erzeugern der Emilia-Romagna, die zu Hause gern ihre trockenen Versionen einschenken, preist kein alteingesessener Prosecco-Winzer zuerst seinen »Brut«.

Im klassischen, eng umgrenzten Prosecco-Gebiet schätzen Kenner auch heute noch den lieblichen Prosecco – weil in ihm die Fruchtaromen stärker hervortreten. So kann man in Treviso ausgezeichnete Amabile-dolce-Perlweine und sogar stille Proseccos entdecken, die die Region niemals verlassen. Anderswo, selbst im nahegelegenen Venedig, dem Hauptumschlagplatz für Prosecco, werden die trockenen Versionen bevorzugt. Und davon gibt es mittlerweile viele: den strohgelben, sanft perlenden Frizzante (Perlwein) oder, heute immer häufiger vertreten, den betont fruchtigen und prickelnden Spumante (Schaumwein).

Neben der Hauptrebsorte Prosecco erlaubt das Gesetz bei beiden Varianten zusätzlich maximal 10 Prozent Verdiso-Trauben und 15 Prozent Chardonnay-, Pinot-bianco- oder Pinot-grigio-Trauben.

Prosecco-Straße *nennt sich das Weinbaugebiet in der Provinz Treviso.*

Einen Flirt mit Prosecco kann man gleich dreifach genießen: fein perlend als Frizzante, kräftig moussierend als Spumante und – nach alter venezianischer Sitte – ganz still. Ob süß oder trocken, das bleibt Geschmackssache.

Wer nach Orientierung sucht, schaut am besten zuerst auf das Flaschenetikett. Hier dürfen die D.O.C.-Bezeichnungen »Prosecco di Conegliano«, »Prosecco di Valdobbiàdene«, »Prosecco di Conegliano-Valdobbiàdene« (ein Verschnitt aus beiden Lagen) und »Prosecco Montello e Colli Asolani« stehen. Wahrhaft superiore ist der Wein aus bestimmten Lagen von San Pietro di Barbozza in der Gemarkung Valdobbiàdene, der den Namen »Superiore di Cardizze« sogar aufs Etikett schreiben darf. Von den meisten Kennern und Prosecco-Liebhabern werden die Frizzante und Spumante aus der Region Valdobbiàdene (mit der Betonung auf der dritten Silbe) als die eleganteren Weine bezeichnet.

Prickelnd und schäumend *– der Schaumwein entsteht aufgrund einer zweiten Gärung. Auch der Druck in den Tanks ist höher als beim normalen Perlwein.*

Früher war der in Flaschengärung hergestellte Prosecco immer »nur« ein Perlwein, also frizzante. Der heute so beliebte Prosecco spumante ist eine Erfindung der Neuzeit: Beim sogenannten Charmat-Lungo-Verfahren, der Tankgärung, bleibt der Wein besonders lange auf der Hefe und entwickelt sich so langsam zum vollschäumenden, trockenen Schaumwein – mit wesentlich mehr Kohlensäure als sein älterer Bruder, der Vino frizzante. Ausschlaggebend für die Qualität des Schaumweins sind diese zweite Gärung und der höhere Druck in den Tanks.
Die erste Fermentation in den rostfreien Tanks dauert acht bis zehn Tage; die Temperatur liegt bei 18 Grad. Die zweite Gärung – diejenige, die den Spumante erzeugt – nimmt etwa 20 Tage in Anspruch; die Temperatur ist hierbei geringer, etwa 14 bis 15 Grad. Der Spumante hat einen höheren Alkoholgehalt als der Frizzante – nämlich elf Prozent – und eben auch mehr Kohlensäure. Fürs kräftige Prickeln muß man allerdings auch teuer bezahlen, denn beim Spumante fällt zusätzlich Sektsteuer an. Lebensfreude aber verbreiten beide Prosecco-Varianten, ob als perlender Aperitif oder als moussierender Begleiter eines leichten Essens oder erlesenen Buffets. Hauptsache, Sie genießen Ihren Lieblings-Prosecco jung, also frisch. Denn die feinen Aromen der Prosecco-Traube überleben in der Flasche nur wenige Monate. Und es wäre doch schade, wenn dem temperamentvollen Wein plötzlich der Duft fehlt.

Die strohgelben Perl- oder Schaumweine trinkt man als Aperitif – wobei sie gut gekühlt sein müssen. Sie passen aber auch hervorragend zu Vorspeisen, zu den Fischgerichten des Veneto und zum Käse.
Die süßen Amabile-Sorten genießt man am besten zu süßen Desserts.

In Flaschen *abgefüllt und gut verkorkt kommt der »Weißweinrenner« schließlich in den Handel.*

Pfahlmuscheln – *die Weichtiere kleben zopfartig aneinander.*

Ungewaschene Muscheln – *mit einem Dampfstrahler werden sie gesäubert.*

Von April bis September *werden die Muscheln verkauft. Während dieser Zeit haben sie genügend Flüssigkeit angesammelt.*

Muschelzucht – *in den Netzen der Lagunen wachsen die Pfahlmuscheln heran.*

stadt ragen die typischen trichterförmigen Schornsteine aus roten Ziegeln in den Himmel empor; unter den graziösen Brücken des Canal Vena gleiten pittoreske Barken zum Fischmarkt des Städtchens. Kaum zu glauben, welche Vielfalt an frischen Meerestieren hier ausliegt! Sie stammen alle aus der Lagune. Ein Händler preist gerade einen riesigen Hummer an – ein derartiges Prachtexemplar ist mir noch nie unter die Augen gekommen.

Und wieder einmal bewundere ich die Geschicklichkeit, mit der die Fische im Handumdrehen filetiert werden.

Hier werden auch jede Menge Muscheln, Butterkrebse und Meeresschnecken angeboten – kein Wunder, denn an der Lagune leben über 500 Familien von der Muschel- und Krebszucht.

Um mir anzusehen, was es mit diesen Muschelfarmen genau auf sich hat, fahre ich mit Gigi Boscolo Cegion zu einem der großen Pfahlbauten (Casone) in der Lagune. Dort hängen die Miesmuscheln zopfartig in Netzen, die an Holzpfählen im Wasser befestigt sind. Je nach Wetterlage sind die Weichtiere – die wegen ihrer Zuchtweise auch »Pfahlmuscheln« genannt werden – in 12 bis 18 Monaten ausgewachsen, und während dieser Zeit werden sie zwei- bis dreimal in größere Netze umgesetzt. Nachdem ich mir angesehen habe, wie die aneinander »klebenden« Muscheln mit Hilfe eines Metallrohrs umquartiert werden, laden die Muschelzüchter mich spontan zum Mittagessen ein. Bereits nach einer knappen Viertelstunde steht es fertig auf dem Tisch. Gigi erklärt, wie dieses »Casso e pipa« genannte Gericht (im lokalen Dialekt bedeutet dies »Pfanne und Deckel«) zubereitet wird: »Zuerst werden die Zwiebeln mit einer Prise Pfeffer zwei bis drei Minuten lang in etwas Olivenöl angebräunt. Dann kommen die Muscheln hinein, und zwar ohne Flüssigkeit; das Wasser, das aus den Muscheln austritt, reicht für den Sud. Dann wird alles zehn Minuten lang gekocht, und schon ist das Essen fertig.« Ein schnell zubereitetes und köstlich schmeckendes Gericht!

An den Pfählen, die praktisch überall aus dem Wasser der Lagune aufragen, werden aber nicht nur Miesmuscheln herangezogen; in achteckigen Körben, die zwischen den hölzernen Pfählen baumeln, züchtet man auch die Butterkrebse. Bei den Butterkrebsen handelt es sich nicht um eine Krebsart, es geht vielmehr um ein bestimmtes Entwicklungsstadium ganz verschiedener Arten: Zu bestimmten Zeiten wird nämlich der harte Chitinpanzer der Krebse weich, damit sie sich häuten können. In diesem Zustand werden sie geerntet und kommen dann als »Moleche fritte« (weiche fritierte Krebse) auf die Speisekarte.

Jedesmal, wenn ich in Venedig ankomme, schlägt mein Herz höher. Den allerschönsten Anblick genießt man übrigens, wenn man sich der Stadt über die grün schimmernde Lagune in einem Boot von Süden her nähert. Allmählich kann ich inmitten der diesigen Silhouette schlanke Glokkentürme ausmachen. Die Strahlen der untergehenden Sonne berühren die gedrungenen Kuppeln von San Marco und lassen den Marmor der Palazzi rötlich schimmern. Etwas später, als sich langsam die Dunkelheit über die Häuser senkt, tauchen an der Mündung des Canal Grande die schwarzen Umrisse der Gondeln auf – ein faszinierend schöner Anblick.

Am Canal Grande, der Hauptverkehrsader Venedigs, liegt auch der Palast der Gräfin Lucia Zavagli, wo zur Karne-

Venedig ist schon oft totgesagt worden. Der Boden sinkt ab, der Markusplatz wird jährlich überflutet, die Zahl der Einwohner schrumpft ständig. Doch niemand kann sich dem morbiden Zauber, den diese Stadt ausstrahlt, entziehen.

Fischmarkt in Chioggia – *hier gibt es frischen Fisch, direkt aus der Lagune.*

Tintenfische haben in der venezianischen Küche einen besonderen Stellenwert. Mit ihrer Tinte bereitet man übrigens auch die berühmten schwarzen Spaghetti zu.

SEPPIE ALLA VENEZIANA

Tintenfische nach venezianischer Art

Für 4 Personen

- *800 g geputzte Tintenfische (Sepia; die Tinte gibt es beim Fischhändler extra abgepackt)*
- *Olivenöl*
- *1 Knoblauchzehe*
- *1/2 Zwiebel*
- *1/2 Bund Petersilie*
- *1/4 l Weißwein*
- *100 g passierte Tomaten oder Tomatensauce*
- *ca. 200 ml Brühe*
- *Salz*
- *Saft 1/2 Zitrone*

1 Die Tintenfische säubern und in Streifen schneiden.
2 Das Olivenöl in einer breiten Pfanne erhitzen und die grobgehackte Knoblauchzehe samt Zwiebel darin anbraten. Sobald die Zwiebelstückchen glasig werden, die kleingehackte Petersilie und die Tintenfischstreifen dazugeben.
3 Wenn diese eine goldbraune Farbe angenommen haben, mit dem Weißwein ablöschen und etwas Tintenflüssigkeit hinzugeben.
4 Zur Verfeinerung der Sauce die passierten Tomaten (oder die Tomatensauce) sowie etwas Brühe unterrühren.
5 Etwa 1/2 Stunde lang bei wenig Hitze köcheln lassen; darauf achten, daß immer etwas Flüssigkeit in der Pfanne ist, bei Bedarf etwas Brühe nachgießen.
6 Die Tintenfische, erst nachdem sie fertig gegart sind, mit Salz und ein wenig Zitronensaft abschmecken.
7 Dieses Gericht wird mit frisch gemachter oder leicht gerösteter Polenta serviert. Man kann aber auch einfach Weißbrot dazu reichen.

Die Tintenfische nach venezianischer Art gibt es im Restaurant »Do Forni« in Venedig.

BACCALÀ ALLA VICENTINA CON POLENTA

Stockfisch nach Vicentiner Art mit Maisbrei

Für 4 Personen

- *600 g Stockfisch*
- *4 in Salz eingelegte Sardellen*
- *2 Bund Petersilie*
- *500 g Zwiebeln*
- *2 Knoblauchzehen*
- *1/4 l Olivenöl*
- *1/2 l Kalbsfond oder Brühe*
- *Salz, Pfeffer*
- *100 g geriebener Parmesan*
- *Mehl*
- *1/2 l Milch*

Polenta

- *1/2 l Wasser*
- *Salz*
- *150 g Maismehl*
- *1 EL Pflanzenöl*

1 Den Stockfisch klopfen und 24 Stunden in kaltes Wasser legen, das Wasser häufig wechseln. Danach den Stockfisch enthäuten, der Länge nach öffnen und entgräten.
2 Die Sardellen waschen und entgräten, dann zusammen mit der Petersilie kleinhacken.
3 Eine braune Sauce zubereiten: 1 Zwiebel und die 2 Knoblauchzehen zerkleinern, in etwas Olivenöl glasig anbraten und mit dem Fond ablöschen. Das Ganze etwas köcheln lassen, dann die Sardellen und Petersilie dazugeben, salzen und pfeffern und gut verrühren.
4 Die Sauce in die beiden Stockfischhälften füllen, den Fisch verschließen und in 4–5 cm dicke Scheiben schneiden.
5 Diese in einer Mischung aus Parmesan und Mehl wenden, in einer Pfanne (möglichst aus Terrakotta) dicht zusammenlegen.
6 Die restliche braune Sauce, die Milch und das ganze Olivenöl vermischen und dazugießen, so daß die Fische ganz bedeckt sind.
7 Bei niedriger Hitze 4–5 Stunden lang garen lassen, gelegentlich die Pfanne bewegen, aber ohne den Inhalt zu rühren.
8 Den Stockfisch heiß servieren, mit frisch zubereiteter Polenta oder mit gerösteten Polenta-Schnitten anrichten.

Polenta

1 Das Wasser mit dem Salz zum Kochen bringen, dann das Maismehl unter Rühren hineingeben. 1 EL Pflanzenöl dazugeben, damit die Polenta geschmeidiger wird.
2 Unter ständigem Rühren mit einem Holzlöffel auf kleiner Flamme etwa 40 Minuten lang kochen, bis die Polenta eine feste Konsistenz angenommen hat.

Information:

Mit der Bezeichnung »Stockfisch« sind Arten wie Schellfisch, Kabeljau oder Seelachs gemeint, die durch Trocknen konserviert werden. Die Fische werden zunächst ausgenommen und dann an der Luft getrocknet. Bei dieser Art der Haltbarmachung wird kein Salz verwendet wie beim Pökeln. Beim Pökelverfahren wird der Fisch, genannt Laberdan, in eine Salzlake, meistens schon auf dem Fischerboot, zur Konservierung eingelegt. Diese Art der Haltbarmachung wird bereits um 1300 in hanseatischen Urkunden der Fischerzünfte erwähnt.

Polenta ist die typische Beilage für die Küche des Veneto. Man kann sie als heißen festen Brei oder in Form gerösteter Scheiben servieren. Für letztere Variante streicht man die Polenta etwa anderthalb Zentimeter dick auf eine Platte und läßt sie erkalten. Dieser »Kuchen« wird dann in Stücke geschnitten, die in Butter angebraten werden.

Muscheln *aus den Lagunen; in Venetien gibt es viele Muschelgerichte.*

Meeresschnecken *auf dem Fischmarkt in Chioggia.*

Dieses Stockfischgericht wird ebenfalls im »Do Forni« in Venedig serviert.

Ein klassisches venezianisches Gericht ist die »Granseola«, die Meeresspinne:

GRANSEOLA

Meeresspinne nach venezianischer Art

Dieser Krebs schmeckt ganz hervorragend mit ein wenig Olivenöl, Zitrone, Salz und Pfeffer.

Die Muscheln werden auf diese Art frisch von den Fischern in Chioggia zubereitet.
Das Rezept der fritierten Sardinen stammt aus dem Restaurant »Garibaldi« in Chioggia Sottomarina.

CASSO E PIPA

»Pfanne und Deckel«

Für 4 Personen

- *4 kg Miesmuscheln*
- *2 Zwiebeln*
- *4 EL Olivenöl*
- *2 Knoblauchzehen*
- *4 Zweige Thymian*

1 Die Muscheln unter fließendem Wasser gut abbürsten, bei starkem Bartbewuchs – so nennt man die Haftfäden der Muscheln – mit einem Messer abschaben.
Geöffnete Muscheln nicht verwenden.
2 Die Zwiebeln würfeln und in einer tiefen Pfanne in Olivenöl glasig anbraten.
3 Den kleingewürfelten Knoblauch und die Thymianzweige dazugeben.
4 Die (tropfnassen) Muscheln dazugeben und die Pfanne sofort mit einem Deckel verschließen. 5 Minuten bei sehr starker Hitze kochen lassen, weitere 5 Minuten bei milder Hitze garen. Den Deckel während dieser Zeit nicht öffnen.
5 Heiß servieren.
Muscheln, die sich nicht geöffnet haben, nicht verzehren.

Fisch *ist das Hauptnahrungsmittel der Veneter der Küstenregion.*

SARDE IN SAOR

Sardinen, fritiert und mariniert mit gekochten Zwiebeln und Essig

Für 4 Personen

- *12–16 Sardinen, je nach Größe*
- *1,5 kg Zwiebeln*
- *1/4 l Olivenöl*
- *100 ml Weinessig*
- *3 EL Mehl*
- *Salz, Pfeffer*

1 Die Sardinen ausnehmen und waschen; auf einem Tuch trocknen lassen.
2 Die Zwiebeln in dünne Scheiben schneiden und in heißem Olivenöl anbräunen.
3 Mit dem Essig ablöschen, salzen und pfeffern und dann kurz bei großer Hitze verdunsten lassen.
4 Unterdessen die Sardinen in Mehl wenden, in reichlich Öl auf beiden Seiten 5 Minuten braten, herausnehmen und salzen.
5 In ein Tongefäß eine Schicht Sardinen legen, mit den Zwiebeln bedecken, erneut Sardinen darüberschichten und wieder Zwiebeln darüberlegen; zugedeckt 24 Stunden an einem kühlen Ort ruhen lassen.

Tip

Frische Sardinen sind bei uns eher selten zu bekommen. Die tiefgekühlten eignen sich aber auch ganz gut für die Zubereitung dieses Sardinengerichts. Man läßt sie langsam im Kühlschrank oder in kaltem Wasser auftauen.

valszeit ausgelassene Feste gefeiert werden. Die Grande Dame der venezianischen Maskenbälle, stilvoll in ein schwarzes Abendkleid aus Samt gekleidet, über das ein goldgelber, knöchellanger Tabarro hängt, empfängt mich in ihrem prunkvollen Salon. Schwarz sind auch die langen Handschuhe und die mit Federn geschmückte Kopfbedekkung. Neben ihr hüllt sich ein Kavalier in sein schwarzes Cape; erst bei näherem Hinsehen erkenne ich, daß es sich um Scialpi handelt, den bekannten Schlagersänger und Herzensbrecher.

Scialpi führt mich quer durch Venedig – und dann ins »Antiche Cantine Ardenghi«, sein Stammlokal, das auf eine 110jährige Geschichte zurückblicken kann. An den einfachen Holztischen sitzen die Einheimischen und spielen Karten, debattieren und trinken zum Cicheto (venezianisch für »Häppchen«) ihre Ombra de vin (ein Gläschen Wein). Am Tresen serviert uns die blonde Lucia Ardenghi zum Hauswein gleich zwei dieser Cicheti: »Bovoeti« (kleine Schnecken mit Petersilie und viel Knoblauch) und »Spieca« (Kalbsmilz mit roher Zwiebel), beide mit Olivenöl, Salz und Pfeffer angerichtet.

Ich spüre sehr schnell die appetitanregende Wirkung dieser Leckerbissen und verabschiede mich daher von Signor Scialpi, um mein Lieblingsrestaurant »Do Forni« in der Nähe von San Marco aufzusuchen. Heute steht in diesem kleinen Lokal mit seiner intimen Atmosphäre Stockfisch nach klassisch Vicentiner Art auf der Speisekarte. Gestärkt von dem sättigenden Gericht, schlendere ich über die Piazzetta am Dogenpalast zum Meer. Auf dem Markusplatz hinter mir herrscht ein reges Leben vor den Cafés. Die Tische des »Florian« unter den Neuen Prokuratien und des »Quadri« gegenüber sind voll besetzt. Das Café spielt im städtischen Leben eine herausragende Rolle, auch wenn es die einstige »Bottega del caffè« heute so nicht mehr gibt. Früher verbrachten die Venezianer oft Stunden im Café und ließen sich sogar die Post dorthin schicken. Im rosa schimmernden Licht der Laternen schaue ich nun hinüber zur Insel San Giorgio. Der schlanke, in Flutlicht getauchte Turm und die Kuppel der Kirche scheinen zwischen Meer und Himmel zu schweben. Mögen Kritiker auch behaupten, Venedig sei eine künstliche Stadt, eine »tote Königin der Meere«, wie der Schriftsteller Ippolito Nievo schon vor 140 Jahren schrieb – Venedig ist auch und immer noch die ewig faszinierende Perle der Adria.

Wunderschöne Masken *geben dem venezianischen Karneval sein spezielles Gesicht. Die jahrhundertealte Tradition war lange Zeit fast vergessen und wurde erst 1978 wiederbelebt.*

Nach der Enthüllung – *in Giorgio Clanettis Werkstatt entstehen die originellen Karnevalsmasken.*

Der geflügelte Löwe *von San Marco blickt grimmig – vielleicht schaut er auf die Touristen oder aber zu seinem Pendant auf der Säule des Markusplatzes.*

GRÄFIN LUCIA ZAVAGLI

Grande Dame der venezianischen Maskenbälle

Wie viele Gäste kommen in Ihren Palazzo am Canal Grande zur Faschingszeit?
Viele, manchmal sogar bis zu 500. Der Innenhof, die Salons, die oberen Terrassen werden alle für sie geöffnet.
Was bieten Sie Ihren Gästen an?
Zum Wein wird typisch venezianisches Kleingebäck gereicht. Gegen Mitternacht gibt es dann einen deftigen Eintopf mit Nudeln und Bohnen.
Wie lange wird gefeiert?
Wenn es hoch hergeht, tanzen wir bis in den Morgen hinein. Aber nur unten im Hausflur, denn in einem so alten venezianischen Palazzo würde der Fußboden weiter oben einer solchen bewegten Feier nicht standhalten.

Monte Cavallino
Cristallo
Pso. di Mauria
48
Cortina d'Ampezzo
M. Pelmo
M. Pradazzo
Longarone
M.Pavione
Ortigara
M. Verena
50
Col de Moi
Arsiè
Valdobbiadene
Tre Panoce
Diana
Conegliano
Al Salisà
Gallio
M. Caberlaba
13
San Bassiano
Bassano del Grappa
Asolo
Villa Cipriani
Oderzo
Portogruaro
Cima Valdritta
M. Tomba
Valli d. Pasubio
Grapperia Nardini
A 27
Fanzolo
A 4
53
Castelfranco Veneto
Villa Emo
Livenza
A 22
A 31
S. Donà
TREVISO
Villa Corner della Regina
Piave
Valdagno
47
Zero
Mogliano
Jesolo
Lago di Garda
Villa Condulmer
Veneta
12
VICENZA
Mestre
Brenta
VENEDIG
Mira
Do Forni
VERONA
Villa Margherita
PADUA
Adige
Villafranca di Verona
247
Laguna
Legnago
Monsélice
Bacchiglione
10
A 13
Chioggia
Garibaldi
Fratta
Adige
499
Adria
Castelmassa
ROVIGO
Can. Bianco
Bianco
Po
Occhiobello
Porto Tolle

VENETIEN

HOTELS

▮ DIANA in Valdobbiàdene: Modern-funktionales, augenfreundliches Hotel im Zentrum. Beachtlich die Konstruktion der imposanten Holzbalkendecke im Speisesaal. Garage.

Via Roma 49, Valdobbiàdene;
Tel. 04 23/97 62 22
Anfahrt: Von Venedig nördlich die S.S. 13 nach Treviso, S.S. 348 nach Montebelluna, Ausfahrt Valdobbiàdene.

▮ SPORTING HOTEL in Conegliano: Ruhiges Sporthotel auf einer Anhöhe. Fünf Autominuten von der Altstadt entfernt. Swimmingpool, Tennisplätze, Sauna und Solarium.

Via Diaz 37, Conegliano;
Tel. 04 38/41 23 00
Anfahrt: Von Venedig auf der A 27 nördlich bis Ausfahrt Conegliano.

▮ VILLA CIPRIANI in Asolo: Noble Villa aus dem 16. Jahrhundert, eingebettet in das Grün der toskanisch anmutenden Hügellandschaft. Die Dépendance im Rosengarten hat ihr eigenes romantisches Flair. Wunderschöne Veranda-Terrasse (siehe unter Restaurants). Besonders aufmerksame persönliche Gästebetreuung.

Via Canova 298, Asolo;
Tel. 04 23/95 21 66
Anfahrt: Von Venedig auf der S.S. 13 nördlich nach Treviso, dort auf die S.S. 348 nach Montebelluna, weiter auf der S.S. 248 in Richtung Bassano, Ausfahrt Asolo.

▮ VILLA CORNÈR DELLA REGINA bei Castelfranco Veneto: Spektakuläre Villa im palladianischen Stil inmitten eines Parks; mit geheiztem Swimmingpool, zwei Tennisplätzen, Sauna und Wassermassage. Einen fürstlichen Eindruck macht die sieben Meter hohe »Suite Oro«. Vornehmes Landhotel, in dem das 18. Jahrhundert noch fortlebt.

Villa Cipriani – *ein Hotel-Restaurant aus dem 16. Jh.*

Via Corriva 10, Cavasagra di Vedelago;
Tel. 04 23/48 14 81.
Anfahrt: Von Treviso auf der S.S. 53 in Richtung Castelfranco Veneto bis Istrana. Dort Linksabzweig nach Ospedaletto, rechts nach Cavasagra di Vedelago.

▮ VILLA CONDULMER bei Mogliano Veneto: Herrschaftlicher Landsitz, wo Verdi seine »Traviata« umkomponierte. Sowohl die großzügige Villa als auch der Park bieten wohltuende Ruhe; hier weht noch der Hauch des 18. Jahrhunderts. Swimmingpool, Tennis- und Golfplatz (27 Löcher) fehlen nicht.

Via Zermanese 1, Zerman;
Tel. 0 41/45 71 00
Anfahrt: Von Venedig-Mestre auf der Landstraße 13 Richtung Treviso bis Mogliano Veneto. Dort im Zentrum Rechtsabzweig, über Olme nach Zerman.

Villa Emo – *unter den Arkaden gibt es jetzt ein Restaurant.*

▮ VILLA MARGHERITA in Mira: Idyllisches Hideaway am Brenta-Ufer. Die geschmackvoll renovierte Contarini-Villa (17. Jh.) bietet Gemütlichkeit und Komfort. Tolles Frühstücksbuffet unter prächtigen Murano-Lüstern. Günstig gelegene Unterkunft für Besuche in Venedig, Padua und Chioggia.

Via Nazionale 416, Mira;
Tel. 0 41/4 26 58 00
Anfahrt: Von Padova auf Nr. 11 Richtung Mestre.

RESTAURANTS

▮ VILLA CIPRIANI in Asolo: Direktor Beppino Kamenar überwacht persönlich jedes Detail in Küche und Keller. Auch im distinguierten Veranda-Restaurant mit Gartenterrasse kümmert er sich um jeden Gast, um jedes I-Tüpfelchen.

Köstliche Küche *in der Palladio-Villa in Fanzolo.*

Für seine Spezialität »Risotto all'Asolana« wachsen die Zutaten im eigenen Gemüse-garten; so gibt es zu jeder Jahreszeit eine Überraschung an Gewürz und Geschmack. Auch nach dem köstlichsten Hauptgericht ist noch eine Steigerung möglich: Das hohe C erreicht die »Zabaione«, die wie ein Hauch auf der Zunge zergeht (siehe unter Hotels).

▮ TRE PANOCE in Conegliano: Armando Zanottos Edelrestaurant war einst ein Kloster, auf einem Hügel am Stadtrand. Im Winter wird der im Gebiet beheimatete Radicchio (eine Chicoré-Art) in all seinen Varianten (gegrillt, eingelegt,

als Auflauf) mit hymnischer Begeisterung zelebriert. Sonntag abend und Montag geschlossen.
Via Vecchia Trevigiana 50, Conegliano; Tel. 04 38/6 00 71
Anfahrt: Von Venedig auf der S.S.13 nördlich über Treviso nach Conegliano.

AL SALISÀ in Conegliano: Gutbürgerliche Regionalküche im gediegenen Saal oder auf der schattigen Veranda.
Im hübschen Stadtkern zentral gelegen.
Via XX Settembre 2, Conegliano; Tel. 04 38/2 42 88

Edle Brosche *aus der Graser-Werkstatt.*

SAN BASSIANO in Bassano del Grappa: Hier werden die regionalen Spezialitäten großgeschrieben, wie saftiger Spargel oder Steinpilze, Hallimasch und Pfifferlinge mit pikantem Vezzena-Käse und Polenta. Sonntag geschlossen.
Viale dei Martiri 36, Bassano del Grappa; Tel. 04 24/52 51 11
Anfahrt: Von Padua auf der S.S. 47 nördlich nach Bassano del Grappa.

DO FORNI in Venedig: Beliebtes Restaurant mit einem eigenen »VIP-Abteil«, das allerdings nur Eingeweihte kennen (intim eingerichtet, mit Holztäfelung, als wär's im Luxus-Speisewagen des einstigen Orient-Expreß). Erstklassige venezianische und internationale Küche. Rechtzeitig reservieren! Täglich geöffnet.
San Marco 457, Calle dei Specchieri, Venedig; Tel. 0 41/5 23 06 63 (nur wenige Schritte vom Markusplatz.)

GARIBALDI in Chioggia: Die sympathische Trattoria befindet sich in der Hauptstraße des Badevororts von Chioggia zwischen Lagune und Meer.
Signora Elda macht selbst täglich frische Nudeln und kauft auf dem Fischmarkt für ihre häusliche Küche ein. Hier gibt es typische Gerichte der venezianischen Lagune. Montag geschlossen.
Viale S. Marco 1924, Località Sottomarina; Tel. 0 41/5 54 00 42
Anfahrt: Südlich von Venedig auf der S.S.309.

EINKAUFSTIPS

LABORATORIO ARTIGIANALE MASCHERE in Venedig: In der Werkstatt von Giorgio Clanetti entstehen die berühmten venezianischen Masken für den Karneval. Diese kleinen Kunstwerke gibt es in den unterschiedlichsten und originellsten Varianten.
Barbaria delle Tole, Castello 6657; Tel. 0 41/5 22 31 10

GRASER in Bassano del Grappa: Im ältesten Juwelierladen (4. Generation) der Stadt werden die nach eigenen Entwürfen kühn gestalteten Gold- und Silberkreationen feilgeboten.
Via Gamba 36, Bassano del Grappa; Tel. 04 24/52 50 55
Anfahrt: S.S. 245 nördlich von Venedig.

GRAPPERIA NARDINI in Bassano del Grappa: An der von Palladio entworfenen historischen Holzbrücke befindet

Bei Nardini *stehen die Grappa-Fässer in Kellerschächten*

sich Nardinis urige Grappa-Schenke aus dem 18. Jahrhundert. Hier trifft man sich nicht nur zum Aperitif, sondern deckt sich mit dem kräftigen Schnaps auch für den Hausgebrauch ein. Montag geschlossen.
Ponte Vecchio 2, Bassano del Grappa; Tel. 04 24/22 77 41

WEINE

In allen vier Provinzen der Region (Verona, Vicenza, Padua, Treviso) gibt es Weinbaugebiete. Der im Fernsehfilm vorgestellte Prosecco stammt aus der gleichnamigen Rebsorte, die auf den grünen Hügel des Cartizze-Gebiets am Alpenrand (Weinstraße von Valdobbiàdene nach Conegliano) kultiviert wird. Dieser elegant vollmundige Weißwein ist besonders beliebt, entweder perlend (frizzante) oder als Schaumwein (spumante).
»Col Vetoraz« ist ein auf dieses Produkt spezialisiertes Weingut.
Via Trieste 1, S. Stefano di Valdobbiàdene; Tel. 04 23/97 52 91
Anfahrt: Von Treviso nördlich auf der Nr. 348 bis Montebelluna, dann Landstraße nach San Stefano di Valdobbiàdene.
In der Cantina Produttori di Valdobbiàdene haben sich rund 700 Weinbauern mit 600 ha Land zusammengeschlossen. Ihr »Cartizze Val d'Oca« und »Prosecco Extra Dry Val d'Oca« sind ebenfalls bester Qualität.
Via per San Giovanni 65, S. Giovanni di Bigolino; Tel. 04 23/98 20 70

Bekannter Prosecco-Produzent bei Conegliano: La Masottina
Via Bradolini 54, Castello di Roganzuolo; Tel. 04 38/40 07 75

In den Euganeischen Hügeln bei Padua, wo der Dichter Petrarca zu Hause war, zeichnet sich mit der Spitzenqualität ein

Cabernet-Sauvignon-Rotwein aus: »Colli Euganei Cabernet Riserva« von »Vignalta«.

Via Marlunghe 7, Arquà Petrarca; Tel. 04 29/77 72 25
Anfahrt: Von Padua südlich auf der Nr. 16 nach Battaglia Terme, rechts nach Arquà Petrarca.

Von Brücken überspannt – *der Canal Vena in Chioggia.*

Das Gut Maculan in Breganze bringt u.a. den edelsüßen Weißwein »Acininobili«, die Rotweine »Breganze Cabernet Fratta« und den »Cabernet Sauvignon Ferrata« hervor. Alle Weine sind mit der höchsten Prämierung des Gambero-Rosso-Weinführers, den »3-Gläsern« ausgezeichnet worden.

Ein Breganze Cabernet Fratta *vom Gut Maculan.*

Via Castelletto 3, Breganze; Tel. 0445/87 37 33
Anfahrt: Von Bassano del Grappa auf der S.S. 248 Richtung Vicenza, bei Marostica links in Richtung Breganze.

Butterkrebse *werden in Körben in der Lagune gezüchtet.*

Das Gebiet Verona-Garda-See, mit den populären leichten Weißweinen »Custoza« und »Soave« sowie den Rotweinen »Bardolino« und »Valpolicella«, zeichnet sich besonders durch den alleredelsten Tropfen schweren, dunklen Rotweins aus, den »Recioto Valpolicella Amarone Classico Superiore«. Ein guter Jahrgang davon gehört zu den höchsten Gaumengenüssen des Weinkenners.
Hier einige Empfehlungen von Produzenten mit sehr guten Weinen:

▮ Le Ragose

Località Le Ragose, Arbizzano di Valpolicella; Tel. 0 45/7 51 32 41
Anfahrt: Von Verona auf der S.S. 12 in nördlicher Richtung, bei Parona rechts abbiegen.

▮ Allegrini

Corte Giara 3, Fumane di Valpolicella; Tel. 0 45/7 70 11 38.
Anfahrt: Von Verona nördlich ca. 12 km, bei San Pietro in Curiane abbiegen und der Beschilderung folgen.

▮ Dal Forno

Via Capovilla 35, Illasi; Tel. 0 45/7 23 68 11;
Anfahrt: Von Verona auf der A4 in Richtung Soave, nach ca. 12 km links nach Illasi abbiegen.

▮ Giuseppe Quintarelli

Via Cere 1, Negrar; Tel. 0 45/7 50 00 16
Anfahrt: Von Verona nördlich auf der S.S. 12, bei Parona rechts fahren, nach ca. 2 Kilometer rechts Richtung Negrar abbiegen.

So gut wie alle Weinsorten des Gebiets finden sich in verläßlicher Qualität und zu erschwinglichen Preisen bei: Bertani

Località Novare, Arbizzano di Valpolicella; Tel. 0 45/7 51 39 99
Anfahrt: Von Negrar ausgeschildert.

SEHENSWÜRDIGKEITEN

▮ VILLA EMO CAPODILISTA in Fanzolo und VILLA BARBARO in Masèr: Sie gehören zu den spektakulärsten, freskenreichen Palladio-Villen in Venetien und können besichtigt werden. In der Villa Emo kann man neuerdings auch stilvoll speisen.

Auskunft: Villa Emo 04 23/47 63 34
Villa Barbaro 04 23/92 30 04
Anfahrt: Von Treviso nach Fanzolo auf der S.S. 53 in Richtung Castelfranco Veneto bis Vedelago; dort Rechtsabzweig in Ortsmitte, dann gut ausgeschildert; von Treviso nach Masèr S.S. 348 in Richtung Montebelluna, dann weiter bis Ausfahrt nach Cornuda, dort Linksabzweig nach Masèr.

Pasticceria Marchini *in Venedig verwöhnt mit kleinen Köstlichkeiten.*

▮ PALA DEL GIORGIONE in Castelfranco Veneto: Im Dom der Heimatstadt des Malers Giorgione ist hinter Panzerglas eines seiner eindrucksvollsten Meisterwerke zu bewundern: die thronende Madonna mit den Heiligen Franziskus und Georg.

Anfahrt: Von Padua auf der S.S. 47 nördlich fahren, bei Cittadella rechts abbiegen.

Berge und Täler, Gebirgsbäche und Seen kennzeichnen die Landschaft des Piemont. Im Lago d'Orta, dem westlichsten der italienischen Alpenrandseen, liegt verträumt die Insel San Giulio.

PIEMONT

Grissini: *Aus langen dünnen Teigschlangen entsteht dieses knusprige Gebäck. Vor über 300 Jahren wurde das Rezept in Turin erfunden.*

Ein früher Sommermorgen in Turin, der Hauptstadt des Piemont. Während vor den Toren der Stadt noch Nebel die hügelige Landschaft verhüllt, beginnt für die Turiner Handwerker der Tag. Bei meinem Spaziergang in die Innenstadt vernehme ich hinter schweren Rolläden Geräusche geschäftigen Treibens. In einer Gasse bleibe ich stehen und werfe einen Blick durch einen Türspalt: Dort stehen zwei Bäckerlehrlinge und schwingen geschickt eine eineinhalb Meter lange Teigschlange durch die Luft, ohne sie reißen zu lassen. Der Meister bemerkt meine Neugier und winkt mich herein. »Das ist keine leichte Kunst!« erklärt er mir und erzählt, daß es drei Jahre dauert, bis man vollkommen in die Geheimnisse der Grissini-Herstellung eingedrungen ist – denn ebendiese werden hier produziert, und zwar noch von Hand, wie mir stolz gesagt wird. Nach dem Kneten muß der Teig zu dünnen, möglichst gleichmäßigen Rollen geformt werden, die dann fünf Minuten lang in einem speziellen Ofen gebacken werden. Grissini, die knusprig dünnen Teigstangen, haben in Turin eine lange Tradition: 1679 wurden sie von dem Bäckermeister Antonio Brunero für den Herzog Vittorio Amedeo II. erfunden, der sie als Heilmittel für dessen Magenleiden einsetzte – und das offenbar mit Erfolg. Natürlich werden mir auch im »Del Cambio« Grissini serviert, einem der Lieblingsrestaurants des Grafen von Cavour, der sich als Staatsmann in der Mitte des letzten Jahrhunderts um die nationale Einigung Italiens bemüht hatte. Hier sitze ich nun auf seinem Stammplatz auf einer samtrot gepolsterten Bank und bewundere das prachtvolle Interieur mit seinen vielen Spiegeln, der gold- und beigefarbenen Holzvertäfelung und den glitzernden Kronleuchtern. Dabei werde ich mißbilligend vom Grafen selbst beobachtet, der als Karikatur in Form eines Freskenputtos an der Decke verewigt wurde und zusieht, wie mir sein Lieblingsgericht serviert wird: »Finanziera alla Cavour«. Der Küchenchef sieht mir meine Verblüffung ob dieser regionalen Spezialität wohl an, denn er erklärt, daß in der Marsalasauce tatsächlich Hahnenkämme, Hammelhoden und ähnlich Ausgefallenes mehr schwimmen.

Nachdem ich mich davon überzeugen konnte, daß auch ungewöhnliche Zutaten durchaus schmackhaft und sehr delikat zubereitet werden können, spaziere ich weiter, vorbei an der imposanten Barockfassade des ehemaligen Parlaments mit seiner roten Backsteinfront. Früher war Turin die Hauptstadt des Königreichs Savoyen. Spuren der einstigen Pracht begegnet man heute noch auf Schritt und Tritt, doch hat natürlich auch die Moderne schon längst Einzug gehalten. So hat der größte Automobilhersteller Italiens, die »Fabbrica Italiana Automobili Torino« – besser bekannt unter dem Namen »FIAT« – der Stadt unübersehbar seinen Stempel aufgedrückt. Überhaupt ist Turin ein Ort der Gegensätze: Die Menschen sind zuvorkommend und gleichzeitig überaus reserviert. Industrie und hektischer Verkehr bestimmen das Stadtbild, und trotzdem finden sich inmitten des Trubels Cafés, die das geruhsame Flair der Jahr-

Im Piemont *gedeihen ausgezeichnete Weine.*

Caffè Mulassano – *ein Turiner Traditionscafé mit Wiener Flair.*

Im Gebiet um Alba findet man den edelsten und wohl teuersten Pilz der Welt: die weiße Trüffel. Ihr feiner Duft ist so intensiv, daß die Italienische Eisenbahn das Mitführen in Personenzügen untersagt hat.

hundertwende ausstrahlen. So auch das intime »Caffè Mulassano«, das bei den Künstlern der nahegelegenen Oper sehr beliebt ist. Und in einer dieser Konditoreien erfüllt sich schließlich auch einer meiner langgehegten süßen Träume: Im renommierten »Caffè Baratti & Milano« erwerbe ich Gianduiotti, Nougatpralinen, die auf der Zunge förmlich zergehen. Die allerbesten Haselnüsse für diese Köstlichkeit - und für viele der anderen piemontesischen Süßigkeiten - gedeihen auf den Hügeln der Langhe südlich von Alba.

Hier wachsen auch die wohl teuersten Pilze der Welt, die die Bewohner von Alba jeden Herbst in einen regelrechten Rausch versetzen. Und wenn im November ein intensiver, aromatischer Duft über der ganzen Stadt liegt, dann ist das ein untrügliches Zeichen für die alljährlich stattfindende Messe, auf der sich alles nur um diese kulinarische Kostbarkeit dreht. Die Rede ist von der Weißtrüffel, auf Italienisch »Trifola d'Alba«. Mitten in der Nacht machen sich die Trifolau, die Trüffelsucher, auf die Suche nach dieser Delikatesse; nachts deshalb, damit die Konkurrenten die streng gehüteten Fundplätze nicht entdecken können. Begleitet werden sie dabei von einem eigens abgerichteten Hund, der mit seiner feinen Nase die unterirdisch wachsenden Trüffeln angeblich bis zu einer Tiefe von einem Meter aufspürt. Als Schmarotzer wächst dieser Pilz bevorzugt an den Wurzeln von Eichen, Haselnußsträuchern, Weiden oder Pappeln. Sobald der Hund Alarm schlägt, gräbt der Trüffelsammler mit seiner kleinen gekrümmten Hacke den Boden an dieser Stelle vorsichtig auf; der Hund wird inzwischen, bis die Trüffeln ganz ausgegraben sind, mit einem Keks abgespeist. Seinen kostbaren Fund bringt der Trüffelsucher dann gleich am Morgen nach Alba, wo unter der Hand und in einem für Außenstehende undurch-

Barolo: *Mit seinem zarten Veilchenbukett ist er einer der Spitzenweine Italiens.*

Die Piemonteser sind ein eigener Menschenschlag: einerseits offen und herzlich, andererseits aber auch wieder distanziert. Übrigens: Turin, die Hauptstadt des Piemont, gilt als das Zentrum der Schwarzen Magie.

Auf den Kalkböden *der Langhe-Berge reifen die Nebbiolo-Trauben für den Barolo.*

sichtigen Zeremoniell um den Preis der Trüffeln gefeilscht wird. Die Summen, die dabei den Besitzer wechseln, sind nicht minder phantastisch als der Geschmack des Pilzes. Kein Wunder, daß diese erlesene Kostbarkeit nur hauchdünn gehobelt und eigens abgewogen auf den Tisch des zahlungswilligen Gastes kommt. Dabei dient sie stets nur zur Verfeinerung von Speisen, etwa von Champagner-Risotto, Polenta oder Carpaccio. Wer sich den Luxus einmal zu Hause leisten möchte, sollte die Weißtrüffeln am besten zur Trüffelzeit – also im November – kaufen. In luftdichter Verpackung halten sie sich im Kühlschrank bis zu zwei Wochen lang. Verwendet werden sie, im Gegensatz zu den schwarzen Trüffeln, ausschließlich in rohem Zustand, da sie beim Kochen erheblich an Aroma einbüßen.

Aber das malerische Alba lohnt nicht nur zur Trüffelzeit einen Besuch, denn die Herzlichkeit der Einwohner ist an keine bestimmte Saison gebunden. Bei meiner Ankunft spätabends suche ich ein wenig verloren nach meinem Hotel, bis ich hinter

Nach den verheerenden Regenfällen des Jahres 1994 wurden ganze Dörfer am Rande der Alpen durch Überschwemmungen und Schlammlawinen verwüstet – Folgen eines ungezügelten Raubbaus an der Natur!

der geschlossenen Tür der Fahrschule »Merlo« Licht brennen sehe. Trotz des spannenden Krimis, der gerade im Fernsehen läuft, besteht Signor Merlo darauf, mich persönlich zum Hotel zu begleiten. Meinen Dank wehrt er bescheiden ab mit der Begründung, der Dank gebühre mir: »Schließlich haben Sie mir die Gelegenheit gegeben, heute noch eine gute Tat zu vollbringen.«

Ebenso warmherzig werde ich im »Ristorante da Cesare«, einem unscheinbar aussehenden Feinschmeckerlokal in Albaretto della Torre, aufgenommen. Von der Veranda aus hat man einen zauberhaften Blick auf die Hügelketten rund um Alba und glaubt beinahe, am Ende der Welt zu sein, so abgelegen ist dieser Ort. Und doch ist er soeben zu einer Art Weltruhm gelangt – fast verlegen zeigt mir Cesare Giaccone, der Besitzer und Chef dieses Restaurants, ein gerade eingetroffenes Fax: Die in Paris erscheinende amerikanische Zeitung »Herald Tribune« hat sein kleines Lokal in die Liste der zehn besten Restaurants der Welt aufgenommen. Der hagere Cesare mit seinem kräftigen

Die richtige Fleischmischung macht's! *Die alten Rezepte zur Wurstherstellung werden wie ein Augapfel gehütet.*

Salumi – so lautet der Oberbegriff für Wurst und Schinken in Italien. Die Güte der Wurst hängt von den Zutaten, der Gewürzmischung und der Lagerung ab.

Gefüllte Teigtaschen auf piemontesische Art gibt es im Restaurant »Del Cambio« in Turin. Kartoffelwindbeutel in Lauchsauce werden im Restaurant »Pinocchio« in Borgomanero serviert.

AGNOLOTTI ALLA PIEMONTESE

Gefüllte Teigtaschen auf piemontesische Art

Für 4 Personen

Teig

- *300 g Mehl*
- *100 ml warmes Salzwasser*
- *2 Eier*
- *1 EL Olivenöl*

Füllung

- *200 g kalter Kalbsbraten*
- *100 g kalter Schweinebraten*
- *100 g Wurstbrät*
- *100 g gekochtes mageres Kalbfleisch*
- *4 Eier*
- *200 g geriebener Parmesan*
- *1 Prise Muskatnuß*
- *Salz, Pfeffer*

1 Die Eier in das warme Salzwasser schlagen und das Öl hineinrühren; zusammen mit dem Mehl gut verkneten, so daß ein geschmeidiger Teig entsteht. Diesen ca. 1 Stunde ruhenlassen und dann so dünn wie möglich ausrollen.

2 Das Fleisch zerkleinern und scharf anbraten, mit etwas Brühe löschen und kurz schmoren lassen. Das Fleisch aus dem Sud herausnehmen und in eine Schüssel geben.

3 Eier, Parmesan, Muskatnuß dazugeben und alles gut miteinander zu einem Fleischteig verrühren, mit Salz und Pfeffer abschmecken und zu kleinen Fleischbällchen rollen.

4 Eine Hälfte des Teigblatts gleichmäßig mit den Fleischbällchen belegen, dann die andere Teighälfte darüberlegen; vorsichtig die Ränder festdrücken.

5 Nun auf 3–3,5 cm große Vierecke zu Ravioli ausschneiden und in siedendem Salzwasser ca. 5 Minuten kochen lassen.

6 Nach dem Kochen abgießen und das Ganze mit der Fleischsauce übergießen, die beim Braten der Füllung übriggeblieben ist. Mit frischgeriebenem Parmesan bestreuen.

BIGNÉ DI PATATE IN SALSA AI PORRI

Kartoffelwindbeutel in Lauchsauce

Für 4 Personen

Füllung

- *400 g mehlige Kartoffeln*
- *3 Eier*
- *2 EL Sahne*
- *Salz, Pfeffer*
- *2 Eiweiß*
- *Olivenöl*

Lauchsauce

- *400 g Lauch (nur der weiße Teil)*
- *1/4 l Fleischbrühe*
- *2 EL Butter*
- *1 EL Stärkemehl*
- *1/4 l Sahne*
- *1 Prise Muskatnuß*

1 Die Kartoffeln in Salzwasser kochen, abgießen und durch ein Sieb in eine Schüssel passieren.

2 Unter ständigem Rühren nacheinander Eier und Sahne zugeben, salzen, wenig pfeffern und schließlich das zu Schnee geschlagene Eiweiß unterheben.

3 In einer Pfanne etwas Olivenöl erhitzen und den geputzten und kleingeschnittenen Lauch darin anbraten; mit der Fleischbrühe löschen.

4 In einem kleinen Topf eine Béchamelsauce zubereiten: Butter schmelzen, das Mehl dazugeben und die Sahne unter ständigem Rühren zugießen. Salzen und mit 1 Prise Muskat würzen. Die Sauce dem Lauch untermischen.

5 Etwas Öl in einer breiten Pfanne erhitzen und mit einem Löffel kleine Häufchen des Kartoffelgemischs hineinsetzen. (Man kann auch Küchenreifen aus Metall benutzen, um eine runde Form zu erzielen.) Bei mäßiger Hitze kurz anbraten, dann für 2 Minuten in den auf 190 Grad geheizten Ofen stellen.

6 Auf einen Teller setzen und die heiße Lauchsauce darübergießen.

Nockerln sind ursprünglich ein bäuerliches Gericht. Im Piemont werden sie durch die Beigabe von Trüffeln veredelt. Gleichwohl: Bei Gnocchi und Gnocchetti ist vor allem die Qualität der Kartoffeln ausschlaggebend.

GNOCCHETTI DI FONDUTA AL PROFUMO DI TARTUFO

Käsenockerln mit weißen Trüffeln

Für 4 Personen

Vorbereitung (1 Tag zuvor)

- *200 g Fontina*
- *100 ml Milch*
- *1 Eigelb*
- *3–4 EL Mehl*

Nockerlteig

- *500 g Kartoffeln*
- *1 Ei*
- *1 TL Salz*
- *1 EL Olivenöl*
- *250–300 g Mehl*

Sauce

- *50 g Butter*
- *125 ml Sahne*
- *3 EL geriebener Parmesan*
- *Salz, Pfeffer*
- *1 weiße Trüffel*

Vorbereitung

Die Fontina in kleine Stücke schneiden und 1/2 Stunde in der Milch weichen lassen; herausnehmen und im Wasserbad schmelzen; die Milch anwärmen, löffelweise unterrühren, dann das Eigelb und zuletzt das Mehl beimengen. Über Nacht kalt stellen.

1 Die Kartoffeln kochen, schälen und durch ein Sieb passieren. Die noch heiße Masse mit dem Ei, Salz, Olivenöl und Mehl zu einem kompakten, weichen Teig verkneten.

2 Aus der Käsemasse vom Vortag Würstchen – Nockerln – mit einem Durchmesser von ca. 1 cm rollen.

3 Den Kartoffelteig ebenfalls zu Nockerln formen, jedoch mit einem Durchmesser von ca. 3 cm; diese und die Käsenockerln in ca. 1 cm dicke Scheibchen schneiden.

4 Die Käsescheibchen auf die Kartoffelteigscheibe legen und zu einer Kugel formen, die den Käse ganz umschließt; mit einer mehlbestäubten Gabel leicht flach drücken.

5 Die Nockerln im siedenden Salzwasser garen, bis sie an die Oberfläche kommen.

6 Die Butter zerlassen, vom Herd nehmen und Sahne, Parmesan, Salz und Pfeffer hineinrühren.

7 Die Nockerln zu der Sauce in die Pfanne geben und sautieren. Gleich auf die Teller geben und einige Trüffelscheibchen darüberhobeln.

Käsenockerln mit weißen Trüffeln sind eine Spezialität der »Locanda del Sant'Uffizio« in Cioccaro di Penango.

Die Bagna cauda ist im ganzen nördlichen Italien verbreitet. Jede Region hat ihre eigene Variante. Tatsächlich gilt die norditalienische Würzsauce als Vorgängerin des heutigen Fondue; sie war vielleicht bereits ein Lieblingsgericht der alten Römer und ist doch vollkommen modern.

Bagna cauda gibt es im Restaurant »Al Castello« in Santa Vittoria d'Alba. Das Rezept für die Ravioli stammt aus der Weinstube »Cantine del Gavi« in Gavi.

BAGNA CAUDA

Heiße Sauce

Für 4 Personen

- *8-10 Knoblauchzehen*
- *300 ml Olivenöl*
- *12 Sardellen (ca. 100 g)*
- *50 g Butter*
- *2 Kardonen (spanische Artischocken); ersatzweise normale Artischocken*
- *4 Paprikaschoten*

1 Die Hälfte der Knoblauchzehen zerstampfen und mit dem Olivenöl und den gesäuberten Sardellen vermischen.

2 Bei niedriger Hitze schmoren lassen, dabei aber darauf achten, daß der Knoblauch nicht anbrennt.

3 Nach ca. 1 Stunde den restlichen feingeschnittenen Knoblauch und die Butter hinzugeben. Sobald diese geschmolzen ist, die Sauce in ein feuerfestes Gefäß füllen und auf einem kleinen Rechaud auf den Tisch stellen.

4 Das frische Gemüse putzen und in Stücke schneiden.

Beim Essen tunkt man das Gemüse in die Sauce, Beilage ist Weißbrot.
Das Gemüse kann man übrigens – je nach Gusto – roh lassen oder aber auch kurz blanchieren. Auf jeden Fall – ob Vorspeise oder Hauptgericht – gehört knuspriges Brot mit auf den Tisch.

Bagna cauda wird meist als Vorspeise serviert; man kann sie aber auch als Hauptgang reichen. Dazu gibt es dann noch weitere Zutaten: Kartoffeln, Zucchini, Kohlrabi, rote Beten ...

RAVIOLI DI GAVI

Ravioli aus Gavi

Für 4 Personen

Füllung

- *400 g Rindernacken*
- *100 g mageres Schweinefleisch*
- *etwas Olivenöl*
- *10 g Butter*
- *trockener Weißwein*
- *Salz, Pfeffer*
- *100 g Wurstbrät*
- *100 g Bries*
- *200 g Borretsch*
- *3 Eier*
- *2 Zweige Majoran*
- *100 g Parmesan*

Teig

- *300 g Mehl*
- *2 Eier*
- *6 EL Wasser*
- *Salz*

1 Fleisch in große Stücke schneiden, in Olivenöl und Butter anbraten. Mit einem Schuß Weißwein ablöschen, salzen und pfeffern.

2 Wurstbrät und Bries extra anbraten.

3 Borretsch in Salzwasser blanchieren, abgießen und ausdrücken.

4 Alle Zutaten samt Eiern und Majoran durch den Fleischwolf drehen.

5 Den Nudelteig zubereiten, gut verkneten und so dünn ausrollen, daß er fast durchsichtig ist.

6 Auf eine Teighälfte mit einem Eßlöffel kleine Häufchen der Fleischmasse setzen, mit der anderen Teighälfte bedecken und Ravioli mittlerer Größe (ca. 3 cm Seitenlänge) ausschneiden. Den Teig an den Rändern gut zusammendrücken, so daß die Füllung nicht heraustreten kann; die Ravioli vor dem Kochen etwas trocknen lassen.

7 In kochendes Salzwasser geben und mit einer Schöpfkelle herausnehmen, wenn sie an die Oberfläche kommen. Dann gleich servieren und mit reichlich frischgeriebenem Parmesan bestreuen.

Schnauzbart ist hin und her gerissen ob dieser Auszeichnung. Einerseits freut er sich über die Anerkennung, andererseits gibt er aber zu bedenken: »Ich möchte mit beiden Füßen auf dem Boden bleiben.« Und dann tischt er mir eigenhändig ein Gericht auf, das jeden Zweifler überzeugen würde: Das zarte Kalbsfilet, serviert auf einer heißen Schieferplatte, ist einfach exquisit. Cesare macht aus der Zubereitung dieser Köstlichkeit kein Geheimnis: Nachdem die Schieferplatte drei Stunden lang im Ofen aufgeheizt wurde, wird sie mit Salz bestreut und mit einem Rosmarinzweig belegt. Darauf wird das Filet auf beiden Seiten gebraten und zum Schluß mit feingehackten Tomaten, Petersilie, Salz, Pfeffer und einigen Tropfen feinen Olivenöls abgeschmeckt. Obwohl das sehr einfach klingt, schmeckt dieses Gericht himmlisch. Es könnte selbst überzeugte Vegetarier ins Wanken bringen.

Mit einer Delikatesse werde ich auch in Santa Vittoria verwöhnt. Ich sitze auf der Terrasse eines Hotels im Schatten des Turriglio, des Wehrturms der alten Festung, und lasse den Blick über die Tanaro-Ebene schweifen, die vor kurzem wieder einmal von Überschwemmungen heimgesucht wurde. Auf dem Tisch vor mir steht ein Spirituskocher, über dem eine »Bagna cauda« köchelt. Diese Sauce mit wunderbarem Knoblauch- und Sardellenaroma dient als eine Art Dip für junges Gemüse. Allerdings schmeckt sie in größerer Runde am besten, und deswegen leisten mir Aldo Sartore, der Hotelbesitzer, und seine Partner Antonio und Mauro Gesellschaft. Dabei unterhalten wir uns über den Einfallsreichtum und die Pfiffigkeit der Albanesen, die gegen Ende des Zweiten Weltkriegs ihren kostbaren Wein und den Cinzano vor der deutschen Wehrmacht retteten, indem sie die Flaschen in den Grotten am Fuße des Hügels versteckten. In einer langen Menschenkette wurden die Flaschen einzeln von Hand zu Hand weitergegeben. Die deutsche Wehrmacht täuschte man dann durch einige Flaschen eines recht mittelmäßigen Weines. Heute dient dieser unterirdische Ort der Firma »Cinzano« als Sektkellerei, die hier gut zwei Millionen Flaschen ihres Spitzenprodukts »Maro-

Die piemontesische Küche zeichnet sich auch durch eine gewisse Bodenständigkeit aus – was mit ihrer bäuerlichen Herkunft zusammenhängt. Doch gerade manche der einfacheren Gerichte schmecken traumhaft gut.

Ravioli aus Gavi – *hier sollen die berühmten Teigtaschen erfunden worden sein.*

Cinzano – *ein Familienunternehmen, das die Welt eroberte. In den Kellern von Santa Vittoria d'Alba lagern unzählige Flaschen des bekannten Vermouths.*

In kupfernen Kesseln *wird der (Muskat-)Wein mit Kräutern aromatisiert.*

ne Cinzano, pas dosé« (ungezuckert) lagert. Die Firma »Cinzano«, in aller Welt für ihren gleichnamigen Vermouth bekannt, ist ein bedeutender Arbeitgeber in Alba, ebenso wie der Schokoladenhersteller »Ferrero«. Deren Fabrik wurde bei der verheerenden Überschwemmung im November 1994 schwer in Mitleidenschaft gezogen; als dann der Wasserspiegel wieder zurückging, waren alle Anlagen mit einer dicken Schlammschicht bedeckt. Doch mit vereinten Kräften gelang es damals der Belegschaft, den Betrieb innerhalb von nur drei Monaten wieder produktionsfähig zu machen.

Ein ähnliches Wunder vollbrachte die Familie Fassi, deren elegantes Restaurant »Gener Neuv« in Asti bei der großen Überschwemmungskatastrophe im Herbst 1994 bis an die Deckenbalken unter Wasser stand. Als ich diese Nachricht erfuhr, war ich entsetzt; schließlich hatte ich wunderbare Erinnerungen an das Lokal. Doch als ich die Fassis einige Monate nach der »Sintflut« – wie die Einheimischen diese Überschwemmung nennen – wieder aufsuchte, glaubte ich, meinen Augen kaum trauen zu können: Das Restaurant war in all seiner Pracht wiederauferstanden, so, als wäre überhaupt nichts geschehen. Ganze sechs Wochen hatte es lediglich gedauert, das Restaurant wieder zu renovieren – dank der aufopfernden Tatkraft der Piemonteser und der Hilfsbereitschaft der vielen Freiwilligen, die rund um die Uhr arbeiteten.

Jetzt, bei meinem zweiten Besuch, werde ich, ebenso wie die anderen Gäste, vielleicht noch herzlicher bewirtet als früher, und ich habe das Gefühl, als würde das »Mandarineneis-Soufflé« – eine Kreation der Dessertspezialistin Maria Luisa, der Tochter des Hauses – noch besser schmecken als in den Jahren zuvor. Und der dazu gereichte süffige Muskateller »La Spinetta« aus Asti rundet den Nachtisch wunderbar harmonisch ab.

Das Leben der Piemonteser war auch ohne Überschwemmungen immer schon sehr hart und entbehrungsreich. Schließlich bestimmen im Westen und Norden der Region hohe Gebirgsmassive das Landschaftsbild, und die Felder können nur in mühevoller Arbeit bestellt werden. Für uns Laien, die auf den steilen Hängen keine Weinstöcke pflegen müssen, verleihen sie der Landschaft eine sanfte, abwechslungsreiche Schönheit, die den Zauber des Burgund vielleicht noch übertrifft. Auch die Weine dieser Region brauchen den Vergleich mit denen des Burgund nicht zu scheuen. Die angestammte Rebsorte heißt »Nebbiolo«, aus ihr werden zwei der besten Rotweine der Welt gekeltert: der Barolo, beheimatet im Süden von Alba, und der Barbaresco, der nordöstlich von Alba angebaut wird. Erdbeschaffenheit und Lage des Weinbergs bestimmen den unterschiedlichen Charakter der beiden Weine, die im Vergleich zu den leichteren piemontesischen Rotweinen, etwa dem Barbera, Dolcetto – übrigens keineswegs ein lieblicher Wein, wie man vom Namen her vermuten könnte – und Grignolino, als Spitzenprodukte gelten. Es sei dahingestellt, ob die Bemühungen in neuerer Zeit, den Barbaresco aus den französischen Cabernet-Sauvignon-Reben zu erzeugen, sinnvoll sind.

Über die jeweiligen Vorzüge der beiden edlen Weine unterhalte ich mich auch mit Teobaldo Cappellano, dem dynamischen Vorsitzenden der Winzergenossenschaft der mehr als 1000 Weinbauern in Barolo. Wir sitzen an einem Tisch in dem vornehmen Restaurant »Da Guido« in Costigliole d'Asti bei Barbaresco und genießen den Lammbraten, eine Spezialität des Hauses, zu der der Barbaresco Jahrgang 90 eine wunderbare Ergänzung bildet. An unserem Gespräch beteiligt sich Sommelier Piero Alciati, einer der Söhne des Inhabers, der für die 40 000 im Keller des Restaurants gelagerten Flaschen verantwortlich ist. Sein Lieblingswein ist eindeutig der Barolo, vor allem der des Jahrgangs 90, der im ganzen Alba-Gebiet zu einem absoluten Spitzenwein wurde.

Wir dürfen nun die beiden Weine miteinander vergleichen, und dabei ergehen sich die Männer in poetischen Beschreibungen: »weich und samtig, streng, doch rund, wohlstrukturiert und körperreich, harmonisch wie Musik«. Aber unter Weinkennern wurde das Bukett schon immer lyrisch beschrieben und etwa mit dem Duft von Veilchen oder Himbeeren, Rosen, Weichselkirschen und sogar Harz verglichen. Und nirgendwo sonst hat die Redensart, daß sich über Geschmack nicht streiten läßt, mehr Gültigkeit als hier, denn das Aroma eines Weins wird von jedem Gaumen unterschiedlich, also subjektiv, empfunden. Doch ob Veilchen oder Harz: Um dieses Bukett zu entfalten, muß der Barolo volle sechs Jahre in Holzfässern lagern.

Der Streitfrage um das Bukett entzieht sich der 66jährige Romano Levi, seines Zeichens Tresterschnapsbrenner, ganz elegant mit der Erklärung, er könne gar nicht sagen, wonach seine Grappa schmecke. Ich glaube ihm das sogar, denn ich habe den Verdacht, daß ihm der Inhalt der Flaschen möglicherweise weniger wichtig ist als deren Präsentation. Auf jeden Fall verwendet der Eigenbrötler auf dem verfallenen Hof, auf dem er nach der bewährten Methode seines Vaters Tresterschnaps brennt, endlos viel Mühe darauf, die geheimnisvoll-naiven Etiketten der Flaschen eigenhändig mit Gedichten und Zeichnungen zu versehen. Immer wieder frage ich mich, ob er dabei mit unbewußter Naivität oder gekonnter Nonchalance vorgeht. Doch seine sehr eigenwillige Art der Vermarktung hat sich als durchaus erfolgreich erwiesen: Kenner

TEOBALDO CAPPELLANO

Präsident der Winzergenossenschaft des Barolo-Gebietes

Gibt es Ihrer Meinung nach das ideale Glas zum richtigen Genuß Ihres Barolo-Rotweins ?

Ich würde sagen, ja. Es sollte die positiven Eigenschaften des Weines maximal zur Geltung bringen.

Wie sollte es beschaffen sein?

Aus so dünnem Kristallglas wie nur möglich, damit die Außentemperatur leichter zum Wein kommen kann. Es sollte einen 10 cm langen Stiel haben, damit die Hand nicht den Kelch berührt. Der obere Durchmesser sollte 8,5 cm sein. Die bauchig geschwungene, elegante Form endet oben in einer geschliffenen, nach außen gebogenen Lippe, wie bei den Riedelgläsern.

Und wenn man ein sich nach oben verjüngendes Glas hat?

Eine Verengung nach oben hin kehrt die negativen Eigenschaften des Weines heraus; deshalb wird es von kritischen Weinprüfern zur Beurteilung herangezogen.

ROMANO LEVI

Grappa-Brenner aus Neive

Sie haben einmal gesagt, Sie mögen Ihre Grappas nicht. War das eher provokativ gemeint?
Das nicht, aber ich mag sie wirklich nicht besonders. Ich weiß nicht einmal, wonach sie eigentlich schmecken. Ich könnte mit verbundenen Augen meine Grappas nicht von den anderen unterscheiden.
Wie ist das möglich?
Ich verstehe nichts von Geschmack. Ich weiß nur, wie mein Destillierapparat zu funktionieren hat. Solange die Leute meine Grappas trinken wollen, ändere ich kein Komma an meiner antiquierten Herstellungsweise. Was die Leute, die mich aus der ganzen Welt aufsuchen, an meinen Grappas bloß gut finden, bleibt mir selber schleierhaft: Mal finden sie sie »männlich«, mal »weiblich«, mal »rund«. Die Phantasie ist grenzenlos.

GRAPPA

Ob weiß und jung oder zartgold und im Faß gereift – längst zählen die italienischen Tresterbrände zur exklusiven Oberschicht der feinen Schnäpse.

Wer im Piemont unterwegs ist und Romano Levi in seiner kleinen Grappa-Brennerei besucht, braucht Zeit, nein Muße. Nur wer sich von der museumswürdigen Kulisse einfangen läßt, wo der Meister selbst die kupferne Brennblase mit Holzfeuer erhitzt, entwickelt Verständnis für die alte Kunst der Destillateure und die Eigenwilligkeit dieses charaktervollen Destillats. Das Angebot bester Grappas ist mittlerweile allerdings kaum mehr überschaubar. Aber gerade eine so bedeutende Weinlandschaft wie Piemont lädt dazu ein, die verschiedensten Typen und Charaktere kennenzulernen.

Romano Levi *entnimmt eine Probe.*

Namen wie Barbero, Bocchino, Francoli, Gaja und Marolo gehen dem anspruchsvollen Grappa-Genießer bereits flüssig über die Zunge. Und natürlich stolpern geübte Feintrinker immer wieder über Romano Levi – eine lebende Legende, wie viele sagen. Ohne Zweifel ist Levi einer der Grappa-Pioniere, dabei ein Eigenbrötler und Künstler, der in seiner vom Vater übernommenen Brennerei nach uralter Tradition pro Jahr nur wenige tausend Flaschen Grappa destilliert. Die Etiketten bemalt und beschriftet der Meister von Hand, kleine Kunstwerke wie seine Grappas selbst.
Wer eine Flasche dieser kraftvollen, traditionellen Levi-Grappas ergattert, zahlt dafür den entsprechenden Preis.

Dennoch: Grappa ist keine Erfindung der jüngeren Zeit. Was nämlich beim Keltern des Weins übrigbleibt, die gepreßten Schalen der Trauben, wurde schon vor 1000 Jahren zu Tresterschnaps destilliert. Mit dem rauhen deftigen Bauernbrand von einst haben aber weder die Traditions-Grappas à la Levi noch die »modernen« Grappas etwas gemein. Deren steile Karriere als Edelspirituose begann, als die italienische Cucina Ende der sechziger Jahre selbstbewußt gegen die Cuisine der Franzosen antrat und ehrgeizige Winzer mit eigenständigen Spitzengewächsen überraschten. Da war es nur noch eine Frage der Zeit, bis die ersten aromareichen Tresterdestillate einen Grappa-Boom entfachten, der bis dato anhält.

Für eine gute Grappa müssen die Trester frisch sein. Und gerade hier sind die kleinen Grappa-Destillerien, oft »Anhängsel« von Weinbaubetrieben, im Vorteil.

Sie destillieren gleich nach dem Keltern, während große Brennereien wegen der gewaltigen Mengen manchmal mehrere Monate brauchen, bis die letzten Trester zur Destillation kommen. Die Großen sind es auch, die ihre Grappas rationell und

Levis kleine Grappa-Brennerei *in Neive ist museumswürdig.*

kostengünstig »kontinuierlich« destillieren. Das heißt, die Brennkessel werden ununterbrochen mit Trester befüllt, die verbrauchten Preßrückstände automatisch ausgesondert.
Anders bei der traditionellen Destillation der Kleinbetriebe. Hier entleert der Destillateur die Brennblase für jeden Brennvorgang und befüllt sie neu. Dabei kommt es auf die Erfahrung und das Geschick des Brennmeisters an, während des Destillationsvorganges die unangenehm riechenden Begleitstoffe, wie z. B. die Fuselöle, sauber vom eigentlichen »Herz« des Destillats zu trennen. Große Industriebetriebe lassen sich nicht auf Gefühle ein. Hier arbeiten computergestützte Apparate nach Temperaturvorwahl. Der Unterschied der Methoden wird bei Vergleichsproben jedoch deutlich: Sogenannte Industriebrände sind meist »rauher« und weisen nicht die feinen Aroma- und Geschmacksnuancen auf, wie sie die traditionell gebrannten Grappas eines erfahrenen Brennmeisters auszeichnen.

Wer sich schließlich auf die Suche nach seinen Lieblings-Grappas macht, muß reichlich probieren. Und ob eine weiße junge Grappa mehr dem Charakter eines Tresterbrandes entspricht als eine zartgoldene aus dem Faß, bleibt Geschmackssache. Nur ein paar verläßliche Tips helfen weiter, die Qualität einer Grappa objektiv zu beurteilen. Zuerst sollte man genau hinschauen, denn eine Grappa, ob jung oder gelagert, muß absolut klar sein. Dann kommt die Nase: Eine gute Grappa riecht angenehm und intensiv. Wer Rauch schnuppert, sollte vorsichtig sein. Die Trester könnten beim Destillieren über offenem Feuer angebrannt sein. Wenn's sauer riecht, ist das Destillat unsauber.

Schließlich entscheidet noch der Geschmack. Eine junge Grappa sollte herb, auf keinen Fall aber bitter sein. Faßgereift entwickelt sie einen volleren, runderen Körper mit leichter Holznote. Beliebt sind in jüngster Zeit besonders auch die Rebsorten-Grappas, die aus Trestern bestimmter Traubensorten, z. B. Traminer oder Moscato, gewonnen werden. Allerdings muß man schon viel probieren, um die Unterschiede zwischen den Rebsorten sicher herauszuschmecken.

Romano Levis *handgestaltete Etiketten sind begehrte Sammlerobjekte.*

Grappa sollte kühl und dunkel aufbewahrt werden. Flaschen mit Naturkorken sollte man stehend lagern, denn der hohe Alkoholgehalt kann den Korken zersetzen. Angebrochene Flaschen halten nicht ewig, denn die Aromastoffe verflüchtigen sich schnell. In nur sechs bis acht Wochen schmeckt das Destillat fad. Ein Tip: Die Grappa in kleinere Flaschen umfüllen und gut verschließen.

SEVERINA SILVESTRO

90 Jahre alt, früher Reisfeldarbeiterin bei Livorno Ferraris

Sie gehen trotz Ihres hohen Alters noch kerzengerade. Ihr ganzes Leben haben Sie auf den Reisfeldern Unkraut gejätet, das muß doch eine sehr anstrengende Arbeit gewesen sein. Was war das schwerste?

Von fünf Uhr früh bis drei Uhr nachmittags barfuß im kalten Wasser gebückt sein, mit dem Hintern nach oben.

Wenn Sie Ihr Leben nochmals leben könnten, was würden Sie dann ändern?

Oh, da wäre ich ein großer Egoist. Zuviel habe ich erduldet, zuwenig an mich selbst gedacht.

Der schönste Augenblick Ihres Lebens?

Wenn genügend Reis eingebracht war und unser Vorarbeiter uns schon eine Stunde früher nach Hause schickte.

aus aller Welt pilgern höchstpersönlich zu dem Eremiten nach Neive, um einige Flaschen der gepriesenen Grappa zu erstehen und dafür viele zehntausend Lire zu bezahlen. Ihr überschwengliches Urteil schreiben sie auf Zettel und Visitenkarten, die nun zwischen Spinnweben an der Wand hängen. Beim Weggehen sinnieren die hochprozentig beglückten Besucher dann über den Tiefsinn der zu Sammlerobjekten erklärten Etiketten und bedauern die Tatsache, daß von dieser weich schmeckenden Grappa im Jahr nur 10000 Liter gebrannt werden.

Ich fühle mich geehrt, als mir Romano Levi beim Abschied den schönen Etikettenkatalog (herausgegeben von Luigi Veronelli, dem Kritikerpapst der italienischen Koch- und Weinkultur) überreicht mit der Widmung: »Für die Frau, die über die Weinberge springt«. Eine solche Weinbergdame findet sich auf vielen von Levis Etiketten, und mir kommt der Gedanke, daß er damit möglicherweise den Geist meint, der der Grappa innewohnt. Darf ich das als Kompliment verstehen oder doch eher als zweideutige Schmeichelei?

Von den Hügeln des Piemont zieht es mich in das Flachland nördlich des Po, wo das Ausgangsprodukt einer weiteren italienischen Spezialität wächst: Reis. Kaum jemand weiß, daß in diesen weiten Ebenen 70 Prozent der gesamten italienischen Reisproduktion geerntet werden. Vercelli bezeichnet sich mit Recht als die »Reishauptstadt Europas«. Bis auf die silbern glitzernden Reismühlen, die sich über die schimmernden Wasserflächen der Reisfelder erheben, hat sich das Landschaftsbild in den letzten 50 Jahren wohl kaum verändert. Verändert hat sich – dank der modernen Technik – allerdings die Arbeit auf den Feldern. Früher, so berichtet uns die heute 90jährige Severina Silvestro auf dem Bauernhof »Cascina Veneria«, war die Bestellung der Reisfelder eine menschenunwürdige Schinderei. Schon als 13jährige mußte Severina Tag für Tag bis zu zehn Stunden lang

Vitello tonnato *ist ein klassisches piemontesisches Gericht.*

VITELLO TONNATO

Kaltes Kalbfleisch mit Thunfischsauce

Für 4 Personen

Kalbfleisch

- *600 g Kalbsnuß*
- *1 Zwiebel*
- *1 Selleriestange*
- *1 Möhre*
- *1 Lorbeerblatt*
- *1–2 Zweige Rosmarin*
- *10 Pfefferkörner*
- *1/2 l Weißwein*

Sauce

- *200 g Thunfisch (entspricht 1 Dose, ohne Öl)*
- *3 Sardellenfilets*
- *2 Eigelb*
- *Saft 1/2 Zitrone*
- *2 EL Kapern*
- *200 ml Olivenöl*
- *Salz, Pfeffer*
- *Essig*

Fleischzubereitung

1 Fleisch in einen nicht zu großen Topf legen; das Gemüse säubern und grob zerkleinern und mit den Gewürzen zum Fleisch geben. Den Wein zugießen und mindestens 12 Stunden marinieren.

Tip Eine gute Methode ist, alles in einen Gefrierbeutel zu geben.

2 Am nächsten Tag das Fleisch aus der Marinade nehmen, mit Wasser bedecken und ca. 1 Stunde bei niedriger Hitze köcheln. Im Sud abkühlen lassen.

Sauce

Thunfisch, Sardellenfilets, Eigelb, Zitronensaft und 1 EL Kapern mit dem Mixer fein pürieren, einige EL der Kalbsbrühe zugeben und nach und nach das Olivenöl untermengen. Mit Salz, Pfeffer und eventuell etwas Essig abschmecken.

Servieren

Das Fleisch hauchdünn aufschneiden, mit der Sauce bedecken und mit den restlichen Kapern und einigen Zitronenscheibchen garnieren.

INSALATA DI FATTORIA ALL'ARANCIA

Salat vom Bauernhof mit Orangensauce

Für 4 Personen

- *80 g Perlhuhnfilet*
- *80 g Truthahnfilet*
- *80 g Kalbsfilet*
- *1 Zweig Rosmarin*
- *240 g roter Radicchiosalat*
- *300 g Artischockenherzen*
- *200 g Sellerie*
- *100 g rote Paprikaschoten*
- *360 g Zucchini*
- *120 g enthülste Saubohnen*
- *240 g grüne Bohnen*

Sauce

- *150 ml frischgepreßter Orangensaft*
- *250 g Olivenöl*
- *Salz, Pfeffer*

1 Das Fleisch mit einem Zweiglein Rosmarin in einer Pfanne auf beiden Seiten anbraten.

2 Den Radicchiosalat und die Artischockenherzen kleinschneiden, Sellerie und Paprika fein hacken.

3 Die Zucchini fein schneiden, die Saubohnen und das dünn aufgeschnittene Fleisch auf die Teller geben.

4 Das Gemüse samt Artischockenlamellen und gedünsteten grünen Bohnen auf dem Teller mit anrichten.

5 Die Sauce aus dem Saft der Orange, vermischt mit Olivenöl und gewürzt mit Salz und Pfeffer, zubereiten. Diese reichlich über den angerichteten Salatteller gießen.

Tip Wenn Sie getrocknete Saubohnen verwenden, dann diese in reichlich Wasser über Nacht einweichen. Die Bohnen dann im Einweichwasser garen.

Wie überall im Norden Italiens liebt man auch im Piemont das hellrote zarte Fleisch vom Kalb. Berühmt geworden ist vor allem das Vitello tonnato, eine ganz und gar ungewöhnliche Komposition aus dünnen Scheiben von pochierter Kalbsnuß, Zitrone und Kapern. Man serviert die Spezialität kalt, in einer aromatischen Sauce aus Thunfisch und Sardellen, mit Ei und Öl aufgeschlagen wie eine feine Mayonnaise.

Das Rezept für Kalbfleisch mit Thunfischsauce stammt aus dem Restaurant »Al Castello« in Santa Vittoria d'Alba. Den köstlichen »Salat vom Bauernhof« gibt es bei »Da Cesare« in Albaretto della Torre.

Wer wird nicht neugierig, wenn süße Kekse »Brutti ma buoni«, also »häßlich, aber gut« heißen?
Das Rezept ist ungewöhnlich. Aus den Zutaten könnte man herkömmliche Mandelmakronen zubereiten, doch hier werden sie noch vor dem Backen im Topf eine halbe Stunde gekocht. Zeit genug, um das köstliche Mandelaroma zu verstärken und mit einem Hauch Karamel zu veredeln.

BRUTTI MA BUONI

Kekse – »häßlich, aber gut«

Für 4 Personen

- *600 g Mandeln*
- *250 g Eiweiß (ca. 7 Eier normaler Größe)*
- *500 g Zucker*
- *1 Prise Zimt*
- *etwas Vanillezucker*
- *30 g Butter*

1 Die Mandeln in siedendem Wasser abbrühen, schälen, auf einem Backblech verteilen, im Herd rösten, dann ganz fein hacken.
2 Das Eiweiß zu festem Schnee schlagen.
3 Unter ständigem Rühren Mandeln, Zucker, die Prise Zimt und den Vanillezucker hinzugeben.
4 Die Mischung in einen Topf geben, auf kleiner Flamme 20 Minuten eintrocknen lassen, gelegentlich mit einem Holzlöffel umrühren.
5 Mit einem Löffel kleine Häufchen auf ein gebuttertes Backblech in ungleichmäßigen Formen setzen.
6 Bei 130 Grad etwa 40 Minuten backen.
7 Die fertiggebackenen »Brutti ma buoni« abkühlen lassen und dann in gut verschlossenen Blechdosen aufheben.

Diese Spezialität kann man in den örtlichen Konditoreien kaufen.

Das Rezept stammt aus dem Restaurant »Pinocchio« in Borgomanero.

SOUFFLÉ GELATO AL MANDARINO

Mandarineneis-Soufflé

Für 4–6 Personen

- *5–6 Eigelb*
- *90 g Zucker*
- *2 Blatt Gelatine*
- *70 ml Mandarinenlikör (35%)*
- *geriebene Schalen von 2 Mandarinen*
- *500 ml Sahne*

1 Eigelb mit dem Zucker schaumig schlagen.
2 Gelatine in etwas Wasser auflösen, quellen lassen und dann kurz erhitzen.
3 Mit dem Likör und den geriebenen Schalen der Mandarinen vermengen und dem geschlagenen Zucker-Eigelb-Gemisch unterrühren.
4 Die Sahne schlagen und in kleinen Mengen vorsichtig unterheben.
5 Die Masse in eine Schale oder ein Dessertschüsselchen füllen und 3–4 Stunden ins Gefrierfach stellen.
6 Mit in Scheibchen geschnittenem Frischobst und – wer möchte – etwas englischer Creme mit Mandarinen- bzw. Orangengeschmack servieren.

Da es im Sommer keine wohlschmeckenden Mandarinen gibt, empfiehlt es sich, auf Orangenlikör und Orangenschalen auszuweichen.

Dieses Soufflé wird im »Gener Neuv« in Asti serviert.

BAVARESE DI RISO AI CANDITI

Reis-Bavarese mit kandierten Früchten

Für 6 Personen

- *100 g gewaschener Baldo-Reis oder Milchreis*
- *400 ml Milch*
- *20 g Zucker, 1 Prise Salz*
- *Schale von 1/2 Zitrone und 1/2 Orange*
- *1 Vanilleschote*
- *2 Eigelb*
- *2 Blatt Gelatine*
- *50 g kandierte Früchte*
- *250 ml Sahne*
- *150g Baiser*

1 Den Reis in der Milch mit Zucker, dünn geschnittenen Obstschalen und Vanillemark zu einer homogenen Masse verkochen. Das Ganze durch ein Sieb passieren.
2 Die beiden Eigelbe und die eingeweichten und ausgedrückten Gelatineblätter in die warme Masse einrühren – kühl stellen.
3 Die kandierten Früchte und die Baisers zerkleinern und die Sahne steif schlagen.
4 Sobald die Reismasse zu gelieren beginnt, Früchte, Sahne und Baiserstücke unterheben, in Förmchen füllen und im Kühlschrank 2–3 Stunden erkalten lassen; dann auf eine Servierplatte stürzen.

PANNA COTTA ODER BUDINO DI S. VITTORIA

Gekochte Sahne oder Pudding der heiligen Viktoria

Für 4 Personen

- *1/2 l Milch*
- *200 g Puderzucker*
- *Vanillezucker*
- *13 g Pulvergelatine*
- *1/2 l frische Sahne*
- *1 Gläschen Mandarinenlikör*
- *1 Vanilleschote*

1 Die Milch mit dem Zucker und etwas Vanillezucker zum Kochen bringen.
2 Das Gelatinepulver hineinrühren bis es aufgelöst ist. Dann abkühlen lassen.
3 Die geschlagene Sahne und den Likör vorsichtig unterheben.
4 Die Masse in eine vorher karamelisierte Puddingform gießen und mindestens 10 Stunden im Kühlschrank ruhenlassen.
5 Vor dem Servieren die Form kurz in heißes Wasser tauchen und dann den Pudding auf eine Servierplatte stürzen. Den Inhalt einer Vanilleschote zur Dekoration darüberstreuen.

ANGELO MAIONCHI

Küchenchef des Restaurants »Del Cambio« in Turin

In Ihrem Restaurant verkehrt seit über 100 Jahren die Turiner Finanzwelt samt Spitzenpolitikern. Wie sieht das heute aus? Nach all den Bestechungsskandalen gibt es wohl kaum noch Essen auf Spesen…

Dafür gibt es aber Gourmets aus devisenkräftigen Ländern. Auch die Deutschen haben seit einiger Zeit das Ritual der raffinierten italienischen Küche für sich entdeckt. Sie interessieren sich immer mehr für gastronomische Feinheiten, verlangen sogar nach meinen Rezepten.

Wie erklärt sich das?

Ein Deutscher geht doch den Dingen gerne auf den Grund. Nun hat er schließlich entdeckt, daß man auch den Genüssen des Lebens auf den Grund gehen kann…

Das Rezept für die Reis-Bavarese stammt aus dem Restaurant »Da Balin« bei Livorno Ferraris, die »Gekochte Sahne« wird im Turiner »Del Cambio« zubereitet.

Der Enkel *der 90jährigen Severina Silvestro führt das Lokal »Da Balin« – ein Geheimtip für Frosch- und Reisgerichte.*

FRICIULIN DI RISO

Reisbällchen

Resteverwertung der Panissa: Aus dem Risotto-Reis kleine Bällchen formen, diese in Mehl, Eigelb, Semmelbrösel panieren und in etwas Olivenöl ausbacken.

Das Panissa-Rezept stammt aus dem »Da Balin al'Osto dal Babi« bei Livorno Ferraris.

PANISSA

Klassischer Risotto aus der Gegend von Vercelli/Novara

Für 4 Personen

- *200 g dunkle Bohnen aus Saluggia (bei Vercelli)*

Brühe

- *1 Zwiebel*
- *etwas Schwarte*
- *etwas Schweineschmalz*
- *2 l Wasser*
- *1 Lorbeerblatt*

Risotto

- *50 g Speck*
- *1 Zwiebel*
- *4 EL Olivenöl*
- *250 g Reis (Arborio- oder ein anderer Risotto-Reis)*
- *Tomatenmark*
- *100 g italienische Salami*
- *1 Glas Rotwein*
- *Salz, Pfeffer*
- *Parmesan*

1 Die Bohnen über Nacht in Wasser einweichen.

2 Für die Brühe Zwiebel kleinhacken und zusammen mit der Schwarte im Schweineschmalz anbraten; das Wasser aufgießen, die eingeweichten Bohnen und den Lorbeer zugeben und sprudelnd ca. 40 Minuten kochen lassen.

3 Speck und Zwiebel klein würfeln und in einer breiten Pfanne in etwas Öl anschmoren; den Reis hineinrühren und das Tomatenmark dazugeben, so daß der Reis dessen Geschmack annimmt. Gut verrühren und die klein geschnittene Salami dazugeben.

4 Mit dem Rotwein löschen, unter ständigem Rühren einköcheln lassen und die Bohnen hinzugeben. Allmählich in kleinen Mengen die heiße Bohnenbrühe zugießen, so daß der Reis immer feucht ist. Den Reis auf diese Weise fertigkochen.

5 Den Risotto salzen und pfeffern, etwas Olivenöl hinzufügen und mit geriebenem Parmesan servieren.

Tip: Laut Koch der Trattoria darf der Reis nicht zu feucht sein. Es muß ein Löffel kurz darin stecken bleiben können.

Die Reisfelder bei Vercelli, *der »Reishauptstadt Europas«, bedecken riesige Flächen.*

Jäten im Reisfeld, *eine Knochenarbeit, die heute meist von Maschinen erledigt wird.*

gebückt im kalten Wasser der Felder stehen, um die Pflänzchen einzusetzen und Unkraut zu jäten. Und das alles barfuß, weil man die einzelnen Reiskörner nur mit bloßen Füßen spüren konnte – und sie durften auf keinen Fall zertreten werden, wie sich die alte Frau erinnert: »Zum Schutz vor den Mücken und Blutegeln und auch den scharfen Reisblättern trugen wir Baumwollmuffe, die die Beine und Unterarme bedeckten – ein sehr notdürftiger Schutz, wie man sich denken kann. Wichtigstes Kleidungsstück war ein Strohhut, der die sengende Sonne ein wenig abhielt.« Dann zieht ein Lächeln über ihr von Alter und Wetter gezeichnetes Gesicht. »Sie sehen, trotz Rheuma und Rückenschmerzen stehe ich immer noch kerzengerade da. Mittlerweile hasse ich den Reis nicht mehr. Im Restaurant meines Enkels esse ich sogar sehr gerne Risotto, am liebsten mit den zarten Froschschenkeln, die auch aus den Reisfeldern kommen.«

»Da Balin« heißt dieses gemütliche Lokal bei Livorno Ferraris. Vom Kaminsims sehen uns Keramik- und Plastikfrösche mit breitem Maul beim Essen zu. Und hier werde ich auch in die Geheimnisse der Reisküche eingeweiht, denn wie Küchenchef Angelo mir er-

Zwei der besten, *sehr feinen Reissorten: Carnaroli und Baldo.*

Die Po-Ebene ist eines der bedeutendsten Reisanbaugebiete Europas. Vor allem im Frühjahr gibt das Grün der Reisfelder der Landschaft ihr eigenes Gepräge.

Frischer heimischer Fisch findet sich oft auf den Speisekarten. Am Orta-See gibt es beispielsweise Barschspezialitäten.

Traumhaft *ist die Abendstimmung über den Reisfeldern der Po-Ebene.*

klärt, ist Reis nicht gleich Reis. So eignet sich für »Panissa«, den deftigen Wurst-Bohnen-Risotto, am besten der feine Carnaroli, der Arborio oder der Baldo, weil diese Reissorten nicht zerkochen.

Nördlich der Po-Ebene verändert sich das Landschaftsbild abrupt: Die Ebene macht sanften Hügeln Platz, die später in die majestätischen Bergketten der Alpen übergehen. Und hier, am Fuß der hohen Gipfel, liegt die zauberhafte Idylle des Lago d'Orta mit seiner kleinen Insel San Giulio. Kein Wunder, daß viele Maler sich zu diesem verträumten Ort mit seiner romanischen Basilika hingezogen fühlten. Und wer sich hier in eine Welt aus »Tausendundeine Nacht« entführen lassen möchte, sollte die »Villa Crespi« im Städtchen Orta aufsuchen. Ganz maurisch mutet das Hotel an: Es ist über 100 Jahre alt und im Arabeskstil gebaut. Nur der Speisesaal ist rein italienisch, genauer gesagt: venezianisch. Hier führt Natale Bacchetta das Regiment. Zu seinen Spezia-

Die Küche des Piemont ist beides: bäuerlich geprägt und edel, mit Anklängen an die französische Haute Cuisine.

litäten gehört der frisch aus dem Orta-See gefischte Barsch, den er auf die unterschiedlichste Art zubereitet – manchmal schlicht mit Butter und Salbei, ein anderes Mal mit frischen Tomaten und Oliven. Heute entscheide ich mich für eine dritte Variante, bei der der Fisch in der Pfanne gebraten und mit Sesam und Portweinsauce serviert wird.
Die Wahl war goldrichtig – bei dieser Art der Zubereitung kommt der feine Geschmack des Barsches besonders gut zur Geltung.

Später am Abend schreckt mich das unmelodiöse Schreien eines Esels auf. Das erinnert mich daran, daß ich mir beinahe eine Köstlichkeit des Piemont hätte entgehen lassen: »Tapulon«, gehacktes und gut gewürztes Eselsfleisch, zu dem man den Rotwein Boca trinkt. Dieses Versäumnis muß ich – spätestens morgen – unbedingt nachholen!
Diese Gaumenreise durch Piemont nimmt beinahe den Charakter von Arbeit an... Doch diese Art von Arbeit mache ich natürlich gern.

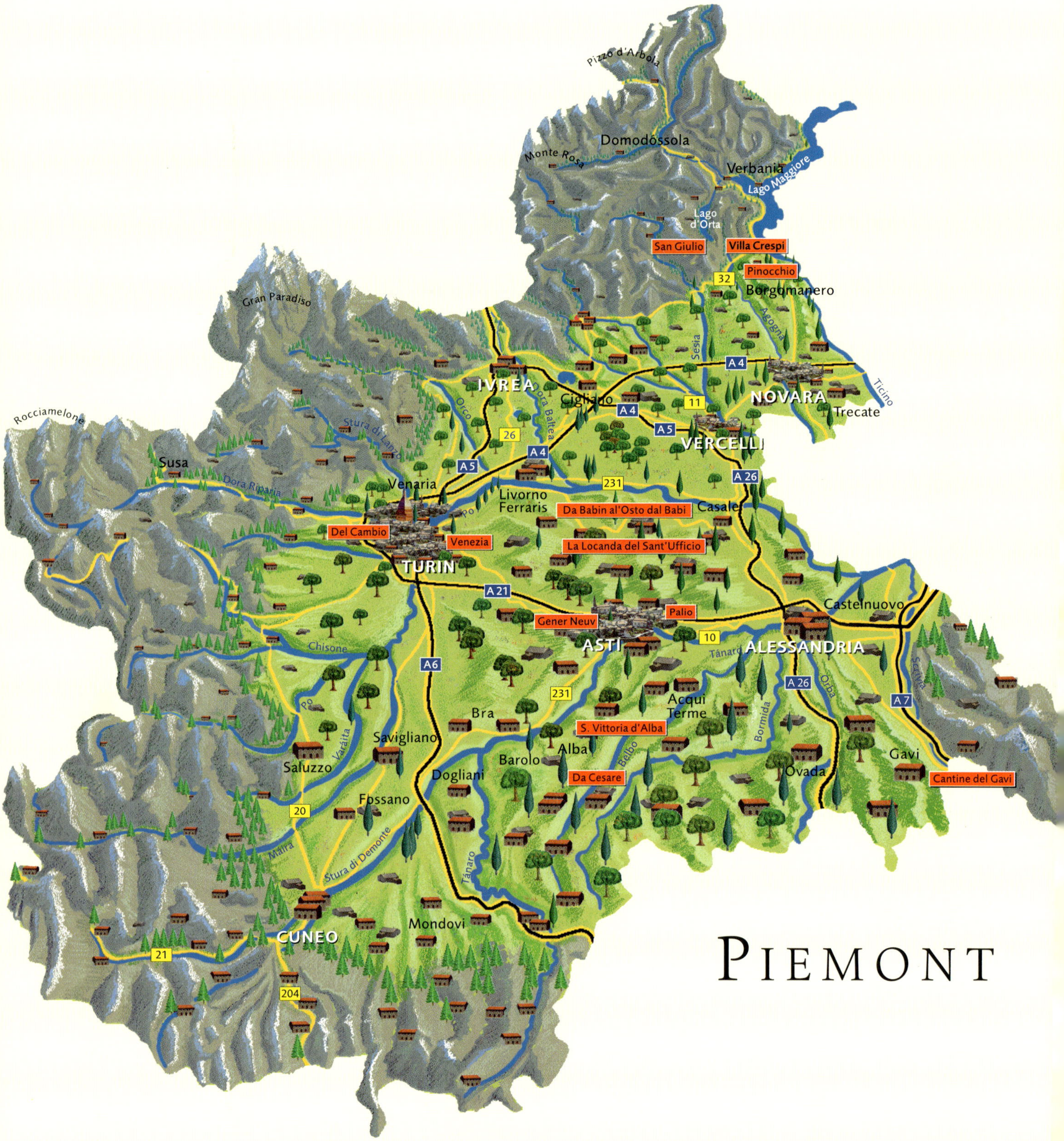
Pizzo d'Arbola
Domodòssola
Monte Rosa
Verbania
Lago Maggiore
Lago d'Orta
San Giulio
Villa Crespi
Pinocchio
32
Borgomanero
Gran Paradiso
Agogna
Sesia
A4
NOVARA
Ticino
Trecate
IVREA
Orco
Dora Baltea
Cigliano
A4
11
A5
VERCELLI
Rocciamelone
Stura di Lanzo
26
A4
A5
Susa
Dora Riparia
Venaria
231
A26
Livorno
Ferraris
Da Babin al'Osto dal Babi
Casale
Po
Del Cambio
Venezia
La Locanda del Sant'Ufficio
TURIN
A21
Castelnuovo
Palio
Gener Neuv
10
ASTI
Tànaro
ALESSANDRIA
Chisone
A6
A26
Orba
Scrivia
231
A7
Acqui
Terme
Bra
Bormida
Po
Varàita
Saviglianо
S. Vittoria d'Alba
Alba
Belbo
Saluzzo
Barolo
Gavi
Ovada
Dogliani
Da Cesare
Cantine del Gavi
Fossano
20
Maira
Stura di Demonte
Tànaro
Mondovì
CUNEO
21
204

PIEMONT

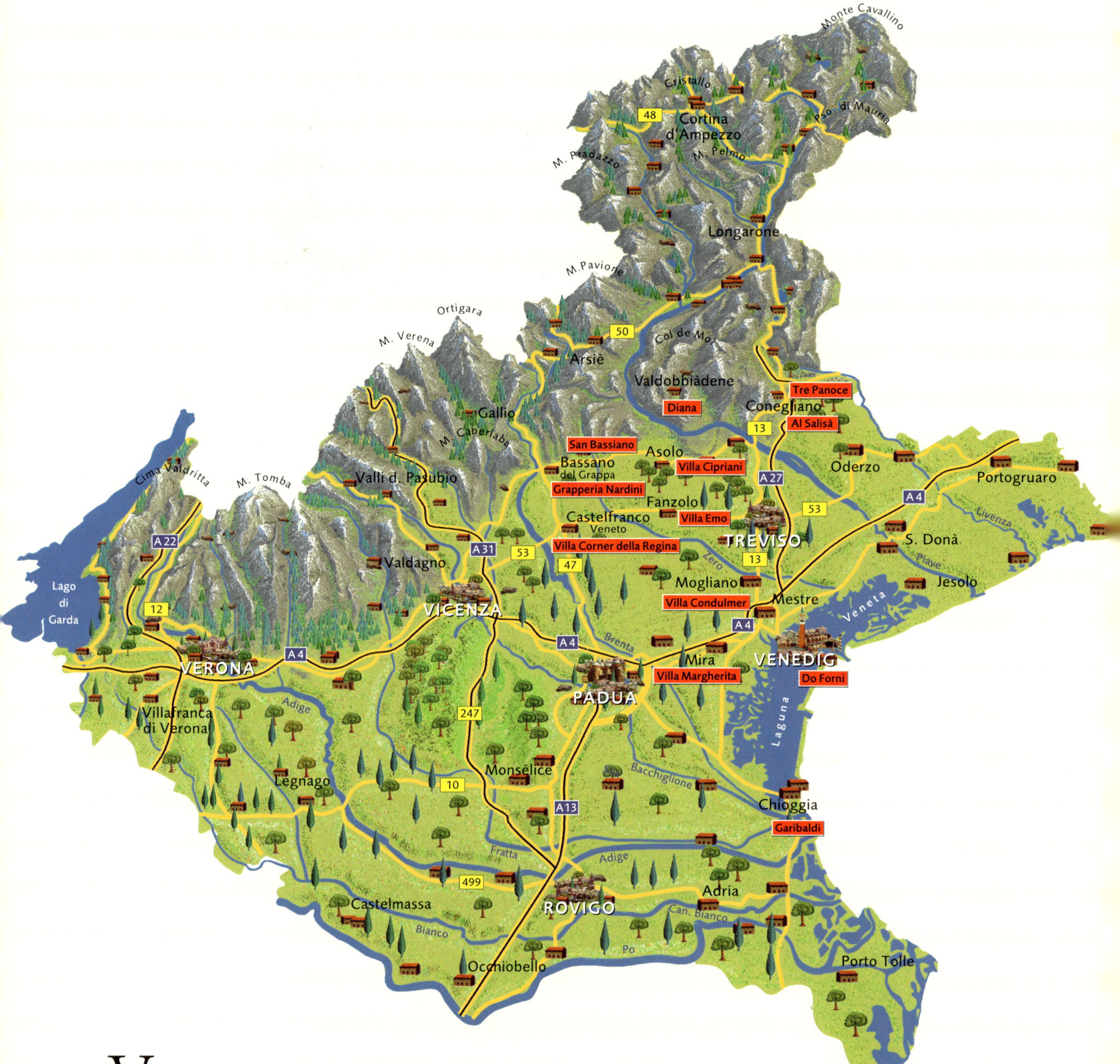
Monte Cavallino
Cristallo
48
Cortina d'Ampezzo
Pso. di Mauria
M. Pradazzo
M. Pelmo
Longarone
M.Pavione
Ortigara
M. Verena
50
Col de Moi
Arsiè
Valdobbiàdene
Tre Panoce
Diana
Conegliano
Al Salisà
13
Gallio
M. Caberlaba
San Bassiano
Asolo
Bassano del Grappa
Villa Cipriani
Oderzo
Cima Valdritta
M. Tomba
Valli d. Pasubio
Grapperia Nardini
A 27
Portogruaro
A 4
Fanzolo
53
Castelfranco Veneto
Villa Emo
TREVISO
Livenza
A 22
A 31
53
Villa Corner della Regina
S. Donà
Valdagno
47
Zero
13
Piave
Lago di Garda
Mogliano
Jesolo
12
VICENZA
Villa Condulmer
Mestre
Veneta
A 4
A 4
Brenta
A 4
VERONA
Mira
VENEDIG
Villa Margherita
Do Forni
PADUA
Villafranca di Verona
Adige
247
Laguna
Monsélice
Legnago
10
Bacchiglione
A 13
Chioggia
Garibaldi
Fratta
Adige
499
Adria
Castelmassa
ROVIGO
Can. Bianco
Bianco
Po
Occhiobello
Porto Tolle

VENETIEN

HOTELS

VILLA CRESPI am Orta-See: Göttlich schlafen im Himmelbett wie ein Prinz im Orient. Von den reich verzierten Wänden bis zu den Luxusmarmorbädern ist alles im reinsten Arabeskstil gehalten. Die über 100 Jahre alte maurische Villa ist eine ideale Entspannungs- und Schlemmeroase für verwöhnte Gäste mit gehobenen Ansprüchen. Das I-Tüpfelchen: Frühstück unter den Arkaden mit Blick auf den See.

Die Himmelbetten *in der »Villa Crespi« bieten Schlafgenuß pur.*

Via Fava 8-10, bei Orta San Giulio;
Tel. 03 22/91 19 02
Anfahrt: A 26, Ausfahrt Borgomanero, auf der S.S. 229 über Borgomanero, Gozzano zum Orta-See. Die »Villa Crespi« liegt gleich an der Abzweigung zur Ortschaft Orta San Giulio.

LA LOCANDA DEL SANT'UFFIZIO in Cioccaro di Penango: Das ehemalige Kloster, von sanften Weinhügeln umgeben, hat sich zu einem noblen, schön eingerichteten Kuschelhotel gemausert. »Beppe«, der Besitzer, schwingt auch in der Küche, zusammen mit seiner Frau Carla das Zepter. Swimmingpool, Tennis.

Tel. 01 41/91 62 92
Anfahrt: A 21, Ausfahrt Asti-Est, auf der S.S. 457 Richtung Moncalvo, kurz vor Moncalvo rechts nach Cioccaro.

Der Frosch *zeigt den Weg ins »Da Balin«.*

VENEZIA in Turin: Eine preisgünstige und bequeme Unterkunft mit Bohèmeflair. Ihr größter Pluspunkt ist die bequeme Lage im Herzen der Altstadt.

Via XX Settembre 70, Turin;
Tel. 0 11/5 62 30 12

S. VITTORIA D'ALBA bei Alba: Das auf einem Hügel gelegene 40-Zimmer-Hotel bietet einen wunderbaren Ausblick. Daneben steht ein alles überragender Kastellturm. Hier werden Service und Effizienz großgeschrieben, dank des Inhaberteams Aldo, Antonio und Mauro. Mittlere Preisklasse. (Ab 1996 neues Restaurant im Kastell, Swimmingpool.)

Via Cagna 4, S. Vittoria d'Alba;
Tel. 01 72/47 81 98
Anfahrt: 10 km westlich von Alba, auf der S.S. 72 nach Bra'. In Cinzano Rechtsabzweig zum Hotel hinauf.

Im »Del Cambio« *trifft sich die Turiner Finanzwelt.*

PALIO in Asti: Außen eher unscheinbar, innen jedoch hübsch und komfortabel eingerichtet. Besonders schön sind die schmiedeeisernen Bettgestelle. Ideale Lage mitten im Stadtzentrum, dennoch sehr ruhig.

Via Cavour 106, Asti;
Tel. 01 41/3 43 71

RESTAURANTS

PINOCCHIO in Borgomanero: Ein Geheimtip zwischen Lago Maggiore und Orta-See, abseits der Touristenpfade. Hier werden traditionelle Gerichte neu und in leichter Variante kreiert. Luisa Bertinotti ist die geistige Mutter der Rezepte, Ehemann und Küchenchef Piero setzt diese wunderbar um, Tochter Paola – selbstbewußter Sommelier – bedient und berät die Gourmets. Es lohnt sich, den Kartoffelwindbeutel in Lauchsauce zu bestellen. Montag geschlossen.

Via Matteotti 147, Borgomanero;
Tel. 03 22/8 22 73
Anfahrt: A 26, Ausfahrt Borgomanero bis zum gleichnamigen Ort.
Das Lokal liegt nach der Ortsausfahrt linker Hand direkt an der S.S. 142.

Das Interieur *vieler Restaurants ist sehr ansprechend.*

DA BALIN AL' OSTO DAL BABI bei Livorno Ferraris: Ein schlichtes Bauernhaus am Rande der Reisfelder, mit einem Riesenkamin mitten im Gästeraum. König der Speisen ist hier der Frosch, fritiert oder geschmort, und natürlich auch »Panissa«, ein deftiger

Salami- und Bohnen-Risotto. Montag geschlossen.

Tel. 01 61/47 75 36
Anfahrt: Von Turin nördlich über die A 4, Ausfahrt links nach Cigliano. Weiter an Livorno Ferraris vorbei; in Richtung Turin liegt das 22-Seelen-Dorf Castell'Apertole.

Das »Da Balin« *ist für seine Risottos bekannt.*

▮ RISTORANTE DEL CAMBIO in Turin: Das prächtigste und traditionsträchtigste Nobelrestaurant im Piemont, das in seiner unveränderten 250jährigen Pracht zu sehen ist. Stammgast Graf Cavour – Vater der Einigung Italiens – bestellte hier sein Leibgericht: »Finanziera del Cambio« (heute: »alla Cavour«). Sonntag geschlossen.

Piazza Carignano 2, Turin;
Tel. 0 11/54 37 60

▮ RISTORANTE DA CESARE in Albaretto della Torre: Dieses unscheinbare und bescheidene Lokal am Ende der Welt hat eine traumhafte Küche! Was Meisterkoch Cesare Giaccone für ungeahnte Köstlichkeiten auftischt, bringt selbst die größten Gourmets immer wieder zum Staunen. Seine Salatkreation »Insalata di fattoria all'arancia« ist überwältigend. Oder wie wär's mit einem »Filetto alla pietra«, einem zarten Kalbsfilet, auf einem glühend heißen Stein serviert? Dienstag und Mittwoch mittag geschlossen.

Via S. Bernardo 9, Albaretto della Torre;
Tel. 01 73/52 01 41
Anfahrt: Von Gallo südlich nach Gallo d'Alba, links die Landstraße nach Albaretto della Torre.

▮ GENER NEUV in Asti: Nur einen Monat nach der Überschwemmungskatastrophe vom November 1994 war alles wieder beim alten: die edle Einrichtung, der exzellente Service, die göttlichen Speisen. Im Gourmettempel von Piero, Pina und ihren Töchtern wird man nach allen Regeln der Kunst verwöhnt. Himmlisch sind hier die »Agnolotti dal plin ai tre stufati«, Teigtäschchen mit einer Füllung aus geschmortem Kaninchen-, Schweine- und Kalbfleisch. Sonntag abend und Montag geschlossen.

Lungo Tanaro 4, Asti;
Tel. 01 41/55 72 70

▮ CANTINE DEL GAVI in Gavi: Im freskenverzierten Saal dieser ehemaligen Weinstube muß man das Hausgericht »Il raviolo di Gavi« einmal gekostet haben. Hier sollen die berühmten Ravioli (viereckige Teigtaschen) erfunden worden sein. Mit einer fulminanten Füllung aus Rind-, Schweinefleisch und viel Borretsch! Montag geschlossen.

Via Mameli 67, Gavi;
Tel. 01 43/64 24 58
Anfahrt: A 26 südlich von Alessandria und Novi, Ausfahrt Ovada; oder A 7, Ausfahrt Serravalle Scriva, westlich nach Gavi.

Der Wein *ist immer präsent: Blick auf die Hügel des Barolo-Gebietes.*

EINKAUFSTIPS

▮ ORTA MARKET in Orta San Giulio: Ein Himmel voller Schinken-, Wurst-, Käsesorten und, und, und! Besondere Köstlichkeiten: Kuhmilchkäse mit Zimt, in Honig eingelegtes Obst – ideal zum Speiseeis, oder »Acqua di lago«, das türkisfarbene »Seewasser«, ein 28prozentiger Likör aus Veilchenblütenblättern.

Piazza Motta 17, Orta San Giulio;
Tel. 03 22/9 02 17
Anfahrt: Von Novara nördlich auf der S.S. 229 bis Orta San Giulio.

Die Piemonteser *haben eine Schwäche für Süßes.*

▮ GIANDUIOTTI heißen die typisch piemontesischen Nougatpralinen mit dem unvergleichlichen Haselnußgeschmack; in jeder größeren Pasticceria (Konditorei) bzw. jedem Café erhältlich. Seit 160 Jahren sind sie immer noch unschlagbar im Geschmack.

▮ TARTUFI MORRA in Alba: Hier findet man die edelsten weißen Trüffeln. Bester Einkaufsmonat ist der November, dann sind sie ganz frisch zu haben. Die Größen variieren zwischen 20 und 500 Gramm. Über die Preise spricht man lieber nicht. Noblesse oblige.

Piazza Elvio Pertinace 3, Alba;
Tel. 01 73/36 22 66

WEINE

Wer A sagt, muß auch gleich B sagen, wenn's im Piemont um den Wein geht: Alba und Asti sind die zwei größten Städte im Weinanbaugebiet der Langhe und des Monferrato; Barolo, Barbaresco und Barbera die drei bekanntesten Rotweine. Die beiden ersten sind die edlen Produkte aus der Nebbiolo-Traube, die erst im späten Herbstnebel reift. Das Barolo-Gebiet liegt südlich, die kleinere Barbaresco-Zone nördlich von Alba. Der Barbera kommt aus dem nördlich und südlich von Asti gelegenen Monfer-

Für die Trüffelsuche *gibt es speziell abgerichtete Hunde.*

rato, wo auch der leichte Grignolino-Rotwein beheimatet ist. Aus dem perlenden, süßen Muskateller (»Moscato d'Asti«) wird der populäre Schaumwein »Asti« hergestellt. Die Spitze der piemontesischen Weißweine kommt aber aus dem kleinen Gavi-Gebiet im östlichen Piemont. Castello di Tassarolo, Villa Sparina, La Guistiniana und Nicola Bergaglio heißen die besten Erzeuger. »Enoteca regionale« nennen sich die Weinprobierstuben, die in den einzelnen Gebieten von den Winzerkonsortien und den regionalen Verwaltungen eingerichtet sind. Dort können edle Tropfen in Ausstellungsregalen und in Kellern besichtigt, in geeigneten Gläsern degustiert und nach der Wahl der Flaschen günstig eingekauft werden. Hier einige empfehlenswerte Adressen:

▮ in Barolo: Castello Comunale

Tel. 01 73/5 62 77
Anfahrt: 14 km Landstraße von Alba über Gallo d'Alba nach Barolo.
Öffnungszeiten:
täglich 10.00–12.30 und 15.00–18.30 Uhr (Donnerstag und im Januar geschlossen).

▮ in Barbaresco: Via Torino 8a (ehem. Kirche S. Donato)

Tel. 01 73/63 52 51
Anfahrt: S.S. 231 von Asti in Richtung Alba, kurz vor Alba Linksabzweig nach Barbaresco.
Öffnungszeiten:
täglich 9.30–12.30 und 15.00–19.00 Uhr (Montag und im Januar geschlossen).

▮ in Vignale Monferrato: Palazzo Callori

Tel. 01 42/92 32 43
Anfahrt: A 21, Ausfahrt Asti-Est, dann S.S. 10 bis Quarto d'Asti, Landstraße Richtung Norden über Castagnole, Montemagno nach Vignale; ca. 15 km. (Dienstag geschlossen).

▮ in Acqui Terme: Palazzo Robellini

Tel. 01 44/77 02 73/4
Anfahrt: 34 km südlich von Alessandria auf der S.S. 30.

▮ in Mango: Castello dei Busca, Piazza XX Settembre 1. Auf Moscato und Asti spezialisiert!

Tel. 01 41/8 91 41
Anfahrt: Aus Alba oder Asti kommend die S.S. 231, kurz nördlich von Alba die Ausfahrt nach Neive/Mango.

TIPS DER AUTORIN

▮ WEINGUT LUIGI EINAUDI in Dogliani. Ältestes Weingut (seit 1897) in Dogliani, von 102 Hektar nur 25 Hektar als Weinberg in besten Lagen angelegt, dazu vier Hektar bei Barolo seit 1958. Heute von Paola Einaudi, Enkelin des ersten nach der neuen Verfassung gewählten Präsidenten der Republik Italien, und ihrem Ehemann Giorgio Ruffo nach traditionellen Gesichtspunkten geleitet. Spitzenklasse sind die hier nur aus eigenen Reben erzeugten Weine Barolo, Nebiolo (mit einem b), Barbera, Grignolino und Dolcetto.

Tel. 01 73/70 19 1
Anfahrt: Ungefähr 20 km südlich von Alba auf der Landstraße über Monforte d'Alba nach Dogliani.

Turiner Passagen *sind wundervolle Konstruktionen aus Glas und Eisen.*

▮ WEINGUT FONTANAFREDDA Wenige Kilometer südlich von Alba, bei Fontanafredda und Serralunga d'Alba, haben die Langhe-Weine des Guts Fontanafredda eine über 100 Jahre alte Tradition. Die berühmte silberne Etikette für Barolo, Barbera, Dolcetto usw. ist ein exklusiver Qualitätsbegriff.

SEHENSWÜRDIGKEITEN

▮ CINZANO-MUSEUM in S. Vittoria d'Alba: neben der Produktionsweise von Cinzano sieht man auch die gesamte Werbegeschichte der letzten 40 Jahre.

Tel. 0 11/6 30 04 06
Informationen: Via Principessa Felicita di Savoia 8/12, S. Vittoria d'Alba; Archivi Storici Santa Vittoria
Anfahrt: S.S. 63, S. Vittora d'Alba.

Das Cinzano-Museum *dokumentiert den Aufstieg des Familienunternehmens.*

▮ CAFFÈ MULASSANO in Turin: Ein goldverziertes Kaffeehaus, ein kleines Schmuckstück, mit in die Holztäfelung eingelassenen Wandspiegeln. Der Inbegriff des eleganten Turin um die Jahrhundertwende.

Piazza Castello 15, Turin;
Tel. 0 11/54 79 90

▮ CAFFÈ PASTICCERIA BARATTI & MILANO in Turin: Mit seinem gediegenen Ambiente – roten Lederstühlen und gemütlichen Sitzecken – erinnert das »Baratti & Milano« an ein charmantes Wiener Kaffeehaus. Der richtige Treff für ein ungestörtes Tête-à-tête.

Piazza Castello 27, Turin;
Tel. 0 11/5 61 30 60

NASSA 3
3 GE 1026

Die zerklüftete Küste Liguriens steigt meist steil zu den Bergen hin an. Schmal und hoch sind oft auch die Häuser der malerischen Küstenorte; in den kleinen Buchten und Häfen schaukeln, wie hier in Camogli, die Fischerboote.

LIGURIEN

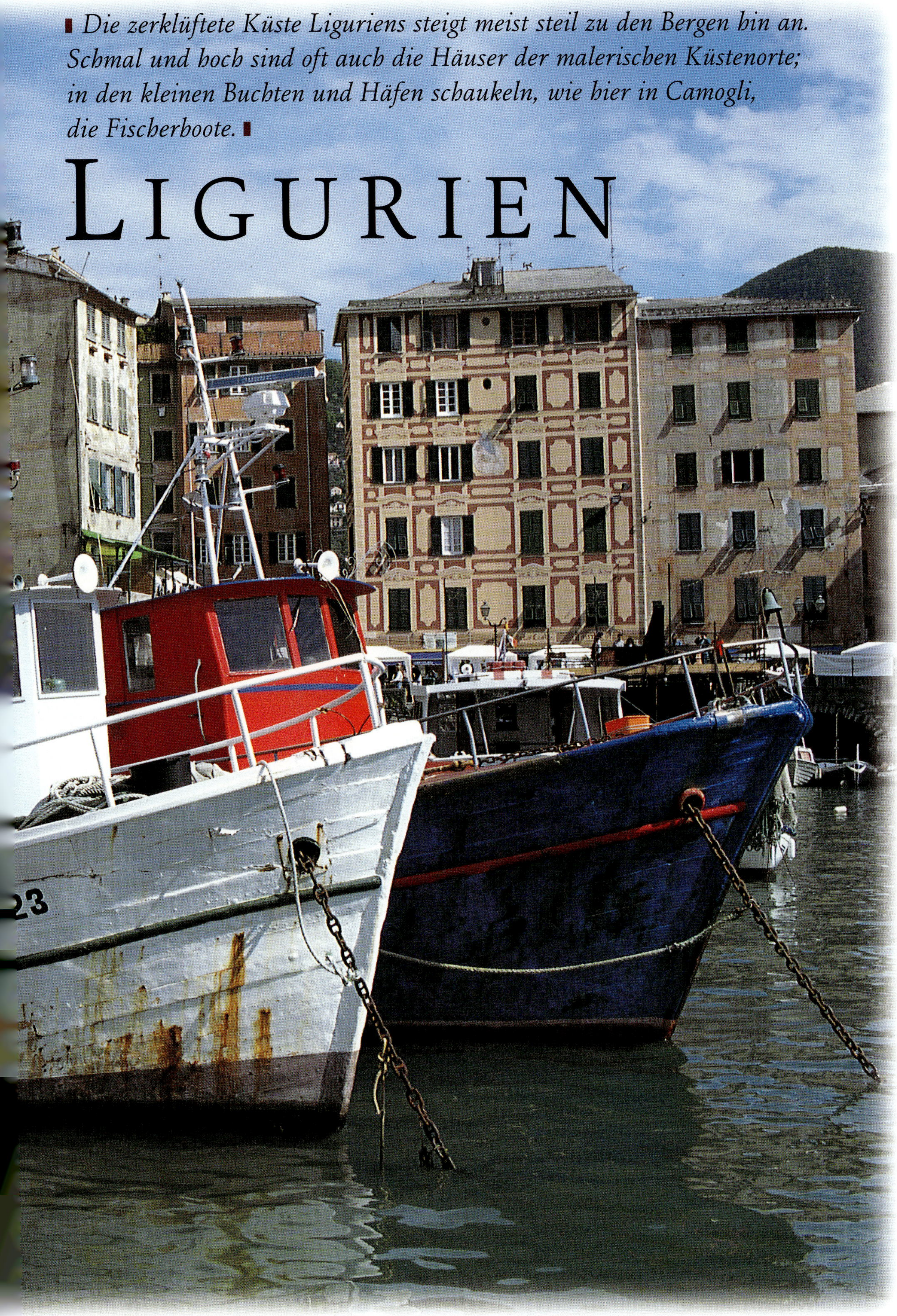

Die ligurischen Oliven *ergeben ein besonders aromatisches Öl.*

Das milde Klima an den steilen Hängen der ligurischen Küste läßt Blumen, Oliven und Wein aufs beste gedeihen. Und die Natur liefert herrliche aromatische Gewürzkräuter.

Wer denkt, wenn der Name Ligurien fällt, nicht sofort an die Riviera, an wunderbare Strände, blaues Meer und Urlaubsglück? In der Tat besteht diese Region – die kleinste Italiens – aus wenig mehr als dem sichelförmigen Küstenstreifen, der sich von der französischen Grenze bei Ventimiglia bis zum Golf von La Spezia erstreckt. An vielen Stellen fallen die Berge in schroffen Klippen steil zum Meer ab; fruchtbare Ebenen gibt es kaum. So hatten die Menschen hier nur zwei Möglichkeiten, sich ihren Lebensunterhalt zu verdienen: Entweder sie kultivierten in mühseliger Arbeit den kargen Boden als Oliven- und Weinbauern, oder sie wagten sich als Fischer auf die stürmische See hinaus. Diese harte Existenz ist an den Menschen nicht spurlos vorübergegangen; hinter den eleganten Fassaden, die der Urlauber an den Stränden und in den Hotels vorfindet, führen die Ligurer ein bodenständiges Leben, das allem Fremden gegenüber etwas verschlossen ist.

Diese Seite von Ligurien entdeckt man allerdings nur, wenn man mit dem Boot die sonst unzugänglichen Küstenstreifen erforscht oder durch wilde, romantische Täler zu verborgenen Bergdörfern fährt. Die Lage am Meer bietet andererseits natürlich auch Vorteile. Das milde Klima läßt hier bereits Blumen gedeihen, wenn in Deutschland noch tiefster Winter herrscht. Beim traditionellen Neujahrskonzert der Wiener Philharmoniker ist der Saal des Musikvereins mit farbenprächtigen Blumengebinden geschmückt, die allesamt aus den vielen Gewächshäusern auf den Hügeln oberhalb von San Remo und Albenga stammen. Und natürlich geht das einträgliche Geschäft mit den Blumen das ganze Jahr über weiter.

Wo Blumen gedeihen, wachsen auch Olivenbäume hervorragend. Durch die unterschiedlichen Höhenlagen werden die Oliven zu verschiedenen Jahreszeiten reif, und das hier gewonnene Öl ist in ganz Italien für seine leichte Konsistenz, seinen feinen Duft und den zarten Geschmack bekannt – eine wunderbare Ergänzung zu den aromatischen Gewürzkräutern, die in Ligurien mindestens ebenso beliebt sind wie in der benachbarten Provence. Basilikum, Borretsch, Salbei, Rosmarin und Majoran spielen eine wichtige Rolle in der Regionalküche.

Erstaunlicherweise gibt es hier weniger Fischgerichte, als man in einer Küstenregion erwarten würde; das liegt daran, daß das Meer hier leider nicht besonders fischreich ist. Neben Brassen, Goldbrassen und Seebarben steht deshalb zunehmend importierter Stockfisch auf der Speisekarte.

Das milde Klima und die steilen Hänge sind wie geschaffen für den Weinbau. Dies gilt insbesondere für Cinque Terre, eine Weinregion, die eine besondere Faszination auf mich ausübt. Der aus den fünf Orten Riomaggiore, Manarola, Corniglia, Vernazza und Monterosso bestehende Landstrich liegt westlich von La Spezia, fast am Ende der östlichen Riviera, wo die Felsen nahezu senkrecht ins Meer abfallen. Zwischen Meer und Berge eingebettet, waren die Ortschaften jahrhundertelang mehr oder minder von der Außenwelt abgeschnitten,

Schneckenmilch – *ein potenzfördernder Liebestrank.*

Felsen und Meer – *und dazwischen drängen sich die Häuser der Küstenorte.*

Die Küste der italienischen Riviera ist steil und zerklüftet. Die Küstenstraßen führen auf weiten Strecken durch Tunnels – manchmal mit nur einer Fahrspur.

und noch heute ist die Straßenverbindung eher dürftig. Wenn man sich Cinque Terre vom Meer her nähert, hat man die schönste Ansicht: Über dem Wasser ragen alte Wachtürme, graue Burgruinen, farbenfrohe Häuser und Kirchen mit den für Ligurien typischen schwarzweißen Streifen auf, und dahinter erheben sich als üppig grüne Kulisse die Weinberge. Sie sind auf Stufenterrassen angelegt, die von Trockenmauern gestützt werden, und stellen wahre Wunderwerke der Landschaftsarchitektur dar. Um sich die Arbeit an diesen Steilhängen zu erleichtern, haben die Winzer kleine elektrische Einschienenbahnen bauen lassen, mit denen sie Geräte und Erdreich transportieren. Insgesamt 52 solcher Bahnen führen durch die Weinberge;

Kunstvoll angelegte Steinmauern *sichern die Pflanzungen auf den Steilhängen.*

Weinreben *werden zum Schutz gegen die Frühjahrswinde befestigt.*

doch sie beeinträchtigen das Landschaftsbild nicht im geringsten. Die Traubenernte wird in der Weinkellerei der Genossenschaft verarbeitet, in welcher die 700 Kleinwinzer organisiert sind. Matteo Buonanini, der Verwalter der Kellerei, ermöglicht mir das einmalige Erlebnis, mit einer dieser Kleinbahnen zu fahren – einem motorisierten Pritschenwagen, der den Höhenunterschied von 450 Metern und die Steigung von stellenweise 55 Prozent mit Hilfe von Zahnrädern überwindet. Bei der abenteuerlichen Fahrt muß ich mich, so gut es geht, an den Eisenstäben der Transportfläche festklammern, um nicht dem Kameramann in die Arme zu fallen oder aus dem Gefährt zu stürzen. Aus schwindelerregender Höhe sehe ich dann hinab auf das fahlblau schimmernde Meer, neben mir der sich dicht an den Boden schmiegende Wein. Die Stöcke dürfen nur 50 bis 100 Zentimeter hoch werden, damit sie gegen die rauhen Frühjahrswinde geschützt bleiben.

Während der Fahrt weiht mich Signor Buonanini in die Geschichte des ligurischen Weinbaus ein. So erfahre ich, daß auf diesen Steilhängen schon seit dem 13. Jahrhundert Wein angebaut wird, daß die Winzer der fünf Dörfer eine Fläche von insgesamt nur 150 Hektar bewirtschaften können und daß der kostbarste Cinque-Terre-D.O.C.-Weißwein »Costa da' Posa« heißt. »Unser Wein hat eine helle strohgelbe Farbe und ein zartes Bukett«, erklärt Signor Buonanini und fährt dann poetisch beschwingt fort: »Für uns spiegelt der grünliche Schimmer des Weins das smaragdfarbene Meer wider, und im Bukett riechen wir die Salzluft und die vielen Kräuter, die hier wachsen.« Ich lerne auch, daß der berühmteste Wein der Cinque-Terre-Region der Sciacchetrà ist, ein Vin Santo, für den die Trauben bis weit in den November hinein luftgetrocknet werden müssen. Erst wenn sie fast die Konsistenz von Rosinen angenommen haben, werden sie zu diesem edlen Tropfen gekeltert, für den Kenner hohe Preise zu zahlen bereit sind. Während ich Signor Buonaninis Erläuterungen interessiert zuhöre, fahren wir an einer schwarzgekleideten älteren Frau vorbei, die einen gefüllten Sack auf dem Kopf balanciert. Sie betritt gerade einen kleinen Weingarten, dessen Tür tatsächlich aus einem alten Bettgestell besteht – ein anschauliches Beispiel für den praktischen Sinn und die sprichwörtliche Sparsamkeit der Ligurer.

Es scheint hier üblich zu sein, schwere Gegenstände auf dem Kopf zu befördern: Auch die Mutter von Agostino Galletti, unserem Gesprächspartner in Corniglia, trägt auf diese Weise Oliven oder Reisig durchs Dorf. Der freundliche Signor Galletti ist Wirt und Küchenchef des Lokals »A Cantina de Mananan«; auf Deutsch bedeutet dieser umgangssprachliche Ausdruck »Im Keller des Geschwätzigen«. An den Wänden hängen Schiefertafeln, denen man das reichhaltige Tagesmenü entnehmen kann. Ich entscheide mich für die klassische ligurische Spezialität »Trofie al pesto« (Nockerln mit Basilikumsauce). »Pesto« bedeutet »zerstoßen« oder »zerstampft«, doch diese Wörter werden dem köstlichen Geschmack der grünen Sauce absolut nicht gerecht. Beim Warten auf das Essen höre ich aus der Küche ein dumpfes Klopfen. Ich spähe durch die Tür und sehe, wie Agostino junge Basilikumblätter nicht im Mixer, sondern im Marmormörser mit einem Holzstößel zerkleinert. »Das ist die alte Methode meiner Mutter. Es kostet zwar mehr Zeit und Kraft, aber dafür schmeckt's um so besser!« Er erläutert mir gerade, daß Pesto stets kalt auf die Pasta zu geben ist, als seine Frau Marianne die Küche betritt. Sie ist gebürtige Schweizerin und lebt seit zehn Jah-

Auf einem Felsen im Meer: *Vernazza ist einer der malerischsten Orte von Cinque Terre.*

ren glücklich in diesem 230-Seelen-Dorf. »Wenn Sie sich nicht für die Pasta al pesto entschieden hätten, wäre meine Empfehlung die Mescciùa gewesen. Diese nahrhafte Suppe ist bei uns auch sehr beliebt. Früher war sie ein typisches Arme-Leute-Gericht; man sagt, sie sei eine Erfindung der Frauen, die im Hafen von La Spezia Bohnen, Kichererbsen, Dinkel oder Gerste vom Boden auflasen, die bei der Verladung von Fracht aus den Säcken herausgefallen waren.«

Von Corniglia aus fahren wir die Küste entlang nach Westen zu dem hübschen Hafenstädtchen Camogli. Dort kann man sich an jedem zweiten Maisonntag des Jahres nach Herzenslust den Bauch mit Bratfisch vollschlagen: Die 50 Fischer des Orts laden zum Fischfest, und dazu spielt auch die Musik auf. Stadtkapellen gibt es in Italien viele, doch eine Stadtpfanne gibt es nur einmal, nämlich hier in Camogli. Dieses riesige Gerät mit fünf Meter Durchmesser und einem sechs Meter langen Stiel steht auf einer 64 Quadratmeter großen, im Hafenbecken verankerten Plattform. Der Boden des Monstrums ist eine Art Herd, der das Öl zum Fritieren der Fische erhitzt. Um Punkt zehn Uhr morgens segnet der Priester die Pfanne, und dann kann die Festivität beginnen. Den ganzen Tag über hängen Rauchschwaden über dem Hafen, und die Luft ist schwer vom Geruch nach Öl. 18 Doppelzentner Sardinen werden im Laufe des Tages in 1000 Liter Öl gebraten und an rund 5000 hungrige Schaulustige verteilt. Zum Auftakt wird am Vorabend der Stadtpatron San Fortunato geehrt: An der Uferpromenade brennt ein Freudenfeuer, Tausende von Öllichtern schaukeln auf den Wellen, und um Mitternacht explodiert ein buntes Feuerwerk am Himmel.

Doch zum Fest in Camogli gibt es nicht nur Fisch und Feuerwerk; ohne

MATTEO BUONANINI

Leiter der Weinkellerei »Cinque Terre« in Groppo di Riomaggiore

Wieso wird in Ihrem Gebiet nur Weißwein erzeugt?

Seit Jahrhunderten wird in Cinque Terre schon Weißwein angebaut. Aufgrund des milden Klimas gedeiht er hier besonders gut.

Ihr köstlicher Dessertwein erinnert etwas an den besten toskanischen Vin Santo. Warum ist der echte Sciacchetrà so selten und nur für teures Geld zu finden?

Weil diese Trockenbeerenauslese nach zwei Jahren im Faß mindestens zehn Jahre in der Flasche heranreifen muß: eine geringe Menge, durch mühsame Arbeit und viel Geduld erzeugt.

Die Berge des ligurischen Hinterlandes sind ein beliebtes Ausflugsziel für Feinschmecker.
Zu beiden Gerichten auf dieser Seite paßt ein ligurischer Weißwein, z.B. ein Vermentino oder Pigato.

LUMACHE ALLA MOLINASCA

Schnecken auf molinische Art

Für 4 Personen

- *1 Zwiebel*
- *2 Knoblauchzehen*
- *etwas Thymian*
- *1 Glas Olivenöl*
- *1 kg geputzte Schnecken*
- *1/2 l Rotwein*
- *Cayennepfeffer*
- *50g Weißbrot*
- *1 Glas Rotweinessig*
- *1 Bund Petersilie*
- *einige Blätter Minze*
- *Salz*

1 Die gehackte Zwiebel, Knoblauch und Thymian in etwas Öl goldbraun anbraten.
2 Die gewaschenen Schnecken hinzugeben und sehr gut anschmoren.
3 Mit dem Rotwein ablöschen und mit Cayennepfeffer würzen. 2 Stunden leicht köcheln lassen.
4 Das Weißbrot in Essig einweichen, gehackte Petersilie und Minzblätter unterrühren und nach der Garzeit unter die Schnecken mengen.

FUNGHI PORCINI ALLE ERBETTE

Steinpilze mit Kräutern

Für 4 Personen

- *300g Steinpilze*
- *Petersilie*
- *Thymian*
- *Schnittlauch*
- *1 Knoblauchzehe*
- *Olivenöl*
- *Salz, Pfeffer*

1 Die Pilze gut säubern, dann in dünne Scheiben schneiden.
2 Die Kräuter putzen, kleinhacken und vermischen.
3 Das Öl mit der in Scheiben geschnittenen Knoblauchzehe erhitzen, dann den Knoblauch entfernen.
4 Die Pilze hinzugeben und 1 Minute lang anschmoren; die Kräuter untermischen und mit Salz und Pfeffer abschmecken.
5 Etwa 1 weitere Minute schmoren lassen und dabei häufig umrühren.

Wichtig
Die Pilze sollen am Ende des Schmorens Biß haben, also »al dente« (halbgar) sein!

In den ligurischen Bergen liegt Molini di Triora. Dort gibt es im Restaurant »Santo Spirito« zahlreiche Schneckenkreationen. Ebenfalls in den Bergen liegt »La Baita« in Borghetto d'Arroscia. Hier serviert man – im Spätsommer und Frühherbst – frische Steinpilze.

RAVIOLI DI BIETOLE, BORRAGINE, MAGGIORANA E ORTICHE

Ravioli mit Mangold, Borretsch, Majoran und Brennesseln

Für 10 Personen

Füllung

- *insgesamt 1 kg Mangold und Brennesseln*
- *etwas Borretsch und Majoran*
- *4 Eier*
- *150 g Parmesan*
- *2 EL Olivenöl*
- *1 Prise Muskatnuß*
- *Salz*

Teig

- *600 g Hartweizenmehl*
- *1 Ei*
- *1 EL Olivenöl*
- *Wasser und Salz nach Belieben*

1 Das Gemüse waschen und kochen. Durch ein Sieb passieren.
2 Dann Eier, Parmesan, Olivenöl und Muskatnuß unterrühren und salzen.
3 Das Mehl mit Wasser, Ei und Öl verrühren und zu einem Teig verkneten; diesen ganz dünn ausrollen.
4 Auf der einen Hälfte der Teigplatte die Füllung mit einem Teelöffel auftragen und mit der anderen Teighälfte bedecken.
5 Mit den Fingern Ravioli formen und mit dem Teigrädchen auseinanderschneiden; die Ränder festdrücken, so daß die Füllung nicht heraustreten kann.
6 In kochendes Salzwasser geben und bei niedriger Flamme garen.
7 Mit zerlassener Butter, etwas Muskatnuß und Pfeffer würzen.

TROFIE AL PESTO

Nockerln mit Basilikumsauce

Für 4 Personen

Pesto

- *4 Bund Basilikum*
- *3 EL Pinienkerne*
- *3 Knoblauchzehen*
- *50 g Pecorino oder Parmesan*
- *1/8 l Olivenöl*
- *Salz*
- *1 TL Oregano und 1 TL Majoran (nach Wahl; entspricht aber nicht dem klassischen Rezept)*

Trofie

- *550 g Mehl*
- *50 g Weizenkleie*
- *ca. 1/4 l Wasser*

1 Die Basilikumblätter waschen, gut abtropfen lassen, dann mit den Pinienkernen und dem Knoblauch im Marmormörser gründlich ca. 5–10 Minuten lang zerstoßen. (Pesto heißt Zerstoßenes.)

Tip:
Sollte man das Pesto mit dem Mixgerät zubereiten, dann gleich mit dem Knoblauch etwas Olivenöl zugießen.

2 Den Käse hinzugeben und nach und nach das Olivenöl unterrühren, bis eine zähe, aber homogene Masse entstanden ist; salzen.
3 Die Zutaten für den Trofie-Teig miteinander zu einem glatten Teig verkneten.
4 Den Teig zu ca. 6 cm langen, bleistiftdünne Würstchen rollen, diese einzeln um eine Stricknadel wickeln und etwas antrocknen lassen.
5 Die so entstandenen Teigspiralen von der Nadel vorsichtig abstreifen und in siedendem Salzwasser ca. 5 Minuten kochen lassen. Dann abgießen und kurz mit kaltem Wasser überspülen.
6 Das kalte Pesto über die Trofie geben und gut vermischen.

Die Ligurer *haben eine Vorliebe für die intensiv mit Kräutern gewürzte Küche.*

Agostino Galletti, *Wirt des »A Cantina de Mananan«, bereitet Pesto nach traditioneller Art zu.*

Aus dem Restaurant »La Baita« stammt das Rezept für die Ravioli mit Mangold. Nockerln aller Art gibt's in der Osteria »A Cantina de Mananan« in Corniglia.

Borghetto d'Arroscia: *Das Umland ist ein wahres Obst- und Gemüseparadies; von hier aus werden weite Teile Liguriens mit Gemüse beliefert.*

TORTA PASQUALINA

Ligurische Ostertorte

Für 6 Personen

Teig

- *500 g Mehl*
- *3 EL Olivenöl, etwas Öl zum Bestreichen*
- *1 Prise Salz*
- *1 Ei*
- *ca. 1/4 l lauwarmes Wasser*

Füllung

- *100 g gekochter Reis*
- *1/4 l Milch*
- *1 kg Mangold (ersatzweise Spinat)*
- *200 ml Olivenöl*
- *2–3 EL Wasser*
- *1 Knoblauchzehe*
- *1/2 Bund frischer Majoran*
- *100 g geriebener Parmesan*
- *6 Eier*
- *Salz, Pfeffer*
- *Muskatnuß*

Teig

1 Mehl zusammen mit Olivenöl, Salz und Ei und unter Zugabe von lauwarmem Wasser zu einem glatten, geschmeidigen Teig verkneten.

2 Daraus eine ca. 30 cm lange Rolle formen; diese ca. 2 Stunden ruhenlassen.

Füllung

1 Den Reis in der Milch kochen.

2 Die Mangoldblätter waschen, in Streifen schneiden und kurz blanchieren.

3 Die Knoblauchzehe pressen, den Majoran fein hacken und zusammen mit dem Parmesan, dem Olivenöl und den Eiern unter den Mangold mischen. Alles gut verrühren; mit Salz, Pfeffer und Muskatnuß würzen.

Anrichten

1 Den Teig in 12 gleichmäßige Teile schneiden, zu Kugeln formen und dann auf einer bemehlten Fläche so dünn wie möglich ausrollen; mit den Händen nach allen Richtungen ausziehen, wie bei einem Strudelteig.

2 Eine Springform von 26 cm Durchmesser mit Öl bestreichen. Das erste Teigblatt in die Springform legen, so daß es den Rand der Form überlappt; die 5 weiteren Teigblätter ebenso in die Form schichten, dabei jedes Blatt mit ein wenig Öl bestreichen.

3 Die Füllung auf den Teigblättern verteilen und mit den restlichen 6 Teigblättern im bereits beschriebenen Verfahren abdecken.

4 Die Teigoberfläche dünn mit Öl bestreichen. Einige Löcher einstechen, damit der Dampf entweichen kann. Im vorgeheizten Backofen bei 200 Grad 75 Minuten backen lassen.

Das Rezept für die Ostertorte stammt aus der Trattoria »La Baita« in Borghetto d'Arroscia.

Focaccia wäre das Ereignis nicht vollständig. Hier wird dieses Fladenbrot nach der im Nachbarort Recco erfundenen Methode hergestellt: Auf den Fladenteig kommen kleine Häufchen von frischem Stracchino-Käse und darüber eine zweite Teigschicht. Diese wird mit einer Gabel an mehreren Stellen angestochen, mit Olivenöl beträufelt und gesalzen. Dann wird der ganze Käsefladen bei 290 Grad sieben Minuten lang im Herd gebacken. Beim Essen verbrennt man sich die Finger, und der Käse tröpfelt aus allen Ecken, aber es schmeckt einfach himmlisch! Kein Wunder, daß die Leute in einer langen Schlange vor Signor Revellos Laden anstehen, um eine Focaccia zu erstehen.

Gleich nebenan befindet sich der wunderbare Pasta-Laden von Fiorella. In einem Hinterzimmer des Geschäfts bereitet sie die Nudeln täglich frisch zu, mit variierenden Zutaten, ganz wie sie es von ihrer Mutter gelernt hat. Mir läuft förmlich das Wasser im Mund zusammen, als ich die Farben und Formen der zahlreichen Sorten betrachte: Trofie (spätzleähnliche Nockerln), Trenette (flache Spaghetti), Pansoti (Teigtäschchen, gefüllt mit einer Farce aus Käse, Kräutern und Ei), runde Pasta-Kugeln mit Mozzarella- und Fontina-Füllung, Kartoffelnockerln und derlei Köstliches mehr, ganz zu schweigen von den frisch zubereiteten Saucen aus Pilzen, Fleisch, Tomaten, Pesto, Rucola und Nüssen, die neben den Nudeln stehen. Das Herrliche an ihnen ist: Sie halten sich drei Tage lang frisch. Zwar wurden die Nudeln nicht in Ligurien erfunden, aber eine bessere und vielfältigere Pasta findet man noch nicht einmal in der Pasta-Hochburg Emilia-Romagna.

Ich kann das freundliche Angebot, mich an der Herstellung einer dieser Spezialitäten zu versuchen, nicht ablehnen – und erlebe eine große Blamage. Trotz Fiorellas geduldiger Anleitung will es mir nicht gelingen, die Pansoti-Teigtäschchen zu formen. Aus allen Seiten quillt die Füllung heraus, und die Taschenform ist nur in Ansätzen wahrnehmbar. Nach einem Dutzend mißratener Exemplare entscheide

Die Familie Ferrari *betreibt die Trattoria »La Baita«: Vater Augusto, Mutter Assunta und der Sohn mit Ehefrau (von rechts nach links).*

Pansoti, *die ligurischen Teigtäschchen, enthalten verschiedene leckere Füllungen, meistens ist Ricotta mit dabei.*

Das Grab von San Fortunato, dem Patron von Camogli, wurde in den römischen Katakomben entdeckt. Am 8. September 1719 kamen die Gebeine des Heiligen in seine Heimatstadt zurück.

Ricotta, *wörtlich »die Wieder-aufgekochte«, ist der berühmteste Frischkäse Italiens.*

Ricotta besteht aus Kuh- oder Schafmilch. Nach dem ersten Aufkochen wird die Käsemasse von der Molke getrennt; die Molke wird erneut aufgekocht. Daraus werden die eiweißhaltigen, aber mageren Milchpartikel abgeschöpft und zur Ricotta zusammengerührt. Ricotta sollte möglichst frisch verzehrt werden.

PANSOTI

Pansoti sind keine Nudeln, sondern eine Weltanschauung. Fast jede alteingesessene Familie in Ligurien hat ein eigenes Rezept – und eine ganz genaue Vorstellung davon, wie Pansoti auszusehen haben.

Die Ligurer sind wahre Meister in der Entwicklung kulinarischer Köstlichkeiten aus den Wildkräutern der Seealpen.
In den Pansoti, im Genuesischen »Pansoòti«, langgezogen gesprochen, als würde man sich das köstliche Gericht dabei bereits auf der Zunge zergehen lassen, vereinigt sich die Raffinesse einer italienischen Pasta mit dem Duft der Kräuterwiesen und der Wälder. Pansoti lassen jeden Spielraum für erfinderische Köche. Weder gibt es ein Reglement für den Nudelteig noch für die Füllung; jede Familie hat eine eigene Tradition, jeder Koch, jede Köchin ein anderes »Geheimrezept«. Vom Aussehen kommen sie den Tortellini nahe, ihre Grundform ist – meistens jedenfalls – dreieckig.
Der Teig kann aus Hartweizengrieß, mit Eiern und Wasser vermengt, bestehen, er kann aber auch mit Weizenmehl und einem Schuß Weißwein geknetet sein. Die Füllung beinhaltet Kräuter und Gemüse aller Art: Borretsch, Basilikum und Petersilie; oder Gemüse-Kräuter-Mischungen mit Mangold, Löwenzahn oder Spinat, dann aber gewürzt mit Majoran. »Majoran, das ist unser Aroma, der wilde Duft Liguriens«, sagen die Ligurer. Eine Konstante haben die Pansoti dann aber doch: Der Füllung ist immer Ricotta beigemengt. Eine gute Ricotta sollte tagesfrisch und abgetropft sein. Ob nun Spinat oder Kräuter in die Füllung kommen – alle Zutaten müssen blanchiert und völlig trocken sein. Erst dann gibt man die Ricotta mit den Gewürzen dazu. Viele Rezepte beinhalten auch eine zerdrückte Knoblauchzehe. »Ein ganz klein wenig«, heißt es hier. Schließlich soll der Kräutergeschmack nicht überdeckt werden!
Ganz wichtig beim Formen der Teigtaschen sind flinke Hände. Der sehr dünn ausgerollte Teig muß schnell verarbeitet werden, sonst trocknet er aus und läßt sich nicht mehr formen. Sollte man eine Tortellini-Version vor Augen haben, genügt es, einen Teigausschnitt mit einem Löffel Füllung zu einem Dreieck zu falten und die Ränder vorsichtig und gleichmäßig zusammenzudrücken.

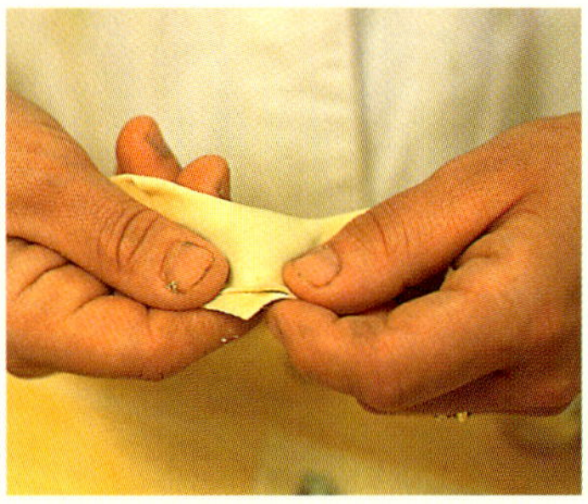

Nicht ganz einfach: *Das Formen der Pansoti erfordert eine gewisse Fingerfertigkeit.*

Die Füllung darf nicht heraustreten. Eine sehr erfahrene ligurische Pansoti-Herstellerin wird dann erst kreativ: Aus der schlichten Triangel wird mit einem raffinierten Dreh eine hübsche Form – die Spitze des Dreiecks wird hochgezogen, und die beiden Enden werden zusammengedrückt. Die Fül-

le in der Mitte wird dadurch automatisch zu einer dicken Kugel und wirkt gleich voluminöser.
Über die heißen Pansoti kommt eine Sauce, zumeist aus Walnüssen. Dickflüssig muß sie sein und mit Milch oder Dickmilch verrührt, das macht sie besonders zart. Aber auch die Walnußsauce gibt Anlaß zu Streit unter

So sehen Pansoti *idealerweise aus: dreieckig, mit einer Kugel in der Mitte.*

Kochgelehrten: Wird sie nun gekocht oder kalt zubereitet? Echte Kenner sagen: kalt, damit die Nüsse ihr köstliches Aroma behalten. Sie brühen die Walnüsse höchstens kurz ab, um sie von der Haut befreien und sie zerdrücken (oder im Mixer zerkleinern) zu können. Manche würzen auch sie mit einem Hauch Knoblauch. Vor allem muß die zeitliche Abfolge stimmen: Sobald die Sauce fertig ist, wird sie über die heißen Pansoti gegossen. So entstehen die unwiderstehlichen Pansoti al sugo di noci, in Nußsauce.
Wer möchte, bestreut die Pansoti noch mit frischgeriebenem Parmesan. Wer den vollen Nußgeschmack genießen möchte, verzichtet darauf. Denn Pansoti, das ist schließlich eine Weltanschauung und nicht einfach nur ein Rezept! Und so ist es ganz normal, daß der Streit beim Parmesan weitergeht: Entfaltet dieser Käse nun das zarte Aroma der Walnüsse aus den ligurischen Bergen, oder überdeckt er es? Bei einem Glas Weißwein und einem Pansoti-Gericht ist jeder Koch oder Tischnachbar in Ligurien bereit, darüber zu diskutieren.

PANSOTI AL SUGO DI NOCI

Gefüllte Teigtäschchen in Walnußsauce

Für 6 Personen

Teig
- *500 g Hartweizenmehl*
- *2 Eier*
- *1/8 l Wasser*

Füllung
- *200 g Spinat*
- *200 g Ricotta*
- *1 Ei*
- *1 Prise frischer Majoran*
- *100 g geriebener Parmesan*
- *1 Prise Salz*
- *1 gepreßte Knoblauchzehe (nach Wunsch)*

Nußsauce
- *100 g geschälte Walnüsse*
- *1 kleine Knoblauchzehe*
- *1 Prise Majoran oder Mukatnuß*
- *1/4 l Milch*
- *4–5 EL Maisöl*
- *Salz, Pfeffer*

1 Die Zutaten für den Teig gut verkneten, so daß die Masse nicht mehr an den Fingern kleben bleibt.
2 Den Spinat blanchieren und gut abtropfen lassen. Alle Zutaten für die Füllung zu einer homogenen Masse verrühren.
3 Die Walnüsse kleinhacken, mit dem gepreßten Knoblauch, den Gewürzen und der Milch im Mixer pürieren, das Maisöl unterrühren und mit Salz und Pfeffer abschmecken. Die Sauce sollte sämig sein; zudem bleibt sie kalt.
4 Den Teig so dünn wie möglich ausrollen; quadratische Teigblättchen von ungefähr 4 cm Seitenlänge ausschneiden, je 1 EL der Füllung daraufsetzen – wie bei der Zubereitung von Tortellini – und dann zu dreieckigen Teigtäschchen zusammenfalten.
5 In kochendes Wasser geben, bis die Pansoti an die Wasseroberfläche kommen. Mit der Nußsauce übergießen.

Pansoti *enthalten oft eine raffinierte Kräutermischung, aber immer ist Ricotta dabei.*

Bei Fiorella in Camogli *gibt es eine Vielzahl an Pansoti-Varianten mit den dazu passenden Saucen.*

Fiorella bietet ihre selbstgemachte Pasta – Trofie, Trenette, Pansoti – mit diversen dazu passenden Saucen am Meeresufer von Camogli, Via Garibaldi 189, an. Ihr Verkaufsschlager: »Pansoti al sugo di noci«, eine typisch genuesische Spezialität. Dazu paßt ein leichter trockener Weißwein.

Beim Fischfest *in Camogli wird in der größten Pfanne der Welt – Durchmesser fünf Meter! – tonnenweise Fisch ausgebacken: kostenlos für alle.*

Das ligurische Hinterland ist auch ein Obst- und Gemüseparadies. Bei Borghetto d'Arroscia gedeihen sogar Kiwis. Eine Spezialität der Gegend sind die Steinpilze, die im Spätsommer und Frühherbst gesammelt werden.

ich mich die Pansoti lieber zu kaufen, als zu kneten.

Zum Trost für das gescheiterte Unterfangen machen wir einen Bootsausflug zu der malerischen Bucht, in der die Benediktinerabtei San Fruttuoso liegt. Vom Heck aus werfe ich einen Blick zurück auf den Hafen von Camogli mit seiner pittoresken Reihe von schmalen, sechs- bis achtstöckigen alten Häusern. Dabei stelle ich mir vor, wie die Frauen früher sehnsüchtig aus den Fenstern aufs Meer blickten und hofften, ihre Männer würden bald gesund und wohlbehalten vom Fischfang zurückkommen. Sicher unterhielten sie sich dann angeregt von Fenster zu Fenster mit der Nachbarin – was der Stadt angeblich ihren Namen einbrachte: »Ca' mogli« (Haus der Ehefrauen).

Unser nächstes Ziel, Borghetto d'Arroscia, liegt noch weiter im Westen. Der Weg führt uns über Hügel und Täler hinweg die Riviera entlang. Der Blick zum Meer hinunter ist atemberaubend, währt aber immer nur wenige Sekunden; denn ein Tunnel folgt hier dem anderen, die ganze Strecke über bis zur Ausfahrt bei Albenga. Auf dem Weg nach Borghetto passieren wir das Tal

Am Abend vor dem Fischfest *erleuchtet ein großes Feuerwerk den Hafen von Camogli.*

der Arroscia und kommen auch durch das Dorf Ortovero; es bedeutet »echter Gemüsegarten«. Tatsächlich wirkt diese Talebene wie ein einziger riesiger Gemüsegarten; von hier aus werden weite Teile Liguriens mit Artischokken, Spargel, Zucchini und sonstigem Gemüse versorgt. Hinter Borghetto steigt der Weg durch einen schier endlosen Olivenhain mühsam bergan zum Ortsteil Gazzo.

Hier lebt die Familie Ferrari. Vater Augusto, Oliven- und Weinbauer, Gärtner und Wirt in einer Person, empfängt uns in seinem beispielhaft gepflegten Gemüsegarten. Hier wächst alles, was seine Frau Assunta für die Küche der Trattoria »La Baita« benötigt: Zwischen die Weinreben ist Wirsing gepflanzt, im Obstgarten gedeihen Kirschen, Aprikosen, Feigen, Pflaumen, sogar Kiwis wachsen in diesem Klima.

Am wichtigsten sind jedoch die Olivenbäume – 1000 wachsen auf Augustos Gut. Die Sonne knallt den ganzen Tag auf die Oliven, und die Berge im Norden schützen sie vor Wind und Wetter; so können sie trotz einer Höhenlage von 650 Metern prächtig gedeihen. »Wir brauchen die Olivenbäume nicht einmal gegen Schädlinge zu spritzen«, erklärt Augusto zufrieden. »Das Ungeziefer geht von selbst zugrunde, weil es die Kälte nicht erträgt. Gottlob sind die Nächte hier oben immer recht kühl.« Ich erfahre noch, daß Augusto seine Oliven in der eigenen Mühle preßt, bevor er zum nächsten Thema überwechselt: »In den umliegenden Wäldern wachsen Steinpilze in Hülle und Fülle. Im Spätsommer und Frühherbst, wenn Saison ist, geht das ganze Dorf auf Pilzsuche – bis zu 20 Kilogramm Porcini kann man an einem Tag finden. Wir trocknen die Pilze, und der Vorrat reicht dann fürs ganze Jahr.«

Marke Eigenbau sind auch die Kräuter, die Assunta für ihre Lieblingsge-

Daß Ligurien ein katholisches Land ist, kommt auch beim Essen zum Ausdruck. Die 33 Schichten der ligurischen Ostertorte verweisen auf die Lebensjahre Christi.

Die Riesenpfanne, die »Padellone«, *von Camogli steht auf einer Plattform im Hafenbecken.*

richte benötigt: Auf der Terrasse des Gasthauses wachsen unter ihrer Pflege Basilikum, Majoran, Thymian, Rosmarin, Petersilie und Salbei, deren Duft bis ins Lokal zieht. Dort sitze ich nun an einem Tisch und warte gespannt auf die Vorspeise. Sie entpuppt sich als Überraschung: In einem hübschen Kupfertiegel werden mir gefüllte Wirsingblätter mit Tomatensauce serviert – eine äußerst gelungene Kombination. Aber es kommt noch besser: Die Ravioli mit einer delikat komponierten Gemüsefüllung übertreffen alle meine Erwartungen. Und als Höhepunkt der ligurischen Küche wird uns eine »Torta pasqualina«, eine Ostertorte, vorgesetzt. Die blätterteigartige Hülle besteht nach alter Tradition aus 33 Schichten und entspricht damit den Lebensjahren Christi. Marco, der seiner Mutter in der Küche zur Hand geht, serviert das Gericht mit liebevoller Aufmerksamkeit und erklärt auf meine neugierige Nachfrage bereitwillig: »Wenn Sie gerade keinen Mangold haben, können Sie für die Füllung genausogut Spinat, Artischocken oder Kürbis verwenden.«

Der nächste Tag führt uns auf fast 800 Meter Höhe ins Argentina-Tal, wo wir uns wie ins Mittelalter zurückversetzt fühlen. Auf einem Felsvorsprung, umgeben von Mischwald, kauern uralte Steinhäuser. Sie sind charakteristisch für das Bergdorf Triora, in dem knapp 300 Einwohner, davon sind mehr als zwei Drittel Frauen, ein einfaches bäuerliches Leben führen.

Ich steige aus dem Wagen und stehe in einer dunklen, gewundenen Gasse, in der meine Schritte geheimnisvoll widerhallen. Düstere Gewölbe verdecken den Himmel. Plötzlich stehe ich vor der Statue einer Hexe mit Besen – ich bin am Heimatmuseum angelangt. In einem der Ausstellungsräume sind die schrecklichen Folterinstrumente zu sehen, mit denen hier im Jahr 1588, zur Zeit der erbarmungslosen Hexenverfol-

Alles hausgemacht, einschließlich der Süßspeisen: *Wenn die Gerichte auch so individuell gekocht werden, wie diese Schiefertafel beschrieben ist – dann kann man nur noch »Buon appetito« wünschen.*

Die bodenständige Küche Liguriens kennt viele leckere Zubereitungen von Gemüse und Hülsenfrüchten.

PREVI RIPIENI IN BAGNO DI POMODORO FRESCO E PINOLI

Gefüllte Wirsingkohlblätter in Tomatensauce mit Pinienkernen

Für 4 Personen

- *100 g Reis*
- *0,25 l Milch*
- *Olivenöl*
- *Salz, Pfeffer*
- *1 Wirsingkohl*
- *2 Eier*
- *50 g Parmesan*
- *1 Prise Muskatnuß*
- *einige Blätter Petersilie*
- *2 Scheiben Kochschinken*
- *etwas Rinderbrühe zum Aufgießen*

Sauce

- *1/2 Zwiebel*
- *einige Pinienkerne*
- *200 g geschälte Tomaten*

1 Den Reis in der Milch mit 2 EL Öl und ein wenig Salz 10 Minuten kochen.

2 Die äußeren Blätter des Kohls entfernen. 8 größere, ganze Blätter auswählen, waschen, dann ca. 2 Minuten in kochendem Wasser abbrühen und beiseite legen.

3 Das Kohlherz zerkleinern, den kochenden Reis dazugeben und etwas ziehen lassen.

4 Die Eier schlagen, Parmesan, Muskatnuß, gehackte Petersilie und den zerkleinerten Schinken dazugeben und verrühren. Das Ganze dem Reis-Wirsing-Gemisch beimengen und mit Salz und Pfeffer abschmecken.

5 In die Mitte der großen Kohlblätter einige Löffel der Füllung geben, dann zu Bündelchen schließen.

6 In eine Backform mit der Öffnung nach oben setzen, etwas Brühe aufgießen und bei 180 Grad 15–20 Minuten im Herd backen.

7 Für die Sauce die Zwiebel und Pinienkerne in etwas Öl bräunen, die zerkleinerten Tomaten dazugeben, salzen und pfeffern. 5 Minuten kochen, heiß über die gefüllten Wirsingblätter geben.

MESCCIÙA

»Miscela« = Mischung (ligurischer Dialekt)

Für 8 Personen

- *200 g getrocknete weiße Bohnen*
- *100 g getrocknete Kichererbsen*
- *200 g Dinkel oder Gerste*
- *2 l Wasser*
- *1 gehackte Zwiebel*
- *Salz, Pfeffer*
- *Olivenöl*

1 Am Vorabend die weißen Bohnen, die Kichererbsen, Dinkel oder Gerste in etwa 1 Liter Wasser einweichen.

2 Die Zutaten samt kleingehackter Zwiebel im Salzwassser ungefähr 1 1/2 Stunden bei niedriger Hitze köcheln lassen.

3 Die Suppe auf den Tellern mit kaltgepreßtem Olivenöl und frischgemahlenem Pfeffer servieren.

Gefüllte Wirsingblätter sind eine Köstlichkeit im »La Baita«. Die spezielle ligurische »Mischung« wird im Lokal »A Cantina de Manana« zubereitet.

CAPPON MAGRO

Magerer Knurrhahn

Für 4 Personen

Gemüse

- *130g grüne Bohnen*
- *3 Karotten*
- *2 Kartoffeln*
- *1 Bund Schwarzwurzeln*
- *1 kleiner Blumenkohl*
- *1 Runkelrübe*

Fisch

- *600g Knurrhahnfilet*
- *8 Scampi*
- *40g Mosciame (luftgetrocknetes, gesalzenes Thunfischfleisch)*
- *Olivenöl*
- *1 Zwiebel*
- *4 Langustenmedaillons*
- *Salz, Pfeffer*
- *Saft 1 Zitrone*
- *1 Knoblauchzehe (nach Wunsch)*
- *2–3 Lorbeerblätter (nach Wunsch)*
- *1 Basilikumstengel (nach Wunsch)*

Sauce

- *1 Stück altbackenes Weißbrot*
- *2 Knoblauchzehen*
- *1 Bund Petersilie*
- *3 Eier*
- *5 grüne Oliven*
- *2 gesalzene Sardellen*
- *1/2 EL Balsamico*
- *1 EL Wasser*
- *40g Pinienkerne*
- *20g Kapern*

Gemüse

Das Gemüse – Bohnen, Karotten, Kartoffeln, Schwarzwurzeln, Blumenkohl und Runkelrübe – putzen und zerkleinern bzw. würfeln; dann getrennt voneinander in Salzwasser bißfest garen.

Fisch

1 Die Filets waschen, abtropfen lassen und in 4 gleich große Stücke portionieren. Die Scampi aus der Schale brechen. Den Mosciame, das Thunfischfleisch, ebenfalls in 4 Teile schneiden. Darauf achten, daß die Fischfilets ungefähr die gleiche Größe wie die Scampi haben.

2 In einer großen Pfanne Öl erhitzen und die gewürfelte Zwiebel darin glasig anbraten.

3 Den Fisch, die Scampi und die Langustenmedaillons dazulegen und mit Salz, Pfeffer und Zitronensaft marinieren.

Nach Wunsch: 1 Knoblauchzehe, 2–3 Lorbeerblätter und 1 Basilikumstengel mit dazugeben.

4 Die Pfanne mit einem Deckel schließen, zum Sieden bringen und dann 6 bis 10 Minuten in den auf 180 Grad vorgeheizten Ofen geben.

Sauce

1 Das alte Weißbrot zu Bröseln zerkleinern. Die Knoblauchzehen und die gewaschene Petersilie kleinhacken.

2 Die Eier hart kochen und pellen. Die Oliven entkernen und die Sardellen kleinschneiden.

3 Diese Zutaten, samt Balsamico, Wasser Pinienkerne und Kapern in einen Mixer geben und pürieren, bis eine sämige Sauce entstanden ist; mit Salz und Pfeffer abschmecken.

Servieren

Den Fisch auf den Teller geben, das Gemüse und die Sauce seitlich zugeben. Die Scampi und Langustenmedaillons obenauf setzen.

Cappon Magro ist ein kleiner Scherz: Direkt übersetzt heißt dieses Gericht »magerer Kapaun«; da Kapaune aber gemästet, also sehr üppig sind, waren sie während der Fastenzeit verboten. Als kleine Umgehung dachte man sich dann dieses Gericht aus: den Cappon magro, der allerdings so dürftig auch nicht ist. Zu diesem »Festessen« passen die berühmten Weißweine der Cinque Terre südöstlich von Genua.

Dieses Rezept stammt aus dem Restaurant »Paolo e Barbara« in San Remo.

Der Petersfisch ist einer der schmackhaftesten und auffälligsten Meeresfische, wissenschaftlich »Zeus faber« genannt.
In der Regel wird man ihn beim Fischhändler vorbestellen müssen.

Das Rezept stammt aus dem Restaurant »Baia Beniamin« in Grimaldi Inferiore.

FILETTO DI SAN PIETRO CON CARCIOFI DELLA RIVIERA E TORTINO DI PATATE

Petersfisch mit Artischocken und Kartoffelchips

Für 4 Personen

Fisch

- *1 St. Pierre (Petersfisch), ca. 1,5 kg*
- *Salz, Pfeffer*
- *3 EL Olivenöl*
- *gemischte Kräuter wie Petersilie, Estragon, Thymian, einige Kräuterzweige*
- *1/2 Glas trockener Weißwein*
- *2 EL Butter*

Artischocken

- *4 Artischocken, frisch oder aus der Dose*
- *2 Zitronen*
- *1 l Wasser*
- *2 EL Olivenöl*
- *2 Knoblauchzehen*
- *2 EL trockener Weißwein*
- *1/2 Bund Petersilie*

Kartoffeln

- *2 mittelgroße Kartoffeln*
- *1 Stückchen Butter*
- *1 EL Olivenöl*
- *1 Knoblauchzehe, nach Wahl*
- *1/2 TL Thymianblätter*

Fisch

1 Den Fisch säubern, salzen und pfeffern, einige Kräuterzweige in den Bauch stecken.
2 Eine große Form nehmen und den Fisch in etwas erhitztem Öl auf beiden Seiten kurz anbraten.
3 In die auf 200 Grad vorgeheizte Backröhre geben und 15–20 Minuten braten lassen.
4 In der Zwischenzeit die Kräuter fein hacken.
5 Den Fisch auf eine Platte legen; die Sauce zubereiten: Weißwein, Butter und Kräuter in die Form geben und etwas einkochen lassen, heiß zum Fisch servieren.

Artischocken

1 Die harten Außenblätter entfernen, bis fast ganz zu den Artischockenherzen. 3 cm der Blattspitzen abschneiden, die Stiele schälen, die Artischocken waagerecht halbieren. Den faserigen Innenteil entfernen.
2 Die Zitronen in eine Schüssel Wasser auspressen und die Artischocken gleich hineintauchen, damit sie nicht schwarz werden. Dann in streichholzdünne Streifen schneiden und wieder in das Zitronenwasser legen.
3 Das Olivenöl mit 2 Knoblauchzehen auf großer Flamme in einer Pfanne erhitzen.
4 Die Artischockenstreifen gut abgießen, in die Pfanne geben und auf großer Flamme sautieren, dabei schwenken.
5 Etwas salzen und pfeffern, mit Weißwein löschen und Petersilie bestreuen, dann fertigbraten (3–4 Minuten), bis die Artischocken fast knusprig geworden sind.

Kartoffelchips

1 Die Kartoffeln schälen und wie für Chips in hauchdünne Scheiben schneiden; in ein Tuch zum Trocknen einschlagen.
2 In einer Pfanne Butter und Öl mit der Knoblauchzehe auf großer Flamme erhitzen.
3 Die Kartoffelscheiben darin anbraten, bis sie goldbraun werden.
4 Mit Salz abschmecken und mit Thymian bestreuen.

Artischocken *sind fester Bestandteil der italienischen Küche.*

CONIGLIO ALLA LIGURE CON OLIVE

Kaninchen auf ligurische Art

Für 4 Personen

- *1 Zwiebel*
- *2 Knoblauchzehen*
- *1 Zweig Rosmarin*
- *3–4 EL Olivenöl*
- *1 zerteiltes Kaninchen, ca. 1300 g*
- *1/4 l Weißwein*
- *50 g schwarze Oliven*
- *Salz, Pfeffer*

1 Zwiebel, Knoblauch und Rosmarin hacken und im Öl anschmoren.
2 Das Kaninchenfleisch dazugeben, anbraten, bei guter Färbung mit Wein ablöschen; etwa 40 Minuten lang auf niedriger Flamme in der zugedeckten Pfanne dünsten.
3 Etwa 5 Minuten vor Ende der Garzeit die Oliven, Salz und Pfeffer hinzugeben.
4 Mit Polenta (Maisbrei) oder Bratkartoffeln servieren.

AMARETTI DI SASSELLO

Weiche Mandelmakronen aus Sassello

Für 60 Stück

- *200 g geschälte Mandeln*
- *250 g Zucker*
- *4 Bittermandeln oder Bittermandelöl*
- *3 Eiweiß*
- *wenig Butter*
- *wenig Mehl*

1 Die Mandeln im Mixer zerkleinern; den Zucker und das geschlagene Eiweiß hinzufügen, gut vermischen; wenn keine Bittermandeln vorhanden, einige Spritzer Bittermandelöl hinzugeben.
2 Ein Backblech mit Butter ausstreichen und leicht mit Mehl bestäuben oder mit Backpapier auslegen.
3 Kleine Portionen mit jeweils zwei TL in weiten Abständen auf das Blech setzen.
4 Bei 150 Grad in den Ofen schieben und so lange backen, bis die Makronen eine schöne blonde Farbe haben.
5 Auskühlen lassen und in einer gut verschließbaren Dose aufbewahren.

Das Kaninchen mit Rosmarin und Oliven ist ein typisches Gericht des ligurischen Hinterlandes. Die Amaretti reicht man zum Dessert und zum Espresso.

Ein weiteres Gericht des Restaurants »Santo Spirito« in Molini di Triora ist das Kaninchen auf ligurische Art.
Die weichen Mandelmakronen reicht man in den Cafés in Sassello.

Ginster: *Dieses stachelige Gewächs verleiht Ligurien im Frühjahr ein leuchtendes Farbenspiel.*

CROSTATINA TIEPIDA ALLE PERE CON ZUCCHERO DI CANNA, CANNELLA E CREMA INGLESE

Warme Birnen-Blätterteigtörtchen mit Rohrzucker, Zimt und Vanillesauce

Für 4 Personen

- *500 g gefrorener Blätterteig*
- *etwas Mehl*

Belag

- *2 reife, aber noch feste Birnen (bevorzugte Sorten in Italien: Abate oder Conferenza)*
- *1 EL Rohrzucker*
- *1/2 TL Zimt*
- *6–8 kleine Erdbeeren oder Walderdbeeren*
- *1 Tasse Vanillesauce*

1 Den Blätterteig zugedeckt auftauen lassen, die einzelnen Blätterteigscheiben übereinanderlegen und auf einem mit Mehl bestäubten Brett ca. 5 mm dick ausrollen.

2 Aus diesem Teig 4 runde Scheiben mit etwa 12 cm Durchmesser ausschneiden und auf eine Backherdplatte legen.

3 Unterdessen die Birnen schälen, der Länge nach halbieren, entkernen und in dünne Scheiben schneiden.

4 Die Teigunterlage mit etwas Rohrzucker und Zimt bestreuen, die Birnenschnitze darauflegen und den restlichen Rohrzucker und Zimt darübergeben.

5 Nun in den auf 190 Grad vorgeheizten Herd schieben und ca. 25 Minuten lang backen.

Servieren

Die Birnentörtchen werden mit Erdbeeren garniert und – nach Wunsch – mit Vanillesoße serviert.

Obwohl Ligurien nicht gerade einen Namen in bezug auf Süßspeisen hat, findet man in einigen Restaurants doch auch ausgesprochen leckere Dolci.
Dazu gehören die Birnen-Blätterteigtörtchen aus dem Restaurant »Baia Beniamin« in Grimaldi Inferiore.

gung, »Geständnisse« von angeblichen Hexen erpreßt wurden. Die Frauen, meist Bäuerinnen, die sich mit Kräutern auskannten und z.B. auch als Hebammen tätig waren, aber auch viele andere, wurden des Pakts mit dem Teufel bezichtigt. Durch die Folter zermürbt, legten die Frauen Geständnisse ab, die sie oft später widerriefen. Doch meistens nützte ihnen das nichts mehr. Die »Hexen« wurden verbrannt, ertränkt, totgeschlagen...
In manchen Dörfern gab es nahezu keine Frauen mehr – ein unrühmliches Kapitel der katholischen Kirche. Auch heute noch kann man sich der unheimlichen Atmosphäre, die diese Folterwerkzeuge verbreiten, nicht ganz entziehen, und ich frage mich, ob dieser Hexenspuk nicht seine Spuren hinterlassen hat.

Hexenspuk – *im Museum von Triora werden die von der katholischen Kirche initiierten Hexenverfolgungen dokumentiert.*

Das abgelegene ligurische Hinterland ist auch eine Nische für den Aberglauben. Magische Praktiken und Zauberkräuter haben hier noch einen hohen Stellenwert.

Einen Hinweis finde ich im Nachbardorf Molini di Triora, welches nach den zahlreichen Wassermühlen am Ufer des Baches Argentina benannt wurde (Molini = Mühlen). An einer Straßenecke bleibe ich vor der bunten Obst- und Gemüseauslage der Bottega von Angelamaria stehen. In ihrem bis an die Decke gefüllten Tante-Emma-Laden gibt es Käse und Quark aus Schaf-, Ziegen- und Kuhmilch in allen nur denkbaren Formen, Varianten und Kombinationen. Würste und Wildschweinschinken hängen an der Wand; darunter liegen Laibe selbstgebackenen Bauernbrots.
Am faszinierendsten aber finde ich die handgeschriebenen Etiketten auf wundersam geformten Flaschen: »Basilikumgeist«, »Schneckenmilch« und »Hexenzaubertrank«. Also doch! Angelamaria, im Zigeunerlook gekleidet, drückt mir zur Erklärung einen Zettel in die Hand. Ich lese, daß es sich bei letzterem um einen Liebestrank handelt.
Das Geheimrezept stammt angeblich von einer Frau, die wegen Hexerei verurteilt wurde – und diese Frau, Franceschina Chiocheto, steht just im Familienstammbaum unserer Händlerin. Angelamaria beteuert, daß es im Dorf auch heute noch Frauen mit magischen Kräften geben würde. Zum Beweis führt sie mich in die Nachbarwohnung, zu ihrer Freundin Amalia, einer Hellseherin und Heilbeterin.
Diese damenhafte Mittsiebzigerin macht auf mich eher den Eindruck einer Fee als einer Hexe. »Ich bin keine Hexe«, bestätigt sie mir, »aber ich fühle, daß es welche gibt, und ich versuche, ihren Einfluß mit Kräutern und magischen Sitzungen zu bekämpfen.« Sie zeigt uns eine Auswahl der 240 Heilkräuter, die sie kennt, und erklärt fachkundig die Wirkung der verschiedenen Pflanzen: »Unter dem Pullover oder dem Hemd getragen, ist die Raute ein wirksamer Schutz vor Hexen. Der Wegerich ist gut gegen Hühneraugen und bei Augenschmerzen. Tee aus Thymian eignet sich hervorragend zur Entgiftung des Körpers, und die Königskerze hilft gegen Husten.«
Wir entscheiden uns dann aber doch lieber für ein Glas »Ormeasco«, einen Rotwein der Gegend, den wir uns im Gasthof »Santo Spirito« (Zum Heiligen Geist) genehmigen. Dabei kommen wir zu dem Ergebnis, daß es höchste Zeit ist, diesen faszinierend-gespenstischen Ort zu verlassen und zurück zur Küste

Der Frühling ist die schönste Jahreszeit der italienischen Riviera. An der Küste kann man sich schon zum Essen nach draußen setzen und die Abendstimmung am Meer genießen.

Die Bottega von Angelamaria *ist vollgestopft mit Delikatessen – und mit Zaubertränken.*

nach Ventimiglia aufzubrechen – genauer gesagt: nach Grimaldi Inferiore.

In dieser Ecke Liguriens entdecken wir eine völlig andere Welt – eine romantische Meeresbucht, deren Zauber Südseeträume heraufbeschwört. In Ventimiglia gibt es einen wunderschönen botanischen Garten mit tropischen und subtropischen Bäumen, der sich bis zum Meer hinab erstreckt: der Hanbury Park, 1867 von Sir Thomas Hanbury angelegt. 6000 verschiedene Pflanzen gibt es in dieser traumhaften Parkanlage. Mitten im Park steht die Villa des Italien-Freundes Hanbury. Von dort aus hat man einen phantastischen Blick auf das Meer und die zerklüfteten Klippen, die es säumen. Ein gepflegter Serpentinenweg führt uns auch zwischen Bananenstauden und anderen exotischen Gewächsen hinab zum versteckten Feinschmeckerlokal »Baia Beniamin« in Grimaldi Inferiore. Direkt am feinen Kiesstrand haben zwei frühere Antiquitätenhändler aus Verona – Küchenchef Carlo Brunelli und Maître Oscar Falsiroli – ein altes Bootshaus zu einem stilvollen Restaurant umgebaut; bei dieser üppigen Pflanzenpracht glaubt man sich in die Tropen versetzt.

ANGELAMARIA ZUCCHETTO

Besitzerin des Tante-Emma-Lädchens in Molini di Triora

Es steht hier auf dem Flaschenetikett: »Filtro delle streghe« – Zaubertrank der Hexen. Was soll das sein?
Es ist das eingetragene Warenzeichen für den Kräuterlikör, den ich nach einem alten Geheimrezept selbst herstelle. Die alte Hexentradition spukt in unserem abgeschiedenen Dorf immer noch in den Köpfen herum. Auch unter den Vorfahren meiner Familie soll eine Frau wegen Hexerei verurteilt worden sein. Jedenfalls ist mein Hexentrank ein Publikumsrenner geworden.
Gibt es in Ihrem Laden auch andere Eigenprodukte?
Oh ja, den Bruzzo-Käse (Ricotta aus Schafmolke). Den bereite ich unterschiedlich gewürzt zu. Den größten Verkaufsschlager aber habe ich »Scacciapensieri« (Sorgenvertreiber) genannt. Er ist recht scharf: mit Pfefferschote, Knoblauch, Thymian und Olivenöl. Und wie der erst wirkt!

Neugierig geworden, bitte ich darum, bei der Zubereitung des Filets vom Petersfisch assistieren zu dürfen. Der Gang in die Küche lohnt sich allein schon wegen des Ausblicks: Durch das große Fenster sieht man auf die Schaumkronen der Wellen. Der Küstenabschnitt ist an dieser Stelle recht pittoresk – und durchaus für Badegäste geeignet.
Ebenso faszinierend ist es, Carlo zu beobachten, wie er mit drei Kupferpfannen gleichzeitig jongliert, um Kartoffelchips zu fritieren, Fisch zu braten und Artischockenstreifen mit flinken Schwenkbewegungen zu sautieren. Das Ergebnis ist ein gastronomisches Kunstwerk, das ich dann in der lauen Luft der Abenddämmerung auf der Terrasse genieße. Zum krönenden Abschluß serviert mir Oscar in seiner charmanten Art exquisite Birnen-Blätterteigtörtchen mit warmer Vanillesauce und Erdbeeren.
Sanft rollen die Wellen fast bis an meine Füße heran, am Himmel funkeln die ersten Sterne und spiegeln sich flimmernd im Wasser der kleinen Bucht wider. Von der Hecke weht der bittersüße Duft der weißen Pittosporum-Blüten herüber... Frühlingszauber an der Riviera.

HOTELS

▮ PORTO ROCA in Monterosso al mare: Das komfortabelste Hotel der Cinque Terre. Auf einer Klippe über dem Meer hat man nicht nur einen phantastischen Blick, sondern es ist auch nicht weit zu dem nur ca. 250 Meter entfernten hoteleigenen Strand.

Tel. 01 87/81 75 02
Anfahrt: Westlich von La Spezia, die Küstenstraße entlang in nördliche Richtung.

▮ SPLENDIDO in Portofino ist das Grandhotel für anspruchsvolle Ästheten: eingebettet im Grünen hoch über der zauberhaften Meeresbucht von Portofino. Großer Swimmingpool im Garten neben der romantischen Terrassenlaube. Teuer – aber paradiesisch schön. Ein Tip für Hochzeitsreisende.

Salita Baratta 13, Portofino;
Tel. 01 85/26 95 51
Anfahrt: A 12 Ausfahrt Rapallo, auf die Halbinsel. Am Ortseingang Portofino rechts die Straße bergan.

▮ SANTO SPIRITO in Molini di Triora: Wer einen Hang zum Mystischen hat, ist in diesem idyllisch gelegenen Hotel richtig. Die Besitzer beteuern Nachfahren verfolgter Hexen aus dem 16. Jahrhundert zu sein. Die preiswerte Unterkunft liegt im Hinterland von San Remo.

(Siehe auch unter »Restaurants«.)
Tel. 01 84/9 40 19
Anfahrt: A 10 Richtung Ventimiglia, Ausfahrt Arma di Taggia, dann die S.S. 548 nördlich ins Argentina-Tal.

Bergkräuter – *nach Landessitte transportiert.*

▮ CENOVIO im Fischerstädtchen Camogli: Elegante rosagetünchte Villa mit Swimmingpool und Tennisplätzen, mit einer traumhaften Lage direkt am Meer und einem Restaurant am malerischen Strand.

Via Cuneo 34, Camogli;
Tel. 01 85/77 00 41
Anfahrt: A 12 Ausfahrt Recco oder Rapallo, ans Westufer der Halbinsel.

▮ LA RISERVA DI CASTEL D'APPIO in Ventimiglia: 21 der insgesamt 25 Zimmer haben Ausblick aufs Meer. Ruhige, angenehme Atmosphäre, ein Familienbetrieb.

Tel: 01 84/22 95 33
Anfahrt: Von Genua auf der A 10 westlich bis kurz vor der französischen Grenze.

▮ LOCALITÀ SANTUARIO DI MONTE NERO bei Riomaggiore: 16 kleine Häuschen für 2 bis 4 Personen inmitten der Weinberge über dem Cinque-Terre-Dörfchen. Ruhige, ländliche Atmosphäre. Bestens für Wanderer geeignet.

Tel: 01 87/92 09 92 oder 92 04 35
Anfahrt: Von La Spezia auf der Landstraße Richtung Genua. Der Ort Riomaggiore liegt direkt an der Küste. Nur während der Sommersaison zu mieten.

▮ TRATTORIA LANTERNA DI BASSO in Corniglia: Das eher spartanische Hotel liegt zentral. 4 der 12 Zimmer haben Meeresblick.

Via Carlo Fieschi, Corniglia;
Tel: 01 87/81 22 91
Anfahrt: Von La Spezia auf der Landstraße Richtung Levanto; Corniglia liegt ca. 12 km von La Spezia entfernt.

Angenehm ruhig: *das »Riserva di Castel d'Appio«.*

RESTAURANTS

▮ OSTERIA A CANTINA DE MANANAN in Corniglia: Uriges Lokal im Weinschenkenstil in einer ruhigen Gasse. Bodenständige ligurische Hausmannskost. Hier sollte man die typischen »Trenette al pesto« (flache Spaghetti mit Basilikumsauce) bestellen. Dienstag geschlossen.

Via Fieschi 117, Corniglia;
Tel. 01 87/82 11 66
Anfahrt: A 12 Ausfahrt La Spezia, durch die Stadt in westliche Richtung zur Cinque Terre. Ca. 5 km vor Corniglia Linksabzweig hinunter zum Fischerort.

▮ MANUELINA in Recco: Seit vier Generationen serviert man in dieser gediegenen Stube u.a. den berühmten »Focaccia col formaggio«, einen knusprigen Brotfladen mit geschmolzenem Stracchino-Käse. Seit Urgroßmutter Manuelina 1885 das Rezept erfand, kommen Käsefans von nah und fern. Hinter dem Lokal versteckt, liegt eine preiswerte Dependance im Wintergartenstil. Dienstag geschlossen.

Via Roma 278, Recco;
Tel. 01 85/75 3 64
Anfahrt: A 12 Ausfahrt Recco, vor Rapallo.

▮ LA BAITA in Borghetto d'Arroscia: In den Hügeln weit hinter Albenga versteckt, liegt ein ungeahnt gutes Restaurant. Für Pilzfreunde ein Muß! In diesem rustikalen Ambiente habe ich die besten Ravioli mit Kräuterfüllung (»Ravioli di bietole, borraggine, maggiorana e ortiche«) meines Lebens genossen! Mittwoch geschlossen. Zwischen dem 1. November und 31. Mai nur Freitag, Samstag und Sonntag geöffnet.

Tel. 01 83/3 10 83
Anfahrt: A 10 Ausfahrt Albenga (zwischen Savona und San Remo), auf der S.S. 453 westlich bis Borghetto d'Arroscia, Rechtsabzweig nach Gazzo.

LIGURIEN

PAOLO E BARBARA in San Remo: Ein junges Paar mit großer gastronomischer Zukunft: Paolo, Koch aus Leidenschaft, und Barbara, fachkundige Sommelier und Spitzenkonditorin, leben für ihre Gäste. Hier werden frische Fische – nur aus San Remo – großgeschrieben! So auch der köstliche Hummer.
In Spielkasino- und Bahnhofnähe.
Mittwoch und Donnerstag mittag geschlossen.

Via Roma 47, San Remo;
Tel. 01 84/1 80 38
Anfahrt: Auf der A 10 von Genua nach Nizza. Kurz vor der französischen Grenze.

Das rustikale »La Baita« *in Borghetto d'Arroscia.*

SANTO SPIRITO in Molini di Triora: Wen der große Hunger plagt, der kommt hier auf seine Kosten: Die deftigen Speisen sind an Üppigkeit kaum zu überbieten. Im Reich der Schnecken sollte man sich die Hausspezialität »Lumaca alla molinasca« nicht entgehen lassen. Mittwoch geschlossen.

Tel. 01 84/9 40 92. (siehe unter »Hotels«.)

BAIA BENIAMIN in Ventimiglia: Ein Schlemmerlokal mit exklusivem und wild-romantischem Touch direkt am Meer. Hierher zieht es viele Gourmets, auch von der benachbarten Côte d'Azur. Besonders hervorzuheben: die köstlichen Fischspezialitäten von Küchenchef Carlo Brunelli. Sonntag abend und Montag geschlossen.

Grimaldi Inferiore, Ventimiglia;
Tel. 01 84/3 80 02
Lage: 1 km vor der französischen Grenze.

Schneckengerichte *gibt's im »Santo Spirito«.*

EINKAUFSTIPS

BAR JOLE in Sassello: Aus diesem Bergdörfchen stammen die »Amaretti« (Mandelplätzchen), die hier am frischesten zu haben sind. Die besten und weichsten heißen »Premium«; neueste Kreationen sind die Amaretti mit Erdbeer-, Himbeer-, Pfirsich-, Aprikosen- oder Heidelbeergeschmack. Eine beliebte Zwischenstation für Mountainbiker, Pilzsucher und Forellenfischer. Montag geschlossen.

Piazza Rolla 11, Sassello;
Anfahrt: A 10 Ausfahrt Albisola, nördlich auf der S.S. 334 nach Sassello.

FRANTOIO DINO ABBO in Lucinasco: Signor Abbos Olivenöl gehört zur absoluten Spitzenklasse (nicht von ungefähr beliefert er Italiens Top-Restaurants). Das beste, reinste Olivenöl (aus der ersten Kaltpressung) heißt »Oiu de s'ciappa«; das Olivenöl aus der zweiten Kaltpressung nennt sich schlicht »olio d'oliva extra vergine di seconda spremitura« und ist preiswerter. Die Oliven – hier verwendet man nur die Taggiasca-Sorte – werden auch als Paste oder in Salzwasser eingelegt angeboten.

Via Roma 2, Lucinasco;
Tel. 01 83/5 24 11
Anfahrt: A 10 Ausfahrt Imperia-Est, dann die S.S. 28 das Imperia -Tal entlang bis zum Dorf hinauf. Am Ortseingang in der ersten Kurve rechts liegt Dino Abbo.

LA BOTTEGA DI ANGELAMARIA in Molini di Triora: Ein Mini-Gourmettempel, besser gesagt ein kulinarischer Ramschladen, von unten bis oben vollgestopft mit Delikatessen des Ortes und der Region. Verkaufsschlager sind die gegorene Ricotta »Bruzzo«, die gewürzt mit Knoblauch, Pfefferschote und Thymian »Scacciapensieri« heißt, was wörtlich übersetzt »verjagt-die-Sorgen« bedeutet. Mit selbstgebackenem Vollkornbrot kann man sie gleich im Laden probieren. Angelamaria stellt auch selbst die »Latte di lumaca« , die Schneckenmilch, eine Kräutergrappa, und den »Spirito di basilico«, ein scharfer, trockener Basilikumlikör, her.
Mittwoch geschlossen.

Tel. 01 84/9 40 21;
(siehe unter Hotels »Santo Spirito«.) Am Ortseingang rechts in der Kurve.

Wer gewinnt? *Straßenspiel beim Fischfest in Camogli.*

WEINE

SCIACCHETRÀ ist fast eine Legende: Man spricht über ihn und preist ihn – den echten zu finden ist allerdings ein seltener Glücksfall. Der goldfarbene süße Dessertwein wird aus getrockneten Trauben hergestellt, ein Edelprodukt des spröden Bodens der Cinque Terre und der hingebungsvollen Arbeit von – ebenfalls spröden – Weinbauern der östlichen Riviera. Den vielgepriesenen 90er Riserva durften wir in der Ge-

Weinbauern *fahren zur Arbeit.*

nossenschaftskellerei probieren – ein Erlebnis! Allerdings: Die 0,5 Liter-Flasche des 14 bis 14,5prozentigen Tropfens ist unter 40 DM nicht zu haben. In der Cinque Terre erzeugen die Mitglieder der Genossenschaft vier weitere Weißweine mit dieser Herkunftsbezeichnung: Cinque Terre, Costa de Sera di Riomaggiore, Costa de Posa di Volastra und Costa de Campu di Manarola.

Cooperativa Agricola,
Groppo di Riomaggiore;
Tel. 01 87/92 04 35

▮ ROTWEIN gedeiht auf den Hügeln über der westlichen Riviera, in der Umgebung von Dolceacqua und Soldano, nördlich von Bordighera und Ventimiglia. Star ist der rubinrote Rossese, den schon Paul III., Papst des Trentiner Konzils, sowie Napoleon sehr schätzten. Ein weiterer exquisiter Roter ist der Ormeasco.

▮ WEISSWEINE mit gutem Ruf gibt es in dieser Gegend zwei: Pigato und Vermentino. Die Herkunftsbezeichnung »Rossese di Dolceacqua« dürfen derzeit nur 15 Weinerzeuger, die auf insgesamt 140 Hektar Weinfläche anbauen, benutzen.

▮ Gute Einkauftips aus Erfahrung sind: Enzo Guglielmi

Corso Verbone 143, Soldano;
Tel. 01 84/28 90 42

G.B. Cane Mandino

Via Roma 21, Dolceaqua;
Tel. 01 84/20 61 20

Signor Mandino gilt als Vorkämpfer für eine konstruktive Verbindung der herkömmlichen Tradition mit den modernsten Methoden im Weinbau.

SEHENS-WÜRDIGKEITEN

▮ ABBAZIA DI SAN FRUTTUOSO: prächtig restaurierte Benediktinerabtei mit romanischem Kreuzgang und Gräbern der Genueser Herrscherfamilie Doria. Die Abtei liegt in einer wunderschönen Bucht westlich von Portofino und ist entweder in einem ca. zweistündigem Spaziergang von Portofino aus, oder mit dem Boot in 20 Minuten von Camogli aus, zu erreichen. Montag geschlossen.

Öffnungszeiten: März–April, 10.00–13.00 und 14.00–16.00 Uhr; Mai–Oktober 10.00–13.00 und 14.00–18.00 Uhr.

In der idyllischen Strandbucht laden fünf schlichte Lokale zum Essen ein, eine preiswerte Übernachtung ist möglich bei:

»Da Giovanni«; Tel. 01 85/77 00 47

Die Benediktinerabtei *San Fruttuoso ist ein beliebtes Ausflugsziel.*

▮ SAGRA DEL PESCE in Camogli: In diesem Fischerstädtchen werden jährlich am zweiten Maisonntag in der

Erst paniert, *dann fritiert – beim Fischfest wird jeder satt.*

größten Fritierpfanne der Welt, der Padellone mit 5 Metern Durchmesser, Sardellen und Sardinen ausgebacken. Der ganze Ort und die ca. 5000 Besucher feiern miteinander. Schon am Vorabend werden die Festivitäten mit einem riesigen Feuerwerk zu Ehren des Stadtpatrons San Fortunato eingeläutet.

Anfahrt: A 10 Genua-La Spezia, ca. 15 km östlich von Genua.

Ein exotisches Paradies *in Ventimiglia: der Hanbury Park.*

▮ HANBURY PARK in Ventimiglia: Dieser Paradiesgarten mit tropischen und subtropischen Bäumen und Pflanzen aus fernen Ländern (ca. 6 000 unterschiedliche Pflanzen) liegt direkt am Meer. Die Parkanlage, 1867 vom englischen Italienfreund Sir Thomas Hanbury auf dem Mortola-Kap angelegt, gehört zu den bedeutendsten botanischen Gärten der Welt.

Mortola, 2 km westlich von Ventimiglia; Öffnungszeiten: 15. Juni–30. September, täglich außer Mittwoch 9.00–18.00 Uhr; im Winter: 10.00–16.00 Uhr.

Die Ebene der Emilia-Romagna, vom Apennin begrenzt, öffnet sich zum Meer hin in eine einmalige Lagunenlandschaft – um Comacchio noch ganz in ihrem ursprünglichen Zustand.

EMILIA-ROMAGNA

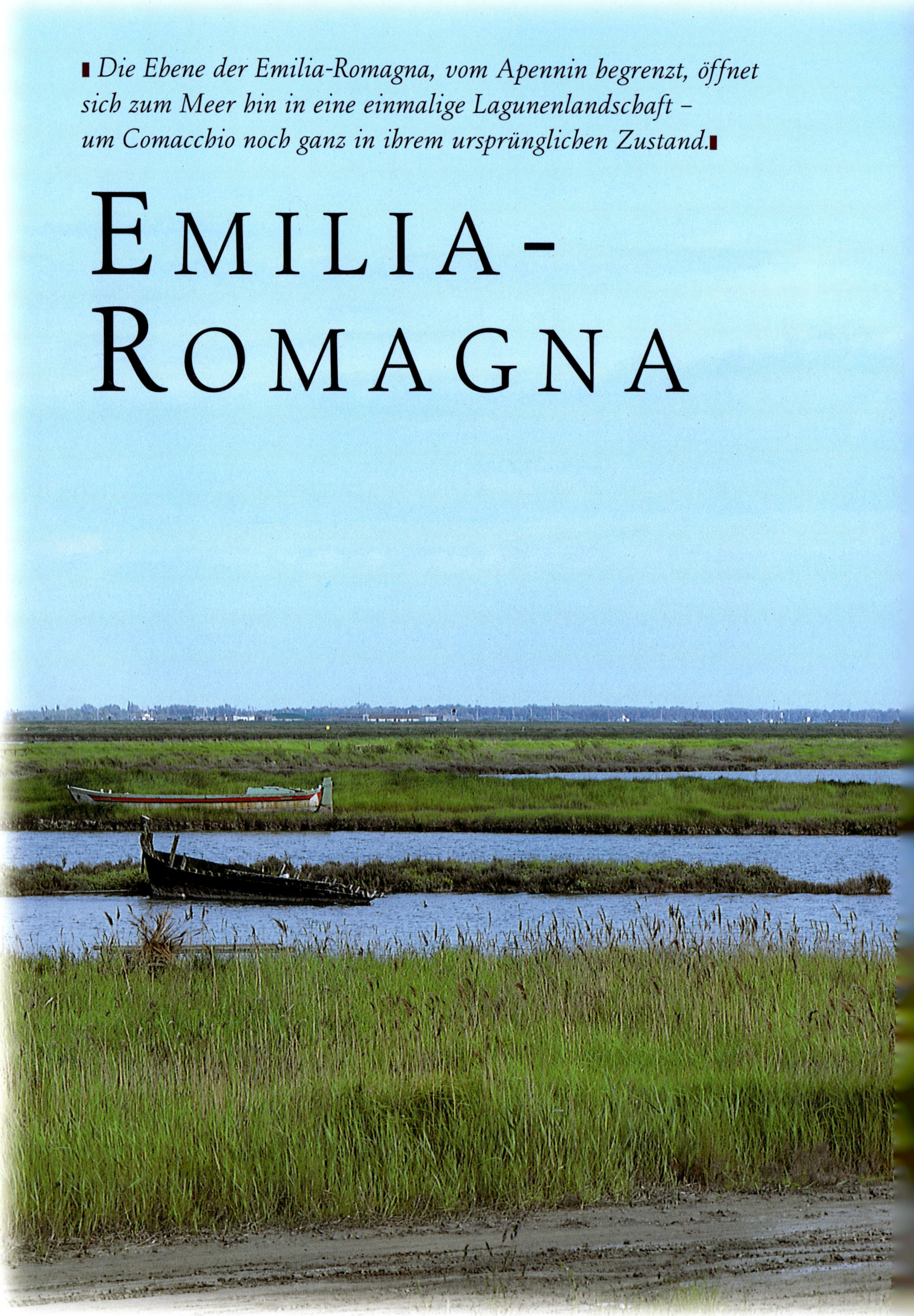

Der Culatello *ist der Superlativ eines Parma-Schinkens; seine hauchdünnen Scheiben zergehen einem auf der Zunge.*

Der Culatello ist die edelste Variante des Parma-Schinkens. Er wird aus dem Herzstück des Schinkens hergestellt. Überhaupt ist die Emilia-Romagna in der Verarbeitung von Schweinefleisch führend, etwa in der Herstellung von Mortadella und Coppa.

Das Geheimnis der italienischen Küche mag zum Teil darin liegen, daß sie nicht nur untrennbar mit der Kultur verbunden ist, sondern auch als eine eigenständige Kultur gilt – und für keine Region trifft dies mehr zu als für die Emilia-Romagna. Das gute, üppige, von reichlich Sangiovese oder spritzigem Lambrusco begleitete Essen steht fast im Rang einer Wissenschaft und wird mit Hingabe zelebriert, als gäbe es nichts Wichtigeres auf der Welt. Was macht es da schon, wenn die Waage einige Pfunde zuviel anzeigt! Auch das ist vielleicht ein Grund, warum die Menschen hier, trotz ihres leicht aufbrausenden Temperaments, eine ausgesprochene Liebenswürdigkeit an den Tag legen. Feste werden hier reichlich gefeiert: Olivenfeste, Fischfeste, Weintrauben- und sogar Trüffelfeste. Und die Hauptstadt Bologna konnte sich sogar etwas provinziellen Charme bewahren.

Die birnenförmigen Culatelli *werden 14 Monate lang in luftig-kühlen Räumen getrocknet.*

Zwischen den fruchtbaren Ebenen, den sanften Hügeln, den wildreichen Bergwäldern und den romantischen Lagunen, die das Landschaftsbild der Emilia-Romagna prägen, liegen weltberühmte Kunstdenkmäler der verschiedensten Stilepochen: das Byzantinische in Ravenna, die Romanik in Modena und Parma, die Gotik in Bologna und die Renaissance in Ferrara und Rimini. Ebenso vielfältig ist auch die Küche, und von vielen Gerichten gibt es die unterschiedlichsten Varianten: Während wir schlicht Ravioli bestellen, verlangen Genießer in Parma nach Anolini, in Bologna nach Tortellini und in der Romagna nach Cappelletti – und jede Pasta-Art ist nach Form und Füllung unverwechselbar.

Bekannt ist die Emilia-Romagna für ihre Produkte aus Schweinefleisch – allen voran Parma-Schinken und Culatello. Daß es sich bei dieser Variante, gewonnen aus dem Herzen des Parma-Schinkens, um eine höchst erlesene Köstlichkeit handelt, erfahre ich in Zibello. Da wir uns hier ganz in der Nähe von Verdis Geburtsort Le Roncole befinden, denke ich – wohl fast unweigerlich – an Falstaff, den Shakespeareschen Genießer und Lebemann, dem Verdi in seiner letzten Oper ein unvergleichliches Denkmal gesetzt hat. Falstaff, so denke ich mir, würde sich überaus wohl fühlen, wenn er mit uns in der behaglichen Trattoria »La Buca« essen und dabei seinem gewaltigen Körperumfang noch einige Zentimeter mehr hinzufügen könnte. Hausherrin ist hier Miriam Bonafé, zugleich Fachfrau für den kostbaren Culatello. Bald nach unserer Ankunft bittet sie uns in ihre Schatzkammer – einen luftig-kühlen Raum, in dem 300 Culatelli in der Gestalt überdimensionaler Birnen von der Decke hängen. Der stark würzige Duft wirkt betörend. »Hier, bei uns, wurde vor 100 Jahren der erste echte

Miriam Bonafé *bereitet den Teig für ihre köstlichen »Tortelli di zucca«.*

Culatello gemacht, und seitdem haben wir an seiner Herstellung nichts, aber wirklich gar nichts verändert. Deshalb machen wir noch immer den besten!« Zum Beweis reicht sie mir eine hauchdünne Scheibe des rohen Schinkens, der mir auf der Zunge zergeht, so zart ist er. Und erst das Aroma! Miriam beteiligt sich genießerisch an dieser Zeremonie des Kostens und erklärt mir nebenbei: »Der Culatello stammt vom wertvollsten Kernteil des Schinkens, der Stelle, wo die Muskeln am weichsten sind. Von 15 Kilogramm Fleisch werden nicht einmal vier Kilogramm verwertet.« Die Schweinekeulen sind Ausgangsprodukt für diese Spezialität; sie werden von ihrem Vetter Rino geliefert, der seine Schweine nicht in einer Großfarm züchtet, sondern sie nach alter Sitte den Sommer über frei herumstreunen läßt, bevor sie im Herbst geschlachtet werden. Bei den Schweinen, die Miriam von Rino

MIRIAM BONAFÉ

Inhaberin der Trattoria »La Buca«; sie produziert den Culatello

Was ist eigentlich der Unterschied zwischen dem Parma-Schinken und dem Culatello? Warum ist Ihr Schinken so kostbar?

Der Culatello ist die Quintessenz eines Schinkens: Wir benutzen nur den Kernteil, wo die Muskeln am weichsten sind. Von einem 15 Kilogramm schweren Schinken sind es gerade mal vier Kilogramm, die sich für den Culatello eignen; nach anderthalbjähriger Trocknungszeit bleiben von den vier Kilogramm nur noch drei Kilogramm übrig. Das Ergebnis ist aber zarter, delikater in Duft und Geschmack als der Parma-Schinken. Eben ein ganz besonderer Leckerbissen für Kenner. Natürlich hat der auch seinen Preis.

Hätten Sie, als erfolgreiche Geschäftsfrau, noch einen Wunschtraum?

Ich brauche keine Wunschträume mehr. Bei mir ist die Selbstverwirklichung längst abgeschlossen. Ich wünsch' mir nur, daß meine Tochter das Geschäft weiterführen kann, das meine tüchtige Urgroßmutter aufgebaut hat.

Kleine süße Köstlichkeiten *findet man in Bologna zuhauf.*

Unter den insgesamt 35 Kilometer langen Arkadengängen von Bologna gibt es viele Geschäfte. Hier findet man alles: von den Luxusgeschäften bis hin zu winzigen Läden, die ebenso wie die großen die Produkte der Region feilbieten.

kauft, kann sie sicher sein, daß die Tiere mindestens 14 Monate alt sind, die erforderlichen 180 bis 200 Kilogramm wiegen und nur natürliches Futter aus Molke, Kleie, Mais und Gerste bekommen. Die Keulen werden zwischen November und Januar ohne Konservierungsstoffe und Kühlung nach alten Rezepten verarbeitet und müssen insgesamt 14 Monate lang getrocknet und gelagert werden. Dazu setzt Miriam keine Klimaanlagen ein. Doch sie fügt erklärend hinzu: »In den Wintermonaten werden nachts die Fenster aufgemacht, damit die feuchte Luft hereinkommt. Der Nebel ist für den Culatello sehr gut!«

Nachdem wir in die Trattoria zurückgekehrt sind, stellt die fast 80jährige Mutter Elena selbstgemachte »Tortelli di zuçca« (Teigtaschen mit süßlicher Kürbiscremefüllung) auf den Tisch. Jetzt erst wird mir bewußt, daß in diesem Haus offenbar die Frauen regieren. Miriam bestätigt meine Vermutung. »Die Männer sollen sich hier lieber nicht einmischen«, meint sie mit einem verschmitzten Lächeln. »Meines Erachtens sind sie zu experimentierfreudig, sie machen die altbewährten Traditionen eher kaputt. Ich möchte, daß bei uns alles so bleibt, wie es ist, und meiner Meinung nach können wir Frauen das besser. Ich setze auf meine Tochter Laura.« Diese Frauendynastie hat sich bewährt, seitdem Miriams Urgroßmutter Ende des vorigen Jahrhunderts allein nach Argentinien auswanderte und später mit ihrem bei der Arbeit auf Kaffeeplantagen angesparten Vermögen ins Heimatdorf zurückkehrte, um diese Trattoria aufzumachen. Der Erfolg gab ihr recht, und ihre Töchter und Enkelinnen führten ihr Werk weiter.

Zur Ergänzung sollte ich vielleicht anfügen, daß der echte Culatello aus der Provinz Parma eine Rarität ist im Vergleich zum Parma-Schinken, für den jährlich über sieben Millionen Schwei-

Die Emilia-Romagna *ist ein Wurst- und Schinkenparadies.*

nekeulen luftgetrocknet werden. Parma-Schinken ist bestimmt nicht zu verachten, aber der Culatello ist einfach um Klassen besser; sein Geschmack ist unvergleichlich.

Bei Parma denkt man jedoch nicht nur an Schinken, sondern auch an den Parmesan-Käse. In den Parma umgebenden Hügeln wurde dieser Käse schon im 13. Jahrhundert hergestellt. Dieser Hartkäse aus Kuhmilch hat einen Fettanteil von 32 Prozent. Er ist hart, vor allem aber spröde: Versucht man ihn mit einem Messer aufzuschneiden, zerspringt er in kleinere Käsebrocken. Deshalb ist auch der Name vieler Parmesan-Käsesorten mit »grana«, zu deutsch »Korn«, kombiniert, wie z. B. der helle »Grana Padano«, der fast weiße »Grana Vernenga« oder der »Grana Lodigiano«, um nur einige zu nennen. Sie alle stammen aus der Po-Ebene. Der echte und beste Parmesan hingegen stammt aus der Gegend von Parma und Reggio-Emilia und heißt deshalb »Parmigiano Reggiano«. Um ihn vor Nachahmungen zu schützen, wird der Name mit punktierten Buchstaben in blau-violetter Farbe in die Rinde des etwa 37 Kilogramm schweren Käselaibs eingebrannt.

Von Parma sind es keine 100 Kilometer nach Bologna, der Hauptstadt der Emilia-Romagna. Im Volksmund heißt die Stadt wegen ihrer berühmten Universität, der ältesten in Europa (gegründet 1119), die »Gelehrte«, »la dotta«. Ebenso zutreffend und für den Bologneser ebenso wichtig ist der zweite Spitzname »Bologna la grassa«, »die Fette«, womit man auf die üppige Küche anspielt. In der Altstadt, in der Nähe der monumentalen Kirche San Petronio, gibt es wahre »Freßgassen«: Via Drapperie, Via Caprarie, Via Pescherie. Allein beim Betrachten der bunten Auslagen kann einem das Wasser im Munde zusammenlaufen. Beim Feinkostladen »Tamburini« werden Käsesorten und Wurstwaren in schier unüberschaubarer Fülle angeboten, darunter »Squacquarone«, ein der Ricotta ähnlicher lockerer Frischkäse, die rosarote Mortadella, die hier schlicht »Bologna« heißt – so sehr ist die Wurst zum Symbol ihrer Heimatstadt geworden.

Die Altstadt von Bologna, das Centro Storico, besitzt 35 Kilometer an Arkadengängen, unter denen sich noch viele kleine Geschäfte, gefüllt mit Köstlichkeiten der Region, befinden. Hier spürt man auf Schritt und Tritt eine Atmosphäre von

Was immer das Herz begehrt – *in Bologna gibt es richtige »Freßgassen«.*

Schmale Altstadtgäßchen *und kilometerlange Arkadengänge prägen das Stadtbild von Bologna.*

Käsespezialisten überwachen nicht nur den Vorgang der Parmesanproduktion, sondern auch die Endabnahme: Dabei klopfen sie mit einem Hammer an den Käse, um zu hören, wie er klingt. Dem geübten Ohr verrät der Ton, ob der Käse Hohlräume hat oder Reste von Molke enthält.

Die Familie der Gräfin Guidotti-Bentivoglio *produziert seit fast 400 Jahren einen der edelsten Aceto balsamico tradizionale.*

Beim Reifungsprozeß eines Balsamessigs werden aus ursprünglich 300 Litern Most 25 Liter dickflüssiger Essig. Übrigens: Sehr alter Balsamessig wird nicht zum Würzen verwendet, sondern getrunken – allerdings nur in kleinsten Mengen.

ACETO BALSAMICO

Sein Ruf hallt weit in die Welt hinaus; doch was so unter Aceto balsamico alles vertrieben wird, hat noch lange nichts mit dem echten gemeinsam.

Nur aus Modena darf er kommen und nur von einem der Mitglieder des Konsortiums. Nur dieses garantiert, daß es sich tatsächlich um den wirklichen, hervorragenden, einer jahrzehntelangen Prozedur unterzogenen Essig handelt, kostbar und zu Recht weltberühmt. »Tradizionale« ist das Zauberwort, eben nach der Tradition von Modena aus den richtigen Trauben und im originalen Verfahren hergestellt. Am besten nachzuvollziehen ist das Prozedere der Herstellung bei einem Besuch der Geburtsorte des Balsamico; in Spezialitätengeschäften in Modena kann man sie erfragen. Meistens sitzen die Hersteller in der Nähe der Stadt. Dort stehen die wohlriechenden Holzfässer in Reih

Erst nach langer Lagerung *wird der Aceto balsamico in Flaschen abgefüllt.*

und Glied, von groß bis klein. Die kleinen werden sogar übereinandergestapelt, einfach um Platz zu sparen. Bis hinauf ins offene Holzgebälk des Dachstuhls reichen diese Faßlager. Platz ist kostbar, der Balsamico hat so lange Lagerzeiten; für den »extra vecchio« sind mindestens 25 Jahre nötig.

Wie der gesamte Herstellungsablauf zu funktionieren hat, ist seit 1597 urkundlich festgelegt. Begonnen wird mit dem Most aus den grünen und süßen Trebbiano-Trauben, der durch langes Kochen gewonnen

Die Fässer mit Balsamico *werden noch zusätzlich mit Tüchern abgedeckt und abgedichtet.*

wird. Dieser Traubensaft wird mit altem Weinessig aufgefüllt und dann in Fässern aus Maulbeerholz ein Jahr lang bis zur ersten Gärung gelagert. Im folgenden Jahr wird ein Teil dieses ersten Produktes in ein Kastanienholzfaß umgefüllt – das erste Faß wird wiederum mit frischem Most aufgefüllt. Aus dem zweiten Faß wird in das dritte, aus dem dritten in das vierte umgefüllt usw. Meistens ist die Folge der Faßhölzer diese: Maulbeer mit 60 Liter Volumen, Kastanie mit 50, Kirsche mit 40, Esche mit 30 und Eiche mit 20 Liter Fassungsvermögen. Die Fässer werden immer kleiner, weil

auch die Substanz des Essigs immer dichter und das Volumen folgerichtig immer geringer wird.
Wie der toskanische Vin Santo wird auch der Balsamico auf dem Dachboden gelagert, also in Räumen, die unmittelbar Jahreszeiten- und natürlichen Temperaturwechsel ausgesetzt sind. Nur so kann er richtig reifen: Im Winter ruht der Gärungsprozeß, im

Wie Parfümflakons *sehen die edelsten Balsamico-fläschchen aus.*

Sommer kommt er wieder in Gang.
Nach fünf Jahren ist der Essig zwar schon gereift, aber seine Veredlung steht ihm erst noch bevor. Gut zehn Jahre sollte er anschließend in kleinsten Fässern aus Hartholz lagern. Ein Marken-Balsamico benötigt mindestens zwölf Jahre! Die Art des Faßholzes bestimmt letztlich die Entwicklung des Aromas und der Farbe, die auf jeden Fall sehr dunkel wird. Ein richtig kostbarer Balsamico wird auch schon mal erst mit 50 Jahren auf den Markt gebracht – und ist garantiert sofort verkauft: Kenner reißen sich darum.
Wer erst einmal in diesen Genuß kam, versteht warum! Denn mit Essig im landläufigen Sinne hat der »Aceto balsamico tradizionale di Modena« wirklich nur noch ganz entfernt etwas zu tun.
Tatsächlich hat die Bezeichnung »Balsamico« seine Berechtigung, da er nachweislich auch eine medizinische Wirkung hat, also im wahrsten Sinne des Wortes balsamisch ist. Er soll bei Halsweh und Ohnmacht Erstaunliches bewirken. So wird berichtet, daß während der großen Pest von 1630 der Aceto balsamico zum Desinfizieren hergenommen wurde und tatsächlich auch geholfen haben soll. Und: Balsam für die Geldbörsen seiner Hersteller ist er auf jeden Fall...

Die Produzenten des Balsamico haben sich zu einem Konsortium zusammengeschlossen, zum einen, um den Markt kontrollieren zu können, zum anderen aber auch, um den wirklich echten, puren Aceto balsamico herzustellen. 270 Betriebe sind es immerhin, die die Bezeichnung »tradizionale di Modena« auf ihre Flaschen schreiben dürfen. Diese sind meistens recht klein von Format; je älter und kostbarer der Balsamico, desto miniaturhafter und schöner das Gefäß. Hinein kommt nur ein Balsamico, der mindestens 250 Punkte der Bewertungsskala erreicht hat. Mit 300 Punkten ist er guter Durchschnitt – 370 ist die höchst mögliche Punktzahl.
Diese Punkteskala berücksichtigt fast ausschließlich subjektive Kriterien: Duft,

Die unterschiedliche Faßgröße *zeigt den Reifungsgrad an. Je kleiner das Faß, desto älter und köstlicher ist der Aceto balsamico.*

Farbe, Geschmack und – die einzig meßbare Komponente – Reinheit. Ein perfekter Balsamico ist nahezu schwarz, dickflüssig, sehr körperhaft, wie die Fachleute sagen, und aromatisch.

Der Aceto balsamico ist aus der raffinierten Küche Italiens nicht wegzudenken. Er wird erst kurz vor dem Ende des Garvorgangs zugegeben. Doch auch einfachste Gerichte verwandelt er schon durch wenige Tropfen zu Delikatessen: z. B. Parmesan oder frische Erdbeeren. Die Krönung aber ist ein einfaches Vanilleeis mit einem Tropfen Balsamico.

Über Brisighella *ragt eine alte venezianische Festung empor.*

Das Frühstück *im mittelalterlichen »Torre Pratesi« ist eine lukullische Schlemmerei.*

Von den spanischen Mauren wurde die Kunst der Fayencenherstellung, der Zinnglasur von Töpferwaren, nach Italien gebracht. Schon im 16. Jahrhundert entwickelte sich der Ort Faenza zu einem Zentrum dieses Kunsthandwerks; nach ihm sind die Töpferwaren benannt.

Geschäftstüchtigkeit und gleichzeitig von Lebenslust. Mit ihren 500 000 Einwohnern bietet die Metropole eine sehr hohe Lebensqualität und scheint alle Vorzüge von Provinz und Großstadt in sich zu vereinen, ohne deren Nachteile zu besitzen. Hier lebt man nicht, um zu arbeiten, sondern arbeitet, um zu leben – und zu genießen. Wer einen Bologneser beim Essen stört, begeht eine große Sünde, und seine Tortellini sind ihm förmlich heilig, vor allem, was die Füllung betrifft. Wenn sie nicht zu je einem Drittel aus Schweinelende, Rohschinken und Mortadella besteht, verdient sie nicht, als »Tortellini-Füllung« bezeichnet zu werden.

Überhaupt hat der Bologneser mit seinem bodenständigen Geschmack eine ausgeprägte Vorliebe für die altbewährten, üppigen Rezepte. Alles wird mit viel Zeit und Geduld zubereitet. Und daß man bei dieser üppigen Küche ein paar Pfunde zulegt, stört niemanden.

Südöstlich von Bologna, in der Nähe der Töpferstadt Faenza, einem Zentrum der Fayencenherstellung, liegt zwischen Olivenhainen versteckt ein malerischer Marktflecken. Wir erreichen ihn per Heißluftballon, der uns eine wunderschöne Aussicht auf die sanften Hügel des Vorapennin bietet, und dann, kurz vor der Landung, auf die venezianische Festung von Brisighella, die noch immer stolz über dem Ort aufragt. Doch unser Transportmittel soll nicht das einzig Überraschende an diesem Tag bleiben – erstaunlich sind auch die Einblicke, die wir hier in die zwei unterschiedlichen Kochphilosophien der Romagna erhalten. Ihre Verkörperung finden sie in den beiden ungleichen Brüdern Tarcisio und Nerio aus der Hotelierfamilie Raccagni. Tarcisio, der verschlossenere, folgt in seinem Lokal »Gigiolé« den Traditionen der mittelalterlichen Küche. Dazu sucht er in Handschriften nach alten Rezepten, die er seinen Bewunderern in zeitgemäßer Fassung in einem Buch zum Nachkochen empfiehlt. Aber natürlich tischt er sie seinen Gästen auch selbst auf. Bei Nerio in der Osteria »La Grotta« hingegen kommt die fröhlichere Seite des Romagnolo zum Tragen. Er kümmert sich nicht um althergebrachte Regeln, sondern improvisiert seine oft ausgefallenen Gerichte nach Lust und Laune und läßt sich dabei vielfach vom Angebot des Marktes inspirieren. Ein überzeugendes Argument für diese Vorgehensweise ist in meinen Augen seine Dinkel-Lasagne mit Linsen, die für jeden traditionsbewußten Bologneser einer Ketzerei gleichkommt. In Tarcisios »Gigiolé« hingegen essen wir ganz traditionell »Spoja lorda«, eine erlesene Hühnerbrühe mit Teigtäschchen, deren Füllung aus einer Squacquarone-Käsekreation besteht. Doch die beiden Brüder sind keineswegs Rivalen – vielmehr ergänzt sich ihre Gastronomie; man ißt bei Tarcisio zu Mittag und geht abends zu Nerio – oder umgekehrt.

Für die Einstimmung auf den Tag sorgt im Hotel »Torre Pratesi« Nerios Frau Letizia, und zwar auf eine Art, die – vor allem in Italien – einer Offenbarung gleichkommt: Zum Frühstück setzt man sich an einen hübsch gedeckten Tisch, der sich beinahe biegt unter den vielen Köstlichkeiten.

Zwei ungleiche Brüder: *Tarcisio (links) und Nerio Raccagni (rechts) bieten in ihren jeweiligen Lokalen recht unterschiedliche Gerichte an.*

Ganz anderer Art sind die gastronomischen Genüsse, die uns in Castello di Montegridolfo erwarten. Wir befinden uns hier im südlichsten Winkel der Emilia-Romagna, gerade zehn Kilometer von der Adria entfernt. Die Anlage des Dorfes auf einem 400 Meter hohen Hügel weist bereits den Einfluß der Nachbarregion Marken auf. Um das im Mittelpunkt gelegene herrschaftliche Haus stehen die kleinen Dorfhäuser, die von mittelalterlichen Befestigungsmauern umgeben sind. Das erklärt auch das »Castello« im Ortsnamen – »Kastell«, die italienische Bezeichnung für ein Wehrdorf. Aufgrund der Restaurierungsarbeiten, die vor kurzem hier durchgeführt wurden, kann man den Ort jetzt so bewundern, wie er 1376 aussah. Heute leben noch 16 Menschen hier. Der Palazzo Viviani wurde zu einem Hotel mit Restaurant umgebaut, und in einem der umliegenden Dorfhäuser ist die vom Dirigenten Gustav Kuhn geleitete Musikakademie untergebracht.

Doch unser Ziel ist hier die bodenständige »Hosteria dell'Accademia«, ein beliebtes Ausflugslokal. Vom Garten aus hat man einen Blick über die bezaubernde Hügellandschaft, die sich bis zum Meer erstreckt. Ich setze mich an einen schlichten Holztisch zu einer Männerrunde und bestelle, ihrem Beispiel folgend, »Piadina romagnola«, einen mit Squacquarone-Käse, Rucola-Salat und Rohschinken belegten Fladen. Dieses ungesäuerte Brot aus Mehl, Wasser, Salz und Schmalz wird auf einer heißen Tonplatte gebacken und warm serviert. »Für uns in der Romagna ist die Piadina das Brot der

Die Piadina, hergestellt aus Mehl, Wasser, Salz und Schmalz, ist eine Spezialität der Emilia-Romagna und wird überall anstelle von Brot gegessen.

Giovanni Farinelli, *der Aalfischer aus Comacchio, ist gerade dabei, seinen Fang zu grillen.*

ANGUILLA ALLA GRIGLIA

Aal vom Rost

Für 4 Personen

- *2 Aale à ca. 500 g*
- *Salz, Pfeffer*

1 Die entgräteten, gesäuberten Aale auf einen heißen Grill legen; alle 5 Minuten wenden.
2 Wenn das Aalfleisch eine Bernsteinfarbe angenommen hat, etwa nach 20 Minuten, Salz und Pfeffer hinzugeben.

RISOTTO DI ANGUILLA

Aal-Risotto

Für 4 Personen

- *600 g frisches Aalfilet*
- *1 Zwiebel*
- *2 EL Samenöl*
- *300 g Risotto-Reis*
- *1/4 - 1/2 l Brühe*
- *1 Prise Muskatnuß*
- *Tomatenmark (je nach Gusto)*
- *Salz, Pfeffer*
- *100 g Parmesan oder Schafkäse (z. B. Pecorino Romano)*

1 Die gehackte Zwiebel im Öl glasig anbraten, dann mit wenig warmem Wasser löschen.
2 Das in Stückchen zerteilte Aalfleisch dazugeben und 20 Minuten darin schmoren.
3 Den Reis beigeben und langsam rühren; von Zeit zu Zeit heiße Brühe hinzugegeben, wenn der Risotto zu trocken wird.
4 Weitere 15–20 Minuten bei niedriger Hitze köcheln lassen, wobei die geriebene Muskatnuß und etwas Tomatenmark hinzugefügt wird. Salzen und pfeffern.
5 Nach Beendigung der Kochzeit den Parmesan oder Schafkäse unterrühren.

Dieses Risotto ist ein traditionelles Gericht des Aalfischers Giovanni Farinelli.

SPOJA LORDA

Hühnerbrühe und mit Käse gefüllte Teigtäschchen

Für 4 Personen

- *200 g Mehl*
- *4 Eier*
- *100 g milder Weichkäse (z. B. Squacquerone)*
- *100 g geriebener Parmesan*
- *1 Prise Muskatnuß*
- *Salz, Pfeffer*
- *ungefähr 1/2 l kräftige Brühe aus magerem Rindfleisch und Suppenhuhn*

1 Mehl und 2 Eier, eventuell mit etwas kaltem Wasser, zu einem weichen Teig verkneten.
2 Diesen mit einem Nudelholz auf normale Stärke zu einem Blatt von ca. 30–40 cm ausrollen.
3 Weichkäse, Parmesan, 2 Eier, 1 Prise Salz und Muskatnuß in einer Terrine gut verrühren.
4 Die Masse auf eine Hälfte des Teigblatts auftragen und mit der anderen Hälfte des Teigblatts zudecken.
5 Mit dem Nudelholz gleichmäßig glattrollen.
6 Mit einem gezahnten Teigrädchen den Teig in kleine Quadrate mit einer Kantenlänge von ca. 3,5 cm teilen und diese auf einem Gitter trocknen lassen.
7 Die Brühe aufkochen und die Teigtaschen hineingeben; wenige Minuten kochen lassen und gleich heiß servieren.

Dieses Rezept stammt aus dem Restaurant »La Gigiolé« in Brisighella.

TORTELLI DI ZUCCA
Teigtäschchen mit Kürbiscremefüllung

Für 6 Personen

Füllung
- *1 kg Kürbis*
- *200 g Amaretti*
- *200 g kandierte Äpfel (oder eingelegte Cedri)*
- *100 g Parmesan*
- *1 Prise Muskatnuß*
- *1 Prise Salz*
- *50 g Butter*

Teigtäschchen
- *500 g Mehl*
- *5 Eier*
- *etwas Salz*

Zum Servieren
- *Butter, Akazienhonig, Parmesan*

1 Den Kürbis in große Stücke schneiden, schälen und weich dämpfen (ca. 30 Minuten, mit dem Dampfkochtopf verkürzt sich die Zeit um die Hälfte), so daß das Fruchtfleisch nicht zu naß ist; zu Mus zerdrücken.

2 Die Amaretti und die kandierten Apfelstückchen kleinschneiden und zusammen mit dem geriebenen Parmesan, Muskatnuß und Salz dem Kürbismus beigeben; zu einer gleichmäßigen Creme verrühren. Kühl stellen und etwas ruhenlassen.

3 Mehl, Eier, Salz, bei Bedarf etwas Wasser, zu einem glatten Teig verkneten; diesen so dünn wie möglich ausrollen.

4 Mit dem Teigrädchen kleine Quadrate (8 x 8 cm) ausschneiden.

5 1 TL Kürbisfüllung auf jedes Quadrat geben, mit den mehlbestäubten Händen Teigtäschchen formen und diese an den Rändern gut verschließen, so daß die Füllung nicht heraustreten kann.

6 In siedendem Salzwasser 5 Minuten lang kochen. In Suppentellern mit zerlassener Butter, einem Löffel Akazienhonig und geriebenem Parmesan servieren.

Miriam Bonafé serviert dazu selbstgemachten Apfelsenf, der bei uns leider nicht erhältlich ist. Als sehr schmackhafte Alternative wird hier Akazienhonig verwendet.

Die »Tortelli di zucca« werden in Miriam Bonafés Trattoria »La Buca« in Zibello zubereitet.

Schweinefleisch hat in der Küche der Emilia-Romagna eine besondere Bedeutung. Hier wird es für eine delikate Variante des »Filet Wellington« verwendet, das in seiner klassischen Form mit Rindfleisch zubereitet wird.

FILETTO DI MAIALE IN CROSTA CON SALSA AGRODOLCE E VERDURE

Schweinefilet in Kruste mit süß-saurer Sauce und Gemüse

Für 4 Personen

Sauce

- *150 g Champignons*
- *1 Schalotte*
- *Olivenöl*
- *Salz, weißer Pfeffer*
- *30 g Butter*
- *30 g Mehl*
- *300 ml Milch*

Fleisch

- *1 kleiner Bund Mangold*
- *650 g Schweinefilet*
- *250 g Blätterteig*
- *1 Eigelb*

Gemüse

- *2 Karotten*
- *2 Zucchini*
- *8 Silberzwiebeln*
- *8 Rosenkohlröschen*
- *1/2 Knollensellerie*
- *40 g Butter*

Essigsauce

- *40 g Butter*
- *30 g Mehl*
- *330 ml Milch*
- *150 ml Weißweinessig*
- *20 g Zucker*
- *1 Prise Muskatnuß*

1 Pilze säubern und fein würfeln, Schalotte hacken, beides in der Pfanne in Öl sautieren, mit Salz und Pfeffer würzen.

2 Béchamelsauce zubereiten: Butter schmelzen, Mehl darin anschwitzen und unter ständigem Rühren die Milch zugießen. Pilze und Schalotte hineinrühren. Warm stellen, aber nicht mehr kochen lassen.

3 Den Mangold putzen, die mittleren Blattrippen entfernen und in Wasser blanchieren; mit kaltem Wasser kurz abschrecken und gut abtropfen lassen – nicht ausdrücken!

4 Das gut abgehangene Filet in 4 Portionen schneiden, pfeffern und leicht salzen, in einer Pfanne in Olivenöl bei starker Hitze auf beiden Seiten kurz anbraten.

5 Das Fleisch auf einem Rost ca. 5 Minuten ruhenlassen, erst dann auf die Mangoldblätter legen, mit der Pilzsauce begießen und in die Blätter einschlagen.

6 Den Blätterteig auslegen, etwas auswellen, 4 große Quadrate bilden, Filetpäckchen in die Mitte legen und mit dem Teig gut verschließen. Mit dem Eigelb bepinseln und bei 200 Grad 12 Minuten lang in den Herd schieben.

7 Währenddessen das Gemüse putzen, kleinschneiden und in der Butter sautieren.

8 Für die Essigsauce zuerst eine Béchamelsauce aus Butter, Mehl und Milch zubereiten; etwas einköcheln lassen. Essig und Zucker miteinander vermengen, in die Béchamelsauce einrühren und mit Muskatnuß, Salz und weißem Pfeffer würzen. Nicht mehr aufkochen lassen.

9 Die Filetpäckchen auf die Teller geben, das Gemüse verteilen und die Sauce hinzugeben.

Das Rezept stammt aus dem Restaurant »La Grotta« in Brisighella.

armen Leute«, klärt mich mein gesprächiger Tischnachbar auf. Und dann spricht der ältere Herr von seiner großen Leidenschaft, dem Tanzen – eine Vorliebe, die er mit vielen seiner Altersgenossen in der Romagna teilt. Angeblich gibt es in der ganzen Region rund 500 Tanzorchester, die »herrlich altmodische« Musik spielen, etwa im »Ca' del Liscio« bei Ravenna. Dieses Lokal bietet 3000 Menschen Platz, und es wird hier nach traditionellen Weisen getanzt.

Für Leute, die das Tanzbein lieber in modernerem Ambiente schwingen, empfiehlt sich hingegen Rimini-Riccione. Wir landen, ganz zufällig, im »Cocoricò«, einem wahren Disco-Großbetrieb mit vier Tanzpisten, wo ununterbrochen Techno- und Underground-Musik aus den Anlagen dröhnt. Um fünf Uhr morgens ziehen wir mit einigen Nachtschwärmern in die Café-Bar »Da Bombo«, um uns nach der durchtanzten Nacht zu stärken – vorzugsweise mit einem »Bombolone alla crema«, einem ofenwarmen Riesenkrapfen, der üppig mit Vanillecreme gefüllt ist.

Beschaulichkeit und Ruhe finden wir keine 100 Kilometer die Adriaküste hinauf nach Norden. Hier, in der Lagune von Comacchio südlich des Po-Deltas, befindet sich eines der größten Brackgewässer Italiens, mit einer Fläche von ca. 75 000 Hektar. Dieses Becken ist durch zahlreiche Kanäle mit dem Meer verbunden. Und nachdem Brackwasser ein idealer Lebensraum für Aale ist, lebt hier die ganze Bevölkerung vom Aalfang. Das malerische Idyll der kleinen Brücken, die sich zwischen farbenfrohen Häuschen über die Kanäle spannen, kann kaum über das armselige Leben der Einwohner hinwegtäuschen, ebensowenig wie über den penetranten Geruch, der vom Fischmarkt herüberweht.

Die hinter der Adriaküste gelegenen Strandseen – der größte unter ihnen ist der Comacchio – sind ideale Fischfanggebiete. Früher waren hier ausgedehnte Sümpfe. Durch Trockenlegung sind fruchtbare Landstreifen entstanden, auf denen vor allem Obst angebaut wird.

Ein Schweinefilet *der besonderen Art: in einer Kruste und auf Essigsauce.*

GIOVANNI FARINELLI

51 Jahre, Aalfischer aus Comacchio

Seit wie vielen Jahren sind Sie in Ihrem Beruf tätig?

Mein Vater hat mir das Handwerk schon während meiner Schulzeit beigebracht. Mit zwölf Jahren bin ich zum ersten Mal ganz allein mit einem Boot auf Fang hinausgefahren. Mein Großvater war auch Fischer, wie wir alle hier.

Was verdienen Sie an einem Aal?

Es lebt sich schon etwas besser als nur mit Fischfang; für ein Kilo wird um die 22 000 Lire gezahlt.

Essen Sie selbst gerne Aal?

Lange Zeit konnte ich ihn kaum noch riechen, denn etwas anderes kam selten auf den Tisch. Stellen Sie sich vor: morgens, mittags, abends – immer nur Aal. Es waren damals auch sehr harte Zeiten. Heute, wo wir uns auch andere Dinge leisten können, esse ich ihn schon manchmal ganz gern: am liebsten frisch gegrillt mit Polenta.

In der Nähe der Fischfanganlage »Foce« sitze ich zusammen mit dem 51jährigen Aalfischer Giovanni Farinelli in seinem flachen Boot. Die uns umgebenden Dünen und Deiche sind mit Schilf und »Salzpflanzen« bewachsen, das heißt Gewächsen, die sich den Bedingungen des Brackwassers angepaßt haben. Vielfalt bietet hier weniger die Farbe der Vegetation, die von Hellgrün bis Graubraun reicht, als vielmehr die zahlreichen Wasser- und Zugvögel, die in der Lagune ihren Lebensraum haben. Während ich einige Reiher beobachte, zeigt Giovanni mir eine der Fanganlagen, die heute noch die gleiche Gestalt hat wie vor Hunderten von Jahren. Die sogenannte Lavoriero ist eine pfeilspitzenförmige Reuse, die früher aus Schilfrohr angefertigt wurde, heute jedoch aus Aluminium oder Zement besteht. In ihren trichterartigen Körben verfangen sich viele Aale, wenn sie im geschlechtsreifen Alter (zwischen vier und zwölf Jahren) zur Fortpflanzung ins freie Meer hinausschwimmen. Allerdings verläßt der Aal den Schutz der Lagune nur unter günstigen Bedingungen, und dieses Verhalten erklärt, warum die Fangergebnisse von Jahr zu Jahr so unterschiedlich ausfallen.

Kleine Brücken *spannen sich über die Kanäle von Comacchio, dem Zentrum des Aalfangs.*

Bei der Bootsfahrt erzählt mir Giovanni, der Vallante (Aalfischer), daß der Aal erst durch die Herbststürme in Erregung versetzt und dabei förmlich aus seinem Versteck »gerufen« wird. Aber mein Begleiter will mir zeigen, daß man auch jetzt im Frühjahr Aale fangen kann: Als wir einen Holzpfosten mitten in der Lagune erreichen, zieht er ein längliches Auffanggitter aus dem Wasser, in dem tatsächlich einige Aale schwimmen. Er nimmt sie heraus, und dann geht die Fahrt weiter zu einem Casone, einer einfachen Fischerkate. Dort schlägt Giovanni – von der Kamera verfolgt – dem noch zappelnden Aal einen Nagel in das Endteil und schlitzt ihn dann mit einem scharfen Messer der Länge nach auf. So entsetzlich dieser Anblick auch ist: Wir haben ihn nach dem Grillen schon wieder vergessen, und er beeinträchtigt auch in keiner Weise den Genuß, mit dem wir den nicht allzu fetten, nur mit Salz und Zitrone verfeinerten Aal verzehren. Beim Essen kommen wir auf die Ernährung des Aals zu sprechen – sein köstlicher Geschmack verlangt nach einer Erklärung. »Er ernährt sich von Weichtieren, kleinen Fischen und Krebsen«, sagt Giovanni mit Nachdruck, als wollten wir Widerspruch einlegen. »Wie konnte man in diesem Film *Blechtrommel* nur behaupten, daß die Aale Aas fressen? Alle waren hier außer sich über diese Verleumdung! Sie hat unserem Ruf sehr geschadet und dem Geschäft auch.«

Eine völlig andere Welt erwartet uns in Modena, dem Herzen der Emilia-Romagna. Für viele ist sie die Stadt der begehrten Sportwagen von Ferrari und Maserati. Andere Be-

Fischerkaten und Fanganlagen *prägen die Lagunenlandschaft von Comacchio.*

Der Balsamessig aus der Gegend von Modena hat mit einem Salatessig wenig gemein. Die teuersten Sorten lagern 50 bis 100 Jahre in Fässern aus unterschiedlichen Holzarten, zuletzt in Eichen- oder auch Wacholderholzfässern. Entsprechend teuer ist der sehr alte Balsamessig, und entsprechend sparsam sollte man ihn verwenden: Einige Tropfen genügen.

sucher kommen wegen des romanischen Doms und der phantastischen Biblioteca Estense. Wir aber sind einem völlig anderen Schatz auf der Spur – dem »schwarzen Gold« von Modena, wie der Aceto Balsamico hier genannt wird. Dabei interessieren wir uns nicht für den Balsamessig, der in industrieller Massenproduktion hergestellt wird, sondern für den echten Balsamico, der in einem jahrzehntelangen Prozeß heranreift und von dem jeder Tropfen im wahrsten Sinne des Wortes Gold wert ist. Für die Echtheit bürgt neben der Numerierung auf dem Etikett das geschützte Wort »tradizionale« – es darf nur von den 270 Essigherstellern geführt werden, die Graf Guidotti-Bentivoglio 1987 zu einer Genossenschaft zusammenschloß.

Seit fast 400 Jahren stellt die Familie Guidotti-Bentivoglio ihren Balsamessig nach derselben Methode her, die schon Fürst Metternichs Beifall fand. Früher hatte fast jede Familie ein eigenes Herstellungsrezept für den Balsamessig. Das Rezept wurde gehütet wie ein Augapfel und von Generation zu Generation weitergegeben. Als äußerst wohlhabend galt eine Familie, wenn sie es sich leisten konnte, viele Fässer auf dem Dachboden liegen zu haben, den Balsamico durch ungefähr zwölf unterschiedliche Holzfässer durchzuschleusen und ihn insgesamt zwei bis drei Generationen lagern zu lassen. Kostbarstes Hochzeitsgeschenk war denn auch, wenn eine Mutter ihrer Tochter zu diesem feierlichen Anlaß »Essigmutter« schenkte: Diese gallert-

LUCIANO PAVAROTTI

60 Jahre, weltberühmter Tenor aus Modena

Sie sind nicht nur der Gesangskunst, sondern auch der kulinarischen Kunst zugeneigt. Was ist Ihr Lieblingsgericht?
Auf diese Frage antworten Ihnen 80 Prozent der Italiener: Nudeln.
Welche Art von Nudeln? Die der emilianischen Küche?
Nein, da bin ich ein Verräter. Ich mag Spaghetti mit Butter und Tomatensauce.
Ich habe gehört, daß Sie auf Tourneen immer viele emilianische Köstlichkeiten mitnehmen. Um sie zu essen oder um sie zu verschenken?
Nein, nein, nur um sie anzuschauen, um den Geruch von zu Hause zu spüren. – Nein, Spaß beiseite, natürlich esse ich sie. Warum sollte ich sie sonst mitnehmen.

Ein Rezept aus dem »Club Europa«: *Mit Balsamico wird ein Kaninchenfilet zum absoluten Genuß.*

artige Masse, die überwiegend aus Hefe besteht, leitet den zweiten Gärungsprozeß ein, der einem Balsamessig erst seine ganz spezielle Note verleiht.
Nun kommen wir in diesen Genuß – Gräfin Guidotti-Bentivoglio träufelt uns einige Tropfen Balsamessig »extra vecchio«, ganze 25 Jahre alt, auf ein Stückchen Parmesan. Und diesen Geschmack vergißt man nie.

Jedes Jahr im September *findet das große Reit- und Springturnier »Pavarotti International« statt.*

Diesem Urteil würde sich Luciano Pavarotti ganz bestimmt anschließen, denn bekanntlich ist der Maestro ein leidenschaftlicher Liebhaber der Küche Modenas. Am 60. Hochzeitstag seiner Eltern sitzen wir beim gemeinsamen Aperitif im Garten des Restaurants »Club Europa«. Im Hintergrund wiehern Turnierpferde. Die Gründung dieser Restaurant- und Reitanlage geht auf den begnadeten Sänger selbst zurück, ebenso wie das Modenaer Sängerfestival »Pavarotti International«: Damit hat der Maestro seinen Traum verwirklicht, einen Beitrag zur Steigerung der Lebensqualität in seiner geliebten Heimatstadt zu leisten. Aber auch in kulinarischer Hinsicht hat er sich verdient gemacht – wie das Menü zur Familienfeier beweist: Bandnudeln in Hühnerbrühe, Ricotta-Tortellini mit Salbei, Kaninchenfilet in Balsamessig und zum Abschluß Eiscreme.
Seinem fröhlich-verschmitzten Lächeln kann man die herzliche Beziehung entnehmen, die zwischen Pavarotti und

LASAGNETTA DI FARRO E LENTICCHIE

Dinkel-Lasagne mit Linsen

Für 4 Personen

Teig
- *100g Dinkelmehl*
- *50g Mehl*
- *1 Ei*
- *80 ml Wasser*

Tunke
- *50g Sellerie*
- *1 Karotte*
- *1 Zwiebel*
- *Öl*
- *80g mageres Hackfleisch vom Schwein*
- *80g Linsen*
- *1 EL Tomatenmark*
- *150g Tomatenpüree*
- *Salz, Pfeffer*

Béchamelsauce
- *30g Butter*
- *20g Mehl*
- *200g Milch*
- *70g Parmesan*

1 Beide Mehlsorten auf der Arbeitsfläche miteinander vermischen, in eine Mulde die restlichen Zutaten hineingeben und 10 Minuten zu einem geschmeidigen Teig verkneten; diesen weitere 10 Minuten ruhenlassen.

2 Währenddessen das Gemüse putzen und kleinschneiden.

3 Aus dem dünn ausgerollten Teig 16 Vierecke mit ca. 8 cm Seitenlänge ausschneiden und in gesalzenem Wasser halb gar (al dente) kochen. Die Nudeln abgießen, mit kaltem Wasser kurz abkühlen und auf einem Tuch auslegen.

4 Für die Tunke wird 1 EL Öl in eine Kasserolle gegeben und das Gemüse darin angebräunt.

5 Dann das Hackfleisch hinzugeben und auf großer Flamme anbraten.

6 Die Linsen zusammen mit dem Tomatenmark, Tomatenpüree, Salz und Pfeffer sowie wenig Wasser hinzugeben und 40 Minuten köcheln lassen.

7 Gegen Ende der Kochzeit die Béchamelsauce zubereiten: Butter schmelzen, Mehl darin anschwitzen und langsam unter ständigem Rühren mit Milch aufgießen. Kurz aufkochen und dann bei leichter Hitze etwas einköcheln lassen; dem Linsen-Hackfleisch-Gemisch beimengen.

8 Eine feuerfeste Backform einfetten und 4 Teigblätter getrennt voneinander hineinlegen.

9 Auf jedes Blatt 1 EL Sauce geben und mit geriebenem Parmesan bestreuen. Darauf folgt die nächste Schicht Teigblätter und wieder Tunke.

10 Mit der letzten Teigschicht bedecken, Butterflocken darauf geben und 15 Minuten im Backofen bei 180 Grad garen lassen.

Brisighella ist berühmt für sein besonders feines Olivenöl, das ganz ohne Pressen, nur durch Abtropfen der Olivenmaische gewonnen wird.

Die Dinkel-Lasagne ist ein Gericht des Restaurants »La Grotta« in Brisighella.

Das herzhafte Hammelfleisch ist bei uns zugunsten des Lamms leider etwas in Vergessenheit geraten. Bei diesem traditionellen Braten kann man die Sauce auch getrennt reichen. Dazu trinkt man Sangiovese di Romagna, den klassischen Roten der Region.

COSTATA DI CASTRATO CON GNOCCHETTI DI PATATE E VERDURE

Hammelrippenstück (oder -kotelett) mit Kartoffelnockerln und Gemüse

Für 4 Personen

- *3 Hammelrippenstücke (geputzt ca. 800 g; mit dem Fleischabfall eine braune Grundsauce zubereiten)*
- *4 EL Olivenöl*
- *400 g Kartoffeln*
- *1 Ei*
- *250 g Mehl*
- *100 g Karotten*
- *100 g Sellerie*
- *100 g Zucchini*
- *1/4 l Rotwein*
- *Salz, Pfeffer*

1 Das Hammelrippenstück salzen und mit wenig Olivenöl braten; bei ca. 150 Grad für ca. 60 Minuten in den Ofen geben, ab und zu umdrehen. Den Braten eher blutig lassen; in Klarsichtfolie wickeln.

2 Unterdessen für die Nockerln die Kartoffeln kochen, gleich schälen und noch heiß durch eine Kartoffelpresse drücken oder durch ein Sieb passieren. Ei, Salz und etwas Olivenöl zugeben, dann so viel Mehl unterrühren, bis ein glatter Teig entsteht, der nicht mehr an den Fingern kleben bleibt. (Die Mehlmenge hängt stark von den verwendeten Kartoffeln ab).

3 Das Gemüse schälen, putzen und in kleine Stäbchen zerschneiden, dann in Salzwasser kurz blanchieren.

4 Die Bratensauce mit der braunen Grundsauce und dem Wein verrühren und einkochen lassen, salzen und pfeffern.

5 Die Nockerln in Salzwasser kochen, dann mit den Gemüsestäbchen sautieren und 1 Suppenlöffel der braunen Grundsauce dazugeben.

6 Das Rippenstück aus der Folie nehmen, in Scheiben schneiden; diese auf den Servierteller legen, mit den Nockerln und dem Gemüse garnieren. Das Ganze mit der gewonnenen Sauce übergießen und servieren.

Das Rezept für diesen traditionellen Hammelbraten stammt aus dem Restaurant »Gigiolé« in Brisighella.

FILETTO DI CONIGLIO ALL'ACETO BALSAMICO

Kaninchenfilet in Balsamessig mit hauchdünnen Parmesanscheiben

Für 4 Personen

- *400g Kaninchenfilet*
- *1 EL Mehl*
- *50g Butter*
- *1 EL Olivenöl*
- *1 Prise Salz*
- *1 Weinglas Balsamessig (Aceto tradizionale)*
- *100g dünne Scheibchen Parmesan*
- *Rosenblütenblätter*
- *Petersilie*

1 Das Filet in kleine Stücke schneiden, in Mehl wälzen und in einer Pfanne mit Butter und Öl etwa 3 Minuten auf jeder Seite bei starker Hitze anbraten.
2 Dann mit dem Balsamessig ablöschen und mit Salz abschmecken; 10 Minuten zugedeckt bei niedriger Hitze schmoren lassen.
3 Die Kaninchenfiletstückchen mit der Essigsauce in den Teller geben, zum Servieren mit den Parmesanscheiben, Rosenblütenblättern und Petersilie garnieren.

Ein Rezept aus dem Restaurant »Club Europa« bei Modena, dessen Eigentümer Luciano Pavarotti ist.

Modena ist neben Parma die zweite kulinarische Hauptstadt der Region; hier wie dort wird der echte Aceto Balsamico produziert – und bei vielen Rezepten verwendet.

DOLCE DI RISO CON SALSA AL RHUM

Reispudding mit Rumsauce

Für 6 Personen

Reis

- *200g Reis (italienischer Risotto-Reis Arborio, Vialone) oder Milchreis*
- *3/4 l Milch*
- *1 Vanilleschote*
- *5g Salz*
- *150g Zucker*
- *4 Eigelb*
- *1/4 l Sahne*
- *2,5 Blatt Gelatine*
- *1/4 l halbgeschlagene Sahne*

Rumsauce

- *350 ml Wasser*
- *50 ml Rum*
- *100g Kakao*
- *200g Schmelzschokolade (Kuvertüre)*

1 Verwendet man normalen Reis, dann diesen in kochendem Wasser 2 Minuten abbrühen – bei Milchreis nicht nötig!
2 Milch, Vanilleschote, Salz und 50 g der Zuckermenge zusammen kurz aufkochen, den Reis hinzufügen und bei mäßiger Hitze 25 Minuten köcheln.
3 In einer Pfanne Eigelb und den restlichen Zucker schlagen und die Sahne hineinrühren. Langsam unter Rühren zum Kochen bringen, ohne daß es zum Sieden kommt, bis die Creme Konsistenz gewinnt.
4 Reis in die Creme hineingeben, Vanillestange herausnehmen.
5 Die in kaltem Wasser eingeweichte und ausgedrückte Gelatine beimengen und die halbgeschlagene Sahne unterheben.

Rumsauce

1 Wasser mit Rum zum Sieden bringen, den Kakao hineinschlagen und noch mal aufkochen lassen.
2 Von der Herdplatte nehmen und die zerkleinerte Schokolade unter ständigem Rühren hinzugeben, bis sie ganz aufgelöst ist.

Ursprünglich gehören zum Reispudding noch glasierte Maronen dazu. Sie sind jedoch nicht zu jeder Jahreszeit verfügbar.

MARRONI CANDITI

Glasierte Maronen

- *40 Stück Maronen*
- *700 ml Wasser*
- *400 g Zucker*

1 Die Maronen abbrühen und schälen. Wasser und Zucker zu einem Sirup einkochen.
2 Maronen in ein Gefäß geben und mit dem Zuckersirup bedecken.
3 Bei Zimmertemperatur 4 Tage zugedeckt ruhenlassen.

Der Reispudding wird in der Osteria »La Grotta« in Brisighella serviert.

Modena ist charakteristisch für die Emilia-Romagna. Romanische, gotische und barocke Elemente mischen sich im Stadtbild. Die Universität wurde schon im 12. Jahrhundert gegründet. Aber auch Lebenslust und Gaumenfreude haben hier ihren Platz.

Die reizvolle Landschaft *der Emilia-Romagna wird durch die Weite der Po-Ebene charakterisiert.*

seinen Eltern besteht. »Von dir, Papa, habe ich die Stimme geerbt«, erklärt er in seiner unnachahmlich theatralischen Art. »Du, Mama, hast mir Herz und Seele, die Melodie meines Lebens geschenkt.«

Da wirft die rüstige Dame ein: »Vor allem hat meine Küche einen guten Esser aus dir gemacht!« Aber das ist kein Widerspruch, schließlich sind Musik, Gesang und gute Küche international – und Pavarotti ist im Begriff, auch in der Gastronomie weltweit Furore zu machen. Seine »Piccatina balsamica alla Pavarotti« wird vielleicht einmal in die Kulturgeschichte eingehen wie seine unvergleichliche Wiedergabe der Arie »Nessun dorma« aus der Puccini-Oper »Turandot«.

Noch ein Wort zum Wein der Region: Der bekannteste Wein der Emilia-Romagna ist der Lambrusco. Leider ist er zum Export-Billigwein verkommen und hat ein sehr schlechtes Image, ähnlich wie der Valpolicella. Das ist ausgesprochen schade, denn ein guter Lambrusco ist ein trinkbarer, durchaus substantieller Wein. In jedem Dorf schmeckt er übrigens anders, jede Ortschaft hat hier ihre eigene Tradition, ihn zu keltern. Man sollte also bei einem Besuch Modenas nicht davor zurückschrecken, Lambrusco zu bestellen. Denn gerade um Modena liegt eines der größeren Anbaugebiete des Lambrusco. Und auch noch in der einfachsten Taverne sind die Tafelweine von guter Qualität.

HOTELS

PALAZZO VIVIANI in Montegridolfo: Auf einem Hügel über dem mittelalterlichen Städtchen liegt die Villa Viviani, die seit 1994 zu einem feudalen, besonders reizvollen Hotel umgebaut worden ist. Favoriten der Autorin: das grandiose, freskenverzierte Erkerzimmer und das romantische champagnerfarbene Mansardenzimmer.

Palazzo Viviani, Montegridolfo;
Tel. 05 41/85 53 50
Anfahrt: A 14, südlich von Rimini Ausfahrt Cattolica, in Richtung Saludecio der braunen Beschilderung »Montegridolfo« folgen.

Die Zimmer im »Relais Torre Pratesi« *haben historisches Flair.*

AL VECCHIO CONVENTO in Portico di Romagna: Ideale Einkehr in den Apenninen zwischen Ravenna und Florenz. Besitzerin Marisa hat die Zimmer im Nostalgiestil eingerichtet: geschnitzte Originalmöbel aus Nußbaumholz. Ihr Mann Gianni hat in der Küche das Sagen. (Tip: Hausgemachte »Tagliatelle agli stridoli«, Bandnudeln mit Kräutern, die nur in dieser Gegend von April bis Juni wachsen.)

Via Roma 7, Portico di Romagna;
Tel. 05 43/96 77 52
Anfahrt: Von Ravenna über Forlì und Rocca S. Casciano, auf der S.S. 67, Richtung Florenz.

Der mittelalterliche Wehrturm *bei Brisighella ist heute ein Hotel.*

RELAIS TORRE PRATESI bei Brisighella: Ein robuster Wehrturm aus dem Jahr 1510, der später zum Jagdhaus und seit 1994 in ein romantisches Traumquartier umgestaltet wurde. Wendeltreppe und Lift führen zu den vier übereinanderliegenden geräumigen Doppelzimmern mit historischem Flair. (3 Suiten sind im einstöckigen Anbau eingerichtet.)

Via Cavina 11, bei Brisighella;
Tel. 05 46/8 45 45
Anfahrt: Von Faenza, S.S. 302 in Richtung Florenz, 16 km bis Fognano. Nach dem Dorf Rechtsabzweig Richtung Zattaglia (ca. 4 km bis Torre Pratesi).

HOTEL ROMA in Bologna: Zentral gelegen, nahe der Basilika S. Petronio und der »Freßgassen« Via Drapperie und Via Caprarie. Freundliche Bedienung. Hier stimmt das Preis-Leistungs-Verhältnis (Garage im Haus).

Via M. d'Azeglio 9, Bologna;
Tel. 0 51/22 63 22

CANALGRANDE in Modena: Stilvolles Hotel mit prächtigem Innenhof und komfortablen Zimmern. Für Gäste mit Sinn für Tradition.

Corso Canal Grande 6, Modena;
Tel. 0 59/21 71 60

I DUE FOSCARI in Busseto: Mit seinem neugotischen Baustil paßt dieses herrlich altmodisch wirkende Hotel in einer ruhigen Ecke des Hauptplatzes zur Atmosphäre des Verdi-Städtchens. Bohèmeflair.

Piazza Carlo Rossi 15, Busseto;
Tel. 05 24/9 23 37
Anfahrt: A 21, südlich von Cremona Ausfahrt Castelvetro über Villanova S. Arda, auf der S.S. 588.

RESTAURANTS

LA SANGIOVESA in Santarcangelo di Romagna: In diesem stimmungsvollen, rustikalen Lokal im Hinterland von Rimini trifft sich die Jugend gern am Abend vor der Disco. Statt einer kompletten Mahlzeit, kann man sich auch auf die köstlichen Vor- und Nachspeisen beschränken, wie z. B. die beliebte »Piadina con squacquarone e rucola«. Geht man die Treppen zur Konditorei hinauf, grüßt von der Wand das Wahrzeichen: ein Frauenakt von Fellini. Montag geschlossen.

Piazza Balacchi 14, Santarcangelo di Romagna;
Tel. 05 41/62 07 10
Anfahrt: Von Cesena auf der S.S. 9 in Richtung Rimini.

Das »La Grotta« *bietet ausgefallene Kreationen beim Diner in der Felsgrotte.*

OSTERIA LA GROTTA in Brisighella: In einer Felsgrotte speist man der Phantasie des kreativen Chefs Nerio entsprechend. Dabei trifft man auf überraschende Gaumenfreuden:

Die »Lasagnetta di farro e lenticchie« – Dinkel-Lasagne mit Linsen – ist viel edler als der Name klingt. Dienstag geschlossen.

Via Metelli 1, Brisighella; Tel. 05 46/8 18 29 Anfahrt: Von Bologna auf der S.S. 9 bis Faenza, links auf der S.S. 302 nach Brisighella.

▮ GIGIOLÉ in Brisighella: Nerio Raccagnis Bruder Tarcisio erforscht Rezepte aus mittelalterlichen Handschriften und setzt sie in die heutige Zeit um. Im rustikal-eleganten Restaurant ist u.a. »Spoja lorda« der Renner. Montag geschlossen.

Piazza Carducci 5, Brisighella; Tel. 05 46/8 12 09

▮ CLUB EUROPA bei Modena: Das Restaurant im Reitclub von Luciano Pavarotti paßt zum sportlichen Rahmen. Beste Empfehlung ist die Feinschmeckerleidenschaft des Meisters selbst. Montag und Dienstag mittag geschlossen.

Stradello Nava 8, Vaciglio; Tel. 0 59/46 00 67 Anfahrt: A1, Ausfahrt Modena-Süd, aus der Stadt die Via Estense nach Vaciglio.

▮ TRATTORIA LA BUCA in Zibello: Hier produzieren Mutter und Tochter Bonafé gemeinsam ihren eigenen Culatello, den König aller Schinken. Die deftig-urige Stube bietet das beste Milieu, um ihn an Ort und Stelle zu probieren. Montag abend und Dienstag geschlossen.

Via Ghizzi 6, Zibello; Tel. 05 24/9 92 14 Anfahrt: A 21, südlich von Cremona Ausfahrt Castelvetro über Villanova S. Arda. Zibello liegt am Südufer des Po.

Die Köche *in Pavarottis Restaurant zaubern Köstlichkeiten.*

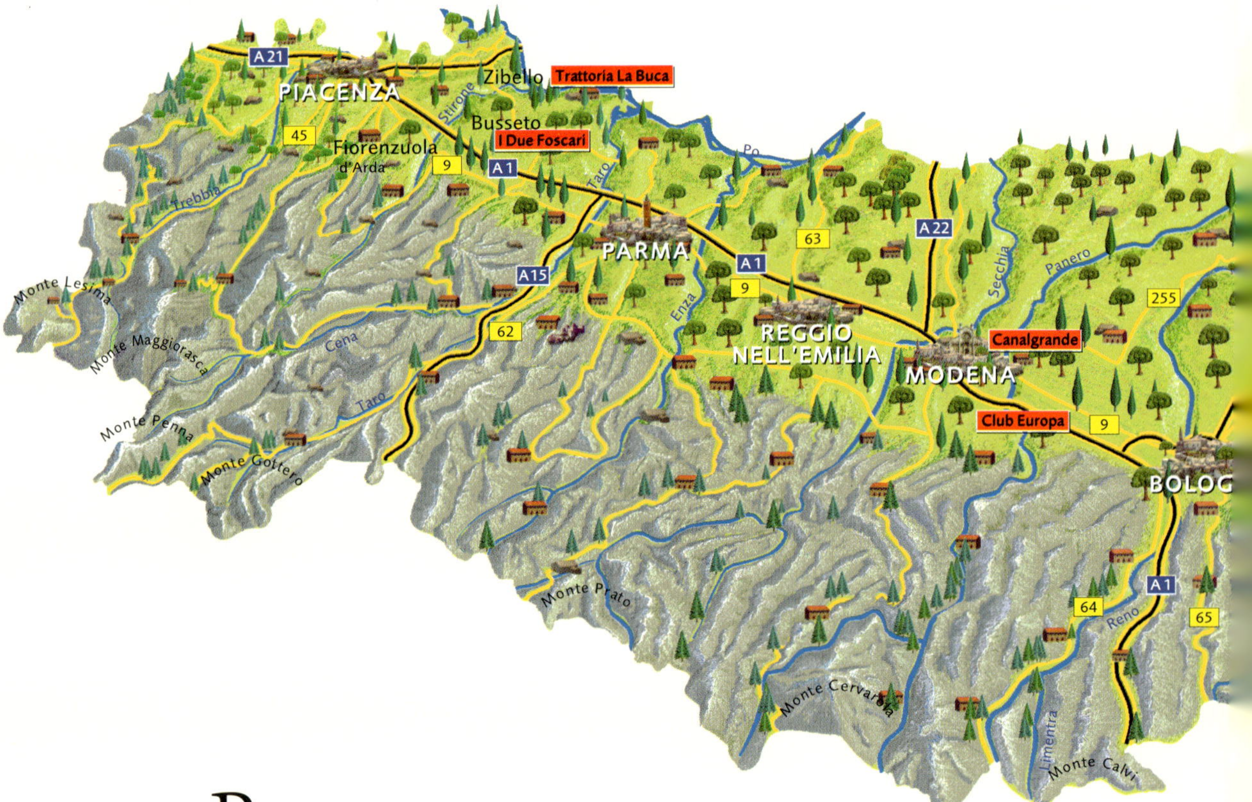

EMILIA-ROMAGNA

EINKAUFSTIPS

▮ BOTTEGA D'ARTE CERAMICA GATTI in Faenza: Dieses Städtchen gab den Fayencen ihren Namen. Riccardo Gatti, einer der großen Meister der Keramikkunst dieses Jahrhunderts, gründete 1928 seine Werkstatt, in der auch heute noch die schönsten Keramikvasen, -tassen und -teller der Region produziert und verkauft werden.

Via Pompignoli 4, Faenza;
Tel. 05 46/63 43 01
Anfahrt: A 14 zwischen Bologna und Rimini, Ausfahrt Faenza.

▮ A. TESTONI in Bologna: Das perfekte und kostbarste Schuhwerk Italiens ist den Ideen und technischen Erfahrungen des Testoni-Clans in Bologna zu verdanken. Schmiegt sich weich an wie ein Handschuh und schützt vor Nässe wie ein Stiefel.

Via d'Azeglio, Bologna;
Tel. 0 51/26 65 04

In der urigen Gaststube *von »La Buca«.*

▮ CECILIA GUIDOTTI-BENTIVOGLIO in Modena stellt den originalen, mindestens zwölf Jahre in Barriques gelagerten Balsamessig (Aceto Balsamico tradizionale) her. Dieser darf die geschützte Bezeichnung »tradizionale« tragen und in Fläschchen mit viereckigem Boden abgefüllt werden. Kostenpunkt: nicht unter 70 DM. Billigware ist Täuschung! – Örtlicher Verkauf, nur nach Vereinbarung.

Bei Vini d'Italia, Via Garibaldi, Vignola;
Tel. 0 59/76 39 16
oder bei Fabbi di Francesco,
Via della Croce 28, Rom;
Tel. 06/6 87 12 32

WEINE

In dieser Region sind hauptsächlich die Hügellandschaften bei Piacenza, Bologna, Forlì mit Wein bepflanzt. Noch hat sich der Vorrang von Qualität gegenüber Quantität nicht allgemein durchgesetzt, doch gibt es auch hier Weine der Spitzenklasse, insbesondere aus der namhaften Rebsorte »Sangiovese«, die auf dem Lehmboden der Romagna bestens gedeiht; ihr verdankt der Wein dieser Gegend seinen guten Ruf. Besonders zu empfehlen ist der 90er Jahrgang dieses rubinfarbenen Rotweins, mit delikatem Bukett aus der Lage »Ronco delle Ginestre« des Weinguts »Azienda Castelluccio Parrocchia«.

Casale 34, Modigliana;
Tel. 05 46/9 24 86
Anfahrt: A 14, Ausfahrt Forlì auf der S.S. 67 in Richtung Florenz; hinter Dovadda Rechtsabzweig nach Modigliana.

Nicht ganz billig, aber von höchster Qualität sind die Weine des kleinen Gutes der Familie Zerbina: der reinsortige Sangiovese »Pietramora«, der Tafelwein Marzeno di Marzeno (Sangiovese und Cabernet Sauvignon) sowie der charaktervolle Weißwein Dalbiere aus Trebbiano-Trauben.

Zerbina, Via Vicchio 6,
Ortsteil Marzeno in Faenza;
Tel. 05 46/4 00 22

SEHENSWÜRDIGKEITEN

▮ TEMPIO MALATESTIANO in Rimini: Rimini ist nicht nur für die Super-Discos am »Teutonengrill« bekannt. Die Stadt besitzt ein seltenes Kunstjuwel: die für Sigismondo Malatesta vom großen Renaissance-Baumeister Leon Battista Alberti entworfene Grabeskirche. Die Fassade erinnert an einen römischen Triumphbogen.

▮ ABTEI VON POMPOSA
Einsam in der Ebene des Küstenlandes, 22 km nördlich von Comacchio, erhebt sich der über 900 Jahre alte romanische Glockenturm der noch älteren Basilika. Kirche, Kapitelsaal und Refektorium sind reich mit Fresken aus dem 14. Jahrhundert.

Anfahrt: auf der S.S. 309 an der Küste entlang, bis nördlich zur Lagunenstadt Comacchio.

Sanft gewelltes Hügelland mit markanten Zypressen und alten Bauernhöfen wie aus dem Bilderbuch prägen weite Teile der Toskana. Diese Region Italiens ist ein wahres Kunst-Land – reich an Kunstwerken und an von Menschenhand kunstvoll angelegten Landschaften.

TOSKANA

Orangen, Aprikosen, Melonen, Zucchini ... *Die Stände auf dem Markt Sant'Ambrogio in Florenz sind voller Köstlichkeiten.*

Die Toskana gehört zu den größten Regionen Italiens und zu den schönsten Landschaften der Welt. Sanftgeschwungene Hügel, gekrönt von terrakottafarbenen Dörfern, grüne Täler, Weinberge. Flaches Land gibt es nur wenig, und der Boden ist nicht sehr fruchtbar. Die Toskana erweist sich deshalb als Kulturlandschaft im ursprünglichsten Wortsinn: Ihre Schönheit ist kein Naturgeschenk, sondern Ergebnis der mühevollen Arbeit vieler Generationen. Davon zeugen die disziplinierten Reihen der silbern schimmernden Olivenbäume und die saftgrünen Weinreben, die an den Hängen so geordnet sind, als hätte sie ein Riese zurechtgekämmt. Zypressen ragen dazwischen kerzengerade in die Höhe, hier und da abgelöst vom breiten Schirm einer Kiefer. Nichts ist zufällig, alles mutet wie berechnet an: ein Meisterwerk toskanischer Kunst. Der Toskaner paßt, mit seinem nüchternen Charakter und scharfen Intellekt, haargenau in diese Kulturlandschaft. Seine Kunst und seine Literatur, sein kritischer Geist und seine schlagfertige Art sind ebenso auf diesem Boden gewachsen, wie seine wohlüberlegte Genügsamkeit und seine Aversion gegen alles Gekünstelte, Überflüssige, Bombastische.

Landschaft und Kunst haben sich hier gegenseitig beeinflußt, wie an kaum einem anderen Ort der Welt. Die toskanischen Künstler wurden von ihrer Umgebung geprägt; und auch die Kunst selbst ist hier stets erdverbunden geblieben. Doch diese Haltung charakterisiert nicht allein Kunst und Künstler, sondern die Lebensart aller Menschen dieser Gegend.

Der Hang zur stilvollen Genügsamkeit zeigt sich dabei besonders gut in der toskanischen Küche mit ihrer Vorliebe für einfache, dafür aber qualitativ hochwertige Zutaten. Nirgendwo kann man dabei die Vielfalt der toskanischen Gastronomie besser kennenlernen als in Florenz – seit alters her die Hauptstadt der Region, die sich in ihrer hügelumrahmten Talsenke wie ein harmonisches Gesamtkunstwerk an beiden Ufern des Arno ausbreitet.

Unser erster Gang in Florenz führt uns zum »Il Cibrèo«, dem Restaurant des Meisterkochs Fabio Picchi. Es liegt ganz in der Nähe der Kirche Santa Croce, in der die Florentiner Renaissancegrößen Michelangelo, Machiavelli und Galilei ruhen. Vielleicht ließ sich der eigenwillige Küchenchef von diesen Wegbereitern der italienischen Kunst, Politik und

Markt in Florenz: *qualitativ hochwertige Waren sind gefragt.*

Wissenschaft inspirieren, denn auf seine Art ist auch er innovativ, ja fast revolutionär: Auf seiner Speisekarte findet man nämlich kein einziges Pasta-Gericht – und das in Italien! Souverän und doch ohne jede Spur von Arroganz erklärt der überzeugte Florentiner: »In unserer Küche waren immer Suppen, und nicht Pasta, das Wichtigste. Deshalb habe ich Nudeln aus meinem Restaurant verbannt. Ich stelle aus diesem Grund die Suppe in den Mittelpunkt, wie es sich für uns Toskaner gehört.«
Typisch florentinisch ist auch die Doppeldeutigkeit im Namen des Restaurants: »Cibrèo« bedeutet zum einen »Ragout aus Hühnerklein«, zum anderen aber auch »Mischmasch«. Und so versteht auch Fabio sein Restaurant: als »Mischung aus angenehmen Dingen«. In kulinarischer Hinsicht besteht das Angenehme für ihn aus toskanischen Gerichten, die dem heutigen verfeinerten Geschmack entsprechend angepaßt wurden.
Eine Grundvoraussetzung hierfür sind erstklassige, absolut frische Zutaten. Das Gemüse, das der Küchenchef in allen nur denkbaren Varianten zubereitet, besorgt er sich auf dem nahegelegenen Markt Sant'Ambrogio. Ich begleite ihn bei seinem Einkauf und bin überwältigt von dem reichen Angebot

FABIO PICCHI

Besitzer des Restaurants »Il Cibrèo« in Florenz

Wie kommt es, daß Nudeln auf Ihrer Speisekarte überhaupt nicht vorkommen?
Die Pasta hat mit der echten Florentiner Tradition nichts zu tun.
Nicht einmal die »Pappardelle alla lepre« (Bandnudeln mit Hasenragout)?
Nein. Das ist ein aus der Emilia importiertes Gericht. Bei uns in der Toskana spielt die in Italien sonst eher vernachlässigte Suppe die Hauptrolle.
Ihrer einmaligen Cremesuppe aus gelben Paprikaschoten bin ich anderswo noch nie begegnet ...
Sie ist ja auch meine Erfindung. Die Idee kam mir auf Elba am 1. September 1981. Für mich ein historisches Datum, das mir immer in Erinnerung bleiben wird.

Jessica, *die Witwe des Silberschmieds Brandimarte Guscelli, mit Silberwaren ihres Mannes.*

Einfache Gerichte aus hochwertigen Zutaten kennzeichnen die toskanische Küche. Die liebevolle, manchmal zeitaufwendige Zubereitungsart und die Kunst des Servierens adeln die Schlichtheit der Speisen.

– die Stände bersten förmlich über von prallen Auberginen, glänzend gelben Paprika und saftigen Kirschen. In kürzester Zeit hat Fabio seine Zutaten besorgt. Ich darf ihm zusehen, wie er in der Küche seine delikate Cremesuppe aus gelben Paprikaschoten zubereitet. So schlicht sie ist, so köstlich schmeckt sie. Dazu trägt auch die Präsentation bei: Vor dem Servieren kommt ein Schuß Olivenöl in die Mitte, der Olivenölklecks wird dann mit hellgerösteten Croutons umlegt, etwas geriebener Parmesan rieselt vom Tellerrand in die Suppe – eine wahre »Rhapsodie in Gelb«. Dieser Teller Suppe versinnbildlicht im Kleinen das, was das Wesen der florentinischen Lebenskultur ausmacht: schlichte Eleganz ohne jeglichen Firlefanz.

Fabio liegt nicht nur das leibliche Wohl seiner Gäste am Herzen, er möchte auch, daß sich alle bei ihm wohl fühlen – gleichgültig, ob arm oder reich. Deswegen hat er – auch dies eine alte Tradition – zwei Gasträume eingerichtet. Gegenüber dem eleganteren Saal liegt zur Marktseite hin ein kleinerer, rustikaler Raum, der stets zum Bersten voll ist. Früher einmal hatten alle gepflegten Gaststätten ein solches Nebenzimmer, in dem die Kutscher oder andere Bedienstete der vornehmen Herrschaften ihr Essen bekamen. Fabio erklärt mir mit Nachdruck: »Ganz egal, wo man sitzt, das Essen ist dasselbe, nur die Preise sind unterschiedlich. Jeder Gast soll meine Gerichte genießen können – unabhängig vom Geldbeutel.«

Zu guter Letzt begleitet mich Fabio noch zu seiner Frau, der blonden Benedetta, die auf der gegenüberliegenden Straßenseite das Café betreibt. Jeden Tag zaubert sie in ihrer Backstube einen anderen Obstkuchen – der Belag richtet sich nach dem saisonalen Angebot. Heute gibt es bei ihr einen traumhaft schmeckenden Himbeerkuchen. Fabio und Benedetta ergänzen einander auf ideale Weise; nach ihren Studien an der Universität verschrieben sich die beiden 1979 mit Leib und Seele der Gastronomie; sie sind auf dem besten Weg, eine ernstzunehmende Konkurrenz für das nahegelegene Luxusrestaurant »Enoteca Pinchiorri« zu werden.

Bei unserem Aufenthalt in Florenz verzichten wir allerdings auf einen Besuch der Feinschmeckerlokale und geben dem Landgut »Il Milione« vor den Toren der Stadt den Vorzug. Mit diesem Anwesen hatte sich der fast schon legendäre Brandimarte Guscelli einen Lebenstraum erfüllt. Als armes Waisenkind war er aus der Emilia-Romagna nach Florenz gekommen, wo er bald zum berühmtesten Silberschmied der Stadt aufstieg. Seine fast barock anmutenden Silberwaren, üppig verziert mit Weinranken, Olivenzweigen und Ähren, sind inzwischen zu begehrten Sammlerobjekten geworden.

Im Verlauf seines abenteuerlichen Lebens erwarb Brandimarte schließlich das 50 Hektar große Gut, das er zu einer Fattoria ausbaute. Seine Lebenslust und seine Vorliebe für ausgelassene Geselligkeit veranlaßten ihn dazu, für seine Gäste große Tafelrunden abzuhalten, die sehr oft in locker entspannter Atmosphäre im Freien stattfanden. Manchmal entwickelten sich diese opulenten Mahle unter dem nächtlichen Sternenhimmel zu wahren Gelagen. Noch nach Jahren schwärmt jeder, der es miterleben durfte, von den Abenden, an denen der Gastgeber großzügig Hof hielt und alle Gäste mit seiner überbordenden Vitalität ansteckte. Ende 1994 starb Brandimarte ziemlich plötzlich, doch sein Geist lebt weiterhin fort – unter der Leitung seiner Witwe, der Genferin Jessica, wird das Landgut in seinem Sinne weitergeführt. Bei ihr hat man das Gefühl, daß auf »Il Milione« alles beim Alten geblieben ist.

Schnurgerade *führen Alleeen durch die toskanische Landschaft.*

Die Alleen der schlanken, hohen Zypressen und Pinien sind untrennbar mit dem Bild der toskanischen Landschaft verbunden. Als Schutz gegen die heiße Sonne Italiens wurden sie bereits von den Römern angepflanzt.

Davon können wir uns überzeugen, als wir am Hochzeitsessen eines Münchner Brautpaares teilnehmen. Der große Holztisch biegt sich förmlich unter den gefüllten Tellern und Schüsseln, dem Tafelsilber und dem üppigen Blumenschmuck. Der Anblick erinnert an das farbenprächtige Stilleben eines Barockmalers. Das Essen selbst entspricht allerdings mehr der heutigen Vorliebe für leichtere Kost. Als Vorspeisen gibt es Tomaten mit Mozzarella und Basilikum, gepfefferte Würstchen mit Saubohnen

Die Burg in Brolio, *Sitz der Familie Ricasoli, stammt aus dem 12. Jahrhundert.*

Chianti-Fässer *im Weinkeller des Barons Ricasoli.*

Baron Ricasoli *lebt in einem traumhaften Ambiente.*

Der berühmteste Wein der Toskana ist natürlich der Chianti, gekeltert u.a. aus den Sangiovese-Trauben. Doch es gibt auch noch andere edle rote Tropfen: Brunello di Montalcino und Vino Nobile di Montepulciano. Eine andere toskanische Spezialität: der süße Dessertwein Vin Santo.

und kleine Ricotta-Häufchen. Der erste Gang besteht aus geriffelten Makkaroni in einer Tomaten-Zucchini-Sauce, die mit etwas Bergminze verfeinert wurde. Als Hauptgericht werden Berge von gebratenen Kaninchen und Tauben in einer Knoblauch-Weißwein-Sauce aufgetragen und zur Ergänzung dieses herzhaften Gangs wird ein schmackhaftes Gemüseragout aus Auberginen, Tomaten, Zucchini und Kartoffeln gereicht.

Brandimarte war nicht nur ein Genießer ersten Ranges, er hatte durchaus auch seine Freude an derberen Späßen. Das wird mir klar, als ich einen Blick auf das Etikett der Weinflaschen werfe: Gab er seinem roten Hauswein doch tatsächlich den Namen »Il puttano« (Hurenbock)! Zum Glück bemerkt keiner der Gäste, daß ich mir das Lachen nur mit Mühe verkneifen kann; sie klatschen gerade Beifall, weil die Köchin Carla die Hochzeitstorte hereinträgt: einen knusprigen Pfirsichkuchen. Die Früchte stammen alle aus dem Garten des Gutes, wie viele andere der frischen Produkte auch. »Il Milione« ist nämlich fast autark: Die Gärten liefern Obst und Gemüse. Neben Hühnern und Enten werden auch Tauben gehalten, der Käse kommt aus der eigenen Molkerei, und in den Weihern werden Fische gezüchtet. Und natürlich – das versteht sich fast von selbst – stammt auch das gesamte Tafelsilber aus der Brandimarte-Werkstatt.

Als wir abends durch den Olivenhain schlendern, erzählt mir Jessica von der Liebe ihres Mannes zum Silber. »Es ist wie mit den Frauen«, zitiert sie einen seiner Lieblingssprüche, der auch viel

Aufschluß über seine Persönlichkeit gibt. »Je öfter man es berührt, desto mehr leuchtet es.«
Bei diesem Spaziergang sehe ich in der Ferne die Kuppel des Florentiner Doms im Dunst der Abenddämmerung schimmern. Um mich herum zirpen die Grillen, es duftet nach feuchter Erde, Olivenbäumen, Zypressen und Pinien. Ich fühle mich in die Toskana meiner Kindheit zurückversetzt. Auch Jessica hängt ihren Erinnerungen nach. »Ich möchte unseren Kindern den gleichen Sinn für Schönheit vermitteln, den auch ihr Vater besaß«, sinniert sie. »Im Grunde war er ein Renaissance-Mensch und hätte wunderbar an den Hof der Medici gepaßt!«

Noch wesentlich weiter zurück als in die Zeit der Medici-Herrschaft reicht das Geschlecht der Familie Ricasoli. Bereits 1141 errichtete sie ihre Burg in Brolio nördlich von Siena und vergrößerte ihren Landbesitz im Laufe der Zeit stetig durch Tauschgeschäfte mit der nahegelegenen Abtei von Coltibuono.

Lorenza de' Medici *ist eine renommierte Kochbuchautorin.*

Die Verbindung zwischen den beiden Anwesen dauert bis heute fort. Als ich mit dem Fernsehteam in der Burg mit ihren mächtigen, 500 Jahre alten Festungsmauern ankomme, findet dort gerade ein Festessen statt, das Baron Bettino Ricasoli für die Gäste der heutigen Schloßherrin von Coltibuono, Lorenza de' Medici, ausrichtet. Bei den Gästen handelt es sich um 15 Amerikaner, die an einem der Kochkurse, die die international bekannte Kochbuchautorin zehnmal pro Jahr abhält, teilnehmen. Hier erhalten ihre Schützlinge nun Gelegenheit, die rustikale toskanische Küche des Barons von Ricasoli kennenzulernen. Die Speisenfolge ist schlicht: Suppe aus jungen Erbsenschoten, gebratenes Perlhuhn mit einer Füllung aus Artischocken und Saubohnen – und als Dessert ein Chianti-Gelee.
Dem historischen Ambiente entsprechend, werden die Gerichte von weiß behandschuhtem Personal serviert. Der Baron selbst sitzt der festlich gedeckten Tafel vor – ohne jenen Anflug von Strenge, die ich in meiner Kindheit öfter bei ihm wahrgenommen hatte. Als junges Mädchen verbrachte ich nämlich ein paarmal die Sommerferien hier, zusammen mit seiner Tochter; damals hatten wir ihm den Spitznamen »barone di ferro« (Eisenbaron) gegeben, nach seinem berühmten Vorfahren, der 1861 zum zweiten Ministerpräsidenten Italiens ernannt wurde. Die heiteren Tischgespräche werden später im kühlen Weinkeller zwischen den riesigen Weinfässern fortgesetzt und drehen sich – wie könnte es anders sein – um die toskanische Küche und den besten Wein des Barons, den Chianti Classico Brolio, Jahrgang 90.

Der Wein ist es auch, der uns zu unserem nächsten Ziel führt – dem Landhaus »Il Greppo« bei Montalcino. Hier wurde vor über 100 Jahren ein neuer Wein erfunden, der

BARON BETTINO RICASOLI

Weingutsbesitzer, Burg Brolio bei Gaiole

Wie fühlt man sich, nach 20 Jahren die renommierte Firma wieder im Familienbesitz zu wissen?
Mir ist ein Stein vom Herzen gefallen, als mein Sohn Francesco 1991 endlich meinen Wunsch erfüllte, die Leitung des Unternehmens zu übernehmen und wir in der Lage waren, unsere Weine aus den Händen der Übersee-Multis freizukaufen.
Was war zunächst zu tun, um das alte Image und dementsprechend die Qualität wieder aufzupolieren?
Vor allen Dingen haben wir neue Fässer angeschafft und die Zahl der Ricasoli-Weine um mehr als die Hälfte gekürzt, um wieder nur auf die Qualität zu setzen.
Nachdem jetzt Francesco die Firma leitet – welcher Beschäftigung widmen Sie sich am liebsten?
Sein Ratgeber bin ich noch geblieben. Aber ich kümmere mich um die Burg Brolio und die verstreut liegenden Gutshäuser hier im Chianti-Gebiet.
Für den kultivierten Feriengast wollen wir gepflegte Wohnungen für erholsame Urlaubstage zur Verfügung stellen.

Gemüsegerichte, vor allem auch aus Hülsenfrüchten, und Suppen sind charakteristisch für die toskanische Küche. Fabio Picchi vom »Il Cibrèo« in Florenz versteigt sich sogar zu der Behauptung, daß die Pasta mit der Toskana nichts zu tun hätte – aber die Suppe eine um so größere Rolle spiele.

ZUPPA FRANTOIANA

Gemüseeintopf

Für 4 Personen

- *200 g weiße Bohnen*
- *200 g rote Bohnen*
- *1 Bund Salbei*
- *2–3 Knoblauchzehen*
- *0,1 l Olivenöl*
- *3 Karotten*
- *3 Kartoffeln*
- *3 Zucchini*
- *200 g gelber Kürbis*
- *5 Blätter Mangold oder Spinat*
- *200 g Wirsingkohl*
- *150 g Sellerie*
- *2 Zwiebeln*
- *3 EL Tomatenmark*
- *1 EL Oregano*
- *1 Bund Petersilie*
- *1 Bund Basilikum*
- *Salz, Pfeffer*
- *einige Scheiben Weißbrot*

1 Die Bohnen mit Wasser bedecken und über Nacht einweichen. Am nächsten Tag im Einweichwasser kochen und pürieren.

2 Den Salbei und die Knoblauchzehen fein hacken und in etwas Öl fritieren, das Gemisch dem Bohnenbrei beimengen.

3 Das Gemüse einschließlich der Zwiebeln putzen und in feine Würfel schneiden. Bei wenig Hitze in etwas Olivenöl anschwitzen, das Tomatenmark und den Oregano hinzugeben, gut verrühren und kurz mitbraten. Mit dem Bohnenpüree auffüllen, bei Bedarf etwas Wasser zugießen.

4 Unter mehrfachem Rühren das Gemüse bißfest kochen, mit Salz und Pfeffer abschmecken; Kochzeit: ca. 1 Stunde.

5 Die Kräuter waschen und fein hacken.

6 Die Suppe in Teller füllen, mit den Kräutern bestreuen und das mit etwas Olivenöl beträufelte Weißbrot dazu reichen.

PASSATO DI PEPERONI GIALLI

Cremesuppe aus gelben Paprikaschoten

Für 6 Personen

- *1 Zwiebel*
- *2 Karotten*
- *1 Selleriestange*
- *Olivenöl*
- *8 reife gelbe Paprikaschoten*
- *4 oder 5 Kartoffeln mittlerer Größe*
- *Wasser*
- *2 Lorbeerblätter*
- *Salz, Pfeffer*
- *1 Glas Milch*
- *Parmesan*

1 Zwiebel, Karotten und Sellerie fein hacken und in einem Topf in Olivenöl anschmoren, bis sie eine dunkle goldbraune Farbe haben.

2 Die Paprikaschoten waschen, gründlich entkernen und in Streifen schneiden; die Kartoffeln schälen und grob würfeln. Beide Zutaten mit in den Topf geben und ebenfalls anschmoren lassen.

3 Dann mit Wasser aufgießen, bis das Gemüse knapp bedeckt ist, den Lorbeer hinzugeben, salzen und pfeffern und etwa 20 Minuten kochen lassen.

4 Sobald die Kartoffeln weich sind, die Lorbeerblätter herausnehmen und das Gemisch mit dem Pürierstab mixen. Dabei die vorgewärmte Milch je nach Bedarf in kleinen Mengen zugeben, bis eine cremige Masse entsteht.

5 Parmesan darüberstreuen, einen Schuß Olivenöl daraufgießen und mit geröstetem Brot heiß servieren.

Tip: Unbedingt darauf achten, daß die Paprikaschoten ganz gelb und nicht nur gelblichgrün sind, sonst bekommt das Püree einen bitteren Stich!

Der Gemüseeintopf stammt aus dem »Da Baffo« in Montecarlo bei Lucca.
Die Cremesuppe aus gelben Paprikaschoten ist die Spezialität des »Il Cibrèo« in Florenz.

RIBOLLITA

Aufgekochte Gemüsesuppe

Für 8 Personen

- *100 g durchwachsener Speck*
- *1 kleine Stange Lauch*
- *1 Möhre*
- *2 Stangen Staudensellerie*
- *8 EL Olivenöl*
- *3 Zweige Thymian*
- *2 EL Tomatenmark*
- *200 g geschälte Tomaten*
- *3 l Brühe*
- *300 g Wirsingkohl*
- *200 g Mangold*
- *600 g weiße Bohnen, die Hälfte davon passiert*
- *1 Bund Basilikum*
- *Salz, Pfeffer*
- *20 Weißbrotscheiben, je nach Bedarf*

1 Speck, Lauch, Möhre und Sellerie würfeln und in etwas Olivenöl anbraten. Thymian, Tomatenmark und die geschälten Tomaten hinzugeben und mit etwas Brühe aufgießen.
2 Wirsing und Mangold waschen, in Streifen schneiden und ebenfalls dazugeben. Erneut mit Brühe aufgießen, so daß ungefähr die Hälfte der Brühe verwendet wird. Alles zusammen 30 Minuten köcheln lassen.
3 Dann die Bohnen und das gehackte Basilikum hineinrühren und mit Salz und Pfeffer abschmecken.
4 Die Weißbrotscheiben in einen großen Topf schichten, mit der Suppe bedecken, erneut eine Schicht Weißbrot darüberlegen und wieder mit Suppe bedecken, bis Suppe und Weißbrot aufgebraucht sind.
5 Über Nacht kühl stellen.
6 Vor dem Servieren nochmals mit der restlichen Brühe aufkochen, auf die Teller geben und mit etwas Olivenöl beträufeln.

Tip: Sollte man keine frischen weißen Bohnen bekommen, so werden getrocknete genommen. Diese über Nacht einweichen und 1 1/2 Stunden vor Kochbeginn vorkochen.

Dieses Rezept stammt aus dem Restaurant »Cantinetta Antinori« in Florenz.

Die »Ribollita« – wörtlich »die Aufgekochte« – ist eine klassische toskanische Suppe. Sie sollte tatsächlich nochmals aufgekocht sein, damit sie auch richtig schmeckt. Früher wurde sie von den Bauern in großen Mengen zubereitet und dann immer wieder aufgewärmt. Dabei wurde sie immer dicker – und wohlschmeckender.

Eine Suppe, die eher einem Brei gleicht: Auch die »Pappa al pomodoro« ist ein altes bäuerliches Gericht – zur Resteverwertung des altbackenen Brotes.

PANZANELLA

Brotsalat

Für 4 Personen

- *300 g altbackenes Weißbrot*
- *6 EL Olivenöl*
- *1 Gurke*
- *2 kleine Zwiebeln*
- *2 Selleriestangen*
- *3 rote, aber nicht zu reife Tomaten*
- *Salz, Pfeffer*
- *Essig nach Bedarf*
- *5–6 Blätter Basilikum*

1 Das Brot in Wasser einweichen. Das gut ausgedrückte Brot zerkleinern, in eine Pfanne geben und mit etwas Olivenöl anbraten.
2 Das Gemüse putzen bzw. schälen. Die in kleine Scheibchen geschnittene Gurke, Zwiebeln, Selleriestangen und Tomaten mit dem Olivenöl, Essig, Salz und Pfeffer vermengen und abschmecken.
3 Das Brot dazugeben und mit den Basilikumblättchen garnieren.

Der Brotsalat ist ein Rezept aus »La Vialla« bei Arezzo.

PAPPA AL POMODORO

Dicke Tomatensuppe

Für 4 Personen

- *1 Lauchstange*
- *2–3 Knoblauchzehen*
- *1 rote Paprikaschote*
- *150 ml Olivenöl*
- *1 EL Tomatenmark*
- *1 kg geschälte Tomaten*
- *Basilikum (reichlich)*
- *1/2 l Brühe*
- *Salz, Pfeffer*
- *500 g altbackenes Weißbrot*

1 Lauchstange, Knoblauch und Paprika säubern und sehr fein hacken.
2 In etwas Olivenöl 5 Minuten anschmoren, dann das Tomatenmark und die geschälten Tomaten dazugeben und ca. 20 Minuten bei nicht zu großer Hitze kochen.
3 Die Brühe hinzugeben, mit Salz und Pfeffer abschmecken und weitere 5 Minuten kochen lassen. Dann erst die Hälfte des gehackten Basilikums hineingeben.
4 Den Topf nun vom Herd nehmen und das in Stücke geschnittene altbackene Weißbrot einrühren; die Suppe ungefähr 20 Minuten stehenlassen.
5 Wenn das Brot aufgeweicht ist, mit einem Schneebesen das Ganze so lange schlagen, bis es sich vollständig aufgelöst hat und eine homogene Mischung entstanden ist. Erneut aufkochen und heiß servieren.

Tip: Zum Garnieren die restlichen Basilikumblätter verwenden und ein wenig kaltgepreßtes Olivenöl darübergießen.

Diese Tomatensuppe gibt es in der »Cantinetta Antinori« in Florenz.

PANE TOSCANO DI CAMPAGNA

Toskanisches Landbrot

Für 2 kg Brot

- *0,5-1 l lauwarmes Wasser*
- *2 kg Weizenmehl (Type 405 oder 550)*
- *2 Würfel Hefe (84 g)*

1 Ein wenig Wasser in die Mehlmulde einrühren und gut vermischen.
2 Die Hefe in lauwarmem Wasser auflösen und auf das Mehlgemisch geben.
3 Unter ständigem Rühren das restliche Wasser nach und nach hinzufügen und mit den Händen zu einem kompakten, elastischen Teig kneten, der nicht mehr klebt.
4 Einen Laib formen und diesen zugedeckt 1 Std. aufgehen lassen.
5 Nach dieser Zeit den Ofen auf 200 Grad vorheizen; den Teig erneut durchkneten.
6 Aus der Teigmasse zwei gleich große Laibe formen und diese wieder an einem warmen Ort zugedeckt gehen lassen, bis an der Oberfläche Risse sichtbar werden.
7 Im Ofen 45 Minuten lang backen.
8 An einem luftigen Ort mindestens 2 Stunden auskühlen lassen.

CROSTINI NERI ODER CROSTINI DI FEGATINI

Schwarzes (Hühnerleber-) Röstbrot

Für 4 Personen

- *1 Selleriestange*
- *1 Zwiebel*
- *3 EL Olivenöl*
- *150 g Hühnerleber*
- *150 g gehacktes Kalbfleisch*
- *1/2 Glas Weißwein*
- *Kapern*
- *Sardellen*
- *Salz, Pfeffer nach Bedarf*
- *4 Scheiben Weißbrot*

1 Sellerie und Zwiebel in dünne Scheibchen schneiden, in Öl anbräunen. Hühnerleber und Kalbhackfleisch zugeben und ca. 10 Minuten anbraten.
2 Mit dem Weißwein löschen und die Kapern und Sardellen unterrühren; mit Salz und Pfeffer abschmecken.
3 Nach ungefähr 1 Stunde Kochzeit bei niedriger Hitze die Masse pürieren bzw. durch den Fleischwolf drehen; dann weitere 5 bis 10 Minuten schmoren lassen.
4 Brotscheiben rösten und die Hühnerleberpaste noch heiß daraufstreichen.

Toskanisches Landbrot ist ein Genuß für sich: aromatisch und knusprig. Es wird ungesalzen im Holzofen neben der Glut gebacken und dient als Träger für Saucen und Pasten, als Resteverwertung für Suppen, als Grundlage zum Käse. Oder es wird einfach mit ein wenig Olivenöl beträufelt, etwas Salz und Pfeffer darauf, dann handelt es sich um eine »Bruschetta«.

Die beiden nebenstehenden Gerichte gibt es ebenfalls im »La Vialla«, dem Gut bei Arezzo.

Für Bohnengerichte gilt: Frische dicke Bohnen müssen nur kurz blanchiert werden. Um ein Pfund Bohnenkerne zu erhalten, braucht man drei Pfund frische Schoten. Getrocknete Bohnen müssen mit viel Wasser (in kaltem Wasser aufsetzen) gekocht werden. Dann sollten sie ausquellen. Erst nach dem Garen salzt man sie und läßt sie in der Lake abkühlen.

SCHIACCIATA AL ROSMARINO

Rosmarinfladen

Für 6 Personen

- *30 g Hefe*
- *500 g Mehl*
- *4 EL Wasser*
- *Salz*
- *1 Bund Rosmarin*
- *5 EL Olivenöl und etwas Öl für das Backblech*

1 Die Hefe in lauwarmem Wasser auflösen.
2 Mehl in eine Schüssel geben, eine Mulde bilden und die aufgelöste Hefe dazugießen. Unter Zugabe von etwas lauwarmem Wasser Salz und die Rosmarinblättchen mit einer Gabel im Teig verrühren.
3 Die Arbeitsfläche leicht mit Mehl bestreuen und die Teigmasse mit den Händen darauf zu einem glatten und geschmeidigen Teig verkneten.
4 Diesen zu einer Kugel formen, in eine mit Öl bestrichene Schüssel geben; zugedeckt an einen warmen Ort stellen, bis sich das Teigvolumen verdoppelt hat.
5 Die Arbeitsfläche erneut mit Mehl bestäuben, den Teig darauf flach schlagen und mit einem Nudelholz zu 6 runden Fladen ausrollen.
6 Ein Backblech einfetten und die Teigfladen hineinlegen; erneut abgedeckt aufgehen lassen, bis sie nach ca. 20 Minuten die doppelte Höhe erreicht haben.
7 Die Fladen mit dem restlichen Öl bestreichen und im auf 200 Grad vorgeheizten Herd 15–20 Minuten backen lassen, bis sie eine goldgelbe Färbung angenommen haben. Abkühlen lassen und servieren.

Das Rezept stammt von der Kochexpertin Lorenza de' Medici, Badia a Coltibuono.

FAGIOLI ALL'UCCELLETTO

Dicke Bohnen auf florentinische Art

Für 4 Personen
(wird als Beilage getrennt serviert)

- *4–5 Blätter Salbei*
- *1 kleine Zwiebel*
- *2 Knoblauchzehen*
- *Olivenöl*
- *1 kleines Stück Schweineschwarte*
- *2 reife Tomaten*
- *500 g gekochte weiße Bohnen*
- *1 Bund Rosmarin*
- *1/4 l Brühe*
- *Salz, Pfeffer*

1 Salbei, Zwiebel und Knoblauch kleinhacken und mit Olivenöl und der Schweineschwarte in einer Pfanne bei wenig Hitze anbraten.
2 Die geschälten und kleingeschnittenen Tomaten, die Bohnen, den Rosmarin und ein wenig Brühe hinzugeben und alles bei niedriger Temperatur köcheln lassen. Mit Salz und Pfeffer abschmecken.

Diese Bohnengericht stammt aus dem Restaurant »Da Delfina« in Artimino bei Florenz.

Olivenöl – *natürlich kaltgepreßt – darf in der ländlichen toskanischen Küche auf keinen Fall fehlen.*

mittlerweile sogar in den USA und in Japan berühmt ist: der Brunello. Es liegt schon vier Generationen zurück, daß Ferruccio Biondi-Santi um 1870 anfing, mit einer Abart der Chianti-Traube Sangiovese zu experimentieren. Ergebnis seiner Versuche war eine andere Traube: die »Sangiovese Grosso«, die größer und dunkler als die herkömmliche Sangiovese-Traube ist. Der daraus gekelterte rubinrote, tanninreiche Wein hat mit dem damals produ-

Brunello di Montalcino *– der echte stammt von Biondi-Santi.*

zierten Chianti wenig gemein: Nach einer mehrjährigen Ausbauzeit in Eichenfässern kann er jahrelang in Flaschen gelagert werden; er ist robust und feurig und deswegen ein Tropfen für anspruchsvollste Weinkenner. Die Herstellungsmethode wurde von Ferruccios Sohn Tancredi und später von seinem Enkel Franco Biondi-Santi unverändert übernommen, und ebenso unverändert blieb der Brunello di Montalcino Riserva, der 1980 zu einem der ersten D.O.C.G.-Weine erklärt wurde. Anläßlich der Weinlese 1994 lud Franco zu einer sensationellen Kostprobe ein. Er bat die anerkanntesten Weinfachleute zu einer »vertikalen Verkostung« der besten Brunello-Jahrgänge von 1888 bis 1988. Und er erbrachte so den Beweis, daß seine Weine über 100 Jahre gelagert werden können, ohne ihre Qualität einzubüßen. Als absolute Spitzenweine stellten sich die Jahrgänge 1891 und 1925 heraus, von denen es aber nur noch je 13 (unverkäufliche) Flaschen gibt.

Neue Kreation *von Jacopo Biondi-Santi.*

Jedes Jahr werden in »Il Greppo« rund 70 000 Flaschen Wein produziert, von denen aber höchstens 15 000 die begehrte Bezeichnung »Brunello Riserva« erhalten. Damit will sich der dynamische 45jährige Jacopo, Francos Sohn, jedoch nicht zufriedengeben; er sucht neue Wege und bringt sogar einen Sauvignon-Weißwein unter dem Namen »Rìvolo« auf den Markt. Angesichts der Experimentierfreudigkeit seines Urgroßvaters überrascht mich dieses Unterfangen nicht – doch verblüfft bin ich von den Worten, mit denen er mich begrüßt: »Weißt du noch, wie wir damals als Studenten auf meinem Motorrad zum Kirschenklauen gefahren sind?« Das war Anfang der siebziger Jahre in Siena, und seit dieser Zeit haben wir uns nicht mehr gesehen. Ich erfahre, daß er mittlerweile nicht nur selbst ins Weingeschäft eingestiegen, sondern auch durch seine Heirat mit der Weinproduktion verbunden ist: Der Familie seiner Frau Francesca gehört das Weingut »Poggio Salvi«. Dort wird heute – wie auf manchen anderen Gütern der Toskana – ebenfalls Brunello hergestellt. Zu dieser Nachahmung wäre es nicht gekommen, wenn der Urgroßvater den Namen »Brunello« gesetzlich hätte schützen lassen. Aber den Vorfahren war das Geschäftliche wohl nicht so wichtig; ihnen lagen andere Dinge am Herzen. »Mein Großvater Tancredi«, erzählt Jacopo, »trug meiner Amme auf, mir regelmäßig etwas Rotwein

DR. JACOPO BIONDI-SANTI

Teilhaber der Firma »Biondi-Santi« in Montalcino

Ich habe gehört, daß zwischen Ihnen und Ihrem Vater Franco Meinungsunterschiede bestehen. Weshalb wollen Sie eigene Wege gehen?

Es geht nicht darum, daß der traditionelle Brunello meines Vaters kein prächtiger Wein wäre. Er ist aber ziemlich hart im Charakter und braucht deshalb sehr lange Lagerungszeiten. Ich bemühe mich, aus derselben Rebsorte »Sangiovese Grosso«, einen seidig abgerundeten Wein mit fruchtigem Bukett herzustellen, der nicht so lange lagern muß. Ich glaube, mit meiner Kreation »Sassoalloro« ist mir dies gelungen.

Das italienische Weingesetz von 1963 zielte auf Schutz durch Qualitätskontrolle und Produktionsbeschränkung. Und viele Weinbauern haben erkannt, daß nicht die Massenproduktion, sondern eine Qualitätssteigerung möglicherweise das bessere Geschäft für sie ist. Hinzu kommt: Durch Lagerung gewinnen sie alle – sowohl der Chianti als auch der Brunello oder Vino Nobile.

Toskanisches Idyll – *ein einsames Gehöft inmitten sanfter Hügel.*

einzuflößen. Er befürchtete, daß ich sonst dem Vorbild meiner Mutter folgen würde und Abstinenzler werden könnte!«

Vom Weingut bis nach Siena ist es nicht weit. Ich parke den Wagen in der Nähe der Kirche San Domenico und merke, wie mir das Herz höher schlägt: Endlich bin ich wieder einmal an dem Ort, aus dem meine Vorfahren stammen. In diesem intakt erhaltenen mittelalterlichen Rahmen fügt sich das heute hier pulsierende Leben ohne Bruch harmonisch hinein. Keiner, der an süßen »Ricciarelli« knabbert, ist sich dessen bewußt, daß er eigentlich in eine mittelalterliche Tradition hineinbeißt. Dieses feine Mandelgebäck hat die Form einer Raute, als wäre sie aus einem Wappenschild herausgeschnitten. Mein erster Weg führt mich sogleich in Danilo Nanninis Café »Conca d'Oro«, wo sich unser Team mit Cappuccino und Latte macchiato (das ist ein Glas Milch mit einem Schuß Kaffee) – und mit ebendiesen Ricciarelli stärkt. Wir sind gekommen, um die Herstellung dieses traditionsreichen Gebäcks zu filmen. Als »Ricciarellaio« ist der Konditormeister Mario Scaranzin für die Produktion verantwortlich. In seinen Maschinen können bis zu 20 Kilogramm Teig gekne-

tet, zu Plätzchen geformt und gebacken werden. Das Rezept klingt recht einfach: geschälte süße Mandeln, versetzt mit einigen Bittermandeln, Eiweiß, Streu-, Vanille- und Puderzucker. Trotzdem rät er von einer Nachahmung am häuslichen Herd ab: »Das wird nicht funktionieren!«
Dottor Nannini stimmt heftig gestikulierend zu. Dann nimmt er mich am Arm und führt mich auf die belebten Einkaufsgassen der Altstadt hinaus. Bei unserem Spaziergang wird unsere Unterhaltung immer wieder von freundlichen Einheimischen unterbrochen, die meinen Begleiter mit »Ciao, Dottore« oder »Buon giorno, Nannini« begrüßen. Schließlich ist er eine Respektsperson, nämlich »Capitano« des Stadtviertels »Civetta« (Eule). Seit dem Mittelalter ist Siena in 17 autonome Stadtviertel aufgeteilt, von denen jeweils zehn – durch Los ermittelt – am jährlichen »Palio« teilnehmen dürfen. Dies ist das spannende, von zahlreichen Aufregungen und Intrigen begleitete Pferderennen rund um die Piazza del Campo, den zentralen Platz der Stadt. Muschelförmig liegt er vor uns, bevölkert von sonnenhungrigen Touristen und geschäftigen Einheimischen. »Sie wissen ja«, erklärt Nannini, »daß der Capitano in seinem Stadtteil für alles verantwortlich ist, was mit

Siena, erbaut auf drei Hügeln, ist eine der schönsten Städte der Toskana. Zentrum der Stadt ist die muschelförmige Piazza del Campo mit dem 102 Meter hohen Torre del Mangia. Auf der Piazza wird alljählich im Juli und August der Palio, das traditionelle Pferderennen, ausgetragen.

Zwei typische Zutaten *der toskanischen Küche: Bohnen und Käse.*

LÄNDLICHE KÜCHE

Wer einmal Brot in einem Forno, also gleich in der Backstube kauft, der versteht bald, warum ein Toskaner bereit ist, dafür kilometerweit zu fahren.

Erst einmal dieser intensive Duft, dann die krosse Rinde und darunter das feste und doch luftige, von großen Blasen durchzogene Brot! Nicht rein weiß sollte es sein, das echte toskanische Brot, man sollte es ihm schon

Ungesalzen, aber köstlich: *toskanisches Brot.*

ansehen, daß es aus naturbelassenem Dinkel- oder Hartweizenmehl besteht. Es wird mit viel Zeit auf Stein im Holzofen direkt neben der Glut gebacken, so wie früher auf dem Land und heute aus rein nostalgischen Gründen wieder.
Ungesalzen ist das Toskana-Brot auch heute noch, eine Tradition, die auf das Mittelalter zurückgeht. Salz, eine Kostbarkeit in früheren Jahrhunderten, mußte aus Steuergründen eingespart werden. Und heute ist es eine Überzeugung! Was soll das Salz im Brot, wenn es ohnehin als »Träger« z. B. für Saucen benutzt wird? Dicke Scheiben vom großen Bauernlaib, kurz über der Holzglut oder im Ofen geröstet, mit Knoblauch eingerieben und mit einem Hauch Olivenöl, dem reinen, »extra vergine«, wie die erste Pressung heißt, beträufelt, höchstens etwas Salz und frisch geschroteter Pfeffer drauf – ein Gedicht namens »Bruschetta« oder »Fettunta!« – und von keiner toskanischen Tafel wegzudenken!

Variationen sind natürlich zugelassen: etwa mit kleingeschnittenen Tomaten, reichlich Knoblauch und frischem Basilikum belegt. Köstlich schmeckt das Brot auch zu den toskanischen Salami- und Schinkensorten, die gerne als Vorspeise gereicht werden. Kleinere und dünnere Brotscheiben vom länglichen Laib werden, meist ebenfalls angeröstet, für die Crostini genommen. Ein würziger Brotbelag aus Leber wird »neri« genannt, »rossi« heißt er mit einer Tomaten-

Pinzimonio: *toskanische Gemüserohkost, in Sauce getunkt.*

paste »bianchi« mit einer Art Mayonnaise. Die besondere Vorliebe der Toskaner für frisches Gemüse zeigt sich beim »Pinzimonio«: so heißt eine Olivenöl-Salz-Pfeffer-Mischung, in die Frühlingszwiebeln und Paprika, Staudensellerie und Radieschen und anderes Gemüse der Saison hineingeschnitten

Wurst *wird oft als Vorspeise gegessen.*

werden. Und in diese Tunke taucht man das frische toskanische Brot.
Zum Essen kommt immer nur frisches Brot auf den Tisch. Da passiert es natürlich oft, daß Brot übrigbleibt und altbacken wird, die Grundlage für zwei weitere traditionelle toskanische Gerichte. Die »Pappa al pomodoro«, eine Tomaten-Brot-Suppe, die eher einem Brei gleicht. Aber welch ein Geschmack! Das in dünne Scheiben geschnittene Brot wird in bestem Olivenöl angeröstet, mit einer kräftigen Fleischbrühe aufgegossen, dazu kommen geschälte Tomaten, ein Bund Salbeiblätter, möglichst frisch gepflückt, und junger Knoblauch. Schon bei der Aufzählung der Zutaten wird auch dem Laien klar: Das ergibt ein deftig-schmackhaftes Sommergericht!
Ein weiteres klassisches Gericht der toskanischen Küche ist die »Ribollita«: Eine einfache wie wohlschmeckende Gemüsebrotsuppe. Die »Aufgekochte«, wie sie genau übersetzt heißt, sollte aufgewärmt sein, erst dann ist sie »echt«. In bäuerlichen Haushalten wurde die Suppe in großen Mengen zubereitet und der Rest immer wieder aufgekocht. Von Tag zu Tag wurde sie dicker – und köstlicher. Sie wird zubereitet aus weißen Bohnen, Karotten, Staudensellerie, ein wenig Bauchfleisch (Pancetta), Wirsing oder Mangold, Fleischbrühe, frischem Thymian und natürlich altbackenem Brot. Warum die »Ribollita« typisch für die toskanische Küche ist, liegt auf der Hand: Sie steht eben für die einfache, bäuerliche Küche, mit viel frischem Gemüse bester Qualität, möglichst aus dem eigenen Garten, dem Orto.
Das i-Tüpfelchen: immer wieder das Olivenöl! Wieviel soll man zugeben? »Fare una C«, sagen die Toskaner, wenn sie die Olivenölmenge angeben wollen, die man braucht, um aus einer Speise eine Delikatesse zu zaubern. »Ein C darüberschreiben«, also nicht einmal einen ganzen Kreis ziehen, das genügt, wenn das Öl von bester Qualität ist. Dann entfaltet es den Duft der Speise, nicht den eigenen. Das gilt ganz besonders für die an sich »armen«, einfachen Gerichte. Kein Wunder, daß in einem richtigen toskanischen Haushalt – und natürlich auch in jedem Restaurant – stets Olivenöl auf dem Tisch steht!

Crostini, Pinzimonio, Wurst ...
Guten Appetit!

Auch zum Nachtisch wird wieder Brot gereicht: Ein gutes Essen rundet ein Toskaner gerne mit Pecorino ab, dem duftigen Schafkäse, ob nur kurz gelagert (fresco) oder gereift (stagionato). Erst danach folgen, wenn überhaupt, Dolci, Süßspeisen. Oder vielleicht doch lieber frisches Obst?

Unter der Bezeichnung »Paradiso toscano«, Paradies Toskana also, bieten neuerdings mehr als 70 kleine und mittelständische Produzenten echte toskanische Spezialitäten in ganz Deutschland in über 110 Delikatessenläden an: unter anderem, Wein und Olivenöl, Pecorino und Pasta, Schinken und Cantucci.
Wer sie kaufen will, braucht nur nach dem Symbol mit den beiden Zypressen und dem kleinen Bauernhaus Ausschau zu halten.

DR. DANILO NANNINI

Inhaber der Konditorei »Nannini« in Siena

Haben Sie einen besonderen Verkaufsschlager?
Ja, die Ricciarelli, das feine Mandelgebäck. Schon im Mittelalter hat man es hier in Siena gebacken. Davon verkaufen wir das meiste.
Exportieren Sie sie auch nach Deutschland?
Die Ricciarelli nicht, dafür aber den ebenfalls traditionellen Panforte, einen runden flachen Kuchen mit getrockneten kandierten Früchten.
Ist es schwierig, zwei so berühmte Kinder zu haben, wie eine Rocksängerin und einen Rennfahrer?
Ja, denn sie sind nur selten zu Hause.
Wer wird die Familienfirma einmal weiterführen?
Das haben wir schon geregelt. Wenn sie älter sind, werden die Kinder die Firma übernehmen.

dem Palio zusammenhängt. Wenn wir verlieren, grüßt mich keiner mehr. Wie schön, daß Ihre Familie zur Contrada dell' Oca (Gans) gehört. Eule und Gans lagen sich nie so in den Haaren wie Hund und Katz.«

Für Außenstehende sind die Rivalitäten zwischen den einzelnen Contrade schwer zu verstehen. Zwar ist die Feindschaft bei weitem nicht mehr so erbittert wie früher – ein Drama im Stil von Shakespeares »Romeo und Julia« wäre im heutigen Siena sicher nicht mehr denkbar –, und dennoch, man muß es wohl einfach akzeptieren, daß die Sieneser sich mit Leib und Seele der Contrada verbunden fühlen, in die sie hineingeboren wurden. Und dieser Verbundenheit geben sie sich zur Zeit des Palio mit leidenschaftlichem Eifer hin. Kein Wunder, daß die Bewohner sehr stark mit ihrer Stadt verwurzelt sind.

»Schade, daß meine Kinder so wenig bei uns hier in Siena sein können«, meint der Dottore dazu, mit einem melancholischen Lächeln. »Alessandro lebt als Rennfahrer in Monte Carlo, und Gianna ist mit ihrer Rockband sehr oft unterwegs auf Tournee. Was mich anbelangt, ich könnte nicht so leben – ich liebe diese Stadt und würde sie gegen keine andere der Welt eintauschen!«

Siena: *Blick auf die Piazza del Campo mit dem Torre del Mangia.*

Auch mir fällt es schwer, Siena zu verlassen. Doch wir wollen weiter, nämlich zur »Fattoria la Vialla«, die die Familie Lo Franco bei Castiglion Fibocchi, rund 15 Kilometer von Arezzo entfernt, betreibt. Ich wußte, daß mich dort ein toskanisches Bilderbuchidyll erwarten würde, wie man es vielfach auf Postkarten findet. Aber daß es sich bei diesem Gut sozusagen um ein »Öko-Paradies« handelt, hatte ich nicht geahnt: Nicht nur die Landwirtschaft, auch der Weinanbau und die Forstwirtschaft werden hier nach rein ökologischen Gesichtspunkten betrieben.

Gleich nach der Ankunft bittet mich Gianni Lo Franco, in seinem Landrover Platz zu nehmen, und wir brechen zu einer Rundfahrt durch das fast 1000 Hektar große Gelände auf. Über Stock und Stein geht es von einem Landhaus zum anderen. Insgesamt 18 gibt es; sie wurden geschmackvoll zu komfortablen Gästehäusern umgebaut. Man kann sich kaum vorstellen, daß sie vor gar nicht so langer Zeit noch halb verfallen herumstanden. Besonders angetan bin ich von einem ehemaligen Klösterchen aus dem Jahr 1000, das auf einem Hügel thront, und von einem mittelalterlichen Wachturm, von dem aus man einen wunderbaren Blick über die Landschaft hat: Olivenhaine, Macchia, einen Mischwald aus Eichen, Pinien und Edelkastanien, und dazwischen, verstreut, die einzelnen Feriensitze. Alle sind stilvoll-rustikal eingerichtet, mit hölzernen Querbalken, einem Kamin, schmiedeeisernen Bettgestellen und Bauernmöbeln.

Im Verlauf unserer Besichtigungsfahrt kommen wir an kleinen Seen und plätschernden Bächen vorbei, und dann an einer Wiese, auf der Schafe grasen. Wie weiße Tupfer auf einem grünen Teppich wirken sie, umgeben von dem leuchtenden Gold der blühenden Ginsterbüsche. »Wir halten 400 Schafe«, unterbricht Gianni meine Träumerei,

Zwischen Hügel eingebettet – *die komfortablen Gästehäuser von »La Vialla«.*

In der alten Ölmühle *von »La Vialla« wird nach strengen ökologischen Regeln gearbeitet.*

bei der ich mir vorstelle, einmal vier Wochen in dieser friedlichen Landschaft zu verbringen. »Sie liefern die Milch für unseren Pecorino und Ricotta. Wir produzieren alles selbst, streng nach öko-biologischen Vorschriften – Olivenöl ebenso wie Getreide und Mehl. Das Landbrot und die Cantucci kommen aus unserer eigenen Bäckerei. Wir benutzen nur Naturdünger, keine Kunstdünger oder chemischen Herbizide. Und unser Wein wird nicht nur önologisch, sondern auch ökologisch korrekt angebaut, gegoren und ausgebaut. Beim Abendessen werden Sie ja sehen, ob er Ihnen schmeckt.«
Während wir zum Hauptgebäude von »La Vialla« zurückfahren, werden wir von einigen Reitern und von Mountain-Bikern überholt. Rechtzeitig zum Abendessen kehren sie alle von ihren Tagesausflügen zurück. Auf der Terrasse erwartet uns bereits der gedeckte Tisch: eine lange Tafel mit einem endlos scheinenden Tischtuch aus handgewebtem Leinen und den dazu passenden Servietten, ein Meisterstück des Aretiner Kunsthandwerks. Eine Tischordnung gibt es nicht; Besitzer, Bauern, Angestellte und Gäste sitzen nebeneinander, wie der Zufall sie zusammenführt, und freuen sich auf das Festmahl. Die Strahlen der untergehenden Sonne, die durch das Laub dringen, werfen einen rotgoldenen Schimmer auf die üppige Tafel. Das Essen selbst ist typische toskanische Hausmannskost. Zum Auftakt gibt es »Panzanella«, eine kalte Brotsuppe mit allerlei feingehacktem Grünzeug, gefolgt von warmem geröstetem Brot mit Hühnerleber sowie Wurst und Käse in Hülle und Fülle. Dann trägt Anoeta, das unermüdliche »Mädchen für alles«,

»Agriturismo«, Ferien auf dem Lande – in der Toskana boomt mittlerweile diese Art von Urlaub für gestresste Großstädter.

Toskanisches Olivenöl gilt mit als das beste. Doch seine Herstellung hat auch ein paar Tücken. Die Oliven werden noch immer mühselig von Hand gepflückt oder mit Stöcken von den Bäumen geschlagen. Fallen sie von alleine herunter, sind sie zu reif und ihr Ölgehalt wäre minderwertig. Einmal geerntet, müssen sie innerhalb von 24 Stunden in einer Ölmühle weiterverarbeitet werden, da sich sonst ebenfalls die Qualität des Öls verschlechtern würde.

Der Marktplatz von Lucca *ist in der elliptischen Form des antiken Amphitheaters erbaut.*

den Hauptgang auf: ein Braten-Potpourri, wie man es sich überwältigender nicht denken kann: Ente, Huhn, Perlhuhn und Tauben sind ebenso vertreten wie Kaninchen. Nach einer halben Stunde haben wir den riesigen Bratenberg verdrückt. Dazu gibt es den Hauswein »Conforto«, zuerst einen weißen, dann einen roten. Ich muß Gianni beipflichten: Der Wein ist wirklich eine wunderbare Ergänzung zu dieser herzhaften Speisefolge.

Zum Abschluß kommt der Dessertwein Vin Santo auf den Tisch, in den die süßen Cantucci getunkt werden. Mein Tischnachbar, ein gesprächiger Bauer, macht es mir vor und erzählt dabei: »Gäste, die sich ihr Essen mit eigener Arbeit verdienen wollen, können mitanpacken – bei der Ernte, bei der Weinlese oder auch beim Brotbacken.« Offenbar steht mir der Zweifel ins Gesicht geschrieben, denn er fügt hinzu: »Das meine ich ernst!« Auch das gehört zum »Agriturismo« – zu den Ferien auf dem Bauernhof.

Zum Glück brauchen wir nicht mitanzupacken, als wir später im Jahr zur Olivenernte nach Castelvecchio, etwa 30 Kilometer südöstlich von Lucca, fahren. Die hügelige Landschaft dieser Region, mit der Apenninkette im Hintergrund, zählt zu den schönsten der Toskana – und das hier erzeugte Olivenöl gehört zu den besten ganz Italiens. Etwa Anfang November, wenn die Oliven nicht mehr grün sind, sondern sich lilablau verfärben, müssen sie gepflückt und innerhalb von 24 Stunden durch die Mühle gepreßt werden; sonst entsteht durch die Fermentation eine Säure, die sich nachteilig auf den Geschmack des Öls auswirken würde. In großen Körben bringen die Bauern ihre Oliven zu Signor Bindis Mühle »La Visona« nach Sant' Andrea di Còmpito.

Dort werden die Früchte zuerst gewaschen und alle Blätter entfernt; dann kommen sie in die »Quetsche«, einen riesigen Bottich mit tonnenschweren Granitsteinen, die das Fruchtfleisch mitsamt den Kernen zu Brei zermalmen. Diese Olivenmasse wird auf runde Bastmatten gestrichen, die zu einem Turm aufgestapelt und dann in der Presse ausgequetscht werden. Dabei tritt der sogenannte Ölmost aus. »Diese natürliche Methode nennen wir Kaltpressung«, erklärt mir Signor Bindi, »weil der Olivenbrei dabei nicht erhitzt wird. Das noch im Ölmost befindliche Wasser und die Faserreste werden durch Zentrifugieren und Filtern abgesondert.« Das reine Endprodukt fließt dann in einen Behälter. Daneben steht ein Herr und prüft den Geschmack des frisch gepreßten Öls. Bei diesem Fachmann handelt es sich um Luciano Melchionda von der Firma »Minerva«, der sich momentan auf einer Rundreise durch die Toskana befindet, um das neue Olivenöl seiner Lieferanten zu testen.

Etwas später sitzen wir am Tisch beisammen und genießen das junge Öl mit einer »Fettunta« (Brot, das mit Olivenöl und Knoblauch bestrichen und am Kaminfeuer angeröstet wird). Signor Melchionda schnalzt anerkennend mit der Zunge – das Öl entspricht also seinen Erwartungen; es hat einen fruchtigen, etwas würzigen Geschmack und eine goldgelbe Farbe mit einem leicht grünlichen Stich. »Dieses kaltgepreßte Olivenöl nennt sich extra vergine (absolut naturrein). Wir betrachten es als wahre Medizin; schließlich enthält es – im Gegensatz zu tierischen Fetten – einen hohen Anteil an mehrfach ungesättigten Fettsäuren und kann somit den Cholesterinspiegel senken.« Sein wichtigster praktischer Hinweis für Köche und Köchinnen: »Das kaltgepreßte Olivenöl darf nur kalt verwendet werden; sobald es erhitzt wird, verliert es seine wertvollen Eigenschaften. Am besten schmeckt es zu Salat, zu gedünstetem Fisch oder wie hier aufs Brot geträufelt!« Das lasse ich mir nicht zweimal sagen und beiße herzhaft in eine zweite Fettunta.

Derart gestärkt, können wir nach Lucca weiterfahren. Für dieses mittelalterliche Städtchen mit seiner anheimelnden Atmosphäre hatte ich schon immer eine Vorliebe, und ich freue mich, bei meinem Gang durch die Stadt von einem echten Luccheser begleitet zu werden: Gino Carmignani, einem Wirt und Winzer aus der Umgebung. Er wartet bereits auf mich, als ich, wie vereinbart, an

Das mittelalterliche Stadtbild von Lucca *hat sich großteils erhalten.*

Signora Carmignani *bereitet Bohneneintopf in der Küche des »Da Baffo« zu.*

Gino Carmignani *Gartenlokalbesitzer und Weinbauer. Der Name seines Lokals »Da Baffo« (Zum Schnurrbärtigen) kommt nicht von ungefähr.*

Hommage an Duke Ellington: *Gino Carmignani hat dem Jazzpianisten einen Wein gewidmet.*

Vater Carmignani *im »Da Baffo«.*

der Kirche San Michele eintreffe, dem schönsten romanischen Bau der Altstadt.

Bei unserer Tour durch die Gassen verweilen wir kurz auf dem menschenleeren Marktplatz. Er hat noch die gleiche elliptische Form wie einst das altrömische Amphitheater, das an dieser Stelle stand. Gino schwärmt von seinem Heimatort: »Neben Florenz hat Lucca das eleganteste Flair von allen toskanischen Städten.«

In einer Seitengasse zeigt er auf den mächtigen Wohnturm der Familie Guinigi, die früher über die Stadt herrschte. »Damals waren hohe Türme wie dieser ein Zeichen von Rang und Macht. Schließlich sind wir Luccheser nicht irgendwer ...«, erklärt mein Führer. Ich frage ihn, was es für ihn bedeutet, aus dieser wunderbaren Stadt zu stammen. »Ich will von Schönheit umgeben sein«, antwortet er, »wie jeder andere echte Toskaner auch. Damit meine ich die Natur und die Kunst ebenso wie die Kultur. Und natürlich gehört auch die Lebenskunst dazu, vor allem die Eßkultur.« Mit diesen Worten spricht er vermutlich nicht nur den Stadtbewohnern, sondern allen Toskanern aus dem Herzen.

Von Schönheit umgeben ist man in Lucca wahrlich, wie ich auf dem Weg zum Parkplatz wieder einmal feststelle. Von der Platanenallee, die den einstigen Schutzwall der Stadt auf vier Kilometer Länge umringt, sehen wir auf das bezaubernde Panorama der hügeligen toskanischen Landschaft.

Dorthin fahren wir nun, denn wir wollen in der Nähe des Dorfs Montecarlo Ginos Gartenlokal »Da Baffo« (Zum Schnurrbärtigen) besuchen, das zwischen Olivenhainen und Weingärten eingebettet liegt. Seine Mutter erwartet uns schon mit einer »Frantoiana«, einem sämigen Bohneneintopf nach Luccheser Art. Mama Carmignani bereitet diese Spezialität aus sage und schreibe 18 Gemüsesorten zu, die sie allesamt frisch aus dem Garten geerntet hat: Karotten, Kartoffeln, Kürbis, Zucchini, Wirsing, Mangold und vieles andere mehr.

Zuerst werden ein paar Brotscheiben in die Teller gelegt, auf die Gino dann die Suppe schöpft. Zum Schluß gießt Babbo Carmignani, wie es sich gehört, einen Schuß kaltes Olivenöl darüber. Dabei meint er: »Früher galt dieser Eintopf als Arme-Leute-Essen, weil er so nahrhaft ist. Danach hatte man wieder Kraft für die schweißtreibende

Spinatnockerln *gibt es in der Toskana in mehreren Varianten.*

GNOCCHI DI SPINACI AL BURRO E SALVIA

Spinatnockerln mit Butter und Salbei

Für 4 Personen

- *500 g blanchierter Spinat, kleingehackt und trocken gepreßt*
- *ca. 100 g geriebener Parmesan*
- *200 g Mehl*
- *250 g Ricotta*
- *2 Eier*
- *1 Prise geriebene Muskatnuß*
- *Salz, Pfeffer*
- *8 EL Butter, ungesalzen*
- *1 Handvoll Salbeiblätter*

1 Den Spinat in eine große Schüssel geben, dazu fast den ganzen Parmesan, das Mehl, die Ricotta, die Dotter der beiden Eier, etwas Muskatnuß, Salz und Pfeffer nach Geschmack. Das Ganze gut miteinander vermischen, am besten mit einem Mixgerät.
2 Mit mehlbestäubten Händen aus der Spinatmasse kleine Würstchen rollen und diese in etwas Mehl wälzen. Die Würstchen auf eine Größe von ca. 2 cm schneiden.
3 In leicht gesalzenem Wasser nur wenige Nockerln auf einmal kochen. In einem Sieb abtropfen lassen und auf eine mit Butter bestrichene Auflaufform legen.
4 Die restliche Butter erhitzen und die gehackten Salbeiblätter darin langsam anschmoren.
5 Die Nockerln mit Parmesan bestreuen und die Butter mit Salbei daraufgießen.
6 Im auf 155–160 Grad vorgeheizten Backrohr etwa 20 Minuten backen lassen, dann servieren.

MALFATTI DELL'OSTERIA

Spinat-Ricotta-Nockerln in Tomatensauce

Für 4 Personen

- *500 g Spinat*
- *300 g Ricotta, gewürfelt*
- *3 Eier*
- *100 g geriebener Parmesan*
- *Salz, Pfeffer*
- *Muskatnuß*
- *Semmelmehl*
- *etwas Butter*

Tomatensauce

- *1 Knoblauchzehe*
- *2 EL Olivenöl*
- *200 g passierte Tomaten oder 1 kleine Dose abgetropfte Tomaten*
- *1 Bund Basilikum*

Bechamelsauce

- *2 EL Butter*
- *1 EL Mehl, leicht gehäuft*
- *150 ml Milch*

1 Den Spinat kurz blanchieren, abschrecken und gut ausdrücken.
2 Mit Ricotta, Eiern und 50 g Parmesan mischen; mit Salz, Pfeffer, Mukatnuß würzen und dem Semmelmehl zu Nockerln formen.
3 4 feuerfeste Förmchen mit Butter ausstreichen und in jede Form 4 Nockerln hineinlegen.
4 Die gehackte Knoblauchzehe im Olivenöl anbraten, die passierten Tomaten zugießen; das gehackte Basilikum untermengen und mit Salz und Pfeffer abschmecken.
Die Sauce über die Nockerln gießen.
5 Butter schmelzen, das Mehl einrühren und unter ständigem Rühren die Milch zugießen, kurz aufkochen lassen und mit Salz, Pfeffer und Muskat würzen.
6 Diese Sauce nun ebenfalls über die Nockerln gießen und den restlichen Parmesan darüberstreuen. Im Backrohr bei 200 Grad ca. 30 Minuten backen lassen.

Für die Zubereitung der Nockerln kann man auch tiefgekühlten Blattspinat nehmen. Man muß ihn nur gut abtropfen lassen und dann kleinhacken.

Die Spinatnockerln mit Butter und Salbei sind ein Rezept der Kochexpertin Lorenza de' Medici. Die Ricotta-Version stammt aus dem »Le Logge« in Siena.

Zwiebeln *werden für viele toskanische Gerichte verwendet. Die weißen sind milder als die roten.*

Das Kräuteröl für den Gemischten Braten kann man gut auf Vorrat ansetzen, am besten dann, wenn die Kräuter Saison haben. In der kühlen Speisekammer oder im Keller hält es sich längere Zeit. Wichtig ist, daß das Öl vor Licht geschützt wird.

ARROSTO MISTO

Gemischter Braten

Für 4 Personen

Kräuteröl

- *4 Zweige Rosmarin*
- *4 Zweige Thymian*
- *8 Blätter Salbei*
- *4 Knoblauchzehen*
- *1/4 l Olivenöl*

Braten

- *750 g Kartoffeln*
- *500 g Schalotten*
- *2 Hühnerkeulen*
- *2 Entenkeulen*
- *2 Kaninchenkeulen*
- *2 Wachteln*
- *500 g Zucchini*
- *4 Tomaten*
- *Salz, Pfeffer*

Kräuteröl

Die Kräuter von den Stielen befreien, die Knoblauchzehen schälen und in dünne Scheibchen schneiden. Alles zusammen mit dem Olivenöl mischen und mindestens 5 Stunden ziehen lassen.

Braten

1 Die Kartoffeln waschen, schälen und halbieren; die Schalotten grob zerkleinern.

2 Ein Backblech mit etwas Öl bestreichen; die Kartoffeln salzen und mit der Schnittfläche auf das Blech legen, die Schalotten darüber verteilen.

3 Die Hühner-, Enten- und Kaninchenkeulen am Gelenk halbieren. Mit Salz und Pfeffer würzen und zu den Kartoffeln legen. Alles zusammen in die auf 200 Grad vorgeheizte Backröhre geben.

4 Das Kräuteröl durch ein Sieb passieren die Keulen ab und zu damit bestreichen. Unterdessen die Zucchini waschen und in 1 cm dicke Scheiben schneiden.

5 Nach 20 Minuten Garzeit die beiden gewaschenen und ebenfalls gewürzten Wachteln zusammen mit den Zucchinischeiben in den Herd geben.

6 Weitere 20 Minuten garen lassen und dabei immer wieder mit Öl bestreichen.

7 Dann die Temperatur auf 180 Grad reduzieren und die gewaschenen und grob gewürfelten Tomaten zusammen mit den abgesiebten Kräutern hinzugeben.

Nach weiteren 20 Minuten ist der Braten fertig.

Festessen im »La Vialla« in Castiglion Fibocchi: der Gemischte Braten.

Zum Kaninchen paßt vorzüglich ein großer Chianti, etwa ein »Riserva« der Fattoria Felsina in Castelnuovo Berardenga.

CONIGLIO RIPIENO ALLE PRUGNE E MANDORLE

Gefülltes Kaninchen mit Pflaumen und Mandeln

Für 4 Personen

- *1 Knoblauchzehe*
- *Olivenöl*
- *100 g Dörrpflaumen*
- *50 g geröstete Mandeln*
- *200 g Schweinemett*
- *2 Zweige Rosmarin*
- *ca. 1,5 kg Kaninchen, mit Leber*
- *etwas Milch*
- *100 g Toastbrot*
- *1 Ei*
- *50 g Parmesan*
- *Salz, Pfeffer*
- *120 g durchwachsener Bauchspeck*
- *1 Bund Kräuter*
- *1 Möhre*
- *1/4 Sellerie*
- *2 Zwiebeln*
- *1/4 l Weißwein*
- *1/4 l Fleischbrühe*

1 Den grobgehackten Knoblauch in einer Pfanne mit 1 EL Olivenöl goldbraun anbräunen. Zerkleinerte Pflaumen, Mandeln und das Schweinemett dazugeben und anbraten.
2 Den gehackten Rosmarin und die ebenfalls gehackte Leber des Kaninchens dazugeben und garen lassen.
3 Dann das in Milch eingeweichte Toastbrot, Ei und Parmesan unterrühren, mit Salz und Pfeffer würzen.
4 Das entbeinte Kaninchen mit dieser Masse füllen, mit den Bauchspeckscheiben belegen und am Bauch zusammennähen.
5 Möhre, Sellerie und Zwiebel kleinschneiden, mit den gehackten Knochen zum Kaninchen geben und in einer Form in etwas Olivenöl anbraten; mit dem Weißwein löschen. Im auf 180 Grad vorgeheizten Ofen ca. 1 Stunde und 20 Minuten braten lassen, gelegentlich mit etwas Brühe begießen.

In »La Bottega del 30« in Villa a Sesta, in der Nähe von Castelnuovo Berardenga, wird das Kaninchen zubereitet.

Das Fleisch der in den toskanischen Wäldern zahlreich lebenden Wildschweine wird zu den verschiedensten Formen verarbeitet, z. B. als Wildschweinwurst. Für Fleischgerichte gibt es auch zahlreiche Varianten, etwa das Ragout zu Teigwaren.

CINGHIALE ALLA MAREMMANA

Wildschwein nach Maremma-Art

Für 4 Personen

Marinade

- *2 Karotten*
- *2 Zwiebeln*
- *2 Selleriestangen*
- *4 Knoblauchzehen*
- *1 Kräuterbund mit Rosmarin, Salbei, Lorbeer, Thymian*
- *1/2 l Rotwein*

Fleischzubereitung

- *1 kg Wildschweinfleisch*
- *2 Karotten*
- *2 rote Zwiebeln*
- *2 Selleriestangen*
- *2 Zweige Rosmarin*
- *5 Blätter Salbei*
- *2 Knoblauchzehen*
- *25 cl Olivenöl*
- *1/2 l Rotwein*
- *500 g geschälte Tomaten mit ihrem Saft*
- *Salz, schwarzer Pfeffer*

1 Für die Marinade Karotten, Zwiebeln, Sellerie und Knoblauchzehen sehr fein hacken und mit den ebenfalls zerkleinerten Kräutern und dem Rotwein mischen.

2 Das Wildschwein in mittelgroße Stücke schneiden und am Vortag in die Marinade legen; zugedeckt kühl stellen.

3 Am nächsten Tag das Fleisch aus der Marinade nehmen und kurz abwaschen. Die Marinade wird aufgrund ihres sauren Geruchs nicht mehr verwendet.

4 Karotten, Zwiebeln, Selleriestangen, Rosmarin, Salbei, Knoblauchzehen säubern und kleinhacken, in eine Pfanne geben und in Olivenöl anschmoren.

5 Das Fleisch kurz anbraten, mit dem Rotwein löschen und dann die geschälten Tomaten hinzugeben. Salzen und pfeffern und auf kleiner Flamme ca. 2 Stunden zugedeckt schmoren lassen.

Das Wildschwein-Ragout stammt aus dem »Dal Cappellaio Pazzo« in Campiglia Marittima.

CRÊPES ALLA CREMA DI CASTAGNE

Pfannkuchen mit Kastanienpüree

Für 2 Personen

Pfannkuchenteig

- *3 Eier*
- *15 g Puderzucker*
- *Salz*
- *1/4 l Milch*
- *1 EL Mehl*
- *Fett zum Backen*

Vanillecreme

- *3 Eigelb*
- *85 g Zucker*
- *1/4 l Milch*
- *1 Vanilleschote*
- *Saft 1/2 Zitrone*

Kastanienpüree

- *300 g gekochte Kastanien*
- *150 g Puderzucker*
- *75 g Schmelzschokolade*

Flambierter Pfannkuchen

- *4 EL Zucker*
- *40 g Butter*
- *Saft von 2 Orangen und 2 Zitronen*
- *2 cl Kirschlikör*
- *etwas Cognac*
- *Sahne*

Pfannkuchenteig

Alle Zutaten für den Teig mit einem Schneebesen gut vermischen, so daß eine flüssige Masse von gleichmäßiger Konsistenz entsteht. Diese nachher in eine wenig gefettete Pfanne gießen.

Vanillecreme

Eigelb mit der halben Zuckermenge schaumig schlagen. Die Milch aufkochen lassen und die andere Zuckerhälfte gut darin verrühren; das Gemisch zur Ei-Zuckermasse geben. Die Vanilleschote ausschaben und diesen Inhalt zusammen mit dem Zitronensaft unter ständigem Rühren der Milch beimengen.

Kastanienpüree

Die gekochten Kastanien durch ein Sieb passieren; den Puderzucker, die Vanillecreme und die geschmolzene Schokolade unterrühren.

Flambierter Pfannkuchen

1 Den Pfannkuchenteig in einer Pfanne bei wenig Hitze auf beiden Seiten kurz backen; das Kastanienpüree daraufgeben und den Pfannkuchen leicht einschlagen.

2 In einer anderen Pfanne 4 EL Zucker mit 40 g Butter karamelisieren lassen, dann den Orangen- und Zitronensaft zugießen. Einige Minuten sieden lassen, dann den Likör einrühren.

3 Den gefüllten Pfannkuchen in diese Pfanne auf die Sauce legen, mit Cognac übergießen und flambieren.

4 Den Pfannkuchen auf einen vorgewärmten Teller legen und mit der Flambiersauce übergießen.

5 Mit etwas geschlagener Sahne oder Puderzucker servieren.

Die stärkehaltigen Eßkastanien waren vor Einführung der Kartoffel ein Grundnahrungsmittel in der Toskana.

GHIRIGHIO

Kastanienkuchen

Für 1 Kuchen

- *500 g Kastanienmehl*
- *Wasser*
- *1 Prise Salz*
- *ca. 1/4 l Olivenöl*
- *100 g Pinienkerne*
- *100 g Rosinen*

1 Das Kastanienmehl mit wenig Wasser verrühren, Salz und so viel Öl dazugeben, bis ein dünnflüssiger Teig entsteht.

2 Ein Kuchenblech mit Öl auspinseln, den Teig fingerdick ausstreichen und mit den gehackten Pinienkernen und Rosinen belegen; mit etwas Olivenöl beträufeln.

3 In der auf 180 Grad vorgeheizten Backröhre ca. 40 Minuten backen lassen; warm servieren.

Das »Da Delfina« in Artimino bei Florenz bietet den Kastanienkuchen an; die Pfannkuchen mit Kastanienpüree sind eine Kreation des »Il Pellicano« in Port'Ercole auf Monte Argentario.

Cantucci *sind ein leckeres Mandelgebäck, das man in vielen Cafés kaufen kann – beispielsweise auch bei Signor Nannini in Siena. In einen Vin Santo getaucht entfalten sie ihr volles Aroma.*

Die Cantucci werden als Süßspeise im »La Vialla« serviert. Der Himbeerkuchen stammt aus dem »Il Cibrèo« in Florenz.

CANTUCCI

Eckchen – hartes Mandelgebäck

Für 2 kg Cantucci

- *4 Eier*
- *500 g Zucker*
- *500 g Mehl*
- *1 Tütchen Hefe*
- *500 g Mandeln*

1 Die Eier und den Zucker schaumig schlagen, dann das Mehl zusammen mit der Hefe unterrühren.

2 Die Mandeln halbieren und dem Gemisch beimengen; zugedeckt an einem warmen Ort 15 Minuten gehen lassen.

3 Das Backblech mit Butter bestreichen und mit Mehl bestäuben.

4 Aus dem Teig 3 cm dicke lange Rollen formen; diese auf das Blech legen und bei 180 Grad 45 Minuten lang im Ofen backen.

5 Aus dem Herd nehmen und abkühlen lassen. Mit einem scharfen Messer in etwa 1 cm dicke Stücke schneiden.

CROSTATA DI LAMPONI

Himbeerkuchen

Für 1 Tortenboden mit 28 cm Durchmesser

Mürbeteig

- *100 g Zucker*
- *1 Eigelb*
- *200 g Butter*
- *200 g Mehl*

Creme

- *400 ml Milch*
- *4 Eigelb*
- *60 g Zucker*
- *5 Blätter Gelatine*
- *400 ml Sahne*
- *600 g Himbeeren*

Teig

1 Die Zutaten rasch zu einem glatten Teig verarbeiten, in Folie packen und mindestens 2 Stunden kalt stellen.

2 Eine Springform, mit einem 2 cm hohen Rand mit Butter ausstreichen und mit dem Teig auskleiden. Bei 180 Grad ungefähr 15 Minuten backen.

Creme

1 Die Milch aufkochen lassen.

2 Zucker und Eigelb schaumig schlagen.

3 Die Milch mit einer Schöpfkelle unter Rühren langsam zur Eigelbmasse zugeben.

4 Die Flüssigkeit in den Topf zurückgießen und unter weiterem Rühren erneut erhitzen, bis sie cremig wird. Nicht kochen lassen!

5 Die eingeweichte und ausgedrückte Gelatine unterrühren und das Gemisch dann abkühlen lassen.

6 Die Sahne steif schlagen. Sobald die Creme beginnt fest zu werden, die Sahne vorsichtig unterheben.

7 Die Creme auf dem gebackenen und erkalteten Tortenboden gleichmäßig verteilen. 2 Stunden in den Kühlschrank stellen und erst dann mit Himbeeren belegen.

Von Massa Marittima, *am Rande der Maremma gelegen, sieht man die toskanische Hochebene.*

Arbeit im Weinberg. Aber natürlich gehört zum Essen immer ein guter Rotwein!«
Sofort folgt Gino dieser indirekten Aufforderung seines Vaters und stellt stolz eine Flasche »For Duke« auf den Tisch. Kaum zu glauben: Er hat den Wein, eine seiner neuesten Kreationen, tatsächlich nach seinem Idol, dem Jazzmusiker Duke Ellington, benannt. Bei unseren Gesprächen mit Gino hatten wir erfahren, daß er nur einen Wein höher schätzt als den eigenen, nämlich den »Sassicaia« aus dem Süden der Toskana.

Eine Kostprobe dieses so hochgelobten Tropfens dürfen wir uns natürlich nicht entgehen lassen. Also folgen wir der Via Aurelia, der alten Römerstraße, nach Süden in die Maremma. Schon im Altertum war dieses schmale Flachland zwischen Apenninvorgebirge und dem Tyrrhenischen Meer besiedelt, doch in der Kaiserzeit versumpfte es und galt jahrhundertelang als gefürchtetes Malariagebiet, in dem Banditen ihr Unwesen trieben. Erst im letzten Jahrhundert wurde das Land wieder urbar gemacht und zu einer heute intensiv genutzten Ackerbaulandschaft kultiviert. Zum Glück stehen Fortschritt und Fremdenverkehr hier nicht im Widerspruch zu Umweltschutz. Es gibt Reservate für die vielen Wasservögel und seltene andere Tierarten.
Uns zeigt sich die nördliche »Maremma alta« auf der fünf Kilometer langen Zypressenallee zwischen San Guido und Bòlgheri von ihrer eleganten, prachtvollen Seite. Der Literaturnobelpreisträger Giosuè Carducci (1835 - 1907) hat über diese schnurgerade verlaufende Straße eines seiner schönsten Gedichte geschrieben. Als wir sie entlangfahren, steht die Sonne schon relativ tief, und die Zypressen werfen ihre langen Schatten auf den Asphalt. So übersehe ich beinahe die

Die Maremma hat eine wechselvolle Geschichte: das früh besiedelte Gebiet versumpfte während der Römerzeit, wurde im 19. Jahrhundert wieder trockengelegt und urbar gemacht – heute ist die Maremma eine kultivierte Landschaft mit Tierreservaten und Urlaubsgebiet.

Denny Bruci *in der Küche des »Dal Cappellaio Pazzo«, das für seine Fischgerichte berühmt ist...*

...und für die ausgefallenen Hutkreationen, *die die Wände zieren.*

Sammelleidenschaft: *850 Hutkreationen hat Denny Bruci schon zusammengetragen.*

kleine Abzweigung, die zum Weingut des »Sassicaia«-Herstellers Marchese Nicolò Incisa della Rocchetta führt.
Bei der Weinprobe erzählt der kräftige Herr aus seinem Leben. Auf diese Weise erfahre ich, daß er von seinem Vater Mario außer der markanten Nase die Liebe zum Weinbau und eine Leidenschaft für Rennpferde geerbt hat. Bei der Wahl seiner Pferde entschied sich Mario für englische Vollblüter, beim Wein für die französischen Rebsorten Cabernet Sauvignon und Franc vom Weingut Château Lafite Rothschild. Der daraus gekelterte Bordeaux – der erste, der in Italien nach französischer Methode hergestellt wurde – konnte sich allerdings erst Ende der 70er Jahre wirklich durchsetzen. Heute jedoch gilt er als einer der hochwertigsten italienischen Rotweine.
Als ich das intensive Bukett und den harmonischen Geschmack koste, kann ich mich diesem Urteil nur anschließen. Die amtlichen Weinprüfer kamen allerdings anfangs zu einem anderen Ergebnis: Nach den toskanischen Weingesetzen erhielt der Wein mit der ortsunüblichen Traube Cabernet Sauvignon nicht das D.O.C.-Siegel und wurde folglich als schlichter »Vino da tavola« angeboten, obwohl er von sehr viel besserer Qualität ist. Erst vor kurzem wurde er dann doch noch in den D.O.C.-Stand erhoben.

Zum Abschied gibt mir der Marchese zwei Empfehlungen mit auf den Weg: Zum einen soll ich in der Nähe von San Vincenzo am Sandstrand spazierengehen, und zum anderen bei Denny Bruci Fisch essen. Den ersten Rat kann ich leicht befolgen – der Gang am windigen Meer entlang weckt nach der Weinprobe wieder die Lebensgeister –, doch der Entscheidung für ein Fischessen werde ich enthoben: In Dennys Restaurant »Dal Cappellaio Pazzo« steht heute etwas anderes auf der Speisekarte. Das hübsche Lokal bei Campiglia Marittima liegt mitten in der Maremma-Macchia, und wie Dennys Mutter mir erzählt, kommen die Wildschweine jetzt im Herbst fast bis an die Haustür. Deswegen gibt es nun ein deftiges, pikant gewürztes Wildschweingericht.
Beim Essen denke ich über den kuriosen Namen des Lokals nach – übersetzt heißt es: »Zum verrückten Hutmacher«. Wenn man den Speisesaal betritt, findet sich sofort eine Erklärung dafür, denn an den Wänden hängt eine Unzahl von Kopfbedeckungen: Hüte, Helme, Hauben und Mützen, für Damen und Herren, in allen Formen und Farben, aus allen Ecken der Welt. Seine Leidenschaft fürs Hütesammeln entdeckte der Exzentriker Denny schon in seiner Jugend, als er viel um die Welt reiste und sich selbst aus jedem Land, das er besuchte ein Souvenir mitbrachte; mittlerweile hat er es auf rund 850 Exemplare gebracht.
»Auf den Namen verfiel ich wegen der Figur des Hutmachers in *Alice im Wunderland*«, erklärt er lachend. »Er ist der Ansicht, daß man auch jeden Nicht-Geburtstag feiern soll, genauso wie den richtigen Geburtstag. Das

Drohend geschwungene Hörner – *Maremmenstiere sind eine Kreuzung mit dem Wildrind Uro.*

heißt, er feiert einfach jeden Tag. So verrückt ist seine Idee gar nicht. Es ist doch eine wunderbare Lebensphilosophie, einen jeden Tag fröhlich zu feiern.« Zum Schluß deutet er auf eines seiner Lieblingsstücke, einen Bùttero-Hut, und erzählt mir stolz: »Den hat mir ein Maremma-Hirte geschenkt.«

Stiere und Pferde – *Bùtteri sind die Cowboys der Maremmen.*

Die »Bùtteri« kann man als die Cowboys der Maremmen bezeichnen. Hoch zu Roß hüten sie die Rinder, die zusammen mit den halbwilden Pferden in einem Reservat bei Alberese, zwischen dem Sumpfgebiet an der Mündung des Ombrone und dem Naturschutzpark »Uccellina«, weiden. Dabei kann es gelegentlich abenteuerlich zugehen: Für unsere Kamera treiben die Bùtteri die Stiere mit den drohend geschwungenen Hörnern bis an den Strand. Das ungewohnte Rauschen des Meeres macht diese unruhig und sichtlich ängstlich, und das überträgt sich auf unsere Pferde, die nervös zu galoppieren beginnen. Doch zum Glück verläuft alles glimpflich.
Die »Cowboy-Romantik« ist übrigens keineswegs eine moderne Touristenattraktion: Die Rinder werden hier gezüchtet. Sie sind eine Kreuzung aus einer alten asiatischen Rinderrasse mit

Die Rinderzucht in der Maremma ist ein wichtiger Wirtschaftsfaktor. Mit unterschiedlichen Kreuzungen versuchen die Züchter, schmackhaftes Fleisch zu erzielen.

MARCHESE NICOLÒ INCISA DELLA ROCCHETTA

Besitzer des Weinguts »San Guido« in Bolgheri (bei Cecina)

Ihr Spitzenrotwein heißt »Sassicaia«. Wo kommt denn dieser Name her?
Erfunden hat ihn mein Vater. Er war nur aus Hobby auf die ausgefallene Idee gekommen, für sein eigenes Weinpläsierchen hier Cabernet-Reben auf dem steinigen Boden anzubauen.
Wie viele Flaschen produzieren Sie jährlich, und welche Jahrgänge Ihres kostbaren Tropfens würden Sie dem Weinliebhaber besonders empfehlen?
Der berühmteste Jahrgang ist wohl der 85er, aber der 93er und der 94er sind fast von gleichem Niveau. Im Jahr produzieren wir etwa 100000 Flaschen.
Sie haben hier auch eine Rennpferdezucht. Gehen Sie mit den Tieren auch so herzlich liebevoll um wie mit Ihren Weinen?
Wenn eines meiner Pferde ein großes Rennen gewinnt, möchte ich's am liebsten umarmen.

CHIANTI

Die Toskana ist der Inbegriff für den Anbau roter, italienischer Weine, vor allem des Chianti. Früher in einfachen Bastflaschen, den Fiaschi, auf den Markt gebracht, haben die Winzer aus dem einst süffigen Bauernwein inzwischen einen edlen Tropfen entwickelt.

Hauptrebe der Toskana ist die rote Sangiovese-Traube, die nicht nur den Chianti prägt, sondern auch im Brunello, der im Gebiet um Montalcino angebaut wird, und im Vino Nobile aus der Region um Montepulciano zu finden ist. Der Boden der toskanischen Hügel ist kalkhaltig, mergelig, teilweise sogar sandig, zudem mit Ton und hellem Schiefer versetzt – ein idealer Boden für den Sangiovese, dessen Anbaufläche in der Region mehr als 25 Prozent ausmacht.

Weinberge *auf den Hügeln des toskanischen Chianti-Gebiets.*

Der typische Chianti ist ein trockener und harmonischer Wein; reif tendiert er zu einem angenehmen Brombeergeschmack und schmeckt dann nur noch leicht nach Tannin, denn bei längerer Lagerung verfeinert sich sein Bukett samtig-weich. Die rubinrote Farbe verdunkelt sich bei Lagerung ins Granatrote, und es entwickelt sich ein intensives Veilchenbukett. Erfunden hat den Chianti ein, so erzählt man sich, recht lebenslustiger Baron Ricasoli auf dem Castello di Brolio – ein Vorfahre des heutigen Barons. Was sein Urahn geschaffen hatte, war ein recht bekömmlicher, doch kaum strukturierter Wein, der leider überhaupt nicht lagerfähig war. Also wurde er jung getrunken. Das war Mitte des vergangenen Jahrhunderts; seitdem haben Weinbau und Önologie große Fortschritte gemacht, speziell in punkto Zusammensetzung und Reifung.

Der Gallo nero *ist das Markenzeichen für den Chianti Classico.*

Bereits 1924 wurde der Chianti Classico als Marke mit dem Gallo nero, dem schwarzen Hahn als Symbol gesetzlich geschützt. Ursprünglich eine Mischung aus 50 bis 80 Prozent Sangiovese mit einem Anteil weißer Trauben von maximal 30 Prozent, richtet sich die heutige Zusammensetzung streng nach den D.O.C.G.-Bestimmungen von 1984: 75 bis 90 Prozent rote Sangiovese-Trauben werden gemischt mit einem Anteil von je fünf bis zehn Prozent Canaiolo-Nero-Trauben und den weißen Rebsorten Trebbiano Toscano und Malvasia del Chianti. Inzwischen gehen aber immer

Der Sassicaia *ist für viele Weinkenner einer der edelsten Tropfen.*

mehr Önologen dazu über, den Chianti Classico fast 100prozentig aus Sangiovese-Trauben zu produzieren; vielfach wird auf die weißen Rebsorten gänzlich verzichtet. Die Mindestlagerungszeit für den normalen Chianti beträgt vier, für einen Classico aber sieben Monate. Der Alkoholgehalt muß mindestens 11,5 Prozent aufweisen, beim Classico beträgt die Grundnorm 12 Prozent. Erst nach drei Jahren wird der Classico zur »Riserva«.
Im Dreieck Florenz – Arezzo – Pisa ist der Chianti gleich siebenfach vertreten. Historisches Kernland ist das Gebiet der Gemeinden Castellina, Gaiole und Radda sowie Greve, das später hinzukam. Nur hier wird der Chianti Classico mit dem Gallo nero auf dem Etikett produziert. Die anderen sechs Chianti-Weine haben auch geographische Bezeichnungen: Montalbano, Colli Fiorentini, Colli Senesi, Colli Aretini, Colline Pisane und Rufina. 24 D.O.C.-Weine und fünf D.O.C.G. -Weine zählt heute die Toskana.

Es sind die höchsten Auszeichnungen, die in Italien für Wein vergeben werden. Bei der ersten ist die kontrollierte Ursprungsgarantie gegeben, bei der 1984 eingeführten zweiten Auszeichnung auch die Kontrolle der Weine selbst. 40 Prozent der toskanischen Weine tragen eine der beiden Auszeichnungen. Doch hinter der Bezeichnung »Vino da Tavola« (Tafelwein) verbergen sich gerade in der Toskana viele gute und ausgereifte, manchmal sogar regelrechte Spitzenweine.

SASSICAIA

Und manchmal ist die Bezeichnung »Tafelwein« pure Untertreibung, ein typischer toskanischer Wesenszug: Der Sassicaia, unter Kennern einer der besten italienischen Weine, trug jahrelang die Bezeichnung »Vino da Tavola«. Dabei hatte er von seiner Entstehung an Eigenschaften, die so manchen D.O.C.G.-Wein in den Schatten stellten. Erst vor kurzem erhob man ihn in den D.O.C.-Stand.
Seine Besonderheiten beginnen mit der Anbaulage: südlich von Livorno in Richtung Bolgheri wachsen die Weinstöcke des Marchese Incisa della Rocchetta. Der Boden ist steinig, das Klima hat eine hohe Feuchtigkeit aufgrund der Meeresnähe, jedoch ist die Region von den rauhen Winden abgeschirmt. Und die Rebsorte ist für die Region ungewöhnlich: eine Cabernet-Traube, die man selten in der Toskana findet. Diese Traube stammt aus dem französischen Bordeaux-Gebiet. Ein Sassicaia muß aus mindestens 80 Prozent Cabernet Sauvignon und eventueller Beigabe anderer Rotweinsorten zusammengesetzt sein. So entsteht ein rubin- oder granatroter Wein mit eleganter Fülle. Er schmeckt trocken und vollmundig, robust und harmonisch zugleich und besitzt eine elegant-feine Struktur.
Sein Alkoholgehalt beträgt mindestens 12 Prozent. Gelagert und gereift wird er zu einem wahren Meditationswein.

Die Cabernet-Traube kommt aus dem Bordeaux-Gebiet: Lästerzungen behaupten, wenn die Franzosen schon ihre gute Küche aus der Toskana haben, dann könnten sie im Tausch dafür ruhig den Export dieser Rebsorte vertragen! Sie werden gerne an die Medici-Tochter Caterina erinnert, die aus Angst vor der unbekannten Küche des fremden Landes 1533 zu ihrer Hochzeit mit dem späteren König Heinrich II. eine ganze Kochbrigade von Florenz nach Paris mitnahm – als Mitgift...

Nicht nur die Adria lockt Sonnenhungrige an, sondern auch die toskanische Küste. Hier sind vor allem Segler und Taucher in ihrem Element.

dem Wildrind (Uro), von dem uns schon der altrömische Historiker Plinius berichtet. Neuerdings werden sie mit den besten Stieren aus dem toskanischen Chiana-Tal und dem französischen Charolais gekreuzt und liefern das zarte, schmackhafte Kalbfleisch, das in dieser Region oft auf den Tisch kommt.

Das ehemals sumpfige Chiana-Tal, das sich zwischen Arezzo und Chiusi erstreckt, wurde in diesem Jahrhundert vollständig trockengelegt. Neben hohen Ackererträgen, die der Boden nun erbringt, weiden in dieser Region die »chianine«, eine weiße Rinderart. Sie liefern das beste Fleisch für die »Bistecca alla fiorentina«; nach traditioneller Art werden die Fleischstücke auf einem Rost über der Holzkohlenglut von offenen Feuerstellen gegrillt. Die Toskaner haben durchschnittlich einen hohen Fleischverbrauch. Wurst und Fleisch gehören einfach zu einer Mahlzeit dazu – teilweise riesige Fleischstücke wie die berühmte »Bistecca«.

Die toskanische Küste *ist ein Ferienparadies für Sonnenhungrige.*

Monte Argentario, *die felsige Maremma-Halbinsel mit Lagunen, liegt am südlichen Ende der Toskana.*

Von der Maremma ist es nicht mehr weit zur Monte Argentario. Bis auf 635 Meter steigt diese Halbinsel vor der Küste von Orbetello auf. Sie ist durch Lagunen vom Festland getrennt und gleichzeitig über drei Deiche mit ihm verbunden.

Monte Argentario ist ein Ferienparadies für Sonnenhungrige, Taucher und Segler – und für Feinschmecker: Das vornehme Hotel »Il Pellicano« hat eine exquisite Küche. Während ich auf der Terrasse des Hotels den atemberaubenden Blick auf das Meer genieße, dessen Wellen weißschäumend gegen die Klippen donnern, bereitet mir Küchenchef Antonio höchstpersönlich am Tisch die Dessertspezialität des Hauses zu: »Pfannkuchen mit Kastanienpüree«. Fasziniert beobachte ich, wie er die Orangen- und Zitronensauce flambiert, um sie noch brennend über seine Kreation zu gießen, und gleichzeitig erläutert, was es mit dieser Köstlichkeit auf sich hat.

Inzwischen ist die Sonne untergegangen. Die blauen Flämmchen, die beim Flambieren aufzüngeln, verleihen dem wolkenverhangenen Licht eine besondere Intensität. Verträumt blicke ich auf das Meer hinaus, und dabei kommen mir die Worte von Susanna Agnelli, der früheren Bürgermeisterin der Halbinsel, in den Sinn: »Die Argentario ist eines der schönsten Fleckchen der Welt!» In diesem Moment kann ich ihr aus ganzem Herzen zustimmen.

Toscana bella – *rote Mohnblüten setzen Farbtupfen in die Landschaft.*

Die Sanftheit der Landschaft, die Übereinstimmung von Natur und stimmiger Architektur sowie die Lebensart ihrer Bewohner haben die Toskana zu einer Region werden lassen, die ihresgleichen sucht.

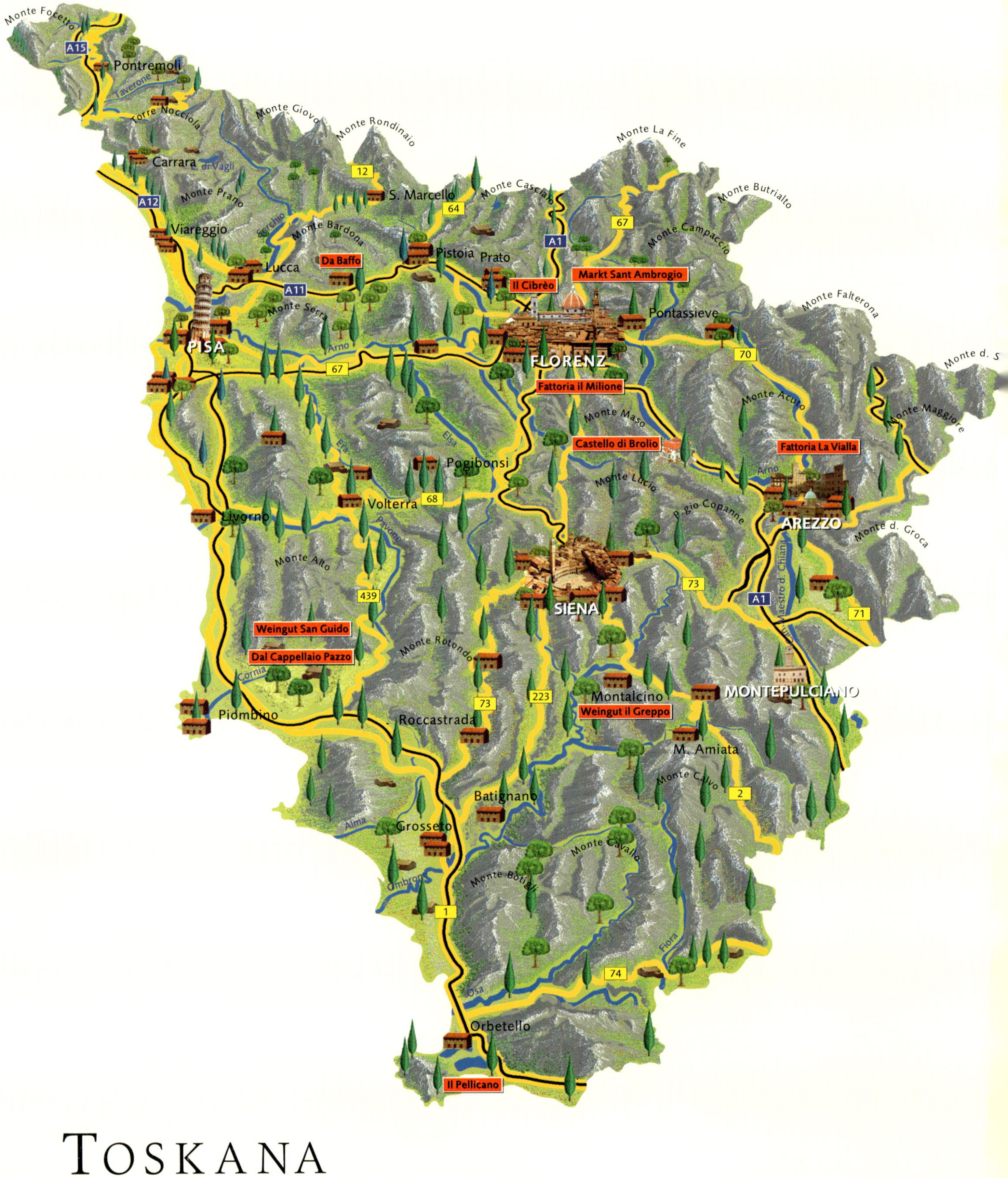
Monte Focetto
A15
Pontremoli
Taverone
Torre Nocciola
Monte Giovo
Monte Rondinaio
Monte La Fine
Carrara
di Vagli
12
Monte Prano
S. Marcello
Monte Casciaio
Monte Butrialto
A12
64
Viareggio
Serchio
Monte Bardona
67
Monte Campaccio
A1
Pistoia
Prato
Lucca
Da Baffo
Markt Sant Ambrogio
Il Cibrèo
A11
Monte Serra
Pontassieve
Monte Falterona
Arno
PISA
FLORENZ
70
Monte d. S
67
Fattoria il Milione
Monte Acuto
Monte Maggiore
Monte Maso
Era
Elsa
Castello di Brolio
Fattoria La Vialla
Pogibonsi
Monte Lucio
Arno
Volterra
68
P.gio Copanne
Livorno
Pavone
AREZZO
Monte d. Groca
Monte Alto
73
439
SIENA
A1
71
Weingut San Guido
Dal Cappellaio Pazzo
Monte Rotondo
Cornia
MONTEPULCIANO
73
223
Montalcino
Piombino
Weingut il Greppo
Roccastrada
M. Amiata
Monte Calvo
2
Batignano
Alma
Grosseto
Monte Cavallo
Monte Botigli
Ombrone
1
Fiora
74
Osa
Orbetello
Il Pellicano

TOSKANA

HOTELS

▮ VILLA LA PRINCIPESSA in Massa Pisana: Feudal-luxuriöses Hotel in der ehemaligen Villa einer Schwester Napoleons. Eine ruhige Oase mitten im Grünen. Swimmingpool.

Tel. 05 83/37 00 37
Anfahrt: Von Lucca kommend, liegt das Hotel direkt an der S.S. 12 in Richtung Pisa ca. 12 km von Lucca entfernt.

▮ PICCOLO HOTEL ALLELUJA mit Restaurant in Punta Ala: Ein Geheimtip für Ästheten; in Meeresnähe. Es fehlt nicht an Schick und Charme. Von den kuscheligen Zimmern gefielen uns am besten jene mit Terrasse und Blick auf den Pinienhain.

Tel. 05 64/92 20 50
Anfahrt: Von Grosseto kommend nördlich die S.S. 327 nach Castiglione della Pescaia (am Meer); dann auf der S.S. 322 nach Pian d'Alma, dort links nach Punta Ala.

▮ HOTEL CORTE DEI BUTTERI in Fonteblanda: Wahres Freizeitparadies für klein und groß, direkt am Sandstrand. Die richtige Adresse für Familien mit Kindern, Hund und Katze. Kindergarten-Service, Animation, Surfing, Minigolf, Tennis.

Tel. 05 64/88 55 46
Anfahrt: Von Grosseto südwärts der S.S.1 (Via Aurelia) bis zum Km-Stein 156 folgen.

▮ IL PELLICANO in Port'Ercole: Ein Refugium oben auf einem felsigen Hügel, terrassenförmig angelegt, mit bezauberndem Blick auf die Insel Giglio. Im Garten: Swimmingpool und Restaurant unter den Pinien. Schlichte Eleganz in der Einrichtung.

Tel. 05 64/83 38 01
Anfahrt: Von Grosseto kommend die S.S.1 (Via Aurelia) südlich bis Orbetello Scalo; links auf die S.S. 440 zur Monte Argentario abbiegen, bei Terrarossa links nach Porto Ercole. Am Ortseingang rechts abbiegen und den Schildern ca. 4 km folgen.

Tafelfreuden *im »Il Milione«: Die Gedecke ziert das Tafelsilber von Brandimarte.*

▮ FATTORIA IL MILIONE bei Florenz: Ferien mit Kind und Kegel im edelrustikalen Landhaus des namhaften Silberschmieds Brandimarte. Seine Frau kümmert sich um die sechs gemütlichen 2-Zimmer-Appartements (einige davon mit Blick auf Florenz). Großer Garten im Olivenhain mit Swimmingpool, Kinderspielplatz, Bocciabahn, Reitgelegenheit. Ideale Oase für Künstler und Naturfreunde. Ganzjährig geöffnet.

Via dei Giogoli 12/14, bei Galluzzo;
Tel. 0 55/2 04 87 13
Anfahrt: A 1 Ausfahrt Florenz-Certosa bis Galluzzo. An der Ampel Linksabzweig in die Via Volterrana, 3 km weiter auf der Spitze des Hügels rechts in die Via dei Giogoli abbiegen.

Pinien, *Swimmingpool und Meer – die Aussicht vom »Il Pellicano«.*

▮ LOGGIATO DEI SERVITI in Florenz: Kunstfreunde fühlen sich in diesem kultivierten Ambiente wohl. Ein kleines Hotel mitten im Zentrum, geschmackvoll eingerichtet mit antiken Möbeln auf alten Terrakottaböden. Nichts für Schicki-Mickis.

Piazza SS. Annunziata 3, Florenz;
Tel. 0 55/21 91 65

▮ HOTEL CLASSIC in Florenz: Hübsche Villa für Privacy-Liebende in Porta-Romana-Nähe. Tip der Autorin: ein Zimmer auf der Gartenseite oder eine Suite buchen. Parkplatz vor der Tür.

Viale Machiavelli 25, Florenz;
Tel. 0 55/22 93 51-3

Ferien *auf dem Lande – mit Blick auf Florenz. Dies bietet die Fattoria »Il Milione«.*

▮ GRAND HOTEL E LA PACE in Montecatini: Das Vorzeigehotel dieses Thermalstädtchens. Nobelherberge der High Society (& Snobiety) von gestern und heute. Prunkvoll, grandios. Für Neugierige, die sich's leisten können, ein Muß.

Via della Torretta 1, Montecatini;
Tel. 05 72/7 58 01
Anfahrt: Von Livorno südlich auf der S.S. 1, kurz vor Cecina links auf die S.S.68 abbiegen in Richtung Volterra; nach knapp 30 km links nach Montecatini abbiegen.

▮ PENSIONE RAVIZZA in Siena: Herrlich altmodisches Gästehaus mit Nostalgietouch. Ruhige, preiswerte Oase am Rande der Altstadt.

Pian dei Mantellini 34, Siena;
Tel. 05 77/28 04 62

▮ LOCANDA DELL'AMOROSA bei Sinalunga: Charmantes Backsteindörflein, in eine exklusive Hotelanlage umfunktioniert: idyllisches Ambiente, aparte Einrichtung, perfekter Service. Für unverbesserliche Romantiker mit gehobenen Ansprüchen.

Tel. 05 77/67 94 97
Anfahrt: A 1 südlich von Arezzo Ausfahrt Sinalunga; auf der S.S. 326 nach Sinalunga, im Ort ausgeschildert, die Locanda liegt ca. 2 km außerhalb.

Cantucci – *das beliebte Mandelgebäck wird auch im »La Vialla« zubereitet.*

▮ FATTORIA LA VIALLA bei Arezzo: Hübsche rustikale, komfortabel eingerichtete Bauernhäuser mit Wohnzimmer und Küche, isoliert in den grünen Hügeln. Ideal für Familien mit Kindern und für gestreßte Gemüter, die »Ferien vom Ich« suchen.

Meliciano 26, Castiglion Fibocchi;
Tel. 05 75/36 43 72
Anfahrt: Von Arezzo kommend, nordwestlich über den Arno direkt nach Castiglion Fibocchi.

RESTAURANTS

▮ DA BAFFO bei Lucca: Schlichtes Gartenlokal in den Hügeln. Man sitzt auf Holzbänken, aber es lohnt sich wegen des üppigen Eintopfgerichts »Zuppa frantoiana«: eine Suppenspezialität aus über einem Dutzend Gemüse- und Kräutersorten. Man trinkt dazu am besten »For Duke«, den Rotwein vom eigenen Weinberg, benannt nach dem Jazzpianisten Ellington. Montag geschlossen.

Via della Tinaia 7, Montecarlo;
Tel. 05 83/2 23 81
Anfahrt: von Lucca kommend auf der A 11 Richtung Florenz, Ausfahrt Altopascio in nördlicher Richtung nach Montecarlo.

▮ DAL CAPPELLAIO PAZZO in Campiglia Marittima: Der Speisesaal in diesem Landhaus, umgeben von mediterraner Macchia, ist mit den ausgefallensten Hüten und Mützen aus aller Welt tapeziert: Sammlerhobby des sympathischen Wirtes Denny Bruci. Hier in Meeresnähe werden Fisch- und Schalentiere zwar großgeschrieben, aber auf Vorbestellung schmeckt auch der Wildschwein- oder Taubenbraten vorzüglich. Dienstag geschlossen.

Via di San Vincenzo, Campiglia Marittima;
Tel. 05 65/83 83 58
Anfahrt: A 1 von Livorno aus südlich; hinter S.Vincenzo, die zweite Ausfahrt links.

▮ GAMBERO ROSSO in San Vincenzo: Gehört zu den besten Gourmet-Tempeln an der Tyrrhenischen Küste. Küchenchef Fulvio zaubert seine Spitzenkreationen phantasievoll vornehmlich aus der Meereswelt herbei, wie z. B. Köstlichkeiten wie Krebse in Kichererbsencreme und Seebarsch mit Zitrusfrüchten. Dienstag geschlossen.

Piazza della Vittoria 13, San Vincenzo;
Tel. 05 65/70 10 21
Anfahrt: Von Livorno kommend die S.S. 1 nach Süden.

▮ IL PELLICANO bei Port'Ercole: Hier haben auch die Speisen einen mondänen Touch. Wie ein Adlerhorst auf steilem Felsen über dem Meer, so fügt sich die Veranda-Terrasse in ihr romantisches Ambiente ein. Die Zubereitung des Crêpes Suzette am Tisch ist ein feierliches Ritual: ob mit Kastanienpüree oder Zitrusfrüchten in einer edlen Likörkomposition flambiert.

Anfahrt: siehe Hotels.

▮ IL CIBRÈO in Florenz: Symphatisches Ambiente. Um die Ecke, dem Marktplatz gegenüber, ist der Eingang eines

Im »Il Cibrèo« *kann man Kuchenköstlichkeiten auch kaufen.*

zweiten, ganz schlichten Mini-Lokals; darin werden aus derselben Küche dieselben Speisen zu billigeren Preisen serviert. Einmalig: von der reichhaltigen Menükarte ist jegliche Art von Pasta verbannt. Ein wahrer Genuß: die »Passato di peperoni gialli« (Cremesuppe aus gelben Paprikaschoten). Sonntag und Montag geschlossen.

Via del Verrocchio 8, Florenz;
Tel. 0 55/2 34 11 00

▮ CANTINETTA ANTINORI in Florenz: Im historischen Palazzo Antinori: ein Zwitter zwischen Edelrestaurant und Weinstube. Typisch toskanische Gerichte der Bauernküche, z. B. »Pappa al pomodoro« (Tomatensuppe) und »Ribollita« (aufgekochte Gemüsesuppe). Und natürlich der Antinori-Wein! Samstag und Sonntag geschlossen.

Piazza Antinori 3, Florenz;
Tel. 0 55/29 22 34

Im Palazzo – *die »Cantinetta Antinori« in Florenz.*

▮ ENOTECA PINCHIORRI in Florenz: Der Gourmet-Tempel für zahlungskräftige Ausländer, die sich nicht scheuen, auch für die horrenden Preise des Raritäten-Weinsortiments tief in die Tasche zu greifen. Dafür wird der Gast auf Händen getragen und kann zwischen regionalen Spezialitäten und allerlei Meeresfrüchten wählen. Es lohnt sich,

Teuer und *edel – der Gourmet-Tempel »Pinchiorri«.*

die feinen Bandnudeln aus Vollkornmehl mit Froschschenkeln und Kresse zu probieren. Sonntag und Montag mittag geschlossen.

Via Ghibellina 87, Florenz;
Tel. 0 55/2 47 77

▮ DA DELFINA in Artimino (20 km von Florenz): Ursprüngliche toskanische Küche und atemberaubender Blick von der Terrasse des rustikalen Landhauses auf die toskanische Landschaft mit Olivenhainen. Ein Geheimtip für laue Sommerabende. Ein Gedicht ist hier die Beilage »Fagioli sgranati all'uccelletto« (zarte, warme weiße Bohnen mit kaltgepreßtem Olivenöl). Sonntag und Montag geschlossen.

Via della Chiesa 1, Artimino;
Tel. 0 55/8 71 80 74
Anfahrt: Von Florenz auf der S.S. 66 in Richtung Poggio a Caiano; dort abzweigen nach Artimino, ca. 7 km.

▮ BADIA A COLTIBUONO bei Gaiole in Chianti: Im Sommer sitzt man im Freien mit Blick auf die 1000jährige Abtei. Die Küche ist des Ambientes würdig: den

»Da Baffo« *heißt »Zum Schnurrbärtigen«.*

Service überwacht Paolo, Sohn der Kochbuchautorin Lorenza de' Medici. Nudeln und Süßspeisen: alles hausgemacht, versteht sich. »Pappardelle«, breite Bandnudeln mit Enten- oder Wildschweinsauce gehören zu den beliebtesten Pasta-Spezialitäten. Montag geschlossen.

Tel. 05 77/74 90 31
Anfahrt: Von Florenz die S.S. 222 in südliche Richtung bis nach Pieve di Panzano fahren, kurz nach der Ortschaft links in Richtung Meleto abbiegen; dort erneut links halten nach Gaiole in Chianti.

▮ OSTERIA LE LOGGE in Siena: Hier reserviert man am besten einen Tisch mitten auf der Straße und bestellt die köstlichen »Malfatti dell'osteria« (Spinat-Ricotta-Nockerln in Tomatensauce, ganz ohne Teig). Ein Katzensprung von der Piazza del Campo. Sonntag geschlossen.

Via del Porrione 33, Siena;
Tel. 05 77/4 80 13

▮ LA BOTTEGA DEL TRENTA (20 km von Siena): In einem unscheinbaren Steinhaus am Dorfrand versteckt: ein kleines Schlemmerlokal mit intimem Innenhof, für Insider, die eine persönliche

Essen auf Burg Brolio.
Baron Ricasoli bittet zu Tisch.

Note schätzen. Der temperamentvolle Toskaner Franco empfängt gemütlich, seine französische Frau Helene kocht göttlich nach urtoskanischer Art. Hier schmeckt auch das Kaninchen individuell, mit Pflaumen und gerösteten Mandeln zubereitet. Nur abends geöffnet; Dienstag und Mittwoch geschlossen.

Via Santa Caterina 2, Località Villa a Sesta;
Tel. 05 77/35 92 26
Anfahrt: S.S. 326 von Siena in Richtung Bettolle, Ausfahrt Castelnuovo Berardenga.

EINKAUFSTIPS

▮ BRANDIMARTE GIOIELLI in Florenz: Der älteste Sohn des namhaften Silberschmieds Brandimarte führt die Familienwerkstatt weiter. Im Geschäft wird eine große Auswahl angeboten, dennoch lohnt es sich, den Ausstellungsraum der kleinen Fabrik aufzusuchen. Hier gibts von der Bonbonniere bis zum 3 Meter hohen Kerzenständer auch wunderschöne Untersetzer mit den Dekorationsmotiven wie Olivenzweige, Weintrauben oder Ähren.

Via Bartolini 6 r, Florenz;
(im San Frediano-Viertel)

Ponte Vecchio *in Florenz.*

▮ ANTICA FARMACIA DI SANTA MARIA NOVELLA in Florenz: Diese ehemalige Apotheke gehörte zum 1221 gegründeten Dominikanerkloster von Santa Maria Novella. Tritt man ein, hat man den Eindruck, eine Kapelle mit Kräuteraroma zu betreten. Spezialisiert ist man auf den Verkauf unterschiedlichster Kräutern: ob in Reinform oder Kombinationen. Duftkissen für den Wäscheschrank sind ebenso zu finden wie Tees, Liköre wie z. B. Rhabarber-

Elixir, Magenbitter, auch »Alkermes« für die Süßspeise »Zuppa inglese«. Dies ist der traditionellste und originellste Kräuterladen in Florenz.
Via della Scala 16 , Florenz.

▮ BAR PASTICCERIA NANNINI in Siena: Diese Konditorei ist berühmt für ihre »Ricciarelli«, eine Spezialität Sienas: ein weiches, aromatisches Mandelgebäck, rautenförmig geschnitten. Ideales Mitbringsel für den Nachmittagstee.
Via Banchi di Sopra 24 und Bar Gelateria Nannini, Piazza Salimbeni 95; Siena.

Gianna Nanninis *Vater in seiner Bar in Siena.*

▮ KALTGEPRESSTES OLIVENÖL: Unter den vielen Olivenölsorten der Toskana sind besonders die in Lucca erzeugten Spitzenprodukte aus »Colle di Compito« und »Pieve Santo Stefano« zu empfehlen. Ohne sie ist die Gemüsesuppe »Frantoiana« kaum vorstellbar (in Delikatessengeschäften der Stadt zu kaufen).

WEINE

Ohne das Weinbaugebiet Chianti, zwischen Pisa, Florenz, Arezzo und Siena gelegen, könnte man sich die Region Toskana gar nicht vorstellen. Von Florenz bis Siena zieht sich die bekannte Kernzone »Chianti Classico« hin. Die Produkte der übrigen sechs Chianti-Gebiete – Montalbano, Rufina, Colli Fiorentini, Colli Aretini, Colli Senesi, Colline Pisane – sind aber auch nicht zu verachten. Viele halten jedoch den fast schon legendären »Sassicaia« für den größten Rotwein Italiens. Neuere Weine von Antinori: »Tignanello« und »Solaia«. Diese beiden revolutionären Errungenschaften sind nicht von der Arbeit des großen Önologen Italiens Dr. Giacomo Tachis zu trennen. Andere Spitzenweine der Region sind der anspruchsvolle »Brunello« aus Montalcino, der »Carmignano« aus dem Chianti Montalbano, der »Vino Nobile« aus Montepulciano und der in der gesamten Toskana produzierte Dessertwein »Vin Santo« (aus luftgetrockneten Trauben). Weitere Empfehlungen sind der »Sangioveto«, der »Badia a Coltibuono« und der strohgelbe Weißwein »Vernaccia« aus San Gimignano. Hier einige zuverlässige Adressen:

▮ Brunello:
Weingut Il Greppo
Biondi-Santi Spa, Via Panfilo dell'Oca 3, Montalcino; Tel. 05 77/84 71 21
Anfahrt: S.S. 2 Richtung S. Quirico d' Orcia, bei Torrenieri links nach Montalcino.

Weingut Valdisuga
Montalcino; Tel. 05 77/84 87 01

Weingut Banfi
Località S. Angelo Scalo, Montalcino; Tel. 05 77/84 01 11

▮ Vino Nobile und Vin Santo:
Weingut Avignonesi
Via di Gracciano nel Corso 91, Montepulciano; Tel. 05 78/75 78 72/3
Anfahrt: S.S. 2 südlich bis S.Quirico d' Orcia, links auf der S.S. 146 bis Montepulciano.

▮ Carmignano:
Weingut Capezzana
Via Capezzana 100, Località Seano; Tel. 0 55/87 06 091-005
Anfahrt: Carmignano ist ein Ortsteil von Seano. Von Florenz auf der S.S. 66 bis Poggio, dann links Richtung Carmignano.

▮ Sassicaia: kein Weinverkauf
Tenuta San Guido dei Marchesi Incisa della Rocchetta
Località Capanne 27, Bolgheri (bei Castagneto Carducci); Tel. 05 65/76 20 03
Anfahrt: A 10 von Cecina nach S. Vincenzo. Auf der Höhe von Bambole, Landstraße nach Castagneto Carducci.

Die im »Chianti-Classico«-Gebiet ansässigen 12 Top-Weinerzeuger mit ihren Spitzenweinen, wobei die Reihenfolge keine Wertung beinhaltet:

▮ Marchesi L. & P. Antinori
(Solaia, Tignanello usw.)
San Casciano in Val di Pesa; Tel. 0 55/28 22 02
Verwaltung: Piazza degli Antinori 3, Florenz; Tel. 0 55/2 35 95
Beide Adressen: kein Direktverkauf.
Einkaufstip: Enoteca Alessi
Via delle Oche 27 r, Florenz; Tel. 0 55/21 49 66

▮ Castello dei Rampolla
(Sammarco)
Località S. Lucia in Faulle, Panzano (Ortsteil von Greve in Chianti); Tel. 0 55/85 20 01
Anfahrt: Von Florenz auf der S.S. 222 bis Greve in Chianti.

▮ Castellare di Castellina
(I Sodi di San Niccolò)
Località Castellare, Castellina in Chianti; Tel. 05 77/74 04 90
Anfahrt: Von Florenz die S.S. 222 nach Süden bis Castellina in Chianti.

▮ Castello di Fonterutoli
(Ser Lapo Riserva)
Località Fonterutoli, Castellina in Chianti; Tel. 05 77/74 04 76
(Anfahrt: siehe oben)

▮ Castello di Volpaia
(Balifico, Coltassala)
Località Volpaia, Radda in Chianti; Tel. 05 77/73 80 66
Anfahrt: Von Florenz S.S. 222 südlich nach Pieve di Panzano; dort rechts abbiegen.

▮ Fattoria di Monte Vertine
(Le Pergole Torte)
Località Monte Vertine, Radda in Chianti; Tel. 05 77/73 80 09

Landhaus *»Il Greppo«, Sitz der Familie Biondi-Santi.*

Badia a Coltibuono
(Sangioveto)
Gaiole in Chianti
Tel. 05 77/74 94 98
Anfahrt: Von Florenz S.S. 222 in südliche Richtung nach Pieve di Panzano; dort links nach Meleto, kurz vor Meleto links abbiegen nach Gaiole in Chianti.

Riecine
(Super-Chianti Classico der Jahrgänge 86 und 88)
Località Riecine, Gaiole in Chianti
Tel. 05 77/74 95 27
Anfahrt: siehe oben, in Gaiole ausgeschildert.

Castello di Ama
(Bellavista der Jahrgänge 85, 86, 88)
Località Lecchi, Gaiole in Chianti
Tel. 05 77/74 60 31

Castello di San Polo in Rosso
(Cetinaia)
Località di San Polo in Rosso, Gaiole in Chianti;
Tel. 05 77/74 60 45

Weinkeller *der Familie Ricasoli.*

Castello di Cacchiano
(Vin Santo Castello di Cacchiano Jahrgang 86 Chianti Classico Millennio Riserva)
Monti in Chianti;
Tel. 05 77/74 70 18

Castell'in Villa
(Santacroce Riserva Jahrgänge 85 und 86)
Castelnuovo Berardenga;
Tel. 05 77/35 90 74

Viele Spitzenweine der Toskana tragen auf der Etikette nicht die Bezeichnung »Chianti«, weil ihre Rebsorten-Zusammensetzung von der gesetzlich vorgeschriebenen, ursprünglichen D.O.C.G.-Spezifikation abweicht. Solche Weine werden zwar als Tafelwein auf den Markt gebracht, dennoch sind sie qualitativ weit oben anzusiedeln. Das traditionelle Anteilverhältnis der Traubensorte-Sangiovese mindestens 75%, Canaiolo höchstens 10%, Weißwein (Trebbiano und Malvasia) mindestens 2% - ist ins Wanken geraten. Oft bestehen führende Chianti-Weine schon zu 100% aus Sangiovese. Gärbehälter aus Edelstahl und Ausbau in Barriques sind weitere wichtige Faktoren des Qualitätsfortschritts.

SEHENSWÜRDIGKEITEN

CASTELLO DI BROLIO bei Gaiole in Chianti: Die Ricasoli-Familie, seit 1141 hier ansässig, stellt Garten, Kapelle und die imposanten Festungsmauern aus dem 15. Jahrhundert zur Besichtigung frei. Es lohnt sich!

Öffnungszeiten: täglich: 9.00 Uhr bis zum Sonnenuntergang.
Anfahrt: A1, Ausfahrt Valdarno, auf der S.S.408 über Montevarchi nach Gaiole in Chianti; dort führen Schilder zum Castello.

AREZZO: Als Kunst-Stadt im Nordosten der Toskana berühmt, wird Arezzo leider viel zu selten besucht. Absolut sehenswert: Im Chor der Kirche San Francesco ist der Freskenzyklus des Früh-Renaissancemalers Piero della Francesca zu bewundern. Im Dom, links vom Hauptaltar, ist vom gleichen Künstler die Heilige Magdalena zu betrachten. Eine weitere Attraktivität: ein Besuch im Archäologischen Museum. Hier sind hauchzarte, rosafarbene Korallenvasen der Aretiner zu sehen. Und dann natürlich die Piazza Grande: der Platz Arezzos, auf dem alle wichtigen Feste, z.B. die Giostra del Saracino im September, und an jedem ersten Wochende des Monats einer der größten Antiquitätenmärkte Italiens stattfinden. Außerhalb der Stadtmauern sollte man nicht versäumen, den harmonisch gestalteten Säulengang des Klosters Santa Maria delle Grazie zu besuchen: der erste Platz mit Arkaden der Renaissance (um 1470).

SIENA: Man sollte die Spannung des historischen Pferderennens - der Palio - rund um die muschelförmige Piazza del Campo miterleben. Ganz Siena fiebert dort am 2. Juli und am 16. August.

Piazza del Campo *in Siena.*

ABTEI VON SANT'ANTIMO: 10 km südlich von Montalcino erhebt sich in einsam schöner Lage eines der besterhaltenen Beispiele romanischer Klosterbaukunst in Italien. Wahrscheinlich von Karl dem Großen im Jahre 813 gegründet, wurde das Kloster im 12. Jahrhundert von den Zisterziensern mit wunderschönen Steinmetzarbeiten erweitert.

PIENZA: In nur drei Jahren (1459-1462) ließ Papst Pius II. an seiner Geburtsstätte das nach ihm benannte Juwel eines aus dem Boden gestampften Renaissance-Städtchens entstehen.

Anfahrt: Von Siena kommend die S.S. 2 in südöstlicher Richtung. Bei S. Quirico d'Orcia links auf die S.S. 146 abbiegen.

MONTEPULCIANO: Diese malerische, auf einem Hügel thronende Renaissance-Stadt in der südöstlichen Toskana ist in Kunstkreisen bestens bekannt durch die jeden Sommer veranstaltete Musikwerkstatt »Cantiere Internazionale d'Arte«, 1976 vom deutschen Komponisten Hans Werner Henze ins Leben gerufen. Für Weinliebhaber ist Montepulciano natürlich der Geburtsort des vollmundigen »Vino Nobile«. In vielen der mächtigen Palazzi sitzen heute die Verwaltungen der Kellereien, mitsamt ihrer weit in den Berg reichenden Weinkeller.

Anfahrt: Von Siena kommend die S.S. 2 in südöstlicher Richtung, bei S. Quirico d'Orcia links auf die S.S. 146 abbiegen.

Umbrien ist das »grüne Herz« Italiens. Das waldreiche Land ist hügelig, zum Apennin hin bergig – eine fruchtbare Gegend mit blühenden Feldern, Weinbergen und Olivenhainen.

UMBRIEN

MARIA GRAZIA LUNGAROTTI

Teilhaberin der Lungarotti-Weinkellerei und des Hotels »Le Tre Vaselle« in Torgiano

Von all dem, was Sie und Ihr Mann aus dem alten Agrarbetrieb der Familie hier aufgebaut haben, liegt Ihnen doch sicher etwas besonders nahe?
Ohne das Fundament – ein zeitgemäß geführtes Weingut mit moderner Weinkellerei – wären unser Hotel-Restaurant-Betrieb und das Weinmuseum kaum zustande gekommen. Mein Herz hängt sehr am Museum.
Was ist an diesem Weinmuseum das Besondere?
Die Vielfältigkeit und Kulturbezogenheit des Themas »Wein« in Geschichte und Gegenwart kommen in unseren Sammlungen gut zur Geltung. Kürzlich haben wir weitere Abteilungen für Grafik, Exlibris, Buchraritäten eingerichtet.
Worin besteht die Quintessenz Ihrer Lebenserfahrung?
Ich glaube, man soll im Leben konsequent sein, das sich gesetzte Ziel nie aus den Augen verlieren, vom richtigen Weg nicht abschweifen.
Welchen Rat würden Sie Ihren beiden Töchtern mit auf den Weg geben für die Zukunft?
Daß Pflichtgefühl und Liebe zur Arbeit allein nicht ausreichen. Sie sollten den Freuden des Lebens, Erholung und Freizeit, mehr Raum einräumen, als es sich meine Generation leisten konnte.

In Assisi, *der Stadt des heiligen Franziskus, wurde der Franziskanerorden gegründet.*

Zu Recht nennt man Umbrien auch »das grüne Herz Italiens«; schließlich liegt die Region in der Mitte des italienischen Stiefels. Der fehlende Zugang zum Meer wird durch zahlreiche Flüsse und Seen wettgemacht – der Trasimenische See ist das viertgrößte Binnengewässer Italiens –, die eine üppige Vegetation gedeihen lassen. Die Landschaft präsentiert sich in verschiedensten Grüntönen: silbergrün das Laub der Oliven, Weiden und Pappeln, smaragdgrün die Weinberge und Linsenfelder, dunkelgrün die gewaltigen Edelkastanien, Buchen und Eichen, blaugrün die Weizenfelder. Auf den Hügeln thronen alte Festungen, bewehrte Dörfer und Städte, Kirchen und Klöster, die die Schätze einer jahrtausendealten Kultur beherbergen. Nach den antiken Umbrern haben hier viele Völker ihre Spuren hinterlassen, und auch der Einfluß des Kirchenstaats, dem Umbrien ab Mitte des 16. Jahrhunderts gut 300 Jahre lang angehörte, ist noch stark zu spüren. Fast scheint es, als würde der stille Friede der Heiligen, die hier geboren wurden – neben dem heiligen Benedikt auch der heilige Franziskus und die heilige Klara –, noch über der Landschaft liegen, und man kann sich ihrem Zauber, den Perugino und Raffael in wunderschönen Gemälden festhielten, nicht entziehen.

Nirgendwo empfindet man diesen Eindruck stärker als in Assisi, der Stadt des heiligen Franziskus, die an den Hängen des Monte Subasio liegt. Wenn man sich ihr im Sonnenschein von Perugia her nähert, bieten die Basilika und die rosafarbenen Häuser einen hinreißenden Anblick. Wir treffen zufälligerweise rechtzeitig zum Calendimaggio ein, dem Fest, mit dem jedes Jahr der Mai eingeläutet wird. Flatternde Fahnen, malerisch bunte Kostüme, Trommelwirbel und Trompetengeschmetter verleihen der Altstadt ein mittelalterliches Ambiente – vor allem nach Sonnenuntergang, wenn die engen Gassen vom flackernden Licht der Fackeln erleuchtet sind. Überall werden an Ständen heiß dampfende, dick aufgeschnittene Spanferkelscheiben feilgeboten. In einem Tavernengewölbe sitzen die Honoratioren am Ehrentisch beisammen und lassen sich eine nicht enden wollende Folge von deftigen Speisen der regionalen Küche servieren. Ganz offensichtlich erschreckt sie die Aussicht nicht, nach einer Dinkel-Bohnen-Suppe und nach Bergen von gefüllten Kaninchen und Tauben noch verschiedene Braten, wie etwa Wildschwein in Specksauce, zu verzehren – begleitet von entsprechenden Mengen an rotem Landwein. Dieses Festgelage wird musikalisch von Minneliedern umrahmt, die, ebenso wie die Kochrezepte, aus alten Handschriften stammen. Zu guter Letzt kommen noch Körbe voller Nüsse, Mandeln, getrockneter Feigen und Pfefferkuchen auf den Tisch und dazu das obligatorische Gläschen Dessertwein: Vin Santo oder Chiarea. An diesem Abend darf man über die Stränge schlagen; morgen ist schließlich auch noch ein Tag, an dem man sich wieder in christlicher Mäßigkeit üben kann.

Der 85jährige Signor Lungarotti *mit seiner Stieftochter Maria Teresa, die als Önologin über die Güte der Lungarotti-Weine wacht.*

Uns führt der nächste Tag in den südwestlichen Teil Umbriens, wo der Chiascio in den Tiber mündet. Auf einem Hügel liegt hier das Dorf Torgiano, ein typisch umbrischer Ort, in dem die Menschen jahrhundertelang ein anspruchsloses, bodenständiges Leben führten. Vor rund 30 Jahren wurde Torgiano allerdings ein wenig aus seinem Dornröschenschlaf gerissen, und zwar durch die Initiative eines tatkräftigen Ehepaares. Mit viel Fleiß und harter Arbeit verwandelten Giorgio und Maria Grazia Lungarotti den altmodischen Agrarbetrieb ihrer Familie in ein gut organisiertes Weingut mit modernster Kellerei. Heute ist der Name Lungarotti ein Inbegriff der umbrischen Weinkultur. Mitte der 70er Jahre wurde in renovierten Herrschaftshäusern des Anwesens das Weinmuseum der Lungarotti-Stiftung eröffnet, und bald darauf nahm das elegante Hotel »Le Tre Vaselle« (Die drei Weinkrüge) seinen Betrieb auf. Dazu gesellte sich das behagliche »La Bondanzina«, und zum Schluß wurde inmitten der Weingärten das Landhaus »Poggio alle vigne« eröffnet, das sich als vornehm-rustikaler Feriensitz empfiehlt. Gestaltung, Einrichtung und Organisation des ganzen Guts tragen die Handschrift der Kunstwissenschaftlerin Maria Grazia Lungarotti. Diese selbstbewußte, resolute Dame und ihr Ehemann, der mit seinen 85 Jahren noch nichts von seiner Tatkraft eingebüßt hat, bilden ein ideales Gespann. Im Hotel merkt man auf Schritt und Tritt die Vorliebe der beiden für schlichte Eleganz. Der alte Terrakottaboden des Salons ist von kostbaren Orientteppichen bedeckt, und hinter den massiven Holztüren liegen Räume, die mit einem harmonischen Ensemble umbrischer Bauern-

In der Weinkellerei *der Lungarotti kann man die Weine des Hauses degustieren. 10 Gehminuten entfernt liegt das edel-rustikale Hotelrestaurant der Familie.*

Der Rubesco – *einer der italienischen Spitzenweine, der schon 1968 das D.O.C.-Siegel erhielt – ist das Lieblingskind des Hausherrn.*

Der bekannteste Wein Umbriens ist sicherlich der Orvieto, strohgelb und manchmal leicht bitter schmeckend. Doch allen Rotweinliebhabern sei der rubinfarbene Rubesco des Lungarotti-Weinguts aufs wärmste empfohlen.

Auf dem Lungarotti-Weingut *wachsen Sangiovese- und Canaiolo-Trauben für den Rubesco.*

möbel ausgestattet sind, ergänzt durch antike Einzelstücke.

Imposant präsentiert sich der Speisesaal mit seinem großen Kamin, und nicht minder beeindruckend ist die Speisekarte, auf der man die Auswahl zwischen gut einem halben Dutzend umbrischer Spezialitäten hat. Die Gerichte, jeweils nach dem saisonalen Angebot zusammengestellt, verbinden gekonnt das Traditionelle mit der heutigen Vorliebe für leichtere Kost. Ein Tip sind die spätzleartigen »Frascarelli«. Bei der Nachspeise entscheide ich mich spontan für »Millefoglie croccante« und bereue meine Wahl nicht. Ein Meisterwerk aus Blätterteig steht vor mir, überzogen mit einem kunstvollen Netz aus Karamelfäden. Wie Engelshaar ziehen sie sich über die obere Waffel bis zum Rand des Tellers hin. Meine Neugierde ist geweckt. Und wie wird dieses Spinngewebe hergestellt? Küchenchef Roberto Vitali zeigt mir das Werkzeug, mit dem er das Kunststück vollbringt: eine kleine, mit einem Griff versehene Holzplatte, aus der die Spitzen von sechs Nägeln hervorragen. Diese »Gabel« wird in die warme Karamelsauce getaucht und dann in gleichmäßigen Kreisen über Kuchen und Teller gezogen, so daß der Karamel in dünnen Fäden herabfließt. Roberto hat dieses Werkzeug – ganz in der Tradition der gediegenen umbrischen Handwerkskunst – selbst entwickelt. Auf seine praktische Erfindung stoßen wir mit einem Glas rubinrotem Rubesco aus der Lungarotti-Weinkellerei an. Dieser Wein ist elegant und ausgewogen im Charakter, hat einen abgerundeten Körper und ein angenehmes Bukett. Erfreut nehme ich Signor Lungarottis Einladung zu einer

ausführlicheren Weinprobe in seiner Kellerei an. Zusammen mit seinen beiden Önologen, der Stieftochter Maria Teresa und Angelo Valentini, gehen wir zu einem langgezogenen Flachbau, der zwischen den Weinbergen liegt. Hier stehen modernste Maschinen und Geräte, die es ermöglichen, die althergebrachte Weinbautradition mit heutiger Technologie zu verbinden. Der Rubesco Riserva reift zunächst ein halbes Jahr lang in Fässern und Barriques aus französischem und slowenischem Eichenholz. Dann wird der Wein in Flaschen abgefüllt – für eine mindestens siebenjährige Lagerung. Natürlich reden wir bei der Probe über die verschiedenen Weinsorten, vor allem über das Lieblingskind des Hausherrn, den Rubesco. Signor Lungarottis Vorliebe wurde auch »amtlich« bestätigt: Der Rubesco erhielt 1968 als erster Wein Umbriens das D.O.C.-Siegel. Ähnlich wie der toskanische Chianti wird er aus Sangiovese- und Canaiolo-Trauben gekeltert, allerdings ohne die Zugabe von weißen Trauben. Maria Teresa trinkt diesen Tropfen besonders gerne zu Schmorbraten, meint aber, daß er überhaupt gut zu Fleisch-, Nudel- und Reisgerichten schmeckt – und natürlich hervorragend zu Käse paßt. Während unserer Fachsimpelei atmet Angelo Valentini den Duft ein, der aus seinem Glas emporsteigt, und flüstert mir mit verklärter Miene zu: »In unserem Keller schläft der Wein nicht – er träumt ...«

Von den mit Weinstöcken und mit Olivenbäumen bepflanzten lieblichen Hügeln der Gegend um Torgiano führt uns der Weg, an der Festspielstadt Spoleto vorbei, durch das wild-romantische Tal der forellenreichen Nerina. Wir nähern uns dem Apennin, und allmählich verändert sich das Landschaftsbild, wird felsiger und karger. Das unberührte Land ist noch bäuerlich geprägt und hat fast etwas Urwüchsiges an sich. Auf gewundenen Straßen gelangen wir schließlich nach Norcia, dem Geburtsort des heiligen Benedikt, des Gründers des

In der Kapelle *eines ehemaligen Kamaldulenserklosters hat der Maler Piero Dorazio sein Atelier eingerichtet.*

Die Silhouette *von Todi erhebt sich im Hintergrund der hügeligen und waldreichen Landschaft.*

Leuchtende Farben *sind für die abstrakten Bilder des umbrischen Malers Dorazio charakteristisch.*

Signor Urbani *ist Trüffelexperte und für die Qualität der schwarzen Trüffeln von Norcia zuständig.*

Das Schweinenetz für das Rinderfilet-Rezept muß man in Deutschland beim Metzger vorbestellen, am besten gleich zwei bis drei Stück. Sie lassen sich nach dem Blanchieren auch einfrieren und auf diese Weise einige Wochen konservieren.

Das getrüffelte Rinderfilet gibt es im »Granaro del Monte« in Norcia. Auch die Linsen mit Schweinswürsten kommen aus Norcia: aus der Trattoria »Dal Francese.«

FILETTO DEL CAVATORE

Getrüffeltes Rinderfilet

Für 4 Personen

- *pro Person 125 g Rinderfilet*
- *40 g Butter*
- *120 g gehacktes Kalbfleisch*
- *2 Eier*
- *1 Bund Petersilie*
- *20 g schwarze Trüffeln*
- *60 g Caciotta (milder Weichkäse)*
- *60 ml Sahne*
- *Salz, Pfeffer*
- *120 g Schweinenetz*
- *1 kleine Trüffel, in Scheiben geschnitten*
- *1 Schuß Rotwein*
- *40 ml Trüffelsaft oder 1 TL Trüffelbutter*
- *200 ml Rinderfond*
- *Butterflöckchen*

1 Die Rinderfilets in heißer Butter auf beiden Seiten kurz anbraten, halbgar herausnehmen und kalt stellen.
2 Das gehackte Kalbfleisch in eine Schüssel geben und diese auf Eis setzen.
3 Eier, gehackte Petersilie, Trüffel und die gewürfelte Caciotta beimengen, dann mit einem Holzlöffel die Sahne einrühren, bis ein glattes Gemisch entsteht; je nach Bedarf salzen und pfeffern.
4 Das Schweinenetz 2 Minuten mit kochendem Wasser überbrühen, dann in kaltes Wasser legen. Auf Küchenkrepp vorsichtig auslegen und mit Krepp abtrocknen.
5 Die Filets auf einer Seite mit der Kalbsmousse bestreichen, die Trüffelscheiben obenauf setzen. Erst dann in die Schweinenetze wickeln.
6 Auf der mit Mousse bestrichenen Seite in die Pfanne legen und fertigbraten.
7 Den Bratenfond mit Rotwein ablöschen, einkochen lassen, dann den Trüffelsaft (oder die Trüffelbutter) dazugeben.
8 Mit dem Fond nochmals einkochen lassen und schließlich mit einigen Butterflöckchen aufschlagen.

LENTICCHIE CON SALSICCIA

Linsen mit Schweinswürsten

Für 4 Personen

- *200 g Linsen*
- *3/4 l Wasser*
- *1 Selleriestange*
- *1 Knoblauchzehe*
- *Salz, Pfeffer*
- *8 Schweinswürste*
- *1/2 Glas Olivenöl*
- *1 Schöpflöffel Tomatenpüree*

1 Die Linsen in kaltem Salzwasser zu 3/4 bedecken und mit dem gehackten Sellerie und der Knoblauchzehe zum Kochen aufsetzen.
2 Nach ca. 40 Minuten durch ein Sieb abgießen, die Brühe aufbewahren.
3 Inzwischen die Würste in heißem Öl anbraten, bis sie gar sind (3–5 Minuten), das Tomatenpüree hinzugeben und 5 Minuten lang kochen lassen.
4 Die Linsen beimengen und mit etwas Linsenkochwasser sämig rühren. Mit Salz und Pfeffer abschmecken.

TAGLIATELLE AL TARTUFO

Bandnudeln mit Trüffelsauce

Für 4 Personen

- *400 g hausgemachte oder fertig gekaufte Bandnudeln*

Sauce

- *250 ml Fleischbrühe*
- *1 Knoblauchzehe*
- *100 ml Olivenöl*
- *Salz, Pfeffer*
- *100 g frische (oder konservierte), geriebene, schwarze Trüffeln*

1 Die Bandnudeln in reichlich Salzwasser »al dente« (bißfest) kochen, dann abtropfen lassen.
2 In der Zwischenzeit die Sauce zubereiten: In einer kleinen Pfanne die Fleischbrühe mit der Knoblauchzehe aufkochen lassen, einige Minuten ziehen lassen; dann den Knoblauch entfernen.
3 Das Öl dazugeben und mit etwas Salz und Pfeffer abschmecken, dann die Trüffeln hinzugeben.
4 Erneut aufkochen lassen und vom Herd nehmen. Die abgetropften Bandnudeln in die Sauce geben, gut umrühren und so servieren.

So sehen die Trüffeln aus, *wenn sie aus der Erde kommen – noch etwas unappetitlich.*

SUGO AGLI ASPARAGI PER FETTUCCINE

Spargelsauce für Bandnudeln

Für 4 Personen

- *1/2 kg Spargel*
- *1 Prise Zucker*
- *1 kleine Knoblauchzehe, fein gehackt*
- *Petersilie*
- *4 EL Olivenöl*
- *Salz und Pfeffer*
- *1 Schuß Weißwein, nach Wunsch*
- *2 EL geriebener Parmesan*

1 Den Spargel schälen und die Köpfe abtrennen; die Stangen in kleine Stücke schneiden; in Salzwasser mit 1 Prise Zucker weich kochen.
2 Die gehackte Knoblauchzehe und die Petersilie in etwas Olivenöl anbräunen.
3 2–3 zerkleinerte Spargelstangen pürieren und mit in die Pfanne geben. Mit etwas Spargelsud aufgießen und mit Salz und Pfeffer gut würzen. Bei Bedarf etwas Weißwein zugießen.
4 Die restlichen Spargelstücke in die Sauce geben, gut vermengen und über die Nudeln gießen. Frischgeriebenen Parmesan dazu anbieten.

Gereinigt und glänzend: *das »schwarze Gold« von Norcia.*

Das Restaurant »Granaro del Monte« empfiehlt:

BRUSCHETTA AL TARTUFO

Geröstete Brotscheiben mit Trüffelcreme

Für 4 Personen

- *100 ml Olivenöl*
- *1 Knoblauchzehe*
- *60 g frische (oder konservierte), gehobelte, schwarze Trüffeln*
- *etwas Zitronensaft*
- *Salz, Pfeffer*
- *16 leicht geröstete Weißbrotscheiben*

1 Olivenöl in einer kleinen Pfanne erhitzen, die Knoblauchzehe darin goldbraun anbraten, dann abkühlen lassen.
2 Nun die Trüffeln und den Zitronensaft dazugeben, mit Salz und Pfeffer abschmecken. Nochmals erhitzen und gleich auf die frisch gerösteten Brotscheiben streichen.

Die Bandnudeln mit Trüffelsauce kommen aus dem »Granaro del Monte«; die Spargelsauce ist eine Kreation von Annetta Trastulli, Köchin des Malers Dorazio in Todi.

Das Restaurant »Le Tre Vaselle« in Torgiano empfiehlt:

FRASCARELLI

Für 4 Personen

- *3 l Wasser*
- *200 g Mehl*
- *3 ganze Eier*

1 Etwa 3 l Wasser zum Kochen bringen.
2 Unterdessen das Mehl mit den Eiern verschlagen.
3 Den sehr flüssigen Teig mit einer Gabel auf die bemehlte Arbeitsfläche aus dem Handgelenk heraus spritzen: Das Gelingen der Frascarelli hängt von der sicheren und flinken Leichtigkeit ab, mit der die Masse verteilt wird.
3 Vorsichtig die Masse in ein feinmaschiges Sieb geben; die darin aufgefangenen Klümpchen, die Frascarelli, in das kochende Salzwasser geben. Mit einer Schaumkelle herausnehmen und mit der Tomatensauce vermengen.

SPAGHETTI AL POMODORO E BASILICO

Spaghetti mit Tomatensauce und Basilikum

Für 4 Personen

- *400 g Spaghetti*

Sauce

- *1 kg vollreife Tomaten*
- *1 Zwiebel*
- *2 Schalotten*
- *1 Knoblauchzehe*
- *6 EL kaltgepreßtes Olivenöl*
- *1 TL Zucker*
- *2 EL Balsamico*
- *12 Blätter Basilikum*
- *Salz, Pfeffer*
- *Parmesan*

1 Die Tomaten von ihren Stengelansätzen befreien, mit kochendem Wasser überbrühen, abschrecken, häuten und entkernen. Das Fruchtfleisch würfeln und durch ein Sieb passieren.
2 Zwiebel, Schalotten und Knoblauch schälen und klein würfeln.
3 Das Olivenöl erhitzen, die Zwiebel darin anbraten, dann die Schalotte zugeben und zum Schluß den Knoblauch.
Vorsicht: Er darf nicht braun werden! Mit dem Knoblauch auch den Zucker dazugeben und leicht karamelisieren lassen.
4 Den Essig zum Ablöschen darübergießen und dann gleich die pürierten Tomaten hinzufügen; ca. 15 Minuten bei niedriger Hitze köcheln lassen.
5 Das Basilikum waschen, grob hacken und zugeben; mit Salz und Pfeffer abschmecken.
6 Unterdessen die Spaghetti in Salzwasser »al dente« – bißfest – kochen; dann durch ein Sieb abschütten.
7 Die Nudeln auf die Teller geben, die Sauce darübergießen und Parmesan darüberreiben.

Benediktinerordens. Doch wir sind nicht wegen ihm hergekommen, sondern wegen der Norcini. Dies war früher die Bezeichnung für die Einwohner der Stadt; heute wird der Begriff in Italien oft als Synonym für »Metzger« gebraucht. Kein Wunder, denn hier wird die beste Schweinswurst des ganzen Landes hergestellt.
Bei der Vielzahl der Fleischergeschäfte in Norcia hat man die Qual der Wahl. Wir entscheiden uns schließlich für die Norcineria von Vittorio Ansuini, durch deren Tür ein gar zu köstlicher Duft auf den Bürgersteig dringt. Er stammt von den saftigen Schinkenkeulen, den Girlanden aus dicken Würsten und imposanten Wildschweinköpfen, die im Schaufenster ausliegen. Vittorio ist Metzger in der vierten Generation, wie schon sein Nachname andeutet: Er geht auf das Wort »suino« (Schwein) zurück. Zusammen mit seinem Bruder und den beiden Söhnen verarbeitet er die geschlachteten Schweine – die in dieser Gegend wahre Prachtexemplare sind – zu Würsten in allen nur denkbaren Varianten: Wange, Wammerl, Hals, abgehangene und frische Wurst, luftgetrocknete Lende, Leberwurst, Salami, Culatello, Schinken (auch vom Wildschwein), ganze Seiten Bauchspeck, Wurst vom Nacken und Filet (in Weißwein getränkt), Wurst vom Nacken und Kopf (in Salzlake gepökelt) – die Liste ist bei weitem nicht vollständig. Auf mich wirkt der Preßkopf besonders verlockend. Nachdem Signor Ansuini mir eine Scheibe zum Kosten angeboten hat, meint er: »Schmecken Sie den Unterschied zwischen meinem Coppa und dem industriell produzierten? Die Fabrikwurst liegt schon drei Wochen nach der Herstellung im Supermarkt; bei mir dagegen hängt sie erst noch gute acht Monate im Keller.« Um mich zu überzeugen, führt er mich in zwei seiner 20 Lagerräume: gewölbte Keller, die übers ganze Stadtgebiet verteilt sind. »Ich hoffe, daß wir Norcini bis zum Ende des Jahrhunderts nicht einer aussterbenden Zunft angehören. Die Industrie könnte uns mit ihren Maschinen und Billigpreisen noch das Geschäft verderben!« Im gleichen Atemzug verrät er mir jedoch, daß seine Frischwürste im Touristenmonat August wie die sprichwörtlichen warmen Semmeln weggehen: 3000 Stück – das ent-

In Norcia *wurde der heilige Benedikt geboren, Gründer des Benediktinerordens.*

Der schmackhafte Schinken kleiner mit Kastanien gefütterter Schweine und die schwarze Trüffelart der Gegend haben Norcia zu einem Feinschmeckerzentrum gemacht. Übrigens: Auch der Schafkäse ist nicht zu verachten.

Norcia *ist wie Assisi eine heilige Stadt – aber auch die Stadt der Metzger.*

Castelluccio *ist eines der höchstgelegenen Dörfer Italiens.*

Die hellen Linsen aus Castelluccio sind so fein, daß sie sich sogar für den Nachtisch eignen. Sie sind aber auch viermal so teuer wie die normalen Linsen.

spricht 150 Kilogramm Wurst – verkauft er an einem Sonntag.
Nach unserem Gang durch die Stadt kehren wir in die Norcineria zurück, wo mir Vittorio seinen ältesten Sohn Luigi vorstellt. Dieser steht gerade in einem kühlen Raum hinter dem Laden und dreht eine Schweineschulter zusammen mit Bauchspeck durch den Fleischwolf. Der Duft von Knoblauch hängt in der Luft – eine wichtige Zutat bei der Herstellung dieser Wurst, ebenso wie Pfeffer, Salz und Weißwein. Und da gerade Mittagszeit ist, führt uns Signor Ansuini noch zu seinem Vetter Vittorio Battilocchi, in dessen Trattoria »Dal Francese« wir die frischen Schweinswürste kosten können. Signor Battilocchi serviert sie mit Linsen, einem Gericht, das ebenso schlicht wie exquisit ist. Die unglaublich zarten Linsen sind eine weitere Spezialität der Region. Sie werden in 1400 Meter Höhe angebaut, in einem der höchstgelegenen Dörfer Italiens: Castelluccio, eine halbe Autostunde nordöstlich von Norcia. In langen schneereichen Wintern ist der Ort von der Umwelt abgeschnitten. Erst im März können die Samen ausgesät werden, und im Juni verwandeln sich die Felder in ein weißes Blütenmeer. Geerntet wird im August, doch der Ertrag ist mit gut 900 Doppelzentnern relativ gering. Die Vorteile dieser hellen Linsen: Sie brauchen keinen Dünger, sind wurmfrei, halten sich im Kühlschrank drei bis vier Jahre lang und müssen vor dem Kochen nicht eingeweicht werden. Der einzige Nachteil ist ihr Preis; sie kosten viermal soviel wie herkömmliche Linsen. Doch die Ausgabe lohnt sich: Die Linsen aus Castelluccio sind so fein, daß sie sogar für den Nachtisch verarbeitet werden. Mit Ricotta vermischt, werden sie für den schmackhaften Mürbeteigkuchen verwendet, den Anna Bianconi in der Küche ihres Restaurants »Granaro del Monte« in Norcia zubereitet.

Der Handel mit Trüffeln *ist ein lukratives Geschäft. Die kostbaren Pilze werden sorgfältig gewogen und abgepackt.*

In Umbrien gibt es neben Wurst und Linsen aber noch eine dritte Delikatesse: die schwarze Wintertrüffel »Tuber melanosporum Vitt«, auch »Tartufo nero pregiato« oder »Tartufo nero di Norcia« genannt. Über diese hält mir Signora Bianconis Ehemann Carlo einen Vortrag: Die Trüffel ist innen und außen dunkel und muß – im Gegensatz zu der weißen Art aus dem Piemont – nicht roh gegessen werden. Davon kann ich mich selbst überzeugen: Die beiden Wirtsleute setzen mir diese Trüffelsorte in zwei verschiedenen Saucen vor, einmal zu Bruschetta (den gerösteten Brotscheiben), dann zu Bandnudeln. Olivenöl und Knoblauch finden sich bei beiden Varianten; bei der Bruschetta kommt noch Zitronensaft, bei der Pasta hingegen Fleischbrühe dazu. Nebenbei sei gesagt, daß es in der Umgebung von Norcia auch die weiße Trüffelart gibt. Was den Geschmack betrifft, sind die beiden Pilzsorten zweifellos harte Konkurrenten, doch in geschäftlicher Hinsicht gibt es zwischen den Trüffelzonen Norcia und Alba keine Rivalität mehr, seitdem die Industriellenfamilie Urbani aus Norcia

ANATRA IN CASSERUOLA CON ASPARAGI AL TARTUFO NERO E PATATE GRATIN

Ente im Topf mit Spargel, Trüffeln und gratinierten Kartoffeln

Für 4 Personen

- *1 Flugente, ca. 1,6 kg*
- *Salz, Pfeffer*
- *Olivenöl*
- *1/2 Lauchstange*
- *1 Selleriestange*
- *1 Möhre*
- *12 Silberzwiebelchen*
- *1/2 Glas trockener Weißwein*
- *1 Lorbeerblatt*
- *2 Knoblauchzehen*
- *1 Zweig Rosmarin*
- *1 Zweig Thymian*
- *1/2 l Fleischfond*
- *400 g Kartoffeln*
- *3 EL Butter*
- *Muskat*
- *2–3 EL geriebener Parmesan*
- *20 Stangen Spargel*
- *schwarze Trüffeln nach Belieben*

1 Die Ente säubern, die Innereien entfernen, innen und außen salzen und pfeffern und in einer Pfanne in etwas Olivenöl anbraten.

2 Das grobgehackte Gemüse und die Kräuter hinzugeben und mit dem Wein löschen. Bevor dieser ganz verdunstet ist, die Fleischbrühe zugießen und auf kleiner Flamme zugedeckt köcheln lassen.

3 Die Kartoffeln schälen und in möglichst dünne Scheibchen schneiden. Eine flache, feuerfeste Form mit Butter ausstreichen und die Kartoffeln fächerartig einschichten. Mit Salz und ein wenig Muskat würzen, den Parmesan darüberstreuen und die restlichen Butterflöckchen darauf verteilen. Im Herd bei 180 Grad ca. 30 Minuten backen.

4 Den Spargel schälen, kurz kochen und in einer Pfanne sautieren.

5 Die gare Ente warm stellen und die Sauce zubereiten: den Bratenfond quirlen und durch ein Sieb passieren, dann in einer Pfanne auf kleiner Flamme mit Salz und Pfeffer einköcheln lassen.

6 Die Ente ausbeinen und zerteilen.

7 In die Mitte des Tellers etwas Sauce geben, Ente, Kartoffelgratin und Spargelstückchen anrichten. Bei Bedarf etwas Olivenöl darübergeben und mit geschnittenen, frischen schwarzen Trüffeln bestreuen.

Weiße Trüffeln aus Alba oder schwarze aus Norcia? Manche Köche – unter ihnen auch Meisterkoch Gianfranco Vissani – bevorzugen die schwarze Art. Im Gegensatz zu den weißen können die schwarzen Trüffeln gekocht werden.

Das Rezept der Ente im Topf stammt aus dem Restaurant »Vissani« in Civitella del Lago.

Verwendet man die Fischköpfe zum Ansetzen des Fonds, sollte man die Kiemen zuvor entfernen – der Fond kann sonst bitter werden.

TENERONI DI SPIGOLA CON CIPOLLOTTI, SAUTÉ DI RAPE ROSSE, SALSA DI CIPOLLOTTI AL PROFUMO DI ALICI

Zartes Seewolffilet mit Winterzwiebeln, Sauté von roten Beten, Zwiebelsauce mit Sardellenaroma

Für 4 Personen

- *1,5 kg Seewolf (Loup de mer)*

Brühe

- *Karkassen*
- *1/4 l Wein*
- *1/4 l Wasser*
- *1 Lorbeerblatt*
- *1 Bund Suppengrün*
- *10 Pfefferkörner*
- *1/2 Bund Dill*
- *1 Zwiebel, in Scheiben geschnitten*

Seewolf

- *1 Bund Frühlingszwiebeln*
- *etwas Olivenöl*
- *5 Lorbeerblätter*
- *5 Sardellen*
- *Salz, Pfeffer*
- *1 mittelgroße rote Bete*
- *1/2 Bund Petersilie zum Garnieren*

1 Aus den Karkassen des Seewolfs mit den Zutaten für die Brühe einen Fischfond zubereiten, alles zusammen aufkochen und ca. 20 Minuten ziehen lassen, dann durch ein Sieb passieren.

2 Den filierten Seewolf in Stücke von ca. 5 cm Länge schneiden und wechselweise mit 1 Stück Frühlingszwiebel aufspießen.

3 In eine Pfanne 2 EL Öl und 2 Lorbeerblätter geben. Die Fischspieße mit der Hautseite nach unten hineinlegen und 2 Minuten lang bei großer Hitze anbraten. Dann umdrehen, die Hitze verringern und weitere 3 Minuten schmoren lassen.

4 Unterdessen in einem Topf für die Sauce 2 EL Olivenöl erhitzen, den Rest der Frühlingszwiebeln sehr klein geschnitten zusammen mit 2 Lorbeerblättern anschmoren lassen; dann mit dem Fischfond löschen.

5 Nach einigen Minuten die kleingehackten Sardellen zugeben und mit Salz und Pfeffer abschmecken.

6 Nochmals einige Minuten aufkochen lassen und dann mit einem Mixer pürieren.

7 Unterdessen die geschälte und gewürfelte rote Bete mit Salz und Pfeffer sautieren.

8 Zum Servieren gibt man in die Mitte des Tellers einige Löffel der Sauce, legt einen Fischspieß darauf, beträufelt diesen mit dem Kochsaft der roten Bete und gibt die Rote-Bete-Würfelchen seitlich hinzu.

Obenauf kommen abschließend als Garnitur einige Petersilienblätter und 1 Schuß Olivenöl.

Knoblauch *ist nicht nur ein schmackhaftes Würzmittel für viele Speisen; er ist zudem auch sehr gesund. Schon im alten Ägypten wurde Knoblauch bei Magen- und Darmbeschwerden verzehrt.*

Die Seewolffilets werden auf diese Weise im »Vissani« in Civitella del Lago zubereitet.

ANATRA DISOSSATA RIPIENA

Gefüllte Ente – ohne Knochen

Für 4 Personen

- *1 große Ente, ca. 2,2 kg*
- *100 g Schweinefleisch*
- *200 g Kalbfleisch*
- *150 g Thüringer Mett oder rohe Würste*
- *100 g Rohschinken, gehackt*
- *100 g Mortadella*
- *1 große Karotte*
- *15 (oder mehr) Pistazienkerne*
- *100 g Butter*
- *100 g geriebener Parmesan*
- *Salz, Pfeffer*
- *1 Prise geriebene Muskatnuß*
- *4 Eier*
- *1 Zweig Thymian*
- *Suppengrün*
- *200 ml Geflügelfond*
- *1/2 Glas Weißwein*

1 Flügel, Hals und Beine der Ente abschneiden, dann die Ente enthäuten. Dabei wird die Haut, an der Brustseite beginnend, in Längsrichtung aufgeschnitten und mit Hilfe eines Messers vom Fleisch gelöst. Vorsicht: Die Haut nicht zerreißen, sondern sorgfältig abheben und dann beiseite legen. Die Ente dann ausbeinen und die Knochen hacken. Leider sind nur wenige Metzger zu dieser nicht ganz leichten Arbeit bereit.

2 Das Fleisch durch den Wolf drehen; ebenso die anderen Fleisch- und Wurstsorten, außer der Mortadella, die in kleine Würfelchen geschnitten wird.

3 Die Karotte säubern und würfeln, die Mortadella kleinschneiden und zusammen mit den ganzen Pistazienkernen, der Butter und dem Parmesan dem Fleischgemisch beimengen.

4 Mit Salz, Pfeffer und geriebener Muskatnuß würzen, dann die geschlagenen 4 Eier unterrühren.

5 Die Haut aufschlagen und die Füllung hineingeben. Die Haut nun über das Fleischgemisch zusammenschlagen und mit einem Faden zunähen.

6 Die gefüllte Ente in eine geölte Reine legen und in den auf 250 Grad vorgeheizten Ofen schieben. Wenn die Haut nach ca. 30 Minuten eine goldbraune Farbe angenommen hat, den Vogel umdrehen und die Ofentemperatur auf 200 Grad senken. Die gehackten Knochen hinzugeben, das Suppengrün sowie den Thymianzweig; den Geflügelfond nach und nach dazugießen.

7 Wenn der Braten auf beiden Seiten schön angebraten ist, den Weißwein schluckweise darübergießen. Mit einem dünnen Fleischspieß hineinstechen, um zu sehen, ob das Fleisch schon gar ist. Die Ente bleibt insgesamt ca. 70 Minuten bei 200 Grad im Ofen, dann weitere 20 Minuten bei ausgeschaltetem Herd. Der fertige Braten wird in Scheiben aufgeschnitten.

In Umbrien *wird die Ente meist nicht im Herd gebraten, sondern über der offenen Feuerstelle, die es dort in vielen Häusern noch gibt.*

Giuliana Dorazio *hat auf ihren vielen Reisen Küchenutensilien gesammelt. Nun hängen sie dekorativ in der Küche ihrer Villa, im Reich der Köchin Annetta.*

Annetta Trastulli, seit 20 Jahren Köchin bei den Dorazios, bereitet diese Version der gefüllten Ente.

Besonders köstlich *wird der Mürbeteigkuchen, wenn er mit den sehr feinen (allerdings auch teuren) Linsen aus Castelluccio zubereitet wird.*

Die Verwendung von Hülsenfrüchten für eine Süßspeise geht auf mittelalterliche und antike Rezepturen zurück.

Der Linsen-Mürbeteigkuchen wird im »Granaro del Monte« in Norcia zubereitet. Die knusprigen Blätterteigstücke gibt es im »Le Tre Vaselle« in Torgiano.

CROSTATA DI LENTICCHIE ALLA RICOTTA

Linsen-Mürbeteigkuchen mit Quark

Für 4 Personen

- *250 g (braune) Linsen (in Umbrien verwendet man die Linsen aus Castelluccio)*
- *400 ml Milch*
- *20 g Butter*
- *350 g Quark*
- *200 g Zucker*
- *3–4 Eier*
- *1 Eigelb*
- *1/2 Packung Vanillezucker*
- *abgeriebene Schale von 1 Zitrone*
- *1 Zimtstange*
- *1 Ampulle Orangenblütenwasser (in der Apotheke erhältlich) oder 1–2 EL Orangenlikör*
- *75 g Zitronatwürfel*

Mürbeteig

- *200 g Mehl*
- *50 g Zucker*
- *1 Prise Salz*
- *1 Ei*
- *100 g weiche Butter*
- *etwas Wasser*

1 Linsen in der Milch ca. 1 Stunde einweichen.
2 Währenddessen die Zutaten des Mürbeteigs miteinander vermischen und zu einem glatten Teig verkneten; kühl stellen.
3 Die Linsen in der Milch kochen, Butter dazugeben und so lange köcheln, bis daraus eine Creme wird (ca. 1/2 Stunde).
4 Diese in einer Schüssel erkalten lassen, dann Ricotta, Zucker, Eier, Eigelb, Vanillezucker, abgeriebene Zitronenschale, Zimtstange, Orangenblütenwasser (oder Likör) und Zitronat unterrühren.
5 Eine eingefettete Springform von ca. 26 cm Durchmesser mit dem Mürbeteig auslegen, die Creme aus Ricotta und Linsen hineingießen.
6 Etwa 60 Minuten lang bei mäßiger Temperatur im Ofen backen (ca. 150 Grad).

MILLEFOGLIE CROCCANTE

Knuspriger gefüllter Blätterteig

Für 8 Personen

Waffeln

- *100 g Mandelblättchen*
- *100 g Zucker*
- *Eiweiß von 3 Eiern*
- *50 g zerlassene Butter*
- *50 g Mehl*
- *1 Packung Vanillezucker*

Zabaione

- *10 Eigelb*
- *200 g Zucker*
- *600 ml Sahne*
- *200 ml weißer Dessertwein (Vin Santo)*
- *10 Blatt Gelatine*

Karamel

- *400 g Zucker*
- *50 ml Wasser*

1 Alle Zutaten für die Waffeln miteinander verrühren; auf einem Backblech den Teig in kleinere Portionen dünn ausgießen (ungefähr 5 x 5 cm Seitenlänge).
2 Bei 150 Grad 15 Minuten im Ofen backen, dann erkalten lassen.
3 Für die Zabaione Eigelb und Zucker schaumig schlagen. Die Gelatine im warmen Wasser auflösen und mit dem Wein vermengen, dem Eigemisch unterrühren; dann die geschlagene Sahne vorsichtig unterheben.
4 3 Stunden lang im Kühlschrank ruhenlassen.
5 Dann die Waffeln mit der Zabaione bestreichen, mit einer weiteren Waffel abdecken, darauf noch zweimal eine Zabaione-Schicht, jeweils mit Waffeldecke, die oben abschließt.
6 Wasser mit Zucker zu Karamel einkochen und mit Hilfe einer Gabel die obersten Waffeln damit dekorieren.

SOUFFLÉ DI FRAGOLINE CON SALSA DI ARANCE

Walderdbeeren-Soufflé mit Orangensauce

Für 8 Personen

- *250g Walderdbeeren*
- *80g Zucker*
- *4 EL Wasser*
- *1 Prise Salz*
- *4 Eiweiß*

Sauce

- *Saft von 4 Orangen*

1 Die Walderdbeeren mit 40g Zucker und dem Wasser 8 Minuten im Wasserbad erwärmen und gut verrühren.
2 4 Souffléförmchen mit Butter ausstreichen und die Form mit Zucker auskleiden, so daß sie bis zum Rand lückenlos bestreut ist. Den restlichen Zucker aus der Form schütten.
3 Den übriggebliebenen Zucker zusammen mit 1 Prise Salz und dem Eiweiß zu einem festen Eischnee schlagen.
4 Die Erdbeermasse vorsichtig unter den Eischnee heben und in die Förmchen füllen, einen Fingerbreit unter dem Rand freilassen.
5 Im Ofen ca. 20–25 Minuten bei 160 Grad backen.
6 Unterdessen die Sauce zubereiten: den Saft der Orangen mit wenig Zucker bei großer Hitze eindicken lassen.
7 Das Soufflé mit der Sauce begießen und sofort servieren.

Tip: Das Geheimnis eines guten Soufflés liegt im strengen Einhalten der Zubereitungszeiten und in der richtigen Abfolge der einzelnen Arbeitsgänge!

SEMIFREDDO AL MIELE DI MONTAGNA

Halbgefrorenes mit Berghonig

Für 8 Personen

- *5 Eigelb*
- *5 ganze Eier*
- *200 g Zucker*
- *600 ml Sahne*
- *100 g Berghonig*
- *100 g Amaretti*

1 Eier, Eigelb und Zucker in einem Gefäß im Wasserbad schaumig schlagen.
2 Die geschlagene Sahne vorsichtig unterheben.
3 Honig und die zerkleinerten Amaretti hinzurühren, dann einfrieren.

Die Gäste müssen auf das Soufflé warten – nicht umgekehrt. Wichtig ist die exakte Vorbereitung der Förmchen mit Butter und Zucker. Wenn diese Beschichtung nicht gleichmäßig aufgetragen ist, bleibt die Masse kleben – und das Soufflé geht schief auf.

Das Walderdbeeren-Soufflé ist eine Köstlichkeit aus dem »Vissani« in Civitella del Lago; Halbgefrorenes mit Berghonig wird im »Granaro del Monte« in Norcia serviert.

Der Kopf *dieses Keilers in der Auslage der Norcineria der Ansuini zeigt, was es Köstliches gibt: Wildschweinschinken.*

Die Würste aus Norcia, die man für die Linsengerichte braucht, ähneln den echten Lyoner Würstchen – die wiederum nichts mit den bei uns industriell hergestellten »Lyonern« zu tun haben.

Salsiccia

In Norcia gibt es die besten »Schweinereien« Italiens. Die Schweinswürste und der Wildschweinschinken sind ein kulinarisches Erlebnis, das seinesgleichen sucht. Nicht minder köstlich: die schwarzen Trüffeln und die zarten Linsen der Umgebung.

Die berühmteste Metzgerfamilie in Norcia heißt Ansuini. Seit Generationen wird in der Familie dieser Beruf ausgeübt. Die Ansuini kennen viele, die nach Norcia kommen, denn sie haben den verlockendsten Delikatessenladen des Städtchens, das im Schatten der rauhen Hochebene von Castelluccio, weit im Südosten Umbriens, liegt. Groß steht in hübschen Lettern über dem Laden geschrieben: »Norcineria«. Das hat Signalwirkung, zumindest bei kulinarisch bewanderten Italienern. Denn die Norcini, die Metzger aus Norcia, galten früher italienweit nicht nur als die Besten ihrer Zunft – fast alle Metzgereien landesweit, die etwas auf sich hielten, beschäftigten einen Norcino, oder sie gehörten ihm sogar. Zudem gab es viele Metzger auf Wanderschaft, die vor allem im Winter nach Rom oder in die Toskana zogen, um dort Schweine zu schlachten, fachgerecht zu zerlegen und haltbar zu machen oder luftgetrocknet zu Würsten oder Schinken zu verarbeiten.

18 bis 20 Meter lang *sind die Würste zunächst; dann werden sie mit Kordeln abgeschnürt.*

Die Bezeichnung »Norcineria« signalisiert auch heute noch: Hier gibt es vom Norcino fachgerecht geschnittenes und verarbeitetes Fleisch, in umbrischer Tradition!

In der Norcineria der Ansuini kann man alles kaufen, was in Norcia und Umgebung typisch und köstlich ist: Trüffeln und Käse, Bohnen, Linsen und Dinkel, Olivenöl und Pasta. Und natürlich die Spezialitäten, die die beiden Brüder und die zwei Söhne tagtäglich produzieren: Schinken vom Schwein und auch vom Wildschwein. Ganz besonders zu empfehlen sind ihre Salsicce, die Schweinswürste. Hinter der großen Glasscheibe kann jeder zuschauen, wie sie produziert werden, und bestaunen, welche körperliche Anstrengung eine solche Arbeit erfordert. Nebenbei bemerkt: Zweimal wöchentlich ab halb vier Uhr morgens ist Schlachttag.

Haben die Ansuini ein Geheimrezept für ihre Salsicce? Ganz und gar nicht. Nur die richtige Wahl und Zusammensetzung des Schweinefleisches: magere Schulter und Bauchspeck im richtigen Verhältnis. In große Würfel geschnitten, wird ein riesiger Fleischberg mit Pfeffer und speziellen Gewürzen gut durchmischt, dann durch einen riesigen Fleischwolf gedreht. Der relativ grobe Hack wird anschließend mit einer ansehnlichen Portion zerdrücktem Knoblauch vermengt. Beim zweiten Durchdrehen in einem kleineren Fleischwolf wird die Fleischmasse in natürlichen, zuvor perfekt gereinigten Schweinedarm gefüllt, und zwar mittels einer Art Spritzform, über deren Ende der Darm gestülpt wird. Unglaublich, wie lang so ein hauchdünner Schweinedarm ist: 18 bis 20 Meter!

Der Schweinedarm *wird über die Wurstspritze gestülpt und mit der Wurstmasse gefüllt.*

Mit immenser Geschwindigkeit wird die 18 bis 20 Meter lange »Wurst« mit Naturkordeln zu kleinen, fast mundgerechten Würstchen, ein jedes 50 Gramm leicht, eingeschnürt: an die 3000 Stück jeden Morgen, samstags meistens noch mehr, weil viele Italiener von weit her gereist kommen, um die frischen Salsicce aus Norcia direkt hier zu kaufen. Eine Besonderheit der Wurstherstellung ist übrigens der deftige Wildschweinschinken.

Die Gourmets gehen auch oft in eines der wenigen, aber hervorragenden Restaurants wie das »Grotta Azzurra«, um die Würste gleich vor Ort zu verspeisen. Ein so gutes und einfach zuzubereitendes Gericht gibt es schließlich kaum noch: Die kurzen, aber dicken Würstchen werden über der Holzkohlenglut gegrillt, bis sie außen schön kroß und innen noch saftig sind. Dazu gibt's nichts außer einem Stück Brot.

Die Ansuini essen zu ihren Salsicce im Winter mit Vorliebe Lenticchie, Norcias Speziallinsen, in einem würzigen Tomatensud. Der köstliche Duft betört die Sinne, das herzhafte Essen macht wohlig warm – genau richtig an kalten Wintertagen, sagen die Ansuini. Nicht nur die Norcini haben Norcia berühmt gemacht. Auch die schwarzen Trüffeln Umbriens sind begehrt, mit denen hier phantasievolle Gerichte gezaubert werden. Manche Köche meinen sogar, daß die schwarzen Trüffeln wohlschmeckender seien als ihre weißen »Verwandten« aus Alba.

Und was kaum über Italiens Grenzen hinaus bekannt ist: Die Lenticchie di Castelluccio, die winzig kleinen, grünen, braunen und rötlichen Linsen von der nahen Hochebene aus Castelluccio, sind ein Hochgenuß. In dieser grandiosen Naturlandschaft, die auch Drachenflieger als ein einmaliges Revier für sich entdeckt haben, gedeihen die schmackhaftesten Linsen, die man sich vorstellen kann, und dazu noch gänzlich ohne Pestizide. In dem rauhen Klima der Hochebene können sich keine Schädlinge breitmachen. Was diese Linsen mit den Salsicce von Norcia zu tun haben? Nichts mundet den Norcini selbst besser als beides zusammen: »Salsicce con lenticchie«, das Winteressen schlechthin, und noch dazu ganz einfach nachzukochen! Aber auch sommerleichte Gerichte lassen sich daraus zaubern: leichte Suppen und Salate – ein paar Trüffelraspeln darüber, fertig ist die nächste Delikatesse!

Oben hängen *die Schinken, unten liegen die Würste: Dem aromatischen Duft, den eine Norcineria verbreitet, kann man schon von weitem nicht widerstehen.*

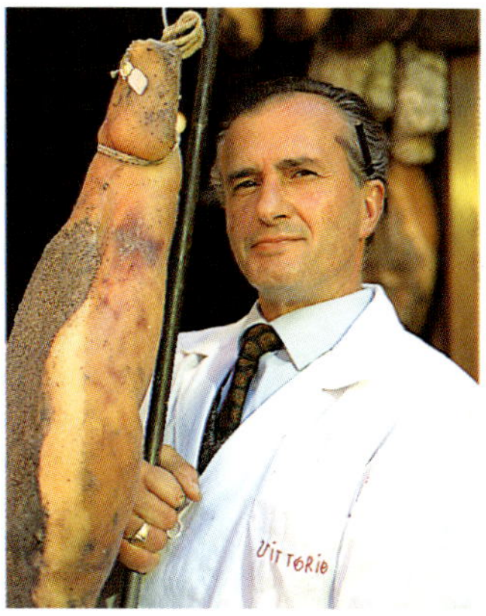

VITTORIO ANSUINI

Metzger in Norcia

Dies ist ja ein echter Familienbetrieb.
Ja, wir halten zusammen: zwei Brüder und die beiden Söhne. Mit Lohnarbeitern würde die Rechnung nicht mehr aufgehen. Zu viert kommen wir noch zurecht.

Seit wie vielen Generationen existiert denn Ihre Metzgerei?
Meine Söhne sind schon die vierte Generation.

Was hat sich in den 100 Jahren verändert?
Nichts am Handwerklichen, nichts am Schweineschlachten, nichts an der Wurst, nichts am Frühaufstehen zweimal in der Woche morgens um halb vier. Bloß der Fleischwolf und die Darmfüllmaschine sind modern.

Wozu paßt Ihre Wurst besonders gut?
Mit unseren zarten Linsen aus Castelluccio schmecken sie am allerbesten.

GIANFRANCO VISSANI

Meisterkoch in seinem Restaurant »Vissani« in Civitella del Lago

Wodurch unterscheidet sich die Kochkunst Vissanis von der italienischen Küche?
In allem. – Italienische Kochkunst, von mir so interpretiert, ist eine Kochkunst ohne Einbrenne, ohne langes Kochen, ohne Butter, ohne Karamelisieren.
Sie haben ein eher schwieriges Verhältnis zur italienischen Küche?
Nein, nein, ich mag sie. Sie ist schmackhaft.
Wie würden Sie für jemanden, der noch nie bei Ihnen gegessen hat, Ihre Kochkunst kurz definieren?
Großartig.
Sie haben den Ruf, sehr kreativ, aber auch sehr unberechenbar zu sein. Was macht Sie wütend?
Alle sind so. Zumindest die, die sich von der Pike auf hochgedient haben. Sie sind alle so – unberechenbar, aufbrausend, aggressiv.
Was essen Sie zu Hause?
Brot und Zwiebeln.
Sie kochen also nicht zu Hause?
Nie.

den ganzen italienischen Markt (sowie 60 Prozent des Weltmarkts) in bezug auf Verarbeitung und Vertrieb beherrscht. Diese Tatsache hindert allerdings die leidenschaftlichen Meisterköche Italiens nicht im geringsten daran, sich in heftige Diskussionen über Wert, Unwert, Geschmack und Verwendung der unterschiedlichen Trüffelsorten zu verwickeln.

Gianfranco Vissanis Vorliebe gilt eindeutig der schwarzen Trüffel. Signor Vissani ist Küchenchef des »Vissani« und der ungekrönte Meisterkoch Umbriens. In seinem Restaurant in Civitella del Lago schaltet und waltet er nach Belieben – ein Mann, der kein Blatt vor den Mund nimmt. Einerseits ist seine kulinarische Kunst unumstritten, andererseits ist er aber auch als launisch, unberechenbar und aggressiv bekannt. Als wir ihn in seinem Restaurant am stillen Corbara-Stausee in der südwestlichsten Ecke Umbriens aufsuchen, hat er zum Glück einen »guten Tag« und zeigt sich von seiner charmanten, selbstironischen Seite. Gesprächig erzählt er uns, daß seine Eltern früher ein Lebensmittelgeschäft in Civitella führten, bevor sie ein Lokal aufmachten. 1974 konnte er es dann von ihnen übernehmen. Beflügelt von seinen Erinnerungen, meint er: »Stellen Sie sich vor: Anfangs hatte ich mehr als 100 verschiedene Nudelgerichte auf der Speisekarte. Das war verrückt von mir!« Heute ist er bescheidener; allerdings nur, was die Anzahl seiner Gerichte betrifft – nicht in Hinsicht auf deren gewagte Zusammenstellung.
Nirgendwo sonst können Gäste derart ausgefallene Kreationen finden wie hier. Es gibt beispielsweise Fadennudeln mit Hummerfleisch, sautierten Artischocken und Kürbisblüten, alles umhüllt von warmen Spinatblättern. Und das Tüpfelchen auf dem i ist die Sauce aus frischen Seeigeln. »Wen das

zu exotisch anmutet«, meint der Koch gelassen, »der soll sich lieber an die bodenständige umbrische Regionalküche halten.« Dabei deutet er auf den schlichten Raum gleich neben dem Eingang; hier führt er ein zweites Restaurant mit erschwinglichen Preisen unter dem Namen »Il Padrino«. Die gehobene Küche ist den Gästen des »Vissani« vorbehalten.
Offenbar will er mir heute eine seiner Delikatessen vorsetzen, denn mit einem verschmitzten Lächeln fragt er mich: »Sie möchten sich doch bestimmt nicht unter die Normalsterblichen mischen, oder?« Und ohne meine Antwort abzuwarten, führt er mich durch eine Tür ins »Vissani«. Dort sitze ich in einem Saal mit goldgelben Damastvorhängen, die die Aussicht auf den See verbergen. Dafür habe ich freien Blick auf die Küche und kann durch ein großes Fenster beobachten, wie der Meister über sein Reich

Auf der rauhen Hochebene *von Castelluccio wachsen die zartesten Linsen.*

Tiefblauer Himmel über sanften grünen Hügeln – Umbrien ist ein Land leuchtender Farben, das Künstler schon immer inspiriert hat.

herrscht – im wahrsten Sinn des Wortes: Er kommandiert sein diszipliniertes Küchenpersonal wie ein General seine Soldaten. Dazwischen brüllt er laut, hält dann inne, um den brutzelnden Inhalt von Töpfen und Pfannen zu inspizieren, bis eine kleine Panne den nächsten Zornausbruch provoziert. Das Personal rennt geschäftig hin und her, pariert, präpariert, putzt und püriert – ganz auf Geheiß des Chefs. Im Handumdrehen steht ein raffiniertes Fischgericht vor mir auf dem Tisch: ein zartes Seewolffilet mit Winterzwiebeln, Sauté von roten Beten und einer Zwiebelsauce mit Sardellenaroma. Das Filet zergeht mir auf der Zunge, ohne daß ich einen dominierenden Geschmack ausmachen könnte. So ausgefallen die Zusammenstellung auch sein mag – die Zutaten sind perfekt aufeinander abgestimmt. Ich muß gestehen: Vissanis Küche ist allererste Klasse. Seine Preise sind es allerdings auch. »Dafür fahre ich kreuz und quer durchs Land, um das Beste vom Besten zu bekommen«, beteuert er. »Meine Artischocken hole ich ausschließlich aus Cerveteri, Sellerie und Waldspargel aus der Nähe von Spoleto, den Hummer von den apulischen Tremiti-Inseln. Enten lasse ich aus Frankreich kommen. Ihre Garzeit ist kürzer als die der einheimischen Enten.« Der hochgewachsene, stämmige Mann mit dem Sechstagebart ist richtig in Fahrt gekommen. Ein Anruf unterbricht das Gespräch. Bevor er davoneilt, fährt er sich mit der Zunge über die Mundwinkel und ruft mir zu: »Und vergessen Sie nie: Beim Essen hat jeder von uns einen eigenen Gaumen!«

Die Umbrer kannte ich bisher als eher zurückhaltende und stille Menschen. Dieses Mal habe ich sie von einer ungewöhnlich heiteren, genießerischen Seite kennengelernt – zwei Seiten derselben Medaille?

San Giustino
Monte Fumo
CITTA DI CASTELLO
Pietralunga
Monte Catria
Monte d. Gorgacce
T. Lana
GUBBIO
3 bis
298
Monte Murlo
Chiascio
Monte Màggio
Tuoro
Lago Trasimeno
Tevere
Monte Urbino
Gualdo Tadino
3
Monte Acuto
PERUGIA
Assisi
Bastia Umbra
220
Le Tre Vaselle
75
Torgiano
77
Città della Pieve
Piegaro
3 bis
Monte Tito
FOLIGNO
Poggio Pian del Sette
Marsciano
Guado Cattàneo
Monte Moricone
71
Parrano
Montefalco
Monte Castellaccio
Ficule
Ristorante Granaro del Mon
Nera
Nòrcia
Cima Panco
Trattoria tipica dal Francese
TODI
Paglia
Sordo
Càscia
448
SPOLETO
Vissani
Casigliano
Monte Alvagnano
ORVIETO
3 bis
Acquasparta
A1
Montecastrilli
Montefranco
Monte Acetallo
3
Monte S. Pelato
Monte Petano
Alviano
Attigliano
TERNI
204
Giove
Velino
313
NARNI
Monte Macchialunga
Montoro
Monte S. Pancrazio
Otricoli

UMBRIEN

HOTELS

▮ LE TRE VASELLE in Torgiano: Drei bauchige Weinkrüge in der Hotelhalle repräsentieren Namen und Philosophie des Hauses: Bacchus über alles! Die Einrichtung ist schlicht und geschmackvoll:

Familienferien *auf dem Lungarotti-Weingut.*

Orientteppiche auf alten Terrakottaböden, massive Holztüren, umbrische Bauernmöbel, handgewebte Bettdecken und Vorhänge. Sondertips: Privacy in der Luxusdépendance »La Bondanzina«. Oder ländliche Familienferien mit Vollkomfort im »Poggio alle vigne« inmitten der Weinberge – mit Swimmingpool.

Via Garibaldi 48, Torgiano;
Tel. 0 75/9 88 04 47
Anfahrt: Auf der E 45 8 km südlich von Perugia kommend, Ausfahrt Torgiano.

▮ DIE DEUTSCHEN SCHWESTERN von Santa Croce in Assisi: Nur 10 Gehminuten von der S.-Francesco-Basilika entfernt, bietet das Nonnenkloster 17 schlichte und preiswerte Gästezimmer an, einige mit schönem Blick ins Tal.

Via Santa Croce, Assisi;
Tel. 0 75/81 25 15

▮ SALICONE in Norcia: Auf Sportaktivitäten und Bequemlichkeit ausgerichtetes Hotel: sehr modern und sehr gemütlich. Alles funktioniert hier auf Knopfdruck, nicht nur der Whirlpool.

Norcia;
Tel. 07 43/82 80 76
Anfahrt: Vor dem Stadttor Porta Romana Rechtsabzweig hinunter zum Hotel.

▮ VILLA BELLAGO in Baschi: Am Ufer des idyllischen Corbara-Sees liegt das 1993 eröffnete Hotel mit seinem Landhauscharme. Alle 12 Zimmer mit Seeblick. Swimmingpool, Tennis, Fitneßraum.

Baschi;
Tel. 07 44/95 05 21
Anfahrt: Von Orvieto kommend, ca. 12 km in südliche Richtung auf der S.S. 448, parallel zur A1.

▮ VILLA CICONIA bei Orvieto: Die im 16. Jahrhundert erbaute Villa beherbergt heute 10 Zimmer. Mit stilvollem historischen Ambiente eingebettet in einen schönen Park, strahlt sie einen Hauch von Bohème aus. Ruhig, trotz Autobahnnähe.

Via dei Tigli 69, Orvieto, Vorort Ciconia;
Tel. 07 63/9 29 82
Anfahrt: A1 von Arezzo nach Orvieto, Ausfahrt Orvieto; nach der Unterführung in Richtung Todi erster Linksabzweig zur Villa.

Einer der drei Weinkrüge, *nach denen das »Le Tre Vaselle« benannt ist.*

RESTAURANTS

▮ LE TRE VASELLE in Torgiano: Im luxuriösen Restaurant (mit Terrasse) gibt es neben den exquisiten Weinen aus der eigenen Kellerei »Cantine Lungarotti« auch frische Zutaten vom eigenen Landgut. Chef Roberto Vitali läßt es an traditionellen Saisongerichten der Gegend auf seiner Menükarte nicht fehlen. Besonders geschmeckt haben die handgemachten »Frascarelli«, Teigklümpchen mit pikanter Tomatensauce und Basilikum. Kein Ruhetag.

Via Garibaldi 48, Torgiano;
Tel. 0 75/9 88 04 47
Anfahrt: Auf der E 45 8 km südlich von Perugia kommend, Ausfahrt Torgiano.

Exquisite Kochkunst bei »Vissani«: *Hummerfleisch mit Artischocken und Kürbisblüten in Spinatblättern – dazu eine Sauce aus frischen Seeigeln.*

▮ IL POGGIO DEGLI OLIVI bei Bettona: Große Terrasse mitten im Olivenhain, mit herrlichem Ausblick nach Perugia und Assisi. Preiswerte, gutbürgerliche umbrische Küche. Pizzen vom Holzkohlengrill. Übernachtungsmöglichkeit, Swimmingpool, Tennisplatz. Mittags und Mittwoch geschlossen.

Località Cerreto Alto, Passaggio di Bettona;
Tel. 0 75/9 86 90 23
Anfahrt: Landstraße von Assisi nach Passaggio in Südwestrichtung (etwa 12 km). Ab Passaggio gut ausgeschildert.

▮ SAURO auf der Isola Maggiore im Trasimenischer See: typisches Fischlokal. Seine frisch gefangenen Fische vertraut

Sauro seiner Frau Lina in der Küche an. Prachtgericht ist der Königskarpfen, gebraten und gewürzt auf Spanferkelart. Kein Ruhetag.

Tel. 0 75/82 61 68
Anfahrt: Fähre von Passignano oder Tuoro (billiger und schneller). Auf der S.S. 75 von Perugia in Richtung Florenz, Ausfahrt Passignano-Est oder Tuoro.

▮ TRATTORIA DAL FRANCESE in Norcia: Umbrische Hausmannskost, bei der die zarten und berühmten Linsen vom benachbarten Castelluccio bestens zur Geltung kommen. Für Nudel-, Fleisch- und Fischgerichte mit den schwarzen Norcia-Trüffeln gibt es ein Extrablatt zur Speisekarte! Freitag geschlossen.

Via Riguardati 16, Norcia;
Tel. 07 43/81 62 90
Anfahrt: Von Ascoli auf der A 4 nach Arquata, rechts abzweigen nach Norcia.

Bei »Dal Francese«: *Blick in die Küche.*

▮ GRANARO DEL MONTE in Norcia: Seit sieben Generationen kocht die Familie Bianconi im einstigen Getreidespeicher des Pfandhauses. Das sympathische Ehepaar Anna und Carlo ist bestrebt, Lokaltradition zeitgemäß zu aktualisieren. Serviert wird in den schön hergerichteten rustikalen Sälen. Als raffiniert zubereitetes Gericht empfiehlt sich das getrüffelte Rinderfilet, »Filetto del Cavatore«. Dienstag geschlossen.

Via Alfieri 7, Norcia;
Tel. 07 43/81 65 13.

▮ VISSANI in Civitella del Lago am Corbara-See: Aufregender kann die Zusammenstellung einzelner »göttlicher« Speisen kaum sein. Seine unberechenbaren Launen kann man zwar für verrückt halten, aber sein gastronomisches Improvisationstalent ist genial: Gianfranco Vissani dichtet spontan mit dem Kochlöffel nach dem Motto »creating by doing«. In diesem Gourmettempel sollte man nicht »à la carte« wählen (astronomische Preise!). Am besten ist es, sich auf den täglich wechselnden Menüvorschlag des Chefs zu verlassen. Sonntag abend und Mittwoch geschlossen.

Civitella del Lago am Corbara-See;
Tel. 07 44/95 03 96
Anfahrt: Von Todi auf der S.S. 448 südlich in Richtung Civitella del Lago.

EINKAUFSTIPS

▮ OSTERIA DEL MUSEO in Torgiano: Lungarotti-Weine und -Sekt, Schnäpse zum Degustieren und zum preiswerten Kaufen. Tip: die köstlich frische Quittenmarmelade (ohne Konservierungsstoffe).

Corso V. Emanuele (neben dem »Weinmuseum«), Torgiano;
Anfahrt: Von Perugia südlich auf der Landstraße in Richtung Deruta.

▮ U. GRAZIA – Maioliche Artistiche Artigianali in Deruta: In dieser ältesten und größten Keramikwerkstatt des Majolika-Zentrums bewahrt man überlieferte Motive, stößt aber auch zur Moderne vor. Reiche Auswahl.

Via Tiberina 181, Deruta;
Tel. 0 75/9 71 02 01
Anfahrt: Auf der E 45 südlich von Perugia, die erste Ausfahrt Deruta.

Avantgarde-Künstler Piero Dorazio *bemalt auch Teller.*

▮ FRATELLI ANSUINI in Norcia: Die größte »Schweinerei« Norcias! Es gibt keine Wurst- oder Fleischware vom Schwein, ob zahm oder wild, die sich hier den Gourmands & Gourmets nicht anbieten würde. Natürlich mit traditioneller handwerklicher Sorgfalt hergestellt.

Via Anicia 105, Norcia;
Tel. 07 43/81 66 43
Anfahrt: Von Terni auf der S.S. 209 in nördlicher Richtung bis Triponzo; dort rechts abzweigen auf die S.S. 396 nach Norcia.

Umbrischer *Weinanbau.*

▮ AZIENDA AGRARIA DI ALBERTO CIPOLLONI bei Foligno: Das hier erzeugte und verkaufte Olivenöl wird auch den Ansprüchen von Meisterkoch Vissani gerecht, der es von hier bezieht. Spezialität: Olivenöl, auch mit Knoblauch und Pfefferschoten gewürzt.

Frazione San Giovanni Profiamma;
Tel. 07 42/31 14 36
Anfahrt: Von Perugia die S.S . 75 nach Foligno, 3 km nordöstlich von Foligno.

▮ MOSCATELLI TARTUFI in Norcia: Große Auswahl an schwarzen Trüffeln bester Qualität, frisch und konserviert.

Corso Sertorio 42, Norcia;
Tel. 07 43/81 73 88

WEINE

Umbriens Weinanbaugebiete in der Gegend von Perugia und Orvieto sind zwar flächenmäßig nicht sonderlich ausgedehnt, dafür bietet die abwechslungsreiche, liebliche Hügellandschaft rechts und links des Tiber-Tals günstige klimatische Bedingungen und geeignete Bodenbeschaffenheit. Die Weinbautradition dieser Gegend reicht zurück bis in die Zeit der Etrusker und Römer; auch die

Benediktiner schätzten den Tropfen aus den eigenen Kellereien. Seit etwa 25 bis 30 Jahren wird der traditionelle Weinanbau mit den modernsten önologischen

Der Rotweinrenner *der »Cantine Lungarotti«: Rubesco.*

Methoden verbunden. Bahnbrechend sind in dieser Hinsicht die Produkte der Weingüter »Castello della Sala« der »Marchesi-Antinori« und »Cantine Lungarotti« in Torgiano. Die Orvieto-Weißweine, strohfarben, frisch und fruchtig, und die Rebsorte Grechetto sind die Spezialitäten der Region; aber auch Chardonnay, Cabernet Sauvignon, Pinot Grigio und Pinot Nero gedeihen bestens bei den mikroklimatischen Bedingungen. »Muffato« heißt ein sympathischer Dessertwein aus weißen Trauben, die vom Edelschimmel befallen worden sind.

Hier Adressen mit Weintips:

▮ Castello della Sala

Località Sala, Ficulle;
Tel. 07 63/8 60 51
Anfahrt: S.S. 71 nördlich von Orvieto.

»Cervaro della Sala«, »Muffato della Sala«, »Pinot Nero«.

▮ Cantine Lungarotti

Via Mario Angeloni 16, Torgiano;
Tel. 0 75/9 88 03 48

»Rubesco Riserva Monticchio« – ein Rotweinklassiker; weitere Rotweine: »San Giorgio« und »Cabernet Sauvignon di Miralduolo«.
Der Top-Weißwein: »Torre di Giano Riserva Il Pino«.
Ferner empfehlenswert der Roséwein »Castel Grifone« und der Dessertwein »Vin Santo«.

▮ Decugnano dei Barbi,

Località Fossatello 50, Orvieto;
Tel. 07 63/30 82 55

Weißwein: »Orvieto Classico«.

▮ Arnaldo Caprai, Val di Maggio,

Località Torre, Montefalco;
Tel. 07 42/37 88 02
Anfahrt: Von Perugia die S.S. 75 bis Foligno, Landstraße südwestlich nach Montefalco.

Rotwein: »Sagrantino di Montefalco«.
Weißwein: »Grecante Grechetto dei Colli Martani«.

▮ Sergio Mottura, Tenuta Fratelli Mottura,

Località Poggio della Costa 1, Civitella d'Agliano;
Tel. 07 61/91 45 01
Anfahrt: Von Orvieto auf der S.S. 71 südlich in Richtung Montefiascone. In Monterado links abbiegen über Bagnoregio nach Civitella d'Agliano, auch Civitella d'Orvieto.

Dieses ehemalige etruskische Weinanbaugebiet an der Grenze zum Latium darf seit 1292 den Namen der umbrischen Stadt führen.
Orvieto secco (trocken), Orvieto amabile (lieblich), Verdello, Rupeccio, Grechetto sind die hauseigenen Weißweine des nicht nur önologisch, sondern auch ökologisch sehr bewußt handelnden Weinguts.

Uralte Weinpresse *im Weinmuseum.*

SEHENS-WÜRDIGKEITEN

▮ MUSEO DEL VINO in Torgiano: Im Weinmuseum der Lungarotti-Stiftung ist alles zu finden, was seit 2500 Jahren mit Weinanbau und Weinkultur zu tun hat, ob in den Bereichen Kunst, Literatur, Handwerk oder Landwirtschaft.
Öffnungszeiten: im Sommer 9.00–12.00/15.00–20.00 Uhr

Corso V. Emanuele 11, Torgiano;
Tel. 0 75/3 06 96

▮ CASCATA DELLE MARMORE bei Terni: Mit 165 Metern Gefälle gehört der dreistufige, künstlich errichtete Wasserfall zu den eindrucksvollsten Europas – die Hauptattraktion der Gegend. Das technische Meisterwerk der Römer von 271 v. Chr. leitet das Wasser vom

Aus der Antike – *Wasserfall bei Terni.*

Fluß Velino in die Nera. Heute werden die Wassermassen zur Stromerzeugung genutzt und sind deshalb nur zeitweilig zu sehen.

Auskunft über Besichtigungszeiten beim Informationsbüro in Terni:
Tel. 07 44/42 30 47
Anfahrt: Aus Terni, S.S. 79 Richtung Piediluco (15 km). Abzweigung braun ausgeschildert.

▮ TODI: Wunderschön gelegene mittelalterliche Stadt im Herzen Umbriens. Entdecken Sie hier das Geheimnis der gewundenen Säulen am gotischen Hauptportal der Kirche San Fortunato. Mit etwas Geduld finden Sie das neckische Spiel einer Nonne und eines Mönches. Ein deftiger Spaß des Bildhauers aus dem 13. Jahrhundert.

Anfahrt: Auf der S.S. 3 südlich von Perugia, direkt nach Todi.

MARKEN

Zwischen Adria und Apennin – die landwirtschaftliche Struktur der Marken ist noch fast erhalten. Mittelalterliche Städte und alte Wehrdörfer auf den Höhen sind in die hügelige Landschaft eingebettet.

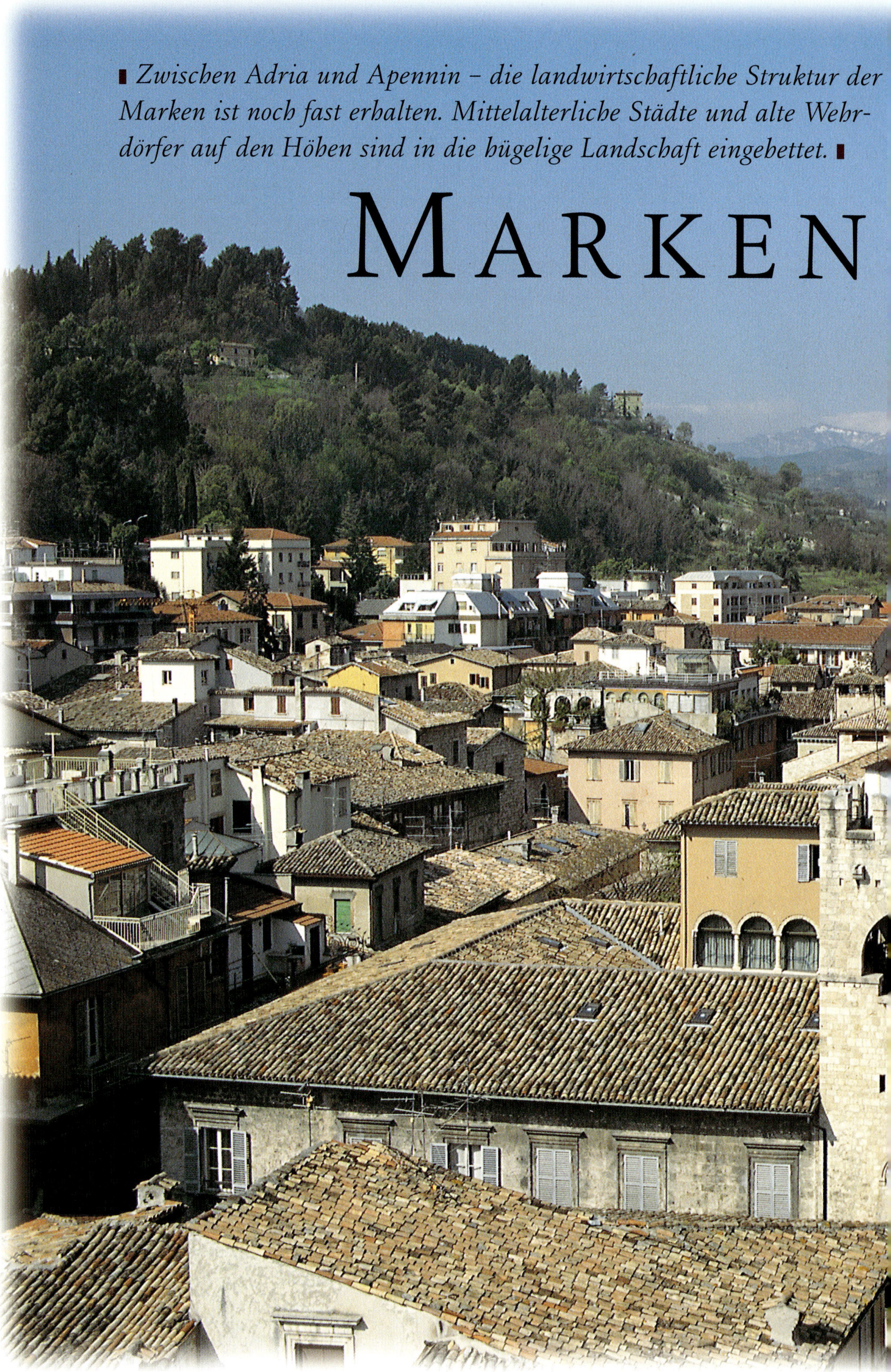

Schmuck und zugleich Schutz *vor dem Bösen: ein schön gestalteter Türknopf.*

Stilvoll und gut bestückt: *Signor Ridolfis Weinkeller in Pesaro.*

Die Marken waren in der Antike von den Kelten besiedelt, bevor sie in den Einflußbereich Roms gelangten. Im Mittelalter war das Gebiet ein Zankapfel zwischen Papst und Kaiser. Auch heute noch sind die Marken ein »Randgebiet«, das sich seinen eigenen Charakter bewahrt hat.

Die Marken (Le Marche) sind eine der unbekanntesten Regionen Italiens. Der Name kommt von der deutschen »Mark« (dieser Ausdruck bezeichnete früher das Grenzgebiet eines Reiches) und ist historisch aufschlußreich: Le Marche bestehen aus einer Reihe von Grenzgebieten, die im Mittelalter als Pufferzone zwischen den wechselnden Einflußbereichen von Kaiser und Papst dienten. Ihr unterschiedliches Gesicht haben sich die Marken bis heute bewahrt: Sie sind wie ein Querschnitt durch alle italienischen Landschaften. Sprache und Mentalität der Menschen reflektieren den Einfluß der benachbarten Regionen, Latium, Umbrien und Abruzzen.

In dieser Gegend, in der auch der rauheste, unwirtlichste Abschnitt des Apennin liegt, entspringen zahlreiche Flüsse, die auf ihrem Weg zur Adria die fruchtbare Hügellandschaft der Marken durchqueren.

Die Einwohner – die Marchigiani – sind vorwiegend bäuerlich geprägt und führen ein Leben, in dem Genügsamkeit als großer Wert gilt. Exzesse und Höhenflüge sind den Menschen hier fremd; sie bevorzugen das gesunde Mittelmaß. Die regionale Küche kann daher nicht gerade als exzentrisch bezeichnet werden; sie zeichnet sich eher durch Understatement aus. Das oberste kulinarische Prinzip lautet, daß frische Zutaten auf natürliche Art zubereitet werden müssen.

Diese Maxime befolgt auch Franco Ridolfi, der Inhaber des Kellerrestaurants »Lo Scudiero« im Herzen Pesaros. Dabei läßt er sich von zwei Gesichtspunkten leiten: Zum einen will er gute Traditionsküche bieten, und gleichzeitig will er das Andenken des Komponisten Gioachino Rossini pflegen, des illustren Sohns dieser Stadt. Nur wenige Musikkenner wissen, daß der gefeierte Komponist auch ein innovativer Liebhaber seiner heimatlichen Küche war. Dieser »Nachlaß« Gioachino Rossinis wird heute hingebungsvoll von Signor Ridolfi verwaltet; im August, wenn das jährliche Rossini-Opernfestival stattfindet, widmet er ihm sogar besondere Menüs. Außerdem hat er ein hübsches Büchlein mit dem Titel »Zu Tisch mit Rossini« herausgegeben. Als ich darin schmökere, fällt mir das Rezept »Filetto alla Rossini« ins Auge. Ich frage, ob der Küchenchef, Franco Ridolfis Sohn Fabio, dieses verlockende Gericht für mich zubereiten könnte; besonders faszinieren mich die dafür verwendeten weißen Trüffeln aus Acqualagna (einem kleinen Städtchen in den Marken südlich von Urbino). Als Ridolfi das Filet serviert, steigt mir der Duft von Marsala in die Nase. »Rossini hatte eine ausgeprägte Vorliebe für Marsala«, bestätigt Franco, »ebenso für Trüffeln und Pâté. Diese Zutaten hat er beim Kochen genauso großzügig verwendet, wie man heute Parmesan auf die Pasta streut.«

Während ich beim Essen noch das Gedenken Rossinis ehre, fällt mir ein etwas blasser junger Mann auf, der über seinem Nachtisch zu meditieren scheint. Dieser Nachtisch besteht aus einer Apfeltorte, in deren Mitte ein roter, von einem Pfeil durchbohrter Apfel sitzt. (Angeblich wurde diese symbolische Dessertkreation Rossini anläßlich der Pariser Premiere seiner letzten Oper »Wilhelm Tell« gewidmet.) Ich komme mit meinem Tischnachbarn ins Gespräch und entdecke, daß ich einen Poeten vor mir habe. Gianni D'Elia – so heißt der junge Mann mit Drahtbrille – verehrt Rossini genauso wie die gemeinsame Vaterstadt. Deswegen läßt er es sich nicht nehmen, mich nach dem Essen ins Rossini-Theater zu führen. In diesem neoklassizistischen Schmuckkästchen überwältigen ihn dann seine poetischen Gefühle: Feierlich nimmt er in einer Loge Platz und rezitiert ein eigenes Gedicht über den Geist Rossinis, der seiner Meinung nach noch heute in Pesaro weilt.

Ein Schmuckkästchen – *das Rossini-Theater in Pesaro.*

Doch wir lassen uns nicht länger von Rossinis Geist bannen, sondern brechen zu unserem nächsten Ziel auf: der »Villa Serena« vor den Toren der Stadt. Die Atmosphäre ist gemütlich und ein wenig bohemehaft, ideal für ein paar erholsame Ferientage. Es geht recht ungezwungen zu – mein Gepäck wird mir von Renato, dem Eigentümer des Anwesens, persönlich aufs Zimmer getragen. Früher diente die Villa der portugiesischen Adelsfamilie Pinto de Franca y Vergaes als Sommerresidenz, doch mittlerweile wurde sie zu einem Hotel mit erstklassigem Restaurant umgebaut. Für die Gerichte, die dort serviert werden, zeichnet ebenfalls Renato verantwortlich. Dabei legt er großen Wert auf Schlichtheit – Schlichtheit auf hohem Niveau. Ein gutes Beispiel für diese Küche ist das Hauptgericht: ein Brathähnchen, das lediglich mit Öl, Knoblauch, Weißwein, Rosmarin und einer aromatischen Salzkomposition, bestehend aus 14 Kräutern, zubereitet wird. Das ist ein neuerlicher Beweis für den Wert, der in der hiesigen Küche der Naturbelassenheit beigemessen wird. Als ich

FRANCO RIDOLFI

Inhaber des Restaurants »Lo Scudiero« in Pesaro

Sie haben ein Büchlein mit Rossini-Rezepten herausgegeben. Kochen Sie denn in Ihrem Lokal auch so, wie es der Maestro tun würde?

Eher nicht. Für den heutigen Geschmack wären seine gastronomischen Ideen etwas schwer verdaulich: Seezungenfilet würde ich sicher nicht mit Gänseleber und Trüffeln kombinieren. Gerichte nach Rossinis Rezeptebüchlein bereite ich meinen Gästen nur zum Rossini-Festival im August, achte dabei aber auf die richtige Dosierung der Zutaten – was eben nicht gerade Rossinis Stärke war.

Soll das heißen, daß Rossini eher ein Schlemmer als ein Feinschmecker war?

Für seine Zeit war er unbestritten ein Gourmet. Nach Paris ließ er sich immer das Beste vom Besten schicken, was unser Land zu bieten hatte.

Welches Rossini-Gericht mögen Sie am liebsten?

Sein Risotto mit Kalbsknochenmark, Pilzen und Tomaten ist ein wahrer Gaumengenuß.

Die malerischen Hügel der Marken reichen bis zur adriatischen Küste. Berghöhen und Taleinschnitte, manchmal auch tiefe Schluchten prägen die Landschaft.

Die Castelli di Jesi *sind mittelalterliche Wehranlagen auf den Hügeln um Jesi.*

nach den Kräutern für die Salzmischung frage, lächelt Renato verschmitzt: »Wacholder, Lorbeer, Minze, Koriander – soviel kann ich Ihnen verraten. Über den Rest bewahre ich Stillschweigen; einen kleinen Teil des Geheimnisses muß ich doch für mich behalten.« Dabei schenkt er mir ein Glas seines Lieblingsweins Bianchello del Metauro ein.

Auch Lucio Pompili, der renommierte Meisterkoch der Marken, beschäftigt sich ausführlich mit der Vielfalt der Kräuter aus dem eigenen Garten. Wir besuchen ihn in seinem Restaurant »Symposium«, das etwas weiter landeinwärts, inmitten der berühmten Olivenhaine von Cartoceto, liegt. (Aus dieser Gegend stammt das beste Olivenöl der Marken.) Wir sitzen in Pompilis Büro und betrachten die malerische Hügellandschaft, die sich bis zum Horizont erstreckt. »Genau wegen dieser Sicht bin ich lieber hier als in der Stadt«, erklärt der Hausherr beschwingt. »Ist der Anblick nicht wie ein Gemälde von Raffael?« Die Grundkenntnisse seines Metiers erwarb der Küchenchef bei

Renato, der Küchenchef der »Villa Serena« *vor den Toren von Pesaro, bietet Gerichte der Regionalküche auf hohem Niveau an.*

seinem Vater, bevor er sich in der Schweiz und anschließend in Frankreich weiter ausbilden ließ. Nun will er mit Hilfe seiner Erfahrungen eine moderne Version der Regionalküche schaffen. Wie gut ihm das gelingt, beweist die Perlhuhnbrust mit fritiertem Gemüse. Es ist ebenso lehrreich wie vergnüglich, dem Meister bei der Zubereitung der Gemüse-Chiffonade zur Hand gehen zu dürfen. Ein noch größeres Vergnügen ist es allerdings, das Gericht anschließend zu verzehren. Der anregende Kontrast zwischen dem knusprig fritierten Gemüse, den flambierten Tomaten und den zarten süß-sauren Perlhuhnbrustscheiben wird mir noch lange im Gedächtnis bleiben. Das Fleisch ist so weich, daß man es sogar mit der Gabel zerteilen kann. Dazu trinken wir Vernaculum, einen jungen, fruchtigen Rotwein aus der Gegend. Laut Lucio ist dies ein »Nachmittagswein«, der auch hervorragend zu Käse paßt.

Und da wir schon beim Käse sind, darf ich mit unserem Gastgeber auch noch die Vorratskammer aufsuchen, wo eine ganz

Auch die Küche der Marken ist eher schlicht; doch durch raffinierte Kombinationen von Zutaten erhält sie ihren eigenen Reiz.

Zum Rinderfilet mit Trüffel paßt ein großer Roter der Region, z. B. der Rosso Conero Dorico von Alessandro Moroder in Montacuto.

FILETTO ROSSINI

Filet auf Röstbrot

Für 4 Personen

- *400g Rinderfilet*
- *50g Butter*
- *150 ml Marsala-Wein*
- *4 geröstete Brotschnitten*
- *1 kleine schwarze Trüffel*
- *Sardellen*
- *Salz, Pfeffer*

1 Das Filet in 4 Portionen schneiden und diese zu runden Scheiben zusammenbinden. In der Hälfte der Butter anbraten, auf beiden Seiten nicht länger als 5 Minuten – das Filet muß innen fast roh bleiben; mit dem Marsala übergießen und darin ziehen lassen.

2 Das Brot auf die Größe des Filets zurechtschneiden, rösten und auf eine Servierplatte legen.

3 Die restliche Butter mit einigen Trüffelscheibchen und den fein zerhackten Sardellen gut verrühren, auf das Röstbrot streichen, salzen und pfeffern.

4 Das Filet aufs Brot legen und mit dem Bratensaft übergießen; mit den Trüffelscheibchen belegen.

TROTA FARCITA DI FUNGHI E ASPARAGI

Forelle mit Pilzen und Spargel gefüllt

Für 2 Personen

- *1 Lachsforelle (ca. 500g)*
- *100g frische Steinpilze*
- *100g grüner Spargel*
- *Olivenöl*
- *1 Knoblauchzehe, fein gehackt*
- *Petersilie, fein gehackt*
- *Salz, Pfeffer*
- *ca. 1/4 l trockener Weißwein*

1 Die Forelle waschen, aus dem Inneren einige kleine Fleischstreifen herausschneiden, diese für die Füllung beiseite legen.

2 Pilze und Spargel waschen, zerkleinern und in einer Pfanne mit Öl, Knoblauch, Petersilie, Salz und Pfeffer ca. 3–4 Minuten lang bräunen.

3 Dann abkühlen lassen und die rohen Fischstückchen unterrühren.

4 Die Forelle damit füllen, auf eine Alufolie legen, die restliche Füllung um die Forelle verteilen und mit Weißwein begießen.

5 Die Folie verschließen und bei 200 Grad im Ofen ca. 15 Minuten garen lassen.

6 Die Forelle in schräge Scheiben aufschneiden und fächerförmig mit Rapunzelblättern anrichten.

Ein klassisches Rossini-Gericht ist das Rinderfilet auf Röstbrot, das im »Lo Scudiero« in Pesaro zubereitet wird. Das Forellenrezept stammt aus dem »Fortino Napoleonico« in Portonovo di Ancona.

TRIGLIA DI FANGO AL PROSCIUTTO

Rote Meerbarbe mit Schinken

Für 4 Personen

- *4 Rotbarben (à ca. 250 g)*
- *75 g Butter*
- *einige Blätter Salbei*
- *1 Glas trockener Weißwein*
- *2 EL Olivenöl*
- *Salz, Pfeffer*
- *4 Chicorée*
- *Saft von 1 Zitrone*
- *4 Scheiben roher Schinken (z.B. Parmaschinken)*

1 Die Rotbarben unter fließendem Wasser gründlich waschen, dann mit Küchenpapier trockentupfen.

2 Die Hälfte der Butter in einer Pfanne erhitzen. Die Fische und die Salbeiblätter darin kurz auf beiden Seiten anbraten und mit dem Weißwein löschen. Mit Olivenöl beträufeln.

3 Jetzt erst die Fische mit Salz und Pfeffer würzen und in dem auf 180 Grad vorgeheizten Herd 20 Minuten braten lassen.

4 Unterdessen den Chicorée waschen, eventuell die äußeren Blätter entfernen und 5 Minuten in kochendem Salzwasser blanchieren; herausnehmen und abtropfen lassen.

5 Den Chicorée in eine ausgebutterte ofenfeste Form oder Pfanne geben, die restliche Butter in Flöckchen darauflegen und für 2–3 Minuten im Backofen gratinieren.

6 Nach 20 Minuten den Fisch mit Zitronensaft beträufeln, mit den 4 Schinkenscheiben abdecken und weitere 5 Minuten braten.

7 Den Fisch zusammen mit dem heißen Chicorée servieren.

Auch dieses Gericht stammt aus dem »Lo Scudiero« in Pesaro.

Die Meerbarben zählen zu den beliebtesten Mittelmeerfischen; sie sind gut an den beiden Bartfäden am Maul erkennbar. In Italien unterscheidet man zwischen der Triglia di fango, der Roten Meerbarbe, und der Triglia di scoglio, der Streifenbarbe, die sich vor allem durch wenig Gräten auszeichnet. Als Schinken empfiehlt sich bei diesem Gericht ein sehr dünn aufgeschnittener San Daniele oder Parma, als dazupassender Weißwein der aus den Marken stammende Falerio dei Colli Ascolani.

Ein aufwendiger Verarbeitungsprozeß: Der »Pecorino di fossa« reift in besonderen Tuffsteingruben heran. Das Ergebnis ist allerdings ein abgerundet und würzig schmeckender Käse, der leider nur in kleinen Mengen produziert werden kann.

BRODETTO ALLA SAN BENEDETTESE

Fischsuppe nach San Benedetto Art

Für 4 Personen

- *ca. 1 1/2 kg verschiedene Fische (z.B. Drachenkopf, Seeteufel, Glatthai, Rochen, Steinbutt, Seebarbe, Tintenfische, Scampi, Garnelen; je nach Belieben auch Miesmuscheln, Venusmuscheln und Krebse)*
- *1 Zwiebel*
- *1 Lauchzwiebel*
- *Olivenöl*
- *1/2 kg roter Paprika*
- *2 Knoblauchzehen*
- *1/2 kg Tomaten*
- *1/4 l Essig*
- *Salz, Pfeffer*
- *150 ml Weißwein*
- *1 Chilischote*
- *Petersilie*

1 Die Fische putzen, d.h. Innereien, Flossen und Schuppen entfernen, gut waschen; die größeren Fische in Stücke schneiden. (Beim Fischhändler die unterschiedlichen Garungszeiten erfragen.)

2 In einer großen Pfanne die gehackte Zwiebel und Lauchzwiebel in reichlich Öl anbräunen, die gewaschenen und geschnittene Paprikaschoten, den zerkleinerten Knoblauch sowie die in Scheiben geschnittenen Tomaten zugeben.

3 Etwa 15 Minuten kochen, dann unter Zugabe des Essigs 10 Minuten kochen.

4 Nun zuerst die Tintenfische zugeben und weitere 10 Minuten kochen lassen, bei Bedarf etwas Wasser aufgießen.

5 Die übrigen Fische in der Reihenfolge ihrer Garungszeiten dazugeben. Salzen und pfeffern und den Weißwein darübergießen. Wer es scharf möchte, gibt eine Chilischote dazu. Weitere 15 Minuten kochen.

6 Mit gehackter Petersilie bestreuen oder auf gerösteten Brotscheiben servieren.

GAMBERI DORATI IN AGRODOLCE CON SEMI DI PAPAVERO

Gebackene Garnelen im Mohnteig mit süß-saurer Sauce

Für 2 Personen

- *10 Garnelen mittlerer Größe*
- *20 g Mehl*
- *2 EL Wasser*
- *2 Eiweiß*
- *1 EL Mohnsamen*
- *1 Prise Salz*
- *Erdnuß- oder Sonnenblumenöl*

Sauce

- *1–2 EL Zucker*
- *2 EL Wasser*
- *3 EL Weißweinessig*
- *Weißwein, nicht zu trocken*
- *1 EL Rosinen*
- *1 EL geschälte Pinienkerne*

1 Die Garnelen aus den Schalen lösen und die Därme entfernen.

2 Mehl, Wasser und festgeschlagenes Eiweiß zu einem lockeren Teig verrühren; die Mohnsamen und 1 Prise Salz hinzugeben.

3 Die Garnelen in den Teig tauchen und im heißen Öl ausbacken.

4 Süß-sauren Karamel zubereiten: Den Zucker in einer Pfanne schmelzen und anbräunen, mit Wasser ablöschen und den Essig unterrühren. Auf die Garnelen träufeln.

5 Die in den Weißwein eingelegten Rosinen und die, je nach Wunsch, angerösteten Pinienkerne darüberstreuen. Heiß servieren.

Die »Brodetto« – Fischsuppe – ist ein uraltes Rezept der Fischer. Diese Variation wird von Rosalba, der Frau des Fischers Tullio in San Benedetto del Tronto zubereitet. Im »Fortino Napoleonico« in Portonovo di Ancona hat man sich die fremd anmutende Garnelenkomposition ausgedacht.

besondere Art von Pecorino lagert: der Pecorino di fossa, übersetzt: »Schafkäse aus der Grube«.

Die Milch für diesen Pecorino kommt von Schafen, die auf den hochgelegenen Weiden der Apenninen-Berge Nerone, Catria und Petrano grasen. Dort wachsen im Frühjahr viele Heil- und Gewürzkräuter, die der Milch neben dem üppigen Fett- und Kaseingehalt auch ein besonderes Aroma verleihen. Im Tal wird diese Schafmilch zu einem ausgezeichneten Fettkäse (Caciotta) verarbeitet, der bis Ende Juli luftgetrocknet wird. Anschließend werden jeweils zehn Kilogramm des Käses in Baumwollsäcke gepackt. Mitte August ist es dann soweit: Der Käse kann nun im Erdreich vergraben werden. Doch dazu eignet sich nicht jeder Boden; nur im Grenzgebiet zwischen den Marken und der Romagna – in den Ortschaften Talamello und Sogliano am Fluß Rubicone – besitzen bestimmte Tuffsteingruben die erforderlichen Eigenschaften. Deswegen gibt es den »Pecorino di fossa« auch nur hier. Das »Vergraben« des Käses ist ein arbeitsaufwendiger Vorgang.

Ein anregender Kontrast: *gebackene Garnelen im Mohnteig.*

Zunächst werden die Wände der flaschenförmigen Gruben mit einer brennenden Fackel desinfiziert und anschließend mit frischem Stroh ausgelegt. Darauf kommt eine Holzunterlage, auf die die Käsesäcke gestapelt werden. Dann wird die Grubenöffnung mit einem Holzdeckel und mit Hilfe von Gips luftdicht versiegelt.

Auf diese Weise wird ein enzymatischer Gärungsprozeß in Gang gesetzt, in dessen Verlauf der Käse einen Teil seines Wasser- und Fettgehalts verliert. Gut drei Monate muß er dort lagern, bis die Gruben bei einem Volksfest am 25. November, am Tag der heiligen Katharina von Alexandrien, geöffnet werden. Durch die Lagerung ist der Käse sehr haltbar geworden und hat nun einen abgerundeten, würzigen, manchmal sogar leicht scharfen Geschmack.

Lucio Pompili, der jährlich gut 30 Doppelzentner produziert, ist einer der wichtigsten Erzeuger des »Pecorino di fossa«. »Am besten schmeckt er gerieben, mit Olivenöl und Pfeffer, zur Pasta oder in einer Ravioli-Füllung«, schwärmt er mir vor. »Aber wir essen ihn auch oft zu Süßigkeiten, etwa zu Kastanienblütenhonig und Feigensalami.« Sofort wollen wir Näheres über diese geheimnisvolle Feigensalami wissen. Unser Gastgeber lächelt. »Jeder Bauer im Gebiet von Jesi und Osimo fertigt sie nach seinem eigenen Rezept an, das er als großes Familiengeheimnis hütet. Aber die Grundzutaten kann ich Ihnen verraten: getrocknete Feigen, Walnüsse, Pinienkerne, Anis und Rosinen. Sie werden kleingehackt, vermischt und dann in Feigenblätter gewickelt. Daher kommt die Salamiform. Wenn man sie kurz im Rohr trocknet, kann man sie gut in der Speisekammer aufbewahren. Und wenn Sie die Feigensalami probieren wollen, trinken Sie dazu unbedingt einen toskanischen Vin Santo oder einen ganz alten Marsala!«

LUCIO POMPILI

Inhaber und Meisterkoch des Restaurants »Symposium« in Cartoceto

Hat der Name Ihres Lokals etwas mit Ihrer Lebenseinstellung zu tun?

Sicher! Mir ist lieb, wenn nach dem Essen die Gäste noch gemütlich zusammenbleiben, sich bei einem Glas Wein unbeschwert miteinander unterhalten – wie es bei den alten Griechen so üblich war.

Wenn sich ein ausländischer Gast mit einigen Spezialitäten der Küche Ihrer Region anfreunden möchte, wozu würden Sie ihm raten?

Daß er uns sein volles Vertrauen entgegenbringt und es uns überläßt, sein Menü zusammenzustellen. Er wird mit Sicherheit nicht enttäuscht sein und auf seine Rechnung kommen.

AMPELIO BUCCI

Verdicchio-Weingutbesitzer
in Ostra Vetere

Ist es richtig, daß der Weißwein Verdicchio jung getrunken werden soll?
In der Regel schon. Das gilt auch für den »Bucci Verdicchio dei Castelli di Jesi«. Dieser Wein ist erquickend, erfrischt herrlich als Aperitif und paßt gut zur Pasta. Am besten ist er, wenn er erst zwei bis drei Jahre alt ist. Aber auch bei meinem Rotwein Pongelli ist es so. Dieser eignet sich sogar zum Fisch ausgezeichnet. Der weiße »Riserva Villa Bucci«, unser stolzes Aushängeschild, ist aber ein strukturierter Wein, der sogar nach zehn Jahren immer noch ein wunderbarer Tropfen bleibt. Mit Geflügel und Käse kommt er bestens zur Geltung.
Sie bauen den Verdicchio im Gebiet um Castelli di Jesi und dem von Matelica an; gibt es dadurch einen Unterschied für den Geschmack des Weines?
Eigentlich nicht. Die Rebsorte ist genau die gleiche, nur wächst sie auf verschiedenen Böden: Im ersten Fall ist sie mehr dem Meerklima ausgesetzt, während der Matelica von Hügeln im Hinterland geschützt ist.

Silbergrün *schimmern die Olivenhaine nach einem Regen.*

Leider haben wir keine Gelegenheit dazu, denn wir sind einer anderen Spezialität aus Jesi auf der Spur: einer Rebsorte, die die Römer den Winzern der Castelli di Jesi hinterließen. Seit 2000 Jahren gibt es diese Sorte bereits, die wegen ihrer grünlichen Farbe »Verdicchio« genannt wird.

Bei den Castelli handelt es sich um eine Reihe mittelalterlicher Wehrdörfer, die im weiten Umkreis um Jesi auf den Hügeln thronen. Auf unserem Weg kommen wir an Mondavio und Corinaldo vorbei, den schönsten dieser Castelli, deren backsteinfarbene Befestigungen im Sonnenlicht schon von weitem zu uns herüberleuchten. Vor unseren Augen breitet sich eine Traumlandschaft aus, die noch völlig unberührt wirkt. Unser Blick kann ungehindert in alle vier Himmelsrichtungen schweifen, ein atemberaubendes Panorama von schier grenzenlosen Dimensionen. So hingerissen sind wir von der Sicht, daß wir beinahe an unserem Ziel vorbeifahren: dem Gut der Geschwister Bucci. Der trockene Weißwein, der hier erzeugt wird, trägt die D.O.C.-Bezeichnung »Verdicchio dei Castelli di Jesi«. Die Weinkellerei der Bucci befindet sich bei Ostra Vetere, während die Weinberge selbst in gut zehn Kilometer Entfernung bei Montecarotto liegen. Dort steht auch die Jugendstilvilla von Ampelio Bucci. Seit 13 Jahren setzt dieser weltgewandte Marketingfachmann seine ganze Energie dafür ein, die Qualität seines Verdicchio zu veredeln. Zu diesem Zweck ließ er aus Bozen den renommierten Önologen Giorgio Grai kommen. Auf dessen Ratschlag hin wurde die Traubenmenge fast auf die Hälfte der pro Hektar zugelassenen Ernte reduziert – zugunsten der Qualitätssteigerung.

Bei einem Gang durch den Weinberg zeigt mir Signor Bucci, wie es gelingt, den Ertrag zu verringern: Die Reb-

FARAONA ALLA MODA DI APIRO CON VERDURE FRITTE, POMODORO E CIPOLLA ALL'AGRO

Perlhuhn nach Apiro-Art mit fritiertem Gemüse, Tomaten und Zwiebeln

Für 4 Personen

- *200 g altbackenes Olivenbrot*
- *1 kleiner Zweig Thymian*
- *1 kleiner Zweig frischer Oregano*
- *4 Perlhuhnbrüstchen ohne Haut*
- *Salz, weißer Pfeffer*
- *100 g Butter*

Chiffonade

- *1 große weiße Kartoffel*
- *2 Karotten*
- *Schalen von 4 Zucchini*
- *10 Blätter Riesensalbei*
- *etwas Mehl*
- *1 l kaltgepreßtes Olivenöl*
- *2 weiße Zwiebeln*
- *1 EL Kristallzucker*
- *4 EL Himbeeressig*
- *4 rote »Trauben«-Tomaten*
- *8 Blätter Ziersalbei Salvia scralea zum Garnieren, nach Wunsch*

1 Altbackenes Olivenbrot reiben, den Thymian und Oregano fein hacken und daruntermischen.

2 Die Perlhuhnbrust waschen, abtrocknen, salzen und pfeffern und in den Kräuterbröseln wenden.

3 In etwas Butter bei niedriger Temperatur auf einer Seite anbraten, wenden, wieder mit Bröseln bestreuen, dann 7 Minuten im auf 135 Grad erhitzten Ofen fertigbraten.

4 Kartoffel, Karotten, Zucchinischalen und Riesensalbei säubern und in dünne Streifen schneiden, ca. 1 mm x 4,5 cm. In Mehl wenden und im Öl 4 Minuten lang fritieren.

5 Zwiebeln schälen, in 1 cm große Stücke schneiden und in gesäuertem Salzwasser abbrühen; dann abkühlen lassen.

6 Butter mit dem Zucker zerlassen, die Zwiebelwürfel dazugeben und karamelisieren; mit dem Himbeeressig ablöschen.

7 Die geschälten, entkernten und kleingewürfelten Tomaten hinzugeben, alles zusammen 5 Minuten lang kochen lassen.

8 Das Fleisch in Scheiben schneiden und fächerförmig auf warmen Tellern anordnen. In die Mitte die Tomaten- und Zwiebelwürfel legen, seitlich die Chiffonade setzen. Mit Ziersalbeiblättern garnieren.

Anstelle des Olivenbrots, Focaccia – ein weißes Fladenbrot, das mit Olivenöl zubereitet wird – kann man auch altbackene weiße Semmeln nehmen. Diese werden nach dem Reiben mit zwei Eßlöffeln Olivenöl beträufelt.

Das Perlhuhn ist ein Gericht vom Meisterkoch Pompili aus dem »Symposium« in Cartoceto.

Vier Sorten Fleisch *kommen in die Füllung der Ascoli-Oliven: Schweine- und Kalbfleisch, Hühner- und Putenbrust.*

Eine besondere Leckerei: *Die würzigen, kleinkernigen Ascoli-Oliven werden gefüllt und dann in Olivenöl fritiert.*

Vom Meister persönlich: Die Bandnudeln kommen aus dem »Symposium« in Cartoceto; die Ascoli-Oliven vom Feinkostladen Migliori in Ascoli Piceno.

TAGLIATELLE CON ASPARAGI E TARTUFI

Bandnudeln mit Spargel und schwarzen Trüffeln

Für 4 Personen

Brühe

- *1/2 Suppenhuhn*
- *200 g Suppengemüse (Sellerie, Zwiebel, Lauch, Karotten)*
- *1 l Wasser*
- *Salz, Pfeffer*

Teig

- *200 g Mehl*
- *2 Eier*

Sauce

- *50 g Butter*
- *16 Spargelköpfe*
- *50 g Parmesan*
- *150 g milde, schwarze Trüffeln*

Vorbereitung

Eier und Trüffeln 2 Tage in einem verschlossenen Gefäß aufbewahren, so daß die Eier den Duft der Trüffeln annehmen.

1 Das Suppenhuhn mit dem Suppengemüse im Wasser aufkochen lassen, abschäumen und dann 2 Stunden auf kleiner Flamme köcheln lassen. Immer wieder abschäumen.
2 Das Huhn herausnehmen und das Gemüse durch ein Sieb passieren. Die Suppe mit Salz und Pfeffer abschmecken.
3 Währenddessen Mehl auf die Arbeitsfläche geben, in eine Mulde die Eier hineinschlagen und fest zu einem Teig verkneten. Dann ausrollen und trocknen lassen.
Den Teig bandnudelförmig schneiden.
4 Die Bandnudeln in 1/2 l der Brühe 1 Minute lang aufkochen.
5 Zusammen mit Butter, Spargelköpfen, Parmesan und der restlichen Brühe in eine tiefe Pfanne geben.
6 Das Ganze etwas einkochen lassen, auf Tellern anrichten. Mit den in Scheibchen geschnittenen Trüffeln garnieren.

OLIVE ASCOLANE RIPIENE

Gefüllte Ascoli-Oliven

Für 10 Personen

- *1/2 Zwiebel*
- *1/4 Karotte*
- *1/4 Sellerie*
- *1/2 l Olivenöl*
- *75 g mageres Schweinefleisch*
- *250 g mageres Kalbfleisch*
- *25 g Hühnerbrust*
- *25 g Putenbrust*
- *50 ml Weißwein*
- *2 Eier*
- *40 g Parmesan*
- *1 Prise Muskatnuß*
- *1 Prise Salz*
- *6 Oliven pro Person (60 große grüne Oliven, ca. 750 g)*
- *etwas Mehl*
- *etwas Semmelbrösel*

1 Zwiebel, Karotte und Sellerie in Würfelchen schneiden und in etwas Öl anschmoren.
2 Das gewürfelte Fleisch hinzufügen und ebenfalls anbraten, mit Weißwein löschen und 10 Minuten lang schmoren lassen.
3 Dann das Gemüse mit dem Fleisch durch den Fleischwolf drehen oder pürieren.
In die Masse 1 Ei rühren, Parmesan, Muskatnuß und etwas Salz hinzufügen.
4 Die Oliven entkernen, indem man sie vom Stiel ausgehend spiralförmig aufschneidet und den Stein vorsichtig herauslöst.
5 Oliven mit der Farce füllen und wieder schließen, im Mehl wenden, ins verschlagene Ei und zuletzt in die Semmelbrösel geben.
6 Die so panierten Oliven 2 Minuten lang in siedendem Olivenöl goldbraun fritieren; dann herausnehmen, abtropfen lassen und heiß servieren.

VINCISGRASSI

Nudelauflauf à la Windischgraetz

Für 6 Personen

Fleischsauce

- *600 g gemischtes Fleisch (je 200 g Schweine-, Rind- und Hühner- oder Kaninchenfleisch)*
- *150–200 g Hühnerleber und Hühnerklein*
- *150 ml Olivenöl*
- *1 Zwiebel*
- *1 große Karotte*
- *1 Selleriestange*
- *Pfeffer, Salz*
- *1 Gewürznelke (nach Belieben)*
- *1/4 l Verdicchio*
- *2 kg geschälte Tomaten, püriert*
- *ca. 200 g Parmesan oder Schafkäse*

Nudeln

- *ca. 500 g fertige Lasagne-Nudeln oder*
- *500 g Mehl*
- *4 Eier*
- *etwas lauwarmes Wasser (bei Bedarf)*

Béchamelsauce

- *100 g Butter*
- *5–6 EL Mehl*
- *1 l Milch*
- *1 Prise Muskatnuß*
- *1 Prise Salz*

1 Das gemischte Fleisch kleinschneiden und -hacken oder: durch den Wolf drehen.
2 In einem Topf das Olivenöl erhitzen und die gehackte Zwiebel, Sellerie und Karotte darin anschmoren.
3 Wenn die Zwiebel goldbraun ist, das Fleischgemisch zugeben, reichlich pfeffern, salzen und etwa 15 Minuten lang schmoren lassen. Nach Belieben eine Gewürznelke hinzugeben.
4 Mit dem Verdicchio oder einem anderen trockenen Weißwein löschen, diesen etwas verdampfen lassen, das Tomatenpüree hineinrühren und einköcheln lassen. Dann die gehackte Hühnerleber beimengen und bei niedriger Hitze 1 Stunde lang weiterkochen.
5 Unterdessen die Nudeln zubereiten: Entweder fertige Lasagne-Nudeln nehmen, oder, wenn man die Nudeln selber machen möchte, Mehl und Eier, bei Bedarf etwas Wasser; zu einem glatten Teig verkneten, dünn ausrollen und Teigplatten von ungefähr 15 x 10 cm Größe ausschneiden.
Die selbstgemachten Nudeln kurz in siedendes Wasser geben, so lange, bis sie an die Oberfläche kommen, und dann auf ein Tuch zum Trocknen legen.
6 Für die Béchamelsauce die Butter zerlassen, Mehl beifügen und unter ständigem Rühren mit einem Schneebesen langsam die Milch dazugeben. Bei niedriger Hitze ca. 10 Minuten köcheln lassen, mit Muskatnuß und Salz würzen.
7 Den Auflauf in eine viereckige Backform (ca. 30 x 40 cm, Höhe 5–6 cm) schichten: zuerst Fleischsauce, dann eine Schicht Pasta, wieder Fleischsauce, dann geriebenen Parmesan oder Schafkäse, darüber Béchamelsauce. Wiederholen, bis die Zutaten aufgebraucht sind.
8 Zum Schluß mit Parmesan oder Schafkäse bestreuen, damit sich beim Backen eine leichte Käsekruste bilden kann.
9 Im Ofen bei 180 Grad etwa 50–60 Minuten lang backen und dabei die Farbe kontrollieren, damit der Auflauf nicht anbrennt!

Der Sugo mit Röstgemüse und Hühnerleber ist die klassische Salsa Bolognese, die man auch zu Tagliatelle, Spaghetti und Ravioli serviert.
Tip: Wie bei allen Gerichten der klassischen italienischen Küche, können die Zutaten mengenmäßig nach Belieben verändert werden, je nach eigenem Geschmack.

Das klassische Nudelgericht »Vincisgrassi« wird von der Köchin Gina Bellucci aus der »Villa Bucci« zubereitet.

Nachdem Rossini 1829 seine letzte Oper »Wilhelm Tell« geschrieben hatte, konnte er es sich leisten, sich mit 37 Jahren zur Ruhe zu setzen und sich bis zu seinem Tod im Jahr 1868 im wesentlichen der Feinschmeckerei zu widmen. Daher gibt es zahlreiche Gerichte, die Köche ihm gewidmet haben.

CREMA FRITTA

Gebackene Creme

Für 4–6 Personen

- *200 g Zucker*
- *150 g Mehl*
- *100 g Kartoffelmehl*
- *8 Eier*
- *1 l Milch*
- *1 g Vanillezucker*

Panade

- *150 g Mehl*
- *3 Eier*
- *350 g Semmelmehl*
- *1 l Erdnußöl*

1 Zucker und beide Mehlsorten miteinander vermischen, die Eier dazuschlagen und das Ganze zu einer homogenen Masse verrühren.

2 Die Milch in einem großen Topf erwärmen, den Vanillezucker darin auflösen und die Mehl-Zucker-Eier-Masse unter ständigem Rühren hineinmischen.

3 Das Ganze unter weiterem Rühren ca. 5 Minuten kochen, bis eine Creme von gleichmäßiger Konsistenz entstanden ist. (Die Creme ist relativ fest.)

4 Nach dem Kochen ein Backblech mit etwas Erdnußöl bestreichen und die Creme ca. 2 cm hoch darauf streichen. Nachdem sie ganz abgekühlt ist, rautenförmig kleinschneiden.

5 Die Würfel in Mehl, geschlagenem Ei und Semmelmehl wälzen, dann in reichlich Öl auf beiden Seiten ausbraten.

Rezept vom Feinkostladen »Migliori« in Ascoli Piceno.

TORTA ROSSINI

Rossini-Torte

Für 8 Personen

- *5 Eier*
- *300 g Zucker*
- *150 g Puderzucker – 1 EL Puderzucker für die Glasur aufheben*
- *300 g Mehl (1. Teil)*
- *250 g Butter*
- *75 ml Milch*
- *200 g Mehl (2. Teil)*
- *10 g Backpulver*
- *750 g geschälte Äpfel in Stückchen*
- *2 EL Wasser*

1 Eier, Zucker und Puderzucker schaumig schlagen.

2 Erst dann den ersten Mehlanteil unterrühren. Die Butter in Stückchen schneiden und ebenfalls mit der Teigmasse vermengen.

3 Unter ständigem Rühren die Milch in kleinen Mengen dazugeben; danach wird der zweiten Mehlanteil mit dem Backpulver zugefügt.

4 Den Teig gut verrühren und die in Stückchen geschnittenen Äpfel hinzugeben.

5 Bei 190–200 Grad ungefähr 1 Stunde backen. Nach dem Backen abkühlen lassen.

6 Den Puderzuckerrest mit dem Wasser gut verrühren und den Kuchen damit glasieren.

Dieses Rezept stammt aus dem »Lo Scudiero« in Pesaro.

Eine Stadt aus Travertinstein: *Blick auf die Piazza del Popolo von Ascoli Piceno.*

Verdicchio – schon die Römer bauten diese Rebsorte an. Der bekannteste Wein der Marken besitzt eine blaßgelbe Farbe; ein trockener Tropfen mit einem leichten, frischen Bukett. Dieser Wein paßt hervorragend zum »Vincisgrassi«, dem traditionellen Nudelgericht der Marken.

stöcke sind sehr eng gepflanzt, so daß sie weniger Trauben hervorbringen können; außerdem werden sie auf zwei bis drei Meter Höhe beschnitten. Gedüngt wird nur noch alle zwei bis drei Jahre, und das ausschließlich mit natürlichem Dünger; auch werden die Trauben beim Keltern nur relativ leicht gepreßt. All dies führt dazu, daß geringere Mengen von besserer Qualität gewonnen werden. Giorgio Grais Ratschlag hat sich bewährt, wie wir schon beim ersten Glas feststellen: Der gelbgrün funkelnde Verdicchio ist erfrischend und hat ein wunderbares Bukett.

Im Rezept »Bandnudeln mit Spargel und schwarzen Trüffeln« *wird die originale Zubereitung von Bandnudeln beschrieben.*

Das Mittagessen wird im Garten serviert; die Köchin Gina hat ein Gericht zubereitet, um das sich eine Anekdote rankt: »Vincisgrassi«. In den Marken gilt dieser lasagneartige Nudelauflauf mit seiner delikaten Fleischfüllung als eine Art gastronomisches Denkmal. Dieser Umstand erklärt auch den kuriosen Namen, wie Ampelio Bucci uns erläutert. In alten Zeiten, als dieses üppige Gericht den reichen Leuten vorbehalten war, hieß es »Princisgrassi«. Als Fürst Windischgraetz die österreichischen Truppen 1849 in die Marken führte, soll ihm ein einheimischer Koch diesen köstlichen Nudelauflauf serviert haben. Der Feldherr war begeistert, und so wollten die Marchigiani

Fischfang ist ein hartes Geschäft: *Tullio arbeitet bis zu 18 Stunden täglich.*

Manchmal geben Tullios Netze *nur wenig her, doch für den Brodetto reicht es immer.*

ihm zu Ehren den Auflauf umbenennen. Doch der Name »Windischgraetz« erwies sich für die Einheimischen als Zungenbrecher, und so kam es zur Verballhornung »Vincisgrassi«. »Se non è vero, è ben trovato« –«Wenn's nicht wahr ist, dann ist es gut erfunden«, beendet unser Gastgeber seine Geschichte und fährt dann fort: »Wenn Sie jetzt ans Meer weiterfahren, werden Sie die dritte Spezialität der Marken kennenlernen, die wir neben Vincisgrassi und Verdicchio zu bieten haben: die Fischsuppe.«

Die Fahrt entlang der Adria-Küste führt uns südlich von Ancona am Monte Conero vorbei. Östlich von diesem Berg liegt der schönste Küstenstreifen der Marken mit verträumten, sandigen Buchten, die sich zwischen die steilen weißen Felswände schmiegen. Kurz vor der Grenze zur Region Abruzzen erreichen wir San Benedetto del Tronto, eine Stadt, in der es mindestens ebenso viele Fischerboote wie Palmen gibt. Wir befinden uns in einem der wichtigsten Fischereihäfen des Mittelmeers.

Unser Freund Tullio erwartet uns schon, um mit uns in seinem hochseetauglichen Boot hinauszufahren. Obwohl der Himmel drohend grau und die See bewegt ist, wagen wir uns aufs offene Meer. Die tiefhängenden Wolken scheinen fast die Schaumkronen der Wellen zu berühren. »Ich muß auch bei trübem Wetter hinaus«, erklärt uns der 40jährige. »Das mache ich viermal die Woche, und ich bin dann jeweils rund 18 Stunden draußen.« Der Wind, die Sonne und die salzige Luft haben ihre Spuren in seinem markanten Gesicht hinterlassen, in dem die kräftigen Zähne schneeweiß unter dem dichten Schnurrbart hervorblitzen. »Meistens fahre ich allein, aber manchmal kommt auch meine Frau Rosalba mit und kocht für uns beide an Bord.«

Tullio betreibt sowohl *Hochseefischerei als auch Küstenfischen.*

Tullio zieht das Netz ein und ist etwas enttäuscht über den bescheidenen Fang. »Für den Brodetto wird es schon reichen. Rosalba ist eine wahre Meisterin, wenn es um Fischsuppe geht!« Davon kann ich mich bald selbst überzeugen. In der Küche kommen die Fische in eine hohe Pfanne mit Griff und

Sandige Buchten, Sonne und Meer *am Strand von San Benedetto del Tronto.*

Henkel, so daß man sie mit beiden Händen über dem Feuer schwenken kann. Im Sud schwimmt alles, was das Meer zu bieten hat: von Seeteufel über Tintenfisch bis zu Bärenkrebs und Petersfisch. Beim Kochen erklärt Rosalba: »Ich koche den Brodetto immer mit Tomaten, rotem Paprika und Essig. Das schmeckt mir am besten. Freundinnen von mir schwören allerdings darauf, daß der Brodetto auf keinen Fall mit Essig zubereitet werden darf, jedoch unbedingt Safran braucht!« Nach einer Kostprobe von Rosalbas Fischsuppe bin ich geneigt, ihrem Rezept den Vorzug zu geben.

Die Fischer von San Benedetto beliefern auch den Markt des bezaubernden Städtchens Ascoli Piceno, das etwa eine halbe Autostunde landeinwärts zwischen den Hügeln liegt. Dort bummeln wir nun zwischen den bunten Marktständen, die im ehemaligen Kreuzgang von San Francesco aufgebaut wurden. Unter den Arkaden mit Verkaufsständen gehen wir weiter bis zur Piazza del Popolo, einem der schönsten geschlossenen Plätze Italiens. Rundum stehen elegante Palazzi, und die engen Gassen, die zwischen ihnen hindurchführen, heißen dem örtlichen Dialekt entsprechend oft »Rua« und nicht, wie sonst üblich, »Vicolo«.

Eine weitere Besonderheit der Stadt liegt darin, daß sie fast ausschließlich aus dem hellgrauen Travertinstein des nahen Steinbruchs erbaut wurde; sie wirkt dadurch völlig anders als die sonstigen Orte der Marken, die vorwiegend aus Backstein errichtet wurden.

Nach wenigen Schritten gelangen wir auf die Piazza Arringo. Hier gibt es drei Sehenswürdigkeiten: den Dom, das Rathaus und das exquisite Delikatessengeschäft des Ehepaars Migliori. An der üppig bestückten Rotisserie-Theke bedient uns Nazzareno Migliori, ein jovialer, gesprächiger Mittvierziger. Mit der ihm eigenen Herzlichkeit besteht er darauf, daß ich seine zarten Oliven koste.

Diese großen fleischigen, hellgrünen Früchte wachsen nur in der Umgebung von Ascoli, und die Bäume liefern lediglich 500 Tonnen im Jahr. Einer der großen Vorzüge dieser Olivensorte ist, daß sie nur einen ganz kleinen Kern hat. Bevor man diesen Kern mit einem geschickten Spiralschnitt entfernt, um die Olive mit einer schmackhaften Fleischmasse zu füllen, werden die Früchte acht bis zehn Stunden lang in Sodawasser gelegt und anschließend gewaschen und gesalzen. Die mit Schweine- und Kalbfleisch sowie Hühner- und Putenbrust gefüllten Oliven werden paniert und dann im feinsten Olivenöl goldbraun fritiert. Heiß schmecken sie am besten. Zu diesem Leckerbissen schenkt mir die liebenswürdige Signora Marinella ein Gläschen Rosso Piceno Superiore aus der Familienproduktion ein.

»Brodetto« – so heißt die Fischsuppe der Marken. Ob das Meeresgetier nun mit roten oder grünen Tomaten, Safran oder Essig oder mit anderen Zutaten geköchelt wird – diese Suppe ist immer köstlich.

Auf dem Markt von Ascoli Piceno *wird der Pecorino aus den umliegenden Bergen verkauft.*

Der Pecorino zeichnet sich durch seinen würzigen, aber nicht besonders scharfen Geschmack aus. Am besten schmeckt er pur – beträufelt mit etwas Olivenöl.

Pecorino

Der Pecorino ist der klassische Schafkäse Italiens. Ursprünglich in Sardinien beheimatet, brachten ihn sardische Auswanderer mit aufs Festland, wo er aus dem Käseangebot bald nicht mehr wegzudenken war.

Die Schafe werden vom Frühjahr bis in den Herbst hinein auf den Weiden der Hochebenen gelassen. Hier finden sie neben Gras vor allem würzige Kräuter mit einem hohen Bestandteil ätherischer Öle, die den besonderen Geschmack des Käses mit ausmachen. Die Schafe werden zweimal täglich gemolken und geben, verglichen mit Ziegen, recht wenig Milch ab, im Jahresdurchschnitt zwischen 60 und 140 Litern.

In den Käsereien, die heute von den Hirten aus dem Umland mit Schafmilch beliefert werden, hat sich im Prinzip wenig an der jahrhundertealten Methode der Käseherstellung geändert. Eine der wenigen Ausnahmen: Heute wird nicht mehr in Kupferkesseln, sondern in größeren und hygienischeren Edelstahlwannen produziert.

Sardische Schafe im Hochland der Marken: *Sie liefern die Milch für den Pecorino.*

Die Milch wird darin auf 38 bis 39 Grad erwärmt, was ein wenig über der Körpertemperatur eines Schafes liegt.

Lab, heute üblicherweise vom Kalb gewonnen, früher aus Artischockenblüten oder aus Feigenmilch hergestellt, wird vorsichtig untergemischt und gänzlich verrührt. Dann wird der Kessel mit einem Deckel hermetisch verschlossen. Nun erhöht man langsam in einem Zeitraum von 20 bis 25 Minuten die Temperatur auf 70 Grad, bis die Masse zu stocken beginnt. Sie wird danach zu dicken Flocken aufgerührt. In diesem Stadium wird bereits der Reifungsgrad des Käses festgelegt, je nachdem, ob es einen jungen Käse geben soll oder einen älteren gereiften. Für den ersteren werden die Käseflocken in der Größe einer Haselnuß belassen, für den zweiten muß die Masse länger gerührt werden, bis die Flocken nur noch Reiskorngröße haben. Zumeist wird die Masse danach erneut für 10 bis 15 Minuten auf ungefähr

Paola rührt vorsichtig Lab *in die Schafmilch.*

40 bis 42 Grad erwärmt. Dabei setzt sich die Käsemasse von der Molke ab. Die Molke wird abgeschöpft bzw. abgelassen. Die übriggebliebene Käsemasse wird erneut verrührt und gepreßt, bis die gesamte Restmolke abgeflossen ist und sich aus der Käsemasse ein Laib gebildet hat. Ein Pecorino, der

Die gestockte Milch *wird zu Flocken aufgerührt.*

jung sein soll, wird in kleinere Siebschüsseln gefüllt, die jeweils einen Laib von ein bis drei Kilogramm Gewicht ergeben. Größere Formen eignen sich besser für Käse, der länger gelagert werden soll.
Die abgezogene Molke wird erneut aufgekocht und zu Ricotta, dem weißen, quarkähnlichen Frischkäse, verarbeitet. In diesem

Die Käsemasse *wird in Siebformen gefüllt.*

ist kaum noch Fett enthalten, dafür um so mehr Eiweiß.
Zurück zum Pecorino: Die relativ festgeformten Laibe, von denen nun die ganze Molke abgesiebt worden ist, werden bei 28 bis 30 Grad gelagert, bis sie durch Gärung den richtigen Säuregehalt erreicht haben. Das kann eine halbe, aber auch drei Stunden dauern, je nach Jahreszeit und Größe der Laibe. In einem Salzbad – in manchen Betrieben wird noch grobes Meersalz verwendet – werden sie konserviert, 18 bis 20 Stunden lang, manchmal auch bis zu drei Tagen. Dann kommen sie in einen Kühlraum mit sieben bis acht Grad Temperatur bei einer Luftfeuchtigkeit von 80 bis 90 Prozent.
Hier müssen sie immer wieder gewendet werden. Erst sind sie schneeweiß, bald wird sich eine feine gelbliche Haut bilden, und nach zwei bis drei Wochen bereits kommen sie als frischer, nur kurz haltbarer Pecorino in den Handel. Viele schwören darauf wegen des intensiv milchigen Geschmacks, andere mögen den Pecorino lieber gereift. Der Pecorino stagionato oder vecchio wird natur-

Um den Käse *bildet sich bald eine zartgelbe Rinde.*

gemäß würziger und trockener, je länger er kühl gelagert wird. Vier Monate bis zwei Jahre läßt man ihn in unterschiedlich kühl temperierten Räumen reifen. Zusätzliche Geschmackskomponenten werden erreicht, indem man einige Sorten mit Asche, Tomaten oder rotem Paprika einreibt.
Der Pecorino zeichnet sich durch seinen würzigen, aber nicht scharfen Geschmack aus; pur oder mit etwas Olivenöl beträufelt wird er zumeist genossen. Gerieben zum Darüberstreuen auf Pasta oder Risotto ist er echten Liebhabern allerdings zu schade!

Der Schäfer Piero Munero *war früher Barpianist. Sein heutiges Leben möchte er nicht mehr gegen sein früheres eintauschen.*

In der Nähe des Monte San Martino stellen Paola und Marino Marchese ihren naturbelassenen Pecorino aus Schafmilch her. Er ist besonders wohlschmeckend, denn die Schafe fressen die würzigen Kräuter der Hochebene.

Nazzareno und Marinella *Migliori betreiben nicht nur ein Feinkostgeschäft, sondern bauen auch Wein an.*

»Pecorino di fossa« – *am besten schmeckt er frisch gerieben.*

Nicht zu vergessen *über all den Käse- und Olivenspezialitäten: Auch die Wurstwaren der Marken sind ein Genuß.*

Nicht nur gefüllte Ascoli-Oliven *sind die Spezialitäten in Signor Miglioris Delikatessengeschäft.*

Nur ungern verlassen wir diese wunderschöne Stadt mit ihren vielen Türmen, doch wir müssen weiter nach Norden, in die Nähe von Monte San Martino, wo der Pecorino hergestellt wird. Der Weg führt uns über den Tronto, der von einer der ältesten noch erhaltenen römischen Brücken überspannt wird, dem Ponte di Solestà. Bald kommen wir auf eine kurvenreiche Landstraße, auf der wir kaum einer Menschenseele begegnen. Inmitten dieser Einsamkeit liegt der kleine Bauernhof von Paola und Marino Marchese. Vor zehn Jahren zog das junge Paar auf der Suche nach einem ruhigen Leben aus der Großstadt hierher. Unter großem Einsatz renovierten die beiden ein altes Steinhaus und bauten eine Schafzucht auf. Im Laufe der Zeit folgten ihnen 50 Bekannte, darunter auch der frühere Barpianist Piero Munero. Er hütet jetzt die 220 sardischen Schafe, die auf der Alm weiden. Das Melken, zweimal am Tag, übernimmt Marino, während Paola für die Käseherstellung zuständig ist. Kann man damit in unserer heutigen Zeit sein Auskommen haben? Paola meint: »Wenn man keine großen Ansprüche hat, kann man vom Verkauf von Pecorino, Ricotta und Wolle ganz gut leben. Ich bin glücklich hier.«

Dieser Meinung ist auch Piero. Auf meine Frage, ob er in dieser Einsamkeit nicht manchmal andere Wünsche habe, lächelt er nur, deutet auf seine Schafe, die vor dem Hintergrund der Sibyllinischen Berge weiden, und fragt sibyllinisch zurück: »Kann man hier noch andere Wünsche haben?«

Ein Roter der Region – *produziert von Signor Migliori.*

HOTELS

▮ VILLA SERENA bei Pesaro: Der Name paßt zu diesem einst herrschaftlichen Sommerhaus aus dem 17. Jahrhundert: »Serenität« umgibt den Gast in dieser friedlichen Oase auf dem idyllischen Hügel. Antike Möbel in den Zimmern, Riesenkamin im feudalen Foyer; Swimmingpool. Ganzjährig geöffnet.
Via S. Nicola 6/3, bei Pesaro;
Tel. 07 21/552 11
Anfahrt: 4 km landeinwärts vom Strand.

Die verwunschene Villa Serena *auf einem Hügel bei Pesaro.*

▮ FORTINO NAPOLEONICO in Portonovo di Ancona: Am schönsten Fleck der Riviera del Conero, im Süden Anconas, ließ Napoleon diese malerische Festung erbauen (1811–13); heute ist sie zu einem einzigartigen Strandhotel mit Restaurant umgebaut, mit hübsch eingerichteten, ruhigen Zimmern.
Tel. 0 71/80 14 50
Anfahrt: A 14 , Ausfahrt Ancona-Sud. Dann Landstraße über Camerano.
Flughafen: Ancona-Falconara.

▮ EXCELSIOR bei S. Benedetto del Tronto: Das schönste Hotel an der langen Seepromenade, in mediterraner Architektur. Idealer Aufenthalt für Familien, die eine komfortable Unterkunft am Meer suchen. Eigener Strand, zwei Swimmingpools.
Viale Rinascimento 137;
Tel. 07 35/8 17 09
Anfahrt: A 14, Ausfahrt Porto d'Ascoli, 4 km südlich von S. Benedetto d.T.

▮ PELLEGRINO E PACE in Loreto: Wer nicht in einer Pilgerunterkunft Buße tun möchte, ist am besten in diesem neu renovierten Hotel, direkt am monumentalen Platz vor der Wallfahrtskirche, aufgehoben.
Piazza della Madonna 51/52, Loreto;
Tel. 0 71/97 71 06
Anfahrt: Von Ancona südlich auf der S.S. 16.

▮ GIOLI in Ascoli Piceno: Modern eingerichtetes Hotel im historischen Zentrum der Stadt, mit bewachter Garage. Günstiger Ausgangspunkt für einen Stadtbummel. Frühstück gibt's nur im Stehen an der Bartheke.
Viale De Gasperi 14, Ascoli Piceno;
Tel. 07 36/25 55 50
Anfahrt: Von S. Benedetto del Tronto auf der S.S. 16 südlich, bei Porto d'Ascoli links auf die S.S. 4 nach Ascoli Piceno.

RESTAURANTS

▮ LO SCUDIERO in Pesaro: Seit eh und je widmet sich der Inhaber Franco Ridolfi dem gastronomischen Erbe des großen Sohnes der Stadt, Rossini. Während der ihm gewidmeten Musikfestwochen tischt er extra vom Meister abstammende Rossinimenüs auf. Elegantes Ambiente unter dem Backsteingewölbe im Souterrain des Palazzos. Sonntag geschlossen.
Via Baldassini 2, Pesaro;
Tel. 07 21/6 41 07

Villa Serena: *Tafel im Speisesaal.*

▮ SYMPOSIUM in Cartoceto degli Ulivi: In seinem Landhaus in schöner Hügellage, mitten im Grünen, gedeiht Lucio Pompilis Kochkunst in einem gepflegt rustikalen Ambiente. Er gilt als der einfallsreiche Erneuerer der alten Küchentradition der Marken. Sein Hobby: die verschiedensten Gewürzkräuter, je nach Jahreszeit, gekonnt in seinen Kreationen einzusetzen. Besonders empfehlenswert ist das zarte Hirschkotelett mit Obst und Ingwer, mit einer unvergeßlichen Sellerie-Mousse. Montag und Dienstag geschlossen.
Via Cartoceto 38, Cartoceto;
Tel. 07 21/89 83 20
Anfahrt: A 14, Ausfahrt Fano. Richtung Fossombrone, Rechtsabzweig nach Cartoceto.

Das »Lo Scudiero« *in Pesaros Altstadt.*

▮ FORTINO NAPOLEONICO in Portonovo di Ancona: Wie in allen guten Küchen der Region, gehen auch hier Tradition und Kreativität Hand in Hand. Allein schon durch die Küstenlage bestimmt, haben natürlich Fische und Meeresfrüchte den Vorrang. Sehr apart ist der Geschmack der überbackenen Garnelen im Mohnteig in einer sämigen, süßsauren Sauce.
Anfahrt: siehe Hotels.

EINKAUFSTIPS

▮ MUSEO DELLA CARTA E DELLA FILIGRANA in Fabriano: Nach chinesischem Vorbild wird in Fabriano seit dem 13. Jahrhundert erlesenes Büttenpapier erzeugt. Von diesem Ort aus verbreitete sich die Papierkunst in ganz Europa. Hier im Museum kann der Besucher auch bei der Herstellung von Papier zusehen und sich natürlich gleich das hochkarätige Endprodukt kaufen. Schöne Auswahl an Briefpapieren, sogar mit kunstvollen Wasserzeichen. Im ehemaligen Dominikanerkloster.
Öffnungszeiten: 15. November -12. März,

Scudiero
PESARO
Villa Serena
FANO
Symposium
Leo
Tavoleto
Montecopiolo
Casteldelci
Mombroccio
Cartoceto
Marotta
Senigallia
URBINO
Urbania
Fossombrone
Mercatello
Sul Metauro
Acqualagna
Cagli
S. Marcello
ANCONA
Fortino Napoleonico
Camerano
Barbara
Weingut Bucci
Jesi
Osimo
Porto Recanati
Montecarotto
Sassoferrato
Cingoli
Fabriano
Civitanova
Marche
MACERATA
Matelica
Mogliano
Montegranaro
Fiuminata
Castelraimondo
Porto
San Giorgio
Camerino
Servigliano
S. Ginesio
Muccia
Fiastra
Monte
San Martino
Carassai
Lago
S. Ruffino
Comunanza
Monteprandone
ASCOLI PICENO
Maltignano
Markt von Ascoli Piceno
Feinkost Migliori
Monte Carpegna
Monte Nerone
Monte Acuto
M.S. Vicino
Monte Maggio
Monte Pennino
Monte Profoglio
Monte Cavallo
Monte Rotondo
Monte Bove
Monte Argentella
M. Dell' Ascensione
F. Foglia
F. Metauro
F. Cesano
F. Misa
F. Esino
F. Musone
F. Potenza
F. Chienti
F. Fiastra
F. Tenna
F. Aso
F. Tronto
A14
258
423
73
8
257
424
360
76
362
77
361
256
210
78
433
209
4

MARKEN

Di–So 9.00–12.30 und 15.00–18 00 Uhr; sonst 9.00–13.15 und 15.00–19 00 Uhr, Montag geschlossen.

Largo Fratelli Spacca, Fabriano;
Tel. 07 32/70 92 97
Anfahrt: Auf der S.S.16, vor Falconara links auf die S.S.76 Richtung Fabriano abbiegen.

▮ GASTRONOMIA MIGLIORI in Ascoli Piceno: In diesem Feinkostladen

Die »damigiane« – *typisch italienische Weinflaschen.*

gibt es die besten gefüllten Oliven. Was nicht alles den Kern ersetzen kann: mageres Kalbsfleisch und Schweinefleisch, Huhn und Truthahn, Zwiebel, Karotten, Sellerie.

Piazza Arringo 2, Ascoli Piceno;
Tel. 07 36/25 00 42
Anfahrt: siehe Hotels.

WEINE

In der Region der Marken ist der »Verdicchio« der Weinschlager in seiner besonders typischen, geschweift schlanken Flasche. Die Rebsorte dieses erquickenden, trockenen, oft an Haselnußgeschmack erinnernden Weißweins war schon den alten Römern bekannt. Vermutlich ist sie die Vorfahrin der südlich vom Garda-See beheimateten Lugana-

Villino Ruggeri – *Pesaros reinste Jugendstilvilla.*

Reben. Heuzutage wächst sie ausschließlich in den Gebieten um Jesi und Matelica. Der daraus gekelterte Wein paßt nicht nur vorzüglich zu Fischgerichten, sondern auch zu einem herzhaften Spanferkelessen.

Einige der – nicht gerade zahlreichen – Qualitätsproduzenten mit ihren berühmtesten Weinen:

▮ Fratelli Bucci

Via Cona 69, Ostra Vetere;
Tel. 0 71/96 41 79
Anfahrt: Von Senigallia auf der S.S. 360, nach Pianello rechts abbiegen.

»Verdicchio dei Castelli di Jesi«, Jahrgang 92; »Verdicchio dei Castelli di Jesi Villa Bucci«, Jahrgang 88, 90).

▮ La Monacesca

Via D'Annunzio 1, Civitanova Marche;
Tel. 07 33/81 26 02
Anfahrt: Von Ancona auf der S.S. 16 südlich nach Civitanova Marche.

»Verdicchio di Matelica«, »La Monacesca«, Jahrgang 93; der sehr fruchtige »Mirus«, Jahrgang 91.

▮ Brunori

Via della Vittoria 103, Jesi;
Tel. 07 31/20 72 13

»Verdicchio dei Castelli di Jesi«, Jahrgang 93 (preislich günstig).

▮ Stefano Mancinelli

Via Roma 62, Morro d'Alba;
Tel. 07 31/6 30 21
Anfahrt: Von Senigallia die S.S. 16 bis Camerato, die Landstraße nach Monte S. Vito bis Morro d' Alba.

»Lacrima« , die Träne, der seltene duftig-fruchtige Rotwein der Marken; »Verdicchio dei Castelli di Jesi«, Jahrgang 93; »Lacrima di Morro d'Alba«, »Vigneto Santa Maria del Fiore« , Jahrgang 93.

SEHENSWÜRDIGKEITEN

▮ CASA ROSSINI in Pesaro: Kleines Museum im Geburtshaus Rossinis. Briefe, Bildnisse, Karikaturen erinnern an den großen Komponisten.
Öffnungszeiten: Oktober–April: Di–So, 10.00–13.00 Uhr; Mai–September: 10.00–20.00 Uhr; Montag geschlossen.

Via Rossini 34, Pesaro.

»Le Grotte di Frasassi« bei Genga: *Italiens beeindruckenste Tropfsteinhöhle.*

▮ LE GROTTE DI FRASASSI bei Genga: Eine der monumentalsten Tropfsteinhöhlen Italiens. In dieser Märchenwelt kann man sich gut die Beine vertreten. Ständige Temperatur: 14 Grad, auch bei größter Sommerhitze.
Öffnungszeiten: November–Februar: Mo–Fr, 11.00–15.00 Uhr, an Samstagen auch bis 17.00 Uhr; März–Oktober: Mo–Fr, 9.00–18.00 Uhr.
Führungen halbstündlich: So 10.30 / 12.30 / 15.00 / 17.00.

Tel. 07 32/9 00 90
Anfahrt: A 14, Ausfahrt Ancona-Nord. Dann S.S. 76 Richtung Rom bis San Vittore alle Chiuse.

Flache Küstenstreifen, breite malerische Täler, Hügellandschaft, Seen, oft in den Kratern erloschener Vulkane, und Gebirge prägen das Latium. Im Zentrum des Geschehens – einst und jetzt: die hektische Metropole Rom.

LATIUM

Kaffee gehört in Italien *immer dazu. Der Tag beginnt mit einem Espresso – oft gleich schon mit einem doppelten.*

Was wäre Rom ohne seine Märkte? *Sie sind Einkaufsort und Nachrichtenbörse im Wohnviertel.*

Die besondere Atmosphäre des Latium und die Kargheit der Campagna beschrieben auch Goethe und die Romantiker.

Auf die Bemerkung, man wolle seinen Urlaub im Latium verbringen, lautet die wohl häufigste Reaktion: »Wohin willst du fahren?« Erklärt man dann, daß das Latium die Umgebung von Rom ist, folgt verständnisvolles Kopfnicken: Ah, Rom, die »Ewige Stadt.« Doch Rom ist keineswegs mit dem Latium gleichzusetzen: Ein größerer Unterschied als zwischen der geschäftigen, ausufernden Metropole und ihrem beschaulichen, bodenständigen Umland ist kaum vorstellbar. Dieser Gegensatz geht noch auf die Zeit vor dem antiken Römischen Reich zurück, als die dort ansässigen Latiner und Etrusker sich heftig gegen die Vorherrschaft des immer mächtiger werdenden Roms wehrten. Erst im 5. vorchristlichen Jahrhundert konnte sich Rom das Latium mehr oder minder einverleiben, und damit nahm die Eroberung der gesamten stiefelförmigen Halbinsel Italien ihren Lauf. Doch die Ausdehnung des Römischen Reichs wirkte sich für die unmittelbare Umgebung der Hauptstadt kaum positiv aus: Durch die Ausweitung der Handelsbeziehungen wurden Agrarprodukte aus dem gesamten Mittelmeerraum nach Rom importiert, und die einheimischen Produzenten, die ihre Erträge dem Land in harter Arbeit abgetrotzt hatten, konnten der ausländischen Konkurrenz nicht standhalten. Viele Bauern waren gezwungen, ihre Höfe zu verlassen; die von ihnen mühevoll entwässerten Gebiete versumpften wieder, und die Malaria begann erneut zu wüten. So kam es, daß das Latium während der Blütezeit Roms landwirtschaftlich kaum von Bedeutung war; wie es teilweise auch heute noch der Fall ist, wurde der Boden extensiv als Weideland genutzt – vorwiegend für Schafherden. Die besondere Atmosphäre und die Kargheit dieser Campagna beschrieben schon Goethe und die Romantiker.

Fernab von Rom kann man diese Seite des Latium immer noch entdecken –

Gegenden, in denen die Anhöhen von romantischen Schluchten durchbrochen werden und wo in den Kratern erloschener Vulkane tiefblaue Seen schimmern. Hier bringt der fruchtbare, an Mineralien reiche vulkanische Boden Wein, Obst und Gemüse hervor, deren Geschmack und Würze unvergleichbar sind. Wo sonst bekommen die Artischocken derart große und schmackhafte Köpfe? Man nennt sie kurz »die römischen«. Aber auch Bohnen, Spargel, Sellerie, Spinat, Blumenkohl und Rucola (hier »Rughetta« genannt), pralle Pfirsiche, saftige Birnen und duftende Erdbeeren gedeihen in großer Üppigkeit und finden ihren Weg zu den römischen Märkten. Sogar Schafe werden nach wie vor hier gehalten, doch längst nicht in ausreichenden Mengen, um alle Römer mit dem beliebten Abbacchio, dem Milchlamm, zu versorgen. In der eher schlichten römischen Küche wird das zarte Lammfleisch als besondere Delikatesse geschätzt. Meine persönliche Vorliebe gilt allerdings der sämigen Ricotta, die hier aus der Schafmilch gewonnen wird; meiner Ansicht nach ist sie der allerbeste Frischkäse Italiens. Er wird als »Ricotta romana« angeboten – ein Hinweis darauf, daß die Stadt Rom das sie umgebende Latium auch in kulinarischer Hinsicht dominiert.

Eine ideale Bar fürs Frühstück: *das »Tazza d'oro« in Rom.*

Durch die enorme Zuwanderung – nicht nur aus den kargen Berggebieten der Abruzzen, sondern auch aus weiten Teilen Süditaliens – ist die Hauptstadt in den letzten Jahrzehnten zu einer Riesenmetropole herangewachsen, in der die waschechten Römer allmählich in der Minderheit sind. Allerdings passen sich die Zugezogenen den Römern nach und nach immer mehr an, übernehmen deren Mentalität, Gewohnheiten und Redeweisen – und damit natürlich auch deren Stolz auf die Stadt, die für sie die unbestritten schönste überhaupt ist, der Nabel der Welt. An dieser Schönheit lassen die Römer die zahlreichen Besucher und Touristen, die sich in den Urlaubsmonaten beinahe auf die Füße treten, gerne teilhaben. Gastfreundschaft ist für sie ein ebenso großer Wert wie Toleranz gegenüber den menschlichen Schwächen; eine tiefsitzende Abneigung haben sie gegen moralische Besserwisserei und gegen den erhobenen Zeigefinger.

Wie stark die Römer an ihrer Tradition und ihren Gewohnheiten festhalten, kann man anhand der Geschichte des Lokals »Fiaschetteria Beltramme«, von den Stammgästen schlicht »Da Cesaretto« genannt, beispielhaft verfolgen. Schon bald nach der Eröffnung im Jahr 1886 entwickelte sich diese Kneipe unweit der Spanischen Treppe zu einem behaglichen Künstlertreff, der auch wegen seiner deftig-schmackhaften, traditionell römischen Küche beliebt war. An einem der dunklen, im Laufe der Jahre abgegriffenen Holztische hatte Ennio Flaiano, Federico Fellinis Drehbuchautor, seinen Stammplatz, und hier, in seinem Lieblingslokal, schrieb er die Story zu »La dolce vita«. Seit 1993 heißt der stolze Besitzer dieses traditionsreichen Lokals Cesare Fazioli. Warum er, der eigentlich Innenarchitekt ist, die Kneipe übernahm, erfahre

Das »schnelle« italienische Frühstück *besteht aus einem Espresso und dem Cornetto, dem knusprigen Hörnchen.*

Rom, schönste Stadt und Nabel der Welt, zieht jährlich Millionen Touristen in seinen Bann. Restaurants wie z. B. die »Fiaschetteria Beltramme« tragen zu diesem Flair mit bei: Sie bieten angenehme Künstleratmosphäre.

Der Neptunbrunnen *ist einer von drei Brunnen auf der Piazza Navona, dem einstigen barocken Zentrum von Rom.*

In den engen Gassen *des ehemaligen jüdischen Ghettos scheint die Zeit stehengeblieben zu sein.*

CESARE FAZIOLI

Ehemaliger Architekt und heute Besitzer des »Da Cesaretto« in Rom, Gastronom aus Leidenschaft.

Sie haben ein ganz besonderes Verhältnis zu Ihrer Trattoria?
Ja, die Fiaschetteria ist schon über 100 Jahre alt. Als ich vor einigen Jahren hörte, daß sie umgebaut werden sollte, habe ich mich entschlossen, meinen Beruf an den Nagel zu hängen und mich der Gastronomie zu widmen.

ich bei einem hervorragenden Essen. Während ich das von ihm zusammengestellte Menü – Carpaccio mit Parmesan und Rughetta, gefolgt von geschmortem Ochsenschwanz mit Stangensellerie – genieße, erzählt er, daß er früher Stammgast im »Beltramme« war. Eines Tages hörte er, daß das Restaurant verkauft werden sollte. »Dieses Lokal war mein zweites Zuhause«, erklärt er mir, und beinahe schwingt ein wenig Empörung in seiner Stimme mit. »Ich hätte es nicht ertragen, wenn auch nur das Geringste daran verändert worden wäre. Also beschloß ich, zusammen mit meinen Brüdern Tito und Quirino, die beide Gastwirte sind, die Fiaschetteria zu übernehmen.« Ich kann nur bestätigen, daß tatsächlich alles beim alten geblieben ist – von den rustikalen Holztischen über die braungesprenkelte Tapete an den Wänden, die unzähligen Aquarelle und Karikaturen, die hier hängen, bis hin zur vortrefflichen Küche. Die beiden Errungenschaften neueren Datums, der Ventilator an der Decke und der Eisschrank in der Ecke, fügen sich unauffällig in das Ambiente ein.

Zum Nachtisch steht mir allerdings der Sinn nach Eis – und das sollte man am besten im »Giolitti« zu sich nehmen, dem In-Treff der römischen Jugend in der Nähe des Parlaments. Also schwinge ich mich auf meine gemietete Vespa, das praktischste, schnellste und nervenschonendste Vehikel, um im römischen Verkehrsgewühl voranzukommen. Nach kurzer Zeit stehe ich vor der langgezogenen Theke der Eisdiele. Während ich entscheidungsunfähig die 50 verschiedenen Eissorten betrachte, die in allen Farben des Regenbogens leuchten, werde ich von fröhlich lärmenden, drängelnden Gästen umringt. Kein Wunder, denn im »Giolitti« werden täglich sechs bis sieben Doppelzentner Eis umgesetzt. Doch Quantität und Qualität müssen durchaus nicht im Widerspruch zueinander stehen; meine Wahl – die Sorten Mokka, Pampelmuse und Champagner – bereue ich jedenfalls nicht.

Die Altstadt Roms kann noch mit einer kulinarischen Besonderheit aufwarten: Es gibt hier eine Reihe jüdischer Restaurants. Und es finden sich erstaunliche Ähnlichkeiten zwischen der jüdischen Küche und gewissen Kochtraditionen der alten Römer, etwa die Vorliebe, herzhafte Gerichte mit Rosinen und Pinienkernen, Zimt und Nelken zu würzen. Die jüdische Gemeinde von Rom ist die älteste in ganz Westeuropa. Sie existierte schon vor Christi Geburt und hatte in Ostia auch eine Synagoge. 1555 richtete der inquisitorische Papst Paul IV. in Rom zwischen dem einstigen Theater des Marcellus und dem linken Tiber-Ufer ein Ghetto ein, das erst 1870 aufgelöst wurde. Doch damit hatte die Diskriminierung der römischen Juden noch kein Ende; wie eine Gedenktafel verkündet, wurden am »Schwarzen Samstag« des 16. Oktober 1943 2091 römische Bürger aus dem von den Nazis umzingelten jüdischen Viertel in die Vernichtungslager deportiert. Nur 15 kehrten zurück. Heute wohnen in diesem leicht verfallenen Stadtteil etwa 500 jüdische Familien.

Beim Gang durch das Viertel komme ich zur Hauptstraße Via Portico d'Ottavia. Dort befindet sich die unscheinbar aussehende, winzige Bäckerei »Boccioni«. Im Hintergrund des vollgedrängten Ladens backt eine ältere Frau gerade eine »Pizza ebraica« (jüdische Pizza mit kandierten Früchten). Doch mein Interesse gilt eher dem warmen Mandelteigkuchen mit einer üppigen Ricotta-Kirschen-Füllung, den ich schon im Schaufenster gesehen habe. Die Inhaberin, Signora Limentani, schreckt ein wenig zurück, als sie unser Kamerateam erblickt. Sie möchte lieber nicht ins Fernsehen kommen, erklärt sie: »Wir sind bescheidene Leute, und das möchten wir auch weiterhin bleiben. Wir wollen uns lieber nicht zur Schau stellen.«

Diesem Wunsch kommen wir natürlich nach und ziehen deshalb weiter zur Piazza Mattei. Für dieses lauschige Plätzchen mit dem idyllischen Schildkrötenbrunnen habe ich nämlich eine ganz besondere Vorliebe.

Nicht minder gemütlich ist es, an einem lauen Abend vor dem Restaurant »Piperno« zu sitzen. Diese einst schlichte Weinschenke in der Nähe der Synagoge hat sich zu einem Modelokal entwickelt. Aus der ganzen Stadt pilgern Feinschmecker ins jüdische Viertel, um sich hier knusprige Köstlichkeiten servieren zu lassen, allen voran die beiden Klassiker »Carciofi alla giudìa« (Artischocken nach jüdischer Art) und gefüllte fritierte Zucchiniblüten. In der Küche empfängt mich Chefkoch Gerardo Rubini mit einem herzlichen Lächeln und einem freundlichen deut-

Gelati – *eine besondere Köstlichkeit des »Giolitti« ist das Mokkaeis.*

Die Via Appia Antica, *die alte römische Militärstraße, führt direkt vor die Tore der Stadt.*

In Roms jüdischem Viertel fühlt man sich an manchen Ecken in frühere Jahrhunderte zurückversetzt.

Jüdische Küche in Rom:
Koschere Köstlichkeiten gibt es im Restaurant »Piperno«.

Zucchiniblüten sind eine Delikatesse. Glücklich schätze sich, wer sie im eigenen Garten ernten kann. Gelegentlich findet man sie inzwischen auch bei uns in guten Gemüseläden.

CARCIOFI ALLA GIUDÌA

Artischocken nach jüdischer Art

Für 4 Personen

- *8 Artischocken*
- *3–4 l Olivenöl (nicht extra vergine, sondern schlicht Olio Sasso)*
- *Salz, Pfeffer*

1 Die äußeren Artischockenblätter entfernen. Die Spitzen der inneren Blätter abschneiden und mit Salz und Pfeffer würzen.
2 Die Artischocken für etwa 8 Minuten in siedendes Öl tauchen, auf einem flachen Sieb ausbreiten und gut abtropfen lassen.

FIORI DI ZUCCHINE FRITTI

Gefüllte fritierte Zucchiniblüten

Für 4 Personen

- *1/2 l Wasser*
- *300 g Mehl*
- *20 g Hefe*
- *24 Zucchiniblüten*
- *300 g Mozzarella*
- *6 (in Öl eingelegte) Sardellen*
- *1/2 l Olivenöl*

1 Einen Tropfteig – Pastella – aus Wasser, Mehl und Hefe miteinander verrühren.
2 Die Blütenblätter öffnen, 3 kleine Stückchen Mozzarella und 1 Sardellenstück (maximal 1/2 Daumen lang) hineingeben und mit einer leichten Drehung die Blütenenden schließen, so daß die Füllung nicht heraustreten kann.
3 Die Blüten dann kurz in den Tropfteig tunken, leicht in Mehl wenden und anschließend im siedenden Öl ungefähr 3 Minuten lang fritieren.
4 Abtropfen und gleich heiß servieren.

Im »Piperno« in Rom gibt es diese ausgefallenen fritierten Kleinigkeiten.

COSTOLETTE DI AGNELLO A SCOTTADITO

Lammkoteletts zum Finger verbrennen

Für 4 Personen

- *8 Koteletts (vom Metzger halbieren lassen)*
- *Pflanzenöl*
- *Salz, Pfeffer*

Beilage

- *5 Tomaten*
- *2 Schalotten*
- *2 Zucchini*
- *3 EL Olivenöl*
- *1 Zweig Thymian*
- *2 Knoblauchzehen*
- *100 ml Rotwein*
- *Basilikum*

1 Die 8 halbierten Koteletts mit ein wenig Öl einfetten – das klassische Rezept schreibt geschmolzenes Schweineschmalz vor.
2 Reichlich salzen und pfeffern.
3 Im Idealfall auf einem glühendheißen Rost braten. Ansonsten bei starker Hitze ca. 2 Minuten auf jeder Seite in der Pfanne braten.

Beilage

1 Die Tomaten abbrühen, schälen und würfeln.
2 Die Schalotten und Zucchini in kleine Stücke schneiden und in Olivenöl glasig anbraten; dann die Tomatenstücke zugeben.
3 Den Thymianzweig, die beiden gehackten Knoblauchzehen und den Rotwein beifügen; alles gut miteinander vermischen und mit Salz und Pfeffer abschmecken.
4 Ungefähr 10 Minuten bei niedriger Hitze köcheln lassen. Gegen Ende der Garzeit die kleingehackten Basilikumblätter zugeben, nochmals durchziehen lassen und heiß servieren. Je nach Wunsch noch etwas Olivenöl darübergeben.

SALTIMBOCCA ALLA ROMANA

Kleine Kalbsschnitzel nach römischer Art

Für 4 Personen

- *8 dünne Kalbsschnitzel, am besten aus der Lende*
- *8 Scheiben Parma-Schinken*
- *8 Blätter Salbei*
- *3–4 EL Butter*
- *1/8 l Weißwein*
- *Salz, Pfeffer*

1 Auf jedes Stück Fleisch 1 Scheibe Schinken und 1 Salbeiblatt legen; mit einem Zahnstocher feststecken.
2 In einer Pfanne 2 EL Butter zerlassen und die Schnitzel bei starker Hitze auf jeder Seite 2–3 Minuten braten; dann sofort herausnehmen und auf eine Platte legen.
3 Leicht salzen und pfeffern.
4 Den Bratensatz mit dem Wein ablöschen – die restliche Butter in die Sauce einrühren, nochmals mit Salz und Pfeffer abschmecken.
5 Das Fleisch kurz in der Sauce aufwärmen und dann sofort servieren.

»Saltimbocca« bedeutet »Spring in den Mund«. Den römischen Saltimbocca findet man auf der Speisekarte italienischer Restaurants in aller Welt. Man braucht dazu milden Schinken und frischen Salbei.
Als Beilage empfiehlt sich Safranreis.

Tip:
Zu diesem Gericht paßt vorzüglich ein Marino Colle Picchioni von Paola Di Mauro, ein aus Malvasia- und Trebbiano-Trauben gewonnener Weißwein.

Bei Signora Paola Di Mauro *bekommt man nicht nur gute Weine zu kosten, sondern – wenn man Glück hat – auch hausgemachte Spezialitäten.*

Das Rezept der Kalbsschnitzel mit Salbei stammt von Paola Di Mauro; das der Lammkoteletts kommt aus der »Fiaschetteria Beltramme« in Rom.

Röstbrot mit Büffel-Mozzarella, *ein einfaches, aber köstliches Gericht.*

CROSTINI DI MOZZARELLA

Röstbrot mit Büffelkäse

Für 4 Personen

- *100 g Butter*
- *8 Scheiben Kastenweißbrot*
- *2 EL Sardellenpaste oder 3–4 Sardellen (mit einer Gabel zerdrücken)*
- *400 g Mozzarella*
- *8 Scheiben gekochter Schinken*
- *4 EL Milch*

1 Eine kleine Pfanne mit hohen Seitenwänden oder einen kleinen Topf mit ungefähr 20 g Butter einfetten.
2 Die Brotscheiben folgendermaßen anordnen: im Wechsel 1 Scheibe Weißbrot mit wenig Sardellenpaste bestrichen, 1 Scheibe Mozzarella und dann 1 Schinkenscheibe. Das Ganze senkrecht in die Pfanne oder in den Topf stellen, so daß es nicht umfällt.
3 Die Milch darübergießen und kleine Stückchen Butter oben auf der Fläche verteilen. In den auf 200 Grad vorgeheizten Herd schieben, bis der Büffelkäse geschmolzen ist und das Brot Farbe bekommen hat; das dauert zwischen 15 und 20 Minuten.
4 Währenddessen wird die restliche Menge Butter mit der Sardellenpaste bei niedriger Hitze zerlassen; alles gut miteinander vermischen.
5 Heiß auf die Röstbrotscheiben träufeln und heiß servieren.

CODA DI BUE ALLA VACCINARA

Geschmorter Ochsenschwanz mit Stangensellerie

Für 4 Personen

- *1,5 kg Ochsenschwanz*
- *2 Zwiebeln*
- *2 Knoblauchzehen*
- *1 Karotte*
- *2 Bund Petersilie*
- *2 EL Olivenöl*
- *100 g durchwachsener Bauchspeck*
- *Salz, Pfeffer*
- *1/2 l Weißwein*
- *1 1/2 kg Tomaten*
- *2 EL Tomatenmark*
- *1/4 l Brühe*
- *2 Stangen Sellerie*

1 Den Ochsenschwanz beim Metzger in Stücke schneiden lassen. Diese gut waschen und in kaltes Salzwasser geben. Ungefähr 10 Minuten kochen lassen, dann beiseite legen.
2 Zwiebeln, Knoblauchzehen, Karotte und Petersilie fein hacken und in einer Pfanne mit wenig Öl und dem gewürfelten Speck anbraten; ca. 10 Minuten schmoren lassen.
3 Die Ochsenschwanzstücke dazugeben und mit anbraten. Salzen und pfeffern, mit Wein ablöschen.
4 Etwas einköcheln lassen, dann das Tomatenmark und die passierten geschälten Tomaten beimengen.
5 Bei niedriger Hitze zugedeckt 3 1/2 Stunden schmoren lassen, von Zeit zu Zeit umrühren; wenn nötig, etwas Brühe aufgießen.
6 Jetzt erst den Sellerie gesäubert und zerkleinert dazugeben und weitere 30 Minuten schmoren lassen. Der Sellerie muß weich sein. Die lange Schmorzeit – ungefähr 4 Stunden – läßt das Gericht sehr schmackhaft werden. Will man die Kochzeit auf 1 1/2 Stunden verkürzen, sollte man den Dampfkochtopf benutzen; Beilage: Salzkartoffeln.

Das Röstbrot mit Mozzarella ist ein Rezept von Signora Di Stefano, der Mozzarella-Herstellerin.
Der geschmorte Ochsenschwanz wird in der »Fiaschetteria Beltramme« in Rom serviert.

ZUPPA INGLESE ALLA ROMANA

Süßspeise nach römischer Art

Für 8 Personen

Biskuit

- *5 Eier*
- *150 g Zucker*
- *250 g Mehl*
- *1 TL Backpulver*
- *Ramazzotti, ein italienischer Kräuterlikör (Menge nach Wahl)*
- *Rum (Menge nach Wahl)*

Konditorcreme

- *1/2 l Milch*
- *1 Vanilleschote*
- *1 Prise Salz*
- *4 Eigelb*
- *100 g Zucker*
- *40 g Speisestärke*

Dekoration

- *3 Eiweiß*
- *150 g Zucker*
- *etwas Puderzucker*

Biskuit

1 Eier und Zucker schaumig schlagen, das gesiebte Mehl mit dem Backpulver unterheben und zu einer homogenen Masse verrühren.

2 In eine gefettete Springform von 26 cm Durchmesser füllen und in die auf 150 Grad vorgeheizte Röhre geben. Nach 20 Minuten mit einem dünnen Spieß hineinstechen, um zu sehen, ob die Teigmasse noch flüssig ist.

3 Den Kuchen fertigbacken, herausnehmen, auf eine Platte stürzen, über Nacht ruhenlassen.

4 Am nächsten Tag den Biskuit in ca. 2 cm dicke Scheiben schneiden. Die eine Hälfte der Teigscheiben mit Ramazzotti tränken, die andere mit Rum.

Konditorcreme

1 Milch mit der ausgeschabten Vanilleschote und 1 Prise Salz aufkochen.

2 Eigelb und Zucker schaumig schlagen; dann die Speisestärke beigeben.

3 Die heiße Milch unter ständigem Rühren nach und nach zugießen. Erneut unter Rühren aufkochen lassen.

4 Im kalten Wasserbad kalt rühren.

Zubereitung

1 Auf den Boden einer eingefetteten, feuerfesten Form eine Biskuitscheibe legen; diese mit etwas Konditorcreme bestreichen.

2 Darauf im Wechsel Biskuit und Creme geben, wobei sich die mit Rum und Ramazzotti getränkten Biskuitscheiben abwechseln sollten.

3 Zum Abschluß kommt auf die letzte Biskuitscheibe eine Schicht Creme.

4 Eiweiß fest schlagen und den Zucker in kleinen Portionen hinzufügen. Den Kuchen mit dem geschlagenen Eiweiß bedecken.

5 Zuletzt noch mit etwas Puderzucker bestäuben und dann im Herd bei 150 Grad etwa 20 Minuten Farbe bekommen lassen. Kalt servieren!

GELATO AL CAFFÈ

Mokkaeis

Für 6 Personen

- *6 Eigelbe*
- *300 g Zucker*
- *600 ml Espresso (entspricht etwa 6 Espressotässchen*
- *200 ml Sahne*

1 Alle Zutaten mit einem Schneebesen gut verquirlen und für 30 Minuten kühl stellen.

2 Wer eine Eismaschine besitzt, kann die Masse einfüllen und darin kühlen lassen. Oder: Die Masse nach den 30 Minuten in das Gefrierfach stellen, und ca. 2 Stunden lang alle 10 bis 15 Minuten mit dem Schneebesen gut durchrühren.

In den Gelaterias *hat man zwischen Dutzenden von Sorten die Qual der Wahl.*

Der »Eismacher« des »Giolitti« – *In-Treff der römischen Jugend.*

Das Rezept der »Zuppa inglese« stammt von Paola Di Mauro. Das Mokkaeis wird auf diese Weise im »Giolitti« in Rom zubereitet.

Die Piazza Mattei *im jüdischen Viertel schmückt ein Schildkrötenbrunnen von Bernini.*

schen »Guten Abend«. Schließlich hat er früher fünf Jahre lang in Deutschland gearbeitet.

Während ich ihm beim Fritieren zusehe, erfahre ich, daß er täglich bis zu 600 Artischocken zubereitet. »Die beste Zeit für die großen römischen Artischocken ist von Anfang März bis Mitte Mai«, verrät er mir. »Aber wir nehmen auch die kleinere, lilafarbene Sorte, die bei uns Violetta heißt. Sie hat von September bis März Saison.« Seine Gesprächigkeit versiegt ein wenig, als ich ihn nach dem Geheimnis seiner so wunderbar knusprigen Artischocken frage. Erst nach einigem Zögern erklärt er schließlich: »Entscheidend sind die letzten zwei Minuten. Dann muß die Temperatur des Öls nämlich von 150 auf 200 Grad erhöht werden.«

Das gleiche gilt auch für das Zucchiniblütengericht. Der Gegensatz von zarten Sardellen und feuchter Mozzarella in den knusprigen Blütenkelchen schmeckt himmlisch – die Mühe, die man beim Zubereiten hat, lohnt sich allemal!

Ein Muß bei jedem Rom-Besuch ist für mich ein frühmorgendlicher Bummel über den bunten Campo dei Fiori (Blumenplatz) im Herzen der Altstadt. Bis zur Mittagszeit ist die Statue Giordano Brunos, der hier im Jahr 1600 wegen Ketzerei auf dem Scheiterhaufen verbrannt wurde, von den farbenfrohen Ständen der Gemüse-, Fisch- und Blumenhändler umlagert. Wenn ich dann von den vielen Gerüchen, dem Lärm und Gedränge genug habe, mache ich einen kurzen Abstecher zur Piazza Navona – für viele der schönste Platz Roms. Unweit davon liegt »La tazza d'oro« (Die goldene Tasse), wo unser Kamerateam zur Stärkung Cappuccino trinkt. Dazu gibt es frische Cornetti (Hörnchen) und – gratis – einen beeindruckenden Blick aufs Pantheon. Das »La tazza d'oro« ist nicht nur eine Bar, sondern gleichzeitig auch eine Kaffeerösterei; davon gibt es in Rom eine ganze Reihe. Hier trinken die Einheimischen zum Auftakt des Tages ihren Kaffee – meist einen starken Espresso – und zelebrieren dies gerne als

Die »Zuppa inglese«, eine Variante des englischen »Trifle« – und kalorienmäßig keineswegs eine Geringfügigkeit –, wurde bei uns durch das »Café Roma« in Münchens Maximilianstraße als »Zuppa romana« bekannt.

»Zuppa inglese« *gibt es in mehreren Varianten: nur mit Vanillecreme oder mit Vanille- und Schokoladencreme oder... Die abgebildete Variante stammt von Paola Di Mauro.*

Ritual: Mit schnellen Bewegungen wird der Zucker hineingestreut; dann wird zwei- oder dreimal umgerührt, keineswegs öfter, denn sonst könnten zuviel Aroma und Hitze entweichen. Und das käme fast einer Todsünde gleich! Schließlich muß der Espresso heiß getrunken werden. Beim Trinken scheiden sich dann die Geister: Die einen kippen den Inhalt des Täßchens auf einmal hinunter, während die anderen ihn wie edlen Wein schluckweise genießen. Das ist auch meine Methode. So stehe ich nun an der Theke von »La tazza d'oro«, umgeben von fröhlich sich unterhaltenden Leuten, und schlürfe genüßlich meinen Kaffee. Dabei fällt mir ein Spruch des Schriftstellers Guido Piovene ein, der über die Gelassenheit der Römer philosophierte: »Nicht zuviel nachdenken – der Sinn des Lebens ist leben!«

Eingedenk dieses Mottos fahren wir gemächlich durch den lärmenden Verkehr der Via Tuscolana, der alten Römerstraße, nach Südosten zum Dorf Frascati. Hier, auf den fruchtbaren vulkanischen Höhen der Albaner Berge, gedeiht der bei den Römern beliebte Wein gleichen Namens. Bei der Weinprobe im rustikalen Grottengewölbe der »Enoteca Frascati« kommen wir mit dem jungen Sommelier ins Gespräch, der uns einen guten, spritzigen Frascati Superiore serviert. Auf unsere Frage nach der Herkunft des Weins gibt er uns bereitwillig Auskunft. Einen seiner besten Frascati, so erzählt er, beziehe er vom Weingut »Colle Picchioni« der Signora Di Mauro in Marino. Die Winzerkarriere dieser tatkräftigen Dame begann eigentlich erst vor 20 Jahren, als sie eine Ferienvilla erwarb. Auf dem Grundstück dieses Anwesens waren Weinstöcke angepflanzt, die die französische Vorbesitzerin 30 Jahre zuvor aus ihrer Heimat mitgebracht hatte – nämlich Cabernet Sauvignon und Merlot. Daraus kelter-

Marino bei Rom: *Signora Di Mauros Weine sind ein Geheimtip.*

te Signora Di Mauro zunächst den roten Vigna del Vassallo. Dem Weißwein widmete sie sich erst später – allerdings mit durchschlagendem Erfolg. Jetzt kümmert sich ihr Sohn Armando, ursprünglich Jurist, nach den Anleitungen des Bozener Önologen Giorgio Grai um die Weinkellerei. Mit steigender Qualität nahm auch der Absatz rasch zu: von jährlich 10000 auf fast 100000 Flaschen, Rotwein ebenso wie Weißwein. »Ein Besuch bei Signora Di Mauro lohnt sich«, meint der junge Mann gesprächig zum Abschied. »Und wenn Sie Glück haben, dürfen Sie sogar die Kochkünste der Signora genießen – ihre Küche ist nicht minder köstlich als ihre Weine!«

Auf diesen Rat hin brechen wir am nächsten Morgen natürlich sofort nach Marino auf. Nach kurzer Fahrt gelangen wir zu diesem Städtchen mit Blick auf den Lago Albano, das direkt gegenüber von Castel Gandolfo, der Sommerresidenz des Papstes, liegt. Aber wie finden wir nun unsere Signora? Durch einen glücklichen Zufall treffen wir sie beim Einkaufen in einer Bäckerei und können sie in ein Gespräch verwickeln.

Signora Di Mauro in Marino stellt Rot- und Weißwein aus Weinreben französischen Ursprungs her. Unweit davon, auf den Weinbergen des Örtchens Frascati, gedeiht der bei den Römern beliebte Weißwein gleichen Namens.

COSTANZA
DI STEFANO

Mozzarella-Herstellerin
bei Abbazia di Fossanova

Ist es wahr, daß Sie Ihre Mozzarella aus reiner Büffelmilch herstellen?
Und ob. Ich halte dafür 250 Büffel auf 300 Hektar Land.
Aus eigener Erfahrung weiß ich, daß es zwischen Mozzarella und Mozzarella große Unterschiede gibt. Woran das liegt, ist mir aber nicht klar.
Man kann Mozzarella auch aus Kuhmilch oder aus einem Gemisch von Kuh- und Büffelmilch herstellen. Die beste Mozzarella ist die »Mozzarella di bufala campana«, seit 1993 von der EU als ein Käse mit kontrollierter Herkunftsbezeichnung (D.O.C.) – wie es sie bei den Weinen gibt – anerkannt.
Welches ist dieses D.O.C.-Gebiet?
Unser Küstengebiet erstreckt sich von Salerno hinauf bis Rom, das zweite umfaßt einige Gemeinden in der apulischen Provinz Foggia.
Was zeichnet Ihren Büffelkäse aus?
Er ist poröser, viel saftiger, weniger kompakt, aber umso weicher als der aus Kuhmilch, und er hat einen leicht säuerlichen Stich. Beim Kauf sollte man immer auf die grüne Ursprungsbezeichnung achten!

MOZZARELLA

Eine Herde dunkelbrauner Büffelkühe ist auf dem Weg zum Melken. So wild die muskulösen Tiere mit den geschwungenen Hörnern auch auf den Betrachter wirken mögen, sie werden – wie jede gewöhnliche Kuh – im Stall an die Schläuche einer Melkmaschine angeschlossen.

Kein Buffalo *aus dem Wilden Westen, sondern eine italienische Büffelkuh.*

Büffelmilch ist die Basis für eine selten gewordene Spezialität im Latium und in Kampanien, für die echte Mozzarella. Nur noch an wenigen Orten weiden Büffelherden und liefern die fette, aromatische Milch, aus der die Mozzarella di bufala entsteht. Seit Jahrhunderten wird hier ein Frischkäse gemacht, der seine elastische Beschaffenheit einem besonderen Herstellungsverfahren verdankt. Die handwarme Milch wird mit Lab, einem Enzym aus dem Kälbermagen, das sie gerinnen läßt, vermischt. Dann beginnt der besondere Teil: Ist die Büffelmilch zu einer gallertartigen, porösen Masse gestockt, wird sie mit großen Sicheln grob zerteilt, dabei auf- und umgeschichtet, damit die Molke, der wäßrige Teil der Milch, ablaufen kann. Danach gießt der Käsermeister kochendheißes Wasser über die dicke geronnene Milch, den sogenannten Bruch. Er knetet die dampfende Masse so lange, bis ein elastischer, lange Fäden ziehender Teig entstanden ist, die Pasta filata.

Weil eine Mozzarella so frisch wie Milch schmecken soll, läßt man sie weder säuern noch reifen. Die Käsemasse muß nur noch in ihre typische Form gebracht werden und ist fertig zum Essen. Wer zuschaut, wie ein Könner aus der tropfenden weichen Käsemasse Mozzarella-Kugeln formt, bewundert die Geschicklichkeit der Hände. Man nimmt einen Batzen vom heißen Käseteig aus dem Kessel, ein zweiter greift zu, zwickt ein Portionsstück ab, wendet und dreht es, bis die Mozzarella ihre typische eiähnliche Form bekommt. Dann kommen die etwa 300 Gramm schweren Stücke zum Abkühlen in ein Gefäß mit kaltem Wasser. Kein Wunder,

Mozzarella-Masse – *die gestockte Büffelmilch wird auch heute noch mit Sicheln zerteilt und zerkleinert.*

daß der Käse von diesem Arbeitsgang seinen Namen bekam: »Mozzare«, also »abschlagen«, nennt man diesen Vorgang. Unter der

Weil Mozzarella aus frischer Büffelmilch nur mit viel handwerklicher Sorgfalt und Mühe entsteht, ist sie selbst in ihrer ursprünglich süditalienischen Heimat zur seltenen Spezialität geworden.

Bezeichnung »Mozza« wird dieser Käse bereits im 15. Jahrhundert erwähnt. Den leicht gelblichen Büffelkäse mit dem feinen, eigentümlichen Aroma kauft man

Der Käsermeister *kocht die Mozzarella-Masse erneut auf.*

lose, in Molke eingelegt, ausschließlich in guten Spezialgeschäften. Schon im vorigen Jahrhundert zog es Arbeiter aus dem wirtschaftlich ärmeren Süditalien auf der Suche nach Arbeit in den Norden. Zum weltweiten Erfolg der italienischen Küche haben sie sicher beigetragen, denn sie brachten viele ihrer südlichen Spezialitäten mit in die nördlichen Teile Italiens.

So wurde die Mozzarella mit der Zeit auch ein Lieblingskäse der Trentiner, Mailänder, Römer und Bologneser. Doch mit dem aus Büffelmilch hergestellten Käse konnte man die steigende Nachfrage schon bald nicht mehr befriedigen. Deshalb kommt die typische Mozzarella heute auch nicht mehr vom Wasserbüffel, sondern von der Kuh. Sie ist schneeweiß und wird überall im Land von kleinen Lebensmittelläden lose aus großen Töpfen verkauft. Jeder größere Supermarkt bietet Mozzarella mit etwas Salzlake in Plastiktüten verpackt an, weil sich der milde Geschmack des Frischkäses nur in Flüssigkeit für einige Tage erhalten läßt.

Der Unterschied zum Originalprodukt ist deutlich: Büffelmilch gibt dem Traditionskäse ein unnachahmliches Aroma und die unverwechselbare saftig-mürbe Struktur. Aus Kuhmilch maschinell hergestellt, gerät die Mozzarella milder und neutraler im Geschmack, die Beschaffenheit ist fester und elastischer.

Innerhalb von wenigen Jahren eroberten die sahnig-weißen Frischkäsekugeln auch die deutsche Küche – vor allem als Zutat eines einzigen Gerichts: Die »Insalata Caprese«, eine genial einfache Kombination aus Tomatenscheiben, Olivenöl und Basilikum, erfunden auf der Insel Capri, machte die Mozzarella bei uns bekannt. Ihre weltweite Beliebtheit hat sie der Pizza zu verdanken, vor allem weil sie gleichmäßig schmilzt, ohne Fäden zu ziehen. Außerdem wird sie beim Abkühlen nicht so schnell zäh wie gereifte Käsesorten. Das macht sie ideal zum Überbacken vieler Gerichte. Intensiv schmeckende Käsesorten wie

Zum Schluß *muß die fertige Mozzarella nur noch abgeschöpft und in Form gebracht werden.*

Grana, Parmesan und Pecorino ergänzen dabei vorzüglich. Ebenso gut paßt Mozzarella frisch in Salate. Doch braucht sie kräftige Würze als Kontrast. Deshalb harmoniert sie wunderbar mit allen aromatischen Gemüsen und mit südlichen Kräutern wie Basilikum, Rosmarin und Thymian.

Saubohnen – *alle Sorten von Bohnen, Linsen und auch (Kicher-)Erbsen bilden die Grundlage für deftige Suppen und Eintöpfe.*

Zwei sehenswerte Zisterzienserklöster, nur einen Tagesausflug von Rom entfernt: Fossanova und Casamari. Die Mönche in Casamari stellen hervorragende Liköre her. Die Zutaten entstammen dem riesigen Kräutergarten des Klosters.

Spontan lädt sie uns zum Essen ein. So lernen wir ihre ganz persönliche Interpretation typisch römischer Gerichte kennen – »Saltimbocca alla romana« (kleine Kalbsschnitzel nach römischer Art, wörtlich übersetzt: »Spring in den Mund«) und »Zuppa inglese alla romana« (Süßspeise nach römischer Art). Auf ihre vitale, aufgeschlossene Weise bringt sie uns ihre persönliche Deutung des rätselhaften Namens dieses Desserts (wörtlich: »englische Suppe«) nahe: Er soll sich darauf beziehen, daß die Vanillesauce im vorigen Jahrhundert von englischen Reisenden in Italien eingeführt und dann vom Volksmund nicht als »englische Sauce«, sondern wegen der recht flüssigen Konsistenz als »englische Suppe« bezeichnet wurde. Aber ob Suppe oder Sauce – gut schmeckt sie auf jeden Fall.

Nach diesem gänzlich ungeplanten, aber köstlichen Mittagessen geht unsere Fahrt wiederum über alte Römerstraßen, zunächst nach Frosinone und von dort aus zu einer der ältesten und schönsten Zisterzienserabteien der Region – nach Casamari. Hier betreiben 40 Mönche einen landwirtschaftlichen Betrieb, der die Klosterküche mit Olivenöl, Getreide,

Eine gute Nase *ist wichtig – Mönche bei der Likörherstellung.*

Gemüse, Milch, Käse und Fleisch versorgt. Da die Zisterzienser der körperlichen Arbeit schon immer großen Wert beimaßen, entwickelten sie sich zu herausragenden Land- und Forstwirten, und diese Tradition wird in Casamari auch heute noch fortgeführt. Im Hof scharren Hühner und Truthähne, auf einer Wiese grasen 40 Schafe.

Prior Federico führt mich durch die beeindruckende gotische Kirche mit ihrem stark gegliederten Innenraum, durch den romanischen Kreuzgang und den Kapitelsaal, dessen Baustil stark an die französische Gotik erinnert. Mir fällt auf, daß die Ornamente überhaupt nicht gegenständlich sind. Der Prior bestätigt meine Beobachtung: »Den Zisterziensern waren figürliche Darstellungen untersagt«.

Alkohol war allerdings nicht verboten, wie mir in der Apotheke des Klosters klar wird: Hier stehen die Flaschen mit den zehn verschiedenen Kräuterlikören, die von den Mönchen der Abtei nach mittelalterlichen Rezepturen hergestellt werden. Am geheimnisvollsten erscheint mir die »Tintura Imperiale« (kaiserliche Tinktur). Der Prior verrät mir leider nur, daß dieser Likör trotz seines Anisgeschmacks keinen Anis enthält, dafür aber durstlöschend ist und als Mittel gegen Kopfschmerzen und Verdauungsstörungen eingenommen werden soll.

Nicht minder beeindruckend ist der Besuch eines anderen Zisterzienserklosters, der Abtei von Fossanova, wo 1274 der heilige Thomas von Aquin starb. Heute erstrahlt sie, frisch restauriert, wieder in ihrem alten Glanz. Der Name »Fossanova« (neuer Graben) erinnert wieder daran, daß die Zisterzienser hervorragende Landwirte waren: Erst durch ihren Einsatz wurde das umliegende Sumpfgebiet im 13. Jahrhundert trockengelegt und urbar gemacht. Die Zisterzienser hoben einen breiten Graben aus,

Das Küstengebiet *zwischen Rom und Salerno ist das Weideland der Mozzarella-Büffel.*

Zum Schutz der Landschaft und der Tierwelt wurden im Latium mehrere Reservate eingerichtet. Die bekanntesten sind der Circeo-Nationalpark und der Nationalpark der Abruzzen – mit etwa 100 Braunbären.

damit das Wasser abfließen konnte; nach diesem Graben ist die Ortschaft benannt.

Von landwirtschaftlicher Bedeutung ist die Gegend noch heute. In der Nähe der Abtei weidet eine große Büffelherde; einige der riesigen Tiere wälzen sich genüßlich im Schlamm. Besitzerin der insgesamt 250 Rinder ist Costanza Di Stefano, die einzige Mozzarella-Herstellerin im Latium, der ihre Milchlieferanten auch selbst gehören. Mit ihrem Geländewagen fährt mich Signora Di Stefano ganz in ihre Nähe: Die massigen Büffel mit ihren geschwungenen Hörnern bieten einen ausgesprochen imposanten Anblick.

Signora Di Stefano erbte ihre Herde von ihren Eltern; 1992 gründete sie den Betrieb »La Pisana«, den sie heute mit Hilfe ihres 30jährigen Sohnes Andrea führt. Die Büffelkühe liefern bei zweimaligem Melken pro Tag rund 20 Liter Milch – das ist lediglich ein Drittel der Milchmenge gewöhnlicher Kühe. Dafür enthält die Büffelmilch allerdings wesentlich mehr Eiweiß und Fett. Kein Wunder, daß die mit der Hand geformte Mozzarella, die Signora Di Stefano mir zum Kosten anbietet, so nahrhaft und geschmacksintensiv ist wie keine andere.

Hier, wo die Büffel weiden, ist ein kleines Stück des ursprünglichen Latium erhalten geblieben. Und glücklicherweise gibt es in dieser Region noch ein paar Orte mehr, an denen man die Campagna erleben kann, so wie Goethe sie einst sah, und wo man die Sichtweise des französischen Dichters François-René de Chateaubriand nachvollziehen kann, der ebenfalls die unvergleichliche Schönheit dieser Landschaft pries. Schon in der Antike waren bestimmte Orte mit Mythen behaftet; so soll die Halbinsel Circeo Wohnsitz der Zauberin Circe gewesen sein. Einen »Zauber« ganz anderer Art kann man in abgelegenen Landstrichen noch heute erleben – hier sind nämlich Bären, Wölfe, Fischotter und Stachelschweine heimisch.

Ursprünglichkeit und Moderne – der jahrtausendealte Kontrast zwischen Rom und Latium, zwischen dem hektischen Tempo der Großstadt und der Beschaulichkeit des hügeligen Landes verleiht dieser Region nach wie vor ihren ganz eigenen Reiz.

Acquapendente
Lago di Bolsena
71
Tuscania
VITERBO
A1
1b
Tarquinia
Nepi
Monte Cuoco
Civita Vecchia
Lago di Bracciano
Bacciano
3
2
F. Tevere
S. Marinella
A12
Croce di Malta
Bäckerei „Boccioni“
Piperno
Evangelista
Tazza d'Oro
Hotel D'Inghilterra
5
A24
1
ROM
Cesaretto
201
Fiumicino
Hotel Michelangelo
Lido di Ostia
Monte Utero
Amatrice
Monte Tolentino
4
Monte S. Pancrazio
79
Monte Valloni
Rieti
Monte Calvo
Monte Pizzuto
Monte Nuria
Monte Cava
Monte Navegna
Monte Fratta
Monte Aguzzo
Palombara Sabina
Monterotondo
Monte Rotondo
Monte ti. Ruffi
Subiaco
Palestrina
Frascati
Fiuggi
Marino
Castel Gandolfo
Sirena del Lago
Monte Favitozzo
Anagni
A2
Monte Alto
MonteCaccume
148
7
Sermoneta
156
Priverno
Mozzarella-Herstell
Fossanova
Abbazia di Fossan
Anzio
Nettuno
Latina
601
Sabaudia
Hotel Le Dune
S. Felice Circeo

LATIUM

HOTELS

▮ D'INGHILTERRA in Rom: Nobles Kuschelhotel mit Schick und Charme. Künstler- und Schriftsteller-Treff des vorigen Jahrhunderts: u.a. Liszt und Andersen. Besonders empfehlenswert: die Mansardenzimmer mit Balkon. Ein Katzensprung von der Einkaufsstraße Via Condotti und der Spanischen Treppe.
Via Bocca di Leone 14, Rom;
Tel. 06/6 99 81

▮ CROCE DI MALTA: Ein ruhiges Hotel, nicht weit von der Spanischen Treppe. Angenehme Atmosphäre, vor allem aber sehr preisgünstig.
Via Borgognona 28, Rom;
Tel. 06/6 79 54 82

▮ CAMPO DEI FIORI ist ein kleines Hotel im Zentrum Roms, zwischen dem Campo dei Fiori und der Piazza Navona. Besonders angenehm: die Sonnenterrasse auf dem Dach. Angemessene Preise.
Via del Biscione 6, Rom;
Tel. 06/68 80 68 65

▮ ALBERGO DEL SOLE AL PANTHEON in Rom: Sehr apartes Hotel, mit 500jähriger Tradition, liebevoll und mit viel Geschmack renoviert. Eine reine Augenweide! Direkt am Pantheon.
Piazza della Rotonda 63, Rom;
Tel. 06/69 94 06 89

▮ MICHELANGELO: Unterkunft mit ruhigen, kuscheligen Zimmern nahe des Vatikans. Hier stimmt das Preis-Leistungs-Verhältnis.
Via Stazione S. Pietro 14, Rom;
Tel. 06/39 36 68 61

▮ VILLA FIORIO in Grottaferrata: Hübsche Villa (18. Jahrhundert), mit Swimmingpool im kleinen Park. Zimmer mit Bohème-Flair (die zum Garten hin sind besonders schön). Elegant eingerichtete Aufenthaltsräume. Mit Restaurant.
Viale Dusmet 25, Grottaferrata;
Tel. 06/9 45 92 76
Anfahrt: Von Rom auf der S.S. 511 nach Grottaferrata, dann links abzweigen zum Albaner See.

▮ CASTEL VECCHIO in Castel Gandolfo, dem päpstlichen Sommerkurort: Piekfeines, komfortables Hotel mit Restaurant. Von den 50 Zimmern haben 8 eigene Terrassen mit atemberaubendem Blick auf den Albaner See. Swimmingpool auf der Dachterrasse.
Viale Pio XI. 23, Castel Gandolfo;
Tel. 06/9 36 03 08

▮ LA POSTA VECCHIA in Palo Laziale: Luxuriös-vornehmer geht's nicht mehr. Der Palast am Meer wurde im 17. Jahrhundert auf dem Fundament einer römischen Villa erbaut, vormals Sommerresidenz des US-Multimillionärs John Paul Getty. 1990 wurde die Villa mit ihren Kunstschätzen und dem dazu passenden feudalen Ambiente in ein Hotel mit Seltenheitswert umgewandelt. Prunkstücke des Hotels: die »Getty«-Suite und »Medici«-Suite.
Tel. 06/9 94 95 01
Anfahrt: Von Rom aus auf der Via Aurelia (S.S.1) in westlicher Richtung zum Meer. Bei km 37 Abzweig nach Ladispoli, dann nach links, am Lokalbahnhof vorbei, die Allee entlang.

▮ HOTEL LE DUNE in Sabaudia: Im mediterranen Stil gebaut, direkt am Meer mit hoteleigenem Sandstrand. Wundervoll ruhige Lage. Jedes Zimmer hat eine eigene Terrasse. Swimmingpool und Fitneßräume.
Sabaudia;
Tel. 07 73/51 15 11
Anfahrt: Von Rom kommend, südlich auf der S.S.148 nach Sabaudia; von dort in südlicher Richtung nach S. Felice Circeo; ausgeschilderte Abzweigung zum Strand.

Das »Beltramme« – *ein traditionsreiches Lokal.*

RESTAURANTS

▮ FIASCHETTERIA BELTRAMME in Rom: In diesem urigen Lokal scheint die Zeit stehengeblieben zu sein. Deftige Hausmannskost, wie z. B. die typisch römische »Coda di bue alla vaccinara«, geschmorter Ochsenschwanz mit Stangensellerie. Sonntag geschlossen.

Via della Croce 39, Rom;
Tel. 06/67 9 60 05

Im lauschigen Innenhof *des »Piperno«.*

▮ PIPERNO in Rom: Etwas ganz Besonderes ist dieses über 100 Jahre alte Restaurant im alten jüdischen Viertel der Hauptstadt: Die Küche bietet neben vielen Gerichten zwei fritierte Spezialitäten auf der Speisekarte an. Die Artischocken »alla giudìa« schmecken von März bis Mai am feinsten. Ebenso verlockend und herrlich saftig waren die mit Mozzarella- und Sardellenstückchen gefüllten Zucchiniblüten. Montag und Sonntag abend geschlossen.

Monte de' Cenci 9, Rom;
Tel. 06/68 80 66 29

Zucchiniblüten und Artischocken – *jüdische Spezialitäten des »Piperno«.*

▮ EVANGELISTA in Rom: Noch als Erzbischof von Krakau goutierte hier Papst Johannes Paul II. die zarten Filets vom Petersfisch. Dieses gediegene Lokal am Tiber-Ufer ist heute »in«. Als würzig-leichte Vorspeise gibt es »Carciofi al mattone«, flachgepreßte, leicht fritierte Artischocken nach einem streng geheimgehaltenen Rezept des Hauses. Sonntag geschlossen.

Via delle Zoccolette 11a, Rom;
Tel. 06/6 87 58 10

▮ BAFFETTO in Rom: Für die beste Pizza in der Hauptstadt stehen die Leute hier sogar Schlange. Herrlich saftig, leicht und knusprig! Sonntag geschlossen.

Via Governo Vecchio 114, Rom

▮ ENOTECA FRASCATI in Frascati: Zu den ausgewählten 15 Frascati-Weinsorten gibt es in dieser aparten Weinschenke die passenden Gerichte. Zu Enten-Carpaccio mit Birnen und Schafkäse genießt man, unter den Tuffsteinbögen der Enoteca, einen Frascati Superiore. Abendlokal; Degustation und Weinverkauf am Tage. Montag geschlossen.

Via A. Diaz 42, Frascati;
Tel. 06/9 41 74 49
Anfahrt: Von Rom kommend, auf der S.S. 215 in südöstlicher Richtung.

▮ SIRENA DEL LAGO in Nemi: Einfaches Restaurant auf dem Felsen über dem Nemi-See, mit einem phantastischen Blick von der Veranda aus. Bodenständige Regionalküche. Teuflisch gut gewürzt waren die »Spaghetti all'amatriciana« von Mama Maria. Frische Erdbeeren zum Nachtisch sind hier eine Selbstverständlichkeit; sie werden übers ganze Jahr angebaut. Montag geschlossen.

Via del Plebiscito 26, Nemi;
Tel. 06/9 36 80 20
Anfahrt: Auf der S.S. 7 von Rom in Richtung Albano Laziale, entweder westlich des Lago Albano auf der S.S. 7 zum Nemi-See, links abbiegen zur Ortschaft Nemi, oder auf der S.S. 217 östlich des Lago Albano direkt zur Ortschaft Nemi.

▮ TAZZA D' ORO in Rom: Das Café ist bekannt für seinen selbstgerösteten Kaffee. An der Ecke zum Pantheon.

Via degli Orfani 86, Rom

EINKAUFSTIPS

▮ AI MONASTERI in Rom: Alles, was die Mönche in Italiens Klöstern heute herstellen, wird in diesem apothekenähnlichen Laden verkauft: Kräuterliköre, Dessertweine, Süßigkeiten, Honig und

Ein Furgoncino – *beliebtes italienisches Transportmittel.*

Marmelade, sogar Kosmetika wie »Gelée Royale«. Donnerstag nachmittag geschlossen.

Piazza Cinque Lune 76, Rom;
Tel. 06/68 80 27 83

▮ PASTICCERIA BOCCIONI in Rom: Eine kleine uralte Konditorei, in der es jüdische Leckerbissen gibt. Mit dem warmen »Dolce alla ricotta e visciole« (Käsekuchen mit Kirschen) kann man sofort seinen Heißhunger stillen! An der Ecke zur Piazza Costaguti. Samstag geschlossen.

Via Portico d'Ottavia 1, Rom

▮ CASEIFICIO LA PISANA bei Abbazia di Fossanova: Eine vorzüglich frische »Mozzarella« (Büffelmilchkäse) bekommt man in dieser mitten in der Natur gelegenen Käserei zwischen Rom und Neapel. An die 250 Büffelkühe grasen in der umliegenden Landschaft! Dienstag geschlossen.

Via Marittima 11, bei Abbazia di Fossanova;
Tel. 07 73/9 35 23
Verkaufszeiten: täglich.
Oktober–Mai: 7.30–19.30 Uhr;
Juni–September: 7.30–21.00 Uhr.
Anfahrt: Siehe Sehenswürdigkeiten, Abtei von Fossanova.

Mozzarella aus Büffelmilch – *manchmal wird sie auch geräuchert.*

WEINE

Der »Frascati« genießt außerhalb seiner Heimat nicht immer den besten Ruf. Das hängt sicher auch damit zusammen, daß er weite Transporte nicht verträgt, weshalb man ihn am besten an Ort und Stelle trinkt. Und was außerhalb Italiens unter diesem Namen verkauft wird,

Frascati Superiore – *ein exzellenter Wein, wenn man ihn in Italien trinkt.*

erinnert im Geschmack oft nur entfernt an einen »echten« Frascati. Der Wein stammt ursprünglich aus dem gleichnamigen malerischen Städtchen, das in den landschaftlich wunderschönen Albaner Bergen vor den Toren Roms liegt. Der Frascati ist ein trockener, milder und harmonischer Weißwein, der jung getrunken werden sollte. Aus den traditionellen Frascati-Rebsorten Malvasia, Bellone, Cacchione und Bombino entsteht als Spätlese auch der süßliche Dessertwein »Frascati Cannellino«.

Empfehlenswerte Weinproduzenten:

▮ Cantine Conte Zandotti (Tenuta San Paolo bei Frascati). Geschäftsanschrift:

Via Vigne di Colle Mattia 8, Rom;
Tel. 06/20 60 90 00

Typisch »old fashioned« – der Jahrgang 93 des Frascati Superiore; eine Entdeckung: der Frascati Cannellino, Jahrgang 94.

▮ Villa Simone

Via Frascati Colonna 29,
Monte Porzio Catone;
Tel. 06/3 21 32 10
Anfahrt: Von Rom in südlicher Richtung auf der S.S. 215, bei Frascati links Richtung Monte Porzio Catone.

Besonders gut sind hier: Frascati Superiore Villa Simone, Jahrgang 93; Frascati Superiore Vigneto Filonardi, Jahrgang 93; Frascati Superiore Cannellino, Jahrgang 92.

▮ Paola Di Mauro

Via Colle Picchione Di Marino, Marino;
Tel. 06/93 54 63 29

Verkaufsadresse in Rom:

Enoteca Trimani; Via Goito, Rom

Spitzenreiter dieses Weinguts ist der rote »Vigna del Vassallo« aus Cabernet- und Merlot-Reben, Jahrgang 85 und 88. Große Klasse auch die Weißweine Marino Colle Picchioni Oro, Jahrgang 93, und Le Vignole, Jahrgang 91.

Wein-Einkaufstip in Frascati:

▮ Enoteca Frascati

Via A. Diaz 42, Frascati;
Tel. 06/9 41 74 49
Anfahrt: Von Rom in südlicher Richtung auf der S.S. 216.

SEHENSWÜRDIGKEITEN

Neben all den Bauwerken in Rom und Umgebung, z.B. die Villa Adriana in Tivoli, und den traditionellen Ausflugszielen nach Frascati und in die Albaner Berge möchte ich hier auf zwei Zisterzienserklöster hinweisen:

▮ Anfang des 13. Jahrhunderts wurden die beiden ältesten und schönsten Abteien im Latium, Fossanova und Casamari, errichtet. Da sie nicht zu weit entfernt voneinander liegen, kann man beide in einem Tagesausflug von Rom aus besuchen. Die romanisch-gotischen Bauwerke und deren Kunstschätze, Kirche, Kapitelsaal und Kreuzgang, hinterlassen

Messe in Casamari, *einem der ältesten Zisterzienserklöster des Latium.*

einen tiefbleibenden Eindruck. In Casamari verkaufen die Mönche u.a. zehn Sorten ihrer nach eigener Rezeptur erzeugten Kräuterliköre. Manche sollen auch eine heilende Wirkung haben.
Besichtigungszeiten in Fossanova
April–September:
7.00–12.00/16.00–19.30 Uhr;
Oktober–März:
7.00–12.00/15.00–17.30 Uhr.
Besichtigungszeiten in Casamari
April–Oktober:
9.00–12.00/15.00–18.00 Uhr.

Telefonische Anmeldung ist ratsam:
Tel. 07 75/28 23 71
Anfahrt: Auf der »Autostrada del Sole« A1 in südlicher Richtung, Ausfahrt Frosinone. Zur Fossanova-Abtei: über die S.S. 156 südlich bis Ausfahrt Priverno; dort links abbiegen auf die S.S. 609 zur Abtei. Zur Casamari-Abtei: auf der S.S. 214 in nordöstlicher Richtung direkt nach Casamari.

▮ BOMARZO – PARCO DEI MOSTRI

Palazzo Orsini und »Park der Ungeheuer«: Die schiefe Villa und die riesigen, grotesken Skulpturen des Parkes wurden im 16. Jahrhundert von Vicino Orsini angelegt. Ein Erlebnis besonderer Art.

Anfahrt: Von Rom auf der A1 in nördlicher Richtung, Ausfahrt Attigliano direkt nach Bomarzo.

Sporn, Absatz und das dazugehörige Hinterland – diese Region, weitab im Südosten Italiens, ist als Reiseziel wenig bekannt. Doch Faszinierendes erwartet den Besucher: lange Strände, klares Wasser, barocke Architektur und kulinarische Erlebnisse mit edlen Produkten.

Apulien und Basilicata

Nach dem Fischfang fängt die *Arbeit erst an. Die Fischer beim Säubern und Sortieren der Muscheln.*

Einer Bastion gleich *thront Vieste Gargano auf den weißen, ins Meer herausragenden Kalkklippen.*

Die Tatsache, daß der Weg zum Meer kurz ist, hat selbstverständlich auch die apulische Küche stark geprägt. Meeresfische und die verschiedensten Muschelsorten – man verwendet sie für Nudelgerichte, Saucen, Suppen, Eintöpfe und Salate – sind aus ihr nicht wegzudenken.

Hunderte von Kilometern schönste Küstenlandschaft, feine Badestrände, frische Meeresfrüchte, bodenständige Regionalküche auch im grünen Hinterland – die Rede ist von dem Gebiet, das sich vom Sporn des italienischen Stiefels bis hinunter in den Absatz zieht. Apulien ist dabei, »erobert« zu werden, vor allem von Italiens Nordlichtern, die aus ihrer Vorliebe für die pure, ehrliche Küche des Südens, die »Cucina Pugliese«, keinen Hehl mehr machen. So mancher Mailänder oder Venezianer gerät ins Schwärmen, wenn er von den kulinarischen Höhepunkten seiner letzten Reise ins schöne Puglia – so der italienische Name für Apulien – erzählt. Zweifelsfrei gehören die Region Apulien und ihre Nachbarin im Westen, die Basilicata, zu den schönsten und spannendsten Italiens, vielleicht, weil es hier noch so viel zu entdecken gibt. Ihre Spuren haben viele hinterlassen: die alten Griechen und die Phönizier, die Römer natürlich, die Araber und die Normannen. Auch der Stauferkaiser Friedrich II. lebte hier.

Wir fahren vom Norden über die Adriatica, die Adria-Autobahn, Richtung Gargano. Auf der küstennahen Landstraße gelangen wir nach Vieste, wo wir unsere kulinarische Entdeckungsreise durch Apulien beginnen. Rund um den idyllischen Hafenort bilden das Blau des Meeres, das Weiß der Kalkfelsen und das Grün der Vegetation eine wunderschöne Kulisse. Um dies alles gleichsam als Gesamtkunstwerk zu erleben, bedarf es nur noch der Köstlichkeiten der apulischen Küche. Ein Tip führt uns zu »Mamma Michelina«. Seit 26 Jahren ist sie uneingeschränkte Chefin in der Küche des »San Michele«. Die Patronin schwört, wie so viele hier, auf die unverfälschte apulische Fischküche. Bei ihr kommen nur einfache

Gerichte nach Hausfrauenart auf den Tisch. Mamma Michelina versteht darunter, das betont sie energisch, eine Küche »ohne all diese unsinnigen Dekorationen«. Unbedingt probieren sollte man bei ihr die Palette der Antipasti. Zu empfehlen ist davon eigentlich alles. Besonders köstlich sind die Calamariantipasti, die Spezialität des Hauses. »Der Fehler, den viele machen, ist«, so die Köchin, »daß sie den Tintenfisch mit Wasser kochen. Das sollte man keinesfalls tun, die Flüssigkeit in dem Tintenfisch reicht vollkommen aus.« Zum Abschied gibt sie uns einen Spruch mit auf den Weg: »Wenn man bei uns einen weinenden Menschen sieht, sagt man, der Tintenfisch kocht im eigenen Saft.« Das mag jeder so verstehen wie er möchte.

Die Fahrt über Land Richtung Bari ist durch das harmonische Miteinander von Natur und Kultur ein besonderes Erlebnis. Die hügelige Küste entlang fahrend, begeistern uns die Ausblicke auf das azurblaue Meer immer wieder. Und wir begegnen einigen Glanzlichtern vergangener Kulturen. In Trani zieht die Kathedrale Besucher sofort in ihren Bann. Die Arbeiten am bedeutendsten Bauwerk des romanischen Apulien begannen im Jahre 1099.

Eine stachelige Angelegenheit: *Ein Fischer bietet frische Seeigel auf dem Markt an.*

Erst 264 Jahre später war der letzte Stein geschlagen. Wir schlendern bis zum Ende der Mole, denn von hier aus hat man den schönsten Blick auf das stattliche Gotteshaus. Von Trani aus folgen wir der Küstenstraße über Andria zum »Castel del Monte«. Strahlend weiß, auf dem höchsten Punkt eines sanft ansteigenden grünen Hügels gelegen, schimmert das ehemalige Jagddomizil des Stauferkaisers Friedrich II. in der Mittagssonne. Der vielfältig tätige Kaiser schrieb unter anderem ein Buch über die Falknerei, das als frühes und meisterliches Zeugnis der beobachtenden Naturwissenschaft gilt. Als er im Jahre 1250 starb, war das Kastell erst kurze Zeit vorher vollendet worden. Kunsthistoriker sprechen bei diesem architektonischen Meisterwerk von einem Juwel, ja sogar von der größten Sehenswürdigkeit Apuliens. Die große Bedeutung, die der Stauferkaiser für Apulien gehabt hat, mag man daran ermessen, daß noch heute der Begriff »svevo«, was soviel heißt wie »staufisch«, in vielen Zusammenhängen vorkommt, auf Straßenschildern und Weinetiketten, als Namenszusatz von Hotels, Cafés und sogar Bäckereien.

Apulien ist nicht nur reich an Wein, sondern es »schwimmt« auch in Öl, genauer gesagt in Olivenöl. Über das ganze Land sind die Olivenbäume, die zum Teil jahrhundertealt sind, verteilt, 50 Millionen sollen es sein. Die Apulier sagen von ihrem Olivenöl, es sei das beste in ganz Italien. Wir wollen uns selbst davon überzeugen, und machen uns auf den Weg ins Ölzentrum, die Region nördlich von Bari. Hier, in Bitonto, wird das Öl aus zwei bis drei Olivensorten von jeweils unterschiedlichem Reifegrad kalt gepreßt. Das qualitativ hochwertigste Olivenöl – das »extra vergine« – hat dadurch zwei wichtige Eigenschaften, die es von anderen un-

Architektonische Kontraste in Trani: *Die eher romantische Kirche »Abbazia di Santa Maria Colonna«, und ein massives Schloß Friedrichs II.*

Unter der staufischen Herrschaft erlebte Apulien im 13. Jahrhundert seine größte Blüte. Die Tatsache, daß sich der Stauferkaiser Friedrich II. gern als »puer Apuliae« bezeichnete, als Kind Apuliens, zeigt, daß die Beziehung für beide Seiten eine fruchtbare war.

Immer noch hart *ist der Broterwerb in den ländlichen Regionen. Apulien ist traditionell noch stark landwirtschaftlich geprägt.*

Uralte Olivenbäume *gehören zur apulischen Landschaft einfach dazu.*

Ein Trullidach: *Wie aus einer Spielzeugwelt wirken die runden, vormals einräumigen Steinhäuser mit den hutartigen Dächern. Ihren Namen haben sie dem griechischen Begriff »trullos«, die Kuppel, zu verdanken.*

terscheidet: Es schmeckt besonders frisch, geradezu lebendig, und es hat ein leichtes Mandelaroma. Hier im Süden hat Olivenöl eine große Bedeutung, es ist weitaus mehr als nur ein zum Kochen benötigtes Fett. Eine apulische Redensart besagt: »Rotwein reinigt die Arterien und Olivenöl den Darm!« Tatsächlich haben apulische Ölbauern früher ihren Kindern jeden Morgen erst einmal einen Teelöffel Olivenöl verabreicht.

Der europaweiten Misere der Landwirtschaft, die sich in der Tatsache offenbart, daß Bauern nicht mehr vom Verkauf ihrer Produkte leben können, begegnet man in Italien seit Ende der achtziger Jahre mit einer Fördermaßnahme. Diese soll den Bauern ein Zusatzeinkommen verschaffen. Im Rahmen der Kampagne »Agriturismo«, was soviel heißt wie »Urlaub auf dem Bauernhof«, wurden auf Bauernhöfen Gästezimmer eingerichtet, und die Besucher kamen in den Genuß von frischen Lebensmitteln aus eigener Produktion. Auf vielen Bauernhöfen wurde diese Idee jedoch verfälscht: Professionelle Köche fingen an, die Gäste mit Köstlichkeiten aus der ganzen Region zu verwöhnen. In Apulien bleibt man diesbezüglich dem ursprünglichen Prinzip noch weitgehend treu. Agriturismo-Unterkünfte gibt es mittlerweile in allen Kategorien, vom einfachen Bauernhof, über die restaurierte Ölmühle bis hin zum exklusiven Landgut.

Zu den diesbezüglich besonders sympathischen Betrieben gehört ein Bauernhof mit dem schönen Namen »Amicizia«, »Freundschaft«. Die Besitzer verstehen sich noch immer in erster Linie als Bauern, trotzdem wird ein gewisser Komfort geboten. Der Bauernhof, südlich von Bitonto, bei Cassano delle Murge, liegt von Hainen mit Steineichen umgeben, und bietet neben Reitmöglichkeiten in die Murgia auch Kulinarisches. Besonders köstlich sind die hausgemachten Käse- und Quarkspeisen; auch Öle und Weine sind aus hauseigener Produktion.

Wer in dieser Gegend und noch etwas weiter südlich unterwegs ist, begegnet einer ganz besonderen Eigentümlichkeit Apuliens, der »Trulli«-Architektur. Die pilzköpfigen Steinhütten muten sehr fremdartig an, hat man es hier vielleicht mit Zeugnissen afrikanischer oder orientalischer Einflüsse zu tun? Bei genauerem Hinsehen läßt die alte Bautechnik jedoch auf etwas absolut Originäres schließen. Über einem viereckigen Raum werden regionaltypische dicke Steinplatten übereinander geschichtet, und jeweils etwas weiter nach innen geschoben, bis sie in einem Kreis »zusammenwachsen«. Die berühmteste Trulligegend liegt um die Städte Martina Franca und Locorotondo, südlich von Monopoli. Alberobello ist mit einem ganzen Viertel derartiger Häuser die Hauptstadt der Trulli. Mitunter sind Trullis auch in Gruppen oder einzeln in der Landschaft zu sehen. Neben alten Trulligehöften, die noch bewirtschaftet werden, findet man auch bei Neubauten – wohl um der Tradition willen – Elemente dieser Architektur.

ORECCHIETTE CON BROCCOLI

Orecchiette mit Brokkoli

Für 4 Personen

- *500 g Brokkoli*
- *250 g Orecchiette*
- *250 g Maccheroni*
- *2 Knoblauchzehen*
- *8 Sardellen*
- *300 ml Olivenöl*
- *Peperoncini (kleine, sehr scharfe Pfefferschote)*

1 Den Brokkoli putzen, in Röschen teilen.
2 Die Brokkoliröschen und -stiele in kochendem Salzwasser bißfest garen, herausnehmen und gut abtropfen lassen.
3 Nun die beiden Nudelsorten im Brokkoliwasser »al dente« garen. Am Ende der Garzeit nochmals kurz den Brokkoli zugeben, und heiß werden lassen.
4 Unterdessen in einer großen Pfanne die grob zerkleinerten Knoblauchzehen mit den fein geschnittenen Sardellen im Olivenöl anbraten, mit etwas Peperoncini würzen.
5 Die Nudeln und Brokkoliröschen abgießen, gut abtropfen lassen, mit in die Pfanne geben und unter Rühren 5 Minuten bei niedriger Hitze schmoren lassen.
6 Bei Bedarf noch mit etwas Salz und Pfeffer würzen. Vorsicht: Die Sardellen sind sehr salzhaltig, und für Schärfe sorgt schon die Pfefferschote.

Varianten

Eine ebenfalls klassische Zubereitungsform ist, anstatt der Sardellen und der Pfefferschote kleingewürfelten Schinkenspeck zu nehmen. Am Ende etwas frisch geriebenen Pecorino über die Pasta-Brokkoli-Pfanne geben, und zerlaufen lassen.
Auch Variationen mit Blumenkohl oder Mangold sind köstlich.

Im Restaurant wird dieses klassische Rezept mit selbst hergestellten Orecchiette und Maccheroni zubereitet. Man kann selbstverständlich auch gekaufte Nudeln hernehmen, am besten röhrenförmige Varianten, wie sie hier im Süden üblich sind.
In Apulien verwendet man für dieses Gericht hauptsächlich »cime di rapa«, kleine Rübenspitzen, anstatt des Brokkolis.

Dieses traditionelle apulische Gericht bereitet Dora Ricci im »Ristorante Al Fornello da Ricci« in Ceglie Messapico zu.

Ein Prachtkerl aus dem Meer: *Frischer Tintenfisch ...*

... zur Freude von Mamma Michelina, *die daraus ihre köstlichen Antipasti zubereitet.*

Tintenfische gehören biologisch gesehen zur Familie der Sepien. Sepia, das bräunlich bis anthrazitfarbene Pigment, das aus dem Sekret der Tintenbeutel gewonnen wird, diente früher zur Herstellung von Tuschen für Feder- und Pinselzeichnungen.

Beide Gerichte stammen aus dem »Ristorante San Michele« in Vieste von Mamma Michelina.

CALAMARI

Große Tintenfische

Für 4 Personen

- *1 kg Tintenfische*
- *4–5 weiße mittelgroße Zwiebeln*
- *5–6 kleine italienische Tomaten*
- *300 ml Olivenöl*
- *Weißwein oder Fischfond zum Aufgießen*
- *Salz, Pfeffer aus der Mühle*
- *12 schwarze, entsteinte Oliven*
- *1 Bund Petersilie*

1 Die Tintenfische gut waschen, häuten, die Chitinteile entfernen, und in 1 bis 2 Zentimeter große Stücke schneiden.
2 Die abgezogenen Zwiebeln und die gewaschenen Tomaten grob zerkleinern.
3 Das Olivenöl in einem großen Topf erhitzen, die Zwiebeln darin glasig andünsten, dann die Tomatenstücke dazugeben.
4 Die Tintenfischstückchen dazugeben, mit dünsten lassen, und alles bei mittlerer Hitze zugedeckt 1 1/2 Stunden köcheln. Bei Bedarf mit etwas Flüssigkeit (Weißwein oder Fischfond) aufgießen.
5 Gegen Ende der Kochzeit mit Salz und Pfeffer würzen, die Oliven unterrühren, und die kleingehackte Petersilie darüberstreuen.

Eine weitere raffinierte Köstlichkeit von Mamma Michelina: *Muscheln gefüllt mit einer Ei-Pecorino-Mischung.*

COZZE

Miesmuscheln

Für 4 Personen

- *1 kg Miesmuscheln*
- *3 Eier*
- *3 EL Olivenöl*
- *1 Knoblauchzehe*
- *1/2 Bund Petersilie*
- *1 Scheibe Weißbrot vom Vortag, ohne Rinde*
- *50 g Pecorino, frisch gerieben (wahlweise Parmesan)*

1 Die Miesmuscheln unter fließendem, kaltem Wasser abbürsten, in einem Topf mit wenig Wasser dünsten, bis sich die Schalen öffnen; die Muschelschalen vollständig voneinander trennen. Muscheln, die sich nicht öffnen, wegwerfen.
2 Die Eier mit dem Olivenöl und der zerdrückten Knoblauchzehe verrühren, dann die kleingehackte Petersilie dazugeben.
3 Das Brot in etwas Wasser einweichen, den Pecorino dazugeben und in die Eiermasse einrühren, bis alles gut verbunden ist.
4 Die Ei-Käse-Mischung in eine Muschelhälfte neben das Muschelfleisch geben, und mit der dazugehörigen Muschelschale abdecken.
5 Die Muscheln in einer großen Pfanne nebeneinander bei milder Hitze zugedeckt 1/2 Stunde dünsten; bei Bedarf etwas Wasser zugießen.

Variante

Die Füllung kann angereichert werden, indem man das Brot-Käse-Gemisch mit 20 Kapern und 4 entsteinten schwarzen Olivenstückchen vermengt, mit zerdrücktem Knoblauch und kleingehackter Petersilie vermischt. Die Muscheln werden auf einem Blech in der Backröhre bei 150 Grad etwa 15 bis 20 Minuten gegart.

STUZZICHINO
Appetitmacher

Für 2 Portionen
- *1 Knoblauchzehe*
- *1/2 Bund Petersilie*
- *100 g Hackfleisch (Kalb und Schwein)*
- *30 g frisches zerkleinertes Weißbrot*
- *1 Ei*
- *50 g Pecorino, frisch gerieben (wahlweise Parmesan)*
- *Salz, Pfeffer aus der Mühle*
- *Olivenöl*

1 Die Knoblauchzehe und die Petersilie sehr fein hacken.
2 Zusammen mit allen anderen Zutaten – außer dem Olivenöl – in einer Schüssel zu einem Fleischteig von mittelfester Konsistenz vermengen.
3 Den Teig zu kleinen Bällchen formen, und in ca. 170 Grad heißem Olivenöl ausbacken.

MELANZANE SALTATE IN PADELLA
Gebackene Aubergine

Für 1 Person
- *1 kleine Aubergine*
- *Salz*
- *Olivenöl*

1 Die Aubergine waschen, vierteln, salzen, und zur Seite stellen.
2 Olivenöl etwa 2 Zentimeter hoch in eine kleine Pfanne gießen und erhitzen.
3 Die Auberginenviertel dazugeben und darin anbräunen.
4 Sofort die Hitze reduzieren und die Auberginenviertel ca. 15 bis 20 Minuten darin ausbacken.
5 Die Auberginenviertel mit einer Schaumkelle herausnehmen und auf Kreppapier abtropfen lassen, heiß servieren.

PALLINE DI RICOTTA
Ricotta- oder Quarkbällchen

Für 4 Personen
- *500 g frischer Ricotta oder Quark*
- *100 g Parmesan, frisch gerieben (wahlweise Pecorino)*
- *1 Eigelb*
- *1/2 Bund Petersilie*
- *Muskatnuß, frisch gerieben*
- *Salz*

Zum Panieren
- *2 Eier*
- *100 g Semmelbrösel zum Panieren*
- *Erdnußöl zum Ausbacken*

1 Den Quark durch ein Sieb streichen, und mit dem Käse, dem Eigelb der feingehackten Petersilie und den Gewürzen zu einer Masse von gleichmäßiger Konsistenz verrühren.
2 Aus der Masse walnußgroße Bällchen formen, und in der Panierung wenden.
3 Erdnußöl auf ca. 170 Grad erhitzen, und die Bällchen darin ausbacken.

Auch die Vorspeisen von Signora Dora Ricci *erlauben oft, wegen Platzmangels im Magen, keinen zweiten Gang mehr.*

Die gehaltvollen Antipasti der apulischen Küche haben ihre Tücken. Weil sie so köstlich sind, passiert es immer wieder, daß wir ihrer Vielfalt erliegen. Schade um all die guten Sachen, die danach noch kommen würden, gäbe es noch Platz in unseren Mägen.

Alle drei Rezepte bereitet Dora Ricci im »Ristorante Al Fornello da Ricci« in Ceglie Messapico in dieser Form zu.

Matera, in Basilicata gelegen, *fasziniert durch das homogene Stadtbild. Die Häuser werden kurz »sassi«, Steine, genannt.*

Herz- und Kreislauferkrankungen sind im Süden Europas weitaus weniger verbreitet als im Norden. Dies wird nicht nur dem gefäßschonenden Olivenöl zugeschrieben, ohne das die südliche Küche kaum denkbar wäre, sondern auch dem Rotwein, der – in Maßen genossen – die Arterien schützt.

Die Fleischröllchen stammen aus dem »Al Fornello da Ricci« in Ceglie Messapico. Das deftige Hammelgericht bereitet Signor Ritella im »Il Casino del Diavolo« zu.

INVOLTINI DI CARNE CON CIPOLLA

Fleischröllchen mit Zwiebeln

Für 4 Personen

- *50 g durchwachsener Speck*
- *4 Knoblauchzehen*
- *1 Bund Petersilie*
- *12 Kapern*
- *4 Scheiben Filet (wahlweise vom Schwein, Kalb oder vom Pferd)*
- *Salz, Pfeffer aus der Mühle*
- *4 TL Pecorino, frisch gerieben (wahlweise Parmesan)*
- *2 weiße Zwiebeln*
- *100 ml Olivenöl*
- *1 Glas Weißwein*
- *1 Schuß Brandy*

Garnieren

- *15–20 kleine, schwarze Oliven*
- *4 frische Lorbeerblätter*

1 Speck, Knoblauchzehen, Petersilie und Kapern fein hacken und vermengen.
2 Die Filetscheiben flach drücken, und etwas salzen und pfeffern; die gehackten Zutaten zu gleichen Teilen auf den Filetscheiben verteilen, und mit dem Pecorino bestreuen.
3 Die Filets zusammenrollen, und mit Rouladennadeln zusammenstecken.
4 Die Zwiebeln abziehen und würfeln.
5 In einer großen Pfanne das Olivenöl erhitzen, und die Fleischröllchen darin 20 Minuten unter gelegentlichem Wenden braten.
6 Dann die Zwiebeln dazugeben und weitere 10 Minuten braten.
7 Mit dem Weißwein und dem Brandy ablöschen; den Sud etwas einkochen lassen, und bei Bedarf mit etwas Salz und Pecorino würzen.
8 Auf Teller geben, und jede Portion mit 4 bis 5 Oliven sowie einem Lorbeerblatt garnieren.

AGNELLONE IN TERRACOTTA

Hammelfleisch in Terrakotta

Für 4 Personen

- *2 Zwiebeln*
- *500 g Kartoffeln*
- *2 Stangen Staudensellerie*
- *2 Möhren*
- *1 Endivie*
- *200 g Pecorino, frisch gerieben (wahlweise Parmesan)*
- *300 g scharfe Salamiwurst*
- *1 kg Hammelfleisch (gemischt, von allen Teilen)*
- *Salz, Pfeffer aus der Mühle*

1 Die Zwiebeln häuten und halbieren, die Kartoffeln waschen, schälen und vierteln, die Selleriestangen putzen und in ungefähr 5 Zentimeter lange Stückchen schneiden.
2 Möhren und Endivie ebenfalls putzen, waschen und kleinschneiden.
3 Käse und Salami würfeln, bzw. in dicke Scheiben schneiden.
4 Alle Zutaten zusammen mit dem in mundgerechte Stücke geschnittenen Hammelfleisch in einen großen Topf geben, mit Wasser bedecken, salzen und pfeffern und zugedeckt mindestens 1 bis 1 1/2 Stunden in der Backröhre bei 175 Grad garen lassen.
5 Heiß mit Weißbrot servieren.

Info Obenstehendes Rezept beweist, daß Hammelfleisch durchaus seine Vorzüge hat. Hierzulande spielt es seines kräftigen Geschmacks wegen in den Küchen nur noch eine geringe Rolle. Meist wird das zartere und mildere Lammfleisch bevorzugt. Machen Sie die Probe aufs Exempel.

Hier im Reich der Trulli sollte man auf keinen Fall einen Besuch im »Al Fornello da Ricci«, in der Nähe des kleinen Städtchens Ceglie Messapica, versäumen. Denn Signora Dora Ricci, die hier regiert, ist eine der großen Köchinnen Apuliens. Vor fast 30 Jahren restaurierten Dora und ihr Mann Angelo ein altes Gehöft. Heute ist das Restaurant weithin bekannt, denn Signora Dora versteht es aufs beste, traditionelle Speisen aus der unmittelbaren Umgebung und aus dem übrigen Apulien frisch auf den Tisch zu bringen. Mit großer Phantasie und viel Geschick variiert sie die traditionelle Bauern- und Hausfrauenküche. Die Gabe des Kochens ist ihr in die Wiege gelegt, ihr Vater war früher ein bekannter Chefkoch.
»Aufgewachsen bin ich quasi zwischen den Töpfen«. Schon als Kind mußte sie ihrem Vater zur Hand gehen. Was damals eher lästige Pflicht war, ist heute ihre große Leidenschaft. Sie demonstriert uns eine Auswahl ihrer Kochkünste – glücklicherweise verrät sie uns auch die Rezepte dazu. Wer sich nach einem opulenten Mahl nach Ruhe sehnt, ist in einem der Gästebetten im renovierten Trullo nebenan gut aufgehoben.

Die Stadt Lecce trägt ihren Beinamen »Florenz des Barock«, weil hier im 17. Jahrhundert ein ganz besonderer Barockstil entstand. Ein Beispiel dieser über die ganze Halbinsel – den Absatz des italienischen Stiefels – verbreiteten Baukunst ist die Fassade der Kirche Santa Croce im Stadtzentrum. Barockengel und meisterhaft geformte Stilleben, zu Stein gewordene Früchte und Blätter, zieren die Außenwände. Einen Steinwurf entfernt bewundern wir das zur Hälfte freigelegte römische Amphitheater, dessen Reste Palästen späterer Zeit als Fundament dienten – für eine vollständige Ausgrabung der großen Anlage müßte die halbe Innenstadt abgerissen werden.

Von Lecce aus dauert es mit dem Auto eine knappe Stunde bis »Finibus Terrae«, dem äußersten Ende Apuliens.

Der malerische Marktplatz von Lecce *ist eine begehrte Kulisse für die traditionellen Hochzeitsbilder.*

Einen Besuch wert ist die Villa della Monica in Lecce. In zehnjähriger Bauzeit wurde das ehemalige Haus eines neapolitanischen Patriziers aufwendig umgebaut und renoviert, es beherbergt heute ein erstklassiges Restaurant.

Ein renoviertes Trullidorf *mutet ein wenig wie ein Spielzeugdorf an.*

SEVERINO GAROFANO

Winzer

Warum produziert Apulien hauptsächlich Wein für den Verschnitt, die hier heimische Traube, die Materia prima, ist doch von hoher Qualität?
Das ist eine Frage der Mentalität. Das Land hier ist so gesegnet, was den Boden und das Klima angeht, hier wächst fast alles ohne großes Zutun. Von Quantität auf Qualität umzusteigen, bedeutet auch, sich dem harten Konkurrenzkampf mit den benachbarten Regionen zu stellen. Und dazu braucht ein Weinbauer hier schon seine ganze Überzeugung.
Was denken Sie über die Zukunft des apulischen Weines?
Apulien hat inzwischen 25 DOC-Zonen, die aber nur zwei Prozent des apulischen Weines produzieren. Und bis die jüngere Winzergeneration zum Zuge kommt, die verstärkt auf Qualität setzt, wird es noch etliche Jahre dauern.

Hier in Santa Maria di Leuca ging Vergils Aeneas an Land. Klarer kann das Meer auch zu dessen Zeit nicht gewesen sein. Auf dem Weg von Lecce nach Leuca passiert man den kleinen Ort Lucugnano. Obwohl das Restaurant nahe der Piazza und der Hauptstraße liegt, übersieht man es leicht. Am besten man fragt einfach nach »Iolanda«. Die winzige Trattoria wirkt, als sei sie in den letzten 20 Jahren nicht verändert worden. Signora Iolanda ist eine Meisterin im Herstellen von Teigwaren. Sie verarbeitet nur Hartweizen aus eigener Produktion. Mit diesem Mehl und mit klarstem Wasser macht Signora Iolanda einen besseren Teig als alle anderen Hausfrauen des Ortes, wie diese neidlos anerkennen. Warum das so ist, weiß die Signora selbst nicht genau: »Wichtig ist beim Teigmachen eigentlich nur«, erklärt sie, »daß Konsistenz und Temperatur stimmen.« Zu ihren Spezialitäten zählt u.a. die apulische Leibspeise »Orecchiette«, kleine Teigöhrchen. Wenn sie dazu ein Glas des schweren apulischen Weines serviert, bleiben keine Wünsche offen.

Urheber der apulischen Weinproduktion sind die Griechen. Richtig zu schätzen wußten den guten Rebensaft aus Apulien auch die Römer; besonders der Dichter Horaz, der, wenn er vom Wein sprach, meist den apulischen meinte. Wurde in vielen Weinlagen Europas in den vergangenen hundert Jahren der Anbau von Spitzenweinen vorangetrieben, verlegte man sich in Apulien mehr auf Quantität. Der schwere Wein diente vor allem zum Verschnitt alkoholschwächerer Sorten aus dem In- und Ausland. Heute wird hier annähernd so viel Wein produziert wie in ganz Deutschland. Um etwas genauer zu erfahren, wie es um Apuliens Tropfen bestellt ist, besuchen wir auf der Fahrt in die Basilicata zwischen Lecce und Manduria den Winzer Cosimo Taurino. »Als ich vor 20 Jahren meine Flaschen in Restaurants anbot, ließen sich die meisten nicht mal zu einer Degustation herab. Flaschenwein aus Süditalien? Unverkäuflich! Sowas wurde nur im Tankwagen verkauft«, erinnert sich der Chef der gleichnamigen Weinkellerei. Lediglich zwei der 50 Umworbenen bestellten damals eine geringe Menge. »Ich muß auswandern«, so dachte Taurino seinerzeit. Da es sich mit einem Weingut schlecht emigrieren läßt, orientierte er sich im Verkauf fast nur auf das Ausland. Heute verkauft Taurino 80 Prozent seiner jährlichen Produktion von 1,1 Millionen Flaschen außerhalb Italiens, 40 Prozent davon gehen in die Vereinigten Staaten, weitere 40 Prozent nach Japan und europäisches Ausland. Den Rest vertreibt er innerhalb Italiens. Auch in Deutschland sind seine Weine zu finden.

Cosimo Taurino hat sich auf Rotweine spezialisiert. Die Spitzenweine heißen Notarpanaro und Patriglione. Für beide Weine werden zwei alte heimische Reben, Malvasia nera und Negroamaro in unterschiedlichen Mischungsverhältnissen verarbeitet. Sie eignen sich besonders zu Fleischgerichten. Unterstützt wurde und wird Cosimo Taurino von dem Önologen Severino Garofano, ohne dessen Mitarbeit Taurinos Erfolg nach eigenem Bekunden wohl nicht möglich gewesen wäre. Garofano steht an der Spitze der Kellereigenossenschaft von Copertino, deren Auslese, einer der wenigen DOC-Weine, zu empfehlen ist. Garofano hat auch mit Francesco Candido zusammengearbeitet, der als Pionier des modernen apulischen Weines gilt. Ihm gelang bereits 1959 der Sprung auf den gesamtitalienischen Markt. Unser Interesse am apulischen Wein ist geweckt, und wir fahren über Taranto und Castellaneta Richtung Matera zur Weinkellerei »Colli della Murgia«. Um die Jahrhundertwende war die

CAVATELLI CON CECI E VONGOLE VERACI

Nudelröllchen mit Kichererbsen und Venusmuscheln

Für 6 Personen

Teig

- *600 g Hartweizenmehl*
- *1 Eigelb*
- *Salz*

Sauce

- *500 g Vongole (Muschelsorte)*
- *Olivenöl*
- *2 Knoblauchzehen*
- *400 g Kichererbsen, gegart*
- *Oregano*
- *Salz*

Teig

1 Mehl auf der Arbeitsfläche anhäufen. Eine Mulde hineindrücken, Eigelb und Salz dazugeben, nach und nach etwas Wasser zufügen, und so lange kneten, bis ein fester, aber geschmeidiger Teig entsteht.
2 Aus dem Teig eine Rolle von ungefähr 1 Zentimeter Durchmesser formen, in etwa 3 Zentimeter lange Stückchen schneiden. Die Nudeln 15 Minuten ruhen lassen.
3 In dieser Zeit die Sauce zubereiten.
4 In einem großen Topf Wasser zum Kochen bringen, salzen, und die Nudelröllchen darin »al dente« garen.

Sauce

1 Die Muscheln gründlich unter fließendem Wasser säubern.
2 In einem großen Topf 2 EL Olivenöl erhitzen, und die abgezogenen und grob zerkleinerten Knoblauchzehen anbraten.
3 Dann die Muscheln mit etwas Flüssigkeit zugeben, bis sie sich geöffnet haben.
4 Unterdessen in einer Pfanne Olivenöl erhitzen, und die Kichererbsen kurz darin bei hoher Hitze anbraten (Signor Rizzuti besteht auf 15 Sekunden).
5 Die Muscheln dazugeben (geschlossene Muscheln wegwerfen), mit dem Muschelsud löschen, mit Oregano und Salz würzen.
6 Nach 2 Minuten die Pfanne vom Herd nehmen, und die gut abgetropften Nudeln unterheben, mit Salz abschmecken, und sofort anrichten.

TORTINO DI ALICI E PATATE

Sardellentörtchen mit Kartoffeln

Für 4 Personen

- *350 g Kartoffeln*
- *30 g Sardellenfilets (Accuge)*
- *4 entrindete Weißbrotscheiben*
- *Olivenöl*
- *2 Knoblauchzehen*
- *Thymian*
- *Oregano*
- *Salz, schwarze Pfefferkörner*

1 Die Kartoffeln schälen, und in dünne Scheiben schneiden.
2 Die gewürfelten Weißbrotscheiben in eine Schüssel geben, die in Olivenöl angedünsteten Knoblauchzehen sowie mit Thymian, Oregano, Salz und Pfeffer; Olivenöl zugießen, und zu einer zähen Masse pürieren.
3 In eine nicht zu große, etwas eingeölte Form die Zutaten wie folgt schichten: Kartoffelscheiben, darauf die gewaschenen Sardellenfilets, und obenauf die gewürzte Brotmasse verteilen.
4 In der Backröhre 10 Minuten bei 180 Grad backen.

Dieses basilicatische Rezept stammt aus der »Antica Osteria Marconi«, von Francesco Rizzuti zubereitet.

FILETTO DI MAIALE IN SALSA DI MIELE DI ACACIA

Schweinefilet in Akazienhonigsauce

Für 4 Personen

- *500 g Schweinefilet*
- *Salz, Pfeffer*
- *Olivenöl*
- *100 g Honig (möglichst Akazienhonig)*
- *350 ml Wein*

1 Die Schweinefilets in 12 Medaillons schneiden, salzen und pfeffern.
2 In einer Pfanne Olivenöl erhitzen, und die Filets darin auf beiden Seiten anbraten.
3 Honig dazugeben und diesen karamelisieren lassen.
4 Die Schweinemedaillons herausnehmen und warm stellen.
5 Den Bratensatz mit dem Wein ablöschen und diesen um etwa 1/3 einkochen lassen.
6 Sobald die Sauce sirupartige Konsistenz angenommen hat, den Ginster darüberstreuen.
7 Die Sauce auf die Medaillons gießen, und sofort servieren.

Das Schweinefilet bereitet Francesco Rizzuti in der »Antica Osteria Marconi« in dieser Form zu. Das gebackene Brot ist ein Rezept von Francolino Ritella im »Il Casino del Diavolo« in Matera. Und wenn die Feigen reif sind, wird im Restaurant »Al Fornello da Ricci« in Ceglie Messapico ein Feigendessert serviert.

PANE AL TACCONE

Gebackenes Brot mit Brokkoli

Für 4 Personen

- *500 g Brokkoli*
- *500 g Weißbrot, altbacken*
- *Olivenöl*
- *1 kleine Pfefferschote*
- *1 Knoblauchzehe*

1 Das Wasser zum Kochen bringen, die Brokkoliröschen darin al dente kochen
2 Das Brot in kleine Stückchen schneiden, mit dazugeben und 4 Minuten mitkochen.
3 Alles durch ein Sieb gießen, und Brokkoli und Brot in eine vorgewärmte Schüssel geben.
4 In einer Pfanne das Olivenöl erhitzen, die zerdrückte Knoblauchzehe darin goldgelb anbräunen, und die Pfefferschote dazugeben.
5 Dann das Gemüse mit dem Brot einrühren, knappe 3 Minuten mitköcheln lassen.

DOLCE DI FICO

Feigendessert

Für 1 Person

- *2 getrocknete Feigen*
- *2 Mandeln*
- *Zitronensaft*

1 Die Feigen halbieren und aufklappen.
2 In die eine Feigenhälfte eine ganze Mandel eindrücken, und mit etwas Zitronensaft beträufeln.
3 Nun die andere Hälfte wieder darauf setzen, und fest zusammendrücken.
4 Bei 130 Grad in die Backröhre geben, und 20 Minuten backen, bis die Feigen eine goldgelbe Farbe bekommen haben.

Pinienkerne werden sehr gerne als Geschmackszusatz in der italienischen Küche verwendet. Eine besondere Bedeutung kommt ihnen beim klassischen Pesto zu.

INVOLTINI DI MANZO CON PINOLI E UVETTA SU SALSA DI POMODORO

Kalbsröllchen mit Pinienkernen und Sultaninen auf Tomatensauce

Für 6 Personen

- *750 g Kalbsfilet*
- *1 Bund Petersilie*
- *2 EL Rosinen*
- *60 g Pinienkerne*
- *Salz, Pfeffer aus der Mühle*
- *100 g Pecorino, frisch gerieben (wahlweise Parmesan)*
- *500 ml Tomatensauce (Rezept siehe Seite 353)*
- *Olivenöl zum Braten*
- *400 g Chicorée*
- *1 Knoblauchzehe*

1 Das Fleisch in 6 gleich große Scheiben schneiden, und leicht flach klopfen.

2 Petersilie, Rosinen und Pinienkerne fein hacken.

3 Das Fleisch salzen und pfeffern, mit den gehackten Zutaten bestreuen, und den Pecorino darüber verteilen.

4 Die Fleischscheiben zu Rouladen zusammenrollen, und mit Küchengarn festbinden.

5 In einem Topf Olivenöl erhitzen, und die Rouladen darin von allen Seiten anbraten.

6 Mit der Tomatensauce ablöschen, und ungefähr 18 Minuten bei milder Hitze köcheln lassen, mit Salz und Pfeffer würzen.

7 Unterdessen den Chicorée waschen, und in Olivenöl mit einer zerdrückten Knoblauchzehe kurz anschmoren.

8 Das Fleisch in der Mitte eines Tellers anrichten, mit der Sauce übergießen, den angeschmorten Chicorée daneben legen.

Das Ehepaar Rizzuti *verwöhnt seine Gäste in der »Antica Osteria Marconi«, u. a. mit nebenstehendem Gericht.*

Signor Nicola Fasano, *dessen Familie seit Generationen in der tonreichen Gegend um Grottaglie das Töpferhandwerk betreibt, zeigt uns die neuesten Stücke der Amphorenkollektion. Auffallend sind hier die eher dunklen, erdigen Farben. Bei Geschirr werden in der apulischen Töpfertradition hellere Glasuren bevorzugt.*

Keramikliebhaber sollten auf dem Weg von Lecce nach Matera in der Stadt Grottaglie haltmachen. Seit Jahrtausenden ist der tonreiche Boden der Gegend Grundlage für die Herstellung von Gefäßen. In der Stadt gibt es ein ganzes Keramikviertel, wo Familienbetriebe ihre Töpferwaren in die ganze Welt exportieren.

weitläufige Anlage noch der größte Kellereibetrieb der Gegend, umgeben von schier unzähligen Weinstöcken. Im Zuge der europäischen Agrarpolitik wurden in den fünfziger Jahren alle Weinstöcke entfernt. Inzwischen haben sich zwei junge Männer des Gehöftes angenommen, um es wieder in den ehemaligen Zustand zu bringen. Sie haben sich ausschließlich auf Wein aus biologischem Anbau spezialisiert – eines der größten Projekte dieser Art in ganz Europa. Jährlich werden hier bereits 200000 Flaschen abgefüllt. Zur einen Hälfte ist dies der Erbaceo, ein Weißwein aus der Malvasia-, der Chardonnay-, Trebbiano- und der Moscato-Traube, zur anderen der Selvato, ein Rotwein aus den Trauben Aglianico und Sangiovese. Valentino Ventricelli, der Önologe der beiden, mußte vor 15 Jahren seine Lebensgewohnheiten nach schwerer Krankheit ändern. Er bezog in diese Umstellung auch seine Arbeit mit ein. Insbesonders der Schwefelsäure hat er den Kampf angesagt. Ventricelli drückte den Schwefelanteil auf knappe 50 Milligramm pro Liter – der maximal erlaubte Anteil liegt bei 175 Milligramm. Sein Ziel ist es, qualitativ hochwertige Weine ganz ohne Zusätze zu produzieren, denn »ein Wein muß gut, aber auch bekömmlich sein«.

Zwei Kilometer weiter stoßen wir auf eine schmale Straße im schlechten Zustand: die 2000 Jahre alte Via Appia. Wer erleben will, wie harmonisch sich die alte Römerstraße in die schöne Landschaft fügt, sollte hier einen kleinen Umweg machen. Wieder auf der Hauptstraße, steuern wir Matera an, das bereits in der Provinz Lukanien – so die alte Bezeichnung für die Basilicata – liegt. In einer Höhle, so erzählt die hiesige Legende, sollen einmal zehn Männer so lange gegeneinander gekämpft haben, bis sie am Ende alle tot auf dem Boden lagen. Da konnte doch nur der Teufel

seine Hand im Spiel gehabt haben. »Il Casino del Diavolo« heißt denn auch das Restaurant von Francolino Ritella. Es ist im unübersichtlichen Gewirr von Zubringerstraßen und Neubauten im Osten der Stadt versteckt. Das Lokal, abgeschirmt durch Olivenbäume, erweist sich als Oase der Ruhe. Gleich am Eingang steht eine lange Tafel mit typischen Antipasti. Francolino ist ein äußerst bodenständiger Koch. Seine Gerichte entstanden aufgrund der Erinnerung, die einige Leute noch daran hatten, wie schmackhaft die Bäuerinnen früher Mahlzeiten für die Feldarbeiter zubereiteten. Diese einfachen Gerichte, die »cucina povera«, die Armeleuteküche, vereinigt alle wichtigen Düfte und Geschmäcker der Basilicata in sich. Darauf stützt sich Francolino. Der besseren Bekömmlichkeit wegen verfeinert er seine Speisen etwas. In Apulien gibt es nur wenige Kochbücher mit überlieferten Gerichten, daher ist Francolino ständig auf der Suche nach alten Rezepten. Fündig wird

Castel del Monte – *in der Weite der apulischen Hügel liegt die Burg des Stauferkaisers Friedrich II.*

er in langen Gesprächen mit alten Menschen, die sich an das eine oder andere Rezept noch erinnern. Mit viel Feingefühl hat er auch einen Kreis von Gewährsleuten aufgebaut, die sich wie er um die Erhaltung der lukanischen Küche bemühen, und ihn mit ausgesuchter Ware beliefern.

Von Matera führt unser Weg nach Potenza, der Hauptstadt der Basilicata. Eine ruhige, etwas verschlafene Stadt erwartet uns. An der Hauptstraße, der Via Marconi, besuchen wir die »Antica Osteria Marconi«. Der junge Koch, Francesco Rizzuti ist dabei, tatkräftig unterstützt von seiner Frau Rossella, das hübsche Restaurant zu einem kulinarischen Treffpunkt zu machen. Signor Rizzuti ist Autodidakt - eher eine Seltenheit in diesem Metier. Auch er verändert lieber traditionelle Rezepte zu eigenen Kreationen - und dies sehr virtuos und phantasievoll. Im Nordosten der Basilicata liegt ein vulkanisch geprägtes Gebiet. Aus dieser schwarzen Erde stammt ein berühmter Wein, der Aglianico del Vulture, so benannt nach dem 1300 Meter hohen, erloschenen Vulkan Vulture, dessen Lava und Vulkanasche für die günstigen Bodenbedingungen sorgen. Die Aglianico-Rebe stammt, wie man aus dem Namen ableiten kann, noch aus der Ellenico, der hellenischen Zeit. Die Hauptorte des Weines heißen Rionero in Vulture und Barile. Zu den renommierten Kellereien zählt der Betrieb der Familie Paternoster. Anselmo Paternoster, der Großvater, hat in den zwanziger Jahren eine Weinkellerei von hervorragendem Ruf begründet. Das besondere an dem Betrieb war, daß er von Anfang an auch Spumante (aus Moscato und Malvasia) in hoher Qualität herstellte. Im Jahr produziert der Familienbetrieb insgesamt 100000 Flaschen. Nicht entgehen lassen sollte man sich den Spitzenwein, die Auslese Don Anselmo. Wüßte der Großvater davon, wäre er sicher stolz auf seine Enkelkinder.

FRANCOLINO RITELLA

Koch

Sie pflegen die lukanische Küche nicht nur in Ihrem Restaurant, sondern Sie sehen es auch als Ihre Aufgabe an, die Region Basilicata kulinarisch nach außen zu vertreten.

Für mich ist das sehr wichtig. Wir hier an der Ferse des italienischen Stiefels befinden uns auf geschichtsträchtigem Boden. Die Küche wollen wir bekannt machen, weil wir sie für besonders interessant und empfehlenswert halten.

Was heißt das konkret?

Wir sind eine Gruppe von zehn Leuten – Köche, Bäcker, Winzer. Wer uns einlädt, bekommt von uns ein Menü zusammengestellt, das wir aus Zutaten der Region auch selbst zubereiten. Wir kochen gratis, auch für 150 bis 200 Personen, nur unsere Unkosten und die Waren stellen wir in Rechnung.

Gilt dieses Angebot auch für das Ausland?

Aber selbstverständlich.

Der Reichtum Apuliens *liegt im Öl dieser Früchte.*

Der griechischen Sage nach veranstaltete Zeus einen Wettstreit mit dem Ziel, etwas von bleibendem Wert für das attische Volk zu schaffen. Athene setzte sich gegenüber Poseidon durch, indem sie dem Menschen einen Olivenbaum gab. Seine Früchte geben Nahrung, und das Öl wurde für Lampen, sakrale Zwecke, aber auch als Arzneimittel und für Kosmetik verwendet.
Auch die Siegerkränze der olympischen Spiele wurden aus Ölzweigen geflochten.

Olivenöl

Der Duft des Olivenöls verbindet alle Küchen rund um das Mittelmeer. Sein fruchtiger Geschmack gibt zahllosen Gerichten die unverwechselbare Note. Ähnlich wie beim Wein schmeckt man den Ölen an, woher sie kommen, auf welchen Böden sie wuchsen und wieviel Sonne ihnen zur Reife verhalf.

Mit schweren Mühlrädern *werden die frisch geernteten, gewaschenen Oliven zu Brei zermahlen. Dieser Vorgang wird Kollergang genannt.*

Wer durch die Basilicata und Apulien reist, sieht mehr silbrig grün schimmernde Olivenhaine als in jeder anderen Landschaft des Landes. Nein, nicht in der Toskana, nicht in Ligurien, und schon gar nicht am Gardasee wachsen die meisten Oliven, sondern hier im Süden. »Un grande Oliveto«, ein einziger großer Olivenhain, war Apulien bereits im 14. Jahrhundert. Hafenstädte wie Brindisi, Otranto und Bari besaßen schon früh große Lager für den Export des Öls nach Deutschland, England und Rußland. Auf Öl gründet sich der bescheidene Wohlstand dieser Region. Noch heute, so schätzen Einheimische, gibt es allein in Apulien 1400 Ölmühlen. Doch warum findet man in Deutschland so selten eine Flasche mit der Herkunftsangabe »Basilicata« oder »Puglia«? Es liegt nicht an der Qualität der dort wachsenden Olivensorten. Sowohl die berühmte Coratina-Olive als auch die Cima di Bitonto ergeben wunderbar sanfte und trotzdem intensive Öle, die oft nach Rosmarin, Oregano und Thymian duften. Einige haben sogar eine süße, fruchtige Note, ähnlich dem Aroma reifer Äpfel, oder duften nach grünen Mandeln.

Doch solch erlesene Qualitäten entstehen nur, wenn ein Bauer die Mühsal auf sich nimmt, seine Oliven von Hand zu pflücken, und die Ernte ohne Umweg sofort zur Mühle zu bringen. Nur aus unbeschädigten frischen Früchten entsteht ein Öl für die feine Küche, das die melodische Bezeichnung »Olio d'oliva extra vergine« verdient. Doch steckt knochenharte Arbeit hinter diesem Produkt.

Es heißt, man benötige 2 500 Oliven für einen einzigen Liter Öl. Hier im Süden wachsen fast überall hochstämmige Olivenbäume, die die Ernte von Hand beschwerlich machen. Deswegen beschränken sich viele Bauern auf die einfachere Erntemethode: Sie warten, bis die Früchte ausgereift sind, und auf den Boden fallen.

Selbst wenn Netze oder Tücher aufgespannt werden, um die Früchte aufzufangen, ergeben solche Oliven beim Kaltpressen kein Spitzenöl. Sind die Früchte gar überreif, angestoßen oder angefault, beginnen schnell Abbauprozesse im Fruchtfleisch.

Die Pflege der Olivenhaine *trägt ebenfalls zur Qualität des Öls bei.*

Der Chemiker kann den Qualitätsverlust an den sogenannten »freien Fettsäuren« im Labor feststellen, der Feinschmecker erkennt minderwertiges Öl am kratzigen Geschmack und muffigen Aroma. Um solches Öl genießbar zu machen, entfernen die Ölhersteller die freien Fettsäuren auf chemischem Weg. Unangenehme Aromastoffe verschwinden, wenn man 200 bis 260 Grad heißen Dampf durch das Öl leitet. Solche gereinigten, »raffinierten« Öle landen bei Ölhändlern der ganzen Mittelmeerregion. So kommt es, daß der größte Teil der Öle aus Apulien und der Basilicata namenlos bleibt, oder in Flaschen mit dem Etikett anderer Regionen enthalten ist.

Doch wer gute Öle dieser sonnengetränkten Region Italiens probieren möchte, darf Hoffnung schöpfen. In den letzten Jahren engagieren sich immer mehr Olivenbauern für Qualität, und produzieren sehr feine native Öle mit der Herkunftsbezeichnung »Puglia« auf dem Etikett. Ihr Absatz scheint gesichert, denn herzgefährdete Nordlichter lieben neuerdings Olivenöl.

Die Früchte des Ölbaumes haben eben mehr zu bieten als nur ihr köstliches Aroma.
Die reichlich enthaltene Ölsäure und auch andere Substanzen (Flavonoide, Phenole) aus dem Olivenöl greifen regelnd in den Stoffwechsel ein, und schützen Herz und Gefäße. Wissenschaftler konnten nachweisen, daß regelmäßiger Konsum von Olivenöl den Cholesterinspiegel ausgesprochen günstig beeinflußt.
Der Grund: Olivenöl senkt nur den ungünstigen LDL-Anteil des Cholesterins, läßt das positive HDL-Cholesterin jedoch unverändert.

Vor dem Gesetz nimmt Olivenöl eine Sonderstellung ein. Um die vielen Güteklassen auch für den Laien vergleichbar zu machen, hat die Europäische Union nach mehrjähriger Beratung umfangreiche Verordnungen erlassen, in denen akribisch festgelegt ist, auf welche Weise die Qualität bestimmt wird, und unter welcher Bezeichnung das Öl verkauft werden darf. Ein genauer Blick auf das Etikett einer Olivenölflasche lohnt also.

- Tropföl: Eine teure Kostbarkeit. Das Öl tropft ohne den Druck der Presse aus den frisch gepflückten, zu Brei zerkleinerten Oliven.
- Natives Olivenöl extra: Spitzenqualität. Aus besten Früchten mechanisch gepreßt. Unter einem Prozent freie Fettsäuren.
- Natives Olivenöl: Naturbelassenes Öl mit kleinen Mängeln, bis zu zwei Prozent freie Fettsäuren.
- Gewöhnliches natives Olivenöl: Für die Feinschmeckerküche nicht geeignet.
- Olivenöl: Eine Mischung von raffinierten und nativen Ölen, zum Braten und Fritieren.

Frisch gepreßtes Öl mit Brot und Käse – *wer könnte da widerstehen.*

Olivenöle – besonders die hochwertigen – sollten immer kühl und dunkel aufbewahrt werden, allerdings nicht im Kühlschrank. Bei niedrigen Temperaturen flocken die Öle aus und werden trüb, was allerdings keinen Einfluß auf die Qualität hat.

Apulien und Basilicata

HOTELS

▪ VILLA ROMANAZZI-CARDUCCI: Modernes, elegantes Hotel, in einem alten Park mit einer schönen Villa des 19. Jahrhunderts gelegen, 500 Meter vom Zentrum entfernt. Sehr gute Küche, mit Eßräumen in verschiedenen Stilen. Tip: Zimmer zum Park hin nehmen.
Via Giuseppe Capruzzi 326, Bari; Tel. 0 80/5 22 74 00

AGRITOURIST AMICIZIA bietet einen Urlaub auf dem Bauernhof mit Pferden und Schafen. Auf 550 Meter Höhe liegt das Anwesen inmitten der charakteristischen kleinwüchsigen Eichenwälder der Murgia. Bei guter

Freundliche Bewirtung *wird auf dem Agritourist Amicizia geboten.*

Sicht hat man einen herrlichen Blick über halb Apulien. Die Touristendependance ist auffallend gut gebaut, und sehr sauber. 20 Pferde und 2 Reitlehrer

ermöglichen Reitstunden und Ausritte, auch für Kinder. Bäuerliche Küche mit Erbsen- und Pilzgerichten, und dreierlei Fleischsorten vom Hof.

Cassano delle Murge;
Tel. 0 80/76 33 93
Anfahrt: Auf der SS 271 von Bari kommend bei Kilometerstein 32,9 – ungefähr 3 Kilometer hinter Cassano delle Murge.

HOTEL TERMINAL. Hotel mit sehr guter Küche an der südlichsten Spitze Apuliens, 50 Meter vom felsigen Strand entfernt. Obwohl am Hafen gelegen, ist das Meer hier sauber und klar. Tip: Zum Hotel gehört die daneben stehende Villa La Meridiana feudalem Apartement und Swimmingpool.

Lungomare C. Colombo 59,
Santa Maria di Leuca;
Tel. 08 33/75 82 42

Die prachtvolle Villa Meridiana *gehört zum Hotelkomplex »Terminal«.*

HOTEL DEI TRULLI. Eines der drei Fünf-Sterne-Hotels Apuliens. In einer Parkanlage verstreut liegen die einzelnen Trullis. Jeder Trullo beherbergt ein eigenes Hotelzimmer, natürlich mit allem Komfort versehen.

Via Cadore 32, Alberobello;
Tel. 0 80/72 11 30

ALBERGO LOCANDA DI EOLO Ein einfaches, preisgünstiges Hotel mit 16 Zimmern und sehr guter Küche.

Rubavento 16;
Tel. 09 71/48 11 10
5 km vor Potenza auf der SS 7 (km 471).

DACHVERBAND AGRITURISMO Eine Liste mit sämtlichen Adressen kann man hier anfordern:

Anagritur, Via 24 Maggio 43, 00187 Rom;
Tel. 00 39/48 261 24,
Fax 00 39/4 68 22 04

RESTAURANTS

SAN MICHELE: Seit 20 Jahren steht Mamma Michelina persönlich am Herd, in einer Küche, die fast so groß ist wie der gesamte Speiseraum. Nicht entgehen lassen sollte man sich die zahlreichen Antipasti mit Fisch: gebraten, gekocht und roh. Sie sind sehr sättigend, also lieber anderen Gang auslassen.

Viale XXVI Maggio 72/74, Vieste;
Tel. 08 84/70 81 43

VILLA DELLA MONICA. Großartige, geschmackvoll renovierte Räumlichkeiten in der Villa eines neapoletanischen Adeligen aus dem 16. Jahrhundert. Im Sommer kann man im Freien unter einer Kolonnade speisen. Hervorragende Küche: internationale, nationale und lokale Gerichte. Preiswert! Dienstag Ruhetag.

Via SS. Giacomo e Filippo 40, Lecce;
Tel. 08 32/45 84 32

Ruheoase in Lecce – *das malerische Hotel »Villa della Monica«.*

Die ANTICA OSTERIA MARCONI ist ein kleines, intimes und elegantes Lokal. Koch Francesco Rizzuti und seine Frau Rossella haben es innerhalb von zwei Jahren zu einer der wichtigsten Adressen von Potenza und Umgebung gemacht. Man findet hier traditionelle Gerichte in phantasievoller Verfeinerung.

Viale Marconi 233–235, Potenza;
Tel. 09 71/5 69 00

▮ Die TRATTORIA AL PESCATORE liegt am alten Hafen, direkt vor einer Festung Friedrichs II. Sie gilt als typisches Fischlokal, einfach und preiswert, mit hervorragend zubereiteten klassischen Fischgerichten. Und wenn der Kellner mal seine Lieblingssendung im TV sehen will – protestieren: es hilft! Montag Ruhetag.
Via Federico II di Svevia 6, Bari;
Tel. 0 80/5 23 70 39

▮ In der TRATTORIA IOLANDA dominieren die hausgemachten Teiggerichte. Köchin Iolanda ist berühmt für ihre »orecchiette«, den »minchiareddhi« und den »sagne incannullate« (verschiedene selbst gemachte Nudelsorten),

Das reichhaltige Antipastibuffet *im »Il Casino del Diavolo«.*

sowie für ihre Lammröllchen mit Innereien. Obwohl Iolanda immer bekannter wurde, ist das Lokal seit 20 Jahren dasselbe geblieben. Hinweisschilder gibt es nicht; Signora Iolanda weiß um ihre Qualität – und daß diese sich herumspricht. Reservierung notwendig. Mittwoch Ruhetag.
Via Garibaldi, Lucugnano;
Tel. 08 33/78 41 64
Anfahrt: Auf der A 16 von Lecce kommend in Richtung Süden.

▮ IL CASINO DEL DIAVOLO: Koch und Inhaber Francolino hat sich für seine Küche ein eigenes Versorgungsnetz aufgebaut, auf das er stolz ist. Etwa ein Dutzend ausgesuchter Produzenten aus

Die Nudelkönigin Iolanda *bei der Herstellung ihrer köstlichen »orechiette«.*

der näheren Umgebung beliefern ihn mit lukanischen Produkten. Signor Francolino ist ein Besessener der sogenannten armen Bauernküche, die er jedoch phantasievoll weiterentwickelt und verfeinert. Den Speiseraum teilt ein 8 Meter langes Antipastabuffett. Montag Ruhetag.
Via La Martella, Matera;
Tel. 08 35/26 19 86

▮ Im AL FORNELLO DA RICCI waltet Signora Dora Ricci, die zu den großen Köchinnen Apuliens gehört. Sie gilt als Meisterin der verfeinerten apulischen Küche. Mit ihrem Mann Angelo, der einen hochwertigen Weinkeller mit Weinen aus allen wichtigen italienischen Anbaugebieten betreut, hat sie vor 30 Jahren einen Bauernhof erworben, und zu einem eleganten Restaurant umgebaut, ohne die alten Strukturen zu zerstören. Im Trullo, einem kleinen Gästehaus im Garten, kann man übernachten. Reservierung ist notwendig. Montagabend und Dienstag geschlossen.
Contrada Monte Vicoli, Ceglie Messapico;
Tel. 08 31/37 31 04

EINKAUFSTIPS

▮ KERAMIK AUS GROTTAGLIE
Seit 4000 Jahren wird in der Umgebung von Grottaglie Keramik hergestellt. Das Städtchen ist nach wie vor Zentrum dieses Handwerks, mehr als ein Dutzend Firmen produzieren hier, und exportieren bis nach Kanada und Australien. Zu den renommierten Herstellern gehört Nicola Fasano. Neben traditionellen Vasen und Topfformen, Küchenkeramik, Geschenkartikel gibt es auch eine große Auswahl an altgriechischer Masken- und Töpferware.

▮ NICOLA FASANO
Via Caravaggio 45, Grottaglie;
Tel. 0 99/8 66 10 37
Anfahrt: Auf der A 7 von Taranto kommend in östliche Richtung nach Brindisi.

Olivenöl extra vergine aus biologischem Anbau:
▮ Die Ölgenossenschaft COOPERATIVA OLEARIA in Santeramo in Colle ist eine der wenigen, die mit der Herstellung von Bio-Olivenöl unter der Aufsicht von AIAB, der Gemeinschaft der italienischen Bioproduzenten begonnen haben. Das Öl sollte nicht älter als ein Jahr sein.
Via Gioia 36, Santeramo in Colle;
Tel. 0 80/83 60 32
Anfahrt: Auf der SS 271 von Bari kommend in südliche Richtung, nordöstlich von Matera.

Das »Al Fornello da Ricci« – *verbindet bestes Essen mit schönster Atmosphäre.*

Traditionelle Pasta im Spezialverfahren getrocknet:
▮ BENAGIANO – Pastaproduzent in der vierten Generation – reaktivierte die Erfindung einer Trockenmaschine aus den 50er Jahren. Die Pasta kann damit bereits bei 40 Grad schonend getrocknet werden, (in der heute üblichen Herstellung sind es 90 Grad). 38 Nudeltypen werden angeboten.
Via Donizzetti, Santeramo in Colle;
Tel. 0 80/83 60 36

WEINE

Das kleine Apulien produziert heute fast so viel Wein wie Deutschland. So wird die Region nicht nur als Weinkeller Italiens bezeichnet, zurecht könnte man sie auch Weinkeller Europas benennen. Die Lage der Weinberge und Fruchtbarkeit der Weinreben haben hier schon immer zu hohen Erträgen mit hohem Alkoholgehalt geführt. Dieser Umstand hat insbesondere in unserem Jahrhundert die Begehrlichkeiten italienischer und ausländischer Weingebiete geweckt, den apulischen Wein zum Verschnitt zu verwenden. Tatsächlich wurde dadurch eine auf Qualität ausgerichtete Produktion nicht gerade gefördert, man produzierte Wein für den Tanklastzug. Eine jüngere Generation von Weinbauern jedoch hat in den letzten 20 Jahren beachtliche Qualitäten erreicht – allerdings stellen sie nach wie vor eine Minderheit dar: Die bisher 27 DOC-Weine machen gerade einmal zwei Prozent der gesamten Weinproduktion Apuliens aus.

Die Weinreben des Colli della Murgia *verdecken fast einen alten Trullo.*

▮ Kellerei
RIVERA, CASTEL DEL MONTE
Besonders hervorzuheben: der Il Falcone Riserva.

Tel. 08 83/54 13 10
Anfahrt: Auf der SS 98 von Bari kommend weiter in Richtung Castel del Monte bei der Kilometermarke 19,8.

▮ Kellereigenossenschaft
LOCOROTONDO
Mit einem guten Weinangebot.

Via Madonna della Catena 99, Locorotondo; Tel. 0 80/9 31 16 44
Anfahrt: Auf der A 16 von Bari kommend bis Fasano; dann weiter auf der SS 172 d in Richtung Martina Franca.

▮ Kellereigenossenschaft
COPERTINO
Hier wird der DOC-Wein Auslese produziert.

Via Martiri del Risorgimento 6; Tel. 08 32/94 70 31
Anfahrt: Von Lecce kommend in Richtung Gallipoli, Ausfahrt Copertino.

▮ Weingut COSIMO TAURINO
Berühmt für seinen DOC-Wein Brindisi. Seine Spitzenrotweine sind Notapanaro und Patriglione.

Tel. 08 32/70 64 90
Anfahrt: Ein Weingut, an der SS 605 zwischen Manduria und Lecce gelegen.

▮ Kellerei PATERNOSTER
Hier kommt der DOC-Wein Aglianico del Vulture her. Zudem werden Spumante-Weine von hoher Qualität hergestellt.

Via Nazionale 23, Barile Basilicata; Tel. 09 72/77 02 24
Anfahrt: Auf der SS 93 von Potenza kommend, in Richtung Norden, vorbei an Rionero in Vulture.

Valentino Ventricello *schwört auf seinem Weingut »Colli della Murgia« auf den rein biologischen Anbau und Produktion von Wein.*

Wein aus biologischem Anbau:
▮ Weinkellerei COLLI DELLA MURGIA
Mittlerweile hat diese Weinkellerei schon einige Berühmtheit bei Kennern erlangt. Produziert werden hier der Weißwein Erbaceo und der Rotwein Selvato.

Santeramo in Colle; Tel. 0 80/5 48 11 25
Anfahrt: Auf der SS 271 von Bari kommend in südliche Richtung, in Richtung Matera.

SEHENSWÜRDIGKEITEN

Zeugnis einer vergangenen Epoche: *Das Castel del Monte, die Prachtburg des Stauferkaisers Friedrich II.*

▮ CASTEL DEL MONTE
Friedrichs II. architektonische Meisterleistung. Der Stauferkönig ließ den achteckigen Bau nach mathematischen Prinzipien erstellen. Manchen gilt er als die einzige wirkliche multikulturelle Architektur des Abendlandes: griechische, römische, arabische, christliche und normannische Elemente wurden festgestellt.

Anfahrt: Von Bari kommend, erst auf der SS 96, kurz hinter der Autobahn auf die SS 98 in westliche Richtung abzweigen. Dann auf die 170d in nördliche Richtung abzweigen, und der Ausschilderung folgen.

»Italien ohne Sizilien macht gar kein Bild in der Seele: Hier ist erst der Schlüssel zu allem«. Dieses Goethezitat wurde zum Leitmotiv unserer kulinarischen Sizilienreise.

SIZILIEN

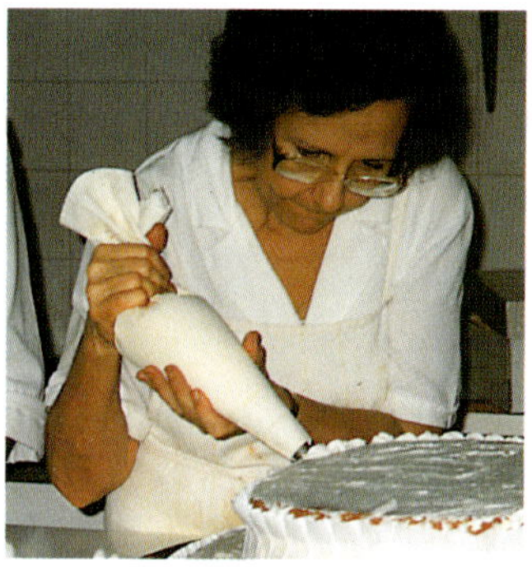

ANNA MARIA DOMINICI-MUSCO

Obwohl Sie für Hochzeiten, für Banketts, für Zeitschriftenproduktionen kochen, bezeichnen Sie sich als Hausfrau. Ist das lediglich Understatement?
Nein, ich sehe mich in der Tradition der Hausfrauen. Ich habe alle Rezepte von meiner Familie gesammelt, aufgeschrieben, manche auch etwas verändert. Ich führe also das weiter, was meine Mutter und davor ihre Mutter getan haben. Es geht hierbei um die »cucina casalinga«, die in manchen Familien hochperfektionierte grandiose Kunst der Hausfrauenküche, wie Sie sie in keinem Restaurant finden können.
Was unterscheidet die »cucina casalinga« von der Restaurantküche?
Die Hausfrauenküche ist viel raffinierter, weil sie seit Generationen weitergegeben wird. Sie hat somit eine Tradition, die die Küchenchefs in Restaurants nicht besitzen. Ich gehe sehr ungern ins Restaurant, dort bekommt man nur etwas zum Essen.
Unterscheidet sich die sizilianische Küche von all den anderen italienischen Küchen?
Sie ist geprägt durch die Besetzer, die Griechen, Römer, Sarazenen, Spanier usw. Aber wir haben uns nie dem Joch gebeugt, wie das in anderen Regionen der Fall war. Wir haben nie die Gerichte dieser Völker nur übernommen, sondern sie in unsere Küche eingepaßt. Im Vergleich zu anderen Küchen hat sie eben einen besonderen Touch.

Das Meer schmeckt bitter, »Lu mari è amaru« sagt ein altes sizilianisches Sprichwort. Ein tiefverwurzeltes Mißtrauen diagnostiziert auch Luigi Pirandello, der große sizilianische Schriftsteller und Nobelpreisträger, bei seinen Landsleuten: »Voll Argwohn bemerken sie den Unterschied zwischen ihrem verschlossenen Wesen und der offenen, sonnenbeschienenen Natur ringsum, und verschließen sich desto mehr. Dem Meer, das sie von allen Seiten umgibt, das sie isoliert, mißtrauen sie.« Das Mißtrauen der Sizilianer allem Fremden gegenüber, ihre Furcht vor dem Meer sind nichts Gottgegebenes, sondern liegen in der geographischen Lage der Mittelmeerinsel begründet. Sizilien ist die Brücke zwischen der westlichen und der östlichen Welt, zwischen Europa und Afrika. Das Meer machte die Insel verwundbar. Auf seinen Wogen trug es die Invasoren von allen Seiten, vom Ionischen Meer im Osten, vom Tyrrhenischen im Nordwesten und im Süden aus Afrika, an seine 1039 Kilometer lange Küste heran. In den vergangenen zwei Jahrtausenden gab es ein Kommen und Gehen von Herrschern und Dynastien. Die Griechen, die Römer, die Araber, die Normannen, die Barone Karls von Anjou, die Armeen Karls V. und Ludwigs XIV., Garibaldi, sie alle ernannten sich zu den Herren der Insel, und benutzten Land und Leute für ihre eigenen Geschicke.

Auf die alte Frage: Wie kann man Sizilianer sein?, lautet die alte Antwort: Nur unter Schwierigkeiten. Den Invasoren des 20. Jahrhunderts hingegen begegnen die Sizilianer mit weniger Furcht, wissen sie doch, daß diese meist in ein paar Wochen wieder abziehen, und auch noch eine hübsche Summe an Lire dalassen. Wer als Tourist hierherkommt, erlebt südländische Gastfreundschaft und Hilfsbereitschaft. Hie und da kann er sogar ein Schwätzchen auf deutsch halten. Viele Sizilianer verdingten sich in Deutschland als Gastarbeiter.

Wir beginnen unsere Reise in Palermo mit einem Besuch bei Signora Dominici-Musco. Sie erwartet uns bereits mit einem Espresso. Mit Begeisterung und einem Strahlen in den Augen erzählt sie über die sizilianische Küche. Schon als junges Mädchen habe sie sich fürs Kochen interessiert, und mit ihren Schwestern sonntags einen Wettbewerb um das schmackhafteste Gericht veranstaltet. Ihre Mutter, selbst eine hervorragende Köchin, und ihr Vater, ein bekannter sizilianischer Theater- und Filmregisseur, waren die Juroren. Ihre Küche umfaßt zwei große Räume ihrer Wohnung. »Ich bin eine echte sizilianische Hausfrau.« Signora Dominici-Musco pflegt die sogenannte sizilianische Hausfrauenküche, die eine weitaus längere Tradition hat als die Restaurantküche. In diesem Sommer hat sie in nur 15 Tagen für acht Hochzeiten mit insgesamt 2800 Leuten die Menüs zusammengestellt und gekocht.
Es waren in der Vergangenheit immer die Hausfrauen in den Familien, die die Rezepte gesammelt und weitergegeben haben. Deshalb gibt es zu einzelnen Gerichten viele Varianten. »La Cena del Gattopardo«, »das Abendessen des Leoparden«, heißt eines ihrer Menüs. Eine Passage aus dem berühmten Roman von Giuseppe Lampedusa diente ihr als Vorlage. Don Fabrizio, die Hauptfigur aus »Der Leopard«, gab anläßlich seiner Rückkehr nach Donnafugata ein Abendessen: »... Ganz abgesehen jedoch von guter Erziehung – der Anblick jener riesigen Makkaroni-Pastete verdiente sehr wohl Laute der Bewunderung. Das gebräunte Gold der Umhüllung, der starke Duft von Zucker

Einfach traumhaft: *die »conca d'oro«, die »Goldene-Muschel«-Bucht von Palermo.*

Wenn Anna Maria Dominici-Musco für eine Hochzeit oder ein anderes großes Fest kocht, finden sich ausschließlich Gerichte aus der sizilianischen Küche auf der Menükarte. Ihre Festessen bestehen oft aus 15 Gängen, und sie zeigt, welche Köstlichkeiten die traditionelle »cucina casalinga«, die Hausfrauenküche, bereithält. Beispielsweise Schwertfisch-Carpaccio mit Feigen in Himbeeressig, oder eine Komposition aus geräucherter Wachtelbrust, kleinen gelben Melonenkugeln, Radicchio und schwarzen Oliven.

und Zimt, der davon ausströmte, waren nichts als das Vorspiel zu dem Wonnegefühl, das einem im Innern aufstieg, wenn das Messer die Kruste auseinanderriß ...« Aus solchen fragmentarischen Beschreibungen und ihrem Wissen über die damalige Küchenkultur stellt Signora Dominici-Musco dann reichhaltige Menüs von bis zu acht Gängen zusammen, die neben Pasteten, Fisch und einem Fleischgericht Salatkompositionen und verschiedene Desserts enthalten.

»So eine Opulenz, so eine Zeremonie finden sie in keinem Restaurant«, erklärt die Signora, »ohne die Hausfrauen, und natürlich die Klöster, die in früheren Jahrhunderten die Bewahrer und Förderer der Küchentradition waren, gäbe es die sizilianische Küche so nicht.«

Was denn die sizilianische Küche ausmache, will ich von ihr wissen. »Wir haben eine fast internationale Küche. Von den Griechen lernten wir den Weinanbau, die Römer brachten Bohnen, Spargel und Zwiebeln mit. Einen großen Einfluß hatten auch die Araber, die im 9. Jahrhundert nach Palermo und in die westlichen Provinzen kamen. Sie machten uns mit Zitronen, Orangen, Reis, Sesam, Pinienkernen,

LEOLUCA ORLANDO
Bürgermeister von Palermo

Wie sicher kann sich in Palermo ein Tourist fühlen?
Die Mafia ist ein sizilianisches Problem. Doch für Touristen ist sie keine Gefahr, denn nicht zuletzt verdient die Mafia ja daran. Wir haben hier in Palermo schon viel erreicht. Palermitaner und unsere Gäste können wieder unbesorgt durch Palermo schlendern.
Wie sehen die Veränderungen aus?
Die Mafia hat unsere Identität, unsere Tradition gegen uns benutzt. Ich versuche, die sizilianische Identität von der Mafia zu trennen. Ich sage, ein Mafioso ist kein Sizilianer, weil er Sizilien zerstört. Ich sage, Palermo gehört uns, den Bürgern, nicht der Cosa nostra. Wir sind dabei, unser Stadtzentrum wieder aufzubauen, es mit Leben zu füllen. In den letzten zwei Jahren sind allein 50 Cafés und Bars neu entstanden.
Sie zählen zu den höchstgefährdeten Personen. Wie leben Sie mit der Angst?
Palermo muß eine normale Stadt werden, das ist mein Ziel. Ich führe ein nichtnormales Leben für eine normale Stadt.
Gibt es etwas außerhalb der Politik, wovon Sie manchmal träumen?
Ja. Mit einem guten Freund – er ist ein echter, er hat mich nicht gewählt! – träume ich manchmal davon, ein Restaurant aufzumachen. Er ist für die Cantina, also für das Trinken, zuständig, und ich begrüße die Gäste.

dem Zuckeranbau und mit Gewürzen wie Zimt, Nelken und Jasmin, bekannt. Unsere Vorliebe für alles Süße kommt wohl von den Sarazenen: Die Cassata, der Mandelkrokant, die Sorbets und die vielen verschiedenen Marzipanleckereien gehen auf sie zurück.« Natürlich wollen wir aus der gemütlichen Küche der Signora, in der sie all die Vorbereitungen für ihre herrschaftlichen Essen trifft, nicht fort ohne ein oder besser mehrere Rezepte. Sie überlegt kurz, und entscheidet sich dann für zwei kalte Köstlichkeiten, eine Eisbombe und eine gefrorene Mandelparfaittorte. Die Signora lädt uns ein, in einer Woche wieder zu kommen, um ihr bei den Vorbereitungen zu einer Hochzeit, die in der Villa Chiaramonte des Grafen Bordonaro in Palermo stattfindet, über die Schulter zu schauen.

Als wir sie um einen wirklich guten Restauranttip in der Stadt bitten, muß sie achselzuckend passen. »Ich gehe nie ins Restaurant essen«, sagt sie, und ruft ihre Tochter an, die uns »La Briciola« empfiehlt. In dem kleinen, urgemütlichen Lokal von Andrea Amorello treffen wir mittags nur Stammgäste an. Ein echter Geheimtip. Ausgezeichnet schmeckt das palermitanische Traditionsgericht »Pasta con le sarde«, Röhrennudeln mit Sardinen, Pinienkernen, Fenchel und Semmelbrösel. Als Hauptgericht lassen wir uns ein Schwertfischgericht »Pesce spada alla ghiotta«, munden.
Stolz schmückt sich das »hochmütige« Palermo noch immer mit dem Beinamen Conca d'Ora, goldene Muschel, auch wenn längst Patina den Glanz trübt, und das historische Zentrum stark vom Zerfall bedroht ist. Hochmütig war Palermo in der Tat: Wer dieser Stadt nicht entstammte, wurde als regnicolo, einer aus dem Reich, oder gar piedincretati, einer mit Lehm an den Füßen, beschimpft. Seine wahre Blütezeit erlebte Palermo aber unter den Sarazenen. Islamische Architekten halfen, Balerm – wie es damals hieß – zu einer der bedeutendsten Städte im Mittelmeerraum zu machen. Damals soll es mehr Moscheen als heute Kirchen gegeben haben.

Unser Termin mit dem Oberbürgermeister wird von seinem Büro mehrmals per Handy gecheckt. Wir erklären uns das mit der höchsten Sicherheitsstufe, die für Leoluca Orlando gilt. Er hat uns zu einer Premiere ins Theater Biondo eingeladen. Doch erst nach der Vorstellung tritt der international bekannte Politiker kurz auf, und ist, umgeben von einem Troß von Sicherheitsleuten, sogleich wieder verschwunden.
Wir fahren zur Villa Niscemi, neben dem Rathaus der zweite repräsentative Amtssitz des Bürgermeisters, des Sindaco. Kurz vor Mitternacht erscheint er gutgelaunt zum Gespräch. Er erzählt auf deutsch von seiner Studienzeit in Heidelberg. Wie er als »junger, dummer Student« den großen Philosophen Martin Heidegger kennengelernt hat. Deutsch sei für ihn nach Sizilianisch und noch vor dem Italienischen seine zweite Muttersprache – ein kleiner Seitenhieb auf die Norditaliener, die dem Süden gegenüber immer noch eine gewisse Überheblichkeit an den Tag legen. Dagegen will er ebenso angehen wie gegen die mafiosen Strukturen in Sizilien. »Wir sind von unserer Geschichte her ein multikulturelles Land. Deshalb habe ich auch einen großen Wunsch: Ich möchte neben die Schutzheilige von Palermo, Santa Rosalia, einen anderen, einen schwarzen Heiligen stellen: den San Benedetto il moro. Bereits vor über 300 Jahren wurde er vom Magistrat der Stadt zum Patron erklärt. Der schwarze San Benedetto soll ein Zeichen dafür sein, daß das echte, traditionelle Palermo keine Intoleranz gegenüber anderen Ländern und

Der dorische Tempel von Segesta *(um 420 v. Chr.) ist ein Zeugnis antiker Kultur.*

Sizilien verfügt über die schönsten und besterhaltenen Bauwerke der griechischen Antike. Sie sind stumme Zeugen der griechischen Siedlungen auf Sizilien. Ob die Tempelanlagen bei Agrigento, oder der Tempelkomplex in Selinunte bei Menfi, ob das griechische Theater in Syrakus, bis heute sind die Monumente erhalten geblieben. Von beeindruckender Schönheit ist der dorische Tempel von Segesta. Er wurde allerdings nicht von den Griechen, sondern von den mit diesen verfeindeten Elymern erbaut, die im 5. Jahrhundert v. Chr. in Segesta siedelten.

Kulturen kennt.« Sein größtes Bemühen aber gilt der Zerstörung der Mafiaorganisation. »Denn die Mafia ist mehr als ›normale‹, organisierte Kriminalität. Sie ist die Verbindung von Staat und Verbrechen. Die Mafia hat sich unsere Tradition, unsere gesellschaftlichen Spielregeln auf unheimliche Weise zunutze gemacht. Die Mafiosi versuchen ganz normale Bürger zu sein. Aber in Wirklichkeit arbeiten sie gegen uns, sie machen unser Land kaputt, das ist meine Botschaft, die ich so oft wiederhole, bis ich alle überzeugt habe.«

Gegen Ende unseres Gespräches wendet sich Leoluca Orlando angenehmeren Dingen zu, dem Essen und der sizilianischen Küche nämlich. Leider müsse er sich aus Gewichtsgründen derzeit etwas zurückhalten. »Gott hat nur zwei schlechte Dinge gemacht, zum einen, daß nicht alle Menschen gleich dick oder dünn sind, und zum zweiten, daß die Dünnen nicht dicker, die Dicken aber eher noch etwas dicker werden.«

Nach einem Besuch des berühmten Vucciria-Marktes verlassen wir Palermo und fahren in die westlich gelegene Provinz von Trapani. Wir passieren weitläufige Hartweizenfelder, Zitrus- und Olivenhaine und leuchtend gelb schimmernde Melonenfelder, und sehen einsam auf einem Hügel stehend, den Tempel von Segesta

Reiche Ernte in der Provinz Trapani, *bedingt durch mildes Klima.*

Für die Sizilianer war Thunfisch früher ein wichtiges Nahrungsmittel. Es gab keinen Teil vom Fisch, für den man nicht eine Verwendungsmöglichkeit gehabt hätte.
In der »Antica Tonnara« in Favignana, einem kleinen Delikatessengeschäft für Thunfischprodukte, findet sich auch so Exotisches wie Thunfischsamen oder Thunfischhoden. Eine kostbare Spezialität ist der Thunfischrogen.

Der marinierte Thunfisch ist eine wunderbare Vorspeise. Das Rezept stammt von Maria Guccione, die mit ihrer Schwester Giovanna ein famoses Fischrestaurant auf der Insel Favignana betreibt. Zur Zeit des Thunfischfangs, vor der Küste von Favignana, im Mai und Juni, kreiert Maria allerlei mit Thunfisch.

TONNO CRUDO AI PROFUMI EGUSAI

Marinierter Thunfisch mit Gewürzen der Ägadischen Inseln

Für 4 Personen

- *500 g roher, magerer Thunfisch am Stück*
- *Marinade*
- *4 Knoblauchzehen*
- *2 Zwiebeln*
- *6 Kapern*
- *1/2 l Öl, davon die Hälfte Olivenöl extra vergine, die andere Hälfte Sonnenblumenöl*
- *4 EL Weinessig*
- *3 große Zitronen*
- *Salz, Pfeffer*
- *1 Bund Petersilie*
- *5 Blätter Salbei*
- *1 TL getrockneter Oregano*
- *5–6 frische Pfefferminzblätter*

1 Den rohen Thunfisch mit einem scharfen Messer in 2 Zentimeter dicke Stücke schneiden, zwischen Klarsichtfolie legen und in hauchdünne Scheiben flachklopfen.
2 Für die Marinade die geschälten Knoblauchzehen zerdrücken und mit den feingewürfelten Zwiebeln und Kapern vermengen.
3 Die beiden Ölsorten, den Weinessig und den Saft der Zitronen gut verrühren, Salz und Pfeffer dazugeben und mit dem Knoblauch-Zwiebeln-Kapern-Gemisch vermengen.
4 Die Kräuter waschen, fein hacken und miteinander vermischen.
5 In eine ovale Form aus Porzellan oder Ton mindestens drei Schichten in folgender Reihenfolge übereinanderlegen: Mit den hauchdünnen Thunfischscheiben beginnen, dann die Kräuter darüberstreuen und zum Abschluß mit Öl begießen. Dann folgt die nächste Thunfischlage.
6 Bei Zimmertemperatur mindestens 6 Stunden marinieren lassen und vor dem Servieren für 1 bis 2 Stunden in den Kühlschrank stellen.

SPAGHETTI ALLA FAVIGNANESE

Nudeln mit Thunfischrogen

Für 4 Personen

- *40–60 g Thunfischrogen*
- *100 g Olivenöl, extra vergine*
- *1 kleines Bund Petersilie*
- *400 g Spaghettinudeln*

1 In einer Pastaschüssel den Thunfischrogen mit einer Gabel zerdrücken, das Olivenöl darübergießen und die feingehackte Petersilie unterrühren. Das Ganze mindestens 1 Stunde ziehen lassen, damit das Öl den Geschmack des Thunfischrogens annimmt.
2 Die Spaghettinudeln im Salzwasser »al dente« kochen, abgießen und in die vorgewärmte Pastaschüssel geben.
3 Den angemachten Thunfischrogen unter die Nudeln mischen, bei Bedarf etwas frisch gemahlenen schwarzen Peffer dazugeben, und sofort servieren.

Tip Da der Thunfischrogen durch das Pökeln sehr salzhaltig ist, braucht man das Gericht nicht zu salzen.

Trotz Rückgang der Fangquoten:
Der Fischmarkt von Favignana bietet reichlich frischen Thunfisch.

CAPONATA

Gebratenes Gemüse, süß-sauer

Für 6 Personen

Tomatensauce, etwa 500 ml

- *1 kg Tomaten*
- *50 ml Olivenöl*
- *1 Bund Basilikum*
- *Salz, Pfeffer aus der Mühle*

Caponata

- *1 kg Auberginen*
- *Salz*
- *Olivenöl zum Braten*
- *250 g Staudensellerie*
- *2 Zwiebeln*
- *200 g grüne Oliven*
- *1 EL Kapern*
- *Rosinen nach Geschmack*
- *Pinienkerne nach Geschmack*
- *100 ml Weinessig*
- *25 g Zucker*
- *Peffer*
- *20 g Mandelblätter oder Mandelstifte*

Tomatensauce

1 Die geviertelten Tomaten mit Schale in 100 Milliliter kochendes Ölwasser geben und bei mittlerer Temperatur im geschlossenen Topf etwa 1/2 Stunde köcheln.
2 Die Tomaten durch ein Sieb streichen, und mit dem feingehackten Basilikum, Salz und Pfeffer würzen.

Caponata

1 Die Auberginen in etwa 3 Zentimeter große Würfel schneiden; dann in ein Sieb legen, leicht salzen, mit einem Teller abdecken und mit einem Gewicht beschweren. Nach 30 Minuten die Auberginenstücke auf ein Tuch legen und trockentupfen. Flüssigkeit wegschütten, da sie Bitterstoffe enthält.
2 Die Auberginenstücke in einer Pfanne im heißen Öl von allen Seiten anbraten und abkühlen lassen.
3 Den Staudensellerie in 2 Zentimeter große Stücke schneiden, und in Salzwasser 5 Minuten halb gar kochen, abtropfen lassen.
4 Die Zwiebeln abziehen, in Scheiben schneiden und in einer Kasserolle in Olivenöl andünsten. Die Tomatensauce und die Selleriestückchen dazugeben, und alles ungefähr 1/2 Stunde köcheln lassen.
5 Die entsteinten und halbierten Oliven mit den Kapern dazugeben; je nach Geschmack eingeweichte Rosinen oder Pinienkerne unterrühren.
6 Den Essig mit dem Zucker verrühren und dazugeben. Alles mit Salz und Pfeffer abschmecken, und 5 Minuten einkochen lassen.
7 Das Ganze auf Zimmertemperatur abkühlen lassen, dann mit den Auberginen mischen. Mit gerösteten Mandeln bestreuen, und mindestens 12 Stunden durchziehen lassen.

Tip Anstelle frischer Tomaten kann man auch Pellati, geschälte Tomaten aus der Dose, verwenden.
Anstatt der Mandelblätter nehmen manche nur Pinienkerne, oder nur Rosinen – oder Kombinationen daraus.
Auch die Sorte der Oliven variiert das Gericht.

Die Olive – eines der wichtigsten landwirtschaftlichen Produkte. *Die ersten Pflanzungen von Olivenbäumen gehen auf die Griechen zurück.*

Diese sizilianische Spezialität entstand während der spanischen Herrschaft. Damals lernten die Sizilianer Tomaten und Auberginen kennen, zwei Gemüsesorten, die heute aus der sizilianischen Küche nicht mehr wegzudenken sind. Die Caponata schmeckt besonders erfrischend, wenn man sie einen Tag ziehen läßt und kalt serviert. Sie ist auf Sizilien in Verbindung mit anderen Vorspeisen, wie eingelegten Sardinen, Käse und Reisbällchen, sehr beliebt. Die Caponata darf bei keinem sizilianischen Essen fehlen. Jede Familie hat ihre kleinen Geheimnisse bei der Zubereitung, deshalb gibt es viele Variationen.

Unser Rezept stammt aus »Re Aceste«, dem Restauranthotel »Moderno« in Erice von Signora Giovanna.

In Erice und Trapani sieht man am Eingang vieler Restaurants ein Schild hängen, auf dem steht: »oggi couscous«, heute frischer Kuskus. So viel Arbeit, wie ein Kuskus erfordert, machen sich die Restaurants natürlich nicht jeden Tag. Das Gericht macht zwar einige Mühe, und braucht auch seine Zeit, doch der Aufwand lohnt sich ganz bestimmt. Für ein Essen im Freundeskreis genau das Richtige.

Man kann es jedoch auch einfacher haben: Kuskus gibt es schon halb fertig zubereitet zu kaufen. Er benötigt dann nur noch fünf Minuten Zubereitungszeit.

Aus dem »Re Aceste« von Guiseppe Catalano.

COUSCOUS CON PESCE ALLA TRÁPANESE

Kuskus mit Fisch

Für 6 Personen

Kuskus

- *1 kg Kuskus (Kuskus ist grob geschrotetes Hartweizenmehl, das in türkischen, arabischen und mitunter in italienischen Geschäften erhältlich ist).*
- *Olivenöl, extra vergine, für den Kuskus und die Fischsuppe*
- *2 Zwiebeln*
- *Salz, schwarzen Pfeffer*
- *2–3 Lorbeerblätter*
- *1 Bund Petersilie*
- *1 Zimtstange*
- *3 Knoblauchzehen*
- *150 g Möhren*
- *150 g Lauch*
- *200 g Mehl*

Fischsuppe

- *2 kg Fischfleisch – gemischter frischer Fisch und Meeresfrüchte (Knurrhahn, Meeräsche, Cipolla, Scorfano [Drachenkopf], Martello, Cernia, Coccio, auch Gamberi)*
- *3 Zwiebeln*
- *10–12 Knoblauchzehen*
- *200 ml Olivenöl*
- *30 g gemahlene Mandeln*
- *1 kg Tomatensauce (siehe Seite 353) oder Pellati*
- *1 Bund Petersilie*
- *2 TL Peperoncini (scharf), fein gewürfelt*
- *Salz, Pfeffer*

Kuskus

1 Kuskus mit Wasser anfeuchten, 4 TL Olivenöl dazugeben, gut durchmischen. Auf einer Baumwollserviette oder einem Geschirrtuch verteilt über Nacht ziehen lassen.

2 Am nächsten Tag den Kuskus mit einer feingewürfelten Zwiebel, etwas Öl, 1 Prise Salz und ungefähr 1 TL schwarzen, gemahlenen Pfeffer vermischen und in ein Siebgefäß geben. (Die Löcher mit Lorbeerblättern bedecken).

Man kann auch ein ganz normales feinmaschiges Haushaltssieb nehmen, den Boden mit Lorbeer bedecken, und den Kuskus darauf verteilen.

3 In einen großen Topf Wasser, Petersilie, die gehäutete und grob zerkleinerte Zwiebel, Zimtstange, die geschälten und zerkleinerten Knoblauchzehen, Möhren, Lauch, Pfeffer und Salz zugeben.

4 Das Gefäß mit dem Kuskus wird auf den Wassertopf aufgesetzt – der Abstand zwischen dem Wasser und dem Gefäßboden sollte ungefähr drei Finger breit sein.

5 Mit einem Teig aus Mehl und Wasser – er sollte die Konsistenz einer Spachtelmasse haben – werden die Stellen zwischen Wassertopf und Kuskusgefäß abgedichtet, so daß kein Dampf entweichen kann.

6 Das Wasser zum Kochen bringen. Sobald Dampf aus der Kuskusmasse entweicht, die Temperatur auf mittlere Hitze zurückstellen. Während der etwa zweistündigen Garzeit den Kuskus gelegentlich umrühren.

Fischsuppe

1 Die ausgenommenen Fische und Meeresfrüchte unter fließendem Wasser gut reinigen. Die kleingeschnittenen Zwiebeln mit dem zerkleinerten Knoblauch in Öl andünsten und die gemahlenen Mandeln dazugeben.

2 Das Ganze goldgelb andünsten, dann die Tomatensauce mit der gehackten Petersilie und 1/4 Liter Wasser dazugeben. Etwa 30 Minuten köcheln lassen.

3 Die restlichen 4 Liter Wasser dazugießen, mit der Peperoncini, Salz und Pfeffer würzen und die Fische in der Reihenfolge ihrer Garzeit in den Sud geben.

4 Nach etwa 15 Minuten die Fische herausnehmen, und auf einem Brett Haut und Gräten entfernen. Das Fischfleisch warm stellen.

Im »Re Aceste« *sind Kuskusgerichte eine besondere Spezialität.*

5 Die Karkassen (Fischreste wie Gräten, Köpfe ect.) wieder in den Sud geben, und nochmals 20 Minuten köcheln lassen. Zwischendurch den Schaum abschöpfen.
6 Mit Salz und Pfeffer würzen, durch ein feines Sieb abgießen und warm stellen.
7 Den Kuskus vom Wassertopf nehmen, in eine Tonschüssel geben und die Lorbeerblätter entfernen.
8 Über den Kuskus etwa 1/4 Liter Fischsud gießen, und die Schüssel mit einem vorgewärmten Küchentuch abdecken.
9 Von Zeit zu Zeit etwas heiße Fischsuppe nachgießen, bis der Kuskus ausgequollen ist.
10 Den Kuskus nach 1 bis 2 Stunden auf einem großen Teller oder einer Platte anhäufen, etwas Fischsuppe angießen, und die Fischstückchen darauf anrichten. Die Fischsuppe wird in einer Sauciere dazu gereicht.

Tip Das sizilianische Siebgefäß ist ein Terrakottatopf mit 2 bis 3 Millimeter großen Löchern im Boden – es wird zum Dünsten und Dämpfen verwendet.
Sie können als Alternative ein Stahlsieb mit großen Löchern nehmen.

Info Dieses Rezept zeigt eindeutig arabische Wurzeln. Das Gericht stamme jedoch nicht aus der Zeit der arabischen Herrschaft, behaupten die Sizilianer, genauer gesagt, die Trapanesen. Es seien heimische Fischer gewesen, die zwischen dem 16. und dem 17. Jahrhundert dieses Gericht von afrikanischen Hafenstädten mitgebracht hätten.
Außerdem, so behauptet man auf Sizilien, wurde der sizilianische Kuskus immer schon mit Fisch zubereitet, während die traditionell arabische Zubereitungsart den Kuskus nur mit Fleisch kenne.

Der klassische sizilianische Kuskus besteht aus zwei Komponenten, zum einen muß der Kuskus selbst im Wasserdampf gegart werden, zum anderen wird aus verschiedenen Speisefischen eine schmackhafte Bouillon bereitet. Die Fische werden entgrätet, und die kleinen Filetstückchen zum Schluß auf den Kuskus gegeben.

Romantischer Turm in Sizilien:
Torretta Pepoli bei Erice.

Der Legende nach geht die Gründung der Stadt Erice auf Aphrodites Sohn Eryx zurück, der seiner göttlichen Mutter hier einen Tempel errichtete. Der Monte Erice war in der Antike ein bedeutendes Zentrum des Venuskultes. Heute lockt die Stadt mit ihrer wunderschönen Lage, einem phantastischen Blick in die Ebene von Trapani und einem intakten mittelalterlichen Stadtbild.

mit den 36 dorischen Säulen. Im Hintergrund erheben sich karge Kalkwände. Ein Stück weiter oben, am Monte Barbaro, bietet das sich im Halbrund zum Meer hin öffnende Theater einen grandiosen Ausblick.

Erice, unweit von Segesta gelegen, geht wie der dorische Tempel auf die Elymer zurück. Sie siedelten auf dem 751 Meter hohen Monte Erice. Erice wartet mit einem grandiosen mittelalterlichen Stadtbild auf. Das Auto sollte man vor den Toren der Stadt stehenlassen. Zu eng sind dafür die kunstvoll gepflasterten Gassen. Weithin bekannt sind die Dolci aus Erice, und der Kuskus.
Im Ristorante »Re Aceste« lassen wir uns am Abend Kuskus servieren, und sind aufs angenehmste überrascht, wie wohlschmeckend dieses von den Arabern stammende Gericht schmeckt. »Der Kuskus ist eine Spezialität der Provinz Trapani«, erklärt uns Giuseppe Catalano, der freundliche und zuvorkommende Besitzer. Spontan lädt er uns in seine Küche ein, um uns zu zeigen, wie man den Originalkuskus zubereitet.

Die kleine hübsche Konditorei von Maria Grammatico in der Via Vittorio Emanuele wirkt wie ein liebevoll dekoriertes Puppenhaus. Ein Eldorado für alle Naschkatzen. Die Signora steht selbst hinter der Theke. Vor ihr in der Vitrine stapeln sich, wie in einem überquellenden Buchladen, die verschiedensten Marzipanbäckereien. Sie begrüßt uns mit einem leisen Schmunzeln. Sie habe schon gehört, daß wir in der Stadt seien und zu ihr wollten. »So etwas spricht sich hier schnell rum«, sagt sie und winkt uns an einen Tisch. Sie erzählt ihre Geschichte sicher zum wiederholten Male, und doch bringt ihr Gesicht mitunter noch immer lebhaft zum Ausdruck, daß sie es schwer gehabt haben muß. Sicher, im Kloster bei den Nonnen von San Carlo hat sie alles gelernt, viele Rezepte hat sie von den Schwestern mitbekommen. Aber sie war nicht freiwillig ins Kloster gegangen. »Meine Mutter konnte uns fünf Kinder nach dem Tod unseres Vaters nicht alle ernähren, also kam ich zu den Nonnen ins Waisenhaus«. Später dann wollte sie sogar Nonne werden, aber es kam dann doch anders. Und sie hat mit 26 Jahren ein winziges Geschäft aufgemacht. »Den Leuten haben meine Sachen offensichtlich geschmeckt, sonst hätte ich es ja nicht soweit gebracht«, sagt sie und fordert uns auf, doch zu probieren. Die Biscotti aus Mandeln, Zucker, Nelken und

Das Flicken der Thunfischnetze *ist gemeinsame Männerarbeit.*

Wenn man Glück hat und die Fischer fündig geworden sind, bekommt man im »Egadi« Meeresgerichte zu kosten, die es nirgendwo sonst gibt. So z. B. »Frittelle di attinie«, in Eierteig ausgebackene Seeanemonen, oder »Pasta con patelle«, ein Nudelgericht mit kleinen, an Felswänden sitzenden Muscheln, die es nur auf Favignana gibt.

Zimt, die Dolcetti al liquore, das Marzipan.

Unser nächstes Ziel ist die Ägadische Insel Favignana. Mit dem Tragflügelboot dauert die Überfahrt von Trapani ca. 20 Minuten. Im Mai und Juni eines jeden Jahres ziehen die Thunfische auf ihrem Weg zu den Laichplätzen an der Insel vorbei. Dann sind sie grasso, dick und fett und sehen schlecht. Sie erkennen die Netze nicht, die sich um sie zusammenziehen, sie zu den Schlachtplätzen dirigieren. »Es ist ein Jahrtausende alter Kampf zwischen Mensch und Tier. Die Mattanza ist ein Teil unseres Lebens. Alle Männer von Favignana nehmen daran teil, es ist nicht ungefährlich, die Tiere entwickeln in ihrer Todesangst unbändige Kräfte«, erklärt uns der Wirt einer Kneipe am Hafen von Favignana.

Früher gab es rund um Sizilien viele Thunfischfangstellen. Doch die rücksichtslose Überfischung der Meere hat die Thunfischbestände stark dezimiert. Der Thunfisch diktiert in den Monaten Mai und Juni auf Favignana den Speiseplan. Auch im ältesten und zudem besten Fischrestaurant der Insel, dem Ristorante »Egadi«. Die zwei selbstbewußten Schwestern Giovanna und Maria Guccione überzeugen mit einer echten, unverfälsch-

MARIA GRAMMATICO

Marzipanbäckerin in Erice

Wenn man nach Ihnen fragt, sagen einem die Leute immer mit einer gewissen Achtung, daß Sie die Kunst der Marzipanbäckerei bei den Nonnen gelernt haben.
Das war eigentlich ein trauriger Anlaß. Ich war elf Jahre alt, als mein Vater starb. Meine Mutter war im zweiten Monat schwanger mit dem fünften Kind. Also hat man mich zu den Franziskanerinnen ins Kloster gesteckt.
Wann haben Sie dort angefangen, Marzipan herzustellen?
Sofort, wir Waisenkinder lebten vom Verkauf der Süßigkeiten. Im Waisenhaus des Klosters gab es im Eingangsbereich eine schwarze Drehscheibe. Die Leute legten auf die eine Seite Geld, und erhielten dafür die Ware. Die Nonnen bekamen niemand zu sehen.
Welche Süßigkeiten wurden im Kloster hergestellt?
Da waren z.B. die Biscotti, das ist ein Gebäck aus Mandeln, Mehl, Zucker, Nelken und einem ganz speziellen Gelee, oder die vielen verschiedenen Süßigkeiten aus Marzipan. Alles, was ich hier in meinem Geschäft verkaufe, mache ich so, wie ich es im Kloster gelernt habe. Einiges, so die »Genovese«, Teigtaschen mit einer Vanillecremefüllung, habe ich ein wenig verändert.
Warum haben Sie das Kloster wieder verlassen?
Ich war 15 Jahre im Kloster, bin also erst mit 26 Jahren wieder herausgekommen. Ich wollte zu meiner Mutter, meiner Familie.

DOLCI – SÜSSE VERFÜHRUNG

»In einer Woche haben wir acht Mädchen manchmal bis zu 800 Kilo Mandeln geschält, vor Feiertagen kamen wir damit kaum nach ...«, erzählt Maria Grammatico.

Über Jahrhunderte hinweg waren die Herstellung und Verarbeitung des kostbaren Marzipans den Klöstern vorbehalten. Im 16. Jahrhundert erregten die Nonnen immer wieder den Unmut der kirchlichen Obrigkeit, denn durch die viele Konditorarbeit blieb nur wenig Zeit zum Beten. Zuwenig, befand man auf den kirchlichen Synoden, die sich des öftern mit diesem Thema befassen mußten. Einige Quellen berichten sogar von einem Backverbot, das infolgedessen für manche Klöster ausgesprochen wurde.

Süß, üppig *und verführerisch köstlich – die Cassata.*

Der süße Sündenfall kam im 9. Jahrhundert durch die Araber. Von ihnen lernten die Sizilianer solche Köstlichkeiten wie Marzipan, Torrone (Mandelkrokant) und aromatische Gewürze wie Zimt, Nelken und Jasmin kennen. In dieser Zeit entstand auch die Cassata, eine köstliche Ricottatorte mit kandierten Früchten und einem Marzipanmantel. Ihr Name leitet sich vom arabischen quas'at, also tiefer, runder Teller, ab. Später, zur Zeit der spanischen Besatzer, wurde die Cassata durch die Einführung des Biskuits weiterentwickelt. Bis heute nennt man in Sizilien den Biskuit pan di spagna, das Brot der Spanier.

Eine weitere Köstlichkeit, für die Sizilien berühmt ist, geht ebenfalls auf die Araber zurück: Es ist die Granita. Die Sarazenen brachten geeiste Milch- und Fruchtsaftgetränke, die mit Honig gesüßt waren, auf die Insel. Diese gekühlten und bei Sommerhitze angenehm erfrischenden Getränke waren eine Variante des persischen Grundrezeptes, bei dem gestoßenes Eis oder einfacher Schnee mit Fruchtsaft übergossen wurden. Der persische Name dafür war sharbate, aus dem sich das heutige Wort Sorbet ableitet.

Wenngleich Sorbet und Granita oftmals synonym verwendet werden, besteht doch ein kleiner Unterschied. Während die klassische Granita durch ihren niedrigeren Zuckergehalt beim Gefrieren ihre typische kristalline Struktur erhält, erreicht man bei einem Sorbet durch mehr Süße und üppigere Zutaten eine cremige Konsistenz. Ob Granita oder Sorbet, der kleine Unterschied verliert schnell an Bedeutung, wenn diese Köstlichkeiten kühl auf der Zunge zergehen. Bis weit in unser Jahrhundert holten die Sizilianer für ihre Granita den Schnee vom Ätna.

Mit Eseln transportierten die »Schneeverkäufer« in Körben ihre eisige Ware in die Dörfer rund um den Vulkan. »Im Sommer war die Granita natürlich teurer, es war dann viel schwieriger, den Schnee, der oben am Ätna in einer Grotte gelagert wurde, zu transportieren«, erinnert sich der heute 34jährige Francesco Fichera. Er war damals noch ein Junge, heute ist er Konditor und Gelatiere (»Eismacher«) von Beruf in Acireale, wo es angeblich die beste Granita Siziliens gibt.

Signor Fichera *bietet neben Granita auch andere Köstlichkeiten an.*

Doch nicht nur das Fruchteis wurde in Sizilien erfunden, variiert und später in alle Welt exportiert. 1688 eröffnete der Sizilianer Procopio de'Coltelli in Paris die erste italienische Eisdiele, und landete gleich einen kulinarischen Volltreffer. Seinen Sorbets mixte er Zucker und Eier unter, und kreierte so die erste richtige Eiscreme. Wenn also die Italiener für ihre hervorragenden Eisspezialitäten Weltruhm genießen, gebührt den Sizilianern ein großer Anteil daran.

Über Jahrhunderte hinweg wurde in Sizilien die Kunst der Eisherstellung perfektioniert. Die kühlen Köstlichkeiten waren nicht nur wegen der hohen Temperaturen im Sommer stark gefragt, sie waren auch preiswert. Eine Granita konnten sich selbst arme Leute, also der Großteil der Bevölkerung, leisten.

Kuchen, Torten und anderes feines Gebäck waren indes nur für den Adel und reiche Patrizierfamilien erschwinglich. Das Backen überließen sie den Klöstern, die diese Tradition über viele Jahrhunderte pflegten. Die Ordensleute sammelten die alten Rezepte, schrieben sie nieder, entwickelten sie in der Praxis weiter und brachten es damit durchaus zu Wohlstand und Reichtum. Denn die Naschereien hatten ihren Preis: Zucker beispielsweise war bis zur Renaissance Luxus. Für die Herstellung von Marzipan war er unerläßlich. Aus dieser Zeit stammt auch ein anderer Ausdruck für Marzipan, »pasta reale«, königlicher Teig.
Zwar entwickelte sich neben dem klösterlichen Konditoreiwesen auch eine Desserttradition in den Familien, doch blieb der Brauch bis heute erhalten, außer Haus backen zu lassen. Zu Festen, Feiertagen und besonderen Anlässen holt die sizilianische Hausfrau ihre Kuchen und Torten lieber vom Konditor. So bestellen z. B. zu Ostern viele Familien nach einem alten Brauch eine Cassata; und an Peter und Paul gibt es Marzipangebäck mit zwei überkreuzten Schlüsseln, dem Symbol für die Stellvertreterschaft Christi auf Erden – eine Reminiszenz an das Konditorwesen der Klöster.
Außerhalb der Feiertage beendet man die Mahlzeit nicht ganz so üppig: Traditionelle Abrundung des täglichen Menüs ist Obst oder Käse.

Maria Grammaticos Auslage – *da läuft kein süßes Leckermaul vorbei.*

Süßes war früher begehrt und teuer. Mit kleinen geschenkten Naschereien pflegte man seine Wertschätzung und Dankbarkeit auszudrücken.
»Wenn die Leute ihre Verwandten besuchen gehen wollten, kamen sie vorher bei uns im Kloster vorbei, um süße Mitbringsel aus Marzipan zu kaufen«, weiß Maria Grammatico. Die Marzipanmasse wurde aus Zucker und Mandeln hergestellt, auf einem Holztisch ausgewalkt, in Gipsformen (Früchte, Tiere) gegeben und im Ofen getrocknet. Die Figuren wurden anschließend mit selbst hergestellten Pflanzenfarben und Marzipandekor kunstvoll verziert. »Es gab eine Schwester, die konnte so gut malen und dekorieren, sie besaß goldene Hände.
Von ihr habe ich viel gelernt.«

Lord Nelson, von dem man weiß, daß er seine Seeschlachten bevorzugt bei einem Gläschen Likör plante, schrieb über den Marsala: »Der Wein ist so gut, daß er würdig ist, auf der Tafel eines jeden Gentlemans seinen Platz zu haben und er wird ein Manna für unsere Seeleute sein.«
Nach Woodhouse und Ingham, dieser belieferte vor allem den amerikanischen Markt, stieg 1833 der Sizilianer Vincenzo Florio in die lukrative Weinproduktion ein. Sein Unternehmen, das direkt am Hafen der Stadt Marsala liegt, gehört seit 1924 zur Cinzano-Gruppe.

Typisch sizilianische Landschaft – *sanfte, karge Hügel, von Olivenhainen durchzogen.*

Maria Guccione *gibt uns die Geheimnisse zweier Thunfischrezepte preis.*

ten Küche auf hohem Niveau. Der Fisch kommt direkt aus dem nahen Meer, Kräuter und Früchte aus dem Garten. In den ruhigen Monaten, von Oktober bis Mai, wenn Restaurant und Pension geschlossen sind, produzieren die Schwestern Limoncello, einen Zitronenlikör, oder Orangen- und Mandarinenlikör. Hinzu kommen noch verschiedene Marmeladensorten. »Diese Produkte bekommen nur unsere Gäste«, klärt uns Giovanna auf. »Außerdem probiere ich dann neue Gerichte aus, beispielsweise den marinierten Thunfisch«, fügt Maria hinzu.

Heute ist er der berühmteste Wein Siziliens, und wird auf der ganzen Welt als Aperitif oder zum Dessert getrunken. Und wie so oft, verdankt auch er seine Entstehung einer Laune des Schicksals: Ein heftiger Sturm zwang 1773 den englischen Handelsreisenden John Woodhouse zur Landung in Marsala, einer Hafenstadt an der Westspitze Siziliens. In einer düsteren Hafenspelunke bestellte er sich zum Essen den schweren, süffigen Bauernwein aus der Gegend. Woodhouse erkannte seine Chance. Er ließ umgehend 50 Fässer des hochprozentigen Weines nach England schicken. Damit der labile Wein auf der Reise nicht verderben konnte, setzte er ihm Alkohol hinzu. Zu Hause bestätigte man ihm, der neue Wein sei genauso köstlich wie der portugiesische Portwein und der spanische Sherry. Gleich orderte er die nächste Ladung. Heute werden in der DOC-Zone jährlich etwa 340 000 Hektoliter Marsalaweine produziert.
Marsala wird überwiegend aus den süßen Trauben der Cataratto-, Grillo- und Inzolia-Reben hergestellt. Dem Most der Trauben werden Mosto cotto,

gekochter Traubensaft von karamelartiger Konsistenz und Sifone, mit Alkohol versetzter Most, zugesetzt. Der Mosto cotto gibt dem Marsala seine Bernsteinfarbe, und ein geschmeidiges Karamelbukett. Je nach prozentualer Zugabe von Sifone entsteht eine süße (dolce), eine halbtrockene (semi secco) oder auch eine trockene (secco) Marsalaversion.
Eine Besonderheit – weil ohne Mosto cotto – sind der Marsala vergine und der Marsala extra vergine mit zehn und mehr Jahren Lagerzeit. Traditionell wird Marsala in Fässern aus slawonischer Eiche gelagert. Ob Marsala fine, superiore oder superiore riserva, hängt von den Jahren der Lagerung ab.

Wir verlassen die Hafenstadt Marsala und steuern das Restaurant »Il Vigneto« an. Il Vigneto bedeutet der Weinberg. Als wir über eine kleine Eukalyptusallee zum Restaurant kommen, wird uns die Bedeutung des Namens klar. Wie eine kleine Oase liegt es inmitten von Weinstöcken.
Wir setzen uns auf der überdachten Terrasse an einen hübsch gedeckten Tisch, und erleben einen der Momente, für die man Italien liebt: Mit jedem Gang steigt unsere Stimmung. Ob die Spaghetti mit Zucchini und Gamberi, die pikante schwarze Tintenfischpasta, oder die typisch sizilianischen Kalbfleischröllchen, die »Involtini allo spiedo«, oder die Spezialität des Hauses, geräucherte Schweinekeule mit einer delikaten Sauce – alles schmeckt hervorragend.
Eine bodenständige Regionalküche wie aus dem Bilderbuch. Als wir den aufmerksamen Kellner nach Signor Bursi fragen, antwortet er mit einer Gegenfrage: »Welchen, meinen Vater, meinen Bruder oder mich? Aber, Sie wollen sicher meinen Vater sprechen.« Kurz darauf erscheint ein älterer, vornehmer Herr, und stellt sich als Dr. Bursi vor. Wir bitten ihn um ein kurzes Gespräch. So erfahren wir, daß er von Beruf eigentlich Jurist und Lehrer ist. Deshalb hätten ihn die Leute auch für verrückt gehalten, als er vor 15 Jahren, damals war er 35 Jahre, hier in dieser Einöde ein Restaurant eröffnet hat. »Aber bereits nach einem Jahr konnte ich davon leben«, erzählt er munter darauf los. Kochen sei eben schon immer seine große Leidenschaft gewesen. Mittlerweile arbeiten auch zwei seiner fünf Söhne bei ihm. Der 27jährige Alessandro scheint vom Vater das Kochtalent geerbt zu haben. »Schon seit seinem 13. Lebensjahr hilft er mir in der Küche. Ich glaube, bald bin ich abgemeldet«, sagt er lachend.

Bevor wir Syrakus erreichen, machen wir dann noch einen kurzen Abstecher zum Restaurant von Signor Francesco Pomara. Hier herrscht das typische Treiben eines großen, bunten, lauten Familienfestes. In Sizilien kennt man kein Singledasein, man lebt und arbeitet in und für die Familie. Basta!

Ein junges Talent, und doch schon viel Erfahrung: *Alessandro Bursi kocht an der Seite seines Vaters im »Il Vigneto«.*

Zu Hause kocht der Chef des »Il Vigneto« übrigens nie selbst: »Wir haben eine Haushälterin, aber die kocht schauderhaft. Ich streite deshalb ständig mit ihr, sie würzt nicht richtig.« Auf unsere Feststellung, zum Glück könne er ja in seinem Lokal essen, schüttelt er lachend den Kopf: »Nein, in meinem Lokal esse ich nicht, ich esse nur zu Hause. Das ist eine Eigenart von mir.«

Noch ein Tip:
Ganz in der Nähe des Restaurants kann man auf dem Bauernhof von Nino Buttafuoco eingelegtes Gemüse und hausgemachte Marmelade kaufen.

Falso Magro bedeutet soviel wie »falscher Dünner«, und meint den Rinderrollbraten, dessen »mageres« Äußeres nichts von der im Innern verborgenen Üppigkeit ahnen läßt. Donna Giulia stammt aus Bologna und hat bei der Familie di Tornabene für einen emilianischen Akzent in der Küche gesorgt, was sich z.B. in der Verwendung von Butter – etwas völlig Unsizilianisches – zeigt. Der Rollbraten wiederum ist ein typisch sizilianisches Gericht, und wird statt mit Butter mit Olivenöl zubereitet.

Den Rinderrollraten hat Giovanna di Tornabene, die in Gangi mit ihrer Mutter und dem Bruder ein Landgut betreibt, der Großmutter ihres Vaters, Donna Giulia, gewidmet.

FALSO MAGRO ALLA DONNA GIULIA

Hausgemachter Rinderrollbraten

Für 8 Personen

- *1 EL Butter*
- *1 kg Rindfleisch aus der Hüfte. (vom Metzger auf eine Dicke von 1 1/2 cm flachklopfen lassen).*

Füllung

- *1 Zwiebel, gehackt*
- *150 g Pecorino, gerieben*
- *150 g Povolonekäse*
- *200 g grobe Salami*
- *1 Ei*
- *2 hartgekochte Eier, gehackt*
- *20 g Paniermehl*
- *2 EL Petersilie, fein gehackt*
- *Salz, Pfeffer aus der Mühle*

Sauce

- *100 ml Olivenöl*
- *500 g Tomatensauce (siehe Seite 355)*
- *Salz, Pfeffer*

1 Die Butter schmelzen, und die Oberfläche des Rinderrollbratens damit bestreichen.
2 Alle Zutaten für die Füllung miteinander vermengen, und auf dem Rollbraten verteilen. Diesen vorsichtig aufrollen, mit Spießen fixieren und anschließend mit Küchengarn umwickeln. Erst dann die Spieße entfernen.
3 In einer großen Kasserolle das Olivenöl erhitzen, und den Rollbraten darin anbraten.
4 Die Tomatensauce dazugeben, aufkochen und bei geringer Hitze 1 1/2 Stunden zugedeckt dünsten.
5 Zwischendurch etwas Wasser zugießen, und den Braten umdrehen, damit er nicht am Topf ansetzt.
6 Den Rollbraten auf eine vorgewärmte Platte legen, und 15 Minuten, mit Alufolie bedeckt, ruhen lassen. Das Küchengarn entfernen, den Braten in Scheiben schneiden und mit der heißen Sauce servieren. Falls nötig, die Sauce etwas reduzieren.

INVOLTINI ALLO SPIEDO

Kalbfleischröllchen am Spieß

Für 6 Personen

- *6 Scheiben zartes Kalbfleisch, á 150 g, aus der Hüfte, sehr dünn geschnitten*
- *Olivenöl*
- *Salz*

Füllung

- *100 g Paniermehl*
- *50 g milder Pecorino*
- *50 g geschälte Tomaten (Pellati)*
- *1 EL Olivenöl*
- *1/4 kleingehackte Zwiebel*
- *Salz, Peffer aus der Mühle*

1 Aus den Kalbfleischscheiben kleine Quadrate von 8 bis 10 Zentimetern schneiden.
2 Das Fleisch auf der Oberseite mit Öl bestreichen und leicht salzen.
3 Für die Füllung das Paniermehl mit dem fein geriebenen Pecorino, den Tomaten, einem EL Olivenöl, der gehackten Zwiebel, Salz und Pfeffer vermengen, so daß ein nasser Teig entsteht.
4 Auf die Fleischquadrate verteilen und diese zu Rouladen aufrollen. Mit Öl beträufeln, und in Paniermehl wenden.
5 Je drei Fleischröllchen auf zwei Schaschlikspießchen stecken, und unter gelegentlichem Wenden in einer Pfanne in Öl, etwa 15 Minuten goldgelb braten. Heiß mit Salat servieren.

Tip Alternativ kann die Füllung wahlweise auch mit Speck, Schinken oder Mozzarella, Pinienkernen, eingeweichten Rosinen und Petersilie variiert werden.

Das Rezept der Involtini hat uns der 65jährige Signor Bursi aus dem Restaurant »Il Vigneto« bei Menfi verraten. Es ist ein Rezept seiner Mutter.

CASARECCIA CON LA FRUTTA SECCA

Gedrehte Nudeln, hausgemacht, mit einer Nußsauce

Für 8 Personen

Sauce

- *125 g Mandeln*
- *125 g Walnüsse*
- *125 g Haselnüsse*
- *125 g Pistazien*
- *125 g Pinienkerne*
- *6 Knoblauchzehen*
- *1 Bund Basilikum*
- *1 kleines Bund Petersilie*
- *125 g Parmesan, frisch gerieben*
- *125 g Pecorino, frisch gerieben*
- *Olivenöl, extra vergine*

Nudeln

- *1 kg Casarecce-Nudeln*
- *Salz*
- *50 g Butter*

1 Alle Zutaten für die Sauce in den Mixer geben, Öl zugießen, bis eine cremige Masse entsteht. Diese in eine vorgewärmte Pastaschüssel geben, und mit etwas Nudelkochwasser verdünnen.

2 Die Nudeln in reichlich Salzwasser »al dente« kochen, abgießen und gut abtropfen lassen, und rasch mit der Butter und der Nußsauce vermengen. Sofort servieren.

Ein einfaches Pastarezept, das man auch mit Rigatoni oder einer Nudelsorte nach Wahl zubereiten kann. Die ganze Fülle der Zutaten hierfür findet man in den Madoniebergen Siziliens: Nüsse, Pistazien, Pinien, Kräuter und wunderbaren Käse. Köstlichkeiten, die zum Glück mittlerweile auch bei uns in guter Qualität erhältlich sind.

Die Azienda Agricola der Familie Tornabene in der Abgeschiedenheit der Madonieberge ist ein Juwel für alle, die Ruhe und Erholung suchen, und sich dabei kulinarisch verwöhnen lassen möchten. Da sich das Menü im Restaurant, das nur mittags geöffnet hat, von dem der Pensionsgäste unterscheidet, empfehlen wir, sich diesbezüglich mit der Familie abzusprechen. Zudem ist es ratsam, sich den Weg genau beschreiben zu lassen, es gibt so gut wie keine Beschilderung.

Das Rezept stammt von Wanda di Tornabene. Nudeln unter der Bezeichnung »Casarecce« findet man in vielen italienischen Feinkostläden.

Der Vucciria-Markt in Palermo *begeistert durch sein vielfältiges Angebot an frischen Fischen.*

Als eines der besten Fanggebiete für Schwertfisch gilt die Straße von Messina. Kein Wunder, daß in der sizilianischen Küche König Schwertfisch, »pesce spada«, Regie führt.

Beide typisch sizilianischen Fischgerichte stammen aus dem Ristorante »La Briciola«.

PESCE SPADA ALLA PALERMITANA

Schwertfisch auf palermitanische Art

Für 4 Personen

- *2 Knoblauchzehen*
- *1 kleines Bund Petersilie*
- *200 g Paniermehl*
- *1 EL Oregano*
- *4 Schwertfischscheiben, á 150 g*
- *50 ml Olivenöl*
- *Salz, Pfeffer aus der Mühle*
- *1 Zitrone zur Garnitur*

1 Die gehäuteten Knoblauchzehen und die gewaschene Petersilie fein hacken, und mit dem Paniermehl und dem Oregano vermischen. Die Schwertfischscheiben mit Olivenöl gut einfetten, und in der Paniermehlmischung wenden.

2 Eine Pfanne mit dem restlichen Olivenöl erhitzen, die Scheiben in das heiße Öl legen, und etwa 8 bis 12 Minuten (je nach Dicke) goldgelb braten, zwischendurch wenden.

3 Mit Salz und Pfeffer würzen. Auf dem Teller mit einer Zitronengarnitur anrichten.

Neben Thunfisch und Sardinen *zählt der Schwertfisch zu den drei Klassikern der sizilianischen Fischküche.*

PESCE SPADA ALLA GHIOTTA

Schwertfischeintopf

Für 4 Personen

- *50 g Kapern*
- *150 g schwarze Oliven, entsteint*
- *100 g Olivenöl*
- *4 Schwertfischscheiben, á 150 g*
- *Salz, Pfeffer aus der Mühle*
- *1/2 Glas Weißwein*
- *1 Lorbeerblatt*
- *2 vollreife Tomaten*
- *4 kleine Kartoffeln*
- *1 Prise Oregano*

1 Kapern und Oliven in eine Pfanne geben und in Olivenöl andünsten.

2 Die Schwertfischscheiben dazugeben und auf beiden Seiten anbraten, mit Salz und Pfeffer würzen.

3 Mit dem Weißwein ablöschen, das Lorbeerblatt und die in Stücke geschnittenen Tomaten dazugeben.

4 Die zuvor knapp gar gekochten kleinen Kartoffeln schälen, und grob geschnitten zum Eintopf geben, mit Oregano würzen.

5 Den Eintopf etwa 10 Minuten bei milder Hitze köcheln lassen.

In manchen Familien wird das Gericht zusätzlich mit eingeweichten Rosinen und Pinienkernen zubereitet.

PASTA CON LE SARDE
Nudeln mit Sardinen

Für 4 Personen
- *150 g (eine Knolle) wilder (Berg-)Fenchel*
- *Salz*
- *4 frische Sardinen*
- *1 kleine Zwiebel*
- *100 ml Olivenöl*
- *4 Sardellenfilets*
- *1 EL Pinienkerne*
- *1 EL eingeweichte Rosinen*
- *Pfeffer aus der Mühle*
- *1/4 l Weißwein*
- *400 g Röhrennudeln*
- *50 g geröstete Semmelbrösel*

1 Den Fenchel in reichlich Salzwasser etwa 25 Minuten weich kochen. Das Fenchelwasser als Nudelwasser aufbewahren.
2 Die Sardinen gut säubern. An der Bauchseite aufschneiden, die Hauptgräten herauslösen und den Kopf entfernen. In ca. 3 Zentimeter große Stücke schneiden.
3 In einer Pfanne die kleingewürfelten Zwiebeln in 70 Milliliter Öl andünsten, die Sardinenstückchen und die kleingeschnittenen Sardellenfilets dazugeben, und zusammen mit den ebenfalls kleingeschnittenen Fenchelstücken anbräunen.
4 Pinienkerne und Rosinen beimengen, und mit etwas Salz (die Sardellenfilets sind bereits sehr salzig!) und Pfeffer abschmecken.
5 Mit Weißwein ablöschen, und bei milder Hitze 10 bis 15 Minuten köcheln.
6 Unterdessen die Nudeln im Fenchelwasser – aufgefüllt auf etwa 3 Liter – »al dente« kochen, abgießen, gut abtropfen lassen, und in einer Pfanne mit der Sardinensauce vermischen.
7 In einer anderen Pfanne die Semmelbrösel mit etwas Öl anrösten, und über die Nudeln streuen. Sofort servieren.

MINESTRA ALLE SARDE
Sardineneintopf

Für 4 Personen
- *500 g frische kleine Sardinen*
- *100 g Zwiebeln*
- *20 ml Olivenöl*
- *200 g junge zarte Erbsen*
- *100 g wilder Fenchel (schmeckt nur original mit wildem (sevatico) Fenchel*
- *300 g Pelati, geschälte Tomaten aus der Dose (oder Tomatensauce, siehe Seite 355)*
- *200 g Spaghettini (dünne Suppennudeln)*
- *Salz, Pfeffer aus der Mühle*

1 Von den Sardinen den Kopf abschneiden, an der Bauchseite der Länge nach aufschneiden, aufklappen und die Gräten entfernen.
2 Die Fische gut säubern und in kleine, ungefähr 3 Zentimeter dicke Stücke schneiden.
3 In einer tiefen Kasserolle die fein gewürfelten Zwiebeln im heißen Olivenöl glasig andünsten.
4 Die Erbsen und den kleingeschnittenen Fenchel dazugeben. Bei mittlerer Hitze andünsten.
5 Die Sardinen und die durch ein Sieb gestrichenen Tomaten ebenfalls dazugeben, 2 Liter Wasser dazugießen, und alles für 10 Minuten bei mittlerer Hitze zugedeckt köcheln.
6 Die Spaghettini in (etwa 4 Zentimeter) kleine Stücke brechen, und im Eintopf »al dente« garen.
7 Den Eintopf mit Salz und Pfeffer würzen und heiß servieren.

Statt Wein zum Ablöschen kann man bei der »Pasta con le Sarde« auch Tomatensauce verwenden. Manche geben zum Sugo auch Safran, damit er eine schöne gelbliche Farbe bekommt.

Die Technik des Filierens *haben die Sizilianer perfektioniert.*

Der Sardineneintopf stammt aus dem Ristorante »La Tartaruga«, zu deutsch »die Schildkröte«, in San Gregorio, einem kleinen Fischerdorf an der Nordküste Siziliens. Selbstredend, daß die Fische hier fangfrisch serviert werden.
Auch im »La Briciola« serviert man nur frische Sardinen mit Nudeln.

In der Nähe der Ponte Nuovo, der Brücke, die die Insel Ortigia mit dem Festland und den anderen Teilen von Syrakus verbindet, findet jeden Vormittag ein bunter Markt mit Lebensmitteln und Dingen des täglichen Gebrauchs statt. Die Händler haben ihre Waren auf Holzkarren ausgebreitet, und bieten sie lauthals feil. Am Käsestand probieren wir frischen und geräucherten Caciocavallo, zu deutsch Pferdekäse. Er wird jedoch nicht aus Stuten-, sondern aus Kuhmilch hergestellt. Wahrscheinlich trägt er seinen Namen, weil er früher auf Pferden transportiert wurde. Die Sizilianer servieren den Caciocavallo als Tafelkäse zu Tomaten, oder sie verwenden ihn gerieben für Füllungen.

Die Strandpromenade von Ortigia in Syrakus *lädt zu einem abendlichen Spaziergang ein.*

Von der weißhaarigen Oma, die als Respektsperson neben der Kasse sitzt, bis hin zum Enkel, der bereits die Gläser abräumt, werden alle Arbeiten vom Familienclan, der oft auch noch weiterverzweigt ist, erledigt. Man will sich von Außenstehenden lieber nicht in die Karten sehen lassen. Dieses Verhaltensmuster finden wir auf Sizilien sehr häufig. Das alte Mißtrauen!

Doch zurück zu den kulinarischen Angelegenheiten. Ein köstliches, üppiges Vorspeisenbuffet mit verschiedenen Olivensorten, eingelegtem Gemüse, getrockneten Tomaten, gefüllten, in Öl gebackenen Reisbällchen, getrockneter Salsiccia-Wurst, Schweinssülze und, und, und. Die Bruschetta (Weißbrot mit Olivenöl, Knoblauch und Tomaten) und das Fleisch werden über dem offenen Feuer im Lokal gegrillt. Hier im Landesinneren dominieren die Fleischgerichte.

Auch wenn Syrakus zum »Wallfahrtsort« für die Freunde der griechischen Geschichte und Architektur geworden ist, so überragt heute alle noch so berühmten steinernen Zeugen der Vergangenheit ein modernes christliches Heiligtum: Die Kirche Santuario della Madonna delle Lacrime (Heiligtum der weinenden Jungfrau) wurde erst 1994 eingeweiht. Und mit noch einer klerikalen Neuigkeit kann Syrakus aufwarten: Auf der

kleinen Insel Ortigia, eröffneten vor kurzem die Schwestern des Ursulinenordens ein kleines Hotel.
Das Domus Maria wird von der Oberin, Schwester Rosa Maria, höchstpersönlich geleitet, und bietet auch verwöhnten Reisenden allen weltlichen Komfort. Spätestens ab 21 Uhr ist die Schwester Oberin für ihre Gäste allerdings nicht mehr zu sprechen, denn dann entschwindet die dynamische Ordensfrau zum Dienst an Gott ins Kloster, das auf der gegenüberliegenden Straßenseite liegt. Für die Gäste liegen auf jedem Nachttisch ein süßes Betthupferl und für die geistliche Erbauung ein kleines Psalmbüchlein zum Mitnehmen bereit. Wir machen uns auf den Weg zu Meister Luigi Marciante. Sein süßes Paradies liegt in der Via Maestranza. Die Pasticceria Marciante ist nicht nur die älteste Konditorei der Stadt, sondern auch eine der besten. Wir bestellen an der Bar erst mal einen Espresso, und bestaunen die kunstvollen Marzipanfrüchte und anderes süßes Naschwerk. Die Tür zur Backstube ist halb geöffnet. Dort sehen wir Meister Marciante mit zwei Gesellen beim Arbeiten. Wir stellen uns vor, und fragen, ob wir ein wenig zugucken dürfen. »Ja, sicher, kommen Sie nur. Ich arbeite gerade an der Nymphe Arethusa. Die ganze Figur ist nur aus Zucker und Marzipan.« Und gleich wartet er mit der dazugehörigen Legende auf.

Signor Marciante unterhält gute Beziehungen zum englischen Königshaus, vor einigen Jahren stattete ihm die Königinmutter höchstpersönlich einen Besuch ab. Berühmt ist Meister Marciante für seine Cassata, jene köstliche Torte mit Ricotta, kandierten Früchten und einem grünen Marzipanmantel. Weil immer wieder Anfragen aus aller Welt kamen, ersann er eine geeignete Verpackung für den Versand seiner Cassata. Heute kann er selbst Wünsche aus Amerika und Japan erfüllen.
Kennenlernen müssen wir unbedingt noch eine weitere Spezialität von ihm: die Marzipanfrüchte und andere Spielereien, wie Kakteen, Knöpfe und Seifen aus Marzipan. Er nimmt eine täuschend echt aussehende, halbierte Orange, und preßt sie zusammen. Es läuft tatsächlich Saft heraus. Er freut sich sichtlich über unsere verdutzten Gesichter. »Das ist Orangenlikör, den arbeite ich in die Marzipan-Orange ein. Die Marzipanfrüchte, das ist ein Teil unserer Tradition. Sie heißen eigentlich ›frutti di marturana‹. Marturana ist der Name des Klosters, in dem sie zum ersten Mal hergestellt worden sind«, erklärt er uns.

Der Archimedesplatz mit Brunnen *aus dem letzten Jahrhundert zeugt von Reichtum und wirtschaftlicher Bedeutung von Syrakus.*

Ein Dorado für Eisliebhaber ist das kleine Ätnastädtchen Acireale. Die hiesigen Eismacher überbieten sich gegenseitig mit verführerischen Kompositionen. Die Probe aufs Exempel läßt sich ganz leicht machen: Alle Konditoreien der Stadt liegen wie auf einer Perlenschnur aneinandergereiht am Corso Umberto, der direkt vom Dom wegführt.

Beim letzten großen Ausbruch, *im April 1992, kamen die Lavamassen kurz vor Zafferana Etnea zum Stillstand.*

Etwa 140 Ausbrüche des Ätna sind geschichtlich überliefert. Die verheerendsten ereigneten sich 475 und 396 v. Chr. Im Jahre 1669 wurde Catania zerstört.

Auf dem Weg zum Ätna, einem Wahrzeichen Siziliens, erfrischen wir uns in Acireale mit einer Granita (siehe Special). Dann taucht der Vulkan vor uns auf. Wir können seine Mächtigkeit nur erahnen. Der alles beherrschende rauchende Riese hat sich eine Wolkenmütze übergezogen. Von jeder Seite zeigt er sich anders. Während seine zum Landesinneren gewandte Westseite meist kahl und schroff erscheint, steigt er im Osten aus dem Ionischen Meer sanft auf über 3 300 Meter empor.

Der Ätna hat das Leben seiner Bewohner geprägt. Der Sinn für das Eigentum, die »Habe«, sei bei allen Sizilianern stark ausgeprägt; besonders aber bei denen im Ätnagebiet, so der sizilianische Schriftsteller und Politiker Leonardo Sciascia. In seinem Buch »Mein Sizilien« beschreibt der Autor den täglichen Kampf, den die Bewohner mit dem lavaspeienden Berg ausfechten müssen. »Der Boden, Handbreit um Handbreit dem Vulkan abgerungen, terrassiert, bebaut und begrünt, kann sich auf ein erneutes Aufzucken des Ätna hin wieder mit dem glühenden Laken aus Magma bedecken.« Etwa 140 Ausbrüche sind geschichtlich überliefert. Schaurig-schöne Bilder vom jüngsten Ausbruch 1992 hat sich Dieter Schreiner in die »gute Stube« seiner Pension in Zafferana gehängt. Er hat ihn miterlebt. Eine fast unerklärliche Leidenschaft für diesen feuerspeienden Berg ließ ihn vor 15 Jahren aus Deutschland hierher auswandern. Sehr zum Leidwesen seiner Frau Pina. Sie stammt zwar aus Sizilien, aus Messina, doch ihr hat es in Deutschland viel besser gefallen. Noch immer ist in ihrem Gesicht eine große Wehmut zu erkennen, wenn dieses Thema zur Sprache kommt. Deshalb freut sie sich besonders, wenn deutsche Gäste ihre kleine gepflegte Pension besuchen.

Auf schwarzem Vulkangestein *wächst der berühmte Ätnawein.*

Wir fahren von Zafferana nach Milo, zum Weingut von Barone Villagrande, der an den fruchtbaren Osthängen des Vulkans einen beachtlichen Ätnawein produziert. Die Gegend zählt zu den ältesten Weinanbaugebieten auf der Insel. Der Legende nach ließen sich der griechische Gott Dionysos und seine Gattin Ariane hier nieder, und bauten Wein an. »Da können wir nicht mithalten«, lacht der Baron, »unsere Familie produziert erst seit 1727 Wein«, und er fügt hinzu: »Dem Ätnawein bekommt das Alter aber gar nicht. Er will jung getrunken werden.« Barone Villagrande ist sozusagen Nebenerwerbswinzer, das aber mit Leib und Seele. Hauptberuflich unterrichtet er an der Universität in Catania am Lehrstuhl für Agrarwissenschaften. Sein Weingut produziert jährlich nicht mehr als rund 60000 Flaschen. Doch die sind von hoher Qualität, sowohl der weiße Etna Bianco Superiore als auch der rote Etna Rosso.

Den Superiore, der im Gegensatz zu den Etna-DOC-Weinen nur in Milo angebaut wird, stellt das Weingut des Barons zu hundert Prozent aus der Carricante-Traube her. Er wächst auf

Der Ätna, höchster Vulkan Europas, *mit obligatorischer Wolkenkappe.*

650 bis 700 Metern. »Die Qualität oder besser gesagt die Charakteristik des Weines hängt von der Höhenlage ab«, erklärt der Baron. »Mit jedem Höhenmeter verändert sich der Wein. Je höher es geht, desto mehr fällt der Alkoholgrad, und der Säuregehalt steigt – der Wein wird feiner. Kommt man aber zu hoch, wird die Feinheit zerstört.«

Auch wenn das Bewußtsein für die Umwelt und für ökologische Zusammenhänge in Sizilien noch nicht sehr ausgeprägt ist, Ansätze für ein Umdenken gibt es verstärkt. Das Weingut von Barone Villagrande ist ein Beispiel dafür. Und wie der Zufall es will, treffen wir anschließend gleich wieder auf einen ökologisch orientierten Betrieb. Wir folgten der Empfehlung eines in Deutschland ansässigen renommierten Restaurantbesitzers. Er ist gebürtiger Sizilianer aus Taormina, und hat die Azienda während eines Urlaubs in seinem Heimatland entdeckt.

Die Azienda »La casa degli ulivi« – ulivi ist der sizilianische Ausdruck für Olive – liegt nahe dem Ort Linguaglossa auf einem 50 Hektar großen Landgut. Es ist der erste Biobauernhof Siziliens. Antonio Veroux hat vor über 20 Jahren hier mit seiner Familie in mühsamer Aufbauarbeit sein Lebenswerk begonnen. Die harte Arbeit hat Spuren hinterlassen; im Positiven wie im Negativen. Aus dem Brachland wurde eine blühende Oase mit einer kaum vorstellbaren Vielfalt an Pflanzen und Tieren. »Die Arbeit ist manchmal kaum zu schaffen«, sagt Signor Veroux. Er sieht hager und abgearbeitet aus,

CARLO NICOLOSI BARONE DI VILLAGRANDE

Winzer

Sie werden von der Fachwelt für Ihr Engagement und Ihre Weine gelobt. Ist das ein Ansporn?

Ich freue mich, wenn meine Arbeit Früchte trägt. Ich bin ja mit meinen 25 Hektar nur ein kleiner Produzent. Um so schwerer ist es für mich, all die Neuerungen und Verbesserungen einzuführen, da sie sehr teuer sind. Meine Frau sagt immer zu mir, du hast ein sehr kostspieliges Hobby.

Was haben Sie verändert?

In diesem Büro stand früher die Weinpresse. Wir haben damals den Wein noch mit den Füßen getreten. Mein Vater hat zwischen den zwei Weltkriegen damit begonnen, den Wein in Flaschen abzufüllen. Ich habe dann im Lauf der Zeit die ganze Technologie (wie z. B. Edelstahltanks und Kühlsysteme) eingeführt, die man braucht, um einen guten Wein von gleichbleibender Qualität zu erzeugen.

Sie gehen ja auch beim Anbau neue Wege, und verzichten z. B. auf Chemie. Bringt das Vorteile?

Seit 1989 bauen wir unseren Wein biologisch an. Der Ertrag pro Hektar ist natürlich weniger geworden, dafür sind die Trauben gesünder. Wir verwenden gegen den Schimmelbefall Schwefel mit Tonstaub, und das funktioniert so: Sobald die Sonne herauskommt, trocknet sie die Trauben, verstärkt durch das Gemisch. Die Schimmelbildung wird verhindert.

Die Tomate, Pom d'oro, *also Gold- oder übertragen Liebesapfel genannt, gelangte bereits 1522 aus den Anden nach Europa. Zuerst als Aphrodisiakum verkannt, eroberte sie italienische, französische und sogar polnische Küchen, bis sie im 19. Jahrhundert ihren Siegeszug in ganz Europa antrat.*

Signora Pina verwöhnt ihre Gäste mit sizilianischer Hausfrauenkost. Auberginen stehen in allen möglichen Variationen auf dem Speiseplan. Denn so wie es in Sizilien nicht nur eine Sorte Auberginen gibt, kennt man dort auch viele verschiedene Rezepte für dieses Sommergemüse. Signora Pina verriet uns ihre Favoriten.

Signora Pina führt in Zafferana Etnea, einem kleinen Dorf am südöstlichen Hang des Ätna, ihre »Pensione Villa Pina«.

MELANZANE ALLA PINA

Gefüllte Auberginen nach Hausfrauenart

Für 6 Personen

- *6 rundliche, feste Auberginen*
- *200 g Paprika, grün, rot und gelb*
- *1 Zwiebel*
- *1 Fleischtomate*
- *1 kleine dunkle Aubergine*
- *50 ml Olivenöl*
- *150 g Hackfleisch vom Rind*
- *150 g Paniermehl*
- *1 Ei*
- *1/2 Bund Petersilie*
- *1 Knoblauchzehe*
- *50 g Pecorino, frisch gerieben*
- *50 g gewürfelten Provolonekäse*
- *Salz, Pfeffer aus der Mühle*
- *1/2 l Tomatensauce*

1 Auberginen waschen, die Stielansätze entfernen. Einen 2 Zentimeter hohen Deckel abschneiden und zur Seite legen, die Früchte bis auf einen kleinen Rand aushöhlen.

2 Paprika, Zwiebel, Tomate und die ungeschälte dunkle Aubergine kleinschneiden, und zur ausgehöhlten Auberginenmasse mengen.

3 In einer Kasserolle das Olivenöl erhitzen, und das Hackfleisch darin anbraten.

4 Das Gemüse dazugeben, ebenfalls kurz andünsten, und zugedeckt auf Zimmertemperatur abkühlen lassen.

5 In einer Schüssel das Paniermehl mit dem Ei, der feingehackten Petersilie, der zerdrückten Knoblauchzehe, dem Pecorino und den kleinen Provolonestückchen vermischen. Ungefähr 1 EL Olivenöl dazugeben, salzen und pfeffern, mit dem abgekühlten Hackfleischgemüse mischen und in die Auberginen füllen, die Deckel aufsetzen.

6 In einem Bratentopf etwas Olivenöl heiß werden lassen, die Auberginen nebeneinander hineinlegen, und zugedeckt braten. Zwischendurch vorsichtig wenden.

7 Nach etwa 15 Minuten mit der Tomatensauce übergießen und bei geringer Hitze 20 Minuten schmoren lassen. Mit einer Gabel den Gartest machen:
Die Auberginen leicht drücken. Sie sind gar, sobald sie dem Druck gut nachgeben.

8 Die Auberginen herausnehmen, den Deckel anheben und in die Füllung 1 bis 2 EL Sauce geben.

9 Auf einem Teller anrichten, und nach Belieben mit der Sauce umgießen.

MELANZANE IN COTOLETTA

Auberginenschnitzel

Für 6 Personen

- *6 feste runde Auberginen*
- *Salz*
- *2 Eier*
- *100 g Pecorino, frisch gerieben*
- *1 kleines Bund Petersilie*
- *Pfeffer aus der Mühle*
- *Olivenöl*

1 Die Auberginen waschen, den Stilansatz entfernen und für 5 Minuten in reichlich kochendes Salzwasser geben, abgießen und abkühlen lassen. Schälen und in Scheiben schneiden.

2 In einem tiefen Teller die Eier mit dem Pecorino und der feingehackten Petersilie vermischen, mit Salz und Pfeffer würzen.

3 Die Auberginenscheiben 20 Minuten darin ziehen lassen.

4 In einer Pfanne Olivenöl erhitzen und die Auberginenscheiben etwa 5 Minuten auf beiden Seiten goldgelb braten.

Tip Für das Braten verwendet Signora Pina eine Teflonpfanne, so spart sie Fett und Kalorien.

MELANZANE ALLA MARINATA
Marinierte Auberginen

Für 6 Personen
- *3 Auberginen*
- *Salz*
- *150 ml Olivenöl*
- *2 Knoblauchzehen*
- *1 Bund Petersilie*
- *1 TL Oregano*
- *Pfeffer aus der Mühle*

1 Die Auberginen waschen und trockentupfen.
2 Den Stilansatz abschneiden, und die Frucht der Länge nach in ungefähr 1 1/2 Zentimeter dicke Streifen schneiden.
3 Die Streifen auf einen Teller legen, und mit Salz bestreuen.
4 Mit einem zweiten Teller abdecken, und diesen mit einem Gewicht beschweren. Alles 1 Stunde ziehen lassen, die Flüssigkeit wegschütten, da sie Bitterstoffe enthält.
5 Danach die Streifen kalt abspülen, trockentupfen, mit etwas Öl bestreichen und auf dem Grill oder in einer Pfanne rasch auf beiden Seiten anbraten.
6 Auf einen Teller legen, und mit einer Marinade aus dem restlichen Olivenöl, 1/8 Liter Wasser, den zerdrückten Knoblauchzehen, der gehackten Petersilie, Oregano, Salz und Pfeffer übergießen.
7 5 bis 6 Stunden durchziehen lassen, und dann servieren.

Zu den wichtigen Aktivitäten im Sommer gehört für Signora Pina das Trocknen von Tomaten. Dazu müsse es sehr heiß sein, in Deutschland habe sie das nie gemacht, erzählt sie uns. »Es ist sehr viel Arbeit. Wenn ich fünf Kilo Tomaten nehme und sie in der Sonne trocknen lasse, ergibt das höchstens 300 Gramm.« In einer Essig-Öl-Marinade eingelegte getrocknete Tomaten sind eine typische Vorspeise auf der Insel.

Die mit Meringe und kandierten Früchten gefüllte Schokoeisbombe »Riso del Paradiso« ist in Sizilien kaum noch bekannt. Während sie die eisige Bombe vorsichtig aus der halbrunden Form löst, und auf eine weiße Spitzenvorlage gibt, erinnert sich Signora Dominici-Musco: »Zufällig entdeckte ich dieses Dessert vor einigen Jahren in Palermo in einer Konditorei. Ich habe es probiert, und dann das Rezept nachempfunden.«

BOMBA GHIACCIATA »RISO DEL PARADISO«

Eisbombe »Paradies-Reis«

Für 10 Personen

- *150 g Milchreis*
- *1 l Milch*
- *125 ml Schlagsahne*
- *250 g Zucker*
- *1 Päckchen Vanillezucker*
- *1 Prise Zimt*
- *5 g Kakao*

Füllung

- *6–7 Eiweiße*
- *100 ml Schlagsahne*
- *120 g Zucker*
- *40 g kandierte Früchte*
- *40 g Schokoladenstückchen*

1 Den Reis in 1/2 Liter kochende Milch geben, und bei mittlerer Hitze aufquellen lassen. Dabei gelegentlich umrühren.
2 Die Masse abkühlen lassen, und den lauwarmen Reis mit der restlichen Milch, Sahne, Zucker, Vanillezucker, Zimt und Kakao verrühren.
3 In eine Edelstahlschüssel mit 24 Zentimetern Durchmesser ein ca. 5 Zentimeter breites Band aus mehrmals gefalteter Alufolie legen, so daß beide Enden über den Schüsselrand ragen.
4 Die Masse in die Form gießen, in die Mitte eine kleinere Schüssel setzen. Erkalten lassen und in das Gefrierfach geben.
5 Eiweiße und Schlagsahne jeweils mit der Hälfte des Zuckers getrennt steifschlagen. Zum Schluß die kandierten Früchte und die Schokoladestückchen unterheben.
6 Die Eisbombe aus dem Gefrierschrank nehmen. Die Schüssel vorsichtig herausheben. Die Füllung in das Loch gießen, und das Ganze noch einmal für mindestens 3 Stunden in das Gefrierfach stellen.
7 Die Bombe vorsichtig mit Hilfe des Alubandes aus der Schüssel heben und auf einen Teller stürzen.
8 Das Band abziehen, und mit Sahnetupfern verzieren.

Eine alte sizilianische Eisspezialität, die arabische Einflüsse verrät, und die Signora Dominici-Musco, eine Meisterköchin aus Palermo, wiederentdeckt hat. Ein erfrischender Hochgenuß für heiße Sommertage in Form einer Bombe (»La Bomba«).

CANNOLI ALLA BENEDICTINI

Sizilianische Schillerlocken

Für 12 Stück

Cannoli

- *300 g Mehl*
- *50 g Zucker*
- *60 g Butter oder Schweineschmalz*
- *1 TL Kakaopulver*
- *1 Prise Zimt*
- *1 Prise Salz*
- *4–6 EL guten Weinessig*

- *1 Eiweiß zum Bestreichen*
- *300 g Butterschmalz oder Öl zum Ausbacken*

Füllung

- *500 g Ricotta*
- *400 g Puderzucker*

Für die Dekoration

- *Kandierte Früchte, Puderzucker, Bitterschokolade, geraspelt*

Cannoli

1 Alle Zutaten rasch zu einem glatten Mürbeteig verkneten; eine Kugel formen, und für 1 Stunde in den Kühlschrank legen.
2 Den Teig auf einer Arbeitsfläche sehr dünn ausrollen, mit einer Untertasse ca. 12 Kreise ausschneiden.
3 Die Kreise um die Blechhülsen wickeln. (Von einer Kante beginnen, so daß die typische Schillerlockenform entsteht). Mit verquirltem Eiweiß bestreichen.
4 Die Cannoli in heißem Fett goldgelb ausbacken, die Form entfernen, und die Schillerlocken auf Küchenpapier abtropfen lassen.

Füllung

1 Ricotta mit dem Puderzucker mischen und 12 Stunden im Kühlschrank stehen lassen.
2 In ein dünnes Mulltuch geben und das Wasser ausdrücken. Die Cannoli mit der Masse füllen. Zur Dekoration können die Enden mit jeweils einer kandierten Frucht verschlossen werden. Puderzucker und Bitterschokolade darüberstreuen.

GRANITA AL LIMONE

Zitronensorbet

Für 4–6 Personen

- *400 g Zucker*
- *400 g Zitronensaft*
- *1 ungespritzte Zitrone*

1 Alle Zutaten und 1 Liter Wasser mit den Quirlen eines Handrührers vermischen. Der Zucker muß sich ganz auflösen.
2 Die Flüssigkeit in den Gefrierschrank (–18 Grad) stellen, und jede 1/2 Stunde umrühren, bis die Masse nach ungefähr 1 1/2 Stunden wie Schnee aussieht.
3 In Portionsgläsern oder einer Glasschüssel servieren.

GRANITA ALLE MANDOLE

Mandelsorbet

Für 4–6 Personen

- *1/2 Zimtstange*
- *500 g Marzipan*
- *1 Päckchen Vanillezucker*

1 Zimtstange in 1 Liter Wasser 30 Minuten kochen lassen; dann für 12 Stunden zugedeckt kalt stellen.
2 Danach die Zimtstange entfernen Die übrigen Zutaten hinzurühren, bis das Marzipan aufgelöst ist.
3 Die Masse in den Gefrierschrank stellen, und wie beim Zitronensorbet verfahren.

Info In Acireale, einem Küstenort in der Nähe des Ätna, soll es landesweit die beste Granita geben. In früheren Zeiten, als es noch keine Eismaschinen gab, ließ man sich das Eis vom schneebedeckten Vulkanberg herunterbringen, um es dann zu Sorbet zu verarbeiten.

Wanda Tornabene mit ihren Cannoli. *Traditionell werden die Cannoli mit Schweineschmalz zubereitet. In den etwas moderneren Varianten nimmt man jedoch Butter. Die erwähnten Blechhülsen, um die die Cannoli gewickelt werden, sind in jedem Haushaltsgeschäft unter dem Namen Schillerlocken erhältlich.*

In den heißen Sommermonaten ist die Granita in Sizilien als kühle Köstlichkeit schon morgens sehr begehrt. Zum Frühstück gibt es für die Kinder eine Brioche und eine Granita. Beneidenswert. Zumal man es hier versteht, Sorbets mit bis zu 20 verschiedenen Aromen zu kreieren.

Signor Francesco Fichera, einer der besten unter Siziliens Konditoren und »Eismachern«, verrät uns zwei seiner vielen Sorbetrezepte.
Das Schillerlockenrezept hat Wanda Tornabene den Benediktinern gewidmet, den ehemaligen Besitzern ihres Landgutes.

Es ist soweit: *Die Torte ist fertig! Sie wird ein kulinarischer Höhepunkt der Hochzeit sein.*

Aus dieser süßen Köstlichkeit zaubert Signora Dominici-Musco mehrstöckige, prachtvoll verzierte Hochzeitstorten, ein Genuß für Augen und Gaumen. Die Torte ist der krönende Abschluß eines Festessens, und kann, bis auf die Dekoration, ohne Streß vorbereitet werden.

TORTA AL PARFAIT DI MANDORLA

Eistorte mit Mandelparfait

Für 12 Stücke

Biskuitboden
- *5 Eier*
- *150 g Zucker*
- *1 Päckchen Vanillezucker*
- *150 g Mehl, Type 405*

Mandelparfait
- *4 Eier*
- *150 g Zucker*
- *1 Päckchen Vanillezucker*
- *4 Tropfen Bittermandelöl*
- *1/2 l Schlagsahne*
- *20 ml sehr guter Rum*
- *100 ml Weißwein oder Zuckerwassergemisch*
- *100 g Mandelkrokant*

Zum Verzieren
- *Schlagsahne und kandierte Früchte*

Biskuitboden

Eier mit Zucker und Vanillezucker schaumig schlagen. Mehl unterheben, den Teig in einer gefetteten Backform (26 Zentimeter) 30 Minuten bei 180 Grad backen. Aus der Form nehmen und auskühlen lassen.

Füllung

1 Eier, Zucker, Vanillezucker und das Bittermandelöl schaumig schlagen.

2 Die steifgeschlagene Sahne vorsichtig unter die Parfaitmasse ziehen.

3 Den Biskuitboden quer in zwei Hälften schneiden, die eine Hälfte in eine Springform legen, und mit der Hälfte des Rum-Weißwein-Gemischs tränken.

4 Die Parfaitmasse darauf verteilen, mit Mandelkrokant bestreuen, mit dem zweiten Biskuitboden bedecken und diesen mit dem restlichen Rum tränken.

5 Die Torte für etwa 6 Stunden in den Gefrierschrank stellen.

6 Vor dem Servieren auf eine Tortenplatte heben, und nach Belieben mit Sahne und kandierten Früchten verzieren.

Sollten Sie die Torte noch einmal einfrieren wollen, verwenden Sie für das Parfait ein Gemisch aus Sahne und geschlagenem Eiweiß, da eingefrorene Sahne, sobald sie wieder weich wird, wäßrig schmeckt.

Eine weitere Köstlichkeit von Signora Dominici-Musco.

CASSATA SICILIANA

Die sizilianische Festtagstorte

Für 12 Stücke

Biskuitmasse
- *4 Eier*
- *125 g Zucker*
- *1 Päckchen Vanillezucker*
- *1 Messerspitze Backpulver*
- *125 g Mehl*
- *Butter oder Margarine zum Ausfetten der Backform*

Füllung
- *500 g frische Ricotta*
- *200 g Puderzucker*
- *1 Päckchen Vanillezucker*
- *1 Prise Zimt*
- *3 EL Marsala oder Rum*
- *50 g dunkle Schokolade*
- *200 g gemischte kandierte Früchte*

Belag
- *50 g gemahlene Pistazien*
- *200 g Marzipanrohmasse oder fein geriebene Limettenschale*
- *70 g Puderzucker*

Glasur
- *100 g Puderzucker*

Zum Verzieren
- *Kandierte Früchte, geschälte Mandeln, und/oder Marzipanrosen*

Biskuitmasse

1 Die Eier mit den Quirlen eines Handrührers schaumig schlagen, den Zucker und den Vanillezucker einrieseln lassen, und 3 bis 4 EL heißes Wasser dazugeben.
2 Das mit Backpulver vermischte Mehl vorsichtig mit einem Schneeebesen unterheben.
3 Die Masse in eine gut ausgefettete Kastenform füllen, und in der vorgeheizten Backröhre bei 180 Grad ca. 35 Minuten backen.
4 Den Kuchen zum Auskühlen auf ein Kuchengitter stürzen.

Füllung

1 Die Ricotta mit dem Puderzucker, Vanillezucker, Zimt und Marsala oder Rum verrühren. Die kleingeraspelte Schokolade und die kleingeschnittenen kandierten Früchte unterziehen.
2 Den Biskuit in 1 Zentimeter dicke Scheiben schneiden, und eine runde Schüssel damit auslegen.
3 Die Ricottamasse auf die Scheiben streichen, mit einer Biskuitschicht bedecken, wieder mit Füllmasse bestreichen und mit Biskuit bedecken, bis alles aufgebraucht ist.
4 Mit einem Teller, auf dem ein Gewicht liegt, beschweren, und zum Festwerden für 5 Stunden in den Kühlschrank stellen.
5 Die Torte auf eine Kuchenplatte stürzen. Nach Belieben mit etwas Rum oder Marsala tränken.

Belag

1 Die gemahlenen Pistazien mit der Marzipanrohmasse (wahlweise Limettenschale) und dem Puderzucker zu einer glatten Masse verkneten.
2 Mit dem Nudelholz dünn ausrollen, und wie einen Mantel um die Torte legen.
3 Den Puderzucker und 2 bis 3 EL lauwarmes Wasser zu einer Glasur verrühren, und die Cassata an den Seiten damit bestreichen.
4 Die Torte nach Belieben mit kandierten Früchten, geschälten Mandeln und/oder Marzipanrosen dekorieren.

Der Name Cassata kommt aus dem arabischen »quas´at« und bedeutet runde Schüssel. In früheren Zeiten durfte die Cassata bei keinem Osterfest und keiner Hochzeit fehlen. Heute findet man die verschiedenen Variationen in fast jeder guten Konditorei.

Weit über Sizilien hinaus berühmt ist die Cassata von Meister Luigi Marciante aus Syrakus.

Bei Signor Verdoux gibt es noch mehr zu bestaunen. Er fährt uns zu einem kleinen Jagdschloß aus der Zeit der Jahrhundertwende. »Hier haben wir einige Zimmer für Gäste ausgebaut«, erklärt er uns, »sie sind nicht besonders komfortabel, im Moment ist es uns zu aufwendig und zu kostspielig, die Zimmer mit den alten Fresken und Wandmalereien renovieren zu lassen.«

wie nach einer langen Zeit der Anstrengung. Aber er läßt es sich nicht nehmen, uns persönlich alles zu zeigen, und geduldig all unsere Fragen zu beantworten. In der Küche stellt er uns seine 26jährige Tochter Gabriella vor. Sie ist die Küchenchefin, und gerade dabei, in riesigen Bottichen Pelati, geschälte Tomaten, einzukochen. »Ja, wir machen alles selber, angefangen vom Brot, über das Gemüse, die Wurst, die Marmelade und so weiter. Für die Gerichte, die ich koche, verwende ich fast ausschließlich unsere eigenen Produkte, außerdem versuchen wir hier nach der alten Tradition zu kochen. Das heißt, so naturbelassen wie möglich. So wie die Bauern früher eben kochten.«

Signor Veroux führt uns durch die zwei Gaststuben. Die dunklen Holztische sind mit gelbkarierten Tischdecken einladend gedeckt. Bei schönem Wetter sitzt man draußen auf der Terrasse, und hat einen wunderschönen Blick auf das umliegende Land, auf dem Oliven-, Apfelbäume und Weinreben wachsen. Der Wein, ein roter – früher hat man in der Ätnagegend nur Rotweine angebaut –, wird noch wie früher mit einer museumsreifen Presse selbst gekeltert.
Gleich neben der Weinkellerei befinden sich die Kühlhäuser. Dort hängen halbe Schweine- und Rinderhälften, zerteilte Hirsche, Wildschweine und Lämmer, geräucherte Schinkenkeulen und gereifte Pecorino-Laibe.
Wir sind schier überwältigt. Der sympathische Ökolandwirt lädt uns zu einer sizilianischen Brotzeit ein. »Auch wenn Gäste unangemeldet kommen«, erklärt er, »bekommen sie bei uns etwas zu essen. Wir teilen mit ihnen, das was wir gerade vorrätig haben, so will es ein alter sizilianischer Brauch der Gastfreundschaft.« Der »Agriturismo«, das Urlaubmachen auf dem Bauernhof, findet auch auf Sizilien immer mehr Anhänger. In der Nähe der Stadt Gangi, die eng zusammengedrückt auf einer Bergkuppe liegt – das Auto sollte man am besten am Ortseingang stehenlassen, die Gassen sind nur mannsbreit –, finden wir eine sehr gemütliche und komfortable Azienda Agricola, so heißen in Italien die Bauernhöfe. Allerdings handelt es sich bei der Azienda der Familie Tornabene schon eher um ein Landgut.

Das 60 Hektar große Anwesen gehörte einmal zu einem Benediktinerorden. In dem ehemaligen Kloster wohnt heute die Familie, die das Gut 1856 gekauft hat. Enzo Tornabene, der mit seiner Mutter Wanda und seiner Schwester Giovanna den Betrieb leitet, empfängt uns, und führt uns zu den Zimmern, die etwas abseits vom Haupthaus liegen. Jedes der acht im eleganten Landhausstil gehaltenen Räume trägt einen alten sizilianischen Vornamen. »Um acht Uhr abends wird das Essen serviert«, macht uns Signor Tornabene Appetit.
Das Abendessen nehmen wir im gemütlichen Gastraum ein. Auch die Familie samt Hund ißt mit. Enzo und Giovanna verschwinden in der Küche, und kommen dann mit einer großen dampfenden Pastaschüssel wieder. Enzo Tornabene geht von Tisch zu Tisch und serviert seinen Gästen eine üppige Portion. Dann bedient sich die Familie. Es ist genügend für eine zweite Portion da.

Die Pasta, hausgemachte gedrehte Nudeln (Casareccia) mit einer cremigen Nußsauce, schmeckt einfach köstlich. Das Rezept gibt er uns bereitwillig. Als Hauptspeise bekommen wir einen gefüllten Rinderrollbraten serviert. »Der ›Falso Magro‹ ist ein altes sizilianisches Gericht«, klärt uns Signora Giovanna freundlich lächelnd auf, und wünscht »buon appetito«. Das Essen ist vorzüglich. Für

Berühmtheit *erlangte die Alcantara-Schlucht durch ihre bizarren Basaltsäulen.*

den nächsten Vormittag verabreden wir uns mit Mutter und Tochter auf einen kulinarischen Plausch.

»Wir haben dieses Restaurant 1987 eröffnet, meine Mutter und ich führen es gemeinsam. Das heißt, wir stehen zusammen in der Küche. Sie ist eine phantastische Köchin. Von ihr habe ich sehr viel gelernt«, erzählt uns Giovanna. »Na, na, übertreib mal nicht«, wirft Wanda Tornabene scherzend ein. Sie hat die letzten Worte ihrer Tochter mitbekommen, und gesellt sich zu uns. »Mittlerweile ist sie aber längst meiner Obhut entwachsen und geht ihre eigenen kulinarischen Wege. Während ich die Gerichte unserer Familie mehr oder minder so nachkoche, wie ich sie von meiner Mutter gelernt habe, beschäftigt sie sich intensiv damit, schreibt sie auf, verändert manche und kreiert auch neue hinzu.«

»Woher kommen eigentlich Ihre Gäste«, fragen wir weiter. »Vor allem von der Küste, aus Syrakus, aus Palermo, aus Messina. Ja, oder eben aus dem Ausland«, sagt Wanda Tornabene. »Vor einigen Jahren war sogar Prinz Charles hier. Er wollte einige erholsame Tage in den Bergen verbringen«, merkt die Tochter an. Natürlich interessiert uns, was er gegessen hat. Besonders hätten dem Prinzen die Panzerotti, mit frischem Ricotta gefüllte Teigtäschchen, und die grünen Bohnen mit Speck, ein einfaches Bauerngericht, geschmeckt. Zum Dessert gab es Orangen mit Maraschinolikör, und eine üppige Erdbeertorte, die mit einer Vanillecreme gefüllt war.

Signora Giovanna empfängt uns am mächtigen hölzernen Eingangsportal des ehemaligen Klosters. Sie führt uns durch den gepflasterten und mit rotblühenden Hibiskussträuchern bepflanzten Innenhof zum Westflügel des Vierkanthofes, wo sich das Restaurant befindet. Von dort hat man einen herrlichen Ausblick.

Die Chardonnay-Traube *hat ihren Siegeszug mittlerweile in fast allen italienischen Weißweingebieten angetreten. Sie ist bekannt für ihren breiten, vollen Geschmack, und für ihre Wandlungsfähigkeit.*

Auf dem Weingut des Grafen Tasca d'Almerita herrscht an diesem Samstag hektische Betriebsamkeit. Die Weinlese ist in vollem Gange, das Wetter jedoch sehr unbeständig. Regen kündigt sich an. Es ist also Eile geboten, damit die Trauben trocken in die Presse kommen. Dicke Schläuche liegen am Boden und leiten den frisch gepreßten Most in die Gärbehälter.

Auf unserem Weg zurück nach Palermo suchen wir das Weingut des Grafen Tasca d'Almerita bei Regaliali/Vallelunga auf. Das Gut, oder die Masserie, wie Landsitze reicher Großgrundbesitzer in Sizilien früher bezeichnet wurden, liegt einsam und malerisch, umgeben von weitläufigen Getreidefeldern, Olivenplantagen, Mandelbäumen und Weinbergen. Die Familie Tasca d'Almerita hat unter Leitung von Giuseppe Tasca, seinem Sohn Lucio und neuerdings auch unterstützt von Enkel Guiseppe junior ein Weingut der Spitzenklasse aufgebaut. Der Direktor, Signor Cavaleri, führt uns durch den mit modernster Weintechnologie ausgestatteten Betrieb. Die meterhohen Edelstahltanks fassen 64000 Hektoliter. Über weitere 3500 Hektoliter Fassungsvermögen verfügen die Kastanienholzfässer, in denen die Weine zur Reifung oder »Charakterbildung« lagern.

Seit 1984 verwendet man in der Cantina ein modernes Gärverfahren, bei dem der Gärprozeß auf niedriger Temperatur verläuft, ohne Zugabe von Schwefel; auf diese Weise bleiben mehr Aromen im Wein erhalten. »Die Weinernte«, erklärt uns Signor Cavaleri, »findet hier im Landesinneren etwas später als an der Küste statt. Dort reifen die Trauben zwar schneller, aber sie leiden auch mehr unter den Temperaturschwankungen zwischen Tag und Nacht. Durch die hohen Temperaturen an der Küste verbrennt die Haut der Trauben: Den roten Weinen fehlt es an Farbe, und es gehen wichtige Substanzen verloren.
Auf dem Boden und bei dem Klima in 450 bis 650 Metern gedeiht auch die Chardonnay-Traube sehr gut. Wir haben sie erst vor zehn Jahren eingeführt. Wir stellen daraus einen Chardonnay-Wein und einen Grappa her, außerdem fügen wir sie unserm D'Almerita Brut, einem trockenen Spumante, der nach dem klassischen Champagnerverfahren hergestellt wird, zu.«
Es entspricht der Philosophie des Weingutes, neben den Traditionsweinen, wie dem Regaliali Bianco aus der Inzolia- und Catarratto-Traube und dem Regaliali Rosso aus der Pericone- und Nero-d'Avola-Traube mit neuen Rebsorten zu experimentieren. »Schon der Großvater von Giuseppe Tasca hat nach dieser Philosophie eine auf Sizilien völlig unbekannte Traubensorte gepflanzt, die Sauvignon-Tasca«, erzählt Signor Calvaleri. Offensichtlich mit großem Erfolg. Aus ihr und der Inzolia-Traube wird der Nozze d'Oro, der berühmte Wein der gräflichen Cantina, hergestellt.

Wir nähern uns zum Ende unserer kulinarischen Rundreise wieder Palermo. Erneut stürzen wir uns ins nervenaufreibende Verkehrschaos, bis wir endlich im Zentrum ankommen. In der Küche der Villa Chiramonte des Grafen Bordonaro, die mitten in der Stadt liegt, ist Signora Dominici-Musco jetzt mit den Vorbereitungen für das Hochzeitsmenü beschäftigt.
Es werden »nur« 150 Gäste erwartet, das empfindet sie, so sagte sie uns, eher als Kinderspiel. Helfen werden ihr ihr Mann Matteo, die Tochter Antonella und die Nichte Daniela. Von Hektik ist in der großen Küche keine Spur. »Mehr Leute sind wir nie«, meint die Signora wohlgelaunt. Das Menü wird aus 15 Gängen bestehen mit ausschließlich sizilianischen Gerichten. Krönender Höhepunkt wird der Hochzeitskuchen sein, eine mit gefrorenem Mandelparfait gefüllte Torte.
Am Abend werden die Tischreihen in der tropisch anmutenden Gartenanlage für das üppige Diner vorbereitet sein, und Fackeln werden die ganze Szenerie in ein einziges Lichtermeer verwandeln.

Abendstimmung *in den Salinenfeldern bei Marsala.*

In den Salzgärten an der Westküste Siziliens werden flache Wasserbecken angelegt. Die hohe Verdunstungsintensität erlaubt es, daß dadurch Salz gewonnen werden kann.

HOTELS

■ Das MODERNO liegt erhaben in dem wunderschönen mittelalterlichen Städtchen Erice. Das stilvolle Mittelklassehotel befindet sich in einem alten Palazzo, und wird von der Familie Catalano sehr aufmerksam geführt. Einige der 41 Zimmer sind mit Antiquitäten ausgestattet. Ein idealer Ausgangspunkt für Ausflüge nach Trapani, Marsala und Segesta.

SIZILIEN

Vor allem im Sommer ist es in dem auf 750 Meter gelegenen Ort angenehm kühl.

Via Vittorio Emanuele 63, Erice;
Tel. 09 23/86 93 00
Anfahrt: A 29 Richtung Trapani, Ausfahrt Trapani, auf die SS 187 bis Valdérice, links hinauf nach Erice. Sehr schöne Aussichtsstraße (siehe auch unter Restaurants).

▮ POMARA in S. Michele di Ganzaria. Ein neu erbautes Drei-Sterne-Hotel. Die Zimmer sind modern, sehr geräumig, mit TV, Klimaanlage und Minibar. Die zur Talseite gelegenen Gästezimmer verfügen über einen schönen Panoramablick. In der Nähe die Keramikstadt Caltagirone (12 Kilometer) und die römische Kaiservilla Villa Romana. Zum Hotel gehört ein Restaurant mit guter sizilianischer Küche. Der Besitzer spricht deutsch.

Via Vittorio Veneto 84, S. Michele di Ganzaria;
Tel. 09 33/97 69 76
Anfahrt: Von Gela auf der SS 117 Richtung Piazza Armerina. Rechts auf die SS 124 abbiegen, Richtung Caltagirone. In S. Michele di Ganzaria rechts hoch, dem Hinweisschild folgen.

Idyll im sizilianischen Markt: *farbenprächtige Vielfalt.*

▮ DOMUS MARIAE liegt auf der Insel Ortigia im historischen Zentrum von Syrakus. Erst 1995 eröffneten die Nonnen des Orsolinenordens dieses friedvolle Kleinod (18 Zimmer). Es wird von der Oberin, Schwester Rosa Maria, geleitet. Das Personal ist sehr hilfsbereit. Die mintgrün gehaltenen geräumigen Zimmer verfügen über allen weltlichen Komfort, z. T. mit Meerblick. Eigene Kapelle. Rechtzeitige Reservierung ist empfohlen, da ein echtes Juwel.

Via Vittorio Veneto 76, Syrakus;
Tel. 09 31/2 48 58 oder 2 48 54
In Syrakus auf der Insel Ortigia, an der östlichen Uferpromenade.

▮ Das KÜNSTLERHOTEL L'ATELIER SUL MARE in Castel di Tusa, direkt an der romantischen Nordküste, ist ein Hotelerlebnis besonderer Art. Seit 1989 ließ der kunstbesessene Bauunternehmer und Hotelbesitzer Antonio Presto bislang 15 von insgesamt 40 Zimmern von renommierten Künstlern aus aller Welt (z.B. von Paolo Icaro, Hidetoshi Nagasawa, Angelo Savelli, Piero Dorazio u.a.) gestalten. Hier kann man zu normalen Hotelpreisen wie in einem Museum leben und wohnen, z.T. mit phantastischem Meerblick. Auch in den übrigen Zimmern finden sich viele Kunstwerke.

Via Cesare Battisti, Castel di Tusa;
Tel. 09 21/33 42 95
Anfahrt: Auf der A 20 bis Cefalù, dann weiter auf der romantischen Küstenstraße SS 113. In Castel di Tusa, dem Hinweisschild folgend, links zum Strand abbiegen.

▮ AZIENDA AGRICOLA ENZO TORNABENE: Kleines, ruhiges, verträumtes Landhotel bei Gangi in den Madoniebergen. Die Familie Tornabene bewirtschaftet seit 1856 ein ehemaliges Benediktinerkloster. Für ihre Gäste steht auf dem Gutshof eine sehr komfortable Acht-Zimmer-Dependance zur Verfügung. Buchen sollte man Halb- oder Vollpension, zumal es hier das beste Essen weit und breit gibt. Gutes Preis-Leistungs-Verhältnis.

Erice *ist bekannt für seine Kalksteinmauern – und seine freundlichen Bewohner.*

Azienda Agricola Enzo Tornabene
in Gangivecchio, einem Ortsteil von Gangi;
Tel. 09 21/68 91 91
Anfahrt: Autobahn A 19 Richtung Catania/ Enna, Ausfahrt Tre Monzelli. Auf der SS 120 nach Sottana Petralia, und weiter nach Gangi. In Gangi nicht in das Zentrum fahren, sondern links abbiegen. Hinweisschild Gangivecchio beachten, rechts abbiegen. Schlechte Straße ca. 3 Kilometer.
Die Azienda Agricola liegt auf der rechten Seite, leicht zu übersehen.

▮ Die VILLA PINA ist eine gemütliche, einfache, sehr saubere Familienpension mit zehn Zimmern. Ideal für Ausflüge zum Ätna, und in die Umgebung. Der Besitzer wanderte vor 15 Jahren aus Deutschland nach Sizilien aus, und gilt als begeisterter »Ätnakundler«.

Seine sizilianische Frau Pina bekocht die Gäste mit regionalen Gerichten.

Via dei Gerani 19/23, Zafferana Etnea; Tel. 0 95/7 08 10 24
Anfahrt: Autobahn A 18 Messina–Catania, Ausfahrt Giarre.

Signora Pina *verwöhnt ihre Gäste mit sizilianischen Rezepten.*

LETIZIA in Palermo. Ein Hotel mit Charme für den kleinen Geldbeutel. Im Zentrum von Palermo, unweit vom bunten, sehenswerten Vucciriamarkt. Acht der 15 Zimmer wurden bereits vor kurzem mit Bädern ausgestattet. Die Zimmer sind sehr sauber, und z.T. antik möbliert. Das Personal am Empfang ist sehr aufmerksam.

Via Bottai 30, Palermo; Tel. 0 91/58 91 10

GRAND HOTEL VILLA IGIEA: Palermos feine, teure Adresse. Die einst für den Weinmagnaten Florio (Marsalawein) im prächtigen Jugendstil erbaute Villa wurde zum Hotel umgebaut, und gilt heute als eines der schönsten Hotels Siziliens. Im großzügig angelegten Park mit Pool am Fuße des Monte Pellegrino findet man Ruhe und Abkühlung. Den Gästen werden zu gehobenen Preisen exzellenter Komfort und Service geboten.

Via Belmonte 43, Palermo; Tel. 0 91/54 37 44
Im nordöstlich gelegenen Acquasanta-Viertel.

VILLA ATHENA bei Agrigento paart schönste antike Pracht mit modernem Luxus. Die traumhafte Lage im Tal der Tempel mit Blick auf die faszinierenden antiken Ruinen verleiht diesem Hotel seine Extraklasse. Von der Terrasse und einigen Zimmern (205 und 206) hat man einen herrlichen Blick auf den Concordia-Tempel. Eine prächtige Kulisse für Hochzeiten.

Via dei Templi 33, Agrigento; Tel. 09 22/59 62 88
Anfahrt: Von Marsala auf der SS 115 über Porto Empedocle Richtung Siracusa, Gela. Nicht nach Agrigento-Centro fahren, die zahlreichen Hinweisschilder »Valle dei Templi« beachten. Die SS 115 führt an dem Tal der Tempel direkt vorbei. Die Villa Athena ist gut ausgeschildert.

RESTAURANTS

CHARLESTON: Wer Spitzengastronomie auf Sizilien kennenlernen will, kommt um das Charleston nicht umhin. Als Giuseppe Tomasi di Lampedusa hier seinen berühmten »Il Gattopardo« schrieb, war das Charleston noch eine Teestube. Eine Bronzetafel erinnert an den bedeutenden Schriftsteller. Seit 1969 – zwei Jahre nach der Eröffnung – führt das Gourmetlokal einen Michelin-Stern, dank der famosen Kochkünste von Nino Tantillo, Küchenchef und Mitinhaber. Im Sommer zieht das Team in das Charleston Le Terrazze, in den vornehmen Badeort Mondello um.

Im »Charleston« *sind künstlerische Fertigkeiten und Darstellungen sinnvoll kombiniert.*

Ein Tip: Gleich nebenan bietet die angeschlossene Pasticceria Mazzara süße Köstlichkeiten und kleine Leckerbissen, wie Reisbällchen, Focaccia (Hefeteigbrötchen mit Käse-, Pilze- u.a. Füllungen). Sonntag Ruhetag.

Piazzale Ungheria 30, Palermo; Tel. 0 91/32 13 66
Im Sommer (ab Mai bis Ende September) Viale Regina Elena, in Mondello.

LA BRICIOLA – der Brotkrümel: Eines der wenigen Kellerlokale in Palermo, und urgemütlich. Bei Andrea Amarello fühlt man sich wie im Wohnzimmer eines guten Freundes. Hier verkehren hauptsächlich Stammgäste, die sich von Signor Amarello und seiner Frau mit echter palermitanischer Küche verwöhnen lassen. Nicht entgehen lassen sollte man sich die selbstgemachten Desserts, wie z.B. die köstlich frische Ricotta-Früchtetorte.

Via G. Castriota, 3 (12.00–15.30 Uhr) abends (19.00– ca. 23.00 Uhr) Tel. 0 91/32 06 97

RE ACESTE. Daß ein Hotelrestaurant nicht langweilig sein muß, beweist das Re Aceste im Hotel Moderno in Erice. Seit mehr als einem Jahrzehnt hält Küchenchef Vincenzo Spadafora die sizilianische Küchentradition hoch. Und jeden Tag fährt der Besitzer, Giuseppe Catalano, die zehn Kilometer ans Meer nach Trapani, um dort fangfrischen Fisch zu kaufen, z.B. für den Kuskus, die sizilianische Variante einer arabischen Spezialität. Kuskus

Fangfrischer Fisch *für das Kuskusgericht im »Re Aceste«.*

wird nur in der Provinz Trapani, in der auch Erice liegt, zubereitet. Das Lokal ist täglich, mittags und abends, geöffnet.

Via Vittorio Emanuele 63, Erice;
Tel. 09 23/86 93 00
Anfahrt: siehe Hotel Moderno.

▮ EGADI. Das älteste und beste Fischrestaurant auf der Insel Favignana. Es ist jedoch gar nicht so einfach, in den Genuß der überaus schmackhaften Küche von Giovanna und Maria Guccione zu kommen, da das Lokal nur abends, und das auch nur in den Sommermonaten Mai bis September, geöffnet hat. Am besten quartiert man sich in der angeschlossenen Pension für einige Tage ein – und schlemmt sich von einem kulinarischen Höhepunkt zum anderen. Frischer Thunfisch, von Signora Giovanna meisterhaft zubereitet (z.B. ein köstliches Thunfischcapaccio), steht in den Monaten Mai und Juni auf der Speisekarte.

Signora Giovanna *holt Zutaten aus dem eigenen Garten.*

Via Cristoforo Colombo 17, Favignana;
Tel. 09 23/92 12 32
Anfahrt: Von der Molo S. Leonardo in Trapani fahren mehrfach täglich Tragflügel- und Motorboote auf die Ägadischen Inseln. Fahrtdauer nach Favignana ca. 25 Minuten.

▮ IL VIGNETO – der Weinberg: Von der antiken Tempelanlage in Selinunte bis zum Restaurant von Marco Bursi sind es nur etwa zehn Kilometer. Der Jurist und Lehrer Marco Bursi hat vor 15 Jahren die Verrücktheit gewagt, inmitten seiner Weingärten ein Restaurant zu eröffnen. Eine einzigartige Spezialität, die man vorbestellen sollte, ist der geräucherte Schweinebraten, ein selbstkreiertes Rezept von Marco Bursi. Vom Vater geerbt hat Sohn Alessandro die Kochpassion und das Talent. Heute stehen sie zusammen in der Küche. Gut, daß dieses kulinarische Kleinod erhalten bleibt. In den Sommermonaten kein Ruhetag.

Signor Bursi *überrascht mit immer neuen Ideen.*

Bivio Porto Palo-Menfi;
Tel. 09 25/71 32 oder 7 16 61 oder 7 81 31
Anfahrt: Von Selinunte auf die SS 115 Richtung Castelvetrano, nach ca. 2 Kilometer abzweigen auf die SP 56 (Menfi). Nach ca. 5 Kilometer kommt ein Hinweisschild Il Vigneto. Eine kleine Pinien- und Eukalyptusallee führt zum Restaurant.

▮ Das POMARA. »Seit 35 Jahren ist bei mir voll«, erklärt Franceso Pomara voller Stolz. Aus einer einfachen Osteria ist längst ein gutbürgerliches Restaurant geworden. Seine Gäste sind vor allem Einheimische, die sonntags mit der ganzen Familie anrücken. Auf dem reichhaltigen Vorspeisenbuffet findet man die ganze Palette an eingelegtem Gemüse. Bei den Secondi, den Hauptspeisen, dominieren hier im Landesinneren Fleischgerichte, die z.T. auf dem mitten im Lokal stehenden offenen Holzofen gegrillt werden. Hervorragend auch die selbstgemachten Kuchen. Dienstag Ruhetag.

Via Vittorio Veneto 84, S. Michele di Ganzaria;
Tel. 09 33/97 70 90
Anfahrt: siehe unter Hotels.

▮ AZIENDA AGRICOLA ENZO TORNABENE. Die Gäste kommen aus Palermo, Trapani, Syrakus – und auch Prinz Charles aus England war schon hier. Wanda Tornabene ist eine famose Köchin. Ihre Tochter, Giovanna, tut es ihr gleich. Mit Leidenschaft pflegen die beiden die sizilianische Kochkunst, und entwickeln sie weiter. Gekocht wird ausschließlich mit Produkten, die auf ihrem Landgut, einem ehemaligen Benediktinerkloster, in den Madoniebergen erzeugt werden. Freitags gibt es Fisch; frisch vom Meer. Selbst geerntet sind die Zutaten – Haselnüsse, Walnüsse, Pinienkerne, Pistazien – für die delikate Nußsauce, und das Rind für den üppigen »Falso Magro«, einen Rinderrollbraten, stammt aus dem eigenen Stall. Es gibt keine Speisekarte, sondern ein festes Menü. Vom Restaurant hat man einen herrlichen Rundblick auf die wunderschöne Berglandschaft. Das Restaurant – Reservierung empfohlen – ist nur mittags geöffnet. Es stehen acht Komfortzimmer bereit. Für Gäste wird auch abends gekocht.

Der Tempel von Seliunte – *eine weitere Sehenswürdigkeit in karger Landschaft.*

Tel. 09 21/64 48 04 oder 68 91 91
Località Gangivecchio
Anfahrt: siehe unter Hotels.

▮ LA CASA DEGLI ULIVI – das Haus der Oliven. Vor über 20 Jahren gründete Antonio Veroux mit seiner Familie in Linguaglossa, am Fuße des Ätna, Siziliens ersten ökologisch orientierten Bauernhof. Ein mühsames Unterfangen, aber es hat sich gelohnt. Heute können die Gäste in dem gemütlichen Lokal echte sizilianische Gerichte, frei von Chemie und gekocht nach traditionellen Methoden, genießen. Der Wein ist selbst gekeltert. Wurst, Schinken, Marmelade, Brot, Fisch, Fleisch, Wild – alles stammt aus der 50 Hektar großen Landwirtschaft. Täglich stellt die 26jährige Gabriella daraus zwei bis drei Menüs zusammen. Für Gäste stehen in

Signor Mariacantes *erstaunliche Früchte – durch und durch aus Marzipan.*

einem alten Jagdschloß einige einfache Zimmer zur Verfügung. Die landwirtschaftlichen Erzeugnisse können direkt vom Bauernhof gekauft werden. Montag Ruhetag. Dienstag bis Sonntags abends geöffnet, Sonntag auch mittags. Gäste werden auch außerhalb der offiziellen Öffnungszeiten bewirtet, so will es ein alter sizilianischer Brauch der Gastfreundschaft.

Azienda Agroturistica, Contrada Chiusa del Signore, Linguaglossa;
Tel. 0 95/64 35 93
Anfahrt: Von Taomina kommend auf der Autobahn A 18, Ausfahrt Giardini Naxos. Weiter auf der SS 114 Richtung Catania, vor Fiumefreddo rechts auf die SS 120 nach Linguaglossa abbiegen; dort der Beschilderung folgen.

LA TARTARUGA – die Schildkröte, ist nicht nur wegen der Aussicht auf das Meer und die liparischen Inseln lohnend. Schon die Antipasti, ein gemischter Fischteller oder geräucherter Schwertfisch, lenkt die Aufmerksamkeit auf die Küche des Hauses. Besonders gelungen auch die »Minestre alle sarde«, ein Sardineneintopf, und die gegrillte Fischplatte.

Lido San Gregorio;
Tel. 09 41/95 50 12
Anfahrt: Autobahn A 20 Messina–Palermo, Ausfahrt Brolo. Weiter auf der SS 113 bis San Gregorio. Das Lokal liegt an der Uferpromenade.

EINKAUFSTIPS

Sizilien ist berühmt für seine hervorragenden Konditoreien. In jedem noch so kleinen Dorf findet man eine Pasticceria oder Eisdiele.

PASTICCERIA UND CAFÉ MARIA
Maria Grammatico besitzt seit über 30 Jahren in Erice ihre eigene Konditorei. Das Café Maria kam später dazu, nur zwei Häuser weiter. Der Gast hat hier die süße Qual der Wahl unter mindestens 20 verschiedenen Gebäcksorten. Neben Marzipan und Biscotti sind die Genovese, Teigtaschen mit einer Vanillecremefüllung, typisch. Hier kann man sich in aller Ruhe durch die verschiedenen Köstlichkeiten schlemmen.

Vittorio Emanuelle 4 und 14, Erice;
Tel. 09 23/86 93 90
Anfahrt: siehe unter Hotel Moderno.

Der Maestro *zeigt uns die Früchte seiner Arbeit.*

An der PASTICCERIA LUIGI MARCIANTE sollte man nicht vorbeigehen! Sie ist die älteste Konditorei der Stadt, und bekannt für die vielen süßen Köstlichkeiten. Signor Marciante zeigt dem Besucher mit Begeisterung seine Kunstwerke, die er alljährlich für das

Bars laden *zu »caffè« oder »espresso« ein.*

Patronatsfest aus Zucker und Marzipan fertigt. Selbst die englische Königsfamilie ist angetan von der Kunst des Meisters. Seine »Cassata Siciliana« verschickt er auf Wunsch in die ganze Welt. Und auch seine »Frutti di marturana«, die Marzipanfrüchte, sehen täuschend echt aus. Preßt man z.B. eine halbe Orange, so kommt tatsächlich Saft heraus. Es handelt sich dabei allerdings um Orangenlikör, der von Signor Marciante kunstvoll in die Marzipanfrucht eingearbeitet wurde.

Via Maestranza 39, Syrakus, auf der Insel Ortigia;
Tel. 09 31/67 30 3

ACIREALE. In Acireale soll es die beste Granita (Sorbet) geben. Am Corso Umberto, der direkt vom Dom wegführt, liegt wie auf Perlenschnüren aneinandergereiht eine Konditorei neben der anderen. Das Angebot an Eis, aber auch an vielen anderen Konditoreiwaren ist verlockend. Und an jede Konditorei ist eine kleine Café-Bar angeschlossen.

Eine besondere Empfehlung ist das BELVEDERE von Francesco Fichera. Er ist mit seinen 34 Jahren der unbestrittene Granitakönig. Natürlich ist alles, was in seinem Geschäft angeboten wird, »produzione propria«, aus eigener Herstellung.

Piazza Indirizzo 26–28, Acireale (am Ende des Corso Umberto).

ANTICA TONNARA DI FAVIGNANA. Das kleine Delikatessengeschäft führt neben eingelegtem Gemüse vor allem Thunfischprodukte, wie Thunfischolivenöl, geräucherten Thunfisch, gepreßten, gepökelten Thunfischbauch oder in Salz gekochten Thunfischsamen. Hier kann man gepökelten Thunfischrogen, vakuumverpackt, als Souvenir mit nach Hause nehmen.

Via Nicotera 6, Favignana; Anfahrt: siehe Restaurant Egadi.

MERCATO DELLA VUCCIRIA
Der bunte, schrille Markt in Palermo ist ein Eldorado für Feinschmecker. Hier bieten die Fisch- und Gemüsehändler marktschreierisch ihre Ware feil. Neben Käse und frischer Pasta findet man verschiedene Gewürze und Hülsenfrüchte. Fliegende Händler bieten auf kleinen Holzkohlengrills Gegrilltes an. Täglich außer Sonntag.

Zwischen der Via Roma und dem Hafen, Palermo.

ENOTECA LA MAISON DU VIN
Die Weinhandlung bietet eine große und gut sortierte Auswahl an Marsala- und Pantelleriaweinen, und führt die wichtigsten Produzenten des berühmten Dessertweins wie Florio, Pellegrino, Mirabella, Bartoli. Täglich außer Samstag geöffnet von 8.30–13.00 Uhr und 16.00–20.00 Uhr.

Via Mazara 15, Marsala; Tel 09 23/99 91 62

WEINE

Mit einer Gesamtproduktion von rund elf Millionen Hektoliter im Jahr zählt Sizilien zu den größten Weinproduzenten Italiens. Im Gegensatz zum übrigen Italien hat sich hier das DOC-System (Denominazione di origine controllata: für Weine mit kontrollierter Herkunftsbezeichnung) bislang nicht durchsetzen können. Nur etwa 1,5 Prozent der Produktion stammen aus DOC-Anbaugebieten. Unter Einsatz moderner Technologien und fundiertem önologischem Fachwissen arbeiten die Kellereien wie im übrigen Italien an der Qualitätsverbesserung des Weines. Hier ist vor allem das Engagement weniger selbständiger Erzeuger hervorzuheben, die vehement an der Produktion von hochwertigen Flaschenweinen arbeiten, und versuchen, die traditionell schweren und starken Weine auf mehr Leichtigkeit und Frische zu trimmen – nicht zuletzt eine Anpassung an den Geschmack ausländischer Weintrinker. International bekannt sind Weine wie der »Corvo« aus Casteldaccia bei Palermo, die »Regaliali-Weine« von Conte Tasca d'Almerita, der »Donnafugata«, auch der kräftig-herbe Wein vom Ätna hat seine Liebhaber gefunden. Am berühmtesten von allen aber ist wohl der »Marsala«, ein Dessertwein, den es sowohl »dolce« (süßlich) als auch »secco« (trocken) gibt. Sein DOC-Anbaugebiet erstreckt sich rund um die gleichnamige Stadt Marsala im Westen Siziliens.

Olivenparadies *in den Marktgassen von Palermo.*

Sehr interessante Dessertweine kommen auch von der Insel Pantelleria, der »Moscato di Pantelleria«, und von Lipari, der »Malvasia di Lipari«.
In Sizilien wird nach wie vor häufig offener Faßwein getrunken. Die Einheimischen holen sich in Fünf-Liter-Kanistern vom örtlichen Weingut ihren Vorrat. Auch in Gasthäusern pflegt man den offenen Weinausschank.

Eine Auswahl wichtiger sizilianischer Weingüter:

TASCA D'ALMERITA/REGALIALI
Das modernste und innovativste Weingut liegt weit abgelegen im Herzen von Sizilien. In dem landwirtschaftlich intensiv genutzten einsamen Hügelland bei Regaliali erstreckt sich das 500 Hektar große Gut des Grafen Tasca d'Almerita. Die Hälfte der Fläche wird für den Weinanbau genutzt. Neben den klassischen sizilianischen weißen Rebsorten Inzolia und Catarratto und den roten Nero d'Avola, Nerello Mascalese, Perricone baute man bereits vor 100 Jahren eine neue Rebsorte, die Sauvignon-Tasca, an. Erst vor wenigen Jahren wurde mit großem Erfolg die Chardonnay-Traube neu eingeführt.

Erlesenes *aus Marsalas Önotheken.*

Unter der Leitung des Triumvirats Graf Giuseppe Tasca, seinem Sohn Lucio und dem Enkel Giuseppe hat sich das Weingut an die Spitze der sizilianischen Qualitätsweinerzeuger gestellt. Mit hochwertigen Versionen wie dem »Nozze d'Oro«, ein eleganter, trockener Weißwein, bei dem das Schwergewicht auf der Sauvignon-Tasca- und Inzolia-Traube liegt, oder dem rubinroten, vollblumigen »Rosso del Conte«. Unter den Neuen auch ein beachtlicher »Spumante Brut« aus der Chardonnay- und Pinot-Noir-Traube, hergestellt nach dem klassischen Champagnerverfahren. Dem Gut angeschlossen ist eine Verkaufsstelle (Punto Vendita). Geöffnet Mo–Sa 8.00–13.00 Uhr und 14.00–18.00 Uhr.

Cantine Conte Tasca d'Almerita Regaliali. Anfahrt: Autobahn A 19 Richtung Catania, Ausfahrt Scillato, nach Caltavuturo auf die SS 120, abbiegen nach Valledolmo, ca. 6,5 Kilometer nach dem Ort links auf die SS 121 Richtung Vallelunga abbiegen. Kurz nach dem Ort führt ein Schild zur Cantine.

CASA VINICOLA DUCA DI SALAPARUTA. Corvo-Weine. Die Kellerei wurde 1824 von Giuseppe Alliata, Herzog von Salaparuta, in Villa Valguarnera, einem Ort nahe bei Palermo, gegründet. Es war Duca Enrico, ein Sproß der Familie Alliata, der damit begann, einen qualitativ hochwertigeren Wein in Flaschen abzufüllen, und ihn als erster in Europa verkaufte. Seinen Namen »Duca Enrico« trägt ein roter

Die »fichi d'India«, *die Feigenfrucht, ist ein sehr beliebtes Dessert.*

Spitzenriserva des Hauses. Besondere Beachtung fanden die Jahrgänge 88 und 90, die allerdings restlos ausverkauft sind. Nun wartet man gespannt auf den 92er Jahrgang. Viel Beachtung findet auch der weiße Riserva Bianca di Valguarnera. 1960 verkaufte die Familie ihr Weingut an die Region Sizilien. Heutiger Sitz des staatlichen Weingutes ist in Casteldaccia. Die Weine der Kellerei mit einer jährlichen Flaschenproduktion von neun bis elf Millionen firmieren unter dem Label Corvo. Unter der önologischen Leitung von Franco Giacosa werden fünf verschiedene Weinlinien, darunter auch ein Spumante Brut Riserva, von gleichbleibend hoher Qualität produziert.

Im Corvo-Shop, direkt neben der Cantine in Casteldaccia, kann man die Corvo-Weine kaufen. Geöffnet Mo-Sa 9.00-13.00 Uhr und 16.00-20.00 Uhr.

Via Nazionale, an der SS 113
Anfahrt: Autobahn A 20 Palermo-Messina, Ausfahrt Casteldaccia, im Ort Richtung Meer auf die SS 113.

CASA VINICOLA BARONE DI VILLAGRANDE
Seit 1727 baut die Familie von Baron Carlo Nicolosi in Milo, einem kleinen, auf 650 Meter gelegenen Dorf an der östlichen, zum Meer hin gewandten Seite, Wein an. Der Baron ist ein Winzer aus Leidenschaft, und ein sehr sachkundiger Önologe. Neben seiner Tätigkeit als Weinbauer lehrt er an der Uni in Catania Agrarwissenschaften. Auf seinem Gut geht er sowohl beim Anbau als auch bei der Verarbeitung des Weines neue Wege. Seit 1989 verwendet er nur noch natürlichen Dünger und biologische Pestizide. Auf dem mit 27 Hektar relativ kleinen Weingut erzeugt Carlo Nicolosi

Signor Enzo Russo, *Chefönologe von Carlo Pellegrino Marsala.*

aus der Carricante-Traube einen beachtlichen »Etna Bianco Superiore« und einen »Etna Rosso«. Beides sind DOC-Weine. Die Weine können direkt beim Weingut gekauft werden. Öffnungszeiten täglich von 8.00-15.00 Uhr.

Via del Bosco 25, Milo;
Tel 0 95/7 08 21 75
Anfahrt: Autobahn A18, Ausfahrt Giarre, weiter Richtung Zaffarana Etnea, Abzweigung nach Milo. Das Weingut liegt außerhalb von Milo; Hinweisschild beachten.

CANTINE MARCO DE BARTOLI
Ein kleiner, aber hochangesehener Winzer. Mit seinen 25 Hektar Weinbergen rund um Fornara Samperi bei Marsala erzeugt er nur 60000 Flaschen im Jahr. Darunter aber Spitzenprodukte wie die 10- bis 20jährigen »Vecchio Samperi Riserva« oder einen hervorragenden

Für Karneval und Prozessionen *werden eigens Wägen hergestellt und kunstvoll bemalt.*

»Moscato Passito di Pantelleria Bukkuram«. Seit 1982 besitzt Marco de Bartoli auch Weinberge auf der Insel Pantelleria, und produziert neuerdings die drei Pantelleriaweine (einen Tafelwein aus der Zibibbo-Traube, einen »Moscato Vigna Verde« und den hochbewerteten »Moscato Passito«) nun direkt auf der Insel. Die Weine von Marco de Bartoli bekommt man in den Enotheken von Marsala (siehe Einkaufstip), da bei der Kellerei keine Einkaufsmöglichkeit besteht.

Contrada Fornara Samperi 292, Marsala; Tel. 09 23/96 20 93

CANTINE FLORIO-MARSALA
Das 1833 von Vincenzo Florio gegründete Unternehmen ist heute der größte Produzent von Marsalaweinen. Der berühmte bernsteinfarbene Dessertwein, den 1773 der Engländer John Woodhouse erfand, wird heute nur in der DOC-Zone rund um die Hafenstadt Marsala im Westen Siziliens angebaut. Nach vielen Experimenten mit aromatisierten Versionen haben sich die sizilianischen Marsalaproduzenten, ihnen voran die Firma Florio, auf qualitative Erneuerung besonnen.

Der Schwerpunkt liegt jetzt auf »Superiore« und »Vergine« – der bekannten lieblichen Version, sowie einer sehr trockenen Version –, deren beider angenehmes Holz- und Karamelbukett den vollen und geschmeidigen Geschmack abrunden. Florio produziert einen ausgezeichneten Superiore Riserva (»Targa Riserva« 1840), sowie die trockene Version »Vergine Terre Arse«. Der Weinkellerrei angeschlossen ist ein sehenswertes Weinmuseum. Generell ist eine Anmeldung per Fax erwünscht. Öffnungszeiten: Mo–Do 8.00–18.00 Uhr (Mittagspause 13.00–14.00 Uhr), Fr 8.00–14.00 Uhr.

Via Vincenzo Florio 1, Marsala (am Hafen); Tel. 09 23/78 11 11, Fax 09 23/98 23 80 (Signor Paresi)
Anfahrt: Von Trapani auf der SS 115 bis Marsala. Im Ort Richtung Mazara del Vallo. Das Firmengelände liegt direkt am Hafen.

KERAMIK

In Caltagirone findet man im Zentrum, direkt an der berühmten La Scala (die Stufen der Treppe sind mit farbenprächtigen Majoliken dekoriert), unzählige Geschäfte mit sehr schönen und feinen Keramiken. Für Freunde der Keramik empfiehlt sich auch ein Stop in Santo Stefano di Camastra an der Nordküste. Der ganze Ort, so scheint es, besteht nur aus Keramikgeschäften.

DER TIP

Ein Kochkurs bei Anna Maria Dominici-Musco. Sie ist eine exzellente Kennerin und Köchin sizilianischer Rezepte. Ihre Kochkurse (im April, Mai, Oktober, November) finden in dem direkt am Meer bei Agrigento gelegenen Castello di Falconara statt.

Nähere Auskünfte unter Tel./Fax 0 91/32 90 82, Palermo.

SEHENSWÜRDIGKEITEN

Sizilien besitzt die schönsten und besterhaltensten Bauwerke der griechischen Antike. Stumme Zeitzeugen der griechischen Siedlungen auf Sizilien. Ob die Tempelanlagen bei Agrigento, oder der Tempelkomplex in Seliunte bei Menfi, ob das griechische Theater in Syrakus, bis heute sind die Monumente erhalten geblieben.

Eine Majolikatreppe *in Caltagirone.*

DER DORISCHE TEMPEL VON SEGESTA. Er wurde allerdings nicht von den Griechen, sondern von den mit ihnen verfeindeten Elymer, die in Segesta siedelten, im 5. Jahrhundert v. Chr. erbaut.

Anfahrt: Autobahn A 29 Palermo-Trapani, Ausfahrt Segesta. Den Hinweisschildern folgen, ca. 3 Kilometer. Besichtigung jederzeit möglich.

VILLA ROMANA DEL CASALE Acht Kilometer außerhalb von Piazza Armerina befinden sich die Überreste eines luxuriösen römischen Landhauses (3./4. Jahrhundert). Bei der Villa handelt es sich wohl um den Landsitz eines römischen Kaisers. Von beeindruckender Pracht sind die Mosaikfußböden, über die die Besucher auf Holzbrücken geführt werden. Die Mosaikwerke, die von afrikanischen Künstlern gestaltet wurden, zeigen Jagdszenen und Darstellungen aus der Mythologie, wie Neptun mit dem Dreizack, umgeben von Delphinen, oder auch die berühmten ballspielenden Bikinimädchen. Öffnungszeiten, täglich von 9.00 Uhr bis eine Stunde vor Sonnenuntergang.

Anfahrt: Von Gela auf der SS 117 bis zur Ausfahrt Piazza Armerina-Nord.
Der Weg zur Villa Romana ist gut beschildert, und führt durch Piazza Armerina.

MONTE ETNA. Der Ätna ist einer der aktivsten Vulkane der Erde.
Der letzte große Ausbruch ereignete sich zwischen April und Mai 1992.
Das vulkanische Gebirge umfaßt rund 1260 Quadratkilometer, und besteht aus mehreren Vulkanzentren.
Mit Bussen oder Privatwagen gelangt man an der Südseite bis auf 1900 Meter (Rifugio Sapienza), und auf der Nordseite auf ca. 1800 Meter (Piano Provenzana). Von beiden Stützpunkten aus werden täglich Jeepexkursionen bis auf rund 2900 Meter Höhe angeboten. Dort stehen Bergführer für Touren zum Hauptkrater bereit. Auf eigene Faust loszugehen, wäre selbstmörderisch.
Vom Rifugio Sapienza führt auch eine Seilbahn bis auf 2500 Meter.
Auf dem Weg vom Meer bis hinauf auf weit über 3000 Meter durchquert man ganz unterschiedliche Klima- und Vegetationszonen. Ein einmaliges Erlebnis in dieser südlichen Region.

Auskunft über Touren:
Linguaglossa: Pro Loco, Piazza Annunziata, Tel. 0 95/64 30 94
Nicolosi: SITAS, Piazza Vittorio Emanuele 45, Tel. 0 95/91 11 58
Vulkanisches Museum, Via della Quercia 5 (täglich von 9.00–13.00 Uhr).

Keine Errungenschaft des 20. Jahrhunderts, *die Bikinimädchen der Villa Romana del Casale.*

Damit Sie sich schneller zurechtfinden – der Anhang enthält Register für die Rezepte, für die Namen der Köchinnen, Köche, Hoteliers und Winzer, für Hotels, Restaurants und für die entsprechenden Orte dazu.

ANHANG

Auf den folgenden Seiten finden Sie in alphabetischer Reihenfolge Rezepte in deutscher Übersetzung (es sei denn, es handelt sich um mittlerweile eingebürgerte Eigennamen), Köchinnen, Köche, Hoteliers, Winzer, Hotels, Restaurants und die entsprechenden Orte dazu.

Die langgezogenen Alleen der Toskana *grenzen die Weite optisch ein. (Seite 388/389)*

REZEPTE

Zucchiniblüten *gelten vielerorts als Delikatessen.*

Ohne Tomaten *wäre die italienische Küche nicht denkbar.*

Hinter dicken Mauern *verbergen sich gemütliche Hotel-Restaurants mit exquisiter Küche, wie hier »Palazzo Viviani« in Montegridolfo, am südlichsten Punkt der Emilia-Romagna (Seite 393).*

KÖCHINNEN, KÖCHE, HOTELIERS UND WINZER

ALBERGO PALAZZO

Weinpalette *aus Latium.*

HOTELS

Eine von unzähligen: *auch im Piemont an jeder zweiten Ecke.*

»Siesta« *in einem Bergdorf in Umbrien. Nach wie vor werden die Häuser in traditioneller Weise gebaut, um den starken Temperaturschwankungen zu trotzen.*

RESTAURANTS

San Marco – *der byzantinische Dom mit seinen fünf Kuppeln, das Wahrzeichen Venedigs.*

Castelluccio *ist eines der höchstgelegenen Dörfer Italiens.*

ORTE DER HOTELS UND RESTAURANTS

Einst Zentrum des politischen Lebens *im alten Rom – das Forum Romanum.*

Kaffee gehört in Italien *immer dazu. Der Tag beginnt mit einem Espresso – oft gleich schon mit einem doppelten.*

KONZEPTION	Walburga Speth
REDAKTION	Stephanie Wenzel
TEXT	Pia de Simony (Piemont, Emilia-Romagna, Ligurien, Umbrien, Toskana, Marken, Venetien, Lombardei, Latium); Walburga Speth (Sizilien); Hansjörg Baumgarten (Südtirol, Trentino, Friaul, Apulien, Basilicata)
FOTOS	Klaus Willenbrock, Hansjörg Baumgarten
FOOD-FOTOS	Heino Banderob
FOOD-STYLIST	Herrmann Rottmann
TITELFOTO	Olaf Tamm
BILDREDAKTION	Urte Ehlers, Joachim Hellmuth (Südtirol, Trentino, Friaul, Apulien, Basilicata, Sizilien)
GRAFISCHES KONZEPT	Büro für Gestaltung, Dietmar Meyer, Friedhelm Ott, Hamburg; Mitarbeit: Britta Gündisch
LEKTORAT	Dr. Elfi Ledig, Ursula Wulfekamp, Peter Hubschmid, Christine Waßmann, Michael Möser
TITEL UND KARTEN	Friedhelm Ott
SPEZIALTHEMEN	Elisabeth Lange, Helga Thamm, Nana Claudia Nenzel, Hans Markus Thomsen, Reinhardt Hess, Walburga Speth
RECHERCHEN-MITARBEIT	Dr. Istvàn N. Vértes, Beate Kirchner, Astrid Moeller
FOOD-FACHBERATUNG	Karl Newedel, Traute Hatterscheit, Marieluise Schultze
ÖNOLOGISCHE FACHBERATUNG	Jens Priewe
HERSTELLUNG	Manfred Metzger
LITHOGRAFIE	PHG Lithos GmbH, München
SATZ	Reiner Löb
	Printed in Italy

3. erweiterte Auflage 1998

Gedruckt auf chlor- und säurefreiem Papier

ISBN 3-517-07725-9

BILDNACHWEIS Atlantide/Massimo Borchi, Florenz: 93 o., 100 l. 2. von o. und Mitte u., 101 u., 102 Mitte, 112 r., 113 o., 324/325, 356/357, 367 r.; Atlantide/Guido Cozzi, Florenz: 37 r. o., 326 l., 327 l., 328 l. u. und r., 332 l., 333 l., 338/339, 346/347, 366/367, 368 o., 369 l., 379, 383 r., 384 r., 386 r.; Bavaria Bildagentur, Gauting: S. 26 u.; Hansjörg Baumgarten, München-Bozen: 14 l. o., 15, 17, 19 r. o., 21 r., 27, 31 (3), 32 (3), 33 o., 39, 44 u., 45, 47 u., 50, 53 l., 59 o., 60 l und u., 61 l. und r., 93 u., 94 (2), 97 r. o., 98 l. o., 100 l. o. und r., 101 o., 106 l. o., 111 o. und r. u., 112 l., 113 r., 326 r., 327 r. (2), 328 l. o., 330 l. 2. v. o. und r., 331 r., 332 r., 333 r., 334, 337 r., 338, 339, 343 (3), 344 (3), 345 (3), 355 r., 358 o., 359 (2), 360 (2), 361, 370, 373, 378, 381 l. u., 382 Mitte und u., 383 o., 384 l. und u., 385 r.; Udo Bernhart, Langen: 12 (2), 13, 16, 18, 20 u., 20/21, 22 r. u., 23 (3), 24 (4), 25 u., 26 l. o., 33 l. u. und r., 92 l. o.; Enoteca/Distilleria, Villanova: 113 r.; Galleria Museo Depero, Rovereto: 43; Joachim Hellmuth, München: 34/35, 50/51, 59 l., 96 l. o., 352, 364 l. (2), 381 r., 385 o., 387 o.; Ifa-Bilderteam, München: 10/11, 14 r. o., 36, 38 u., 49 o., 52 l., 53 r., 54, 59 r., 90/91, 92 r. u., 102 o., 340 l. o. und r., 341 r., 349, 351 o., 356, 387 u.; Janos Kalmár, Wien: 99 (2), 102, 103 r. u., 108, 111 l. u., 330 l. o., 341 l., 351u., 353, 381 o.; Laenderpress, Mainz: 377; Pension Villa Pina, Zafferana Etnea: 382 l.; Restaurant Egadi, Favignana: 383 l.; Othmar Seehauser, Bozen: 20 r. o.; Walburga Speth, München:348, 364 u., 365 (2), 374, 386 l.; Stadtverwaltung Palermo: S. 350; Stockfood/Eising, München: 19 l. o., 37 u., 44 o., 52 r., 53 Mitte, 112 o., 358 u., 368 u., 386 u.; Verlag Hephaistos/Peter Elgaß, Geretsried: 46 o. l., 55, 57 o., 60 r., 61 u., 104; Weingut Villagrande, Milo: 369 r.; Fotos von Piemont, Emilia-Romagna, Ligurien, Umbrien, Toskana, Marken, Venetien, Lombardei, Latium von Klaus Willenbrock